백정과 기생

조선천민사의 두 얼굴

박종성 지음

서울대학교출판문화원

머리글

'정치사'를 읽을 때 지배계급과 민중진영 가운데 어느 쪽부터 먼저 눈여겨볼 것인지는 오랜 고민의 대상이었다. 하지만 정치사란 개념을 흔히 지배계급의 전유물인 양 인식해 왔던 기왕의 습관들을 감안하고 보면, 이것은 고민할 문제가 아니라 이제까지의 생각을 그대로 받아들여도 좋으리란 편견마저 양산해 낸 게 사실이다. 그러한 인식 속에 줄곧 묻혀 있는 동안, 정치사는 곧 '권력사'였고 좀더 지평을 넓혀 잡아도 그것은 권력교체의 연장이거나 간헐적 이변의 세월이란 정도가 고작이었다.

왕조사의 정치적 변화를 다룰 때마저도 군주와 왕실 내부에서 빚어진 갈등이나 새로운 힘의 등장은 그래서 한결 흥미롭고 또 주목해야 할 대목인 것처럼 여겨왔다. 그러니까 한 걸음 뒤로 물러서 왕조의 역사를 바라보는 일은 그리 쉽지 않았다. 군주의 시대가 그처럼 오랜 정치적 지탱력을 발휘할 수 있었던 것은 권력과 권위의 결과물일 수도 있었겠지만, 가령 민중의 자발적 복종과 이를 유도한 온갖 사회교육적 장치나 저항할 수 없는 문화의 배경 때문이었을 것이란 조선사 '뒤집어 읽기'는 좀체 힘을 얻지 못했던 셈이다. 따라서 다스림이 탁월하였기에 왕조가 빛날 수 있었다기보다는 도리어 뒤따르고 허리 굽혔던 자들의 '묵묵함'이 처연하도록 돋보여 수세기 군주의 시대가 그토록 길게 지속할 수 있었을 것이란 해석은 의외로 생소했다.

물론 이들 사이에는 분명 정치적 상대성의 문제가 개재하고 있었다. 민중의 복종이 자발적으로 도모될 수 있었다는 것은 그만큼 권력의 강도와 이를 통한 권위의 동원이 컸음을 뜻했고, 때로 민중의 유순함이 저항과 폭력의 언어로 뒤바뀔 때 정권은 위축되면서 이제 자신들이 무엇을 해야 하는지 되돌아보게 만들기도 했다. 이 같은 모종의 정치적 길항(拮抗)은 왕조국가 조선에서도 어김없었다. 문제는 양 진영의 정치적 위압감이나 그 실제 부피가 완벽한 수준의 균형, 즉 긴장과 공포의 밸런스를 늘 유지할 수 없었다는 데 있었을 것이다.

하지만 권력부문의 정치적 위압이 민중부문의 '그것'보다 컸다는 사실이 곧 조선왕조의 역사적 장구함을 보장한 자동의 요인은 아니었다. 즉 민중부문의 저항 강도가 늘 권력부문의 정치적 지배력을 넘어설 수 없었기 때문에 결과적으로 왕조가 강한 지탱력을 보일 수 있었던 것은 아니란 점이다. 그렇다면 이제 눈여겨보아야 할 대목은 조선조 민중부문이 보인 정치적 복종의 실체와 그 섬세한 속내로 모아진다. 사실상 그들은 왕조 말기에 이르도록 구조적 정치 반항이나 그 물리적 실천 능력을 가시화하는 데 줄곧 실패한다. 하지만 그렇다고 해서 이러한 사실이 곧 조선 민중 전체의 정치적 무능을 반증하거나 나아가 무책임의 문제로까지 비화되는 역사의 단초를 이루는 것은 아니라는 데 초점은 다시 맞춰질 필요가 있다.

조선의 민중들은 사회혁명이나 체제의 급격한 변혁을 담보할 만큼 충격적인 정치폭력을 사용하지 않았다. 단 한 차례일망정, 엄청난 힘의 분출로 국가의 근본을 뒤흔들고 봉건적 토대를 제거할 수 있다는 정치변혁의 믿음도 이 땅에서 흔쾌히 도모된 적은 없다. 그들은 복종과 추종의 미학 속에 잠겨 지내면서 저항의 기회를 엿보고 있었다. 그리고 침묵하고 있었다. 어설피 저항하기보다는 때를 기다리며 자신의 언어를 준비했고, 집단의 저력이 저절로 무르익기를 바라기보다는 차라리 굽신거리며 대들었다. 그러는 가운데 맞고도 기어이 이길 수 있는 묘책이 무엇인지 궁리하고 버티며 굴종의 세월을 참아낸다.

'묵종'과 '동조', '추종'과 '순응'이란 저 숨막히던 심성과 이를 가로지르는 정서의 평균치가 '굴신(屈身)'의 정치학으로 다시 설명될 수 있는 대목은 바로 여기서 증폭된다. 그래서 '굽힘'이 '다스림'의 세계를 제압할 수 있고 '낮은 자'가 '높은 이'를 거꾸로 조종, 통제할 수 있는 역설의 정치논리 역시 새롭게 읽을 수 있는 역사의 여백도 이 대목에서 마련된다.

조선정치사의 흐름 속에 민중의 역동성과 그들의 존재를 '상수' 처리할 것인지 아니면 끝없는 '변수'로 인식, 삽입과 배제의 문제를 늘 고민해야 하는지는 이제 피하지 못할 과제로 떠오른다. 여기서 다시 조선 정사(正史)의 기록을 꼼꼼이 읽어 내려가야 할 이유는 분명해진다. 『조선왕조실록』이 민중의 의도적 굴복과 이유 있는 복종 행각을 읽어 내려가는 역사의 토대로 기능하고 있음은 탐독의 명분으로 얼마든지 새롭게 변명될 수 있다. 그러나 저 도도한 세월의 강물을 모조리 다 담을 수 없이 버거웠던 역사의 기록 속에서도 정작 민초의 존재는 소문만큼 많이 보이지 않았던 게 사실이다. 그럼에도 불구하고 '굴신의 정치학'을 재구성하기 위해 '실록 다시 읽기'는 무엇보다 먼저 착수해야 할 일이었다.

희소한 기록이나마 치밀하게 찾아내고, 우러나는 민초의 목소리와 정치적 행각의 전말을 역사속 행간에서 읽고 검색하는 일은 이를 위해 필수적이다. 혁명과 저항이 필요한 역사의 조건 속에서 그 같은 행위의 모범을 보이지 못했다 하여 민중 전체의 과거 침묵을 비판하기보다 차라리 저들이 말하지 않고 행동하지 않던 '멈칫거림'의 이유를 찾아보는 작업이 한층 더 필요했던 것은 아닐까? 그들의 자발적 복종이란 것이 학습과 교육에 의한 결과가 아니라 계산과 전략에 따른 또 하나의 정치적 판단일 수 있었다면, 그 증거와 기록을 통해 조선 민중의 침묵에 투영된 입체적 의미를 다시 다른 각도에서 헤아릴 수 있게 되는 것은 아닐까? 그리하여 민중부문의 길고도 깊은 호흡이 권력의 안일한 대처와 정치적 방만을 거꾸로 징치하는 역사의 역설이었음을 비로소 헤아릴 수 있게 되는 것은 아닐까?

되풀이하건대, 왕조의 정치사는 권력자들의 통치 과정을 거꾸로 밟아 나가기보다 복종자의 추종 형식과 그에 따르는 '팔로우어십(Followership)'을 한층 치밀히 들여다봄으로써 더 잘 이해할 수 있다는 생각을 덧붙이게 된다. 이를 위해 '조선민중사'의 숨은 맥락을 치열하게 들여다보고 나아가 '직업사'와 '가족사'의 맥락마저 천착해야 할 의무가 과제로 등장하는 것은 쉽게 예견할 수 있는 일들일 것이다. 뿐만 아니라 이를 통한 미시사의 복구와 조립은 다시 주목해야 할 과업들로 부각된다. 그래야만 민중부문의 다양한 복종 형식과 정치적 굴신의 역설이 입체적 설득력을 확보할 수 있을 터이고, '굽힘'의 정치력이 호령과 위압의 폭력성을 끝내 제압하고야 마는 패러독스마저 제대로 읽을 수 있게 될 것이다.

민중의 삶 속에서 우러나는 정치적 행적을 검색하고 이름하여 '사회사'란 역사의 맥락까지 엄혹하게 '정리·기록'한 다음 정치사의 인습적 틀과 지평을 넓혀 보든, 아니면 아예 민중저항사의 맥락을 따로 짚어 보든 그것은 분명 체계화시켜 보아야 할 독립의 흐름이었다. 어떻게 정리하든 미시사와 거시사의 틀에 따라 역사를 재구성하는 과업이란 양쪽에서 각기 따로 파 들어가 결국 어느 지점에선가 서로 만나고 소통해야 할 '터널 만들기'와 같은 일이었을 것이다. 물론 어느 한 쪽이 더 많이 파 들어가 반대쪽 진영의 힘을 덜어 주는 한이 있더라도 서로의 굴착 행각 모두가 진정성을 담보하기만 한다면 그것은 이름하여 '보람있는 일'이 되는 게 아닐까?

권력의 중추가 변하고 '이후(以後)'의 물결이 또 다른 변화를 예고할망정 끈질기게 지배세력 내부만을 들여다보는 작업이 있었다면, 잘 곳 없이 방황하던 유민들의 얼굴과 횃불 들고 편 모아 양반집을 털며 주린 배를 채우던 화적들의 퇴각경로마저 그리는 과업도 다른 한편 있었어야 했다. 조선 인구의 상당수가 노비였다면, 언젠가는 정리해야 할 『조선노비사』를 위해서라도 그들에 관한 자료는 따로 모으고 녹여야 할 일들이었다.

왕조국가의 지배계급이 걸어간 길을 다스림 받던 자들의 눈과 귀를 통해 다시 보고 나아가 그들의 등에까지 업혀 가혹했던 삶의 여정을 거꾸로 되돌아보는 일은 곧 '종(좋)'들의 역사 읽기, 바로 그것일 것이다. 몸종과 노비의 눈에 비친 주인은 누구였는가? 상전 몰래 가재를 빼돌려 사익을 추구하던 식솔들의 입 앞에 조선의 양반은 어떤 존재였을까? 부인 몰래 방안으로 끌어들여 수시 통정(通情)한 상전의 육체란 여성 솔거노비의 몸 앞에서 그저 대등한 살덩어리 외에 아무것도 아니었을까? 절박한 삶의 벼랑 끝에 서서 어처구니없이 사역 당한 채 가없는 충성과 침묵 속에 살아야 했던 하인의 비애는 대감의 편안한 속내를 고스란히 반증하는 것일까? 일방 봉사와 끝없는 노동을 반복 지시한 윗전을 향해 거침없이 도끼와 주먹을 휘둘렀던 외거노비들의 분노는 이제 무엇으로 이해해야 하는 것일까?

이것만으로 조선민중사의 '겉' 얼개가 다 엮이는 것은 아니었다. 응어

리진 역사의 덩어리는 따로 있었다. 곁에 있어도 보이지 않고 때로 소리치며 자신을 드러내려 했건만 그대로 지나쳐 버린 조선의 천민들이 '그들'이었다. 노비만도 못한 그들에게 중인의 자리란 차라리 부럽고도 높은 곳이었다. 양인들의 삶의 애환이란 것도 그들에겐 결국 행복이었다. 그렇다면 또 하나의 물음이 당연히 제기된다. 조선 천민의 눈앞에 펼쳐진 상위 계층의 존재란 무엇이었을까?

한 권의 책으로 묶어 논의를 이끌고 가기에 이 화두는 분명 간단치 않았다. 그리하여 내친 김에 조선 천민의 역사적 역동성을 있는 그대로 검색하고 이를 토대로 잇고 엮되, 얼개의 틈새부터 먼저 최대한 막아야겠다고 나선 것이 이런 모양을 갖추게 된 셈이다. 여기서 백정과 기생은 양성(兩性)을 대표하는 조선의 천직이었고 작업 추진을 위해 선별한 천민사의 주요 단위였다.

세상 가장 낮은 곳에서 살며, 버티며 바로 머리 위 존재만큼이라도 변신하고팠던 그들의 꿈은 좀체 실현되지 않았다. 하지만 그들은 비굴하지 않았다. 하는 수 없이 복종했을망정, 그들은 맹종하지 않았다. 예속되어는 있었으되, 도리어 독자적으로 정치화할 수 있었다는 점에서 그들은 줄곧 슬프게 살지만은 않았다. 더 내려갈 곳 없이 바닥을 쳐야 했던 백정들은 차라리 의연했고 낮게 살아도 기실 높이 날 수 있던 기생들은 조선의 사대부를 조종하고 지탱하게 만든 권력운용의 실질적 단위 가운데 하나였다. 그리하여 '자존(自尊)'과 '독존(獨存)'이 '근엄'과 '허세'를 압도하는 통렬한 장면을 소문이 아닌 역사로 읽을 수 있게 되는 것이다.

더 이상 내려갈 곳이 없다는 것은 곧 더 나빠질 것이 없다는 사실을 의미했다. 절망 속의 여유와 비극적 희극의 연속. 그 같은 삶의 이항(異項)은 희안하게도 이들의 경우 서로 대립하지 않았다. 희망 없는 삶의 나날은 외려 절망과 고통을 즐겨야 하는 모습으로 뒤집어지기도 했고, '부림'을 당하기만 할 뿐 막상 자신이 부릴 대상은 아무도 없다는 절박함이란 이제 도리어 대들고 극복해야 할 투쟁 상대가 누구이어야 하는지 분명히 해주었다. 신분과 계층의 깊은 골에서 불어오는 저 절대적 박탈의 바람은 그렇게 드세고도 거칠었다.

삶의 대립항들이 서로 부딪히지 않고 역설과 모순의 조화를 도모했다는 사실은 이들이 결코 고통조차 느끼지 못할 만큼 무디거나 만만한 계층이었음을 뜻하진 않았다. 그것은 그들이 차마 범접치 못할 지배계급의 벽만큼이나 높고 두터운 그들만의 자존 혹은 위세의 정치문화를 말해 주고 있었다. 그리고 그것이 결코 작지 않았음을 반증하는 것이기도 했다. 따라서 조선의 정치지배세력이 실제 막강한 능력이 있었기에 그토록 오랜 권세를 누릴 수 있었던 것도 아니고, 천민들이 진정 못나고 약하여 죽어지낸 것만도 아니었다는 의외의 논리가 설득력을 얻을 수 있었다. 그것은 곧 언제든 누를 수 있고 또 누구든 저항할 수 있다는 사실, 즉 권력과 민중 양 부문의 긴장과 공포의 균형을 예비하는 것이었다.

그러나 군주의 다스림과 지배세력의 행위 추적보다 민초의 복종 행각을 들여다보는 일은 훨씬 더 힘들었다. 자료와 기록의 희소성도 문제였으나 드문드문 나타나는 과거 사실들의 축적물 위에 때로 상상과 추론을 통해 세월의 이음새를 찾아 봉합하고 시공을 넘나들며 빈자리를 메우는 행위 모두가 진정 역사의 사실들과 얼마나 차이가 날 것인지 솟구치는 염려도 그랬고, 이 같은 작업이 언젠가는 치밀히 완성되어야 할 조선 천민의 미시사 구축에 어떤 의미를 더할는지 미리 의식하게 되는 모종의 조급증 또한 그러했다.

자꾸만 쓰는 게 능사가 아니라 남들이 잘 알 수 있게 감동시키는 것이 먼저라고 늘 타일러 주시는 최명 선생님, 때마다 공부의 힌트와 읽어야 할 문헌의 소재를 일깨워 주시는 안청시 선생님, 아무리 묻고 또 캐도 싫은 내색 한번 없이 웃으며 답해 주시는 손문호 교수님, 모르는 게 많아 그때마다 결례해도 필자의 머리 속이 정돈될 때까지 항상 '처음처럼' 일러주시는 남지대 교수님, 구하지 못하는 자료들을 애써 손에 쥐어 주면서도 선배잘못 둔 푸념조차 한번 하지 않는 김헌진 씨. 이 분들의 배려 없이 이 책은 세상에 나올 수 없었다.

책을 만드는 것이 또 하나의 세상살이임을 터득하게 해 주신 안상형 전 출판부장님과 임경훈 교수님, 그 삶도 한결같이 견뎌내야 하는 과정임을 몸소 가르쳐 주신 권영자 씨, 말로는 이루 다 꾸미지 못할 고마움은 모두 이 분들의 몫이다.

이제 정작 두려워지는 것은 저 옛날 역사 속에서 뛰쳐나간 숱한 백정들의 원혼과 소리 없이 망각의 늪으로 빠져버렸던 이 나라 기생들의 혼백이다. 그들이 이 책을 보면 뭐라 할지 사실은 그것이 먼저 알고 싶다.

2002년 12월
無心川邊에서
지은이 박종성 씀

차 례

그림 · 표 차례

그림 차례

표 차례

1 조선 천민의 존재양식: 역사 속에서 사라진 사람들

1. 천민의 정치사회학 : 왜 연구하지 않았는가?

역사가 지배계급의 전유물이 아니라는 사실은 반드시 마르크스식 해석에 기대야만 알 수 있는 게 아니었다. 이 땅의 정치질서를 역사적으로 다시 정리하고자 할 때에도 이 같은 해석이 힘이 된다는 점은 이제 식상한 얘기다.

그러나 사회주의 역사해석이 실제 크게 유행하던 시기에조차 이념 그 자체에 매료된 지식인 집단들은 변혁의 당위에 관한 집착 이상으로 피지배계급 전체의 삶의 속내와 실천적 행각을 추적, 발굴하지 않았다. 나아가 과거 한국사의 변동과정에서 이들이 담보한 구조적 힘의 저력을 낱낱이 파헤치는 작업에도 인색했다. 실천을 통한 현실 변혁과 그 이론적 기초 마련에는 적잖은 긴장과 부담마저 뒤따랐다. 문제는 이 땅의 역사발전에 기여한 민중의 실천과 공헌을 새삼스레 정질분석하려 할 때 무의식적으로 범하게 되는 개인적 호오(好惡)와 그에 따르는 부정적 편견에 있었을 것이다.

더욱이 우리는 엄연한 역사의 사실들을 재현한다는 것과 이를 지적으로 재구성하는 문제는 서로 다르다는 데 거의 주목하지 않았다. 이제 이 땅의 역사발전과 정치적 기여를 둘러싸고 벌어진 오랜 논쟁들을 의식하면서 왜 기왕의 논의들은 하필 지배계급 쪽으로만 기울어져 있었는지 다시 회고해 볼 일이다. 아울러 그 반대진영에 포진하고 있던 피지배 민중들의 억압구조와 소외계층의 삶의 실상도 세심히 생각해 볼 일이다. 하지만 역사의 시대 이후 이 땅의 정치공간 전체를 대상으로 '명멸 - 유지 - 재생'한 힘의 스펙트럼 모두를 재구성할 수는 없을 것이다. 왜냐하면 이 같은 작업은 어느 한 개인이 추진, 완성할 수 없는 주제 자체의 대하성(大河性)을 강하게 표방하기 때문이다.

작업의 방향과 대상을 설정하기 앞서 먼저 짚어 볼 문제는 기왕의 학문적 책임이 어디서부터 부과되는가 하는 점이다. 한국의 전통사학은 이 대목에서 결코 자유롭지 못하다. 그것은 기왕의 역사학적 기여의 몫을 전면 부인하려는 뜻이 아니다. 전통역사학 연구의 주제별 편중성뿐만 아니라 지적 관심의 분산을 가로막았던 유교국가적 선입견이 지식세계에서마저 바로잡히지 못했다는 학문적 비극은 의외로 심각했다. 그것은 곧 과거 역사란 정치사가 기본이며 그 골격은 왕조사라는 식의 사고틀을 자연 유도한다.

머잖아 이 같은 사실은 민중을 빼고서는 역사 자체의 호흡이 불가능하다는 뒤늦은 자각, 즉 사회사의 연구를 자극한다. 그러나 현 단계 조선사회사 연구는 기왕의 왕조사 중심주의에서 우러나온 일종의 신비주의나 지적 엄숙성을 뛰어넘기에 그 역량이 아직 부족하다. 흔히 지적하는 것처럼, 그것은 역사 연구의 이중 부담으로 거시사 연구 못잖게 미시사 추적의 한계 또한 만만치 않다는 사실을 잘 반영한다.[1)]

민족국가의 출현과 폭력 교환을 통한 세계체제수립의 전말이나 지역사 연구를 바탕으로 한 거시사 분석전통도 막상 어느 개별 국가의 정치적 비극이나 한 개인의 삶의 궤적을 설명하는 데는 무기력했고 사회구

---

1. 이에 관한 역사학적 문제제기로는 다음 연구 참조할 것. 곽차섭 엮음, 『微視史란 무엇인가』(서울: 푸른역사, 2000).

성단위의 말초들이 벌이는 행적의 치밀한 조회도 정치권력과 세력의 덩어리들이 부딪히며 굴절하는 과정 전체에 관한 이야기에 크게 못 미쳤다. 이것은 흔히 말하는 분석수준 차이에서 비롯된 어쩔 수 없는 문제였다기보다 역사이론의 일반화를 위한 두 연구진영의 지적 접점 모색이 부진했다는 사실과 직결된다. 특히 우리의 경우, 제도연구권의 지적 촉수(觸手)는 여전히 근엄하며 거시사 연구나 미시사 연구 모두 실증사관의 강박으로부터 자유롭지 못하다.

이것은 결국 한국의 전통역사학이 근거 없이 말할 수 없고 최소한의 확연한 자료 없이는 한 발짝도 나아갈 수 없다는 극도의 신중성을 고집하게 만든다. 그리하여 역사적 상상이란 극도로 위험하며 과거사의 임의 재단이나 조작적 추출 역시 상당히 부담스런 일임을 자인하게 한다.[2] 따라서 역사학 진영은 연구의 진척도가 다른 어느 부문보다 더디다는 사실을 스스로 잘 알면서도 이를 결함으로 인정하려 들지 않았고 그 같은 둔감은 일종의 화석화된 고집으로 연결, 발전되면서 주변 학문과의 단절을 자초하기도 했다. 즉 '있었던 일'들 사이의 관계추론에 성공하거나 그 틀이 논리적으로 설명될 경우, 더 이상의 주제 선정과 기존 연구를 딛고서는 가설적 사고 수립에 인색했던 전통사학은 우선 '진정 그 사건은 기록으로 존재했는가' 하는 사실적 질문과 차후 그 일이 '전개 - 변형 - 소멸'되는 양식이나 전말의 복원에 관한 체계적 재현방법에 관심의 대부분을 할애하는 치밀한 자세를 연구의 기본으로 삼았다. 이 같은 학문적 정밀성은 적어도 지적 과오와 논리의 오류를 최소화할 수 있다는 장점과 당해 주제에 관한 시대적 천착이 가능하다는 이점이 있었다. 이 점은 얼마든지 장려할 만한 것이었다.

---

2. 이에 관해서는 다음 참조할 것. Louis O. Mink, "Narrative Form As A Cognitive Instrument," in Robert H. Canary and Henry Kozicki, eds., *The Writing of History: Literary Form and Historical Understanding*(Madison, Wisconsin: The University of Wisconsin Press, 1978), pp. 129-149; Vernon Pratt, *The Philosophy of the Social Sciences*(London: Methuen, 1978), Chs. 2, 4.

그러나 그들은 과거의 사건들이 현재 역사적 적실성을 갖고 있는지 혹은 역사외적 변수와 어떤 영향을 주고받았는지에 전혀 답하지 못했다. 나아가 논의대상 그 자체에 관해서도 더 이상 입체적 해석을 도모하려 하지 않음으로써 분석의 정체(停滯)성을 좀체 뛰어넘지 못했다. 따라서 역사란 그 위에 함부로 성격을 부여하거나 '미화·폄하'해서는 안 될 일종의 시간적 신성성을 내포한다는 믿음까지 은연중 수용하게 만든다. 이러한 자세는 기본적으로 역사학의 논의대상을 현재에서 한층 소급하는 회귀성향과 오늘의 현상이 빚어지는 인과의 메커니즘을 어제와 그 때의 상황에서 먼저 구하려는 한계마저 드러낸다.

뿐만 아니라 문자와 기록의 향배를 독점하고 권력의 대종을 자발적으로 '양도·포기'할 의지도 가능성도 전혀 없던 지배계급의 존재란 적어도 이 땅의 역사학자들에게 비판과 경계의 대상은 되었을지언정 학문적으로 새롭게 이탈, 극복할 수 있는 참신한 용기 유발의 원천이 되진 못했다. 그리하여 그들이 늘 일정 지분의 공포와 외경의 대상으로 '존재하기'는 피지배계급에게나 지식 집단에게나 마찬가지였다. 아무리 강조해도 지나치지 않는 이 사실은 지식세계 우선의 관심대상이 어쩔 수 없이 지배집단과 그들의 정치적 움직임이었다는 아이러니를 잘 반증한다.

존재는 인정하되, 우선의 의식대상일 수 없었던 사회적 피지배계급. 그들 가운데 특히 '최하층 계급(Social Underdog)'의 존재는 역사의 이방이자 정치적 치외의 공간에 방치되고 있었다. 지적인 논의의 화두로조차 오를 수 없었던 조선의 하층민 연구가 아직 불붙지 않고 있는 이유도 따라서 이 같은 기왕의 무관심에서 추론할 수밖에 없다.

문자와 기록의 경험적 근거를 남기기로는 사실상 하층민 역시 지배계급 못지않게 다양했을 것이다. 다만 지식의 세계마저 지배계급의 역사에 눈길을 맞출 때 하층민들의 삶은 굳이 보고픈 대상으로 떠오르지 않았던 것이다. 가난하고 힘없는 자들이 복종과 충성의 대가로 안전을 보장받고자 갈구하던 일말의 과정은 왕조의 역사에서 과연 무엇이었을까? 그것은 애초부터 지배집단이 의도적으로 폄하하거나 배제해 버린 부정적 사고의 결과였다. 상민을 비롯한 피지배집단 가운데 사회유지의 필수단위이자 거친 노동의 주체였던 '천민'들의 존재양식은 더더욱 홀대와 인습의 편견에 가려 있었다. 그리고 존재하고 있었던 '것'만큼 정치사회적으로 아예 보이지조차 않았다는 사실은 막상 그들에 관한 역사의 기록 여부와 다른 문제로 방치되어 왔던 셈이다.

그렇다면 이처럼 한국의 전통역사학이 보인 냉대와 전반적 배제의 기류는 다른 진영, 예컨대 사회과학부문의 경우 달랐던 것일까? 역사학이 추진하지 못했던 역사 연구를 가령 사회과학진영에서라도 뒤늦게 이뤄낼 수 있었다든지 최소한 그 작업 필요성이라도 끌어낼 수 있었다고만 해도 문제는 달랐을 것이다. 해방 전후 지성사의 뀁진성을 염두에 두지 않더라도 학문간 소통과 교류의 벽이 유난히도 높았던 이 땅의 지적 풍토에서 두 진영은 협업은 고사하고 동종의 지식인들 내부에서조차 주제와 논구의 구심점이란 것이 '없었다'. 따라서 사회과학의 학제간 연구까지는 그만 두고 각 분과 영역으로 하여금 이 땅의 지난 역사를 자신의 지적 토대와 개념틀로 읽어낸다는 것도 무망한 일이었다.

물론 역사를 역사학으로 읽고 그들이 만든 이론을 주변 학문들이 자연스럽게 '수용·응용·변용'할 수 있는 조건이 진작부터 마련되어 있었더라면 굳이 이러한 비관적 회고조차 불필요했음을 모를 리 없는 우리다. 그러나 의당 그들이 수행했어야 할 과업[3] 일부를 다른 영역에 전가하여 기대한다는 것도 문제이겠으되, 학문영역별 주제의 독점뿐 아니라 학제간 공동작업의 필요성마저 심각하게 자기 계몽하려 들지 않았던 풍토도 더 큰 한계로 남아 있다는 데 우리는 주목해야 한다.

그나마 이 땅에도 '역사정치학'이라는 경향이 생겨나고 그에 따른 연

---

3. 왕조국가 조선의 지난 역사를 정치학적으로 조망하는 과정에서도 역사학의 일정한 직무유기는 늘 문제가 된다. 특히 일정 시기에 관한 미시사 추적보다 전체사를 '거시 설명'할 수 있는 틀조차 마련되어 있지 않은 실정에서 이러한 지적 비관론은 여전히 불가피하다. 이에 관해서는 필자의 다음 연구 참조할 것. 박종성, 『왕조의 정치변동: 조선조의 국가존속과 농민의 정치적 저항』(서울: 인간사랑, 1995), pp. 25-28.

구업적들이 쌓여 가고 있음은 다행한 일이다.[4] 하지만 이 같은 작업이 사회과학진영 일부에서만 추진될 뿐, 연구의 대강을 크게 이끌고 논의의 방향을 추스려야 할 역사학 자체가 미동도 없다는 사실은 여전히 회의적이다. 문제는 다시 한번 천민집단의 정치적 존재와 변화에 관한 학문적 주제의식이 빈곤했다는 사실과 이에 관한 학제간 접근이 '유예·방기'되어 왔다는 무관심의 정체를 편견 없이 인식하는 일로 좁혀진다.

기록의 부재가 사실의 존재 여부를 판가름하는 절대적 기준일 수는 없었다. 더욱이 문자와 기록의 향배를 권력이 결정한다는 단서도 늘 발견할 수 있는 일이었다. 다만 그들이 사회적 신분을 이용하여 각종 문화적 잉여를 '착취·향유'했다거나 피지배집단 가운데서도 최하층민의 '정치성(politicity)'을 의심하지 않았다는 사실은 전혀 논의대상이 되지 않았다.

그러나 쓰여지지 않았던 역사와 있었던 일들 사이의 공백을 학문적으로 보완하는 일조차 문제로 부각된다는 것은 이미 지식세계에서도 상상과 추론의 절차가 배제되거나 무기력해지고 있음을 잘 반증한다. 다시 말해 기록이 존재하고 믿을만한 증거가 있어야만 그제서야 말하려는 역사학자들과 적합한 이론적 준거 없이는 한 발짝도 나아가려 들지 않는 사회과학자들에게 이렇다 할 만한 문헌적 근거와 실질적 정치력조차 없던 '그들'은 일단 흥미의 대상이 아니었다. 뿐만 아니라 역사 기록의 상대적 빈곤과 사료의 황폐는 연구의 책임을 모면할 수 있는 더없이 좋은 빌미로 악용될 수도 있었다. 누가 시켜서가 아니라 이처럼 지식집단의 학문적 선호와 주제 선정은 일단 권력변동의 범주와 지탱이란 틀을 벗

4. 진덕규를 비롯한 일군의 학자들과 신용하가 이끌고 '한국사회사학회'로 발전한 일련의 지식집단들이 그 좋은 예일 것이다. 역사정치학의 필요성은 이미 이화여자대학교 정치외교학과 교수들이 잇따라 출간한 다음 연구서들을 통해 확인할 수 있었다. 진덕규, 『한국현대정치사 서설』(서울: 지식산업사, 2000); 남경희, 『주체, 외세, 이념: 한국 현대국가 건설기의 사상적 인식』(서울: 이화여자대학교출판부, 1995); 차남희, 『저항과 순응의 역사정치학: 미군정의 농업정책과 농민』(서울: 이화여자대학교출판부, 1997).

어나지 않았다.

특히 정치학의 경우, 다른 어느 영역보다 권력행사의 방향과 최고집권자의 의중을 읽고 상황의 가변성을 뒤따르며 가능한 미래 예측에 주력하는 동안 연구자들의 시선은 자연히 권세의 흐름과 통치집단을 의식하면서 그 같은 상향식 조건 속에 굳어져 갔다. 정치학 보편의 이러한 현실주의는 결과적으로 역사학의 지나친 실증적 사고와 맞물리면서 막상 저들을 떠받들고 있는 추종세력의 존재나 그들 내부의 동학을 체계적으로 '변별 · 비교'하는 데 실패하게 만든다. 따라서 권력이 지시하고 제도와 정책이 아무리 강력히 권유해도 결국 신분의 조화에 대해 정치사회적 대응이 미진했던 이유나 행정력마저 다다를 길조차 막연했던 체제 말단의 고통은 부각될 길이 없었던 셈이다.

물론 '민주화'라는 지상 최대의 연구 명분과 이 개념이 불러일으킨 현실적 여파에 편승할 경우, 피지배계층의 정치동학에 관한 상대적 무관심은 어느 정도 희석되는 게 사실이다. 하지만 전 지구적 현상의 하나로 '정착 · 확산'된 민주화 추세가 곧 하층계급에 대한 실질적인 정치경제적 구원이나 문제해결의 직접 수단이 된 것은 아니었다. 오히려 그 개념의 광범위함이나 추상성은 정치권력의 오만과 편견을 감춰 주고 나아가 모든 문제는 머잖아 사라질 것이라는 환상의 도구로 오용될 소지 또한 충분했다. 문제는 학문과 지식이 현실의 고통을 줄이는 데 어느 정도 기여할 수 있을 것인지 실용적인 질문이 늘 제기되었고, 연구의 주체들도 어떤 형태로든 이에 답해야만 하는 부담에 직면하게 되었다는 점이다.

그렇다면 이제 다시 새삼스레 문제를 제기해 보자.

1. 이 땅, 이 나라에서 역사상 가장 가난하고 핍박받던 '사회적 존재'는 누구였을까?
2. 경제 사회적 존재양식과 관계없이 그들의 삶을 황폐하게 이끈 결정적 동인은 피할 수 없는 역사의 환경이었을까, 아니면 그들 자신의 무능력이나 벗어날 길 없는 신분의 속박 때문이었을까?

3. 조선 천민에 관한 기존 연구의 빈곤마저도 결국은 그들 존재 전반에 관한 무의식적 홀대의 결과였던 것일까, 아니면 지배계급으로 쏠린 학문적 관심 때문이었을까?
4. 여기서 다시 구체적으로 살필 수 있는 조선 천민의 직업집단은 어떻게 범주화될 수 있고 또 그 근거는 무엇일까?
5. 피지배집단 일반의 순응적 정치성과 천민의 그것은 서로 친화할 수 있는 것일까, 아니면 그들만의 독자적 예속성과 저항의 정치심리를 갖는 것일까?

이 책은 이에 답하려는 목적을 갖는다. 이를 위해 여기서는 두 가지 직업집단에 주목하려 한다. 백정(白丁)과 기생(妓生) 집단이 바로 '그들'이다. 여기서 이들 두 특정 집단에 주목하려는 것은 우선 이들이 남성천민과 여성천민집단을 대표하는 지배적 하층신분이었고 일반적으로 거론하는 칠종(七種) 천인 가운데 사회적 성 역할 분화[5]와 천민 내부의 역할변이를 설명하는 매우 중요한 지표가 되기 때문이다.[6]

물론 왜 하필 이들 두 직업집단이어야 하는지의 물음도 제기될 수 있

5. 사회적 소외집단에게도 일정한 직업적 수요가 뒤따랐다는 사실은 특히 신분사회 조선에서 각별한 의미를 갖는다. 그것은 굳이 그들이 사회적 수요의 필연적 결과물이었다기보다 천민 역시 엄존하는 계층 단위이자 직업기능까지 동시에 수행할 수 있었다는 사실을 뜻한다. 무엇보다 직업적 수요의 성별차와 이에 따른 봉건적 제도화가 뒤따랐음은 다시 주목해야 할 일이다.
6. 여기서 말하는 일곱 종류의 천민 개념은 백정과 기생을 비롯하여 갖바치[皮匠]와 무당(巫女)을 포함, 광대(才人)와 포졸, 그리고 고리장(柳器匠)을 말한다. 여기서 이에 관한 인문학적 근거로 정동주의 담론에 주목해 보자. "……미국 역사나 서양 역사에서 흔히 발견할 수 있는 극한상황 속에서의 피정복민, 또는 흑인 노예들과도 매우 다른 것이 조선 역사속에서의 천민들이었다. 특히 백정들의 기원과 역사 속에서의 역할 아닌 강요된 기능은 어느 민족에서도 쉽사리 발견할 수 없는 매우 특수하고 처절한 비극 그 자체였다. 우선 조선의 천민계급은 사회적으로 가장 밑바닥 계급으로서, 이것은 다시 公賤人과 私賤人으로 나누어지고, 公賤人은 양반들의 시중을 드는 기생이나 內人, 官奴婢, 驛卒 등이고, 私賤人은 私家의 노비, 중(승려), 娼妓, 占쟁이 등을 말했다. 이들 중에서도 더 심하게 차별되어 인간 대우를 못 받는 직업인들이 있었는데 이들이 七賤役이었다. 즉 기생, 무당, 광대, 포졸, 갖바치, 고리장, 백정 등이 그것이었다. 그들 중에서도 백정은 맨 끝이었다." 정동주, 『백정 · 8』(서울: 우리문학사, 1991), p. 55.

다. 비록 같은 천민이었을망정 그들 서로가 곧 사회문화적으로 의존하거나 긴밀하게 소통할 수 있었던 연대의 단위도 아니었고 동일한 수준에서 비교할 만한 직업적 기능성을 공유하지도 않았기 때문이다. 따라서 단순히 천민집단 중 남성과 여성을 대표한다는 이유만으로 그들을 병치시킨다는 것은 무리라는 우려를 낳을 수도 있다. 그들 서로는 남녀의 성차뿐 아니라 직업내용과 형식에서 모두 판이하게 달랐고 노동조건이나 질 역시 지역과 상황에 따라 일치하지도 않았다. 같은 천민집단이었다 해도 외형적 삶의 조건과 양식은 서로 너무도 달랐기 때문이다.

거칠고 고립된 삶의 조건을 스스로 추스르며 주변과의 경쟁보다 자신과의 투쟁을 주안점으로 삼았던 계층이 백정들이었다면, 별도의 공간에 '공생 · 공존'하긴 하였으되 은밀함과 긴밀함이라는 노동조건의 특성상 주로 사대부들과의 관계를 바탕으로 의식과 행동의 자율성을 견지할 수 있었다는 점에서도 기생은 '저들'과 달랐다. 즉 자신이 기댈 수 있던 최종의 안위 근거가 바로 자신이었다는 점에서 백정들이 갖고 있던 삶의 절박함이나 그 극단적 보상심리 따위는 기생들에게 찾아볼 수 없었다. 대신 늘 권력에 의존하거나 일정한 교환가치를 전제로 자신의 존립 바탕을 마련할 수 있었던 기생들이 백정보다 한층 여유 있었을 것이란 설명도 가능하다.

그러나 이 같은 예비적 전제도 막상 그네들 두 집단이 보인 삶의 극적 극단성과 정치사회적 핍박을 염두에 두고 볼라치면 한낱 기우임을 알게 된다. 제아무리 삶의 질과 표피적 편차에서 두드러진 특성을 감안해야 한다 하더라도 '반 · 상'의 계급구분이 엄격하고 나아가 천민에 대한 절대적 모멸의식을 전제할 때 집단 내부의 크고 작은 차별성은 힘을 잃게 된다는 점 말이다. 그들은 모두 닫힌 사회 안에 또다시 갇혀 헤어날 길 없는 신분의 속박과 마치 생래적 저주나 척박한 삶의 굴레를 운명처럼 껴안으며 그 조건과 싸워야했다는 점에서 크게는 같았고 작게는 달랐다. 이런 전제 아래 두 집단 사이의 사회문화적 차이를 구분해 보면 그것은 차라리 지배계급과의 절연(截然)한 차이에 묻혀 얼마든지 '희석·극복'될 수 있는 성질의 것임도 알 수 있게 된다.

아울러 기생과 백정 사이에는 유사한 삶의 조건, 즉 척박하고 암울한 상황을 공유하는 사람들이 널리 퍼져 있었다. 이미 지적한 대로 역사의 기록은 일단 문자와 언어를 조련하고 독점하는 이들의 몫이었지만 그들이 적어 놓지 않았다 하여 없었다고는 말할 수 없는 일들이 그들 주변에는 쌓여 있었다. 그리하여 사실로서의 엄연함을 입증하고 그 지적인 적합성마저 담보하는 일은 늦어도 한참 늦어 버린 일들 가운데 하나로 남아 있는 셈이다. 따라서 '포졸'들이 '무당'보다 얼마나 더 행복했었을 것인지, '갖바치'가 '고리장'보다 경제적으로 얼마나 더 힘든 상황에 있었는지 따위의 질문은 지엽적인 문제였을 뿐이다. 아울러 '광대'의 일상이 '백정'이나 '기생'의 그것보다 한층 고달플 것이었으리란 추론도 사실상 따지고 보면 극히 주관적이고 감상적인 일이었다.

그렇다면 차라리 천민계층 가운데 가장 많은 문화적 관심과 연구의 필요성을 자극했던 집단들을 임의 선정하여 그들을 집중 분석하는 일이 훨씬 의미 있을 것이란 생각을 하게 된다. 여기서 백정과 기생은 천민 가운데서도 드라마틱한 삶의 절박성과 더 이상 내몰릴 길 없이 '방치·강요'된 극단성을 적절히 공유하고 있었다는 점에서 연구대상으로 역사적 마력을 갖는다. 따라서 이제 이들을 왜 연구해야 하는지의 물음은 차라리 접근과 해부의 방법을 고민하는 쪽으로 뒤집을 필요가 있다.

다음 몇 가지 사항들은 이제 여기서 살펴볼 논의의 대강을 압축시켜 본 것이다.

1. 기생과 백정은 조선 천민 가운데 극적인 양극성을 공유한다. 여기서 양극성이란 역사로 증거되고 통계로 반증할 수 있는 개념이 아니다. 다만 표피적 경제조건과 외형적 삶의 질이 거의 극명하게 대비되는 차이만을 의미할 뿐이다. 이 같은 양극성은 어디까지나 집단별 문화의 차이나 이를 학문적으로 논의해 보려는 편의적 결과물일 뿐 역사의 실제로 확증하거나 이론적 적합성으로 담보할 수 있는 사실은 아니다.

2. 그러나 두 집단은 사회적 '강제성(enforcement)'과 정치적 '소외성(estrangement)'을 강하게 반영한다. 때에 따라 이들은 열정적으로 행동하며 현실적 삶의 변화를 유인하는 여러 이유 때문에 격동하거나 극도로 침잠하는 행태의 양극성마저 공유하고 있었다. 이때 이들의 저항에 나타난 힘의 정체는 체제의 극단적 강요와 타율적 소외에 대한 천민 구성원 개개인의 주관과 감정적 반발로 의미를 더한다. 일종의 정치적 절규이자 고발로 최하층 신분의 저항은 양인(良人)이나 일부 관료의 자기중심적 일탈과는 전혀 다른 성격을 갖는다.
3. 간헐적 저항과 잠정적 이의제기가 신분 해방이나 주변 민중과의 연대로까지 이어지지 못했던 한계는 계급구조의 극단적 폐쇄성과 항변의 내용물이 갖는 감각성에 그 원인이 있었다. 즉 정의(情誼)적이고 주관적인 울분 토로나 극단적 금압 조건에 대한 예외적 항거는 한층 조직화하거나 체계적으로 인도되지 않았고 천민 내부의 직업집단간 연계나 적극적 동원 역시 담보되지 않았다. 따라서 백정의 저항과 기생의 그것이 서로 연결되거나 교호할 수 있었던 역사의 근거는 극히 박약했다. 다만 그들의 저항은 세습군주체제 아래 보편화될 수 없었던 민중정치를 감안할 경우, 극적인 긴박감을 한층 더해 주었고 이러한 긴장의 정서는 사회과학이나 역사학의 중추를 자극하기보다 오히려 인문학의 촉수를 흔드는 데 크게 이바지한다. 하지만 인문학적 논의의 축적물이 역사 연구의 한계와 사회과학적 빈곤이 불러일으킨 논의의 모순을 곧바로 뛰어넘게 해준 것은 아니었다.
4. 역사는 백정보다 기생 부문의 사건으로 기록의 부피를 더한다. 이것이 역사 맡은 관리[史官]들의 무의식적 관심을 반영하는 것이었는지는 불투명하다. 단지 백정의 저항과 체제 일탈은 억압과 강요에 대한 정치적 메시지로 기능하는 경우가 많았고 기생의 항변과 이반은 성적 억압과 대속(代贖)의 단위로 희생과 불가피한 누명에 대한 반대이자 혹은 선언적인 의미를 반영했다. 그러나 그 둘은 모두 군주국가의 억압구조와 봉건적 주변부에서 때로 권력을 조롱하고 근본적으로 비판해 보려 했던 변방의 목소리로 기능하고 있었다. 아울러 그들 모두는 '육체'를 매개로 억압 현장에서 자기방식의 항거를 준비할 수 있었고 좌절과 실패를 경험한 이후에도 그 공간을 벗어날 길 없이 온몸으로 '적응・체념'해야 하는 천민의 대표적 단위로 존재하고 있었다.
5. 육체를 육체로 소비하고 재생산 도구로 '활용・지탱'되어야 한다는 사회적 요구는 천민 모두에게 적용된 보편의 법칙이었을 것이다. 그러나 다른 누

> 구보다 이들 두 계층은 '아무도 하려 하지 않는 일'을 해야만 했다. 그리고 '하지 않아도 될 때'를 기다려 자신의 입지를 버리거나 떠날 수조차 없었다는 점에서 노동의 극한성을 공유하고 있었다. 이 점에서 그들은 스스로의 정치적 긴장과 사회적 이탈 필요성을 공감, 공유하고 있었다. 여성으로 속박당하는 성차별 일반의 봉건문화에 덧붙여 모멸과 대리배설의 비용을 감수해야 했던 기생의 이중적 고통은 남성이면서도 '사회적 정치력(a Social Politicity)'을 인정받지 못하여 자신의 능력(힘)을 오직 육체로만 확인해야 했던 백정의 그것과 역사적으로 서로 상쇄하고도 남을만한 것이었다.

어느 한 천민집단에 관한 개별 천착이나 사회과학적 학제 분석까지는 그만 두더라도 집단적 박탈 혹은 상대적 가치박탈 수준[7]에서, 그리고 빈곤 일반에 관한 연구 과정에서라도 이들 주제를 같이 취급할 수 있었더라면 기왕의 문제들은 최소한 그 분석의 돌파구를 찾을 수 있었을 것이다. 그러나 이 같은 작업은 이루어지지 않았다. 다만 초보적 수준의 어원 분석과 기초자료 정리 수준에서 작업이 이루어진 게 고작이었다.

역사의 근원은 고사하고 실재하는 사회세력으로 어떤 경험지평을 걷고 있었는지 표피적으로만 조준했어도 빈곤의 연구는 한결 힘차게 진척될 수 있었을 것이다. 왜냐하면 거꾸로 비추어 만일 그들이 풍요로운 조건 속에 있었더라도 그 같은 강요와 배척의 삶의 조건을 감내했었겠는가라는 반론이 얼마든지 힘을 얻을 수 있기 때문이다. 하지만 한국지성사는 '빈곤'이라는 주제에서마저 빈곤한 자기 모습을 벗지 못한다. 주제 자체가 주는 매력이 경제적 풍요나 부의 분배와 비교하여 한결 떨어졌던 탓일까? 이들 물음의 해답이 여전히 애매하듯 조선 천민의 존재양식을 빈곤이라는 문제의식과 관련지어 연구하는 것도 매력의 대상은

---

7. 서양의 경우 심리적 박탈감이 빈곤계층의 삶에서 얼마나 고통스러운 것이었는지는 오랜 연구주제였다. 예를 들어 다음 경우는 좋은 준거가 된다. Mavis Maclean and Margot Jefferys, "Disability and Deprivation," Dorothy Wedderburn, ed., *Poverty, Inequality & Class Structure*(Cambridge: Cambridge University Press, 1974), pp. 165-179; Ralph Miliband, "Politics and Poverty," *ibid.*, pp. 183-196.

아니었다.8)

백정과 기생의 정치사회학을 논의하기 전, 먼저 살펴볼 것은 기존의 역사학 연구에 나타난 천민 분석의 기본적 추이와 내용이다. 역사 연구의 근본은 천민집단의 생성과 분화 및 어원 분석을 주안점으로 삼으면서 이를 뒷받침할 만한 사료 추적과 정리 수준에서 그 작업을 대신할 뿐이었다. 근거 없이는 아무 말도 할 수 없다는 그들 내부의 지적 불문율은 최소한의 상상과 소극적 추론만을 허용할 뿐이었다. 그 같은 작업이 풍요로운 후발 연구를 이끌거나 적극적 해석까지 담보해서 기존 연구의 공백을 메울 수 있는 수준으로까지 연계되지도 않았다는 점에서 논의의 빈곤은 여전하다.

양적으로 기존의 천민 연구를 비교해 보면 기생에 관한 논의는 백정의 그것에 훨씬 못 미치고 있고 이들을 제외한 집단은 그나마 거의 전무한 상황이다. 이 같은 집단별 편차는 주제 자체에 관한 기왕의 무관심 속에서도 이들 두 계층에 관한 흥미가 상대적으로 돋보였음을 입증해 준다. 하지만 백정 연구의 상대적 우위가 내용의 풍요까지 반영하는 것은 아니었다.

백정이 고려 말기까지 농민층 일반을 아우르는 보편의 개념이었고 이후 조선에서 본격적인 하층 천민으로 전락한 시간적 변이의 과정을 밝혀냈음은 일단 역사학계의 업적으로 치부된다.9) 뿐만 아니라 여말선초

8. 샤크의 다음 연구는 매우 유의미한 준거가 된다. 臺北市 *Liong-hiat* 지역의 '빈민촌 연구 *Beggars' Den*'는 빈곤에 관한 사회과학적 관심이 어떻게 집약될 수 있는지를 모범적으로 잘 보여 준다. David C. Schak, *A Chinese Beggars' Den: Poverty and Mobility in an Underclass Community*(Pittsburgh, PA.: University of Pittsburgh Press, 1988).

9. 이우성과 강만길은 논의의 단초를 마련한 국내 초기 연구자였다. 李佑成, 「閑人·白丁의 新解釋」, 『歷史學報』 第19輯(1962), pp. 53-89; 姜萬吉, 「鮮初白丁考」, 『史學硏究』 第18號·申奭鎬 博士華甲記念 朝鮮時代硏究特輯(1964年 9月), pp. 491-526. 물론 일본의 몇몇 연구자들이 강점기 조선사회 분석과정에서 白丁이 楊水尺과 禾尺의 '後身'이었고, 水尺의 '後裔'일 수 있었음을 밝힘으로써 '硏究 年代'를 소급시켜 준 것은 사실이다. 그러나 이들이 역

에 나타나는 여러 형태의 사회변화 가운데 계층의 이동과 '지배·피지배'구조의 재편이 불러일으킨 권력변이나 새로운 복종의 정치문화가 갖는 의미 규명에서도 비록 소수이지만 역사학 진영은 성실성을 잃지 않았다.[10] 하지만 비록 조선 중기 이후 신분과 계급질서의 동요가 일어났다 해도 근본적인 사회구조의 전복과 정치권력의 재구성이 뒤따르지 않았던 봉건사회에서 특히 천민계층의 '상승이동(upward mobilization)'에 관한 천착도 없었고 이에 따른 조선 전기 하층민 연구자들의 후발 작업도 뒷받침되지 않았음은 또다른 한계 가운데 하나였다.

백정 연구의 지속적인 단절은 시기별, 공간별 인구변동이나 노동과정의 분화, 그리고 직업세습과 집단 내부의 심리적 변화에 이르기까지 논의의 입체성을 담보하지 못했다.[11] 이러한 추세는 결국 백정을 비롯한 조선 천민 전반에 관한 연구를 지연시키고 고작해야 사전적 의미규정 수준에서 논의를 끌고 가야 하는 잘못을 되풀이하게 한다.[12] 그렇다면

사의 실체를 왜곡 없이 '복원·재현'했다는 근거는 약하다. 이들 가운데 대표적인 것들로는 다음 참조할 것. 鮎貝房之進,「白丁, 附水尺, 禾尺, 楊水尺」,『雜攷』 5輯(1932, 1938); 喜田貞吉,「朝鮮の白丁と 我か傀儡子」,『史林』(史學硏究會) 3卷 3號(京都, 1918. 7), pp. 104-110; 今西龍,「朝鮮白丁考」,『藝文』 9-4(1918); 旗田巍,「高麗時代の白丁」,『朝鮮學報』 第14輯(1959).

10. 사회학자이지만 역사학의 지평 위에서 이 문제에 깊이 다다르는 지승종과 역사학자로서 드물게 하층민 연구에 나선 한희숙의 경우는 돋보인다. 池承鍾,『朝鮮前期奴婢身分硏究』(서울: 一潮閣, 1997); 韓嬉淑,「朝鮮初期의 雜類層에 대한 硏究」, 高麗大學校大學院 史學科 文學博士學位論文(1990).

11. 하지만 다음 연구들은 중요한 예외다. 李俊九,「朝鮮後期 慶尙道 丹城地域 白丁의 存在樣相: 丹城帳籍을 중심으로」, 朝鮮史硏究會(編),『朝鮮史硏究』 第7輯(1998), pp. 63-101;「朝鮮後期 白丁의 存在樣相: 大邱市 西上面 路下里 白丁部落을 중심으로」,『大邱史學』 第53輯(1997); 林學成,「朝鮮後期 公奴婢의 身分變動相에 관한 一硏究: 17·18세기 丹城 戶籍의 事例分析」,『國史館論叢』 第86輯(1999), pp. 103-167.

12. 여러 형태의 의미규정 방식과 그 인용에 따른 이미지의 변용이 있었지만, 모태를 이룬 것은 그리 많지 않다. 다음 기록들은 이 같은 작업의 기반을 이룬 대표적인 경우다. 李載龔,「奴婢」, 國史編纂委員會,『韓國史 10: 兩班官僚國家의 社會構造』(서울: 探求堂, 1981) 중 '白丁,' pp. 690-693; 高大民族文化硏究所(編),『韓國民俗大觀』 第1卷: 社會構造·冠婚喪祭(서울: 高大民族

기생의 경우는 어떠했을까? 그들에 관한 연구는 백정의 그것을 넘어서고 있었을까?

기생에 관한 지적 관심이란 기껏해야 본능적 호기심이나 문화사적 갈증의 틈바구니에서 때로 유예되었을 뿐, 굳이 연구의 경로로까지 구체화되진 않았다. 이 점에서 이는 또 하나의 변방이었다. 그들이 지조를 지키며 지배계급 주변에서 '유희'와 '동반'의 본분을 다했다든지 혹은 때로 일탈하여 은밀한 즐거움을 베푼 숨겨진 공급원이었다든지 하는 따위의 논의가 상식의 기본 축을 이루는 것들이었다면 더 나아가 기녀의 정치적 기능이나 천민집단의 구성원으로 사회적 보상기제를 추구하던 그들 특유의 개성까지 분석해 낼 수 있는 능력은 어느 연구에서도 기대할 수 없었다.

대신 '기생 연구'도 앞의 경우처럼 발생론적 기원론[13]에 치중하거나 아니면 억압과 은폐 대상으로 그들의 삶의 실체를 규명하기보다 관음과 멸시의 중심에 그 화두를 조심스레 올려놓으려는 것 이외에 별다른 진척은 없었다.

이러한 '소극성'은 결국 지배계급 그 자체에 관한 혹은 당대 최고권력 주변의 연구만으로도 버겁던 전통사학의 보수성을 그대로 반영한다. 바꾸어 말해 한국사학자들에게 기생의 존재는 최소한의 논의대상으로조차 보이지 않았고 주제 자체의 사회적 천박성은 학문적으로도 그 껍질을 벗을 여유가 없었던 셈이다. 이 같은 관심의 '주변성'이나 '변방성'은 이 주제를 역사학 본령에서 벗어나게 함으로써 역사의 정치적 '구성분(構成分)'으로보다는 오히려 풍속사와 생활사의 한 지류로 이해하게 만든다.[14]

文化硏究所出版部, 1980), pp. 281-283; 李成茂, 「白丁」, 韓國精神文化硏究院(編), 『韓國民族文化大百科事典』 第9卷(城南: 韓國精神文化硏究院, 1993), pp. 439-441.

13. 金用淑, 「妓生」, 韓國精神文化硏究院(編), 『韓國民族文化大百科事典』 第4卷(城南: 韓國精神文化硏究院, 1993), pp. 464-465.

14. 기생에 관한 논의는 사실 백정보다 훨씬 많았다. 사회일반의 '습속'이나 호사가

복식(服飾)과 예법, 가무의 내용과 생활방식이 논의의 대상이 되는 조건[15] 속에서 당대 권력을 바라보는 기생의 정치심리라든지 나아가 자신들의 처지를 '개선・초극'하려는 의지까지 읽어낸다는 것은 극히 어려운 일이었다. 기생들의 정치사회적 저항까지는 분석해 내지 못하였어도 백정들의 정치화, 즉 저항의 의식화 작업을 역사 속에서 끌어내어 19세기 이후의 지평을 정리할 수 있었음은 그나마 다행이었다. 기생들의 저항도 19세기 이후 소극적으로나마 가시화되었지만 여성으로서의 행동반경 제약과 신분적 족쇄가 주는 한계는 백정들의 극한성과는 또 다른 문제였다.

동학운동을 전후하여 가속화된 민란의 조류와 이에 동승한 저항 가운데 이필제의 진주민란과 전봉준의 '칠종천인 대우개선'에 관한 폐정개혁 요구는 그 성패 여부와 관계없이 의식화 작업을 가속화시킨 결정적 계기가 된다. 형평운동 13년의 전말과 그들이 호소하려 했던 평등의 요구

들의 입담거리로 오르내리는 주제로 기녀가 호기심과 상상의 대상이 되는 일은 보통이었기 때문이다. 거칠면서도 소외된 삶을 살아내야 했던 백정보다 한층 과장될 수도 있었고 때로 신비화될 수 있는 소지마저 충분했음은 이 같은 시류성과 성 정치적 관심의 단면을 그대로 반증한다. 그러나 이 같은 일반의 높은 관심이 막상 그들에 대한 연구의 '실질'과 '심도'를 자동적으로 보장해 주는 것은 아니었다. 여기서 분명히 해둘 점은 한국 전통사학에서 '풍속사'와 '時俗'의 문제가 논의의 중심이 되기에는 여전히 멀리 있고 오히려 국제적 관심대상으로 떠오를 수 있는 독특한 문화적 긴장요소를 안는다는 것이다. 기생 연구자의 한 사람으로서 빈센차 두르소는 국내에 비록 덜 알려져 있지만 이 같은 '의외성'을 잘 반영한다. 그는 어떤 경우든 조선의 기녀들이 음악공연이나 문학 등을 본업으로 했으며, 일반인들이 '상상・인식'하듯 매춘행위에 종사하지는 않았음을 밝혔다. 이에 관해서는 다음 記事 참조할 것. 『朝鮮日報』 1996年 10月 16(水)日, 第23513號, 27面. 조선 기생에 관한 일본인의 연구로는 다음 참조할 것. 川村 湊, 『妓生: 「もの言う花」の文化誌』(東京: 作品社, 2001).

15. 다음 연구들이 그 좋은 예이다. 玄文子, 「李朝 妓女制度와 生活硏究」, 亞細亞學術硏究會(編), 『亞細亞學報』 第10輯(1972), pp. 41-76; 金東旭, 「李朝妓女史序說(士大夫와 妓女): 李朝 士大夫와 妓女에 대한 風俗史的 接近」, 淑明女子大學校 亞細亞女性問題硏究所(編), 『亞細亞女性硏究』 第5輯(1966), pp. 75-116; 申惠淑, 「朝鮮時代 妓女制度와 妓女服에 관한 一考察」, 大邱大學校大學院 史學科 碩士學位論文(1987).

가 강점기 조선의 압제와 맞물리면서 좌익 협의의 범주를 못 벗어났다든지 그들의 의식화를 적어도 집단 내부에서 '견인·촉발'하지 못하고 양반 일부의 자기계몽과 19세기 말 기독교 전래 시기까지 '지체·유예' 시키고 있었음은 결정적 한계로 남을 것이다. 그러나 이러한 과정 전체를 기록, 분석하려는 사회과학적 노력이 추진되었음은 기왕의 역사학적 무관심을 보완하고 새로운 논의방향을 잡는 데 적잖이 기여한다.[16)]

역사의 이면을 추적하고 여유 있는 해석과 상상을 허용하는 경우에도 천민의 존재는 중요하지 않았다. 예를 들어 이긍익의 『연려실기술』[17)]이라든지 그 많은 실학서들 가운데에도 천민계급해방과 사회적 처우의 개선을 주장하거나 적어도 실제 사례를 적극 추출하여 해석한 경우란 흔치 않았기 때문이다. 이 같은 사실들만 보아도 역사학과 사회과학진영 모두 천민들은 현학적으로든 일상적 담론대상으로든 본격 취급하지 않는 화두였다.

천민에 관한 연구는 이처럼 역사학과 사회과학 모두의 우선 과업이 아니었다. 권력이 무시하듯 지식도 외면했고 그들 자신 또한 자신의 존재를 반대진영 누군가에게 알리거나 알아달라고 외치지도 않았다. 이

---

16. 다음 연구들은 백정의 정치사회적 동원과 운동단위로의 위상을 적극적으로 해석한다. 김중섭, 『형평운동연구: 일제침략기 백정의 사회사』(서울: 민영사, 1994); 정준모, 『한국 백정해방운동 선구자 사무엘 F. 무어 선교사 생애와 사상』(서울: 은혜기획, 2000); 金重烈, 『抗日勞動鬪爭史: 徵用당한 百萬勞動者들의 뒷소식』(서울: 集賢社, 1982); 金靜美, 「19世紀末 20世紀初頭における'白丁'」, 『近代朝鮮の社會と思想』(1981)/姜在彦(外) 엮음·김정희 옮김, 『한국근대사회와 사상』(서울: 중원문화사, 1984), pp. 191-226; 「朝鮮の被差別民'白丁': 日帝下における生活と解放運動」, 『喊聲』 5號(1983) 七四書房, pp. 44-62; 김경일, 『일제하 노동운동사』(서울: 창작과비평사, 1992); 陳德奎, 「衡平運動의 自由主義的 改革思想에 대한 認識」, 『韓國政治學會報』 第10輯(1976), pp. 169-181.
17. 실제로 정치권력부문에서 '발생·비화'한 변란사건이나 흥미로운 격동의 사례들은 관심대상이었을지언정, 천민들의 저항이나 지배계급에 대한 도전이 인용되고 있음은 단지 임꺽정과 길운절의 경우였다. 民族文化推進會, 『國譯 燃藜室記述 III』(서울: 民族文化推進會, 1967), pp. 140-143, p. 509.

같은 철저한 소통의 단절은 아직껏 계속되고 있다고 보아도 크게 틀리지 않는다. 그들은 어느덧 구름처럼 살아 나가고 있었고 필요할 때 부르면 그뿐, 굳이 없어도 크게 문제될 리 없는 그런 존재들이었다. 그렇다고 해서 존재하고 있는 것 자체가 성가시다거나 권력이 애써 계도하며 유인해야 할 정책적 배려대상으로도 커가고 있지 않았다는 점에서 어차피 없는 듯 있었던 그들의 비극은 예정된 일이었다.

역사의 '그늘'로 치부해도 이른바 '연구'는 남겨진 기록과 흔적으로부터 누군가 시동했어야 했다. 때로 자유 연상이 미칠 무책임과 해석의 오류를 감안하더라도 일단은 응달에서 건져내 양지에서 말리고 거풍시켰어야 할 일이었다. 굳이 관심조차 변변치 않아 학문이 미루고 역사가 눈 돌리지 않으려 했던 주제로서 이들의 존재를 다시 보아야 한다면 우리는 이제 무엇을 어떻게 해야 할 것인가?

그나마 이제라도 기초자료를 검색하고 그 위에서 새로운 작업과 해석의 진전을 도모하는 일이 과제의 앞에 놓일 것이라는 게 필자의 생각이다. 그러니까 백정과 기생의 사회적 기원을 역사로 추론하고 기존의 문헌으로 확인한 다음 드러나는 공백에 다시 주목, 이를 확대하여 가능한 이해 공간을 만들며 이제까지의 무관심과 긴장의 틀을 이완시키는 작업부터 먼저 진행해야 할 것이란 점이다. 따라서 여기서는,

1. 불모의 대상이나마 이미 진행, 축적된 천민집단 연구결과를 놓고 그에 투영된 개념과 정의방식을 먼저 치밀하게 추적하기로 한다.
2. 다음으로 그들이 미처 하지 못했던 남은 작업들, 예컨대 역사상의 기록을 거슬러 시기별, 공간별로 재추적하고 해당 기록에 비치고 있는 논의와 취급 방법 혹은 편견과 이해틀도 복원, 재구성하기로 한다. 이 단계에서 통계의 산정과 체계화는 불가피할 것이다. 어차피 역사와 사회과학의 합리적인 연계나 소위 자발적 협업이 요원한 일이라면 어떤 형태로든 실험과 시도는 과학화될 수밖에 없다.
3. 인문학적 논의, 특히 문학의 조선사 취급은 역사학과 사회과학을 향해 무엇을 시사하는지에 남은 관심을 기울일 것이다. 무엇보다 기존 대하물에

투영된 허구의 사실화(史實化) 작업이 실제 역사의 객관적 사실화(寫實化)와 그 정치학적 해석 틈새에서 어떻게 작동할 것인지는 적잖은 중요성을 가지기 때문이다. 물론 이 단계에서 믿을 수 있는 부분과 그렇지 못한 대목 사이의 골을 무엇으로 메울 것인지는 핵심의 문제로 남는다. 그것이 창조적 상상과 합리적 해석틀로 보완될 수 있을 것인지도 남은 과제의 큰 몫을 차지할 것이다.

2. 보조계층인가, 쓸모 없는 신분인가?

'예(禮)'와 '의(義)'에 따라 자발적으로 복종하면서 정치적 시혜를 기대했던 전통사회 조선에서 천민은 적어도 치밀한 의지와 계획에 따라 고안된 '집단(clan)'은 아니었다. 만들어진 계급이 아니라 생겨난 집단이었고 나타나고 남겨진 부류로 천민의 존재는 그래서 있어도 없었고, 없어도 있었던 '것'이다. 그렇게 '있고' 동시에 '없었던' 천민들은 막상 어디서 그 존재의 이유와 사라짐의 명분을 찾을 수 있었던 것일까? 그 속에서 특히 백정과 기생들은 어떤 모습으로 살아 남았을까?

백정은 백정대로, 기생은 기생대로 독특한 활동공간과 직업분화의 환경을 갖고 있었지만 그 둘은 발생론적으로 전혀 다르지 않았다. 백정과 기생은 둘이 아니라 하나였다. 생물학적 종의 기원이나 생명체 분화의 모태 기반을 배제할 수 없는 것처럼 사회계층의 발생론적 기원도 애초의 발현 단위를 갖게 마련이었다. 국가 조성 이후 천민집단의 원류는 여럿일 수 있었다. 그러나 직업집단으로서 그들이 일정한 사회 역할과 기능을 부여받게 된 변방적 제도화는 동화와 공존을 위한 정치적 이유 하나에서였다.

양수척(楊水尺)의 사회적 분화를 먼저 살펴보자. 유랑과 방황 속에서 체제에 인입(引入)하기 어려웠던 남녀군상들의 사회적 표류는 사실상 처음부터 예정되어 있지 않았다. 재인(才人)과 화척(禾尺)이 결합하고 그 속에서 극천민(極賤民)으로 전락하는 백정의 존재. 그리고 때로 매춘과 구걸을 병행하면서까지 극한 생존의 대안을 모색하며 지배계급 주변에서 자신의 존립 기반을 찾았던 사람들의 후예가 기녀였다는 천민사(賤民史)의 추론도 적잖았다.

호칭은 다양하나 이들의 사회관계를 이토록 단순화시킬 수 있는 역사의 근거는 많았다. 강만길은 이렇게 말한다.

> 고려시대부터 才人 혹은 禾尺으로 지칭되어 오던 이들이 공식적으로 白丁이라 改稱된 것은 세종 5년(1423) 10월이었다. 實錄記事에 의하면 才人 禾尺은 本是 良人인데 그 직업이 천하고 호칭이 달라서 백성들이 모두 異類로 보고 그들과 혼인하기를 꺼려하니 그들을 白丁이라 고쳐 부르자고 제의한 兵曹의 안을 왕이 수락한 바 있다. 이로 보아 이후로부터는 과거의 才人과 禾尺을 통틀어 白丁으로 불렀어야 하겠으나 실제는 실록기사에도 禾尺·水尺·才人·韃靼禾尺·才白丁·才人白丁·新白丁·白丁 등으로 혼용되고 있어서 구명칭을 버리지 못하고 있는 한편, 新舊 명칭이 복합되어 불려지기도 한 것같이 보인다. 그리고 禾尺·才人을 합쳐 백정이라 부르게 한 세종 5년 이전에도 그들의 호칭이 禾尺·才人만이 아니어서 高麗史 辛禑傳에 의하면 '禾尺卽楊水尺'이라 하여 禾尺은 이전에 楊水尺이라 불렸음을 알 수 있게 한다. 뿐만 아니라 중종실록에는 '白丁卽前朝之楊水尺'이라 하여 결국 白丁의 계보는 白丁 이전에는 禾尺, 禾尺 이전에는 楊水尺이었으며 才人은 그 계보에서 이탈된 부류, 즉 백정 계열과는 그 근원이 다르고 또 생활상태도 다른 무리로 생각되며 또 사실 그렇게 취급되어 오기도 하였다. 그러나 또 한편으로는 前揭 세종 5년에 才人과 禾尺을 白丁으로 개칭하였다는 기록이나 世祖 2년의 梁誠之 上疏文에 '白丁 或稱禾尺 或稱才人 或稱韃靼[18] 其種類非一'이라 한 기록 등을 위시하여 고려 말기에서 조선 전기에 걸친 것의 모든 기록에는 前述한 白丁系 卽 白丁·禾尺과 才人이 그 생활상태는 물론 직업에 있어서도 거의 구별할 수 없게 표현되어 있다. 그런데도 불구하고 白丁이라 개칭되기 이전에는 禾尺과 才人의 두 가지 명칭으로 불려졌고 白丁으로 개칭한 후에도 禾尺은 그대로 禾尺이라 부르거나 白丁이라고 부르고 있으며 才人은 才白丁 혹은 才人白丁으로 부르고 있은 것 같게도 느껴진다. 이와 같이 白丁

18. 女眞族의 별칭으로 '韃靼', '韃靼' 혹은 '韃坦' 등으로 불렀다.

> 系와 才人이 그 호칭에 차이는 있으나, 이들은 모두 遊牧民系出身으로 그 생활상에 차이가 없으며 직업에 있어서도 사실상 차이가 없었다 ……종래의 학자들 가운데에도 楊水尺 卽 白丁系만은 대륙지방에서 유입한 異民族이리라 추측한 분들이 있었다. 그러나 우리는 조선왕조실록 속에서 백정계뿐만 아니라 才人까지 포함해서 그들이 이민족 출신이었음을 보다 분명히 믿을 수 있게 하는 기록들을 찾아볼 수 있다. 앞에서도 인용한 바 있지만 世祖實錄의 梁誠之 上疏文 속에는 禾尺·才人·韃靼 등으로 불려서 그 종류가 하나뿐이 아닌 백정들을 '本非我類'라 하였고 中宗實錄 속에도 우리나라에 別種人이 있으니 그 이름이 白丁이라 하였으며 成宗 때의 僉知中樞府事였던 金永濡의 上疏 가운데도 우리나라의 才人白丁은 그 선조가 胡種이라고 한 기록이 있고 역시 成宗 때의 各道 觀察使에 보내는 글에서도 才白丁은 본래 모두 異類라고 하였다. 뿐만 아니라 世宗 때 四品 이상의 官吏들이 制寇策을 논의한 가운데 新白丁等은 狩獵에 익숙하고 말타기와 길걷기에 뛰어나므로 만약 이들을 國防에 이용하면 소위 以夷制夷하는 것이 된다 하였고 中宗實錄에는 都城內에 才人白丁들이 많이 거주하여 도적들이 이들을 因緣하여 출입이 빈번하며 또 才人白丁들의 居處가 도적의 소굴이 되어 있으므로 才人白丁들을 가려 내려 하여도 '그들이 凡人과 같아서 그 容貌로는 分辨할 수 없다'는 퍽 暗示的인 기록도 있다.[19)]

그는 이처럼 백정의 기원이 변방의 이민족 유입과 깊이 관련되어 있고 어디까지나 그들이 동화와 회유의 대상이자 정착해야 할 사람들이었다고 주장한다. 이민족으로서의 활달함과 생활사적인 분방함은 농경을 삶의 중심으로 삼았고 이미 안주하고 있던 조선 기층민들과의 유화(宥和) 또한 쉽지 않았다고 그는 강조한다. 뿐만 아니라 이 같은 기질의 차이는 백정이 처음부터 권력의 고안물이 아니라 그들 스스로 자초한 정치적 선택이자 경제적 적응을 유도한 결과 뒤따르는 의도치 않았던 문화의 소산이었음도 지적한다.

그러나 그의 지적이 과연 전적으로 온당한 것이었는지, 특히 그들이 왜 전제군주시대에 차별대우를 받고 고통당해야 했는지 막상 그 구조적

---

19. 강만길(1964), 앞 논문, pp. 492-494.

배경은 여전히 불투명하다. 과연 조선 천민의 기원은 고려백정, 즉 보편의 기층 농민[20]이나 이민족의 유입과 맞물리는 것일까, 그리하여 조선

---

20. 이에 관해서는 다음 사실들을 먼저 분명히 유념해 둘 필요가 있다. 즉 백정 개념의 고려사적 기초가 그것이다. “고려시대에 軍役・其人役・驛役 등의 특정한 職役을 부담하지 않고 주로 농업에 종사하던 農民層. 백정이라는 명칭은 원래 중국의 남북조와 隋나라에서는 無官者인 평민, 즉 百姓을 일컫던 말이다. 백정의 ‘白’은 ‘없다’ 또는 ‘아니다’라는 의미를 지닌 말이고 ‘丁’은 ‘丁戶’ 또는 ‘丁人’이라는 뜻이므로 白丁은 丁戶(丁人)가 아닌 사람을 지칭한다. 고려시대의 정호는 16세에서 59세까지의 民丁 중에서 군역의 의무를 지고 있던 사람을 말하였다. 이때의 군역은 양반층이 관직에 종사하는 권리 및 의무로서의 出仕, 지방 향리들이 부담하여야 할 의무로서의 기인역, 驛民들의 의무였던 驛役 등과 같은 성격의 직역이다. 따라서 丁戶는 고려시대에 직역을 감당하여야 할 신분 중에서 군역에 종사하는 일반 농민층을 의미한다. 그러므로 丁戶가 아닌 백정은, 곧 농업에 종사하지만 군역의 의무를 가지고 있지 않는 신분층이라 할 수 있다. 한편, 고려시대의 丁戶는 그들이 부담하고 있는 직역으로서의 군역에 대한 반대급부로서 국가로부터 軍人田 또는 足丁・半丁으로 일컬어지는 名田을 지급받았으나, 백정은 직역으로서의 군역부담이 없었기 때문에 직역에 대한 반대급부로서의 어떠한 名田도 지급받지 못하였다. 그런데 名田의 지급이라는 것이 실제적인 토지 지급이라기보다는 명전을 원래 소유하고 있던 직역부담자에게 그 토지에 대한 租稅를 면제해 주는 것을 의미하였다는 견지에서 볼 때, 백정이 국가로부터 토지를 지급받지 못하였다는 것은, 곧 그들 소유토지에 대하여 면세의 혜택을 받지 못하였다는 뜻에 불과하지, 백정이 토지를 소유하지 못하였다는 뜻은 아니다. 즉, 고려시대의 백정은 자기의 토지를 소유할 수 있었는데, 그들이 소유하였던 토지는 대개 조상으로부터 전래받은 토지(보통 ‘祖業田’으로 불렸다)이거나 개간을 통하여 확보한 토지가 主를 이루었다. 그러나 모든 백정이 토지를 소유하고 있었던 것은 아니며, 토지를 소유하지 못한 백정들은 대개 兩班田・軍人田・寺院田 등의 私有地나 국・공유지 등의 각종 토지를 빌려 佃戶耕作하였다. 즉, 그들의 일부는 자작농으로, 일부는 佃戶로서 존재하였다. 이와 같이 기본적으로는 군역의 의무도 없고 국가로부터의 토지지급도 받지 못한 백정이지만 특수한 경우는 군역에 차출되었고 또 반대급부로서의 토지도 지급받았다. 고려시대의 백정은 국가 유사시에 閑人・학생 등과 함께 자주 군역에 동원되었는데, 이 경우 국가는 그들에게 田丁을 지급하였다. 고려말에 제기되었던 白丁代田이 그 대표적인 예이다. 한편 고려시대의 백정은 비록 직역으로서의 군역의 부담은 지지 않았으나 일반 雜役의 부담은 가지고 있었다. 그들은 자주 국・공유지의 耕作・築城・祝祭・宮闕築造 등에 동원되었다. 이렇게 볼 때 고려시대의 백정은 數的인 면에서 가장 광범위한 계층이었다.” 한국정신문화연구원(편), 앞 책, 제

조정의 신백정 개념과 어쩔 수 없이 붙여 이해해야만 하는 것일까? 그렇다면 조선 천민의 국내 기반은 전혀 없었다는 뜻인가, 아니면 그의 논리는 천민 계층에 대한 조선 양인들의 배타적 지배논리를 '조성·강화'해 주거나 혹은 그 변명의 일환으로 오인할 근거마저 남겨 놓는 것일까?[21)]

백정이 변방 침투의 산출물이었다는 이방의 논리는 그들을 가능한 한 회피하거나 기껏해야 억지로라도 공존해야 할 부류로 별도 범주화시켜야 했던 정치적 소극성을 잘 반영한다. 따라서 문제가 발생하지 않는다면 잊기 십상이었고 혹시라도 사건이 일어난다면 면책하기 어려운 여지를 아예 처음부터 역사적으로 담보해 두는 셈이었다. 체제에 안주하거나 그렇게 하려는 최소한의 노력조차 보이지 않고 오히려 노략과 침범 행위를 불사하며 폭력마저 거침없이 사용하려 들 때 그들에 대한 기왕의 부정적 시각이 커져 나갔던 것은 너무나 당연한 일이었다.

이방의 족속들이 동화와 공존보다 간헐적 침략과 공격적 위협으로 일관하려 했던 동기는 아직 불투명하다. 물론 그들이 결국에는 일면 투항하거나 일면 편입되어 어쩔 수 없이 공생했음은 역사로 담보되지만 그들의 초기 행동이 과연 '최대 정복', '최소 노략'이라는 전술목표 아래 일사불란하게 움직였던 것인지는 애매한 채로 남는다. 다만 확실히 붙잡을 수 있는 역사의 단서 하나는 그들의 공격적 행태가 매우 정치적이었고 동시에 체계적이었다는 점이다. 강만길의 분석에 다시

9권, pp. 439-440.

21. 강만길의 주장을 그대로 따른다면, 백정 혹은 백정류의 천직에 담긴 역사적 원류는 철저히 외래적 입장에서 찾을 수밖에 없다. 문제는 이를 반박할 만한 역사적 근거를 과학적으로 동원하기 힘들다는 데 있다. 하지만 고려백정이 안아야 했던 丁戶의 공백과 '新白丁' 개념이 사회적으로 제도화되는 과정에서 막상 이들 양자가 어떻게 '결합·융해'하는지도 밝힌 바 없거니와 이민족유입설을 굳힐 수 있는 결정적 증좌, 즉 용어와 호칭의 변천사에 얽힌 국내배제설의 규명도 아직 불투명한 게 사실이다. 그 예로서 세종조의 극심했던 자연재해 이후 유민화된 다수 백성들의 핍박이나 이로써 의도치 않게 천민의 길을 가야 했던 군상들을 어떻게 설명해야 할는지는 매우 중요하다.

주목해 보자.

> 수도에서 민간인을 동원시켜야 할만치 才人·禾尺의 剽奪이 대규모적인 것이었는지는 의문이나 성질이 사납고 행동이 민첩한 그들이라 신중한 대비가 필요하였을 것이다. 백정들의 노략질은 조선시대에 들어와서는 그 규모가 盜賊이라기보다는 可謂 反王朝集團이라 할 수 있을만치 크고 조직적인 것으로 발전하였다. 이제 몇 가지 기록을 들어 살펴보면 世宗實錄의 황해도 監司 啓文에는 江陰縣 天神寺 塔峴에 新白丁 20餘騎가 火賊行爲를 하여 수령이 이를 추격하였더니 남녀가 모두 弓箭으로 대항하였는데 잡힌 여자들 속에는 男服을 입은 자도 있었으며 도망한 자들은 개성 王興山으로 갔다 하였고, 이어서 평산 元積洞山峰에 있는 백정과 白川 護國山 東峰에 있는 백정들이 서로 신호불을 이용하여 연락하고 그들을 추격하면 모두 개성 쪽으로 달아나니, 개성의 백정들이 무리를 지어 살지 못하게 하자는 의견을 올리고 있다. 말을 타고 무기를 가지고 신호불을 이용하는 수십 명씩의 백정집단이 당시 제2의 官衙都市로 行政力이 가장 잘 미쳤을 개성을 근거지로 하여 활약하고 있었다는 것은 당시의 그들의 勢를 짐작할 수 있게 하며 그들이 신호불을 이용하여 機敏하고 조직적인 행동을 하고 있었다는 사실과 世祖 때 梁誠之의 上疏文에 보이는 '白丁……親戚姻黨 連綿八道 小則饑饉 大則兵興……'이라 한 사정을 아울러 생각해 보면 당시 백정들의 剽奪行爲가 결코 가볍게 생각할 것이 아니었음을 알 수 있겠다. ……한편 中宗實錄에도 執義 金崇祖가 전라도 才人들은 생활기반이 없고 무리를 지어 남의 재물을 劫奪하다가 뜻대로 안 되면 살인을 하고 도적이 되어 그 勢가 점차 번져나가니 後患이 두렵다고 말한 기록이 있다. ……조선왕조실록에는 이밖에도 전국 각지에 걸친 백정들의 노략질에 관한 기록이 많으며 사실 그들의 행동이 주목할 만한 것이었으니 文宗 때의 刑曹參判 安元慶이 당시 각도의 罪囚中 강도범과 살인범이 380여 명인데 그 중 才人·新白丁이 居半이라 한 것으로 보아도 짐작할 수 있겠다. 이와 같이 백정들은 全國各地方에서 무리를 지어 노략질을 하고 있었을 뿐만 아니라 그들의 무대는 서울에까지 미쳐서 治者들을 괴롭히고 있었다. 成宗 3年에 漢城府가 올린 五部坊里禁盜節目에 의하면 京城 내외에 강도가 盛行하는 것은 오로지 才白丁들에 緣由한다 하고 그들의 城內潛入을 막기 위한 방책을 세우고 있으며 刑曹判書 鄭佸의 啓文에는 都下에 도적이 興行하니 都下에 있는 才人白丁들을 元居地로 刷還하자고 주장하였고 中宗反正後에는 燕山君在位時에 外方의 才人白丁들이 서울에 이주하여

> 明火賊이 주야로 성행하니 才人白丁을 原籍地로 刷還하자는 大臣들의 의견에 王도 찬성하고 있으며 한편 政府公事에서 동대문 내의 兩橋間 大路와 南開川 北方 人家의 過半이 才人白丁의 居所인데 都城內外 賊黨이 이들을 통하여 출입하여 그곳이 도적의 巢窟이 되었다 하고 이들을 刷還하는 데 여러 가지 난점이 있음을 지적하고 있다. 이와 같이 백정들은 전국 각지에서 무리를 지어 강도, 放火, 살인 등을 恣行하였음은 물론 개성, 한성 등지에까지 流入하여 治者들을 괴롭혔으니 이와 같은 그들의 조직적인 행동은 단순한 竊盜行爲라기보다 營農法을 모르는 그들의 생활방편의 하나였으며 나아가서는 韓族社會에 대한 일종의 저항행위였다고 볼 수 있을 것이다. 한편 異民族出身으로서 백정들이 韓族社會에 보여 준 저항은 보다 적극적인 일면도 있었으니 그들이 外敵과 內通하거나 外敵으로 假裝하여 作亂하는 것이었다. 고려왕조의 말기에 楊水尺들이 侵寇해 오는 契丹兵의 嚮導 역할을 한 것은 널리 알려진 사실이다.[22)]

그러나 과연 이방의 민족들이 왜 한족(韓族)과 대결하고 나아가 공격적 저항과 약탈을 도모했는지 그 구체적 이유는 아직 밝혀지지 않고 있다. 영농과 정착의 생활문화를 뒤따를 수 없어 공격과 이동이 불가피했다는 가설은 어쨌든 조선 천민의 외생적 기원을 합리화하고 그 내재적 원인론 자체를 불투명하게 만든 게 사실이다.

뿐만 아니라 천민의 역사적 기원이 불분명한 이상, 상상의 정치지평과 그 응용 또한 애매해진다. 그러나 기원의 추상성이 천민집단화 이후의 역사 사실을 폄훼하는 이유가 된다거나 평가절하의 배경이 될 수는 없다는 데 우리는 늘 주목해야 한다.[23)] 위에서 분명히 해 두었던 것처럼 천민집단화 이전 변방인들이 도모한 정치적 작란(作亂)과 집단적 이동 봉기는 강고한 왕권 확립과 권위적 민중통제의 필요와 맞물려 왕조 초기의 심각한 고민거리로 등장한다. 아울러 이 문제를 제대로 '수습 · 대

---

22. 강만길(1964), 앞 논문, pp. 500-503, passim.
23. 이 같은 사실마저 우려해야 한다는 것이 바로 기존 천민 연구의 빈곤과 부재를 반증하는 좋은 근거가 될 것이다. 그 누구도 확실치 않은 근거를 통해 자신의 입지를 강화하려 들 때 최소한의 역사적 책임은 누가 져야 하는지 역시 중요한 문제이기 때문이다.

응'하지 못할 경우, 고스란히 되돌아올 정통성 위기와 정치통합의 한계를 치밀하게 우려했던 것도 사실이다.

백정 출현의 역사적 주변성이나 정치지리적 변방성과 맞물려 논의되고 있는 또 다른 기원론이 있다. 두문동(杜門洞) 72충신들의 지조설이 그것이다. 이 설은 강점기에 결성된 형평사(衡平社)원들에게 널리 알려졌던 전설을 토대로 한다. 이에 따르면, 고려의 충신 72명은 역성 혁명을 일으킨 조선왕조에 협력하지 않았다. 그들은 새 왕조에 협력을 거부하면서 송악(개성) 가까이 있는 송악산 두문봉으로 숨어들어 강력하게 저항하였다. 그들은 산 속에 숨어살며 생존하기 위해 버들가지를 이용하여 일상생활용품인 바구니나 가구 등을 만들어 쓰고 동물을 잡아먹었다. 새 왕조는 그들을 회유하면서 산에서 내려올 것을 권했지만 그들은 계속 버텼다. 그러자 새 왕조는 그들을 강제로 끌어내릴 생각으로 산에 불을 놓는다. 그리하여 충신들은 할 수 없이 산채를 도망 나와 전국으로 흩어져서 살게 되었다. 각 지역으로 흩어진 그들은 생계 유지를 위해 산 속에서 배운 기술을 써먹게 된다. 곧, 고리제품을 만들거나 고기 잡는 일에 종사하게 된 것이다. 그 결과 두문동 후손들은 특정한 직업 집단인 백정이 되었고 끝까지 조선왕조에 협력하지 않은 내력 때문에 조선사회에서 가장 억압받는 계층이 되었다는 것이다.[24)]

이민족 유입설과 달리 충신들의 정치적 비전향 문제를 바탕으로 했던 이 주장은 사실상 지배계급이 천민으로 전락하게 되었다는 극적 전환의 계기와 그 합리적 근거를 마련했다는 점에서 일종의 의연한 자위 수단으로 기능하기도 한다. 죽어도 무릎 꿇지 않겠다는 당당함과 천민에로의 유입마저 불사하겠다는 고려 귀족들의 의지가 후세 백정들의 정치심리적 자구책이나 의지의 방편이 되었다는 점이 여기서 빛을 더

24. 朝鮮衡平社 總本部, 「朝鮮衡平運動の梗概」, 『朝鮮及 朝鮮民族』 1輯(서울: 朝鮮思想通信社, 1927), p. 166; 김중섭(1994), 앞 책, p. 45; Joong-Seop Kim, *The Korean Paekjong Under Japanese Rule: The Quest for Equality and Human Rights* (London: RoutledgeCurzon, 2003), p.18

한다. 그러나 이 설은 때로 과잉 각색되거나 설화화하여 역사적 신빙성의 한계를 쉽사리 뛰어넘는 경우도 있었다.[25] 어차피 문헌상의 기록으로 확인할 수 없고 상상의 나래가 무한대로 펼쳐질 수 있는 한, 천민집단의 기원에 관한 일종의 신비론이나 역사적 변명은 허여(許與)될 수밖에 없으리라. 다만 상상과 역사의 실재가 맞닿는 최대의 접점과 그 주변에서 우리의 인식이 어디까지 자유로울 수 있을 것인지가 늘 문제일 것이다.

백정기원론의 상대적 허구성을 뛰어넘을 수 있는 현 단계의 합리적 대안은 역시 역사의 시대 이후 남아 있는 기존의 기록들과 이들을 종합, 다시 해당부문을 '복원·재현'해 내는 일이다. 그 가운데 역사의 기록이 허용하는 천민계층의 고전적 기초, 즉 집단으로서의 최하층은 양수척에서 시작된다. 양수척이 백정과 주변 천민계층의 분화모태를 이룬다는 사실을 추적하는 데 김중섭의 주장은 좋은 원론적 준거가 된다. 그는 이렇게 정리한다.

> 조선왕조의 모든 생활세계는 신분위계질서에 의해 구속받았다. 곧, 사람들의 위세, 사회적 관계, 공적인 의무, 심지어 직업까지도 타고난 신분에 따라 결정되었다. 이 신분은 위에서부터 크게 兩班, 中人, 常民, 賤民의 네 등급으로 나뉘어져 있었다. 위의 세 집단은 제일 낮은 천민과 대비하여 良民으로 지칭되었다. 천민은 다시 七般公賤과 八般私賤으로 나누어졌다. 칠반공천은 1) 妓生, 2) 內人, 3) 吏族, 4) 驛卒, 5) 牢令, 6) 官奴婢, 7) 有罪 逃亡者 등을, 팔반사천은 1) 僧侶, 2) 伶人, 3) 才人, 4) 巫女, 5) 捨堂, 6) 擧史, 7) 鞋匠, 8) 白丁 등을 가리켰다. 똑같은 천민으로 구분되었다고 하더라도 실제로 사회적 위세나 차별대우가 다 똑같은 것은 아니었다. 실제생활에서 양민들, 특히 양반과의 관계에 따라 사회적 위세가 크게 달라졌다. 보기를 들어, 관노비는 일반

25. 예를 들어 단군의 아들 가운데 한 왕자가 일부 부하들에게 가축을 잡도록 지시하여 '도살(Butchery)'이 그들의 직업이 되어 버렸다든지 그 부하들의 후손이 백정이 되었다는 설, 그리고 왕조가 바뀌면서 정치적으로 패배한 집단이 백정으로 추락했다는 설 등이 그것이다. 이 설들은 한결같이 백정 선조들의 고귀했던 신분과 전력을 강조한다. 그러나 사실상 그 구체적 근거는 없다. 김중섭, 앞책, p. 46 참조할 것.

> 적으로 다른 천민들보다 더 많은 자유를 갖고 있었으며, 양반들의 유희대상이었던 기생들은 지배층의 생활방식에 더 가까이 어울렸던 것을 볼 수 있다. 그러나 사회적으로 철저하게 격리되어 있었던 백정들은 천민들 가운데에서도 가장 낮은 집단으로 간주되었다. 이런 점에서 조선사회에서 백정은 인도의 '不可觸民(the Untouchables)'이나 일본의 '部落民'에 해당되는 존재였다. 백정은 가장 천대받은 사람들이었지만, '白丁'이란 낱말 자체가 동양아시아의 문화에서, 심지어 고려시대 때조차도 천한 개념을 갖고 있었던 것은 아니다. 고려시대에 백정은 납세나 병역의 의무를 갖지 않았던 특수한 '일반인' 집단을 가리켰다. 그후 왕조가 바뀌면서 그 낱말은 천민집단인 才人과 禾尺의 명칭과 접합된 것으로 보인다. 이 집단들은 원래 양수척이라고 불렸다. 고려시대에 이 천민집단들은 주로 도살업, 고리제품 생산, 광대 공연, 때로는 매춘에 종사하였다. 그들의 명칭은 15세기 초에 일반인들과 동화시키려는 의도에서 新白丁으로 바뀌어지게 되었다. 그리고 나중에 '新'字가 떨어져 나가면서 그 집단은 다시 水尺(사냥꾼, 가죽제조업자, 매춘부)과 白丁(屠殺꾼, 고리제품 생산자)으로 나누어졌으며, 그 가운데 백정은 수척보다 더 천한, 따라서 모든 사회구성원들 가운데 제일 천한 집단으로 자리잡게 된 것이다. 그 이후 백정이란 호칭은 조선사회에서 가장 천한 집단을 지칭하는 것으로 굳어졌으며, 시대 변천에 따라 楊水尺, 水尺, 才人, 才人白丁, 新白丁 등 여러 별칭으로 불려지기도 하였다. 또 그 호칭은 직업의 특성에 따라 더욱 복잡하게 분화되었다. 단순히 고리제품을 생산하는 백정은 柳器匠이나 고리 백정으로, 가죽제품을 생산하는 백정은 皮匠, 갖바치, 皮工, 두벌 백정으로, 주로 도살이나 정육의 일에 종사하는 백정은 칼잡이, 宰殺꾼, 才人, 屠漢(혹은 屠汗) 등으로 불려졌다. 한마디로, 백정은 조선사회에서 가장 낮은 신분집단이었다. 시대에 따라 호칭이 달라졌고, 또 호칭도 직업에 따라 분화되었지만, 그들에 대한 대우는 여전히 다른 천민들보다도 더 낮았다.[26]

이렇게 본다면 천민집단의 형성과 균열, 그리고 그에 따른 호칭의 변화나 그들 내부의 사회문화적 관계는 그리 단순치만은 않았던 미분화적 분화의 모습을 보이고 있었을 것이다. 여기서 이제껏 살펴본 여말의 천민집단 호칭 변화와 그 전체 윤곽을 잡아본 것이 <그림 1>이다.

그림에 압축되어 있듯 백정 신분의 극단적 천민성과 집단 내 역할 분

---

26. 김중섭, 앞 책, pp. 42-45.

화는 어느 한 부류로, 즉 누구에겐가 사회적 천역이 위임될 수밖에 없었고 또 거꾸로 그들이 반드시 필요해서라기보다는 기층민들과의 조화를 고려할 경우 정치적 흡수나 제도화 대상으로마저 고려할 필요가 있다는 사실을 암시해 주는 것이기도 했다.

그러나 무엇보다 중요한 사실은 이로써 백정이란 부류가 더이상 낮아질래야 낮아질 수 없는 사회계층을 이루게 된다는 점이다. 바로 여기서부터 그들이 갖는 남다른 극단성과 그 정치적 절박함을 새삼스레 이해할 필요가 있다. 이 점은 같은 천민집단에 속했으면서 주변 계층의 자조(自嘲)적 선망대상이었던 기생들의 그것과는 다른 독자성을 반영한다. 각종 사회적 조건이 개방되어 있었던 것은 아니지만 그들 서로는 크게 비슷했을망정, 이처럼 작게는 매우 다른 환경과 처우에 시달리고 있었다.

여기서 우리가 주목해야 할 대목은 바로 백정과 기생의 '역사·제도'적 기초와 용어 발현의 토대가 모두 양수척에서 출발한다는 점이다. 과잉 단순화시킨다면 조선 천민의 집단적 기원은 거의 대부분 바로 이 불특정 다수의 무리[群]에서 시작된다고 말해도 무방할 정도였다. 게다가 적어도 백정과 재인의 역할을 비롯하여 일부 성적 유희대상이나 매춘기능까지 담당하여 적잖은 논란대상으로 회자되는 기녀의 발생론적 역사 추론에 이르게 되면 양수척은 기묘하게도 그 근원지를 이룬다는 사실

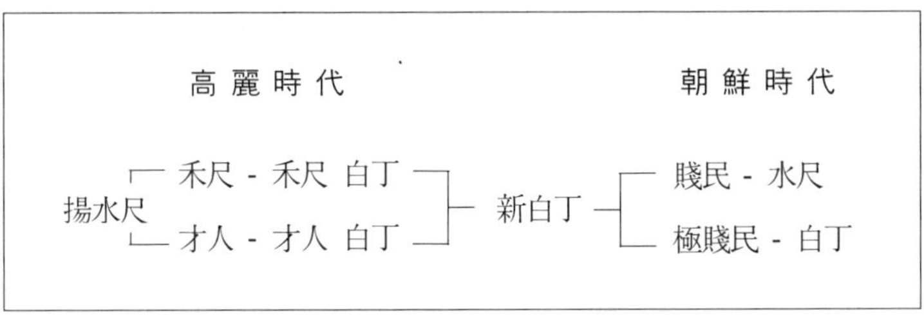

그림 1. 백정의 호칭 변화와 역할 변이[27]

마저 알게 된다. 이 말은 뒤집어 해석할 경우, 이미 언급한 칠반공천(七般公賤)이나 팔반사천(八般私賤)의 여러 직종 가운데 기생과 백정을 제외한 이들까지 양수척의 후신이었다는 증거는 매우 약했다는 얘기가 된다. 왜 하필 백정과 기생은 양수척 개념을 모집단으로 했던 것일까?

그것은 과연 성차별을 뛰어넘고 사회적 역할 분화를 고려할 필요조차 없이 당대 사회에서도 '있어야 할' 기능으로 요청되었던 것일까? 혹은 합법적 존치를 위한 정치적 판단과 의도적인 제도화의 결과였던 것일까? 아니면 이도저도 아닌 쓸모 없는 집단이 역사 속의 우연으로 출현하여 어느덧 숙성, 분화한 결과였을까? 우리는 여기서 양수척과 천민집단, 특히 기녀의 출현이 서로 어떤 관련이 있는지 보다 상세한 탐색을 필요로 한다. 다음 인용구는 이 문제에 접근하는 데 쓸모 있는 잣대가 된다. 현문자는 이렇게 주장한다.

> 妓는 같은 賤人이면서도 婢와는 달리 遊食하면서도 華麗한 생활을 할 수 있었고 사회적으로도 많은 제약을 받지 않았다. 그러므로 婢들은 물론이고 일반 서민들의 女들에게도 妓女는 羨望의 對象이 되었다. ……高麗의 妓는 楊水尺家에서 나온 것이 그 시초가 된다고 傳한다. 이것은 高麗史 崔忠獻 列傳에 보이는 記事[28]와 여기에 근거를 둔 李瀷의 星湖僿說이나 丁茶山의 疋言覺非에서 由來된 것이다. ……楊水尺은 고려 태조가 후백제 攻伐時 심하게 저항한 종족으로 籍과 賦役이 없이 水草를 따라 옮겨다니며 수렵과 柳器製

---

27. 김중섭, 앞 책, p. 44에서 재인용; 李錫台(엮음), 『社會科學大辭典』(서울, 1948: 1987), p. 249 참조.
28. "……初李至榮爲朔州分道將軍 楊水尺多居興化雲中道 至榮謂曰 汝等本無賦役 可屬吾妓紫雲仙 遊籍妓名 徵貢不已 至榮死 忠獻又以紫雲仙爲妾 計口徵貢滋甚 楊水尺等大怨 及契丹兵至 迎降嚮導 故悉知山川要害道路遠近 楊水尺 太祖攻百濟時 所難制者遺種也 素無貫籍賦役 好逐水草遷徙無常 唯事畋獵 編柳器販鬻爲業 凡妓種本出於柳器匠家 後楊水尺等 帖匿名書云 我等非故及逆也 不堪妓家侵奪 故投契丹賊爲嚮導 若朝廷殺妓輩及順天寺主 則可倒戈輔國矣 忠獻聞之 乃歸其妓紫雲仙 上林紅于其鄉 順天寺主亦恃勢自恣與妓爲亂者也 聞之亡去……" 『高麗史』 卷129, 列傳 第42, 叛逆3, 崔忠獻傳 參照.

造를 업으로 하던 종족의 遺種으로 高宗時 李義旼의 子 至榮이 妓籍에 편입시켰다는 것이다. ……契丹族 女眞族과 국내의 反抗部類였던 後百濟의 海島流民들이 流浪民의 母體가 되고 그 밖에도 각종 浮遊民들이 同調되어 定着編戶農耕의 테두리 밖에서 狩獵·掠奪·屠殺·柳器匠 등의 業을 世襲化하여 결국 楊水尺이란 명칭을 얻게 된 것이며 이들 중 姿色이 있는 여자는 流浪생활에서 습득한 歌舞로 妓의 行勢를 하게 되었을 것이니 이러한 楊水尺의 社會的, 生活的 諸般 條件에서 드디어 李至榮代에는 그들을 妓籍에 編戶하고 이후로 人身과 貢納을 강요하게 된 것이 高麗史 崔忠獻傳에 의하는 妓의 發生說이 되고 星湖와 茶山은 이 說을 繼承한 것이라고 생각된다. 楊水尺은 疋言覺非에서 '水尺者 官妓之別名也 今官婢汲水者 猶稱巫玆伊 以文譯之 卽爲水尺'이라 하여 '무자리'라고 읽고 있는데 鷄林類事에 '倡曰水作' '倡人之子曰故作' '尺曰作'이라고 하였는데 이 水作의 水를 '무'로 作을 '자리'로 읽은 것이다. 그러나 水尺은 '무자리'보다는 음 그대로 '수자'라고 하는 편이 낫지 않을까 하니 同 鷄林類事에 '熟水曰泥根沒 冷水曰時根沒 手曰遜 足曰潑'이라 하여 음 그대로 읽어야 함을 보여 주고 있으며……근래도 楊水尺을 '고리白丁' 혹은 '고리수재'라고 읽고 있다. 그런데 作 혹은 尺은 新羅樂志에 琴尺, 歌尺, 舞尺과 三國遺事中의 海尺과 같이 尺이 많이 보이는데 이 尺字는 어떤 특수 직업을 가진 者들에게 붙여진 것이 아닌가 한다. 그리고 '倡曰水作'에서의 倡은 女樂이기보다는 倡優 즉 男女雙方을 합한 무리를 가리킨 것이 아닌가 한다. ……이렇게 契丹 女眞의 歸化民과 海島出身의 賤民과 국내의 浮浪人들이 합쳐서 優倡雜戱를 하고 柳器業을 할 때 楊水尺이라 불렀고 이들 중 姿色있는 女가 妓로 官에 뽑혔거나 또는 스스로 妓業을 하였다고 볼 수 있다. ……楊水尺이란 명칭은 高麗史中에서 高宗年間에 처음과 끝으로 나타나며 후에는 才人과 禾尺이 보인다. 즉……倡優 幻術쟁이만이 아니라 楊水尺 集團이 高麗末로 오면서 그들 사이에 職業分化가 이루어져 倡優를 才人이라 하고 屠殺業을 하는 자들을 禾尺이라 하지 않았을까 한다. ……이는 禾尺才人이 楊水尺이고 禾尺이 곧 白丁으로 불리는 것으로 楊水尺에서 禾尺才人으로 다시 白丁으로 시대적으로 명칭이 변한 것뿐이다. 禾尺이 楊水尺임을 말하고 있는 記事는 辛禑王 八年에 '禾尺群聚詐 爲倭賊 侵寧海郡焚公廨民戶 遣判密直林成味……成味等獻所獲男女五十餘人 馬二百匹 禾尺卽楊水尺'이라 있으며 이것이 이조에 들어와서는 白丁이라 부르게 되었으니, ……처음에는 高麗時代 壯丁의 의미인 白丁과 구별하여 新白丁이라 불렀으나 후에는 壯丁의 의미로는 부르지 않았다.[29)]

이 분석은 강만길의 그것과는 달리 왕조전환기의 국내 유민(流民 혹은 浮浪民)과 유입된 이민족으로서 변방인 모두가 신체제 적응을 위한 불가피한 선택 경로로 양수척에 편입되었고 그 속에서 기능(직업) 분화가 이루어져 백정과 기생의 역할이 나뉘게 된다는 점을 분명히 해준다.[30] 그렇다면 여기서 한 가지 분명해지는 것은 두 집단 모두 권력의 의지나 일정한 목적에 따라 '고안·유도'된 것이 아니었고 이입과 공존을 바탕으로 한 선택적 적응의 결과물이었다는 점이다. 따라서 오늘날 흔히 말하는 필요악적 존재로나 치밀한 정책적 배려의 산물이었다고 보기는 어려운 일정한 자연발생성을 바탕에 두고 있었다.

이처럼 백정과 기녀로의 유출 경로는 사실상 모두에게 열려 있었다고 보는 것이 옳다. 다시 말해 천민집단의 국내적 기반은 전면 봉쇄되어 있었던 게 아니라 예측할 수 없이 위기가 오거나 의도하지 않게 처지가 급변할 때 신분과 계급의 전락은 늘 가능한 일로 여겨졌던 것이다. 물론 정확한 통계로 여말의 천민 유입과 국내외 인적 편입을 객관화할 수는 없다. 다만 양수척을 중심으로 한 백정과 기녀의 분화는 단지 천민집단의 국내적 생성과 지탱 근거를 말해 주는 하나의 단서였을 뿐 역사의 대종을 의미하진 않았다. 조선의 역사는 양민에서 천민으로, 천민에서 극천민으로의 이동을 얼마든지 증거해 주고 있기 때문이다.[31]

---

29. 玄文子(1972), 앞 논문, pp. 41-46, passim.
30. 이능화도 기녀의 역사적 기초를 '양수척'에서 찾으려 한다. 이 대목에 이르러 그는 이렇게 말한다. "高麗太祖 統一三韓 百濟遺民有水尺者 崛强難制 編爲奴婢 屬之各官 其婢之有色藝者爲妓 飾容粧習歌舞 此卽高麗女樂之始," 李能和, 『朝鮮解語花史』(京城府: 漢城圖書株式會社, 1927), 第2章 高麗時代妓生起源, p. 2 참조.
31. 조선사회가 신분세습을 원칙으로 하고 자유로운 계층이동과 임의 선택을 금지했다고 해도 이 같은 현상은 제한적으로나마 변화가 가능했음을 암시한다. 이러한 현상이 代贖制나 조선 후기 양반신분의 매매와 맞물려 더욱 노골화하게 되는 경우를 상정하면 천민들은 불변의 족쇄가 아니라 차라리 강한 사회통제 명분과 질서유지를 위한 공포효과의 확산도구로 작용했던 면이 한층 강했을 것이다.

양수척 집단의 조선화 이후, 천민의 국내 기반이 확산되는 가운데 어느 직업집단이 가장 폭넓은 인구층과 편입률을 보이고 있었는지도 정밀 추적은 쉽지 않다. 그러나 통계 여부를 떠나 유난스런 삶의 굴곡과 차별성 강한 집단으로 사회문화적 관심대상을 이루었던 계층은 여전히 기녀와 백정들이었다.

기녀가 양수척의 후예가 아니라 무녀의 후신이었다고 보는 김동욱은 인습적 기녀의 역할, 즉 시문에 능하고 사대부의 문예적 시중(侍中)과 인간적 감흥을 돋구는 제한적 완상(玩賞)대상이었다는 통념을 깬다. 그는 매춘의 대상이자 주요자원으로까지 기녀의 사회적 기능을 넓힌다. 만일 그의 말대로 기녀의 존재와 그 사회적, 역사적 지탱이 이 땅의 매음사와 깊은 관련이 있다면 그것은 좀더 신중히 천착하고 보강해야 할 주제다. 뿐만 아니라 기녀에로의 편입이 여염 여성으로부터 지배계층 부녀자에 이르기까지 폭넓게 열려 있었음은 또 하나의 예외적 천민 유입경로로 유념해야 할 문제다. 그러니까 기녀가 될 자원이 따로 있었던 게 아니라 누구라도 기녀가 될 수 있다는 정치적 암시와 그만큼의 사회통제효과가 민중 전체에 개방되어 있었던[32] 셈이다. 이 대목에서 추론할 수 있는 사실은 기녀의 신분에 양반의 혈통도 끼어들 여지가 얼마든지 있었다는 점이다.[33]

이 같은 추론은 백정의 경우에도 같이 적용할 수 있을 것이다. 백정의

---

32. 신혜숙은 세습화된 기녀 이외에도 기녀가 된 원인들을 다음과 같이 열거한다. 1) 양녀의 고아가 기녀가 되는 경우, 2) 인신매매, 3) 지방관아의 使令女息이나 양가의 여식으로서 화려한 생활과 羽衣霓裳에 현혹되는 등 허영심에서 기녀되기를 희망하는 경우, 4) 왕의 명으로 자의와는 관계없이 기녀가 되는 경우, 5) 양반가의 부녀자로서 기녀가 된 경우(태종은 '再嫁禁止法'을 만들고 양반의 正妻로서 三嫁한 자는 姿女案에 기록하고 그 신분을 婢로 격하시켰는데 이때 기녀가 될 확률이 높았다), 6) 역적으로 내몰린 양반가 처자가 기녀로 전락한 경우(世祖時 死六臣과 이에 관련된 자의 처자들을 공신에게 하사하는 경우/이들 일부는 邊郡의 관비[관기]로 派送함). 신혜숙(1987), 앞 논문, pp. 10-12 참조할 것.
33. 신혜숙, 앞 논문, p. 12.

국내 기반이 엄연했음은 양민의 전락과 나아가 양반의 몰락 모두를 염두에 두는 것이며, 특히 국내 백성들의 유민화 현상이 역병과 절대빈곤 속에서 가속화되었던 경우를 상정하고 보면 계층 이동과 상대적 유동성의 폭이란 늘 논쟁거리일 수밖에 없었다.[34] 바꾸어 말해 유망화한 민중이 백정으로 전락하듯, 잔반(殘班)의 후예가 기녀가 되고 역모의 누명이 가족구성원을 천민화의 길로 유인하는 자동적 유인장치였음은 굳이 의문대상이 되지 않았다.

이제 다시 기녀가 무녀의 후신이었다는 김동욱의 주장에 귀기울여 보자. 역사적 신빙성에 다소 의문이 가지만 그는 이렇게 말하고 있다.

> 士大夫가 표면적으로는 三綱五倫을 내세우고 부부의 윤리를 강조하지만 그들은 七去之惡으로 黜妻를 마음대로 할 수 있는 전통적인 유교윤리의 신봉자들이었다는 점에서 그 윤리는 원칙의 不義를 내포한 개념이었다. 그것은 남성 對 여성의 투쟁에서 승리자의 입장에 선 專制的 倫理였다. 이 중에서도 특히 인간의 본능적 약점에 속하는 賣淫의 封建的 形態인 官妓에 대한 士大夫들의 交涉이 어떠하였는가를 살펴보려는 것이 이 小論이다. 妓女의 본질은 奢侈奴隷라고 말한다. 어느 민족에 있어서나 계급적 분화가 이루어지거나 전쟁 捕虜의 處遇에서 妓種은 발생한다. 그러나 그 始原은 巫女에 있었다고 보아야 할 것이다. 원래 巫女는 神 그 자체였다. 이 巫女가 神格과 政治權力의 분화과정에서 점점 退行해서 神에 봉사하고 神의 신성가족으로서의 무녀가 地方의 土豪와 結付될 때에 그 무녀는 賣春婦가 되는 것이다. 이리하여 그들은 '노는 계집'으로서 巫樂의 예능적 면에서 익힌 '놀음' '노릇'으로 權力機構에 女樂의 歌尺·舞尺으로 봉사하여 妓女가 되는 것이다. 또 기녀는 전쟁의 여자포로에서 발생한 女婢에서 奢侈奴隷로 定立할 때에도 발생한다. 민족간의 전쟁에 있어 남자는 다 殺戮하거나 奴隷로 삼고 여자는 데려다가 婢子를 삼는다. 전쟁포로인 남자를 노예로 하여 戰利品으로 분배하는 경우, 이들의 配偶者로서 여자를 婢子로 삼는다. 이 경우 상대 포로 중 美麗한 여인이나 良家의 부녀를 奢侈奴隷로서 私有하는 것이 보통이다. 그러니 삼국시대의 部

34. 이는 실제적 무관심 혹은 인습적 기정화 전략에 밀려 한낱 의외성을 갖는 주제였다. 조선사회가 늘 정체된 신분사회였을 것이란 상상과 실제 유동성의 부피와 크기가 어떤 역사적 편차를 갖고 있었을 것인지는 별개의 문제였다.

落 併呑에 따르는 被侵略 部落의 부녀자를 어떻게 다루었는가는 알 길이 없지만 신라가 백제를 멸할 때에 백제의 遺種이 楊水尺으로 倡妓로 전락한 傳說은 바로 전쟁으로 빚어진 婦女 轉落의 한 예이고, 北方의 契丹遺民들이 才白丁으로 전락하여 流浪하게 된 것도 이런 예증으로 삼을 만하다. 이때 이들의 부녀들은 바로 娼女로 轉落되기 마련이고 이들이 巫堂・舍堂들과 더불어 우리 賣淫史의 밑바닥을 이루고 있는 것이다. 奢侈奴隷로서의 기녀가 문헌에 나타나는 것은 고구려에서 비롯한다. 北方系인 고구려에 이미 遊女가 존재하였다는 『後周書』와 『隋書』의 기록은 고구려가 지방에서 일어나 數個 部族이 他部落과 部族을 정벌하여 專制王國으로서 체제가 잡히고 '通溝'에 이르러 治者와 被治者의 分限이 명확히 구분되고 被征服 部落의 婦女子가 遊女로 轉落된 證左일 것이다. 현재 고구려 壁畵에 남아 있는 舞踊圖는 바로 이런 遊女・倡優의 職業化된 奢侈奴隷의 존재를 암시하는 것이라 보아진다. 『魏志』에 나와 있는 바와 같이 고구려의 인민들이 歌舞를 좋아하고 國中邑落에서 暮夜에 男女群聚하여 相就歌戲하는 모습으로 볼 수 있겠으나, 뒤에 高句麗樂이 唐의 十部伎에도 편입된 것으로나 또 舞踊塚의 壁畵의 舞人男女가 손에 汗衫을 하고 있는 것은 바로 이런 직업적인 舞尺・遊女의 존재를 명시하는 것이라고 나는 해석하고 싶다. 더욱이 고구려는 尙武의 나라이고 군대가 주둔하면 여기에 여자가 따르기 마련이므로, 이조시대에 北方邊境의 軍士를 위로하기 위하여 娼妓를 배치했다는 것과 같은 뜻에서 고구려의 遊女는 이미 직업화되었다고 추측할 수 있을 것이다. ……麗代에 내려와서 戰利品으로서 奴婢를 많이 占據한 고려의 勳臣들의 세력을 꺾기 위하여 光宗代에 '奴婢按檢法'을 제정하여 還良의 조치를 취하자 功臣들로부터 많은 反撥을 샀다. 그러나 관료제도가 확립되고 중앙집권적인 형태가 뚜렷해지자 地方豪族이 零細化되고 奴隷의 屬公形態가 加重되었다. 高麗史에는 官妓에 대한 기록이 많지 않으니 系統세우기에 곤란하나 기녀가 官衙의 官婢로서 女樂의 담당자로 등장하고 樂志에 妓가 歌尺으로 여러 樂의 연주에 참가하고 있으니 李朝에 있어서의 官妓制度와 별 차이가 없으리라 보인다. ……이렇게 官妓는 이미 고려 이전부터 制度化되어 내려오던 것이다. 그러므로 李朝의 기녀제도도 이의 延長에 불과하다. 가장 賤人으로 다루어지면서 奢侈奴隷로서 가장 貴族層에 가까워질 수 있는 존재, 기생은 巫女史・妓女史・賣淫史로서의 연구의 대상이 되겠지만 여기서는 李朝時代에 官妓와 더불어 얽혀진 여러 풍속적 사실을 제시함으로써 女性史에 一面의 자료를 보태고자 하는 바이다.[35)]

기녀가 매음대상이 아니었다고는 결코 말할 수 없겠지만 그러나 그들을 단지 사대부와 집권세력의 성적 유희 도구로만 이해하는 것은 기생의 천민성을 한층 기정화하거나 심화시키는 것에 지나지 않는다. 그것은 한낱 지배집단으로 남성의 정치적 우월성을 확인하는 일이며 천민을 포함한 주변 양민의 우위에서 자신의 위상을 재확인하고자 하려는 세속적 심리 이외에 아무것도 아닐 수 있다. 김동욱은 곳곳에서 이 같은 일방적 성우위론을 드러내고 있고 습속의 과학적 추론이나 역사적 반증보다 무속의 정치적 환경변화에 따른 자동적 전이 혹은 문화적 타락 과정이 기녀와 매매춘의 필요악적 공생을 자극했을 것이라는 추론을 고집한다. 하지만 기녀의 역사적 기원이 무녀였을 것이라는 가설이 엄정성을 확보하기 힘든 것처럼 그들의 광범위한 사회문화적 역할이 성 매매라는 은밀함과 남성권력의 지탱과 향유를 위한 정치적 위무로 국한되었다는 주장도 적실성을 갖기는 어렵다.

천민계급의 천민성을 구성하는 요소를 어떻게 규정할 것인지는 물론 쉽지 않다. 특히 아무리 정제, 가치 중립화하여 그 사회적 저위성에 덧붙는 계층적 편견을 배제하고자 해도 이미 고착화된 인식의 그늘을 걷어내기란 쉽지 않은 일이기 때문이다. 그러나 무엇보다 먼저 분명히 해두어야 할 사항은 개인이든, 집단이든 계층의 저위성은 의지나 선택의 문제가 아니었다는 점이다. 굳이 마르크스의 적대의식 개념을 빌려오거나 사회주의 폭력혁명의 인식도구에 기대지 않더라도 한 개인이 역사 속에서 일정한 집단의 구성원이 되어야 했다는 이 일종의 선험적 운명성은 한 인간이 그 속에서 겪어야 했던 서러움이나 헤어날 길 없이 옥죄며 재확인해야 했던 자신의 '존재구속성(Seinsverwundenheit)' 따위의 정서적 변수와는 다른 문제였다.

그러나 천민계급의 천민성이 지배계급의 정치적 우월성을 한층 더 높여 주거나 혹은 그들의 도덕적 치부와 약점을 은폐하고 대신 속죄해야

35. 金東旭(1966), 앞 논문, pp. 75-77, passim.

할 애꿎은 배설의 명분으로 호도되어서는 안 된다는 점은 아무리 강조해도 지나치지 않다. 기생의 사회적 기능을 매음과 남성우월주의의 확인도구 정도로 인식시키는 데 기여한 김동욱의 가설은 결국 그들의 존재가 하찮았고 나아가 자연적 필요악의 출현을 암암리에 사후승인해 준 꼴이 되었다.

하지만 백정이 개인의 자유의지와 직업적 선택 결과가 아니었듯, 기녀와 무당도 반드시 원해서 '된 것(became)'이 아니란 이 당연한 사실은 논의의 장에서 너무나 쉽게 배제되어 왔다. 이것은 천민들이 발휘하는 간헐적 자율성이나 그때마다 증감한 정치적 독립성과 관련, 직업의 사회적 기능분화와는 다른 문제들을 제기했다. 뒤집어 보건대, 김동욱류의 가설을 고집하는 한, 기생과 백정은 한낱 제한적 유용성만을 갖는 '아랫것'들일 뿐 스스로 생각하고 판단할 수 있는 부류의 인간군은 아니었다.

무용총 벽화에 나타난 인물들의 외양이 사회적 음란성의 최소수요와 전시(戰時) 본능의 대리배설도구로까지 확장 해석될 수 있다는 해석은 이미 주관적인 것이었다. 이러한 사고는 결국 백정들 역시 권력의 입장에서 볼 때 성가신 변수였거나 기녀 또한 반드시 있어야 할 필요와 욕구 때문에 존치된 것은 아니었다는 부정적 인식틀을 은폐한다.[36)]

백정의 유기제조와 도살업이 단지 생존을 의식한 사회적 절박감과 선택의 최종성을 바탕에 두는 것이었다면, 기녀로서의 삶을 지탱하게 만든 원인의 대부분도 사실 매매춘의 결과로 되돌아오는 용이한 급부나 호의호식이 보장된 즉발적 환경 때문만은 아니었다고 보아야 한다. 아울러 그들이 도끼를 쥐거나 때로 옷을 벗어야 했던 진정한 이유도 세습군주체제 자체가 안아야 했던 구조와 권력의 틀 속에서 이미 음험하게

36. 물론 고려와 조선의 역사에서 천민의 존재를 사회전체적으로 보조기능의 측면에서 보아야 할지 아예 쓸모 없는 존재로 체제의 혹이자 권력의 영원한 부담으로 이해해야 하는 것인지조차 현재로선 불분명하다. 생성 동기와 역사적 변용의 전말까지는 그만두더라도 그들이 실제 의도하지 않은 부역과 봉사를 통해 지불한 노동력 총량과 반대급부로 보상받은 가치의 교환량 역시 이제 규명할 길은 거의 없다는 데 논의의 초점은 다시 맞춰질 수 있다.

계산되거나 이중적으로 준비되고 있었다고 해석하는 편이 한층 옳을 것이다.

권력이 파놓은 사회제도적 함정과 그 곁에로의 유인, 그리고 정치적 대속(a political scapegoat)의 절차. 천민계급의 천민성은 사실상 역사 속의 해당 집단이 자초한 결과물도 아니었고 의도하지 않았던 권력의 정책적 파생물이었다고만 조준할 수도 없는 양면성을 분명히 공유한다. 그러나 천민적 존재양식을 타파하거나 개선할 수 있는 힘을 갖고 있었음에도 봉건 정치권력이 그 같은 작업에 착수하지 않았던 궁극의 원인은 기존의 사회틀을 유지함으로써 자신에게 돌아올 이익의 총량이 훨씬 크다는 일종의 합리적 선택 속에 있었다. 존재하는 불평등과 기정화된 사회적 불균형을 존치시킬 때 지배계급이 챙길 수 있는 이익과 문화적 쾌적함이 배가될 수 있다는 판단은 적어도 기생과 백정을 해방시키는 것보다 비용면에서 훨씬 경제적이라는 계산과 맞아떨어졌던 셈이다. 계층의 분화가 지배계급에게 부담이 되는 경우란 적어도 피지배계급의 저항을 통해 자신들을 밀어내려는 강한 부담을 느끼지 않는 한 쉽게 발견할 수 없었다. 따라서 해당 집단의 사회적 기정화 현상은 일단 누군가 그 일을 해야 할 것이라는 노동의 합리화 절차와 사회적 '공존 · 공생'을 통한 동화의 논리 속에 정치적 포용전략까지 아우르게 됨은 국가현상에서 피할 수 없었다.

원시부족국가의 분화과정에서 기녀의 출현과 매춘의 기능은 별도였다고 보는 입장은 또 있다. 조효순은 이렇게 말하고 있다. 그 역시 크게는 김동욱의 견해를 따르지만 이 대목에서 생각을 다소 달리한다.

> 북방계인 고구려는 지방에서 일어나 여러 개의 部族과 他部落의 部族을 정벌하여 專制王國으로서 체제가 잡힐 때 被征服部落의 婦女子가 遊女로 전락된 것이며 현재 高句麗壁畵에 남아 있는 舞踊圖는 이런 遊女의 舞女化를 시사해 주고 있는 것이 아닐까?『三國史記』新羅本紀 眞興王條에 보이는 原花制度 역시 그러한 萌芽로 볼 수도 있을 것이다. 또한 天官女故事도 그런 片鱗으로 볼 수도 있을 것이다. 백제에도 부여성을 방어하는 軍團이 배치되었

던 곳에 '꽃쟁취'라는 遊女가 있었다고 전설이 있은즉 이런 遊女制度는 계속되어 우리의 社會史에 커다란 영향을 주었다고 볼 수 있을 것이다. 그러나 遊女와 官妓로서의 妓女는 다르다고 볼 수도 있다. 이런 遊女의 官妓化는 중앙집권이 정착한 고려대로 볼 수 있어 이때 女婢를 훈련하여 教坊을 이룩하고 官衙의 女樂에 등장시켜 여러 樂의 연주에 참가하게 되었다. 한편 고려에는 제도화된 妓生 외에 많은 매춘부들이 있었으리라고 하는데 『後周書』에 또한 조선조는 고려에서 제도화된 官妓制度를 그대로 이어받아 한층 조직화시켜 妓들로 하여금 邊境에서는 군사들을 위로하게 하고 관청에서는 관원들의 수청을 들게 하였다. 『後周書』에 기록되어 있는 高句麗遊女集團이 그대로 이어진 것으로 보이며, 『高麗圖經』에도 '士民遊女 國官有妾 雜役之婢 婢妾作樂女倡' '高麗法置官婢世代相承故 自王府國官觀寺皆給之'라 있어 官婢를 官衙나 道觀 寺刹에 예속시켜 世代相承을 밝히고 있다. 조선조에도 官妓外에 遊女집단은 계속되어 이들이 철따라 이동하며 淫行을 일삼자 大司諫 金首孫, 副承旨 李則 등에 의해 遊女禁論이 나오기까지 하였다. 조선시대에 있어서 기녀란 원칙적으로 官妓를 말하며, 官妓는 다시 京妓와 地方妓로 나누어진다. 地方妓라 할지라도 姿色이 뛰어나고 재주가 있으면 京妓로 선발될 수는 있었다. 柳得恭의 『京都雜記』에 따르면 京妓에는 內醫院 惠民署에 醫女가, 工曹 尙衣院에 針線婢가 있었는데 이들은 尙房妓生 또는 選上妓라고도 불리며 왕과 왕비의 의복을 지어 바치는 일을 하였다. ……연산조에 들어서 醫女는 宴樂과 歌舞를 배워 일반 官妓들과 함께 宴遊에 참석하였으며 간혹 納采婚需品을 檢察하기도 했다. 이처럼 창설 당시의 本職과는 많이 이탈되었던 醫女의 의무는 연산군의 悖倫無道한 失政이 시정되면서 醫女의 宴遊 참석이 금지되기는 했으나 그 법이 제대로 지켜지지 않은 채 조선조 말엽까지 진료와 歌舞의 의무를 병행하였다. ……그런가 하면 私家에는 조선조 중엽까지 唱歌婢라고 하여 聲婢와 家婢가 있었는데, 이들은 私家에서 歌舞를 가르쳐 기르는 방법이었고, 官妓를 거두어 聲婢를 만든 후 妓妾 이하로 대우하는 경우가 있었다. 기녀의 신분은 관아에 예속된 노예로 세습이었다. 따라서 여성이 일단 妓籍에 오르면 한평생 빠져 나올 수 없었다. 그러나 이들에게도 빠져 나갈 구멍이 아주 없는 것은 아니었으니 代婢定屬과 贖良이라는 특수한 경우가 그것이다. ……유형별 등급도 있어 京妓, 地方妓, 官妓가 있었는데 서울 五部에 있는 기녀들은 酒湯, 瀀娼과 刑曹 京兆付에 下典이 있었으며, 이 下典은 지체 낮은 지방의 汲水婢를 말함이다. 이와 같이 妓種에 대하여는 一牌, 二牌, 三牌로 구분되었는데 官妓는 一牌이고, 一牌에서 물러난 妓가 二牌

이고, 賣娼하는 遊女가 三牌이며 一牌로 갈수록 계급이 올라감을 말해 준다. ……기녀들이 조선 全期를 통하여 共時的으로 30,000명이나 있었으므로 기녀들의 생활이 당시의 일반 생활문화에 커다란 영향을 끼쳤음은 당연한 일이라 하겠다.[37]

기녀집단의 사회적 기능이 남성 지배집단의 성욕분출도구로 국한되지 않았던 이유를 따져 보는 일과 막상 역사 속의 실제를 추적하는 일은 서로 다르다. 뿐만 아니라 이들 작업은 서로 구분할 만한 현실적 준거보다 잠정적 가설과 상상을 바탕으로 삼되 기록과 잔존하는 구전에도 적잖이 기대야 할 필요가 있다. 나아가 천민집단의 내부적 계층분화, 즉 역할의 다원화와 기능적 분절현상은 성 정치적 수요창출이란 또 다른 문제영역과 맞닿았다. 뿐만 아니라 계층구성원들의 자기충족적 필요보다 상대 계층의 정치적 이유와 문화심리적 요청에 부응하는 형식으로 이뤄졌다는 점에서 그들의 분화는 한층 흥미로운 일이었다. 이것은 기녀의 역할 갈등뿐만 아니라 백정과 주변 천민들의 사회문화적 기능분화와 직결되는 문제이기도 했다.

조효순만이 아니라 적잖은 연구자들이 조선의 궁중 의녀(醫女)가 차지하고 있던 독특한 역할에 지속적으로 주목했던 것도 바로 이런 이유에서였다.[38] 이들 역시 그들 스스로의 정치사회적 욕망이나 경제적 수요에 따라 형성된 게 아니라 통치계급이 동원할 수 있는 온갖 명분과 남성지배집단의 자기중심적 사고가 빚은 일종의 의도적 집단이었다는 점에서 기녀보다 한층 제한적이었다. 그러나 비판적 시류 속에 이들이 거명될 때마다 문제의 핵을 이룬 것은 이들과 '부적절한' 관계를 가진 남성 자신이 아니었고 그 대상으로 늘 여성이 쟁점 당사자로 부각되었다

37. 趙孝順, 「朝鮮時代 妓女服飾의 奢侈와 그 영향」, 明知大學校, 『明大 論文集』 第15輯(1984). pp. 568-571, passim.

38. 이에 관해서는 다음 참조할 것. 金斗鍾, 「近世朝鮮의 醫女制度에 關한 研究」, 淑明女子大學校 亞細亞女性問題研究所(編), 『亞細亞女性研究』 第9輯(1976), pp. 1-16.

는 점이다. 여성천민의 경우, 그 천민성을 한층 처연한 성 정치적 차별과 함께 비극적으로 조망할 수밖에 없는 이유는 두말 할 필요 없이 이 같은 사회적 불평등과 기왕의 선입견 때문이었다.

보다 엄격히 규정해 보면, 기녀들과 이뤄진 사대부 및 남성집단의 매매춘 정도보다 유녀(遊女)집단이나 주변 천민계층과의 관계가 더 잦았음에도 누명과 사회적 비난의 대가는 기생계층이 고스란히 져야 했던 일종의 역설이 횡행했던 셈이다.[39] 궁궐 내부에서 이루어졌을 의녀와 남성들과의 성적 관계가 궁 밖에서의 매매춘이나 이와 유사한 관계양식에 비해 훨씬 제한적이었을 것임에도 불구하고 그들이 지불해야 했던 심리적 압박 비용은 다른 궁궐요원보다 높았다.

물론 여기서 불특정 다수의 여성들이 공간별, 계층별로 어떻게 매음을 실행했는지 특화할 수는 없다. 그러나 보이지 않는 음행과 치죄의 근거를 쌓아나가도 사회적 오명과 윤리적 단죄대상으로 어느 한 계층이 그 역비판의 책임까지 져야 했음은 천민 연구의 또 다른 역설이다. 기생이 매음대상으로 전락할 때 막상 그들을 치죄대상으로 삼기보다 오히려 별도의 행음 주체에게 행형 압박을 가함으로써 사회통제효과를 높이려 했음은 조선사법권력이 갖는 독특한 이중성을 그대로 반증한다. 앞서 지적했듯 자신들의 죄를 면피하기 위한 사법적 함정과 정치적 돌파구는 충분히 마련해야 했던 것이다.

여기서 분명히 해두어야 할 점은 매매음의 사회적 혐의가 국가 전체적으로 열려 있었으되 도덕적 공격과 비난의 화살은 주로 기생들에게 맞춰졌고 동시에 이 같은 매매춘은 그대로 덮어두려는 이중의 행태가 고스란히 유지되었다는 것이다. 이 같은 사법적 면책 기류는 의녀와 궁

39. 이것은 마치 백정이 범법의 혐의 없이도 온갖 사회적 지탄과 비난의 고통비용을 지불해야 했던 것과 마찬가지 효과를 갖고 있었다. 기생이라서 감수해야 했고 백정이라서 인내해야 했던 사회적 편견 비용은 가히 상상 이상의 부피였을 것으로 보면 틀림없다. 두말할 필요조차 없이 이는 권력의 도덕적 '代贖'과 윤리적 면피효과로 보아야 할 일이었다.

중 내인들과의 관계에서 매우 은밀하게 지탱되었고 일반 행형의 엄격함에 비추어 상대적 우위를 점하고 있었다는 사실도 명기해 두어야 할 사항이다.

정확한 범법 통계를 제시할 수는 없으나 조선사 전체의 기생 누계가 3만을 웃돌고 있었고 후기 추정인구가 1,500만을 전후했음을 감안[40]하면 당대의 성 정치적 긴장과 비용 추정은 그리 어렵지 않다. 아울러 기생집에 출입할 수 있는 기회비용뿐만 아니라 막상 그들과 성적 향응의 당사자로 입지할 수 있는 처신비용까지 감안할 경우, 그 인구는 예외적 부피를 이루고 있던 터였다. 다만 기생들이 감수해야 했던 비난 비용과 매매춘과 관련, 기생 외 천민집단의 홀대나 사법적 불이익 비용을 서로 비교할 경우 막상 권력과 지근거리에 있던 기생들이 누렸던 상대적 자유의 문제는 또 하나의 아이러니로 남는다.

비판대상이었으되, 여간해서는 인신 구속이나 정죄(定罪)대상으로 몰리지는 않았던 기생집단. 운신의 폭은 기생보다 넓었으되, 성의 매매에서 기녀집단보다 훨씬 많은 긴장 비용과 위험부담을 감수해야 했던 유녀집단. 이들 사이를 가르는 사회적 불균형은 결국 조선사회 특유의 한계와 이를 감싸고 도는 남존여비의 모순과 맞물려 한층 확대 재생산되고 있었다.

지승종은 기생의 절개나 기녀의 성적 건전함에 관해 언급하지 않고 대신 조선 초기에 엄존했던 '화랑 · 유녀'의 범법과 치죄에 관해 논의의 초점을 맞춘다. 죄 지은 양인을 노비로 삼아 버리는 형벌조항의 치밀한 역사 추적을 통해 그는 이렇게 말한다.

> 중종 38년(1543)에 간행된 『大典後續錄』에는 다음과 같은 조항이 실려 있다. "花郎 遊女는 있는 곳에서 摘發하여 치죄하되, 良家子女는 殘邑의 奴婢로 永續하며, 公私賤은 杖一百流三千里에 准하되 天文生의 例에 의하여 論罪한다.

40. 韓榮國, 「인구의 증가와 분포」, 『한국사』 33: 조선후기의 경제(서울: 국사편찬위원회, 1997), p. 19.

兩中이라 호칭하여 女服을 變着하고 人家를 出入하는 者는 良賤을 구분하지 않고 아울러 全家를 絶島에 入送한다." 이 규정은 중종 8년(1513) 10월 全羅道觀察使 權弘의 狀啓를 계기로 입법된 것으로 보인다. 狀啓의 주된 내용을 정리하면 다음과 같다. ① 本道의 弊風에 居士라 칭하는 男子와 回寺라 칭하는 女人은 거의 모두 농업에 종사하지 아니하고 제멋대로 음란한 짓을 하며 横行하여 풍속을 해치고 무너뜨리고 있다. 법에 마땅히 금해야 할 것이다. ② 그 가운데 가장 심한 것이 兩中이다. 간혹 弱冠에 수염이 없는 자는 女服을 變着하고 분단장하여 人家에 출입한다. 밤에 女巫와 함께 堂室에 섞여 앉아 있다가 틈을 타서 남의 妻·女와 通奸한다. ③ ……花郞·遊女等은 所在官으로 하여금 적발하게 하여 大明律 犯奸條에 의하여 처벌하되 아울러 本罪에 加一等 시행하며, 良家女와 僧人은 殘邑의 奴婢로 屬한다고 하였다. ……良家子女와 僧人은 加等하여 決罪한 後 奴婢로 屬하니 그 罰은 杖一百流三千里에 准한다. 公私賤은 다만 杖一百으로 論決하니 罪는 같되 罰은 다르다. 徵惡하는 바가 없다. ④ 비록 公私賤이라도 아울러 杖一百流三千里에 准하여 論斷하며, 變服女粧하여 人家에 出入하는 者는 良賤을 구분하지 않고 收贖을 除하고 全家를 絶島에 入送하되 良人은 奴婢로 삼는다. ①에서는 居士·回寺의 '縱淫横行'으로 인한 폐단을 지적하고, 法禁을 강조하고 있다. 回寺는 寺堂의 前身이며, 居士는 사당을 데리고 다니는 남자를 뜻한다고 한다. ②에서는 兩中의 '奸人妻女'로 인한 폐단을 지적하고 있다. 兩中은 花郞이라 칭하기도 하는데, 男巫를 칭하는 말이다. ③에서는……良賤간의 刑量이 다른 것을 문제점으로 지적하고 있다. 즉 良人에게 부과한 '爲奴'의 형벌은 准計하면 杖一百流三千里가 되는데, 公私賤의 경우에는 加等하더라도 杖一百에 지나지 않으니 良人에 비해 벌이 가볍다는 것이다. 따라서, ④에서는 公私賤도 杖一百流三千里에 准하는 양형을 하고, 兩中에 대해서도 처벌을 가하여야 한다고 하였다. ……그런데 여기서 居士·回寺가 花郞·遊女에 각각 대응된다는 점에 주의하여야 할 것이다. 花郞은 조선 전기에는 男巫를 칭하는 말로도 쓰였지만, 여기서는 居士에 해당하는 자로 보아야 할 것이다. 遊女의 경우에는 성종 18년(1487)의 실록기사에서 '行旅에게 宣淫함으로써 資生'하는 여자를 가리킨다고 하였으니, 여기서의 回寺와 서로 부합됨을 알 수 있다.[41]

그러니까 지승종의 분석에 따르면 실제 성행위의 음란성 여부나 그

41. 池承鍾(1997), 앞 책, pp. 85-87 참조.

정도 혹은 매매춘 행위 여부와는 별도로 논란이 된 대상은 막상 기생들이 아니었다. 그들은 쟁점화될 필요조차 없이 내려갈 만큼 내려갔다고 치부할 수 있는 천민집단이었다. 다시 말해 기생이 매매음을 했다 하여 그들을 다시 천민화시킬 수는 없는 노릇이었고 설령 그 같은 일이 가능했다 해도 그러한 조치가 불러일으킬 수 있는 공포효과란 극히 제한적일 수밖에 없었을 것이다. 그보다는 차라리 여염의 백성들이 음험한 행위와 상궤를 벗어난 행태로 사회질서의 흐름을 거스를 때 유교국가 지탱의 논리와 그 정치교육적 징치의 명분을 앞세워 통제와 치죄의 압박을 부과하는 것이야말로 권력의 입장에서 볼 때 훨씬 합리적이었던 셈이다.

'아랫것'들을 다스리려는 통치주체의 계산에 굳이 경제적 판단과 항상적 합리성만이 요구된 것은 아니었다. 그러나 국가운영을 위해 일정 인구의 부역과 성가신 노동의 단위 역시 늘 있어야 '했음'은 불가피한 일이었다. 뿐만 아니라 그들이 지배계급 스스로도 굳이 원치 않았던 노동의 대역이라면 천민집단의 정치사회적 절박성은 그렇게 심각한 문제조차 아니었을 것이다. 직능별 인구의 정확한 통계와 이를 비교해 볼 수 있는 과학적 준거 역시 시대별로 남아 있지 않음은 연구의 또 다른 한계 가운데 하나다.

그러나 천민의 절대인구가 필요했던 것은 결국 세습군주체제가 요구한 미분화적 노동분화, 즉 계층의 다원화는 이뤄지지 않았어도 직업의 자생적 분화가 도모될 수 있었던 사회적 수요와 본능의 제도화란 측면에서 이해해야 할 문제였다.[42]

---

42. "조선의 경우, 특히 노비제는 중국이나 다른 지역의 그것에 비해 사회 · 법률적 처우가 보다 가혹하였다. 이 같은 '가혹성(harshness)'은 당시 통용되고 있던 '奴婢世傳法'을 통해서 찾아볼 수 있다. 世傳法은 노비의 신분을 세습시키는 것으로서 一世 노비의 공급이 원활하지 못하자 노비를 계속 확보해 나가기 위해 지배층에서 주장하던 악법이었다. 상전의 입장에서 노비는 토지와 함께 재산의 일부를 이루고 있었다. 즉, 노비는 매매되거나 증여 · 상속의 대상이 되고 있었다. 비록 허가사항이었으나 상전에게는 노비를 죽일 수 있는 법률적인 권한도

같은 천출이자 하층민으로 사회적 귀속감을 공유하고 있었다 해도 각자가 인식하는 자존심 손상 정도나 이를 참아내야 했던 직능집단별 콤플렉스의 실질부피는 다 달랐을 것이다. 특히 여기서는 백정과 기생이란 특정 직분에 국한시켜 작업을 진행하고 있지만 노비로 전환된 양민들이나 그들의 의식세계에 투영된 천민들 그리고 막상 행음을 일삼고 떠돌면서 기존 사회질서에 '동화·적응'하기 어려웠던 인간들의 존재는 정작 서로에게 다른 모습으로 비춰졌을 것이다.

한 가지 흥미로운 것은 바로 계층의 의외적 단순성과 달리 직종의 호칭 분화와 이를 반증하는 직업적 역할의 세분화 현상이었다. 행음 주체로 혐의를 부과할 수 있는 집단 명칭만 해도 '화랑(花郎)·유녀(遊女)·사당(捨堂·寺堂: 男/女)·회사(回寺)·남무(男巫)·여무(女巫)·무당(巫堂)·거사(居士)·양중(兩中)' 등 여러 종류로 분산되어 있었다. 그러나 이 같은 호칭 분화는 물론 당대 사회적 의미의 중첩과 후대 사용자들의 현학적 표현에서 비롯된 이음동어적 기능도 있었고 비단 그 같은 다양성만이 아니라 직업집단 출현의 자연발생성과 그 사회적 수용 혹은 내

있었다. 조선왕조의 노비는 사치노예적인 존재와 농노적 존재, 그리고 예속민적 존재로 나누어 볼 수 있다. 즉, 노비중의 일부는 상전의 천첩이 되거나 일상 하인 노릇을 하여 사치노비의 성격을 나타내기도 하였다. 그러나 노비의 대부분은 직접 농경에 사역되었으며 이들은 노예나 사치노비와는 그 성격을 분명히 달리하는 '농노적 존재(Serfdom Being)'였다. 농노와 노예와의 차이는 상당히 큰 것이었다. 농노는 토지와 같은 생산수단을 점유하고 생산도구를 갖고 있었으며 자신의 가계를 독자적으로 유지한 존재였다. 반면, 노예는 생산수단을 점유하지 못하며 생산도구를 갖거나 독립된 가계를 유지하지 못하던 존재였다. 그리고 농노는 그의 상전이 불완전 소유자로서 매매할 수는 있었으나 함부로 죽이지는 못한 데 반해, 노예는 그의 상전이 완전소유자로서 생사여탈권을 독점하고 있던 처지였다. 노비 중에는 봉건적 예속민의 위치에 놓여 있던 부류도 있었다. 이들은 자신의 전답과 가옥 그리고 때에 따라서는 다른 노비까지도 소유하고 있던 부유한 존재였다. 이들은 일반 양인처럼 국가에 대한 부담만을 지고 있었다. 이처럼 '노비'라는 동일용어 안에는 서로 다른 세 가지 성격을 가진 집단들이 포함되어 있었다. 그리고 '鮮初 奴婢'의 주류를 이루고 있었던 것은 사치노비나 봉건적 예속민이 아닌 '농노적 존재'의 노비였다." 高麗大學校 民族文化研究所(編)(1980), 앞 책, pp. 277-278 참조 재인용.

면적 제도화 과정을 암시하기도 했다. 그것은 아무리 억압하고 회유해도 권력의 의도와 전혀 관계없이 분출하는 민중부문의 문예적 본능표현과 권위주의적 사회유지를 위한 정치공학 사이에 나타난 모종의 긴장과 길항(拮抗)을 뜻하는 것이기도 했다.

이미 천민집단으로 낙인찍힌 부류의 인간들과 같이 어울린다는 이유만으로도 행형 조치의 사법적 근거를 마련할 수 있었던 권력부문에게 민중의 성적 본능향유나 표현 혹은 예술적 기류의 자연 확산은 최대한 통제해야 할 일일 뿐, '진작 · 고무'시켜야 할 이유야 전혀 없었던 셈이다. 남녀 사당패들과의 교섭이나 당인(堂人)들과의 교류는 일반 민중이 부담 없이 다가설 문제가 아니었고 그만큼 위험 부담과 사법적 암시가 늘 전제되고 있었다. 비록 형벌노비에로의 제한적 조치이긴 했으나 많지 않은 혐의요건[43] 가운데 '화랑 · 유녀'와의 교섭이 엄연히 게재되어 있음은 백정과 기생집단에 관한 기왕의 부정적 편견과는 또 다른 문제를 반영한다. 이 점은 백정과 기생 이외의 주변 천민집단이 갖는 또 다른 애환을 간접 암시하는 것이었다.[44]

당인과 사당패의 행음 행각이 물의를 빚는 일이었다 해도 기왕에 붙박혀 있던 음행과 천역의 주체로 기녀의 이미지가 달라지는 것은 아니었다. 이것은 권력부문의 압양위노(壓良爲奴) 혹은 압양위천(壓良爲賤)의 근본의도가 하층민의 인구증가나 전략적 증원에 있었다기보다 오히려 권력에 복종하고 질서에 동화시키려는 사회통제효과 강화에 있었던 것

43. 조선 전기 형벌노비의 죄목은 다음과 같았다. 1) 謀反大逆, 2) 謀叛, 3) 强盜, 4) 犯盜(徒流), 5) 再犯竊盜, 6) 牛馬賊, 7) 宰殺牛馬, 8) 僞造印信, 9) 徙民逃亡, 10) 花郎 · 遊女, 11) 僧人(犯奸)所生, 12) 減死(減刑), 13) 都城濫入/僧尼, 14) 詐冒迎送/軍人姓名, 15) 反逆者 薦擧 等, 池承鍾(1997), 앞 책, p. 93 참조할 것.

44. 이들은 모두 생산활동에 간여하지 않는다는 이유만으로 閑人集團이나 소모적 존재들로 치부되었다. 다만 유념할 것은 막상 천민집단 내부에도 사회 인식의 우열 정도나 그들 내부의 경제적 수준차는 여전히 고려할 만했다는 점이다. 이 점에서 그들을 결코 넓은 뜻의 하층민으로 엮어 애매하게 다루거나 막연히 불쌍한 대상으로 생각할 일만은 아니었다.

처럼 이를 바라보는 천민층 전반의 냉소적 자세와도 무관하지 않았다. 즉, 아무리 형벌노비의 숫자가 늘어도 막상 노비 자신들의 입장과 시각은 바뀔 수가 없었던 것이다. 마찬가지로 행음 현장에서 화랑과 유녀의 치죄를 강화한다 한들, 기녀에게 가해졌던 기왕의 나쁜 선입견이나 백정이 갖고 있던 천역의 이미지가 달라질 리는 없었다.

지승종의 주장에 좀더 귀기울여 보자.

> 형벌노비의 일차적인 의미는 명백히 '노비' 확보가 아닌 '형벌'에 있었다. 『경국대전』의 罪犯准計條에 보이듯이 '爲奴'는 사형보다 한 등급 아래의 형량인 杖一百流三千里에 해당하는 형벌로 간주되었다. '爲奴'가 형벌의 의미를 가지는 것은 어디까지나 良人과 奴婢(특히 官奴婢)간의 신분적 차별성에서 오는 것이다. 말하자면 良人과 奴婢가 명목상으로만 구별되고, 양 신분간에 생활기회의 차이를 비롯한 유의미한 실질적 차이가 없다면, 형벌노비는 효과적인 제재수단으로서의 의미를 지니지 못하게 될 것이다. 따라서 형벌노비는 이러한 양인과 노비간의 신분적 차별성을 전제로 하는 제재수단이며, 단순히 苦役에 定役한다는 것에 그치지 않고, 예컨대 '내 몸의 욕됨은 노비가 됨[爲奴]보다 천함이 없다'는 인식까지 전제로 할 수 있을 때 더욱 효과적인 제재수단이 될 것이다. 같은 이유로, 형벌노비는 賤人 즉 노비에게는 형벌로서의 의미가 거의 없었다. 私奴婢에 대해서는 '屬公'에 의한 제재—本主 및 當者에 대한—의 의미라도 있지만, 특히 공노비에 대해서는 별의미가 없었다. 형벌노비는 謀反大逆과 같은 예외적인 경우를 제외하면, 대체로 公奴婢로 되었기 때문이다.45)

여기서 천민의 사회적 역할과 그 의미는 다시 분명해진다. 대체 조선 천민의 사회적 존재란 무엇이었을까? 그들은 없어도 괜찮은 이들이었을까, 그렇지 않았을까? 계층의 출현이 의도치 않았던 또 다른 사회적 결과였다면 이들의 출현과 성장을 바라보는 지배계급의 시각이나 새로운 대응은 정치적으로 어떤 성격을 갖는 것이었을까? 불가피한 동화정책수립과 의도적 유인? 적절한 권위구조 지탱과 공포효과 동원? 이를 위한

45. 池承鍾(1997), 앞 책, p. 94에서 재인용.

정치력 담보? 계층 존립의 유용성 강화와 사회적 명분 마련? 지근거리에서의 물리적 통제와 이를 바탕으로 한 계층적 우월성 확인?

이들 물음에 관한 구체적 답변을 권력부문에게 기대할 수는 없었다는 점에서 조선은 분명 명분사회였다. 사회문제의 구체적 답변보다 인간과 국가가 존립해야 할 이유를 타자의 '존재 우선'에서 구하고 이를 정치적 정의와 인간적 예절의 고리로 묶어 '예종(隷從) 유인'의 통치틀을 이끌어 내는 데 오래도록 성공한 왕조국가에서 천민의 존재란 우선적 구원대상이나 복지실현의 경험적 정책근거는 아니었다.

세습군주체제에서 천민은 봉건 노역의 당연한 주체이자 사회계층 유지의 인적, 물리적 인프라로 기능했다. 뿐만 아니라 계층통제를 위한 전략적 공포효과의 동원기제로까지 조정이 그 역할을 정치화해 나가는 동안 권력부문은 양인들의 사법적 일탈을 견제하고 천민집단 스스로 정치심리적 외경구조를 강화하도록 주력한다. 그 결과 지배의 명분과 계층통제의 근거가 가장 합법적으로 조율될 수 있는 최적의 수준에서 천민의 존재 이유를 정당화하고 최소한의 정책적 처우를 위한 돌파구를 마련하는 일로 문제가 모아졌다. 한편으로 억압하고 다른 한편 관망하는 극도의 이중성 속에서 조선의 천민들은 결국 있어도 나타나지 말아야 할 극한 상황을 감수해야만 했던 것이다.

사회적 존립을 위해 그들 모두가 필요로 했던 정치적 기반 개념은 '역할'과 '쓸모'에 있었다. 최소한의 논리구조를 통해서나마 존재와 지탱의 근거를 변명할 수 있는 한, 그들 대부분은 단순히 '존재하고 있다'는 이유만으로 제거되거나 사라질 필요까진 없었다. 사실상 양민이 천민이 됨으로써 있었던 역할마저 사라질 수 있는 상황까지 염두에 둬야 했다면 애초부터 천역에게 부과할 역할조차 마련할 수 없었던 일종의 정책적 고갈 혹은 정치적 절박성은 문제의 또 다른 단면이기도 했다.

'역(役)'의 출현과 분화가 생존의 근거 마련을 위한 현실적응의 결과였던 것인지 아니면 신분사회구조의 강화와 지탱을 의식한 조정의 정치공학 때문이었는지는 지속적으로 연구해야 할 과제다. 그러나 두말 할 필요 없이 부역이 부세(賦稅, taxation)의 근거이자 결과라는 순환논리는 조선사회 변동의 이해과정에도 예외가 아니었다. 국가운영자금의 동원을 조세에서 구하고 최저생계비 자체가 부세의 공제액으로 충당하기 어려웠던 절대 인구가 사회 안에 늘 존재한다는 것은 결국 체제의 부담이자 정치의 한계였다. 특히 부세의 근거조차 마련하기 힘들었던 다수에게 세금은 또 다른 압박이자 독한 콤플렉스의 자원이었다. 실제로 생존이란 문제까지 생각할 겨를도 없이 살아 있다는 것이 곧 짐이었던 그들 존재는 국가의 입장에서 볼 때 어떻게든 조세대상으로 편입시켜야 할 체제외 공적(空籍)이었고 당사자들은 어느 순간, 어떤 계기로든 운명과의 타협을 불사해야 했던 역사의 부초로 남아 있었던 셈이다.

조세대상으로 편입되었어도 다시 유민화하는 경우나 전국적으로 뻗어나간 지방세정의 부패는 부역의 이유 역시 무의미하게 만든다. 세금을 걷기 위해 일거리를 찾아 주어도 노동행위 자체로부터 격리되거나 그들 스스로 벗어나려는 경우가 발생한다든지 양민에서 사노비로 전락하는 경우 등 부역과 조세의 경계를 넘나드는 현상 역시 엄존했음은 왕조국가 조선의 민중기반이 얼마나 취약했는지를 그대로 반증한다.

이 같은 상황이 야기한 분노를 정치화, 집단화할 줄 몰랐던 천민은 사회적 소외와 고독을 돌파할 저력도 없었다. 편입과 배제, 헤아릴 수도 뺄 수도 없는 물리적 애매함, 계층간 소통의 벽을 허물 수 있는 화학적 합성능력과 힘의 분산 불능, 사회적 욕구충족의 한계와 생존본능의 부조화 심화. 천민집단의 이 같은 주변성을 조망하는 데 잡류층의 의미는 한결 입체적이다. 이 개념은 천민들의 집단의식이 결코 단세포적이지 않았다는 점을 잘 말해 준다. 뿐만 아니라 천민과 양민의 집단 경계 역시 때로는 매우 애매하여 둘이 하나로 성장, 용해될 수도 있었다.

한희숙은 이렇게 말한다.

> 조선은 건국 當初부터 신분제의 확립과 국역체제의 정립을 위해 서둘렀던 바 軍役 이외에도 국가의 필요에 의해 설치된 매우 다양한 雜色役人들이 존

재하고 있었다. 이들은 국가로부터 통칭 雜類로 불려지던 자들로 국역 파악의 하나의 큰 범주를 이루고 있었다. 또한 有職者이지만 양반 지배층에 의해 천시됨으로 인해 雜類로 취급된 자들도 많이 있었다. 조선 초기의 雜類들은 '잡된 부류' '여러 무리들'이라는 보통명칭으로도 쓰였으나 국가에서 軍役 이외의 身役을 지는 자들을 통칭해서 부르는 칭호로도 나타난다. 雜類層은 京外의 各 官이나 官設工場·牧場·渡·津·站·驛·院·山陵·胎室·壇·堂 또는 국가에서 인정한 특정 개인 등 여러 곳에서 '국가에 대해 특정한 직능을 담당하는 것으로 軍役을 대신하고 있는 身役負擔者層'을 의미한다고 보아도 큰 무리는 없을 것으로 생각된다. 이들은 국가가 필요로 하는 잡다한 노동력을 확보한다는 과제의 구현물로 나타난 身分層들인 만큼 그 구성요소는 일일이 언급하기 어려울 만큼 다양하였다. 이들은 法制的으로는 良人의 신분이었지만 사회적으로는 良人의 上層에서부터 良人의 下層에 이르기까지 다양한 지위를 가진 자들이었다. ……고려시대에는 注膳·幕士·所由·門僕·電吏·仗首·驅使·大丈·仙郎·丁吏·房子·注依 등의 吏屬類들이 雜類로 불려졌다. ……조선 초기의 雜類는 고려시대의 것을 이어받은 것도 없지 않으나 조선이 건국되면서 강화시키거나 새롭게 설치한 것이 많았으며 고려말에 이미 존재하고 있던 身良役賤者들도 그 소멸과정에서 雜類層으로 정비되어 갔다. 이것은 조선의 건국 후 여러 종류의 兵種들이 신설되면서 국방체제를 갖추어 가는 것과 그 맥을 같이 하는 것이었다. 따라서 국가에서 파악하는 雜類層의 범위도 役制의 정비와 함께 더욱 확대되어 갔다. 雜類層을 하나의 통일된 身分層으로 취급하기에는 어려운 점이 없지 않다. 구성원 하나하나가 독특한 身役을 지는 것이기 때문이다. 이들은 법률로서 규정된 法制的인 신분층이 아니라 지배층에 의해 규정되고 국가에서 身役을 賦課시키는 과정을 통해 편의적으로 파악된 것이기 때문에 그 범주가 명백하게 합의되어 있지도 않았다. ……『經國大典』에 의하면 다양한 雜類人들이 나타난다. 하나는 稱干稱尺者들의 後裔인 雜類人들로서 守陵軍·守墓軍·胎室看守軍·壇直·堂直·津夫·水夫·氷夫·藥夫·漁夫 등을 들 수 있고, 다른 하나는 이들을 포함해 보다 많은 身役負擔者 즉 錄事·書吏諸員·畵員·道流·僕隸·各邑人吏·日守·書員·醫生·律生·守陵軍·守墓軍·看守軍·壇直·堂直·藥夫·津夫·水夫·氷夫·院主·牧子·匠人 등 다양한 雜類人들과 公賤·私賤 등을 總結해 놓은 雜色軍을 들 수 있다. 이 가운데에는 末端 官職을 가진 衙前·技術官들도 있으며, 軍役의 의무가 없었던 賤類들도 포함되어 있다. 그런데 賤人들도 국가나 兩班 支配層으로부터 천대를 받으므로 雜類라

불리고, 또 예비군적인 체제인 雜色軍에 포함되었던 것이다. 그러나 이들은 법제적으로 그리고 혈통적으로 양인과 구분이 되는 존재들로서 良役이 아니라 세습적으로 賤人의 役을 지는 사람들이었으며, 국가의 이들에 대한 파악 방법이 良人과 달랐다. 따라서 이들이 雜類라 칭하여졌다 하더라도 양인으로 軍役 이외의 諸有役을 담당하는 雜類들과는 구분되는 존재들이라 할 수 있을 것이다. ……이와 같이 많은 雜類 전체를 하나의 독립된 身分層으로 간주하기에는 어려운 점이 없지 않다. 이들이 국가에 부담하는 役의 내용에는 차이가 있었으며 그 존재 형태도 다양하였기 때문이다. 그러나 이들이 부담하는 개별적인 役의 내용이 다를지라도 이들이 軍役 이외의 公的인 임무를 담당하고 있는 身役負擔者라는 점에서 국가로부터 동일한 차원에서 취급받는 경우가 많았다. 이들을 雜類라 總稱하고, 또 雜色軍에 編制시켜 두었으며, 給保의 대상으로 파악한 데서 짐작할 수 있다. 국가는 이러한 다양한 身役負擔者들을 효과적으로 파악하기 위하여 이들을 각기 그 身役의 籍에 등록하고, 雜色軍體制에 編制해 두었던 것으로 보인다. ……賤人들은 국가에 대해 軍役의 의무가 없었다. 그러나 賤人들이 雜色軍에 포함되어 있는 것은 이들이 正規軍이 아니라 일정한 身役을 부담하는 자들이기 때문이다. 私賤은 양반 개인의 사유물이었던 것을 생각할 때 이들을 징발하여 군사조직으로 編制하는 것은 사실상 힘들었지만 국가에서는 이들도 파악하여 관리하고자 하였던 것이다. 雜色軍은 어디까지나 戰亂에 대비하여 관직이나 군역을 지는 자들을 제외한 나머지 신역부담자들을 대상으로 한 비상동원 체제이자, 이들을 총괄적으로 파악하기 위한 조직이었기 때문에 賤人들도 포함시켰던 것이 아닌가 생각된다. 요컨대, 雜色軍은 雜類層을 주축으로 하여 다양한 구성원으로 이루어져 있었다. 전쟁이 일어났을 때 軍役負擔者인 군인들이 싸움에 동원되는 것은 당연한 이치였다. 그러나 이들뿐만 아니라 鄕吏 등 有役人에 대한 徵發을 고려하여 이들을 雜色軍에 編成해 두고 전쟁에 대비하였던 것이다. 자신의 身役이 軍役과 일치하지 않는 雜類層 즉 衙前 및 技術官(者), 特定身役負擔者 등등이 雜色軍의 중요한 구성원이었다. 그리고 公賤·私賤 등 신분상 賤人에 해당하는 사람들도 포함되어 있는데 이것은 명분적인 것에서 말미암은 것으로 보인다. 이들은 평소에는 거의 군사적인 훈련을 받지 않는 자들이었으나 비상시를 위해서는 파악해 두어야 하는 존재들이었기 때문에 이들을 통괄하는 조직으로 雜色軍을 설치한 것으로 보인다. 결국 朝鮮初期의 雜色軍의 주된 구성원은 軍役 이외의 身役을 지는 雜類들이라 할 수 있는데 京中의 경우는 지역적인 특수성과 양반들의 賤視로 인해 京衙前 및 技術官들도

> 雜類로 취급되어 편성대상이 된 것으로 보인다. 그러나 법제적인 조항이 잡류로 취급된 모든 부류를 다 망라하고 있지는 못하고 있다. 이것은 법과 실제와의 차이라 할 수 있을 것이다.[46)]

조세를 의식한 준 강제적 사회 역할 부여에는 천민계층의 정치적 복종의무와 그 합법적 근거로 백성의 구성요건을 제도화하려는 권력의 의도가 암암리에 드러나고 있었다. 그것은 유사시 잉여 동원대상으로 군사 수요와 위기대처의 한 자원으로까지 발전하는 정치적 탄력마저 유감없이 보이고 있었다. 한희숙이 정리한 집합적 사회단위로 조선 초기 잡류의 존재양식은 이렇듯 통계적 말미에 자리하는 민초의 주변이자 기능적 소외집단으로 지탱하고 있었다. 필요에 따라 동원하고 능력과 상황변화에 따라 차별대우해도 결코 표나지 않던 이들은 한결같이 '당연 봉사'의 주역이자 사회경제적 홀대의 대상으로 권력 주변부에 때로 기생하거나 때로 이탈하는 강한 유동성도 스스로 버리지 않고 있었다.

그렇다면 이제 우리는 이 대목에서 중요한 문제와 부딪치게 된다. 조선 천민의 경제적 주변성과 정치적 소외는 그들 자신을 집합적 사회단위로 혹은 하나의 사회세력으로 성장시키는 직·간접의 단초를 이루는지 아닌지가 그 하나일 것이다. 뿐만 아니라 그들의 세력화 추세와 관계없이 정치적 저항의 맥락은 어떤 의미를 갖는 것이었는지 또 다른 쟁점을 이룰 것이다. 단 한차례의 성공적 사회혁명도 없이 왕조가 유지되고 견딜 수 없이 밀려든 구조적 폭력에 의해 해체된 국가구조였다 해도 조선의 정치질서 유지과정에서 체제의 긴장과 정치윤리적 자각 부피를 더했던 아래로부터의 민중저항은 무엇을 뜻했던 것일까? 그리고 그 속에서 끊어질 듯 계속된 천민집단의 미세한 용트림은 또 어떻게 바라보아야 하는 것일까?

---

46. 韓嬉淑(1990), 앞 논문, pp. 11-275, passim.

3. 복종과 저항의 편차

조선의 천민이 계층적 저위성이나 사회문화적 천대의 울분을 딛고 자신들의 원한을 정치적으로 드러내는 데 지속적으로 성공했다는 기록은 흔치 않다. 다만 그 간헐적 맥락과 이를 증거해 주는 정치적 계기는 예사롭게 다룰 문제가 아니다. 이 문제는 왕조국가체제의 정치적 유지나 그 집단적, 자발적 복종논리와 관계없이 의외적 집단행동으로 그 의미 크기가 적잖기 때문이다.

조선의 왕조국가체제가 민중의 사회혁명에 의해 붕괴되지 않았다거나 권력의 치열한 자기반성과 개혁에 따라 거듭날 수도 없었다는 비극은 천민집단의 슬픈 역사와는 또 다른 문제였다. 그것은 조선조 정치질서의 보편적 정체성(停滯性)이나 극도의 자발적 복종 성향과 깊은 관계가 있고 나아가 아시아 왕조국가 일반이 혁명에 의한 변동보다 세습과 계승에 거의 절대적인 관심을 기울여 왔던 문화적 관행에 유념할 때 이해의 틀을 어렵잖게 확보할 수 있다.

왕조국가 조선의 정치위기가 왜 민중부문의 사회혁명적 저력을 자극하지 않았고 권력부문의 도덕적 자각이나 치밀한 대개혁 조치 역시 담보하지 못했는지 규명하는 게 이 책의 목표는 물론 아니다. 아울러 그 결과, 질서의 해체가 식민권력이라는 거대폭력구조로 강제 편입된 저간의 과정을 추적하는 것으로 집약되는 것도 아니다. 다만 조선 천민의 정치적 저항잠재력을 탐사하기 위해 민중부문의 함성과 분노 그리고 현실의 불만이 조선조 정치변동과정 전체에서 어떻게 작동, 변화해 나가고 있었는지 선별적으로 가려 보려는 것뿐이다.

여기서 유념할 사항은 천민집단을 포함, 조선 민중부문의 정치적 저항이 왜 좀더 지리적으로 광범위하지 못했고 물리력 구사에서 보다 폭력적이거나 군사적일 수 없었는지 진솔한 회고가 선행되어야 한다는 점이다. 즉 조선 민중부문의 정치적 저항에 담긴 정치지리적 편협성과 자원 동원능력의 구조적 핍진성, 그리고 폭력구사의 군사적 취약성 등은 양인들의 일반적 정치문화로서 뿌리깊은 비동적 경향과 맞물려 적잖은 한계를 드러내고 있었다. 이 같은 문화의 한계는 정치권력의 횡포와 오만, 경제관료의 탐욕과 무능 등과 결합함으로써 결국 걷잡을 수 없는 갈등과 혼란으로 발전하는 역사의 단초를 이룬다.

19세기 조선 민란의 정치사적 기원이 어디까지 소급될 것인지 역사 연구의 맥은 아직 분명치 않다. 뿐만 아니라 민란의 형식과 유사 행위 전반의 폭력성이나 이와 관련한 하위현상들 사이의 변별 또한 정치학적으로 명확하지 않다는 점에서 학문적 책임은 여전히 크다. 거시적으로 볼 때, 조선의 정치질서는 이미 권력부문의 민중통제에 얽힌 일련의 공포효과와 이에 상응하는 민중의 지속적 저항 혹은 긴장의 효과적 반향 때문에 만들어질 수 있었던 것임을 필자는 지적한 바 있다.47) 아울러 조선의 정치변란이 권력부문의 정변과 반대진영의 민란 모두를 아우르는 광범위한 역사 토대가 될 수 있음도 같이 논의하였다.48)

그러나 이 같은 논의가 이해의 일반틀을 담보하는 절대적 기준일 수는 없었다. 왜냐하면 개념의 문제는 이론화의 기초 전제이거나 이를 향한 과정적 담론대상일 뿐 의미의 고정을 통한 일반화 노력은 아예 신비롭거나 엄숙한 논리의 포로임을 자처하는 일이나 크게 다를 바 없기 때문이다. 권력부문 내부에서 반복된 정변의 대표 유형으로 정난(靖難)과 사

47. 박종성(1995), 앞 책 참조할 것.
48. 박종성(1995), 앞 책, pp. 387-397 참조할 것. 그러나 이 개념은 경우에 따라 얼마든지 혼용될 수 있었다. 왜냐하면 실록청의 사관들이나 당대 용어사용 주체들 대부분이 이 같은 의미의 경계를 사전에 분명히 해두고 관용의 근거를 삼았던 것은 아니기 때문이다. 정변은 때로 민란과 의도적 작변, 혹은 병란이나 의외의 정치적 사건 가운데 현존 권력의 정체성에 의문을 품고 감행된 일체의 행위를 지칭하는 넓은 뜻으로 사용했고 거꾸로 변란은 민란과 같은 상향식 저항행위뿐만 아니라 권력구조 내부에서의 반정치적 행위를 지칭하거나 지배세력 내부의 갈등에 따른 질서의 변환 기도 전체를 아우르는 매우 추상적인 경우도 있었다는 데 우리의 눈길은 머무를 필요가 있다.

화(士禍), 그리고 반정(反正) 행위는 조선 정치변란 연구에서 물론 대안적 분류방법의 하나였을 뿐이다.[49] 뿐만 아니라 변란 개념이 정변과 민란의 인식론적 배합 산물이란 이해방식도 또 하나의 대안일 수 있었다.

고성훈은 권력 교체나 정치질서의 급진적 변혁까지 의식한 민중의 적극적 거사 일체를 변란으로 넓혀 잡고 있고 민란은 그보다 하위현상으로 보아야 한다는 입장을 일관성 있게 고수한다.

> 민란이 농민의 경제투쟁으로서의 성격을 지녔다면, 변란은 민중의 정치투쟁으로서의 성격이 강하다. 그러므로 변란은 흔히 체제저항적 성향을 지닌 인물들이 주도하고, 혈연이나 친분 등과 같은 개인적 이해관계에 기초하여 추진되는 경우가 많으며, 이상주의적 이념을 담고 있는 정감록 등 민중사상에 기초하여 중앙권력의 쟁취를 목표로 삼는다. 민란의 주체가 농민인 데 반하여 변란의 주체는 이른바 유랑 지식인으로서, 향촌사회에 뿌리를 내리지 못하고 이 지역 저 지역을 떠도는 사람들이다. 따라서 이들은 경제적으로 가난하고 정치적으로도 몰락한 자들이다. 이들은 대체로 아이들을 모아 공부를 가르치는 훈장이나 묘자리를 잡아주는 지관 또는 환자들에게 의술을 베푸는 일을 생업으로 삼았다. 변란을 이끌어 가는 주체들은 민중사상을 유포하여 민중들을 끌어들인다. 이러한 사실은 민란이 특정한 이념이나 사상적 배경을 전제로 하지 않았던 것과 크게 다른 점이라고 하겠다. 민란이 한 지역을 무대로 발생하였다면, 변란은 여러 지역을 넘나들며 때로는 전국을 무대로 하는 경우도 있었다. 이와 같은 맥락에서 민란의 목표가 고을 수령을 대상으로 일정한 경제적 조건을 얻어내는 것이었다면, 변란은 국가권력을 장악하는 것이었다. 민란은 통문을 돌리며 공개적으로 봉기를 준비하고 추진하는 데 비해, 변란은 주동자들을 중심으로 한 일종의 비선조직으로 움직인다. 아울러 민란이 단기간에 걸친 준비로 봉기에까지 이르는 데 비해, 변란은 보통 몇 년에 걸친 준비기간을 거치며 동조세력을 모으는 등, 보다 치밀하게 추진한다. 이를테면 정조 때 문인방과 이경래가 변란을 일으켰는데, 이들은 약 10년 전부터 변란을 생각하고 있었다. 고종 때 유명한 봉기꾼들인 최봉주와 장혁진이나 이필제 등도 십수년 동안 여러 차례에 걸쳐 끈질기게 변란을 기도했다. 이와 같은 변란은 크게 거사를 모의하고 준비하는 과정에서 霧散된

49. 이에 관해서는 박종성(1995), 앞 책, p. 224 ＜표 9＞ 참조할 것.

'作變'과 실제 거사를 일으킨 '兵亂'으로 나누기도 한다. 擧事謀議 단계의 변란, 즉 작변은 조선시대에 일어난 변란의 보편적인 경우이다. 특히 18세기까지는 「변란 = 거사모의 단계의 저항」이라고 해도 크게 틀리지 않을 정도로 변란의 대부분을 차지하고 있다. ……민란과 변란적 요소를 동시에 갖고 있는 경우도 있다. 세조 때 함경도에서 일어난 이시애란이나, 임진왜란의 와중에 충청도에서 발생한 송유진·이몽학의 난과 같은 경우는 민란이나 변란의 틀로 가름하기에 적절치 못한 측면이 있다. 그러나 이들 반란이 중앙정부를 상대로 한 민중의 정치·경제투쟁으로서의 성격이 강하다는 사실과, 정치지향적인 인물이 반란을 주도하고 여기에 농민들이 주력으로 참여했던 사실을 고려할 때, 이들 사건은 민란과 변란의 요소를 일부 지니고 있다고 보아도 좋을 것이다. 홍경래란의 경우는 더욱 뚜렷하게 민란과 변란의 성격을 동시에 갖고 있다. 정부군과 치열한 전투 끝에 정주성으로 퇴각하던 '叛亂軍'에 농민들이 몰려들기 시작하였다. 이후 수개월 동안의 전투를 벌였던 이른바 정주성 농성과정에서 '叛亂軍'의 주력이 농민들로 이루어졌으며, 그 성격을 가히 농민항쟁이라고 할 수 있을 것이다. 동학농민전쟁은 그 성격상 대규모 민란, 즉 농민항쟁이다. 그러나 여기에도 일부 변란으로서의 성격이 있음을 감안할 때, 동학농민전쟁은 그때까지 민중운동을 통하여 결집된 농민을 비롯한 민중들의 모든 역량을 한번에 쏟아 부은 반제·반봉건, 민중·민족운동의 總和이다. 조선시대의 민중운동 가운데 이러한 범주 내지는 유형으로 설명하기 쉽지 않은 경우도 있다. 이를테면 대규모의 도적들을 이끌고 있던 임꺽정이나 장길산 같은 사례, 이들에는 미치지 못하나 적지 않은 무장력으로 조직되어 있던 明火賊, 그리고 비밀결사로의 劍契나 殺主契, 그리고 活貧黨과 같은 경우이다. 임꺽정의 활약상은 가히 반란이었다고 해도 손색이 없을만큼 엄청나다. 그렇다고 하여 이를 농민이 주체인 전형적인 민란이나 또는 정치투쟁으로서의 의미를 지닌 변란으로 그 성격을 규정하기에는 다소 무리가 따른다. 여기에서 우리는 임꺽정 집단의 활동을 평가하기에 앞서, 백정을 비롯한 최하층의 인물들이 그 조직을 장악하고 있었다는 사실을 고려해야 할 것이다. 이는 임꺽정 집단의 활동이 신분제의 모순과 밀접한 관련이 있음을 말해 주는 것이기 때문이다. 아울러 그들이 여러 차례에 걸쳐 대담무쌍하게 관아를 습격했다는 사실은 그 활동의 반봉건성을 보여 주는 것이다. 이러한 시각은 숙종 때의 대표적 도적인 장길산 집단의 활동을 평가할 때도 크게 다르지 않다. 그러므로 이들 두 집단의 활동은 신분해방운동의 성격을 지니고 있음을 인정하는 선상에서 민중운동의 한 사례로 볼 수도 있을 것이다.

> 그렇다면 明火賊의 활동도 민중운동으로 인정할 수 있느냐는 문제에 부딪히게 된다. 하지만 明火賊이 고향을 떠나 각지를 떠돌던 流民들이 그 주류를 이루고 있었음을 이해할 때, 이들의 활동도 생존투쟁 또는 경제투쟁으로서의 성격을 일부 지니고 있었다는 평가를 할 여지도 있을 것이다. 또한 明火賊은 일반 도적들과는 달리 거의가 부유한 양반들의 집을 공략대상으로 삼고 있는 등, 그들의 활동에서도 미미하나마 반봉건성을 찾을 수 있다는 점을 말하고 싶다. 반면에 劍契나 殺主契 등 비밀결사운동의 경우는 신분해방운동으로서의 성격이 더욱 강하다.[50]

그렇다고 해서 민란과 변란의 구분이 명확한 것은 아니다. 왜냐하면 이들 용어의 비교는 무릇 정치상황논리와 관계되는 다분히 가변적인 문제일 뿐만 아니라 사용자의 주관적 판단에 따라 얼마든지 섞어 쓸 수도 있기 때문이다. 더욱이 조선조 후반에 이르면 신분제의 동요와 계층이동의 기형적 변화 이후 민란 개념은 봉건체제의 지체된 민주화와 맞물려 더욱 복잡해져 갔고 변란의 이미지 또한 이처럼 일원화되어 간 게 사실이다. 바꾸어 말해 굳이 그 두 개념 사이의 의미 가름도 무의미해진 것이었으리라.

중요한 것은 막상 그들 용어 사이의 역사적, 환경적 변별 여부가 아니라 정치변동을 이끈 구조적 변인들과 정작 이를 주도, 견인한 주체들의 관계를 정밀하게 '추적 · 복원'하는 일이다. 더욱 유념해야 할 사항은 곧 조선조 천민집단의 실질적 저항 잠재력이 역사 속에서 어떻게 '지탱 - 단절 - 변화'해 나갔느냐는 점이다. 한층 더 깊이 민중부문에 렌즈를 들이댈 경우, 그것도 흔치 않았던 변란과 민란의 줄기 속에서 농민계급의 간헐적 함성과 분노의 맥을 골라내고 다시 양인과 저변 민초들의 정치적 꿈틀거림까지 배제한 채 천민집단의 항변과 사회경제적 불만의 집합적 표출과정을 잡아당겨 정밀 관찰한다는 일은 시작부터 적잖은 고통을

---

50. 高成勳「朝鮮時代의 民衆運動, 어떻게 일어났나?」, 高成勳 外 지음,『民亂의 時代: 朝鮮時代의 民亂과 變亂들』(서울: 가람기획, 2000), pp. 18-24, passim.

수반한다. 우선은 실제적 행위 빈도의 제한성이 문제이고 다음은 역사적 반증자료의 희소성이 그것일 터이다.

여기서 이제 처음 제기한 문제의식을 다시 점검해 볼 일이다. 어차피 자료의 풍요가 역사의 완벽한 복원이나 재현의 충만을 보증해 주는 게 아니라면 차라리 부분적 단서와 이들의 정교한 집합으로 성실한 상상을 가미하는 과업 수행이야말로 역사정치학 연구의 불가피한 절차일 수 있다는 앞의 짚음 말이다.

분명 조선의 민중들은 자주 항변하지 않았다. 그보다는 자발적으로 복종하고 인내하면서 저항의 결정적 시기를 낭만적으로 기다리고 있었다는 표현이 한층 더 실제에 가까울 것이다. 그렇다면 그 속의 극한 소외계층으로 천민들이 인식하고 있던 정치세계와 항거의 희소성은 어떤 의미를 갖는 것일까? 이 지점에서 우리의 상상과 관심은 다시 커진다.

조선 천민의 정치저항을 논의하기 위해 고려의 만적(萬積)이 역사의 전초로 인용된 지는 이미 오래다. 그것은 그만큼 천민 저항이 지니는 역사적 의외성과 관심의 극적인 단면을 그대로 반증한다. 이러한 특이함은 이미 몇 차례 연구를 통해 드러난 바 있고 여말의 정치적 불안정과 관련되기도 했다.[51]

고려 신종 원년(1198), 만적이 중심이 되어 일으키려다 미수에 그친 노비해방운동은 기왕에 발생한 무신란과 그에 따른 하극상 풍조의 사회문화적 산물이었다. 중앙과 지방, 상층계급과 하층계급 사이에 일어나기 시작한 충돌은 결국 농민과 노예반란까지 유발시켜 명종 6년(1176)에 공주 천민집단인 명학소(鳴鶴所)에서 일어난 망이(亡伊)・망소이(亡所伊)의 난이나, 1182년 전주에서 일어난 전주 관노(官奴)들의 봉기가 그것이

51. 邊太燮, 「萬積亂 發生의 社會的 素地: 武臣亂 후의 身分構成의 變質을 基盤으로」, 풀빛 편집부(編), 『傳統時代의 民衆運動(上): 萬積의 亂에서 平安道 農民戰爭까지』(서울: 풀빛, 1981), pp. 13-43; 金潤坤, 「抗蒙戰에 참여한 草賊에 대하여」, 같은 책, pp. 44-64; 姜益洙, 「高麗 武臣政權期 賤民의 亂에 對한 考察: 亡伊・亡所伊 亂과 萬積의 亂을 中心으로」, 高麗大學校 教育大學院 歷史教育專攻 碩士學位論文(1984), Pp. 41.

었다. 1196년에는 최충헌(崔忠獻)의 집권에 반발하여 상장군 길인(吉仁)이 군사를 일으켰을 때 노비들도 이에 참여한 사례가 있었다. 그 중에서도 가장 대규모적이고 목적이 뚜렷하였던 것이 만적의 난이다.

만적은 당시 집권자인 최충헌의 사노(私奴)로서 미조이(味助伊)·연복(延福)·성복(成福)·소삼(小三)·효삼(孝三) 등의 노예와 함께 개경 뒷산에서 나무를 하다가 공사 노예들을 모아 놓고 난을 일으킬 의논을 하던 중, 저 유명한 "정중부(鄭仲夫)의 난 이래 나라의 공경대부는 노예계급에서도 많이 나왔다. 왕후장상이 어찌 원래부터 씨가 있겠는가, 때가 오면 누구든지 다할 수 있는 것이다. 우리들은 주인의 매질 밑에서 근골(筋骨)의 고통만을 당할 수는 없다. 최충헌을 비롯하여 각기 자기 상전을 죽이고 노예의 문적(文籍)을 불질러 우리나라로 하여금 노예가 없는 곳으로 만들면 우리도 공경대부 같은 높은 벼슬자리를 차지할 수 있다"는 요지의 선동연설을 한다. 그 자리에 모였던 노예들은 만적의 연설에 찬성하여 다음과 같은 계획을 세웠다. 즉 황지(黃紙) 수천장을 '정(丁)'자 모양으로 오려 표지를 만들어 붙이고 날짜를 정해 홍국사 뜰에 모여 관노들의 호응을 받기로 하였다. 그리하여 관노들은 조정의 청사 내에서 권신들을 죽이고 사노들은 개경 성내에서 먼저 최충헌 등의 자기 상전을 죽인 후 노비문적을 불태워 버리고 자기네들이 집권하자는 것이었다. 그런데 약속한 날짜에 모인 노예는 몇백 명에 불과했기 때문에 하는 수 없이 날짜를 다시 정하고 이번에는 보제사(普濟寺)에 모이기로 약속하였다. 그러나 율학박사 한충유(韓忠愈)의 사노 순정(順貞)이 이 계획을 상전에게 밀고하여 거사 전에 발각되었다. 이리하여 만적을 비롯한 수백명의 노예들이 체포되어 모두 강물에 던져져 죽임을 당하였다. 한편, 반란 음모를 밀고한 순정은 백금 80냥을 상금으로 받고 또 양민으로 되었으며 한충유도 합문지후(閤門祗候)라는 높은 관작을 받았다.[52]

---

52. 『高麗史』는 이 대목을 이렇게 적고 있다. "元年私僮萬積等六人樵北山招集公私奴隷謀曰國家自庚癸以來朱紫多起於賤隷將相寧有種乎時來則可爲也吾輩安能勞筋骨困於捶楚之下諸奴皆然之剪黃紙數千皆鋑丁字爲識約曰吾

만적의 항거는 단순히 신분해방이란 제한적 목표 아래 진행된 것이 아니었다. 비록 실패했을망정, 그것은 치밀한 계획 아래 진행된 거사였고 당대 정치환경에서 쉽게 구상하기 힘들었던 정권타도의 저항성까지 갖는 다분히 혁명적 성향의 항거였다. 물론 만적을 비롯한 주모급 동조자 전원이 혁명적 조직력이나 대중동원의 저력까지 발휘한 것도 아니었다. 그러나 이 같은 일반적 한계가 당해 사건의 긍정적 성격이나 중요성까지 훼손하는 것은 아니다.

무엇보다 중요한 것은 만적의 난을 전후한 시기에 빈발한 천민 저항의 정치성과 기왕의 무신란과 그것이 갖는 역사적 관련성 여부일 것이다. 그러니까 거꾸로 생각해 볼 문제는 고려말 천민계층의 정치적 자율성이 무신정권의 정변에서 비롯된 운신 폭의 상승 결과였는지 아니면 순전히 당대 지배계급의 물리적 억압과 사회경제적 착취의 산물이었는지에 관한 논쟁 가능성이다. 흥미로운 점은 만적의 봉기가 갖는 정치적 비중과 그 발생 시기가 여말 천민봉기사 전체에서 차지하는 중심성에 있다. 이는 바로 앞서 지적한 문제, 즉 봉기 배경의 적극적 해석 여부와 맞물려 만적의 존재를 한층 더 입체화시킨다.

만적의 봉기 전후사에 투영된 천민 저항이 기왕의 무신란 이후 보편화한 하극상의 문화적 삼투 결과였다는 확증은 물론 없다. 그러나 무신정권 이전에 비해 천민들의 봉기빈도가 월등히 높고 주장의 과격성과 정치적 내용 자체가 분명한 폭력성을 반증하고 있다는 사실에 주목할 때 대체지배계급으로 등장한 새로운 집단의 문화적 잠재력과 공격성이 거사 단행과정에서 모종의 정치심리적 안전판 역할을 했을 것이란 추론은 얼마든지 자유롭다. 다음 <표 1>은 이러한 사실을 말해 주는 좋은

輩自興國寺步廊至毬庭一時群集鼓噪則在內宦者必應之官奴等仍各格殺其主焚賤籍使三韓無賤人則公卿將相吾輩皆得爲之矣及期皆集以衆不滿數百恐不濟事更約會普濟寺令曰事不密則不成愼勿泄律學博士韓忠愈家奴順貞告變於忠愈忠愈告忠獻遂捕萬積等百餘人投之江授忠愈閤門祗候賜順貞白金八十兩免爲良以餘黨不可悉誅詔不問”『高麗史』129, 崔忠獻傳.

표 1. 무신란 이후 고려 천민반란의 전개[53)]

明宗 6年(1176)	公州 鳴鶴所의 亂(亡伊 · 亡所伊)
明宗 12年(1182)	全州 官奴의 亂
明宗 26年(1196)	吉仁의 亂(宦者 · 官奴參加)
神宗 元年(1198)	萬積의 亂(公私奴隸參加)
神宗 3年(1200)	晋州 公私奴隸의 亂/奴兀部曲의 亂 (奴隸와 部曲民의 結合)
神宗 3年(1200)	密城官奴가 官銀器를 훔쳐 雲門賊에 던짐
神宗 6年(1203)	開京에서 家僮習戰事件
高宗 19年(1232)	忠州奴軍의 反亂
高宗 19年(1232)	開京奴隸의 反亂(奴隸 · 農民 · 僧徒의 結合)
元宗 12年(1271)	開京奴隸의 達魯花赤 · 國中在位者 謀殺事件

역사의 단면들이다.

이로써 분명히 추론할 수 있는 사실은 망이 · 망소이 항거 이후 만적이 구사한 정치폭력의 도미노 효과가 상당기간 지속되었다는 점과 이에 대한 제도폭력의 방어와 조응 역시 소극적이지 않았다는 점이다. 이 같은 사실은 봉기 발생의 구체적 단서나 역사정치적 배경과 달리 고려 후기의 정치변동을 비극적으로 유인, 구조화하는 거시적 변인의 하나로 이해할 수도 있다. 절대권력이 절대적으로 부패할 때 체제붕괴의 내부 단서를 스스로 만들어 나가듯 왕조의 붕괴와 해체를 견인한 권력부문의 도덕적 해이 조짐은 이미 천민집단의 동요로부터 충분히 예고되고 있었다.

다음의 역사 정리작업은 이 같은 후발 폭력의 부피와 그 지속적 규모를 잘 가늠하게 해준다. 강익수는 당대의 역사를 이렇게 압축한다.

> 만적의 난이 실패한 후에도 천민들의 반란은 더욱 활발해졌다. 특히 지방에서 노비와 부곡의 천민들이 농민과 결합하여 봉기한 민란이 계속되었다. 즉

53. 풀빛 편집부(편)(1981), 앞 책, pp. 38-39에서 재인용, 필자 일부 재구성.

신종 2년 2월에는 도적이 溟州에서 일어나 三涉·蔚珍 二縣을 함락하고, 또 東京에서도 盜賊이 일어나 溟州賤과 합세하여 州郡을 침략한 것이다. 이에 정부에서는 郎將 吳應夫와 借閣門祗候 宋公綽을 溟州道에 보내고 將作少監 趙 通과 郎將 韓 祗를 東京에 보내어 이를 招撫하였다. 이 결과 東京賊魁 金順과 蔚珍賊魁 今草 등이 來降하였다. 晋州의 叛亂은 신종 3년 4월에 晋州의 公私奴婢가 무리를 모아 州吏의 집 50餘를 불사르는 사건이 발생하였다. 州吏들은 牧使에게 告하여 奴婢들을 모두 잡아 가두었는데, 도리어 노예들을 토벌한 州吏의 한 사람인 鄭方義가 作亂을 하려 한다고 의심을 받아 下獄된 바, 그 아우 鄭昌大가 옥에 뛰어들어 형을 끄집어내고 무리를 모아 叛亂을 일으켜 州里로 돌아다니며 평소에 怨을 품었던 자 6,400餘人을 죽였다는 것이다. 또 신종 3년 5월에는 密城(密陽)의 官奴 50餘名이 官의 銀器를 훔쳐가지고 雲門의 盜賊에 투입한 사건이 발생하였다. 官奴 50餘名이 경제적인 궁핍을 이기지 못하여 官衙의 銀器를 훔쳐서 같은 이유로 叛亂을 일으킨 雲門의 도적에 투입한 것이다. 신종 3년 8월에는 金州(金海)의 雜族人들이 무리를 모아 亂을 꾀하고 豪族의 사람들을 죽이니 豪族들이 성 밖으로 달아나 피하였다. 만적의 난 후에 계속된 이와 같은 亂들도 公私奴隷를 主體로 部曲賤民과 일반 농민들이 가세한 반란으로서 地方官의 착취와 탄압에 대한 항거이며, 신분적으로도 不遇한 지위에 있었으므로 정부에 대하여 반기를 들고 일어난 신분해방운동의 성격을 지니고 있었다고 짐작이 된다. 이상과 같이 무신집권기에 천민과 노비들이 집중적으로 봉기하였는데 이는 그들 노비들이 무신란 이후 귀족제도가 붕괴되어 신분질서도 紊亂해졌고 국가의 통제력도 이완됨에 따라 노비들도 신분의식의 변화를 갖게 되었고 한편 무신 상호간에 정권쟁탈전으로 정치질서가 문란해져 하극상의 풍조가 蔓延한 가운데 정권장악을 위한 투쟁까지도 전개하고자 했던 것이다.54)

이렇게 본다면 무신란이라는 기왕의 정치폭력은 천민봉기의 원인(遠因)을 이루고 지배계급의 탐학과 착취라는 물리적 변수나 사회경제적 곤궁은 저항의 직접적 도화선이 된 셈이다. 그것은 동전의 양면과 같았다. 그러나 문제는 이 같은 항거를 이끈 역사의 주체로 천민집단의 정치성은 무엇이었는지에 다시 맞춰진다. 다시 말해 그들 스스로 깨지 못

54. 姜錙洙(1984), 앞 논문, pp. 35-37에서 재인용.

한 계층적 저위성과 적극적 저항을 불사하며 사회적 예속성을 벗어나려 몸부림쳤던 현상 사이의 모종의 문화적 긴장은 무엇이며 그 간격은 어떻게 좁힐 수 있었던 것인지 바로 그 점 말이다.

노비를 비롯한 고려 천민으로부터 이후 조선조 천민의 정치적 공격 전반을 바라보는 지적 촉수는 결코 고르지 않았다. 그것은 부득이 천민계층 자체에 관한 연구자 개개인의 지적 선호나 주관적 감각변화와 깊이 관련, 다분히 부정적으로 기울어질 수 있는 주제이기도 했고 반면 민도의 성장과 합목적적 민주화의 확산이라는 역사의 변이과정에 자연스럽게 포함될 수도 있는 화두였다. 하지만 고려 천민의 봉기는 너무나 오래도록 '난(亂) = 무질서'이자 '항거 = 국가 혼돈의 기반'이라는 인식 속에서 거의 변함없이 부정적으로 다루어졌고 최근에 이르도록 이 같은 보수적 사고의 관행은 흔쾌히 배제되지 않고 있었다. 그것은 결국 권력 부문의 무의식적 방어가 그만큼 컸고 은폐된 정치적 공포효과 역시 무시할 수 없었다는 사실을 잘 반증한다.

이러한 문제를 지적하는 데 변태섭 역시 예외가 아니다. 그는 이렇게 말한다.

> 문제는 우리의 고려노비관이다. 고려왕조는 崔承老의 상소나 충렬왕의 上表에 보이는 바와 같이, 노비 천인은 본질적으로 국가를 모반하고 사직을 위태롭게 하는 別種이라고까지 보고, 따라서 그들의 대두와 정치적 진출을 전력을 다하여 방지하고 있다. 이와 같은 고려의 대노비관은 그대로 고려사 撰者에도 반영되어 그는 賤隸出身으로 登官한 자를 모두 嬖幸·姦臣·叛逆傳에 넣고 있다. 사실상 고려 및 조선의 봉건적 사회에서는 봉건신분의 질서의 확립이 요구되었으므로 그를 문란케 하는 천예 출신이야말로 이 사회에서 볼 때 嬖姦·叛逆이라 규정지을 수밖에 없음은 당연한 일이다. 그러나 근래에 노비제도를 연구한 여러 학자들도 동일한 위치에 서서 고려 노비를 보고 있는 데 대하여는 전혀 이해가 가지 않는다. 즉, 그들도 고려 말기에 노예·천인이 대두하여 정치적으로 진출함으로써 국정을 문란케 하고 질서를 파괴시켜 결국 고려의 쇠미와 망국까지를 가져오게 하였다고 논하고 있는 것이다. 과연 노비·천인계급에는 본질적으로 반란을 일으키고 국정을 문란케 하여

> 사회를 혼란케 하는 본성이 있다고 보아야 할 것인가. 과연 노비들은 種的으로 구별하여야 할 반국가적·반사회적인 존재인가. 우리는 결코 그와 같은 눈으로 고려시대 노비를 보아서 안 될 것임은 이 논고 자체가 증명하고 있다. 그들의 반란이나 정치상·사회상의 행동은 사실상 고려사회 자체의 진전에 의한 필연적인 현상이며, 절대로 그들 자신에게 어떠한 人種的인 差가 있어서 그런 것이 아님은 다시 재론할 필요가 없다. 물론 그들이 사회의 최하층에 위치하였기 때문에 교양을 쌓을 여유가 없었을 것은 인정하여야 한다. 동시에 우리는 그들이 항상 사회적인 천대의 대상이 되는 자기들의 운명을 극복하려 노력하고 있다는 사실도 이해하여야 할 것이다. 사회의 최하의 신분으로서 항상 멸시되고 설혹 정치적으로 고위고관에 올라도 끈기있게 따라오는 신분적 숙명에 대한 사회관념은 그들 노예로 하여금 필연적으로 기성질서에 대한 파괴, 개혁의 방향으로 나가게 하였을 것은 당연하다. 우리는 천출로서 집권자가 된 崔沆·崔竩 時代에 賤隷에 대한 법령이 변화하고, 賤僧 辛旽의 집권시에 혁신적인 개혁정치가 단행됨을 보는데, 이것은 모두가 기성질서·전통적 권위를 부정하려는 천예의 행동의 표현인 것이다. 이와 같은 기성질서에 대한 파괴는 봉건사회에 기생한 관리·귀족으로 볼 때는 반역이며 간신이 될 것이나, 그들 천인 자신으로 본다면 자기신분에서 벗어날 수 있는 유일한 방법이었다. 따라서, 노예 천인의 반란이나 정치·사회의 질서에 대한 도전은 그들 자신이 본질적으로 반국가적·반사회적인 본성을 가지고 있기 때문이 아니고, 그것이 자기 신분에서 해방되는 방법이었기 때문에 행하였음에 불과하다. 따라서 우리는 봉건적 질서의 유지, 기성적인 권위와 전통만을 고수하려는 봉건사회에서 보는바 奴婢別種, 奴婢亡國의 奴婢觀은 반드시 시정하여야 하며, 도리어 그들은 전통적 신분사회의 해체에 酵素的인 역할을 담당하여 사회발전의 추진에 기여한 바 컸음을 인정하여야 할 것이다.[55)]

그렇다면 이제 남는 문제는 무엇일까. 고려 천민집단의 봉기와 그 정치적 함의 지속? 역사적 지탱? 조선 천민의 정치적 저항과 고려의 그것이 갖는 폭력성의 편차? 무신란이 고려 천민봉기의 원인이었다면 문치 조선에서도 지속된 같은 현상은 무엇을 의미하는 것일까?

조선 백정의 정치학이 고려 노비의 정치학에서 배울 수 있었던 터전

55. 邊太燮(1981), 앞 논문, pp. 41-43에서 재인용.

이나 기생의 성 정치학 또한 어떤 변화의 계기를 경험하는지도 여기서 분명한 단서를 찾을 수 있는 것은 아니다. 특히 조선 중기에 이르러 백정의 정치성이 가시화하고 이후 기생집단까지 '편승 · 확산'하여 소극적 저항이나마 자기 목소리를 낼 수 있게 된 시기가 19세기 이르러서부터였다는 사실에 유념하고 보면 그 기나긴 공백을 어떻게 이해해야 하는지도 작은 문제는 아니다. 하지만 우리는 이제 고려 천민의 부분적 저항이 다시 '굴절 · 용해'되면서 조선사회로 '전이 · 확산'되어 가는 일련의 과정과 역사적 의미가 무엇이었는지 추적할 필요가 있다. 나아가 천민집단의 계층적 분화와 성 역할 분화의 과정은 기왕의 역사 속에 투영된 저항 경로로부터 어떤 암시와 단서를 찾을 수 있었던 것인지 다시 유념해 볼 일이다.

조선 천민의 사회적 예속성과 정치적 독립성 사이에는 대체 어느 정도의 거리가 있었던 것일까. 그것은 진정 고려 만적의 봉기 이후 형평운동 사이를 가르는 7세기 간의 역사 편차만큼 길고도 깊은 간극을 기어이 전제해야만 이해할 수 있는 것일까.

혁명적 조건이 존재한다고 해도 그것이 실제 성공한 혁명으로 '비화 · 발전'하는 역사의 예는 희소하듯, 만적의 봉기와 유사한 경우는 조선사회에서도 흔치 않았다. 다만 인구 증가와 사회계층 분화의 상대적 차별성은 단순히 천민들의 불만이나 정치적 저항이 아닌 보다 복합적인 사회심리적 배경 속에서 조선 정치변동과정을 바라보게 했고 이 점에서 고려의 그것이 어떤 변별력을 갖고 있는지는 꾸준한 관심대상이었다. 그러나 조선 백정들이 예외 없이 공감하던 사회적 소외의식과 정치적 천대는 계층분화의 상대적 크기나 인구의 자연증가와 관계없이 일정량의 분노와 공격적 보상욕구를 늘 끌어내게 마련이었다. 뿐만 아니라 그들이 감지하는 억압량이 크면 클수록 그 상태를 벗어날 수 있는 돌파구를 찾거나 실제로 그 같은 상황이 열릴 경우 이를 이용하거나 적극적으로 도모하려는 경우도 적잖았다.

전반적인 저항빈도의 저위성에도 불구하고 조선의 천민봉기가 고려의 그것에 비해 상대적 우위를 차지하는 이유도 이 같은 배경에서 그 단서를 찾을 수 있다. 바로 여기서 애초의 문제의식은 다시 중요해진다. 조선 천민의 사회적 의식화와 이를 향한 역사적 행보 추적. 그리고 간헐적 저항에 나타난 공격적 정치심리와 혁명적 의미 찾기.

다음 몇 가지 가설은 작업 추진의 중요한 지렛대가 된다. 그것은 고려 천민과 조선의 그들이 서로 어떻게 닮았고 동시에 달랐는지 가늠하는데 도움이 된다.

1. 고려 천민의 직업분화는 조선의 그것보다 상대적 열세에 놓인다. 그러나 직업의 성격이 곧 민중의 정치의식화 과정에서 차지하는 의미 크기나 비중을 반드시 '반증·결정'하는 것은 아니었다. 봉기의 발단과 그 전파에서 우선 중요한 것은 주체적 발동자의 직업이나 당시의 사회적 역할이 아니었다. 그보다는 상황의 인식과 이를 극복하려는 적극적 정치의식이 문제의 요체였다. 아울러 아래로부터의 저항이 권력부문의 도덕적 자각을 담보할 만큼 강력한 것인지 그 여부(民衆暴力의 强度)는 봉기 그 자체의 역사정치적 의미 부여과정에서 결정적 역할을 한다.
2. 고려 백정과 조선 백정이 같은 사회적 존재양식이 아니었음은 이미 밝혀둔 바와 같다. 천민집단에서 그들의 위상과 소외의 정도가 양 시대 모두 결코 일치할 수 없었던 것도 재론의 여지는 없다. 다만 고려 백정의 존재양식이 조선 전기에 이르러 '변형·굴절'되고 그 극적인 역사의 전이가 컸다는 사실은 늘 중요하다. 즉, 고려말부터 시작된 체제 내 인입이나 권력의 유화대상이라는 소극적 이미지로부터 결국 반체제 저항이라는 정치적 적극성에 이르기까지 진동의 스펙트럼은 좁지 않았다. 백정의 정치성은 그만큼 탄력적이었고 상황 변화에 따른 굴신성(屈身性) 역시 적잖았다.[56]
3. 백정의 체제 인입은 국가변란과 위기의 대응을 의식한 예비병력 동원을

56. 이것은 비단 백정의 경우에만 국한되는 일은 아니었을 것이다. 백정을 포함한 천민들 대부분이 고의적으로 신분질서를 파괴할 경우 일정량의 불이익을 감수해야 한다는 공포의식을 공유하고 있었고 기존 사회질서를 일탈할 경우 권력으로부터 사회통제효과를 충분히 가늠할 수 있었던 상황에서 유독 그들만을 차별화시킬 수 없는 것은 분명했다. 다만 사회적 천대와 소외의 객관적 정도에서 백정들이 상상외의 핍박과 배제를 겪게 되는 특이한 존재였다는 점에서 이 같은 양극성은 충분히 감안해 두어야 할 일이다.

의미했고 이에 조응하지 않거나 자발적 고립을 불사하는 집단의 체제이탈 경향은 간헐적 저항과 도전의 맥락을 형성한다. 이러한 백정 정치화의 극단화 추세는 그들의 행태에 투영된 정서의 평균치나 집단 자체의 지배적 정치문화를 규명하기 어렵게 만든다. 전반적 묵종과 예외적 절규의 편차 사이에서 이들의 극성을 '조절·중화'할 만한 제도권력의 유인장치나 모종의 특정한 정치교육공학과 그 합리적 조절기제는 존재하지 않았다.

4. 기생의 저항양식 또한 세습군주시대의 문화적 배양물이 '아니었다'. 그들의 저항도 19세기의 혼돈을 거쳐 강점기 조선에 이르러 가시화되고 있음은 다른 집단의 그것과 견주어 크게 다르지 않다. 뿐만 아니라 그들 목소리가 갖는 성 정치적 이미지나 그들만의 독특한 내재적 문화 메시지가 의식화, 확산되는 과정도 백정의 그것과는 또 다른 암묵적 수동성을 전제하고 있었다는 점에 주목해야 한다. 그러니까 기생의 존재양식에 스며든 묵종과 의외적 저항의식 사이에도 이를 이어줄 만한 정치적 완화장치나 별도의 제도까지는 전혀 기대할 수 없었다.

백정과 기생의 저항, 그리고 그들이 보인 묵종의 틈새를 이해하려면 역사 속에 투영된 그들 삶의 실상을 한층 가까이 살펴보아야 한다. 여기서는 백정의 체제 내 흡수를 의식하여 군부의 동원대상으로까지 합법화한 『고려사』의 기록과 여말선초의 간헐적 저항 그리고 1930년대의 기생 저항에 나타난 정치심리적 변화의 단면을 교차시켜 그 역사적 균열상을 추적해 보기로 한다.

실제 토지 소유 여부나 그에 따른 과세의무 부담과는 관계없이 고려의 백정이 사회 주변세력으로 방치되고 있었다는 점은 적어도 체제의 적잖은 부담이었다. 이것은 앞서 지적한 고려 백정의 계층적 특수성과는 달리 체제 유지의 공학과 불만세력의 저항가능성을 개혁 프로그램에 흡수, 합리화시키고자 했던 당대 권력의 계획이 얼마나 치밀하게 준비되고 있었는지 잘 가늠하게 해준다.[57)]

---

57. 『高麗史』에 收載된 백정 기록 중, 이들 문제와 정치적으로 관련된 대목은 다음과 같다. 志 27(科擧); 志 32(祿科田); 志 33(農桑); 志 35(兵志 序文); 志 35(五軍) ①; 志 35(五軍) ②; 志 37(北界); 列傳 16(金允侯); 列傳 24(金續

『고려사』 병지(兵志) 서문은 천출과 잡색의 군사적 동원 근거를 이렇게 합리화하고 있다.

> 兵은 暴을 막고 亂을 베는 것으로서 天下 국가를 가진 자는 진실로 廢할 수 없는 것이니 兵制의 得失은 국가의 安危가 달려 있는 것이다. 高麗 太祖가 三韓을 통일하여 처음으로 6衛를 두니 衛에는 38領이 있어 領은 각각 천명으로 上下가 서로 維持되고 體統이 서로 연속하니 唐의 府衛制度에 방불하였던 것이다. 肅宗朝에 이르러 東女眞이 틈을 만들매 이에 銳意로 이를 막고자 날로 鍊兵함을 일삼고 드디어 別武班을 설치하니 散官·吏胥로부터 商賈·賤隷·僧侶에 이르기까지 예속되지 않음이 없었다. 이것은 비록 古制에 맞지 않으나 그러나 또한 한때 이를 써서 효과를 거두었으니 족히 들어 말할 것이라 하겠다. 毅宗·明宗 이후에 權臣들이 國命을 잡으매 兵權이 아래로 옮겨서 날랜 장수와 굳센 士卒들이 모두 私家에 소속하여 나라에 바야흐로 寇賊의 창궐함이 있어도 公家에는 1旅의 軍士가 없어 마침내 倉皇하여 떨치지 못함에 이른 然後에 비로소 多方面으로 調發하게 되니 혹은 京都에서 끌어 모으되 貴賤을 묻지 않고 或은 文武 散職과 白丁 雜色을 點閱하고 혹은 4품 이상의 家僮을 募集하고 혹은 屋間의 多少로 차이를 삼으니 國勢가 이에 이르러 비록 위태롭지 않고자 한들 어찌되겠는가? 국가의 大事가 군사[戎]에 있으니 그 制度는 진실로 마땅히 詳細하게 갖출 것인데 前史의 갖추어지지 않음을 哀惜하게 여긴다.[58]

백정의 군사적 동원은 삼별초의 저항을 누르고 군역 부과대상으로 격상될 때에도 반복된다. 이 같은 조치는 물론 임의적 벌충의 방편이었을 뿐 계층적 속박과 소외를 단숨에 뛰어넘게 할만한 혁신적 의미를 담는 것이 아니었다. 그러나 주변계층의 체제 내 인입이 당해 계층구성원 자신들뿐만 아니라 지배계급의 이해와 직결되거나 권력의 지탱과 확산을 저해하는 비의도적 위기관리에도 쓸모 있다고 판단될 경우 그들은 지체없이 정치적으로 이용되었다.[59]

命); 列傳 31(趙浚).

58. 『高麗史』 志 35/兵志 序文中.

59. 한 가지 결정적인 아쉬움은 이 같은 권부의 조치에 대해 백정과 잡역 구성원

이 같은 상황을 정작 백정 자신들은 어떻게 받아들이고 있었을까? 삼별초의 저항을 전후한 시기, 권력의 위축과 수습을 다룬 고려사의 압축에 다시 주목해 보자. 민중의 조직적인 저항이나 권부 그 자체를 겨냥한 도전에 익숙하지 않았던 고려왕조에서 이들을 막으려는 권력부문에게 주변 사회계층은 조금도 대하기 어려운 상대가 아니었다. 동원된 대상들 자신이 막상 어떤 사고틀을 갖고 있었는지도 물론 전혀 신경쓸 일이 아니었다.

> 元宗 11년 5월에 三別抄를 罷하였다. 이전에 崔瑀가 나라 안에 도적이 많음을 근심하고 勇士들을 모아 매일 밤 巡行하면서 暴惡한 짓들을 금하였으므로 말미암아 이름을 夜別抄라고 하였다. 도적들이 여러 道에서도 일어남에 미쳐 別抄를 나누어 보내어 이들을 잡게 하였는데 그 軍士가 심히 많은지라 마침내 나누어 左右로 만들었다. 또 國人으로서 蒙古로부터 逃還한 자들을 일부로 삼아 神義軍이라 이름하니 이것이 三別抄가 되었다. 權臣들이 權勢를 잡으매 爪牙로 삼아 그 祿俸을 두터이 하고 혹 사사로이 은혜를 베풀기도 하였다. 또 죄인들의 財物을 籍沒하여 이들에게 주기도 하였다. 그러므로 權臣들이 마음대로 부렸으며 그들은 앞을 다투어 힘을 다하였다. 金俊이 崔竩를 죽이고 林衍이 金俊을 죽이고 宋松禮가 林惟茂를 죽이는 데에 모두 그 힘을 빌렸었다. 이제 왕이 개성으로 還都함에 미쳐 三別抄는 도리어 회의심을 품었으므로 이를 罷한 것이다. 12년 4월에 司空 田份과 左僕射 尹君正 등이 府衛兵을 査閱하였는데 그 額數가 차지 아니하므로 이에 문무 散職·白丁·雜色과 僧徒들을 점고하여 이에 충당하였다. 5월에 將軍 邊亮·李守深 등을 보내어 해군 3백을 거느리고 珍島의 敵(三別抄의 叛亂軍)을 토벌하여 평정하게 하고 4품 이상으로 하여금 家奴 1구씩을 내도록 하여 水手에 충당하였다. 13년 2월에 戰艦兵粮都監을 설치하였다. 15년 5월에 東征軍을 뽑으매 각 領府에서 다투어 東班의 散職人 및 白丁을 붙잡아서 告하는데 혹 私奴를 잘못 붙잡은 자도 있었다.[60]

각자가 어떤 생각을 하고 있었는지 막상 기록의 추적은 거의 불가능하다는 사실이다. 고려 역시 역사의 추적은 정치권력과 투쟁의 연속이란 관점에서 주로 이뤄졌을 뿐 민초와 항쟁의 사회사라는 시각이 보편화되지 않았음은 또 다른 한계다.

위기관리를 위해 백정을 비롯한 각종 잡역의 비상동원을 구상한 권부의 의도가 곧 신분구속을 풀거나 점진적 이완을 뜻하는 것은 아니었다. 아니 오히려 중농과 민본의 이데올로기 강화를 위해 천민계급의 자발적 복종이나 일방적 추종의 예(禮)를 강화, 고착화시키고자 애썼던 역사의 흔적은 고려 곳곳에 배어 있었다. 백정의 역사사회적 주변성이 화석화되어 나갈 수밖에 없었던 역사의 기록은 이렇게 보면 너무나 흔했다.

그 한 예로 조준의 다음 주장은 이 같은 핍박을 잘 대변한다. 그는 농업이 국가의 기본일 때 이를 '운영·생산'하는 경제단위 일체는 침해할 수 없다는 등식논리를 전개한다. 하물며 소 잡는 일이야 말할 필요조차 없었다.

> 지난 해 盛夏에 군사를 일으킨데다가 더구나 倭의 侵寇가 있어 耕種의 시기를 어겼고 수확이 節候를 잃었으며 금년에 水災를 입어 동남쪽 州郡은 쓸쓸하게 아무것도 남아 있지 않으니 救荒의 策을 고려하지 않을 수 없습니다. 국가가 이미 私田을 개혁하여 이르는 곳마다 모두 축적이 있으니 원컨대 이제부터는 郡縣에 모두 常平倉을 설치하고 그 풍년과 흉년에 거두고 나누어 주는 법은 한결같이 근일 都評議使의 아뢴 바에 의거하소서. 가만히 듣건대 楊廣道는 이미 常平倉을 두었다 하오니 마땅히 여러 도로 하여금 이에 의하여 시행케 하시고 수령으로서 법대로 하지 않는 자가 있으면 이를 처벌하소서. 먹는 것은 백성에게 하늘이 되고 곡식은 소[牛]로 말미암아 나는 것이니 이러므로 우리나라가 禁殺都監을 둔 것은 농사를 소중히 여기고 民生을 厚하게 하는 까닭입니다. 韃靼·禾尺·白丁은 소를 잡아먹음으로써 농사지어 먹는 것을 대신하는데 서북면이 더욱 심하여 州郡 각 站이 모두 소를 잡아 손님을 먹이는 데도 이를 금지하지 않습니다. 마땅히 禁殺都監과 州郡의 수령을 시켜 禁令을 시행하되 <그 違反者>를 붙잡아서 官에 고발한 자가 있으면 <違反者> 본인의 家産으로 償에 充當하고 犯한 자는 살인으로 논죄하소서. 州郡이 朔膳(御饌)과 使客의 접대 등의 일로 인하여 비록 農繁期를 당하여도 농민을 억지로 모아서 荊棘 속을 몰고 다니며 열흘이나 한달을 사냥하므로 농사가 그 때를 잃고 있으니 백성이 먹을 것이 부족한 것은 주로

60.『高麗史』志35/兵/兵制/五軍 ②.

> 이에 말미암은 것입니다. 만약 닭과 돼지를 기르며 우리 안에서 이를 잡을 수 있으므로 백성을 소란케 하지 않을 것이오니 원컨대 이제부터는 경기에 鷄豚場 두 곳을 건축하여 하나는 典廐署로 하여금 이를 주관케 하여 宗廟의 제사의 쓰임을 받들게 하고 하나는 司宰寺로 하여금 이를 주관케 하여 御所와 賓客의 須用에 이바지하게 하소서. 州郡 각 驛에 이르러서도 다 이를 기르게 하여 함부로 잡지 말고 愛養하여 胎卵을 해치지 않으면 수년이 되지 않아서 供上과 제사와 賓客을 받드는 데 충족하고 우리 백성들의 養生의 용도에도 충족하며 사냥으로 廢農하는 근심도 없을 것입니다.[61]

만적과 같은 예외적 경우가 결코 흔치 않았다는 점은 결국 고려 역시 세습군주국가로서 정치질서변동의 경직성과 보수성을 스스로 뛰어넘지 못했음을 잘 말해 준다. 마찬가지로 군사적 동원대상으로 전환되든 혹은 도축이란 본업을 버리지 못하고 그에 충실하든, 백정의 정치성이 자율적으로 극대화될 수 없었던 점도 체제의 한계였다. 뿐만 아니라 이 같은 정치적 정체성(停滯性)을 배양한 궁극의 원인이 역사의 유물이었던 것인지 아니면 당대 문화의 결과였던 것인지도 정치변동 연구에서는 피할 수 없는 과제를 이룬다.

고려 천민의 행동이 일정한 범주를 벗어나지 못했음은 그만큼 지배계급과의 균열도 크지 않았다는 사실을 잘 말해 준다. 이러한 문제가 정치적 화두의 한 작은 축으로나마 형성되기 시작한 것도 결국 조선에 이르러서였음은 한국사에서 정치적 중세와 근대를 '분획·대비'하는 좋은 계기를 이룬다. 그것은 곧 두 왕조 모두 천민들이 더 이상 내려갈 곳 없는 극빈층이자 최악의 소외대상이란 절박성을 잘 말해 주고 있었다. 뿐만 아니라 계급적 모순과 정치적 한계를 깰 수 있는 주체 역시 그들 자신일 수밖에 없었음을 잘 암시한다. 하지만 이런 변화가 사회분화와 기능 변동에 따른 정치력 신장의 결과였던 것인지는 답해야 할 항목의 하나로 남는다.[62]

---

61. 『高麗史』 列傳 31/諸臣/趙浚 ⑤篇
62. 이 대목에서 고려말의 인구변동과 조선 전기의 그것이 갖는 정치적 의미변화

백정의 정치화, 즉 집단적 사회세력으로 천민의 불만이 정치적으로 드러나기 시작한 시기는 역시 조선 초기부터였다. 명화적(明火賊)의 계층기반이 '백정 · 재인'에서 조선 후기에 이르면 '농민 · 노비'로 대체되는 일련의 과정은 조선민란사의 중요한 축을 이룬다. 대낮부터 무장집단을 이루어 불을 밝히면서 관가나 마을을 습격하기 시작했던 저들의 역사적 원형질이 과연 전원 고려의 유민들이자 불가피하게 백정으로 전화해야 했던 소외계층의 후예였는지는 여전한 논란대상이다.

외형적으로는 일반 도둑과 비슷하여 적당(賊黨)의 무리나 비도(匪盜)의 집단쯤으로 폄하되기 십상이던 명화적은 차후 의적(義賊) 개념으로 흡수 통합된다. 홍길동, 임꺽정, 장길산 등 서얼과 백정 출신의 의적 우두머리가 논란대상이 되는 것도 모두 이들이 겪었던 삶의 극적인 요소와 범상치 않았던 실천의 정치성에 담긴 대리만족효과 때문이었다.[63] 조선 전기의 천민 저항이 '재인 · 백정' 중심으로 이루어질 때 그 정치적 성격 자체가 신분제의 문제, 즉 압제와 수탈에 대한 도전이었다고 본다면 후기에는 농토를 잃은 농민과 신공(身貢)을 벗어나려는 노비의 혁명적 저항이 주축을 이루었다고 비교해 보면 반항의 회전축 차이는 크게 틀림없을 것이다.

전기의 명화적이 칼, 몽둥이, 활 등을 갖고 주로 의적행각을 벌인 데 반해 후기에는 총포와 기마로 무장하여 농민군대의 성격을 띠어 단순히 관물을 빼앗거나 양반 부호에 대한 습격만이 아닌 변혁세력과 연계, 적극적인 운동을 벌인다. 숙종조 장길산의 경우와 영조조 이인좌의 난에서 변산 도둑집단이 이런 양상을 보였다.

명화적은 조선 후기, 곧 17 - 18세기에 들어 곳곳에서 길을 차단하고 봉물짐

에도 주목할 일이다. 그것은 자연적인 직업분화나 그에 따른 사회경제적 요구와는 또 다른 문제들을 양산해 냄으로써 조정의 대응능력 정도가 어떤 수준이었을 것인지 가늠하게 한다. 그리고 그 정도의 편차와 민초의 불만이 서로 어떤 함수관계를 나타냈을 것인지 역시 유념하게 된다.

63, 이에 관해서는 박종성(1995), 앞 책, pp. 239-252, 292-299 참조할 것.

을 털기도 하고 운반하는 세곡을 빼앗기도 했으며 양반부녀자를 강탈하기도 했다. 과천의 남태령, 지리산의 60령, 문경의 새재, 변산 주변의 산들이 명화적의 길목이자 은신처였다. 1612년(光海君 4) 9월에는 바로 서울의 도성 밑에까지 이들이 진출하여 벼슬아치를 죽이는 사태가 일어나자 조정에서는 포도대장을 시켜 적극적인 토벌령을 내리기도 하였다. 그 후에도 명화적은 곳곳에서 일어났는데 그 중에서도 충청도·전라도·경상도·경기도·황해도·서울 주변이 더욱 심했다. 조정에서는 한쪽으로 무마하는 정책, 한쪽으로는 잡아들이는 정책을 써서 이를 막으려 했지만 쉽게 수그러들지 않았다. 1667년(현종 8) 10월에는 도성 근방에 사는 선비집에 명화적이 들이닥쳐 수백금의 은전을 빼앗아갔다. 그 선비의 세 모자가 울타리에 숨어서 보니 그 집 종으로 贖身된 자가 끼여 있었다. 그 종은 수백 금을 바치고 종에서 풀려난 사실을 적은 문서를 만들어 가지고 갔었다. 그후 며칠 만에 그 종은 명화적을 거느리고 와서 자기가 바친 은전을 빼앗아갔던 것이다. 그 선비는 이 사실을 포도청에 세 번이나 알린 뒤에 그 종을 잡았으나 포도대장은 며칠 가두어 두었다가 청탁을 받고 풀어주었다. 여기에서 보면 종 출신이 명화적에 끼여 있다는 사실, 명화적이 정보를 입수하여 물건을 털었다는 사실, 포도대장이 청탁을 받고 풀어주었다는 사실이 드러난다. 이처럼 명화적은 각 곳에 정보원을 두어 정보를 입수하여 물건을 털고 또 시장에서는 장물아비를 두어 빼앗은 물건을 판매하기도 하였다. 이 자금으로 무기와 생활용품을 다시 구입하는 것이다. 또 그들의 은신처가 발각되어 포도군졸이 토벌하러 오면 미리 내통이 되어 도주했고 같은 패가 잡히면 온갖 뇌물을 써서 풀려나게 하였다. 1720년(숙종 46) 7월, 서울의 典獄에 명화적 16명이 잡혀 있었다. 이들이 작당하여 옥문을 부수고 달아났는데 옥졸들이 뇌물을 받고 이들의 탈출을 도왔던 것이다. 이처럼 그들의 힘은 막강했다. 1695년(숙종 21) 11월, 황해도 지방에 명화적의 출몰이 더욱 심하였다. 황해도에는 討捕使를 두지 않았는데 이때 조정에서는 각 고을의 수령들 중에서 병법을 아는 자를 몇 명 뽑아 이곳 討捕使로 差出하였다. 또 강원도 원주에서 참의를 지낸 元振澤이 명화적의 칼을 맞아 상처를 입고 그 아들은 도끼에 찍혀 죽은 사건이 일어났다. 이 일로 하여 횡성 등지에 무관 출신의 수령을 임명하여 이곳 일대의 명화적을 잡게 하였다. 1727년(영조 3) 10월, 부안·변산 일대의 도둑떼 문제로 조정에서는 골머리를 앓게 되었다. 곧 이 일대의 변산과 무장의 존재, 장성의 갈재, 영암의 월출산에 명화적이 100여 명, 또는 그보다 많은 숫자가 군대와 같은 조직적 움직임을 보이며 부근에서 무장활동을 벌였다. 그들은 대장의 지휘

> 아래 주변 고을을 사실상 거리낌없이 넘나들면서 행정을 흔들어놓고 있었다. 이때 변산의 명화적은 대낮에 장막을 치고 주변을 노략질했다. 그들이 변산에 있는 큰 절(선운사 또는 내소사인 듯)에 가서 승려들을 불러다 놓고 "추운 겨울에는 바깥에서 잘 수 없으니 너희들에게 잠시 절을 빌리겠다"고 말하자, 승려들은 겁을 집어먹고 아무 대꾸도 못하고 눈물을 흘리며 흩어졌다. 또 영암 월출산에도 이들이 웅거하고 있었다. 그런데도 관군들은 그들의 형세에 겁을 집어먹고 잡으려는 엄두도 내지 못했다. 그리하여 조정에서는 전주영장을 파직시키고 이들 고을에 무장을 수령으로 임명하였다. 이어 이 해 11월에는 변산의 도둑이 서울로 진격할 것이라는 소문이 퍼져 도성의 인심이 흉흉, 피난 보따리를 싸들고 도성을 빠져나가는 사람들도 있었다. 조정에서는 암행어사의 "근래 흉년을 만나 곳곳에 도둑이 날뛰니다. 그러나 이들은 쥐같은 도둑에 지나지 않으니 원래 황소와 같은 무리가 산중에 숨어 웅거하는 것과는 다릅니다. 이를 전하는 자들이 지나친 말을 하였습니다"라는 보고를 믿고 다소 안심을 하고 있었다. 그러나 이 판단이 잘못된 것임이 4개월 후에 드러났다. 곧 이인좌의 난이 일어나서 반군이 청주에서 경기도로 넘어올 때에 이들은 지리산 변산에서 그 귀추를 엿보며 연합전선을 모색하고 있었다.[64)]

묵종과 저항의 편차가 크면 클수록 양 극단의 상황에 담긴 삶의 절박성 역시 극적인 요소로 가득하게 마련이다. 여기에 실린 역사의 기록도 결국은 후대에 전해질 만큼 의외성과 그 극적 전이의 이미지를 충분히 반영하고 있었다. 다만 그 충격 부피가 갖는 정치적 폭력성과 사회적 파괴력이 극도의 국지성을 반영하고 있었다는 점에서 민초 대부분의 체제 순응이 문제라면 문제였을 것이다.

그러나 조선조 민중부문의 정치적 폭력 지체가 민중 전체의 정치력 부재를 반증하는 것은 결코 아니었다. 왜냐하면 왕조국가 조선은 결과적으로 이 같은 미세 폭력의 지속적 중첩 혹은 거대모순의 누적적 중복으로 붕괴했기 때문이다. 특히 조선 후기의 민란이 누적된 국내의 정치

64. 이이화, 「17-18세기 민중의 저항」, 강만길(外) 11人 共編, 『한국사 9: 중세사회의 해체 1』(서울: 한길사, 1994), pp. 309-312.

경제적 모순과 국제적 갈등구조에 대한 조정의 대응능력 부족으로 나타난 결과물이었고 그에 따라 동학운동으로 확대 재생산된 정치폭력이 왕조붕괴의 단초가 되었음은 주지하는 바와 같다.

따라서 미시폭력의 누적과 오랜 빈발이 거시폭력의 즉시적 폭발이나 급진적 확산보다 중요한 관찰대상이 되는 이유에 관해서도 아울러 주목해야 한다.[65] 명화적의 계층구성단위에서 백정이 차지하는 비중이 지배적이란 추단은 여말선초의 백정 인구 전체가 반드시 반체제적 실천단위로 편입, 이탈되어 갔음을 뜻하지는 않는다. 이와 마찬가지로 조선의 천민저항 주체가 반드시 백정만이 아니었다는 사실도 재론의 여지는 없다.

조선 기생이 사대부를 중심으로 한 지배계층 주변에서 어떤 기능을 담당하고 있었는지 아직 본격 논의된 적은 없다. 특히 기생이 유교국가 조선의 정치적 지탱과 권력변동과정에서 주로 은밀한 봉사와 정서적 보좌 역할을 맡았으되, 그 외의 존재 이유가 무엇이었는지에 관해 아예 의문조차 없었음은 이 땅에 성 정치학이란 주제 자체가 여전히 빛보기 어렵다는 점을 잘 반증한다.

기생의 사회역할을 성적 학대나 완상 수준에서 끌어올려 정치적 비판이나 남성지배사회에 대한 문화적 긴장 유인 혹은 의외적 도전 주체로까지 달리 해석할 수 있는 여지가 있겠는가도 아직은 논쟁대상조차 되지 않는다. 물론 그렇다 한들, 기왕의 성 정치적 홀대와 인습적 평가절하의 관행이 쉽사리 사라질 리는 없겠지만 말이다. 뿐만 아니라 기생의 정치력 강화 계기도 사대부나 사회 자체로부터의 억압이 횡행하던 조선조가 아니라 오히려 강점기 동안 '배양·확산'된다는 사실을 어떻게 이해해야 하는지도 아직은 의문이다. 이 같은 모종의 성 정치적 매저키즘, 즉 남성들로부터의 억압과 모멸이라는 인습적 문화마저 견뎌낸 그들이

65. 필자는 이에 관해 이미 충분히 지적한 바 있다. 다만 '왕조국가'와 '사회혁명'이 서로 친화하기 어려운 이유가 세습군주국가 보편의 역사현상으로 일반화될 수 있는 것인지, 아니면 조선조에만 국한되는 특별한 것이었는지 그 구체적 단서를 찾는 일은 여전히 중요하다. 이에 관해서는 박종성(1995), 앞 책 참조할 것.

더욱 폭력적인 압제와 가치박탈을 괴로워하며 자기 목소리를 내기 시작했다는 점은 흥미로운 일이다.

그것은 단순히 남성 지배문화의 허구와 사회적 위선에 대한 즉자적 대항이나 한(恨)의 산출물로 구체화된 게 아니었다. 그것은 오히려 개인적 자학과 탄식 수위를 낮추려는 감각적 도전마저 뛰어넘는 것이었다. 물론 백정의 저항이 물리적이며 집단적이었던 데 반해 기생들의 그것이 훨씬 자폐적이고 반(半)공개적이었음은 불가피한 일이었다. 뿐만 아니라 현상발생의 역사 편차 또한 상당히 긴 간격을 감안해야 했음도 다시 주목해야 할 일들로 남는다.[66)]

천민들의 저항은 그 자체만으로도 이미 불경이자 일상의 인식을 크게 벗어나는 일이었다. 어느 직종을 불문하고 그것은 일탈행동에 틀림없었다. 그 가운데 기녀의 저항은, 특히 이중천대의 질곡을 벗어나지 못했던 여성의 경우였다는 점에서 한층 주목할 만한 것이었다.

김진송은 1920년대에 이르도록 기생의 지위가 전근대의 자리를 헤매고 있음에 주목한다. 그러나 이 같은 신분의 한계가 오히려 근대로 진입하는 자유로운 도구가 될 수 있었음에도 아울러 관심을 갖는다. 그만큼 기생은 전근대적이자 근대적 주체로 이중성을 공유하고 있었다는 것이다.

> 과감하고 자유분방한 듯 보이는 여성들의 행동은 '혁명과 진보'를 위한 행동양식으로 읽혀지면서 새로운 성의 가치관을 비난과 조롱의 대상이 아닌 경의와 부러움의 대상으로 삼게 했다. ……성에 대한 여성해방 차원이 사회에 대한 공격으로 나타나는 가히 선정적이고 파괴적이라 할만한 주장도 있었는데, 그 한 예를 「기생생활도 신성하다면 신성합니다」라는 글에서 볼 수 있

---

66. 물론 역사적 예외가 없는 것은 아니다. 성종조의 '어을우동'이 보인 행태가 이 같은 남성우위문화에 대한 저항의 奇行으로 의도된 것이었는지, 아니면 생래적이며 의외적인 淫行의 결과였는지에 관한 의문, 그리고 유사사례로서 '甘同'과 같은 경우가 그것일 것이다. 이에 관해서는 다음 연구 참조할 것. 박종성, 『권력과 매춘: 억압의 음모와 도피의 흉계』(서울: 인간사랑, 1996), pp. 37-58.

다. 사회현상 자체를 패러디하려는 명백한 의도로 쓰여진 이 글에서 花中仙이라는 예명의 기생은 자신을 玩弄階級, 墮落女, 賣笑婦 등으로 부르지만, 자신의 출신 성분이 상류계급이며, 천박한 기생을 직업으로 선택한 것은 분명한 사회적 목적이 있기 때문이라고 말한다. 그는 動的 人間인 여성에게 시집이라는 幽閉生活을 강요하고 남성에 예속시키는 제도에 대해 반발한다. 특히 그가 강한 거부감을 갖는 것은 남성중심의 이데올로기를 강요하는 교육제도이다. "여성의 天眞을 여성의 인간성을 제약하야 남성들의 玩具, 씨통으로 만드노라구 현모양처란 미명아래 類我類我의 명령자(양아들)로 鑄型에 부을 溶液으로 되게 하노라고 죽을 애를 쓰는구나." 따라서 그는 노예적 도덕이 판치는 남성중심사회에 정면으로 배치되는 방면으로 그의 직업을 선택한다. 그가 기생생활의 논리적 근거로 삼는 것은 '행위의 동력이 의식으로 일어남보다도 性의 本然인 衝動으로부터 일어나는 것'이니 '인간성의 本然인 충동이 자유롭게 발현되지 못하는' 사회에 대한 해방의 실천 때문이다. 이에 대한 이론적 배경으로 그는 당시의 조선에 로망 롤랑과 함께 널리 알려졌던 관념론자인 러셀을 인용한다. 따라서 이 기생은 이상적인 사회제도를 위하여 주체(개성)의 충동을 강조하는데 '개성의 충동해방을 요구하는 민중본위의 새 문화를' 건설하기 위해 '개성의 충동의 구속을 시인하는 특권계급의 옛 문화보수자'들을 구축해야 한다고 말한다. 그의 공격대상은 사회의 특권계급과 유산자계급이며, 소유적 충동이 주가 되는 자본주의 사회 그 자체이며 이를 지배하는 남성들이다. '肉을 팔더라도 心을 파는 紳士閥보다 훨씬 신사다운 삶을 살고 있다'고 자부하는 이 賣淫論者가 선택한 기생생활이란 "차라리 逆襲的 행위로 소유적 충동과 추악한 향락적 충동의 만족에 狂醉한 그 사람들, 그 사회들로 하여금 저이들 소유적 충동의, 또 향락적 충동의 發射作用에 저절로 견디지 못하여 나의 신코에 接吻(키스)을 하고 나의 발바닥을 핥아가면서 자진하여 나와 나의 捕虜物이 되게 하여 가지고 나의 성적 충동을 발현하는 어떤 의의가 있는 삶을 하랴함에서 나온 동기"에서 나온 것이라고 한다. 그의 선택은 분명히 '우리 여성의 적인 남성들, 특권계급들을 포로하려는 復讐戰士의 一員'이 되려는 것이었다.[67]

기생의 사회적 저항이 백정의 그것과 달랐던 것은 물리적 완력의 부재

67. 김진송, 『서울에 딴스홀을 許하라: 현대성의 형성』(서울: 현실문화연구, 1999), pp. 215-217.

와 성적 매력의 극대화, 즉 인습적 남성중심문화에 스며 있던 유교적 허구와 의식적 이중성에 대한 정면 도전이었을 것이다. 스스로 타락해 있음을 의연히 공개하고 더 숨길 것 없이, 그야말로 보여 줄 데 다 보여준 위인이 '혼자하는 전쟁'이란 결국 '단독혁명'과 같았고 그 칼날[68]을 곧추세우려 했던 의연함마저 저항의 의지 밑바닥에 도사려 있었다.

물론 당대 역사환경의 억압과 그 속에서 즉발적으로 조응했던 기생들의 '의·식·주'나 외형적 꾸밈의 내용이 갖는 파격이 단지 유혹과 매력적 요인의 지탱을 위한 전략적 결과물이었는지는 논란의 여지가 있다.

---

68. 물론 강점기 민중들의 항일 집단행동의 맥락 속에는 기생조합 소속기생들이 보인 예외적 현상으로 집합적 시위도 포함된다. 그러나 여기서는 단지 그들 의식 속에서 자발적으로 움터 나오던 계몽적 분노의식과 역사 환경에 대한 도전욕구, 혹은 도발의 자율성이 먼저 눈여겨보아야 할 대목으로 부각된다. '기생조합만세운동'에 관해서는 다음 참조할 것. "서울에서 3·1운동이 전개되고 전국 각지로 파급되자, 진주·수원·해주·통영 등지의 기생들이 독자적으로 만세시위를 통한 항일투쟁을 전개하였다. 3월 19일 진주에서 기생독립단 일대가 태극기를 선두로 촉석루를 향하여 시위행진하며 독립만세를 외쳤다. 이때 일본경찰이 기생 6인을 붙잡아 구금하였는데 韓錦花는 손가락을 깨물어 흰 명주자락에 '기쁘다. 삼천리 강산에 다시 무궁화 피누나'라는 기사를 혈서로 썼다. 3월 29일에는 수원기생조합 소속의 기생일동이 검진을 받기 위하여 慈惠病院으로 가던 중 경찰서 앞에 이르러 독립만세를 불렀다. 이때 金香花가 선두에 서서 '대한독립만세'를 외치자 뒤따르던 여러 기생들이 일제히 만세를 따라 불렀다. 이들은 병원에서 돌아오는 길에도 경찰서 앞에서 다시 만세를 부르고 헤어졌다. 이 사건으로 주모자 김향화는 일본경찰에 붙잡혀 6개월의 옥고를 치렀다. 또한, 4월 1일에는 황해도 해주에서 읍내 기생 일동이 손가락을 깨물어 흐르는 피로 그린 태극기를 들고 독립만세 시위운동을 전개하였는데, 이에 용기를 얻은 민중이 참여함으로써 만세시위 군중은 3천 명이나 되었다. 당시 해주기생 중에는 서화에 능숙한 기생조합장 文月仙을 비롯하여 학식있는 여성들이 많았는데, 이 날 文月仙·金海中月·李碧桃·金月姬·文香姬·花容·錦姬·彩珠 등 8인이 구금되어 獄苦를 치렀다. 그리고 4월 2일에는 경상남도 통영에서 丁紅桃·李菊姬를 비롯한 藝妓組合 기생들이 금비녀·금반지 등을 팔아 광목 4필반을 구입하여 만든 소복차림을 하고, 수건으로 허리를 둘러 맨 33인이 태극기를 들고 만세시위운동을 전개하다가, 3인이 붙잡혀 6개월 내지 1년의 옥고를 치렀다." 金鎭鳳, 「妓生組合萬歲運動」, 韓國精神文化研究院(編), 『韓國民族文化大百科事典』 第4卷(城南: 韓國精神文化研究院, 1993), p. 465 참조.

그러나 화중선을 비롯한 강점기 기생들의 비판의식에 서려 있던 계몽적 화두 중심에는 분명 세상이 바뀌어야 한다는, 아니 자신이라도 나서서 바꿔야겠다는 결연함이 서려 있었다.

> 그래 현 제도가 어떠하냐? 고찰하건대 온갖 사회는 죄다 특수계급의 지배 아래서 자연치 못하고 자유롭지 못한 구속일 뿐이외다. 이렇듯이 자유가 없으니 따라서 책임이 없고, 책임이 없으니 따라서 권리가 빈약하지 아니합니까. 그러므로 우리는 천부한 자유, 완전한 인권을 찾아야 전적 살림, 곧 본연의 충동인 살림을 살림하게 되겠기 때문에 현 사회의 온갖 제약을 부인하고 혁신하고자 하는 것이 아니오이까. 그리하여 일반은 이 두 가지 충동밖에 또 "이 창조적 충동의 해방을 얻었다는 데서 우리 '누리'가 완미하게 되겠느냐" 하여 이 창조적 충동을 향락화하여야 하겠다는 향락적 충동을 더하여 세 가지 충동으로 나누어 성적 작용을 말하게 되지 않았습니까. ……폐일언하고 이와 같이 오늘에 개성의 충동의 해방을 요구하는 민중 본위의 새 문화를 찾음은 개성의 충동의 구속을 시인하는 특권 계급의 옛 문화보수자 구축에 있다고 할 것이올시다. 하지만 암만해도 현대의 살림살이 형식에 많아야 할 창조 향락은 적고, 적어야 할 소유적 충동이 주되는 이 제도 아래서는 황금만능주의에 형이상의 모든 예술, 문학, 종교까지 정복되어, 학자나 목사나 국무경이나 선생님이나 나나 모두 화폐가치의 계량의 대조물이 되어, 그의 이마에 얼마간다는 정찰의 각인이 찍혀 있지 않습니까. ……선생님, 이 동기로 그 살림살이를 해보려고 육을 파는 속인들의 이른바 천부 노릇이 현 제약 아래서 제일 제 생각에는 손쉽게 되리라는 견해로 선택한 바이올시다. …… 벌써부터 그 동물 몇 마리를 포로하였습니다. 착착 성공하여 가는 판이올시다. 선생님, 제가 남부럽지 아니한 부인의 탈을 쓴 시집살이를 마다하고 화류계 살림살이를 하게 된 그 동기가 제게 異蹟이라면 異蹟이 아니겠습니까. 그러니 이런 견제 아래서 개성을 전적으로 살리는 점으로 보아 육을 팔더라도 심을 파는 신사벌보다 제가 훨씬 사람다운 살림을 산다고 생각합니다. 그래서 한번 매음론자로 나선 것이올시다. 선생님, 동의하여 주시오, 아니 공명하여 주시오. ……간단히 말하면 '마음'파는 신사들보다 '살'을 파는 기생인 내 살림살이가 그들보다 못하지 않다는 말씀올시다. 눌러보아 주시오.[69]

69. 花中仙, 「기생생활도 신성하다면 신성합니다」, 『시사평론』 1923년 3월호.

세속의 이목과 관계없이 인습과 보수의 틀을 깰 수 있는 열정이 기생으로부터 견인되었다는 이 역설의 논리는 그들 특유의 용기 때문이었다기보다 입지의 절박함과 이를 타개하려는 적극적 인식의 소산이었을 것이다. 기생계층의 이 같은 성 정치적 판단은 굳이 근대라는 시대정신을 가슴에 담고 이를 능동적으로 자각, 확산시킨 교육적 열정의 결과물이 아니었다. 세상이 바라보는 이중, 삼중의 위선적 시각과 때로 이를 거칠게 '부정・극복'하려는 위악의 몸짓도 그 안에서 배제되긴 힘들었다. 하지만 오히려 여염의 여성들이 내심 동경하거나 또 다른 삶의 준거와 대안의 방식으로까지 인식될 수 있었던 행태 이면에는 기실 가장 많이 억압받으면서도 가장 크게 인내하고 있던 여성인구 전체의 무의식적 반발도 자리하고 있던 터였다. 바꾸어 말해 기생들의 이 같은 근대의식의 단면은 차라리 일반여성들로서는 통렬한 대리만족의 계기였고 천출의 선입견으로 재단해도 그것은 흥미로운 배설의 모티브로 작동하기 충분했다.

김진송의 분석은 계속된다.

> 기생의 존재는 봉건시대부터 일종의 서비스업으로서 독특한 지위를 지니고 있었지만 그 역할이 그랬던 것처럼 생산적이거나 주체적이기보다는 주변적이고 소비적인 존재임에는 틀림없었다. 일종의 餘技로서의 문화로서 춤과 노래, 시와 그림에 접할 수 있었던 이들은 봉건의 잔유물로서 오락과 유흥을 매개하는 花流人生이었다. 그러나 그들이 지닌 문화적 소양 때문이 아니라 새로운 사고와 사상을 비교적 손쉽게 접할 수 있는 살롱문화의 적극적인 향수자로서 그들은 새로운 현대적인 삶의 본질에 근접할 수 있었다. 곧 이들은 문화 그 자체를 매개하거나 그 자리에 가까이 할 수 있는 위치에 있었다. 파리의 살롱이 귀족과 귀족을 패트론으로 삼은 지식인들을 매개하는 자리였으며 그 살롱의 주인이 여자였다면, 조선의 요리집은 지식인과 부르주아의 거점으로서 살롱이었으며 이들의 들러리로서 기생은 새로운 문화에 대해 가장 먼저 익숙해진 부류의 사람들이었다. 차츰 현대적 사고와 의식에 적극적인 동참자로서 자신의 동질성을 발견하기 시작하면서 기생들의 사회적 진출이 활발해지기 시작하고 그들의 돌출적인 행동은 봉건적인 관습에 매어 있던 세인들의 주목의 대상이 된다. 따라서 192,30년대 아직 주변이 인습과 관례

> 의 끈에 얽매어 있던 때에 기생들은 가장 먼저 자신들의 생각을 실천하면서 억압의 고리를 끊는 존재들이 되었다. 주변의 세속적 시선이 곱지 않았음에도 불구하고 오히려 그런 점 때문에 더 과감해질 수 있었던 그들은 새로운 사상에서뿐 아니라 생활양식과 패션에서도 먼저 실천에 옮길 수 있었다. 이들은 곧이어 유행가 가수와 영화배우가 되고 다방 마담으로 자리를 바꾸어 앉으면서 지식인들과 문화예술인사들과 깊숙한 교분을 맺었다. 따라서 초기 현대의 여성의 지위와 역할, 그리고 사상과 의식을 좌우했던 것은 몇몇 지식인 그룹이 지니고 있었던 서구지향적인 사고에서 비롯될 수 있었지만, 이를 구체적인 삶 속에서 자신의 정체성을 확인하며 실천했던 인물들에는 기생들이 포함되어 있었다. 이들 기생들이 사회의 구조적 변화, 예를 들면 도시의 발달로 인한 서비스업의 증가, 특히 다방이나 바 등 이제까지 존재하지 않았던 직업의 중심에 설 수 있었던 것도 직업적 유사성 때문이라기보다는 새로운 현대적 직업에 대한 거부감이 이들에게 보다 덜했기 때문일 것이다. 기생들이 윤락녀로서 사회의 주변인으로 몰락해 가는 과정이 아니라 1930년대 현대사회로 진입하는 현상에서 새로운 문화적 주체로 전환되었던 것은 매우 주목할 만한 흐름이었다.[70]

근대성 인입에 관한 기생의 주체적 역할과 그 적합성 여부와 마찬가지로 백정 집단의 저항이 주변 천민들의 반항과 '결합·확산'되는 방식이나 끝내 그것이 조선 민중정치력 강화에 이바지하는 방식도 적잖은 논쟁 대상이 된다. 기생들이 보인 저항양식이 그들의 직업 성격과 관계없는 변화의 기류를 이끌었듯,[71] 남성천민의 대명사로 기능하던 백정

---

70. 김진송(1999), 앞 책, pp. 218-220.
71. 한국 기생의 근대성 견인을 논의할 때 어김없이 거론하는 일본 기생의 경우는 또 하나의 주목 대상이다. 이에 관한 논의로는 다음 참조할 것. E. 사이덴스티커 지음·허호 옮김, 『도쿄이야기』(서울: 이산, 1997), 3장; 리자 댈비 지음·유용훈 옮김, 『게이샤』(서울: 우석, 1999); 프리드리히 S. 크라우스, 『일본의 성풍속』(서울: 바리데기, 1997). 서양인의 눈에 비친 '조선개화기 기생' 논의로는, W. 아더 노블 지음·윤홍로 옮김, 『사랑은 죽음을 넘어서』(서울: 포도원, 2000). 이후 해방공간에서 배양되는 현대사의 모순과 그 성 정치적 갈등의 遺題로서 매매춘 확산의 역사지평에 관해서는 다음 연구 참조할 것. Hyunah Yang, "Re-membering the Korean Military Comfort Women: Nationalism, Sexuality, and Silencing," Elaine H. Kim and Chungmoo Choi, eds., *Dangerous Women: Gender*

항거의 적극성도 거역할 수 없는 정치 사회변동의 민중적 기반을 다지는 데 크게 기여한다.

다시 좁혀 보건대, 문제는 저항과 침묵의 그 현격한 역사 편차를 어떻게 이해, 정리해야 할 것인지로 모아진다. 특히 천민의 선도집단들이 제도화된 저항의 틀을 만들지 못한 상황을 재구성하거나 인종(忍從)의 논리를 담아내는 설명기제 마련이 무엇보다 시급하다면 절박한 생존만을 최고 목표로 설정하게 했던 역사의 원인 규명은 부수적 과업을 이룰 것이다. 여기서 절대 다수의 천민들이 묵종과 순응을 불사했던 그 진정한 이유가 과연 자발적 복종의 정치심리 때문이었는지 혹은 동조와 지지가 삶의 조건을 지탱할 수 있는 '최고 · 최선'의 방략이라는 일종의 합리적 판단 때문이었는지는 물론 명쾌히 밝힐 수 없다.

그러나 천민의 사회 역할과 그 역사적 지탱은 이제 엄연한 정치성을 드러내었고 제도적 합리화 절차 또한 돌이킬 수 없는 문화의 관행으로 받아들여지게 되었다는 데 다시 주목해야 한다. 이때 조선 하층민은 한낱 감상적 이해 단위가 아닌 피지배층 일반으로 인식할 수 있었다. 뿐만 아니라 천민집단의 사회문화적 존재 이유도 한층 새삼스러워졌고 그들 내부의 성 역할 분화 또한 무시할 수 없는 주제로 떠오르기 시작했다.

조선 천민의 존재 이유와 섹슈얼리티(혹은 性性) 분화, 그리고 직업구조의 다원화. 그것은 과연 무엇을 뜻할까? 이에 덧붙여 이제 본격적인 동의와 항의의 이항대립(異項對立)으로 자신을 무장하는 천민계층의 집단적 이중성은 오늘 우리에게 무엇을 남겨 주는가? 따르며 대들고, 반항하다 다시 마음의 칼날을 눕히는 행위의 반복. 조선정치변동의 설명과정에서 그들은 대체 누구일까?

& *Korean Nationalism*(London: Routledge, 1998), pp. 123-139; Katharine H. S. Moon, "Prostitute Bodies and Gendered States in U.S.-Korea Relations," *ibid.*, pp. 141-174; Hyun Sook Kim, "*Yanggongju* as an Allegory of the Nation: Images of Working-Class Women in Popular and Radical Texts," *ibid.*, pp. 175-201.

2 백정과 기생: 존재의 이유

1. 조선 천민의 성 역할 분화: 백정과 기생의 사회적 기능

사회계층의 분화과정에서 천민 출현이 의도적인 것이었는지 아니면 전혀 예상치 못했던 것이었는지는 여전히 논쟁적인 주제다. 가장 흔한 역사의 추론으로 피정복민의 정치적 수모와 경제적 수탈을 이겨내게 하기 위해 어쩔 수 없이 '유인·정착'시킨 노예제도의 결과론이 그 하나일 것이다. 즉 포로에 대한 정복자의 통치 프로그램이 구체화될 때 천민은 늘어나기 시작했다는 가설 말이다.

반면, 국내의 정치변란을 주도한 도발주체의 정치적 실패가 신체적, 사회적 속박으로 귀결되는 대가지불방식을 또 하나의 예로 들 수 있을 것이다. 이는 신양역천(身良役賤)의 경우로 애초 계층구분은 세습적이지 않았으나 행적의 과오를 따지는 권부의 정치적 조치가 신분 구속을 합법화하는 형식을 뜻한다. 천역의 부과는 따라서 애초부터 예정되어 있지 않았고 사회적 범주 역시 기정화할 수도 없었다는 점에서 이는 그만큼 치명적이었다.

다시 압축하자면 전쟁 포로와 정치적 반역자에게 부과된 천역, 즉 결코 원치 않았던 역할의 강제 부여가 구체화되고 역사적으로 제도화된 것이 사회적 최하층민으로 천민 발생의 계기가 된 셈이다. 이 땅에서도 이 같은 역사추론의 과정은 예외 없이 적용된다. 성읍국가 이전, 선사시대의 기록은 그만 두고라도 국가의 시대가 개막된 이후 이러한 두 가지 천출 방식은 어김없이 되풀이되고 있기 때문이다.[1]

우리의 경우 어느 쪽이 더 우세했든 천민 발생의 역사적 내인론과 외인론 모두는 세습군주국가의 틀을 지탱하는 한 엄존했다. 그러나 이 땅의 천민사는 그 발생론적 처절함에 문제가 있었던 게 아니라 일단 역사의 흐름이 마련된 후 누구도 진솔하게 이를 인도, 개선하지 못했다는 상대적 무능에 더 큰 한계가 있었다.

역사 속의 천역과 그 부과의 절차는 지배계급이 하기 싫은 일체의 노동과 사회적 지탱을 위해 일정한 경제문화적 역할을 예고하고 있었다. 그것은 누구라도 대신하지 않으면 안 되는 '성가신(reluctant)' 일들을 일정량 전제하고 있었고 노동의 결과가 지배계급의 이익에 철저히 복무할 수 있는 것인지 아닌지와 깊이 관련되어 있었다. 따라서 누가 끝내 그 일을 할 것인지의 물음만큼 중요했던 것은 누구라도 해당 노동을 일종의 과업—가능한 천직(天職으로서의 賤職)—으로 인식하고 기어이 해내야 한다는 의식 자체를 철저히 사회화시키는 것이었다. 여기서 계급사회의 기본 틀을 정면에서 부인하거나 전면 재구성하려는 저항 의도는 이미 그것만으로도 정치적 일탈의 이미지를 드러내는 것이었다. 이 대목에서 '일탈하면 제재받고 적응하면 보상받는다'는 철저한 사회통제의 메커니즘이 정치화되고 있었고 나아가 계층이동의 가능성이나 자발적 선택이란 아예 상상조차 할 수 없는 폐쇄사회의 기제가 작동하고 있었

1. 이에 관해서는 다음 연구 참조할 것. 池承鍾(1997), 앞 책; 金錫亨, 『韓國史와 農民』(서울: 신서원, 1998), <前篇: 奴婢論>; 全炯澤, 「韓國 奴婢의 存在樣態」, 歷史學會(編), 『奴婢・農奴・奴隸: 隸屬民의 比較史』(서울: 一潮閣, 1998), pp. 277-303; 李榮薰, 「韓國史에 있어서 奴婢制의 趨移와 性格」, 같은 책, pp. 304-422.

던 셈이다.

천역의 사회적 생성과 지탱에서 더욱 관심을 끌었던 주제는 바로 역할의 성적 분담 혹은 이를 '용인·온존'케 하려 했던 권력의 성 정치적 고려였다. 배려는 없고 치밀한 고려와 계산이 앞설 수밖에 없었던 군주국가에서 권력의 의도한 통치의 메커니즘은 자발적 복종의 강화와 지배 권력에 대한 봉사 및 헌신과정에 성(性)의 분별을 뛰어넘는 전면적 기여의 논리를 확산시키는 데 주요 목적이 있었다. 따라서 천역의 수행에도 남녀의 구분은 엄연하며 궁극적으로 계급의 출현이 거역할 수 없는 현실임을 암암리에 파급시키는 것이야말로 사회질서의 유지와 강화에 이바지하는 일이기도 했다.

천역의 일정한 지탱은 결국 당대 역사를 '구성 - 유지 - 변형'한 계층 구성원 전체의 '몸의 문제(a corporeal agenda)'와 밀접하게 연관된다. 제로섬으로 볼 때, 지배계급의 육신이 편하려면 어느 한 부류 인간군의 몸뚱이는 무자비하게 고생할 수밖에 없었고 그렇게 혹독한 대가를 치른들 사회 전체적으로 누릴 수 있는 행복의 절대값은 항상 유한하고 고정적일 수밖에 없었다. 나눠 갖기에는 극히 희소한 가치배분과정에서 육체를 육체 그 자체로 모두 함께 '소비·재생산'하기보다 고상하고 근엄한 판단을 통해 또 다른 부류의 인간들을 사역시키고 힘의 우위를 독점할 수 있었던 지배계급에게 천출이란 한낱 보이지 않는 억압 대상일 뿐이었다.

자발적 복종 주체로 천민들 스스로 행한 생존의 자각이 천역의 유지를 한층 강화시켰다는 역설의 논리로 보면, 오히려 하층민의 존재는 지불해야 할 정신적 고통과 육체적 비용과는 전혀 별도로 지탱되고 있었던 셈이다. 단지 살아 있게 해 주는 것만으로도 고마워하고 한낱 역사의 미물을 거두어 주려는 지배계급에 대해 은혜와 충성으로 응수해야 했던 모순의 논리도 근대가 개막되고 이성과 합리성의 의미가 보편화된 이후에나 지적할 수 있는 대목이었다.

따라서 살아있는 소의 이마를 도끼로 내려찍고 튀는 피를 닦으며 뼈를 고르든 살을 솎든, 노동의 처연함이나 물리적 폭력의 아연함 따위야 양반의 눈에 제대로 들어올 리 없었다. 뿐만 아니라 남성지배논리에 눌려 있던 기생들의 노동에 다스리는 자들이 눈물 흘려야 할 이유 또한 없었다. 그들 모두는 있어도 '없는' 존재들이었다. 있다고 몸부림쳐 보았자 그 함성은 들리지 않았고 몸짓조차 보일 리 없었다. 그들이 몸담고 있던 공간은 모두 지배계급이 파놓은 합리적 덫이자 전략적 함정이었다. 기꺼이 몸 바쳐 빠져들고 그 속에서 일하며 살아남을 방도만을 고뇌해야 했던 이들은 세상 곳곳에 자리하고 있었다.[2)]

암울한 처지를 집단적 항의와 주체적 거부의 몸짓으로 타개할 상황조차 스스로 마련할 수 없던 것이 당대의 역사였다면 그들 대부분이 취할 수 있는 정치적 대응의 평균치는 그렇다면 무엇이었을까. 모반의 획책? 혁명의 결정적 시기에 관한 암중모색? 극단의 타자의식과 모멸감 극복? 반종반역(半從半逆)의 이중성 고수? 자발적 복종과 항구적 예종의 맹세? 이처럼 다양한 천민의 정치 행태를 가로지르는 대표적 유형이 있었다면 그것은 또 무엇이었을까. 묵종의 보편화? 일정한 정치적 행동에로의 준비? 극단을 피하려는 보수와 잠행의 반복?

이에 흔쾌히 답할 수 있는 연구는 현재 거의 없다. 인간다운 삶의 조건을 보장받지 못했던 그들이 집단적으로조차 행동하지 못했던 울분을 달랠 길은 무엇이었을까? 간헐적으로 반복된 천민지도자의 정치적 항거와 평상의 삶 사이에는 소리 없는 복종이 있었고 아래로부터의 저항과 폭력은 그만큼 기이하고 위태로운 비용 지불을 요구하게 마련이었다.

침묵이 최적의 대응이라는 판단이 천민집단에 만연하고 있었음은 차라리 합리적인 선택이었을 것이다. 그 같은 계산이 이미 널리 퍼져 있었음은 입다물고 사는 것이 행동을 통한 극단의 대응보다 훨씬 '저비용/고효율'이라는 판단에 의해 준비되고 있었을 것이란 얘기도 된다. 그렇

2. 매매춘 시장을 염두에 두고 이 논지를 확장시켜 본 필자의 다른 연구로는 박종성(1996), 앞 책.

지 않고서야 매 군주별 집권기마다 크고 작은 천민저항이 반복되어도 체제의 중심이 변하지 않던 이유를 어떻게 설명할 수 있을 것인가? 물론 정치적 저항의식을 행동으로 옮기려 했던 주체가 반드시 백정을 비롯한 천민집단에만 국한된 것은 아니었다. 하지만 비판과 도전의 사회적 단위들이 왕조 후기에 이르도록 강하게 연합하거나 어느 한 집단에 의해 주도적으로 견인된 적 없던 이른바 민중봉기의 과잉지체는 민중 다수의 역사적 관망과 정치적 침묵을 잘 설명해 준다.

여기서 우리는 새삼 침묵과 반항 사이에 형성되는 모종의 정치적 긴장에 유념하게 된다. 특히 까뮈의 『반항』을 다시 읽을 때 우리는 조선조 천민들의 정치적 침묵이 함의하는 바를 다시 상상할 수 있게 된다.

> 대화는 홀로 우뚝 선 산 정상에서 전체주의 정권이 독백의 형태로 설파하는 복음보다 적은 비용을 치른다. 지시하고 선전하는 主義보다 덜 희생적이다. 무대에서나 현실에서 모두 독백은 죽음의 선행 단계이다. 따라서 모든 반항인은 억압자의 반대편에 서는 운동에 가담하여 생명에 호소하고 노예상태나 거짓, 그리고 폭력에 대항해 싸운다. 반항인은 이들 세 가지 고통이 사람들 사이의 침묵 때문에 존재한다고 본다. 그리고 이 세 가지 고통은 사람과 사람들의 모습을 감추게 하며, 니힐리즘으로부터 사람들을 구제하지 못하게 한다고 믿는다. 이 니힐리즘이야말로 인간의 운명에 뿌리깊이 얽혀 있는 오래된 인간의 공모인 것이다.[3)]

---

3. A. Camus, *The Rebel*, tr. by Anthony Bower(New York: Alfred A. Knopf, 1956), pp. 283-284. 정화열은 이 대목을 해석하면서 이렇게 말하고 있다. "진정한 반항인은 타자를 말살하지 않고 인간 상호간의 유대를 강화시키는 것을 자신의 의무로 느낀다. 그의 반항이나 비폭력적 전복은 현상을 있는 그대로 받아들이지 않고 침묵과 살인의 <중간>에 선다. 혁명가는 그의 대의가 얼마나 고상하든지 관계없이 독백적이며 절대 무오류와 절대 확신을 주장하는 데 반해, 반항인은 비난가능성이라는 윤리적 원칙과 오류가능성이라는 인식론적 원칙 사이에 있는 대화의 상호작용을 기꺼이 인정한다. 인식론적 독단주의와 도덕적 절대주의에는 카니발과 흥겨운 몸이 들어설 여지가 없으며 대화의 원칙과 모순된다. 대화의 원칙은 상존하는 상호침투적인 계기를 긍정하며 절대 확신과

보다 엄밀히 말하자면, 조선 천민들의 평균적 정치 입지는 반항인이나 혁명가의 그것이 아니었다. 간헐적으로 반항했거나 혁명적이었다고 해서 그것이 곧 반항인의 행동이나 혁명가의 능동성을 직접 담보하는 것은 아니었다. 적극적 반대로 폭력과 공격행위를 드러내기 힘들었던 조선조 천민들에게 침묵이란 행태만큼 편리하고 만만한 의지처도 없었을 것이다. 그리고 그들이 누릴 수 있던 실질적 편익만큼이나 강하게 까뮈가 말하는 비난과 공격대상으로 역사적 자아 또한 적잖게 자각해야만 했던 셈이다.

현대적 관점에서 보자면 천민들의 정치적 침묵이란 1) 주어진 권리를 스스로 포기하고 그 위에서 잠자고 있는 방기의 몸짓이거나 2) 결정적 시기가 올 때까지 대안의 행동 방향과 공격방도를 모색하려는 행위의 외피였을 것이다. 전자가 무의식적 공포의 확산에서 비롯된 전통사회의 정치심리였다면, 후자는 전자의 문화적 유증 위에 가급적 손해보지 않고 유리한 삶의 대안을 찾고자 애썼던 합리적 침묵을 뜻하는 것이었다. 천민들의 저항이 반복되고 동시에 침묵자들의 행보 역시 그에 비례하고 있었다면 그것은 곧 더 이상 복종할 필요 없는 지배권력의 폭력성을 끊어 버리자는 모험심과 이제껏 판단 유보해 오기만 했던 군상들의 복합심리가 다다른 결과적 합성물이었을 것이다.

지배계급의 전유물로 육체를 권력처럼 소유하고 육체 그 자체로 소비하는 또 하나의 극적 주체(이자 대상)는 곧 기생이었다. 대속의 사회적 단위로 천민들이 저들의 눈에는 직접 보이지 않을 만큼 낮은 곳에 있었다 해도 그들은 착취당하고 '소유 · 소비'됨으로써 자신들의 최소한의 안위와 삶의 근거를 보장받을 수 있었다. 반면, 상전들은 그들대로 예속민 집단을 가차없이 부림으로써 자신들의 편익과 권력을 물리적, 육체적으로 동시 확인할 수 있었던 셈이다. 특히 사대부와 기생의 사회적 관계는 가족과 같은 일차 집단의 생활사와는 전혀 다른 문화와 관행을 마련

완전한 의심 사이에 존재하는 모호성의 영역을 인정한다." 정화열 지음 · 박현모 옮김, 『몸의 정치』(서울: 민음사, 1999), p. 84에서 재인용.

해 가고 있었다.

여기서 지배계급과 독특한 관계를 이룬 기녀집단의 문화적 개성을 읽을 수 있다. 기녀들이 호의호식하며 다른 천민집단의 선망대상이 되었음은 이미 지적해 둔 바 있다. 그러나 권력과의 관계에서 가장 두드러진 특징은 지배계층의 성적 요구에 대한 육체의 제공과 그 지속적 담보를 통한 긴밀한 상호의존에 있었다. 뿐만 아니라 사대부들과의 잦은 회동과 지근거리에서의 은밀한 보좌가 군주국가 유지의 또 다른 변수로 기능했다는 사실이다.

하지만 기생의 성 정치적 행태를 보다 상세히 규명하려면 먼저 기생집단 전체가 매춘의 수급자원으로 기능했던 것은 아니란 점부터 분명히 해두어야 한다. 성의 공급과 매매음의 은근(慇懃)한 단위임을 자임하지 않았던 기생을 마치 모두 그 일에 거리낌없이 나섰던 양 곡해한다면 그것은 분명 문제이기 때문이다.

그러나 여기서 조선의 기생집단을 일단 매력의 대상으로 이해하게 되는 것은 사대부들과의 성관계 여부를 떠나 그들이 발휘한 문화적 마력과 당당함의 발산에 있었을 것이다. 이것은 곧 제도권력의 정치적 긴장과 사대부 집단의 자의식적 억압을 이완시켜야 할 모종의 향응 혹은 배출통로의 모색과 긴밀하게 연계된다. 따지고 보면 이는 계약행위처럼 기녀와 사대부의 교환가치를 전제로 은밀히 유지되었던 셈이다.

기생의 사대부 보좌 혹은 권력과의 성 정치적 관계유지는 백정집단의 원색적이고 폭력적인 정치성과는 크게 대비되는 것이었다. 누구도 다가서려 하지 않는 특수공간에서 백정들이 몸에 피 묻힐 때, 기생들은 본능적 욕구와 문화적 갈증을 느끼는 남성 모두가 가까이 보기 위해 한결같이 염두에 두던 그런 부류였다. 이를 위해 스스로 가꾸고 역사가 구축해 놓은 풍속 틀을 벗어나지 않았던 기생들은 으레 권력의 치부와 그들의 발가벗은 뒷모습까지 아우를 수 있는 끈들을 늘 붙잡고 있었다.

지배계급과의 관계 유지에서 당당(혹은 의연)함과 비밀보장이 기녀들의 입지를 한층 강하게 지탱시켜 준 직업의식의 주요자원이었다면 매매춘의 유혹과 압박에서 영원히 자유로울 수 없었음은 정신적 자산(資産)과 무형의 직업적 부가가치를 스스로 상쇄시켜야 했던 집단 전체의 한계였다. 도덕과 정의를 유난히 강조하면서도 허구와 패도의 장본인으로 전락하는 데 별다른 제동장치를 의식, 경험하지 못했던 조선 사대부들에게 기생은 위무와 향락의 보조자였을 뿐 공경과 배려의 대상일 수는 없었다.

같은 여성이면서 기생들은 세상이 요구하는 어머니와 처녀의 지순함까지 내세울 수 없었다. 애환과 고통 속에서 실제로 자신의 순수함을 내세울 이력을 끝까지 자랑할 수 있었다 해도 세상이 그렇게 인정하려 들지 않았던 인습의 모순까지 그들은 무릅써야만 했다. 페미니즘에서 흔히 논의하는 여성의 육체가 창녀성의 대목에 이르면 치욕과 고통의 한계를 초극하는 일련의 의례를 치르듯 우리의 경우도 예외는 아니었다. 그것은 조선사회가 요구하는 여성성의 전부를 기녀들에게 기대할 수 없는 일종의 역할 분화와 긴밀하게 맞물리는 문제이기도 했다.

여기서 우리는 이리가라이가 말하는 여성육체의 교환가치, 특히 창녀의 '몸'이 갖는 사회적 교환가치에 주목하게 된다. 기생들을 가까이 두고 일정한 향유의 공간과 시간을 예비해 두려는 남성지배세력의 강박과 지탱, 거기서 완전히 벗어나지 못했던 조선 사대부와 지배계층 그리고 이들을 거꾸로 투사하거나 이용하면서 자신들의 존재양식과 사회적 정체성을 고수한 기생들의 사회적 자존.

그 틈새에 과연 페미니즘의 편린은 숨어들 여백이나 있었던 것일까? 어머니의 표상과 처녀의 육신을 버릴 수 없는 강박처럼 요청한 조선사회에서 기생들의 창녀성이란 상징마저 고스란히 빼앗아 버린다면 그들을 지탱, 보전하게 한 문화적 힘은 진정 정치권력의 그것과 어떻게 견줄 수 있는 것일까?

박정오는 이리가라이 페미니즘의 토대를 이렇게 재구성한다.

이리가라이는 여성의 몸이란 병이나 거부 반응, 생체 조직의 죽음을 유발시키지 않고 자기 안에 생명이 자라도록 관용하는 특수성을 지닌다고 말한다. 남녀 신체의 특성은 그대로 그들의 문화에 연결되는데, 남성끼리의 문화는 여성의 관용성과는 반대로 작용한다. 남성 위주의 문화는 다른 성이 가져온 것을 사회에서 배제해 버린다. 여성의 몸은 차이를 존중하는 반면, 가부장제 사회라는 거대한 몸은 차이를 배제하고 계급서열로 구성되어 있다. 이러한 가부장제의 모든 교환체계는 남성들 사이에서 일어나며 단일한 성의 지배를 받게 된다. 이리가라이는 교환경제구조에서 노동자 계급의 착취를 자본주의의 기반으로 본 마르크스의 이론을 여성 문제에 비판적으로 수용하여, 여성 착취 없이는 가부장제 사회질서의 존속은 불가능하다고 본다. 결국 ……이리가라이는 여성이란 현사회 체계 내에서는 상품으로 교환될 수밖에 없음을 집중적으로 보여 준다. 여성은 사용가치와 교환가치를 모두 지닌다고 볼 수 있는데, 가부장제에서는 여성에게 부과된 교환가치로서의 역할 때문에 시장에 내놓은 상품과 같다는 분석이다. 남성 주체 사이에서 여성이 교환될 때 문제는, 여성의 값이 여성 자신의 고유한 형태, 그들 자신의 몸, 언어 자체에서 나오는 것이 아니라, 남성들간의 교환욕구를 반영하는 데서 결정된다는 점이다. 또한 여성이 교환될 때 그 자체의 가치가 문제되지 않고 값으로 환원되어야 교환이 가능하므로 여성의 몸은 물신화되어 다루어진다. 이 같은 사회구조에서 여성에게 부과된 역할은 <처녀>, <어머니>, 아니면 <창녀>라는 범주뿐이다. 먼저 <처녀>는 순전히 교환가치를 위한 개념으로 남성간의 관계의 표시 외에는 아무것도 아니다. ……<어머니>는 철저히 교환에서 배제되어 개인의 소유가 되어야 한다. ……<창녀>라는 존재는 사회질서에 의해 표면상으로는 비난받지만 이면에서는 많은 것이 허용되는 묘한 위치에 있다. 창녀의 경우 여성 신체의 특성은 <유용성>이다. 그러나 이 특성은 남성에 의해 차지되고, 남성간의 은밀한 관계의 장으로 쓰이기 때문에 가치를 갖는 것이다. 매춘은 교환되는 사용 정도가 중요한데, 이때 사용 정도는 단순히 잠재성을 뜻하기보다 이미 실현된 것을 뜻한다. 창녀는 교환되는 사용 정도에 따라 값이 매겨진다. 이때 여성의 몸은 이미 사용되었으므로 오히려 가치 있다. 여성의 몸이 화폐가치로 물신화되는 대표적인 경우로 여성은 순전히 남성 욕망의 대상이 될 뿐이며 남성들간의 관계를 위한 매개물이다. 위의 세 경우 어디에도 여성 자신의 쾌락과 욕망에 대한 권리를 찾아볼 수 없다. 교환의 주체인 남성들 사이에서 여성은 기호로, 상품으로, 화폐가치로 환원되어 움직여진다. 남성들간의 교환체계에서 여성이 물신화되어 배제되어 버린 현 사회는 성 차이를 무시한 동성애적 성격을 지니며, 마르크스주의는 사회계약의 성별화된 조직을 설명해 주지 못하는 한계를 갖고 있다고 비판한다. 그러므로 남성과 대등한 주체적 지위를 얻기 위해 여성은 자신들의 다른 점을 인정받을 수 있도록 만들어야 한다고 이리가라이는 주장한다. 오늘날 법의 힘이 갖는 남근적 모델을 반복하지 말고, 우리의 몸, 언어, 욕망, 그리고 자연과 새로운 방식으로 관계를 맺어야 한다.[4)]

그렇다면 이리가라이의 담론은 조선 기생의 창녀성이나 세습군주국가 여성의 육체적 가치 논의과정에서도 여전히 유효한 것일까? 조선 기녀의 유형이나 노동의 성격상 매매음 기회에 자주 노출되었다든지, 혹은 제도화된 수청 절차에 따라 몸을 판다는 실제적 암시가 가능한 경우도 얼마든지 있었음에 유념한다면 의문의 여지는 전혀 없다. 다만 몸을 팔았다는 확증 없이 모든 기녀에게 매매춘의 심증을 대입할 수 없듯, 기생들만이 갖고 있던 정조와 문예적 기개를 토대로 그들 모두를 매춘의 논의공간에서 모조리 면책할 수는 없다는 점에도 분명 유념해야 한다.

일상의 인식세계에서 여비(女卑)의 사상과 특히 천민의 제도화가 보편화된 이후 여성의 육체가 실제로 어떤 의미와 이미지를 유포하고 있었을 것인지 상상해 보는 일은 매우 중요하다. 아예 보이지 않는 존재, 혹은 있어도 없는 양 존재해야 했던 상황 속에서 이제껏 기녀들을 어떻게 인식하고 있었을 것인지는 문제의식치고는 사소함으로 가득찬다. 이 같은 논의의 미약함은 백정들에게도 어김없이 적용되는 문제였다.

백정과 기생의 존재 이유[5)]는 같았다. 그것은 천민의 역사적 기원에 나타난 불평등과 맥을 같이한다. 지배계급의 육체노동을 대체할 새로운

4. 박정오, 「새로운 상징질서를 찾아서: 뤼스 이리가라이」, 한국영미문학페미니즘학회(편), 『페미니즘: 어제와 오늘』(서울: 민음사, 2000), pp. 184-186.
5. 고전적 '사유추적'으로는 李能和(1981), 앞 책, 第8章 참조할 것. 그는 조선기생(제도)의 설치목적을 다음과 같이 세목화하고 있다. ① 女樂, ② 醫女·針婢, ③ 邊郡置妓 以慰將士, ④ 列郡置妓 宴待使客(明·倭·淸).

주체이자 억압대상으로 천민의 출현은 필연적이었다. 상전의 몸을 보호, 보좌하며 누군가는 대행해야 할 과업을 역사적으로 집단화하고 정치적으로 정당화한 제도의 산물이었던 셈이다. 다시 말해 지배집단이 편리하고 쾌적하기 위해 복종의무를 제도화하고 동시에 명분화함으로써 권력의 폭력적 속성마저 예치의 개념 안에 가두어 둘 수 있었던 것이다.[6)]

더욱이 통치집단의 지배논리에는 천민의 사회적 봉사기능을 합리화하기 위한 각종 명분과 성적 불평등마저 호도하려는 흔적마저 도처에 숨어 있었다. 거기에는 남성지배세력에 대한 여성천민집단의 의무적 봉사나 남성천민들의 자발적 기여가 장기간 미화되기도 했고 거꾸로 여성상전들을 향한 남녀 천민들의 헌신적 노동공여 또한 당연히 포함되어 있었다.

공·사천의 경계를 넘어 노역의 의무를 이행해야 했던 다수 천민들에게 이 같은 교차 봉사의 성역(性域)은 복종의 이데올로기와 남녀 구분의 정치적 근거를 마련하기에 이른다. 그것은 이미 지배집단 스스로가 오래도록 합법화시켜 놓은 자기들만의 통치 명분, 즉 민중통제의 폭력적 근거를 어느 사이 놀랍도록 모사하고 뒤따르도록 독려한 결과이기도 했다. 이 점은 바로 천민집단이 양인과 중인에 이어 당연한 피지배집단이자 동시에 혹독한 노역의 당사자였을 뿐만 아니라 좀체 정치사회적 저항의 주체로 나서지 못했던 상황논리를 잘 설명해 준다. 끝없이 솟구치는 항변의 내용물을 갖고 있었지만 겹겹이 둘러싸인 신분의 장벽과 '지배·복종'의 통치논리는 천민들을 옥죄는 구속장치로 더없이 훌륭했고 굳이 통제하려 들지 않아도 그 불평등 관계는 튼튼히 유지되었다.

천민들 스스로 지배집단을 보고 배우며 답습한 이 철의 모순을 이해하지 못하는 한 조선 천민들의 정치변동관이나 예종과 일탈의 성격을

6. 이에 관해서는 다음 연구 참조할 것. 김혜숙, 「조선시대의 권력과 성: '禮治' 개념 중심으로」, 여성철학연구모임 엮음, 『한국여성철학』(서울: 한울, 1995), pp. 96-116; 이숙인, 「동양적 여성철학의 모색: 공자의 여자 이야기」, 김혜숙(外) 13인 공저, 『여성과 철학』(서울: 철학과현실사, 1999), pp. 153-166.

규명하긴 어렵다. 더욱이 천민들 가운데 그 누구도, 아니 어떤 특정 집단도 전체를 이끌거나 국가의 틀을 바꾸는 데 획기적으로 기여할 수 없었던 이유 역시 여기서 그 단서를 찾게 된다. 지승종은 다시 이렇게 말한다.

> 이데올로기적 수준에서 主奴關係는 綱常과 명분의 차원에서 규정되었으며, 이는 그 인륜적 외피에 의해 主奴關係의 폭력적·수탈적 성격을 은폐하고 本主의 奴婢지배와 노비의 본주에 대한 절대적 복종을 정당화하려는 것이었다. 소유의 대상으로서의 노비는 財物과 같이 취급되었지만, 일단 본주와의 관계에 들어서면 노비에게는 본주에 대해 綱常, 즉 인간으로서 마땅히 지켜야 할 도리가 있는 것처럼 규정되고 강요되었다. 노비소유자들로 구성된 당대의 지배층은 노비에 대해 자신들의 편의에 따라, 소유의 차원에서는 물적 성격을, 주노관계 즉 지배-복종의 차원에서는 인간적 성격을 부여하였던 것이다. 그러나 노비에 대한 인간적 성격의 부여는 주노관계에 있어서는 어디까지나 절대적 복종을 이끌어내고 정당화하기 위한 차원에서 가해진 것이며, 그것은 인간을 재물과 같이 소유한다는 관념, 즉 절대적 지배의 관념과 서로 잘 부합되는 것이기 때문에 이 이중적 성격 부여는 서로 모순되는 것은 아니다. 주노관계는 원래 三綱에 들어 있는 것은 아니지만 군신관계와 동일시함으로써 綱常의 차원에서 규정되었고, 거기에는 당연히 上下之分·尊卑之分과 같은 名分이 깃들여 있는 것으로 해석되고 있었다. 이것은 곧 주노관계가 단순히 노비와 본주간의 사적·개별적 차원에 국한되는 것이 아니라 주노관계의 유지가 곧바로 국가 내지 사회의 기본질서를 유지하는 데 매우 긴요한 것으로 간주되고 있었음을 의미한다. 그래서 '奴主之分'도 君臣·父子 등 다른 綱常관계처럼 '天建地設'과 같이 엄연한 것이어서 결코 문란될 수 없는 것으로 규정되었다. 주노관계는 군신관계에 준하는 것으로 규정되었기 때문에 노비가 본주를 섬기는 것도 신하가 임금을 섬기는 것과 같은 것으로 간주되었다. 그러므로 본주에 대한 노비의 태도는 임금에 대한 신하의 그것과 마찬가지로 忠誠 또는 忠義에 입각하여야 하는 것으로 기대되었다. 노비의 忠의 대상은 국가가 아니라 본주이기 때문에 진심으로 성의를 다하여 본주를 섬기고 본주의 명령에 절대 복종하여 충실히 이행하는 것이 곧 노비에게 요구되고 기대된 忠의 내용이었다. 노비소유자들이 가장 바람직한 노비의 유형으로 기대한 것은 곧 이러한 '忠奴'였다. 忠奴는 주노관계의 이데올로기에

> 포섭된 노비라고 할 수 있을 것이다. 노비소유자들은 비록 노비를 재물과 같은 소유의 대상으로 파악하였지만, 구체적인 노비와의 관계에 있어서는 반드시 같은 인간의 차원에서 인식하였다. 그러므로 노비를 잘 부리기 위한 최상의 경지는 바로 노비의 마음, 즉 본주에게 충성을 바치려는 마음을 얻는 것에 있다고 보았다. 그러나 이러한 노비의 마음은 노비의 天性이라기보다는 본주가 노비를 어떻게 통제하느냐에 달려 있다고 보았다. 그래서 평소 恩으로써 노비를 대하여 그 마음을 얻고 잘못을 범하면 威로써 대하되 그 마음을 잃지 말아야 한다는 것, 그래야만 노비가 마음으로부터 주인에게 복종할 것이라는 점이 강조되었다. 이와 같이 노비소유자들은 노비를 같은 인간의 차원에서 인식하여 '恩威竝行'을 모범적 노비통제의 방법으로 보았다. 이것은 곧 긍정적 제재와 부정적 제재를 병행하는 것이라 할 수 있다. 恩 가운데 긍정적 제재의 요소가 들어 있고, 威는 곧 부정적 제재에 해당한다고 볼 수 있기 때문이다. 따라서 노비소유자들이 모범적인 노비통제방법으로 여긴 것은 일반적인 사회통제의 방법과도 부합되는 것이라고 평가할 수 있다. 모든 노비소유자들이 恩威竝行의 방법으로 노비를 통제하였다고 볼 수는 없다. 그들은 노비를 이데올로기나 어떤 도덕에 의해 지배한 것이 아니라 실재하는 힘을 기반으로 하여 지배한 것이다. 다만 적나라한 폭력의 형태로 지배를 영속화하려는 기도는 그에 상응하는 강력한 저항을 유발할 것이므로, 주노관계에 인륜적 성격의 이데올로기를 부여하여 그들의 지배를 정당화하고 그와 함께 적절한 노비통제 방법을 통해 예상될 수 있는 저항을 최소화하면서 지배를 실현해 나가려 했던 것으로 평가할 수 있다.[7]

사회통제효과가 폭넓게 퍼지고 그에 맞서는 저항과 반발 기류가 보편화되기 힘들었던 상황은 역사 변혁의 조건과 민중의 정치적 자율성이 서로 얼마나 중요한 관계를 갖는 것인지 잘 설명해 준다. 게다가 계층간 사회연대의 투쟁동력을 일궈내기 힘들었던 배경도 권력에 대한 피지배층 전반의 공포와 그에 따른 우려의 과잉에서 싹트고 있었다는 사실마저 잘 암시해 준다.

분노하고 행동했어야 할 정치적 주체가 움직이지 않았던 역사의 책임을 천민집단 모두에게 물을 수 없듯, 조직적 참여와 체계적 저항의 주

7. 池承鍾(1995), 앞 책, pp. 377-379.

도권을 왜 백정과 기생들이 모범적으로 선도하지 않았는지 역시 쟁점의 기본을 이루진 않는다. 다만 끝내 집단 대다수의 구성원들이 침묵하고 뒤따르던 정치적 비동의 정체를 밝혀내는 일이 아직껏 풀어야 할 과제로 남아 있다는 사실을 여기서 재확인하게 된다.

새로운 지배와 노동통제의 구실을 마련한 조선 지배계층에게 기생과 백정의 육체는 동물성에 기초한 본능적 욕망배설 수단이자 노동의 도구였다. 권력이 그들 내부의 주체할 수 없는 힘만으로도 사회가 요구하는 노동력을 모조리 자기 충족시킬 수 있었다면 굳이 부역과 대행의 부자연스러움은 필요치 않았을 것이다. 뿐만 아니라 정치권력의 이 같은 자기완결성이 역사적으로 완벽히 담보될 수 있었다면 계급의 의존성과 예속의 문제 또한 극복될 수 있었을 것이다. 그러나 이 같은 원론적 수준의 계급론, 즉 인간의 자기의존성이 원시성을 떠나 타자의존성과 예속의 불가피함을 자각, 일련의 상호의존논리를 계발시켜 가는 동안 이를 거꾸로 이용하려는 특정 계급의 영속적 지배욕구 역시 인간본능의 자연적 발생 항목에 포함되어 나갔다.

바로 여기서 계급의 계급에 대한 의존성과 그에 따른 자기중심성의 문제가 파생했고 그 과정에서 계급마저 물신화함으로써 새로운 소유와 착취의 대상으로 인식할 수 있는 의도치 않은 틈새가 열렸던 것이다. 비록 자신이 스스로 생각하거나 움직이지 않아도 움직인 이상의 효과와 결과를 확인할 수 있었다는 사실은 결국 지배계급 모두에게 감동과 흥분으로 다가갔다. 이 대목에서 지배받는 측은 분노와 거역보다 생존해야 한다는 절박감과 살아남을 수 있다는 최소한의 자신감을 자신의 주변성과 맞바꾸지 않을 수 없다고 새삼 자각하게 된다.

이들 서로가 필요한 지점에서 만나고 최적의 이익을 교환할 수 있는 시점까지 맞출 수 있을 때 그 거짓 같은 '지배 · 복종'의 기제는 훌륭하게 지탱되었다. '혁명을 준비하지 않았다'기보다 혁명을 '생각조차 하지 않은 척' 했다는 표현이 더 옳을 수 있는 역설도 바로 여기서 가능해진다.

그러나 이들의 정치사회적 관계가 근대 계약사상의 가능한 적용대상이었다든지 '이익 없이 행동 없다'는 합리적 선택의 그물망 속에서 지속되었다는 증거도 현재 우리에겐 없다. 다만 그들의 행동을 현 단계에서 그렇게 추론해 보고 이론적으로 새롭게 적용해 볼 수 있을 뿐, 그 외의 어떤 상상도 실효를 거두기 어려울 것이란 점은 얼마든지 인정하고도 남음이 있다.

조선 천민의 간헐적 집단행동이나 정치적 항거는 특정 이데올로기나 감동적 사상에 의해 '견인·추동'된 게 아니었다. 오히려 더 이상 기댈 곳 없고 나빠질 것 없는 상황과 암담한 경제현실 속에서 즉발적으로 반항하고 분연히 폭발한 생물학적(혹은 동물적), 본능적 반작용으로 이해하는 편이 한층 더 역사의 실제에 가까울 것이다. 그렇다면 이들의 저항을 더욱 자극한 사회 주변의 문제는 무엇이었을까. 천민의 정치경제적 주변성을 보다 두드러지게 부각시킨 또 다른 변수는 무엇이었을까. 이를 알면서도 운명의 외피 안에 가두어 둔 채 유교국가주의의 엄숙함과 권위주의적 지배질서의 지상론(至上論)에 젖어든 조선의 통치논리는 되살릴 수 있는 것일까.

이들 물음 모두에 관한 순차적 답변은 이제껏 꾸준히 이루어지지 않았다. 천민의 삶을 방임한 지배계급의 동기에 관해서도 관심이 없었고 양인과 중인만으로도 충분치 않아 피지배 집단의 분화현상이 계속되고 있었다는 사실에 대해서도 일목요연한 천착은 없었다. 이 작업을 보다 치밀하게 병행할 때 천민의 천박성이 지배세력의 힘의 변화보다 한층 더 인간적 호소력을 지닌다는 사실을 이해할 수 있는데도 우리는 왜 이에 관해 줄곧 냉담했던 것일까.

2. 노비와 천민의 차이

백정과 기생이 조선 천민의 대표적 직업집단이었음은 이미 논의한 바와 같다. 그들은 조선의 사회적 천역을 대변했고 남성천민과 여성천민을 상징하는 핵심의 단위였다. 그만큼 그들은 아무나 쉽게 할 수 없는 역할을 담당했고 지배계급의 욕구배설이나 생존을 위한 노동대행의 변수임을 자처했다. 여기서 천역의 이미지는 단순한 천박스러움이나 역겨움의 의미보다 누구라도 대행하지 않으면 안 될 필연성과 동시에 누구도 아무렇게나 대체할 수 없는 독자성을 공유하고 있었다는 점에서 관심의 대상이 된다. 바꾸어 말해 그들은 독립적 사회단위이자 문화적 자율성을 누리는 직업집단이었고 홀로 설 수 있음에도 동시에 강하게 예속될 수밖에 없는 이중의 피지배 대상이었다.

지배계급의 편익과 노역의 물리적 대행을 위해 계층의 임의분화가 가능했던 것이라면 그에 따른 성 역할 차별화는 결국 천민 형성의 역사적 씨줄과 날줄로 비유할 수 있다. 그 사회적 결과물로 구체화된 것이 바로 조선 양민의 강제적 균열과 신분의 타율적 하락화였다. 다시 말해 하나였던 집단공동체가 둘로 나뉘고 둘이 다시 넷과 여섯으로 갈라지는 역사의 부조화가 나타난 것이다. 이는 결코 자연발생적인 일이 아니었다. 그렇다고 해서 반드시 사전 기획하거나 의도적 프로그램에 의해 '주조·변조'된 것도 아니었던 조선 피지배층의 분열은 필요와 인습이 더해지고 권위와 힘의 보강을 위해 부자연스런 억압과 행정조치가 의외로 교묘히 얽혀 나타난 현상이었다.

그러나 보다 깊이 양민들의 천민화 경향을 추적해 보면 그 이면에는 저항의 기류를 엄격히 차단하고 어떤 정치적 기회조차 마련하지 못하도록 억압해 두려는 사회통제전략과 그 공포효과의 확산이 전제되고 있었다. 그것은 지배계층 전체에게 공포의 제도화가 거꾸로 자기집단의 안전과 부강을 보장하는 지름길이며 억압대상의 인구 증가와 역할 분화는 곧 자기 위치의 격상과 나태를 유인하는 사회적 편의장치의 증대로 이어질 수 있다는 믿음까지 퍼뜨리게 된다.

이 같은 전제에 유념할 때 양민의 노비화 경향과 천역화는 역사사회적으로 동일한 화학성분을 공유하는 게 아니었다. 엄격히 가려 보자면,

노비와 천민의 존재는 애초부터 같은 역사의 원류를 갖지 않았다. 그것은 단순히 표기의 차이나 용례의 차별성을 떠나 실질적인 역사 편차와 한층 정치적인 고려를 담아내는 계산된 이미지까지 반영하는 것이었다.

정치적 능멸의 역사적 제도화. 그리고 그 사회적 공포와 통제효과의 확산. 이것은 유교문화의 지탱과 정치교육기제와 맞물려 기능적인 통치 수단이 된다. 즉 조선의 자발적 복종기류와 합쳐진 천역의 부과는 자칫 삶의 종말이자 더 이상 추락할 곳 없는 세상의 막장까지 미리 암시하는 것이었다.

노비와 천민이 자칫 동류일 것임을 전제하는 자세는 사실상 하층민을 바라보는 지배계급의 시각을 그대로 대변한다. 그러나 노비와 천민의 위치는 서로 달랐다. 더욱 정확하게 말하자면, '노비만도 못한' 존재가 천민이었다. 권력은 체제를 만들고 체제는 계급을 나누어 역할을 만들어 내며 통치 에너지를 방출했다. 이후 권력은 피지배계층을 더욱 세분화함으로써 자신을 직접 겨냥하는 일체의 불만과 저항잠재력을 분산시켰고 끝내 신분의 박탈로 처벌비용을 지불하게 만드는 장치까지 마련한다. 그리하여 '중인 - 양민 - 노비 - 천민'으로 이어지는 종단의 계급구조와 이를 가로지르는 온갖 역할과 육체적 고난의 대가를 그 위에 덧씌움으로써 '역(逆)'은 곧 새로운 '역(役)'의 부과를 잉태하는 신호이며 혹독한 비용지불의 원인행위임을 항시 자각시키려 했던 것이다. 이 같은 강박의 부과 역시 권부의 버리지 못할 부담이었다.

계층분화의 이 같은 상대성은 양인들로 하여금 한층 권력에 대한 자발적 충성과 복종의 미학을 강화시킨다. 일단 노비로 전락한 부류 역시 더 이상의 상황 악화와 비천함의 나락을 피하기 위해 개전(改悛)과 유순함의 미덕이 무엇인지 고민하게 된다. 이렇게 보면 노비는 양인과 천인 집단 사이에서 그들 사이의 충돌을 이완하거나 갈등을 지연시키는 완충적 존재로 기능했고 천민집단은 사회통제를 위한 최악의 부정적 준거이자 수치와 모멸을 딛고 어떻게든 생존해 나가야 할 절박한 사회단위로 남아 있었던 것이다. 하지만 이들 사이의 크고 작은 차별성은 다시 ‘양반 - 지주 - 관료’와 왕실을 잇는 방대한 지배구조를 한층 돋보이게 했고 동시에 이를 거스를 수 없는 상위의 대상으로 고양시켰다.8)

체제의 이반과 저항 기류를 차단하고 이를 계층간 견제와 균형의 메커니즘으로 다스리려 했던 통치의도는 곧 합리적인 공포의 배분과 이념적 명분 강화에 최고의 목적을 둔다. 뿐만 아니라 그것은 사회계층의 하향이동에 따른 정치적 공포가 다시 도전과 저항잠재력으로 연계되지 않도록 하층민을 누르는 데 초점이 맞춰지기도 한다. 그 제도의 하나가 바로 천역의 세습이었다. 계층의 전락 기회가 상승이동의 기회보다 한층 넓었다는 사실은 왕조국가 조선의 사회적 폐쇄성을 잘 대변해 준다.

문제는 우선 노비와 천민의 외형적 유사성이 실제 어떻게 다른 것이었는지 알아보는 일이다. 지승종의 연구는 이를 가르는 데 매우 중요한 척도를 제공한다. 그는 이렇게 말한다.

> 奴婢에 대응하는 16세기의 우리말은 ‘죵[종]’이었다. 그러나 관련 자료들이 거의 漢字로 되어 있기 때문에 죵[종]은 奴婢에 대응한다는 정도의 의미에만 머무를 뿐이다. 죵을 제외하면, 사료상에서 노비를 가리키는 각종 용어들은 크게 다음 세 부류로 분류될 수 있다. 첫째, 노비적 존재를 뜻하는 漢字의 字義를 바탕으로 조합된 것을 들 수 있다. 이러한 漢字에는 奴·婢·僕·隷·奚·僮·臧·獲 등이 있다. 이 한자들끼리 조합된 예컨대 奴婢·奴僕·奴隷·婢僕·僕隷·奚奴·僮僕·臧獲 등 거의 노비와 같은 뜻을 지니는 것들이 다수 있었고, 게다가 賤·使·從·下·御 등 노비와 관련된 한자와 조합되거나, 家·男·女·小·童·堅·壯·老·農·官·私 등 좀더 특정화된 한자와 조합된 것들이 있었다. 둘째, 字義 자체와는 무관하지만 대개 典故에 의하여 노비를 가리키는 말로 사용된 것을 들 수 있다. 여기에는 蒼赤(蒼頭·赤脚)·長鬚·一力·盧兒 등이 보인다. ……셋째, 字義·典故에 바탕을 둔 것이라기보다는, 사실상 또는 문맥상 노비 또는 노비 중의 특정 범주를 가리키는 말로 사용된 것이 있었다. 대표적인 것이 ‘賤’이다. 賤은 지위가 낮

8. 이에 관한 역사적 천착으로는 다음 연구 참조할 것. James B. Palais, *Confucian Statecraft and Korean Institutions: Yu Hyongwon and the Late Choson Dynasty* (Seattle, Washington: University of Washington Press, 1996), pp. 208-273.

> 음을 뜻할 뿐 字義 그 자체는 노비를 직접 가리키는 말이라고는 할 수 없다. 그러나 良賤制를 전제로 하여 良에 대한 대립적인 범주로 賤이 사용될 때 대개 노비를 가리키게 된다. 즉 良人·良民에 대한 賤人·賤民의 의미로서 사실상 노비를 뜻하게 되는 것이다. 특히 노비 이외에는 모두 良人으로 취급될 만큼 賤人의 구성이 단순하였던 조선 前期에서는 사회구조 또는 신분과 관련되어 賤이란 말이 쓰여지면 그것은 대부분 奴婢를 칭하는 말이었다. 전형적인 예로서 "우리나라의 良賤의 法이 매우 嚴하다"는 구절을 자주 접할 수 있는바, 이것은 良人과 賤人 즉 다시 말하면 노비 아닌 자와 노비간의 구별과 구획이 매우 엄격하였다는 뜻으로 풀이할 수 있는 것이다. 그러므로 노비를 뜻하는 한자와 굳이 조합되지 않아도 賤人·賤者·賤口·下賤이라 하면 거의 노비를 가리키는 말로 사용되었고, 良賤·庶賤·公賤·私賤·賤籍·從賤·還賤·免賤·壓良爲賤 등에서의 賤도 곧 奴婢를 뜻하였다. ……下典도 사실상 노비를 뜻하는 말이었다. ……田民이라 하여 田과 民이 병칭될 경우, 여기서 民은 대개 노비를 뜻한다. ……다의적이지만 家人·家衆·戶內使喚人口·戶內人·人口 등도 문맥에 따라 노비를 가리키는 말로 쓰이는 경우가 있었다. 下人도 문맥에 따라 노비를 뜻하는 말로 쓰였다. 다만, 하인이 언제나 노비만을 지칭하는 말로 쓰였던 것은 아니라는 점을 분명히 지적해 두어야 하겠다.[9)]

역사의 실제와 학문적 용어 사이에는 사실상 넘기 어려운 수많은 장벽이 있다. 그러나 '양·천'의 계급구분이 단순하고 그 차별이 상당 기간 존속되었다 해도 다양한 직종의 천민들과 '공·사' 노비의 집단 경계가 애매하기만 했던 것은 아니다. 그러니까 지승종의 말처럼 개념상 노비가 곧 천민이었다고는 말할 수 없지만 넓게 보아 그들이 실질적으로 같은 처지에 놓여 있었다는 관점은 액면 그대로 수용하기 어렵다. 왜냐하면 수학적 집합 개념으로 볼 때, 천민은 노비집단에 포함되거나 그와 대등한 부류일 수 있었지만 실제로는 그들 사이에도 주종관계가 있었고 사회적 인식과 처우에서 결코 횡적인 유대를 보장받을 수 없는 특정 소외군이었기 때문이다. 아주 엄격히 구분해 보자면 노비는 차라리 천민

9. 池承鍾(1995), 앞 책, pp. 383-392, passim.

보다 나은 문화적 조건을 누리고 있었고 천민은 그보다 훨씬 못한 집단으로 현실의 질곡과 고난을 헤쳐야 했던 역설의 부류였다는 사실을 겸허히 인정해야 한다.

물론 노비 역시 단순한 계급이 아니라 그들 내부에도 귀속공간의 형식과 역할 차이에 따라 '공 · 사' 구분과 '솔거 · 외거'의 편차가 엄연했다. 나아가 경우에 따라 역사사회적 성격 또한 노예나 농노의 입지와 동일시되기도 했다. 즉 '노비 = 노예'[10]나 '노비 = 농노'[11]로 보는 사회주의적 관점이 역사 속의 실제를 얼마나 잘 그려내고 있는지, 그리고 직능별 차이에 따라 그들 모두를 어떻게 객관화하여 이해할 것인지 복잡한 쟁점들을 제기했다.[12] 또한 사회 역할이 천박했다 해서 천민이라는 넓은 이미지 안에 노비까지 넣어 그대로 동일시할 경우, 기왕의 천민집단 내부에서 통용되고 있던 역할 구분과 이해틀이 모호해질 수밖에 없는 문제도 감안해야 했다.

즉 '노비 = 천민'이란 도식을 그대로 받아들일 경우, 백정과 기생도 노비로 통칭될 수밖에 없고 두 직종을 제외한 다른 천직마저 노비와 '종'의 기존 이미지에 갇혀 그들만이 갖고 있던 폐쇄적 독자성, 즉 누구도 대행할 수 없이 이미 인습화된 역할의 잔기(殘基 residue)구조도 희석될 수밖에 없을 것이다.

용어의 문제는 사실상 이 땅에서 그렇게 엄혹하게 따지거나 굳이 가리려 들지 않는, 여전한 추상의 대상이다. 특히 역사정치학적 접근의 경우, 이 문제는 유난히 낮은 수준의 이론화 절차를 잘 반영한다. 그것이

---

10. 白南雲,『朝鮮封建社會經濟史』(東京: 改造社, 1933).
11. 金錫亨,『朝鮮封建時代農民の階級構成』(東京: 學習院 東洋文化研究所, 1957);『韓國史와 農民』(서울: 신서원, 1998 再編輯本).
12. 이에 관한 전통역사학 '진영'의 연구 추이변화에 관해서는 다음 참조할 것. 全炯澤,「奴婢制度 및 그 變遷에 관한 諸說의 整理: 朝鮮時代의 奴婢研究를 중심으로」,『國史館論叢』 第68輯(1996), pp. 121-143;「한국 奴婢의 존재양태」, 歷史學會(編),『노비 · 농노 · 노예: 隷屬民의 比較史』(서울: 一潮閣, 1998), pp. 277-303; 李榮薰,「한국사에 있어서 奴婢制의 추이와 성격」, 같은 책, pp. 304-422.

아무리 연구자 개인의 주관과 지적 감각의 편차를 반영하는 문제라 하더라도 이미지와 용례 그리고 역사학적 개념의 보편성은 서로 쉽게 녹아들 성질의 것들이 아니라는 데 우리는 다시 유념해야 한다.

백정과 기생은 조선조 전체를 떠받들고 지탱시킨 대표적 천민들이었다. 그들은 곧 노비적 신분의 하급성과 격리대상으로 폄하된 사회적 저위성 모두를 끌어안아야 했던 집단이었으되, 노비 그 자체는 아니었다. 아울러 그들은 자기만의 삶의 굴레와 궤도를 따랐지만 주변 신분, 즉 노비나 그 이상의 위치로 상승하기 위해 반드시 몸부림치거나 항구적으로 일탈하려 애쓴 비현실적 존재가 아니었다는 점에서 독특한 자존의 문화를 형성한다.

애시당초 천민과 노비가 같은 부류일 수 없었고 나아가 인간사회의 원초적 평등이나 원시적 공산성이 불평등 구조로 대체되었음을 개탄하는 역사의 소리는 의외로 높았다.[13] 그 중 대표적인 것이 심온의 주장이었다. 그의 입지가 천민론(天民論)으로 압축되고 있음은 특히 흥미롭다. 즉 신분의 높고 낮음은 하늘 아래 무의미하며 백성을 노비로 눌러 사유화하려는 어리석음이 자연의 섭리에 배치된다는 논리는 '천민(賤民) 즉 천민(天民)'이요, '양민 즉 천민(天民)'이란 명분을 거치며 구체화된다.

태종 15년 1월 20일, 당시 형조판서였던 그는 노비소유를 둘러싼 쟁송의 분분함에 이르러 주상에게 이렇게 말한다.

> "하늘이 백성을 낼 적에 본래부터 良民과 賤民이 없었습니다. 일반 天民을 가지고 私事 財物로 여기어 아비와 할아비의 노비라 칭하여 서로 다투며 訟事함이 끝이 없으니, 骨肉의 相殘함에 이르고 풍속을 손상하는 데 이르니, 가슴 아픈 일이라 하겠습니다. ……六曹로 하여금 이미 자세하게 辨正하여 판결한 것이 이미 바르다고 하더라도 노비를 얻은 자는 정당한 판결이라 할

---

13. 물론 이 같은 탄식은 한낱 정치적 명분과 인문학적 감상 차원에서만 토해졌을 따름이다. 주관적 감각의 세계를 뛰어넘을 만한 '公憤 論理'나 이를 더욱 강하게 담보할 만한 집단행동의 근거까지는 마련하지 못했다는 점에서 이 같은 감각의 한계는 미리부터 감안하고 들어두어야 했다.

> 것이고 노비를 얻지 못한 자는 誤決이라 할 것이니, 반드시 오늘날과 다름이 없을 것입니다. ……오늘날 誤決이라 하는 것들도 반드시 黑白을 분별하는 일과 같은 것이 아니어서, 모두가 애매모호하여 일이 이렇게도 될 수 있고 저렇게도 될 수 있는 것들입니다. 엎드려 바라건대, 전하는 大義로써 결단하여 申呈한 訴狀 가운데 良民이라 소송하는 것과 公處奴婢를 서로 다투는 것을 제외하고, 한쪽에 온전히 판결해 준 사건과 잘못하여 受理하지 아니한 사건과 아직 移送하기를 끝내지 못한 사건은 기한 내에 呈狀하게 하고, 일찍이 辨正을 거친 것은 시비를 묻지 말고 모조리 中分하여 영원히 爭訟의 실마리를 끊어버림으로써 여러 해 묵은 폐단을 혁파하소서." 임금이 그대로 따랐다.[14)]

하늘 아래 같은 백성이지만 인간이 가르고 세월이 다져 놓은 계급구분을 한탄하는 경우는 적잖았다. 그것이 궁극적으로 조선조의 민본과 유덕자군주의 논리로 '연결·승화'되는 저간의 사정이야 여기서의 작업범주를 넘어서는 일이다. 그렇지만 여기서 분명한 것은 천민과 양민 이전에 하늘과 땅이 있고 그 사이에 오로지 살아 숨쉬는 생명체로 인간의 우위성을 다시 다져두려는 의도가 엿보이고 있고 나아가 여기에는 단순한 통치의 명분만이 아니라 체제의 안정과 배전의 복종을 동원하려는 정치적, 이념적 계산마저 들어 있었다는 점이다. 따라서 집단 전체의 구성적 특성상 대동과 소이의 전거를 아뢰려는 형판의 목소리는 그만큼 인간적 면모를 잃지 않으려 애쓰는 것이었다.

노비와 천민이 같은 개념이 아님을 반증하는 경우는 또 있었다. 그 가운데 다음 예는 대표적이다(거듭되는 쟁점으로 이 두 가지는 물론 직종과 기능 혹은 단일 계층과 역할의 문제를 구성하며 이에 따라 서로는 차별적이거나 아니면 중복적일 것이란 반론도 배제하지 못한다. 하지만 유념해야 할 문제는 양자의 무의식적 동일시가 조선사 인식과정의 중대

---

14. 太宗 15年 1月 20(己未)日·『朝鮮王朝實錄』(서울: 國史編纂委員會刊, 1968), 第2輯 51面/'輯' 順番은 '國編本' 「實錄」 原本의 一連番號임 - 出典引用(서울: 서울시스템주식회사, 1997, CD Rom Data). 이하 「實錄」 인용은 同一根據임.

한 오류를 자초하는 빌미가 될 뿐 아니라 사회사 연구의 주요 공백을 그대로 방치하는 모순의 근거로 악용될 수 있다는 점이다). 과학적 준거에 따른 구분은 아니었지만 계급구조의 체계화와 이에 따른 정치적 인간관계, 나아가 그 주변의 총체적 생활세계를 정돈하고자 했던 권부는 이미 조선 초기부터 사회적 제도화의 일환으로 신분의 경계선 획정에 강한 의지를 보이고 있었다. 이 같은 태도는 앞선 심온의 주장과는 정면으로 배치되는 것이었다.

사헌부에서 계하기를, "金道練은 지방의 微賤한 인물이며, 또한 자식이 있는 사람으로, 자기가 송사한 노비를 각처의 권력가에게 증여하였으니, 그의 본심을 캐어 보면, 자기가 생각하기에 제 힘으로는 소송에서 이길 수가 없기 때문에, 세력있는 사람에게 의탁하여 그것을 인연으로 승소 판결을 받기 위한 것이다. 그의 정상이 명백하오니 앞에 제시한 증여한 노비는 마땅히 모두 관가에 소속시켜야 할 것이오나, 노비 중에는 양민도 있고 천민도 있을 것이므로, 다시 관가의 판결을 받아서, 양민인지 천민인지 알기 어려운 것은 담당한 관원으로 하여금 판결을 내리게 하고, 그 증여를 받은 우의정 정탁·평성부원군 조견·공조 참의 조숭덕은 벌써 모두 죽었으며, 우의정 조연은 15명을 받았고, 곡산 부원군 연사종은 10명을 받았고, 병조판서 조말생은 24명을 받았습니다. 그들이 증여를 받은 것이 비록 赦를 내리기 이전에 있었다 할지라도, 지금까지 부려먹고 있으니 용서할 수 있는 예에 해당되지 않습니다. ……바라옵건대 모두 법에 의하여 죄를 다스리어 관리의 기풍을 바로잡게 하소서." 하니, 임금이 말하기를, "이것은 일이 큰 것이다. ……대신으로서 이러한 일이 있을 줄은 생각지도 못하였다. 뇌물이 공공연히 행해지고 있으니 작은 문제가 아니다. 涓은 수상이 되었고, 말생에게는 그를 중하게 기대하던 것이 判書로 있을 때뿐 아니라 대언으로 있을 때부터 태종께서도 신임하셨고, 나도 신임하기를 다른 신하의 비교가 되지 않을 정도였다. 이제 마침내 이러하였으니, 이는 옛적 정치가 잘 되던 세상에서는 절대로 없었던 일이다. 대체로 위에서 마음을 바르게 하는 도리가 있으면, 곧 大臣이 보고 感化되는 것은 자연스러운 일이니, 나 자신에 관계된 문제다." 하고, 곧 명을 내리어 조연은 황해도 遂安에 부처하고, 연사종은 강원도 麟蹄에 부처하고, 조말생은 직첩을 도로 빼앗고 충청도 懷仁에 부처하고, 연과 사종은 功臣이므로 특별히 감면하였다.[15)]

비록 탄핵사유의 하나로 노비소유의 폐단과 그 동기의 불순함을 지적하고 있지만 정작 여기서 드러나는 중요한 문제는 노비의 출신 성분이나 사회적 구성요건을 굳이 가리려 들었던 권력부문의 의도였다. 양민도 노비가 될 수 있고 천민 또한 노비화의 운명에서 자유롭지 못했던 상황 속에서 우선 신분구성의 근거부터 확연히 해두고자 했던 권부는 양천제의 존속이 노비화 방안이나 행형 과정의 준엄함보다 앞선다고 인식했다. 신분타파의 혁신 방안이나 그 인도주의적 발상보다 그 확고한 존치를 앞세움으로써 권력의 위엄과 자발적 복종을 국가운영의 바탕으로 인식하는 자세. 그것이 바로 여말선초의 불안한 상황을 딛고 한층 강력한 세습군주국가를 만들기 위해 노력하던 폐쇄사회 조선의 정치적 진면목이었다.

노비제가 양천제의 산물이라는 분석은 꾸준히 지속되어 왔다. 다만 노비와 천직 혹은 천민과 노역의 중복은 아직도 명확하게 규명되지 않았고 그 관계 정립 또한 논쟁적일 수 있다는 점에서 관심대상이 된다. 노비와 천민 사이에 형성된 이 같은 미묘한 기류와 추상성을 드러내는 데 지승종의 분석은 계속 유효하다. 그는 노비와 천민이 같은 개념일 수 없다는 필자의 생각과 궁극적으로 맥을 같이한다. 다만 노비는 사회적 역할과 계층 기능에서 우선 고려해야 할 집단적 특수성을 갖고 있었던 만큼 역할 자체가 소멸되거나 그 법적 근거가 사회적으로 분명할 경우 면역과 계층 상승이 가능했고 여기서 그들의 역사적 한시성이 부각될 수 있었다는 데 주목하게 된다.

이 같은 역사의 현상은 천민계층이 감수해야 했던 극도의 폐쇄성이나 문화적 소외성 그리고 신분적 세습성 모두와 비교할 때 상대적 자율성의 정도가 컸음을 뜻한다. 그는 계속해서 이렇게 말하고 있다.

奴婢는 奴婢制하에서 존재하며 奴婢制는 良賤制를 전제로 한다. 983년(高麗

15. 世宗 8年 3月 4(戊戌)日 ·『朝鮮王朝實錄』第3輯 12面.

成宗元年)의 崔承老의 上書 가운데 "우리나라 良賤의 法은 내려온 지 오래되었습니다(本朝良賤之法其來尙矣)."라고 한 것과 같이 그 기원이 古代로까지 소급되는 良賤制는 전인구 가운데 賤人層을 분리시켜 구별하는 의미가 있었다. 예컨대 1486년(成宗 17年) 補充隊 문제를 논의하는 자리에서 盧思愼은 다음과 같이 말하였다. "우리나라 사람들은 良人이 아니면 賤人이니 다만 두 가지 길이 있을 따름입니다(我國人物非良則賤只有二途耳)." 즉 良·賤의 二分法만 있을 뿐 良·賤의 中間存在(良人도 아니면서 賤人도 아닌)는 있을 수 없다는 말이다. 그러므로 良賤制는 階層化의 관점에서 볼 때 연속적이라기보다는 단절적이다. 즉 良人과 賤人은 그 경계가 뚜렷한 별도의 사회적 범주인 셈이다. 그러므로 良人層 또는 賤人層의 內部構成이 아무리 복잡하더라도 그것은 어디까지나 각각의 내부적인 문제인 것이지 良賤의 명백한 구별과는 무관한 것으로 간주될 수 있다. 예컨대 1486년(成宗 17년) 5월 經國大典의 賤妻妾子女條의 大小員人 아래에 及良人 三字를 첨입하여 補充隊에의 入屬對象을 확대하는 문제에 대해 權攢 등은 다음과 같이 반대하였다. '雇工·皀隷 및 私奴婢였다가 免賤한 자들은 모두 良人이라 할 수 있습니다. 만약 대개 良人이라 하여 大小人員과 구별함이 없다면 尊卑의 분별이 없고 貴賤이 紊亂할 것이니 심히 不可합니다(雇工皀隷及私賤之免賤者皆可謂之良人若槪以爲良人而與大小人員無別則尊卑無分貴賤紊亂甚不可也).' 雇工·皀隷·免賤者 등은 尊卑·貴賤의 관점에서 보면 卑賤함을 면치 못하는 존재이다. 그러나 이들도 良賤制의 관점에서 보면 엄연한 良人이다. 이러한 예에서 보듯 良人과 賤人간의 경계는 매우 선명하였다. 모든 賤人이 奴婢였던 것은 아니다. 그러나 賤人의 대부분은 奴婢였고 良賤制의 존재 이유도 사실상 奴婢制의 유지와 밀접한 관련이 있었다고 할 수 있다. 따라서 奴婢에 대한 身分的 이해는 奴婢와 良人간의 명백한 구별, 즉 良賤制의 기본틀을 전제로 하지 않으면 안 된다. 다시 말하면 身分으로서의 奴婢는 良人 내부의 다양한 신분구성과는 일단 무관한 것이며 또한 주요 노비소유자층이 어떤 신분인가의 문제는 별도로 제기될 수 있는 이차적인 것으로 간주될 수 있다. 요컨대 奴婢의 신분적 지위는 良人 전체에 대해 상대적으로 결정된다는 점을 분명히 하여야 한다. 그렇기 때문에 토지소유 관계나 직업 등의 사회경제적 요소들은 奴婢의 身分決定과는 무관한 것이며 共同體 내에서의 사회관계나 本主와의 관계 등도 身分으로서의 奴婢에 대한 이해와는 분석적으로 독립되는 것이다. 위의 논의가 성립된다면 奴婢身分의 決定要素는 다음의 두 가지 측면에서 고찰될 수 있다. 첫째, 어떤 사람이 奴婢로 되는가의 문제이다(從賤의 문제).

> 둘째, 奴婢身分을 벗어나서 上向移動을 할 수 있는가의 문제이다(從良의 문제). 일반적으로 우리 역사에서 奴婢로 되는 길은 다음의 일곱 가지로 파악된다. ① 戰爭捕虜, ② 歸化民, ③ 人身賣買, ④ 債務奴婢, ⑤ 壓良爲賤, ⑥ 刑罰奴婢, ⑦ 出生(再生産). 이 가운데 ①, ②는 朝鮮時代에는 적용되기 어려운 것이며 ③, ④, ⑤는 非合法的인 手段이었다. 따라서 制度的인 차원에 국한시킨다면 ⑥과 ⑦의 경우가 奴婢로 되는 대표적인 통로라고 할 수 있겠다.[16)]

이 같은 권력의 의중과 그 역사적 지탱의 정치논리를 읽는 데 『조선왕조실록』(이하 「실록」으로 줄임)의 기록은 특히 중요하다. 천민에 관한 언급은 뒤에 다시 상세히 살피겠지만 우선 「실록」의 기록 주체[史官] 역시 백성을 근본으로 삼고 이를 위해 권력과 국가가 존재한다는 명분에 동의한 만큼 양민과 하층민의 삶마저 그 틀 안에 담겨야 한다는 원칙은 충실히 견지된다. 그러나 이러한 원칙이 실제로 원활하게 통용되길 기대한다는 것은 사실 힘들었다. 사관들을 비롯, 권부의 그 누구도 이 같은 원칙에 반대하진 않았지만 실제로는 권력 변동과 행적 전말을 '포착 - 추적 - 기록'하고 이를 객관화하는 데 주력함으로써 막상 민초들의 삶의 궤적을 따라가는 데까지는 크게 못 미치고 만다. 「실록」은 그만큼 권력과 권력을 '형성 - 유지 - 확장'하려는 자들의 기록에 주안점을 두고 있었다.

천민에 관한 역사적 무관심이나 그 인문학적 단절은 사관들의 용어 선택 빈도에서 잘 나타난다. 특히 천민과 노비 항목에서도 사관들의 관심이 압도적으로 후자에 치우치고 있음은 역사기록 과정에서조차 이 문제는 객관적으로 다루어지지 않았다는 사실을 고스란히 반증한다.

<표 2>는 실록 전편에 걸쳐 반복 사용되고 있는 '천민'과 '노비' 항목의 언급 횟수를 정리한 것이다. 여기서 우리는 두 용어의 사용빈도에

---

16. 池承鍾, 「朝鮮後期社會와 身分制의 動搖」, 韓國精神文化研究院(編), 『韓國의 社會와 文化 · 第10輯: 朝鮮後期의 體制危機와 社會運動』(城南: 韓國精神文化研究院, 1989), pp. 8-10.

표 2. 『조선왕조실록』 중 역대 군주별 '天民·賤民·奴婢' 언급 횟수 대비

君主別	天民	賤民	奴婢	計
太祖		2	42	44
定宗	1		19	20
太宗		2	413	415
世宗	2	24	723	749
文宗		1	90	91
端宗			123	123
世祖	2	8	310	320
睿宗			64	64
成宗	2	12	812	826
燕山君	1	4	245	250
中宗	1	18	492	511
仁宗			6	6
明宗	4	4	202	210
宣祖	1	9	223	233
光海君		7	235	242
仁祖	3	5	145	153
孝宗		4	78	82
顯宗		7	252	259
肅宗		5	145	150
景宗		1	10	11
英祖		2	136	138
正祖		12	145	157
純祖			39	39
憲宗			2	2
哲宗			1	1
高宗		2	18	20
純宗	1		1	2
計	18	129	4,971	5,118

나타난 절대적 불균형과 매 군주별 언급 횟수의 상대적 차이에 주목해야 한다. 아울러 천민의 의미가 단순한 하층민의 그것뿐만 아니라 하늘 아래 공평하고 연민과 구휼의 대상으로 끌어안아야 할 당연한 '국가단위(天民)'로 이데올로기적 용어로까지 내면화되고 있음에 눈길을 보내야 한다. 널리 알려진 것처럼 유교국가의 통치이념 안에는 민본과 덕치의 근거로 하늘과 땅이 하나임을 두둔하려는 논리가 이미 가득했고 권력은 그 지탱과 확장을 위해 이 같은 정치적 명분 안에서 최대한 자기중심적으로 구체화된 힘의 결과물이었음도 우리는 잊지 않는다.

하늘의 뜻과 땅의 이치를 좇아 백성들을 아우르되, 이미 '형성 · 존치'된 계급구조의 합리화를 통해 정치권력의 권위적 보위를 의식한 권부의 입장에서 천민의 존재란 결국 노비의 주변이나 준 주변부의 미미한 단위로만 존재할 뿐이었다. 역대 군주의 집권기마다 이들의 역사적 언급 부피는 그 상위개념으로 '천민(天民)'의 그것과 어떻게 대비, 반복되고 있었는지 살펴보기로 하자.

<표 2>에 나타난 순위와 역사적 언급 편차는 무엇을 뜻할까? 여기서 그 전체를 일별할 여유야 없지만 우선 주목할 사항은 기록에 담겨 있는 역사적 관심의 비중과 당대 사회적 이슈로의 확산 정도가 만만치 않았다는 사실이다. 실록의 기록 주체가 이들 특정 부류의 집단을 어떻게 바라보고 있었느냐는 문제는 매우 중요하다. 설령 그것이 인도주의나 이타적 관점을 표방하는 파격의 것이었다 해도 세습군주사회가 인정하는 친민중적 정치조건의 폭이 극히 미미했음에 유념한다면 이만큼의 언급이라도 있었던 것은 논의의 충격 크기를 그대로 입증한다. 거의 모두가 권력변동의 향배에 눈을 맞추고 사회 전체의 발전보다 기존 정치질서의 보존과 왕권 보위에 궁극의 목표를 두는 상황 속에서 민중부문의 말단이 보인 삶의 질곡과 그 객관적 조건의 향상을 위한 노력이란 당시로선 별 의미가 없는 문제였기 때문이다.

하지만 이 같은 한계에도 불구하고 천민과 노비에 관한 역사적 언급 부피가 극히 파격적으로 부침하고 있는 것은 천민들의 사회적 존재 이

유와 그 잠재적 파괴력이 결코 만만치 않았음을 잘 반영한다. 무엇보다 이들에 관한 역사적 언급이 개혁군주 집권기를 전후해서 '집중 - 분산 - 소멸'되고 있음은 주목의 대상이다. 천민과 노비 항목의 언급 횟수를 다시 상위 여섯 등급까지 따로 떼어 그 순위를 대비해 보면 천민(賤民)의 경우 1) 세종(24) - 2) 중종(18) - 3) 성종(12) - 4) 정조(12) - 5) 선조(9) - 6) 세조(8) 순으로 나타났고, 노비는 1) 성종(812) - 2) 세종(723) - 3) 중종(492) - 4) 태종(413) - 5) 세조(310) - 6) 현종(252) 순으로 나타났다.

주지하는 것처럼 이들의 언급 시기는 조선 후기보다 전기에 집중되고 있고 그것도 천재지변에 의한 경제적 피폐와 사회적 질곡이 극대화되던 시기 그리고 그 어느 때보다 개혁의 방향과 정치사회적 제도화의 기틀이 다져지던 강력한 통치권 행사시기와 맞물려 이루어지고 있었다는 점에서 이들의 상대성은 돋보인다. 특히 노비와 천민이 모두 다 하늘 아래 같은 백성이며 비록 맡은 바 사회 역할이 다르더라도 민본의 이데올로기 안에 같이 녹아들 수 있는 단위임을 설파하고 공존의 사회세력으로 존재할 수 있음을 교육하는 데 그나마 애썼던 시기였다.

그러나 천민의 이미지는 노비의 이미지와 여전히 구분되지 않는다. 무엇보다 실록 전체의 언급 횟수와 대비, '129 대 4,971'회라는 '수(數)'의 역조는 그만큼 천민이란 개념 자체가 보편화되기보다 거의 대부분 노비의 그것에 얹히거나 경우에 따라 중복적인 의미로 수용, 이해하는 게 관례였음을 증명한다. 이 같은 현상은 당대의 사관들이나 사회일반에서 이들 하층민의 존재를 집합적 계층 개념으로가 아니라 개별 직종이나 그 구체적 이미지를 통해 이해하려 했던 결과로 보인다. 가령 백정과 기생에 관한 선입견과 그에 대한 개인적 인식 편차가 천민이나 특정 부류의 인간군으로 그들을 별도 이해하는 방식에 거의 앞섰을 것이란 점 말이다.

이러한 추론은 물론 여기서의 논의 맥락과는 직접 관련이 없다. 다만 노비 항목과 그 언급의 절대적 우위를 이해하는 한 방편으로만 의미를 가질 뿐이다. 이렇듯 천민과 노비는 당대 조선사회, 특히 조선 전기까지 거의 이음동어로 사용되었고 또 그 이해틀을 확산시켜 나갔던 게 사실이다.

그러나 천민과 노비를 가르는 물리적 경계 주변이 애매했다는 이유 하나만으로 두 집단 자체를 은연중 동일시하거나 아예 차별 없는 유사 집단으로 내면화하는 것은 결코 옳지 않은 이해방식이다. 그들은 비슷하면서도 달랐고 차별적이면서도 닮을 수밖에 없는, 이른바 범주의 중첩성을 반영하는 특정 부류였기 때문이다. 천민 개념은 역할과 직종 이전의 집합적 이미지를 반증했고 노비를 포함한 민중부문 전반의 사회적 기능 가운데서도 대역과 당연 봉사를 골자로 하는 하층계급 내부의 또 다른 '최하층'으로 이해되고 있었다. 여기서 노비 개념은 차라리 민중부문 내부의 긍정적 준거집단으로 기능하고 있었고 보다 상세히 의미의 지평을 넓힐 때 '공(公)·사(私)' 노비집단은 천민집단에서 한 단계 상승이동할 수 있는 맹아적 계층이동 가능성을 암시하고 있었다. 바로 그 점에서 천민의 절대적 박탈감은 기정화된 노비집단의 정치사회적 제도화와 비견되었고 나아가 체제안정을 도모하려는 권부의 궁극적 유인이나 공간 이동의 통제정책과 연결, 더 한층 심화되어 나갔다.[17)]

여기서 한 가지 흥미로운 사실은 두 항목(賤民/奴婢) 모두 실록 언급 횟수에서 우위를 차지한 시기가 일치하고 있다는 점이다. 즉 순위를 불문하고 세종과 중종, 성종 등 세 군주의 집권기는 하층민에 관해 가장 많이 논의했던 시기로 남아 있다. 왜 그랬던 것일까? 그것은 역사환경과 정치상황의 공통점 때문이었을까, 아니면 여말선초의 위기와 새로운 왕조 지탱의 부담을 애써 극복하고자 했던 권부의 정책적 배려 결과였을까? 이 시기는 선초의 정치사회적 불안과 경제적 곤궁의 압박을 감안하고 보더라도 이른바 성군(聖君)과 현군(賢君)의 집권기로 인식되고 있다. 이미 이들 군주의 치적과 역사적 평가의 상대적 우위에 잘 나타나 있듯이 조선 전기사에서도 이들의 집권은 체제 안팎의 충격과 갈등을

17. 이에 관해서는 다시 다음 참조할 것. 강만길(1964), 앞 논문, pp. 512-520; 이우성(1962), 앞 논문, pp. 833-838.

스스로 내면화하고 '조절·분산'시킴으로써 끝내 정치적 제도화에 성공하는 대표적 계기점을 이룬다.

지나치게 잦았던 세종조의 천재지변[18]과 그로 인한 민초들의 유민화 현상은 성종조 민란의 토대가 되었고 연산의 몰락 이후 중종의 개혁과 새로운 정치경제적 대응은 이 같은 논의의 중대한 배경이 되었을 것으로 추론할 수 있다. 특히 삶의 거처를 잃고 인구 대다수가 유랑의 길로 접어듦은 사회경제적 위기의 토대이자 최대의 정치적 과제였다. 특히 이들 유민의 좌절이 정치적 공격이나 민중부문의 폭력 과잉으로 연결되지 않게 하기 위하여 이들 군주의 정책적 대응은 단순히 민본주의의 확산이나 그 이데올로기적 정당화에만 맞춰지지 않고 있었다.

조정에서의 천민 논의와 그 적합한 대응논리는 이 같은 상황 속에서 모색되었다. 여기서 당대 유민화 경향의 윤곽이나 그 유형을 상세히 세분화[19]시켜 볼 수는 없다. 뿐만 아니라 기존 천민의 유민화 현상[20]과

---

18. 이에 관해서는 다음 참조할 것. 박종성(1995), 앞 책, pp. 210-216.

19. 계층의 분산이 정치적 불만과 어떻게 연결되고 기왕의 사회적 불안요소들과 '결합·승수'했는지는 조선 전기 사회사 연구의 중요한 핵을 이룬다. 불안과 불만의 통합이 군주체제 변혁의 획기적 단초를 이룰 수 없었던 정치사회적 한계에 관해서는 이미 적잖이 지적된 바 있다. 그러나 지역별, 집단별 변혁운동의 전개와 그 상세한 역사적 '遡追'는 여전히 빈곤한 편이다. 다만 다음 연구들은 예외일 것이다. 韓相權, 「18世紀 前半 明火賊 活動과 政府의 對應策」, 『韓國文化』 13(서울大 韓國文化硏究所, 1992), pp. 481-532; 裵亢燮, 「壬戌民亂 前後 明火賊의 活動과 그 性格」, 『韓國史硏究』 60(1988), pp. 173-205.

20. 유민과 천민의 관계 역시 피할 수 없는 조선사회사 연구의 주제다. 기초사료 발굴의 어려움과 그 통사적 추론의 한계가 현 단계 연구의 가장 큰 문제임도 재론의 여지는 없다. 이 문제는 무엇보다 양인의 하향유동성과 천인의 집단적 이동 그리고 조선 하층민의 갈등구조심화라는 또 다른 화두와 연결된다는 점에서 중요하다. 그러나 정치사 위주의 기록문화권 속에서 유민의 집단적 존재란 정면으로 다룰 수 없는 주제였고 가능한 한 숨기고 피하려 했던 대상이었다. 이 같은 역사기록의 한계를 뛰어넘는 데 중국의 경우를 다룬 연구는 좋은 준거가 된다. 중국 민중의 역사적 유민화, 혹은 '流氓化' 현상에 관해서는 다음 참조할 것. 完顔紹元, 『流氓的變遷: 中國古代流氓史話』(上海: 上海古籍出版社, 1993); 陳寶良 지음/이치수 옮김, 『中國流氓史: 中國 乾達의 社會史, 乾達에서 皇帝까지』(서울: 아카넷, 2001). 陳寶良의 다음 정의방식에 유념해

‘양 · 천’간의 계층별 유동성 규모 역시 정량화하기란 쉽지 않은 게 사실이다. 하지만 그 심각성이 왕조의 정체성과 권력 지탱의 본류를 훼손할 만큼 크지 않았다 해도 문제해결의 지체가 다른 사회경제적 불만과 결합, 발전하지 않길 바랐던 권력의 입장에서 민중부문의 고난은 점차 중요한 정치적 화두로 자라가고 있었다.

천민에 관해 가장 많이 언급하고 있는 세종조의 경우, 관리들은 민중적 고초와 그에 따른 정치적 이반을 직접 의식하기보다 한결 탄력적이며 권위적인 복종구조를 ‘담보 · 지탱’하기 위해 애쓰고 있었다. 민중부문의 삶이 왜 피폐해지고 있는지 한결 진솔한 정치적 고백은 배제되어 있지만 그나마 관리들은 유망화되어 가는 백성들의 생활세계를 개탄하고 있었다.

세종 25년 2월 5일, 의정부는 이렇게 아뢴다.

보자. “몇몇 사전에서는 流氓에 대해 대체로 다음과 같이 두 가지로 정의를 내리고 있다. ＜첫째는 일정한 거처가 없는 유랑자를 가리킨다. 둘째는 질이 나쁜 사람들이다. 요즈음도 사회의 질서와 안녕을 어지럽히고 좋지 않은 행위를 일삼는 자를 일컬어 역시 流氓이라고 하는데 無賴漢과 같은 뜻이다(一是指無一定居所之流浪者, 二是莠民也. 今謂擾亂社會秩序安寧, 專事不良行爲者, 亦曰流氓, 與無賴同)＞. 실질 내용을 따져보면 이 두 종류의 해석 중, 첫 번째 정의는 語源上의 해석으로 광의의 정의에 屬하고, 두 번째 정의는 사회학적 해석으로 협의의 정의에 속한다. 羅竹風의 『漢語大詞典』에서는 ＜流氓＞이란 단어에 대해 다음과 같이 해석하고 있다. 첫째, 본래는 직업이 없는 떠돌이[游民]를 가리켰으나 뒤에 가서 올바른 직업에 종사하지 않고 나쁜 짓을 일삼는 사람을 가리키는 것으로 사용되고, 둘째, 卑劣한 수단을 쓰고 야료를 부리거나 억지를 써서 남을 괴롭히는 행위 등을 가리킨다. 광의로 말하면 流氓은 ＜직업 없이 떠도는 사람(無業游民)＞을 가리키며, 협의로 말하면 주로 올바른 일에 힘쓰지 않고 나쁜 짓을 일삼는 사람을 가리킨다. ……어원상으로 말하면, ＜유맹＞이란 단어는 일정한 거처가 없는 떠돌이를 가리키는 것이 확실하지만, 현대적 의미와는 다소 차이가 있다. ＜유(流)＞는 도망간다(亡) · 달아난다(逸) · 노닌다(游)라는 뜻이다. ……고대에 ＜氓＞은 ＜流亡之民＞을 가리켰다. ……語源上 ＜流氓＞이란 단어는 특별히 ＜流亡之民＞을 가리키며, 그 뜻은 대개 流民 · 游民과 가깝다는 것을 알 수 있다.” pp. 23-24.

"근래에 도적이 盛行하오니, 도적이 그치게 하는 방법을 불가불 엄하게 하여야겠습니다. 형조가 일찍이 받은 敎旨에, '竊盜를 再犯한 자는 良民·賤民을 莫論하고 각 도의 沿邊 각 고을에 官奴로 임시 소속시켜서 妻子를 한데 모여 살게 하고, 閑田을 주어 생업에 安着하게 하되, 나갔다 들어갔다 하지 못하게 하고, 수령이 엄중히 조사와 관찰을 늘 하여서 저절로 마음을 고쳐 다시 도적이 되지 않도록 하라.' 하시어서, 법을 베풀어 막고 금하기를 할 대로 다하여 빠짐이 없사오나, 도적들이 그전 마음을 고치지 못하고 혹은 가는 길에 도망하거나, 혹은 정해 준 곳에 갔다가 도망하거나 하여 안팎으로 다니면서 도적질하는 자는 거의 다 재범한 사람이온데, 그래도 드러난 표적이 없사와 덮어놓고 잡기가 어렵사옵니다. 무릇 도적질한 사람을 재범하여도 죽이지 않는 것은 그의 悔改를 바라는 것이오니, 이왕에 죽이지 아니할 바에는 마땅히 인도적으로 대우하여야 할 것이옵고, 더구나 떠돌아다니는 사람은 마땅히 돌보아 불쌍히 여겨주어야 할 것이온데, 수령들이 법의 세운 뜻을 본받지 아니하고 헛 문서로 볼 뿐 내버려두고 시행하지 아니하며, 또 그 마을 사람들도 도적으로 여기어 역시 모두들 업신여기기만 하니, 이러하기 때문에 임시 소속된 사람이 비록 悔改하려 하여도 할 길이 없어서 생업에 편히 있지 못하고 곧 도망해 나가서 또다시 도적이 되므로 도적의 유행이 날이 갈수록 널리 퍼지오니, 만일 금지와 방비를 嚴하게 하지 않사오면 그 피해가 끝이 없을 것입니다. ……이제부터는 초범으로 竊盜한 자는 율에 따라 論罪하여 刺字하고, 再犯者는 論罪 刺字하여 官奴에 임시 소속시키고, 3범자는 律에 따라 사형에 처하되, 그것이 恩赦를 받기 전후를 통하여 3범인 자면 論罪한 후에 刺字 및 斷筋은 면제하고, '竊盜' 두 글자를 양쪽 뺨에 갈라 刺字하고 인하여 官奴에 소속시키어서 완전히 救恤하는 법을 거듭 밝히어 거행하다가, 그 생업에 안착하기를 기다려서 勞役을 시키지 말고 曲盡하게 보호하여 救恤하여 주고, 그 도의 관찰사로 하여금 수시로 단속해 살피게 할 것이오며, 만일 도망한 사람이 있으면 그 里正이나 里長 및 守令을 律에 따라 죄주고, 지나는 각 驛이나 길목이나 나루나 寺院 및 길에서 만나는 사람으로 하여금 다 그를 붙잡아서 즉시 관에 넘겨줄 수 있게 하여 다시 論罪를 행할 것이오며, 다시 初復의 관원으로 정하여, 만일 객으로 숨는 것을 허용해 받는 자와 잡고도 보고하지 않은 자는 실정을 알고 고하지 않은 죄[知情不首律]로 論罪할 것이오며, 도망해 나간 곳에서 능히 잡아 고하지 못하면 管領·里正·里長·監考와 이웃도 問罪를 해야 할 것이오니, 서울의 5部 및 漢城府와 外方의 감사와 守令들이 항상 검찰 거행하도록 하시옵소서." 하니, 그대로 따랐다.[21)]

『실록』의 기록이 이 같은 의견 상신의 구체적 근거를 모두 밝히지 못함은 아쉬운 일이었다. 각 지역 절도의 범행동기나 재범자들의 사회경제적 배경 혹은 중복범죄의 성별, 유형별 심리분석 등 민중부문 내부의 사정과 그 심층 추적도 거의 배제되고 있었다. 이 문제가 모두 밝혀지지 않는 한 사실상 절도가 유민화 과정의 불가피한 선택이었는지 아닌지의 여부나 범죄의 중복이 극도의 좌절과 사회적 타락으로 이어져 천민화의 길로 유인한 토대였는지도 단순히 이론화하긴 어렵다.

그러나 이 같은 한계를 감안하고 보더라도 논의 내용에 담긴 파격과 이타성의 담론구조는 중요한 의미를 갖는다. 동기의 불투명함과는 달리 기존 사회질서에 이반하는 세력이 이미 엄존하고 있었고 나아가 그 힘의 성장을 단속하지 못할 경우 나타날 불안과 혼돈 효과까지 염려해야 하는 정치적 판단도 그 안에 깃들여 있었기 때문이다. 제도권력의 이 같은 배려와 우려 혹은 이를 방지하려는 정책적 고뇌의 맥락이 친민중적으로 강고히 지탱하지 못했던 궁극의 이유가 어디에 있었는지는 물론 확실치 않다. 다만 한 가지 분명한 것은 결국 세습군주국가, 특히 유교국가의 정책결정과정에서 최고 권력의 판단과 이를 '유인·결정'하는 권부의 집단적 사고 그리고 그들 총체가 갖는 정치적 중요성은 여전히 컸다는 점이다. 지배 중추의 집단적 사고보다 이를 '견인·주도'해야 할 군주 개인의 안목과 판단이 여러 변수들 가운데 최후의 인자로 작용하고 있었던 것도 재론의 여지는 없다.

그나마 개혁군주의 역할이 여기서 크게 돋보이고 있는 이유도 이러한 배경에서 이해할 필요가 있을 것이다. 그들의 예외적 판단과 이를 '주도·지탱'하는 거시적, 인도적 사고틀은 계급사회 조선의 안정적 지탱을 위한 최적의 정책적 고려와 그 구체적 도출로 맞춰질 수밖에 없었다. 그 가운데 세종의 생각이 남다른 내용으로 넘쳐났던 이유도 기실 그의 집권기 전체가 다른 어느 시기보다 혹독한 시련과 자극으로 점철되어

---

21. 世宗 25年 2月 5(辛卯)日 ·『朝鮮王朝實錄』第4輯 460面.

있었다는 또 하나의 역설을 통해 잘 설명될 수 있을 것이다.[22)]

군이 정치적 위기상황이 아니더라도 군주의 역할과 입지를 가늠하는 데 세종의 다음 주장은 매우 유의미하다.

> 刑曹에 傳志하기를, "우리나라의 奴婢의 법은 上下의 구분을 엄격하게 하기 위한 것이다. 綱常이 이것으로 말미암아 의지할 바를 더하는 까닭에, 노비가 죄가 있어서 그 주인이 그를 죽인 경우에 논의하는 사람들은 上例처럼 다 그 주인을 추켜 올리고 그 노비를 억누르면서, 이것은 진실로 좋은 법이고 아름다운 뜻이라고 한다. 그러나, 상주고 벌주는 것은 임금된 자의 大權이건만, 임금된 자라도 한 사람의 죄 없는 자를 죽여서, 善한 것을 복 주고 지나친 것을 禍 주는 하늘의 법칙을 오히려 함부로 하지 못하는 것이다. 더욱이 노비는 비록 천민이나 하늘이 낸 백성 아님이 없으니, 신하된 자로서 하늘이 낳은 백성을 부리는 것만도 만족하다고 할 것인데, 그 어찌 제멋대로 형벌을 행하여 無辜한 사람을 함부로 죽일 수 있단 말인가. 임금된 자의 德은 살리기를 좋아해야 할 뿐인데, 무고한 백성이 많이 죽는 것을 보고 앉아서 아무렇지도 않은 듯이 금하지도 않고 그 주인을 추켜 올리는 것이 옳다고 할 수 있겠는가. 나는 매우 옳지 않게 여긴다. 律文을 참고하여 보니, 奴婢毆家長條에 이르기를, '만약 노비가 죄가 있는 것을 그의 家長이나 朞服親, 혹은 외조부모가 官에 고발하지 않고 毆打하여 죽인 자는 杖 1백 대의 형에 처하고, 죄 없는 노비를 죽인 자는 杖 60대에, 徒 1년의 형에 처하며 당해 노비의 妻子는 모두 석방하여 良民이 되게 한다. 만약 노비가 주인의 시키는 명령을 違犯하였으므로 법에 의거하여 형벌을 決行하다가 우연히 죽게 만든 것과 過失致死한 자는 모두 論罪하지 아니한다.'고 하였은 즉, 주인으로 노비를 함부로 죽인 자는 일체 律文에 따라 시행해야 옳을 것이다. 그러나, 우리나라의 노비는 대대로 서로 전해 내려오는 것으로서 명분이 매우 엄중하여 중국의 노비와는 아주 다르니, 그들을 양민으로 만드는 법은 事勢가 시행하기 어

22. 이 같은 추론은 비단 세종조에만 국한되지 않는다. 여기서 다루고 있는 다른 군주들 즉, '중종 · 세조 · 성종' 등의 인물들에게도 자극과 반응이라는 정치적 사고틀은 같이 대입될 수 있을 것이다. 다만 조선의 역대 군주 모두가 이처럼 위기의 조건 속에서 공통의 역량과 합리적 반응으로 일관한 것이 아니었음은 아무리 강조해도 지나치지 않는다. 그만큼 리더십과 퍼스낼리티의 관계는 군주사회에서도 중요한 문제였다.

> 려우며, 또 노비의 죄있는 자를 그 주인이 처벌하는 법도 실행한 지가 이미 오래된 것이니 갑자기 고치기는 쉽지 않다. 더욱이 사삿집[私家]의 隱密한 곳에서 죄 지은 노비를 그 주인이 어떻게 하나하나 율문을 상고하여 論罪할 수 있겠는가. 그것이 법에 의거하였는지 아닌지는 考覈하기가 매우 어렵다. 그러나 그가 함부로 무고한 자를 죽이고도 그에 따른 가족은 그냥 계속하여 부리게 한다면, 이것이 어찌 백성을 사랑하고 형벌을 신중히 하는 뜻이겠는가. 지금부터는 노비가 죄가 있건 없건 간에 官에 陳告하지 않고 毆打 殺害한 자는 일체 옛 法例에 따라 科斷할 것이며, 만약 炮烙·劓刑·刵刑·黥面·剕足과 혹은 쇠붙이 칼날을 사용하거나, 큰 나무나 큰 돌을 사용하는 등 모든 참혹한 방법으로 함부로 죽인 자라도, 그 죽은 자의 가족이 자기의 노비가 아니면 屬公시키지 못하도록 한다. 만약 朞服親이나 외조부모가 구타 살해한 것이라도 그 죽은 자의 가족이 살인에 관계된 자의 노비라면 또한 屬公하게 하라."고 하였다.[23)]

조선조의 행형과 그 제도화 과정은 결코 고정적이지 않았다. 그것은 유교권력이 의도하고 있던 일련의 대(對)민중 공포효과와 힘을 사용하지 않고도 자발적 복종을 유도하려는 폭력의 억지효과까지 자연스럽게 퍼뜨리고자 했던 의도적 결과였다. 그러나 기본적으로 형사정책의 기본은 위민과 민본의 대의에 있었다.

세종의 주장과 유사한 논리는 다른 군주의 경우에도 적잖게 발견된다. 그러나 세종의 그것이 유독 돋보이는 이유는 명분과 실제 모두에서 위민의 이데올로기를 '성취·일치'시키고자 노력했던 점일 것이다. 태조와 태종의 국가 창업이나 후발 제도화의 위업에도 불구하고 세종의 조치가 상대적으로 중요한 의미를 갖는 것도 15세기 초 조선 사회정책의 특징 때문이었다. 행형의 계층적 평등과 벌의 무게에 다른 어떤 조건도 개입할 수 없음을 분명히 하는 그의 태도는 차후 조선의 민본주의와 정치권력의 궁극적 존재 이유를 설명하는 논리적 기초로 인용, 발전된다. 예를 들어 다음과 같은 정책 제안과 그 응대의 과정에도 이 같은 태도는 분명히 드러난다.

---

23. 世宗 26年 7月 24(辛丑)日·『朝鮮王朝實錄』第4輯 579面.

> 兵曹에서 啓하기를, "才人과 禾尺은 본시 良人으로서, 業이 賤하고 稱號가 특수하여, 백성들이 다 다른 종류의 사람으로 보고 그와 혼인하기를 부끄러워하니, 진실로 불쌍하고 민망합니다. 비옵건대, 칭호를 白丁이라고 고쳐서 평민과 서로 혼인하고 섞여서 살게 하며, 그 戶口를 籍에 올리고, 耕作하지 않는 밭과 묵은 땅을 많이 점령한 사람의 밭을 나누어 주어서 농사를 본업으로 하게 하고, 사냥하는 부역과 버들그릇[柳器]과 皮物과 말갈기와 말총, 힘줄[筋]과 뿔 등의 공물을 면제하여 그 생활을 안접하게 하고, 그 가계가 풍족하고 武才가 있는 자는 侍衛牌로 삼고, 그 다음은 守城軍을 삼으며, 그 가운데에도 武才가 특이한 자는 도절제사로 하여금 재능을 시험하여 본조에 통보하여 다시 시험케 한 후 甲士職에 서용하고, 만약 그대로 옛 업을 가지고서 農桑에 종사하지 않고 이리저리 流移하는 자는 법률에 의하여 죄를 論斷하고, 因하여 호적을 詳考하여 즉시 본거지로 돌아가게 하며, 그 가운데 私家의 奴婢로 있는 자는 本主의 의견을 들어 처리하도록 하소서." 하니, 그대로 따랐다.[24)]

앞서 인용한 세종의 온정론(溫情論)보다 21년 앞선 이 계층포용론이 군주의 의도를 미리 헤아린 권부의 자발적 조치였는지 아니면 누군가의 사전 구상에 따른 정책 제안이었는지는 물론 불분명하다. 그러나 분명한 것은 우선 유민의 존재가 체제에 적잖은 부담이 되고 있고 그들을 그대로 방치할 경우 이반과 저항의 자원으로 발전하거나 일정한 사회불만세력으로 성장할지도 모른다는 우려였다. 이 점은 굳이 세종과 같은 인물이 아니더라도 통치와 권력의 지탱을 위해 항시 긴장하고 있어야 할 지배계급 스스로 내부의 알력이나 갈등만큼 중요하게 의식하지 않으면 안 될 궁극의 문제였다. 어떻게든 끌어안고 동화와 흡수의 절차를 게을리 하지 않으려 했던 권력의 유화적 이미지는 결국 여말선초의 혼

---

24. 世宗 5年 10月 8(乙卯)日 ·『朝鮮王朝實錄』 第2輯, 559面; "兵曹啓才人禾尺本是良人業賤號殊民皆視爲異類羞與爲婚誠可憐憫乞改號白丁令平民相婚雜處籍其戶口給閑田與多占陳荒人田使之業農除田獵之役鐲柳器皮鬣筋角之貢以安其生其家計豐實有武才者爲侍衛牌其次守城軍其中武才特異者令都節制使取才移報本曹更試甲士職敍用若因仍舊業不事農桑彼此流移者依律論罪仍考戶籍卽令還本其中私處奴婢聽本主區處從之."

란과 민중적 부적응의 문제를 최소화하면서 새로운 정치적 정당성을 교화, 확산시켜 변혁의 목표 안에 전체를 끌어들이고자 했던 통치 의지의 반영물이었다.

그럼에도 불구하고 유민화하는 백성들의 저항이 민란의 형태로 이어지고 조선 전기 정치변동의 민중적 흐름이 성종조를 거치면서 더욱 숙성한 것은 주지의 사실[25]이었다. 물론 그들의 저항이 권부의 도덕적 자각과 근면한 통치의 필요성만을 자극했을 뿐 구조적인 체제변혁과 이념의 변화까지 담보하는 총체적 충격을 반영하는 것은 아니었지만 말이다.

여기서 추론할 수 있는 또 한 가지 사실은 노비와 천민 혹은 유민과 그들의 관계가 결코 '한몸'이 아니었다는 점이다. 노비와 천역의 출현이 역사적으로 어떻게 소급되는가 하는 문제도 새삼 흥미롭지만 궁극적으로 그들은 서로 다른 세력으로 '잔존 - 확장'해 가고 있었고 그 가운데 유민의 이입과 정치적 유인을 둘러싼 논의는 한층 관심의 입체성을 더해준다. 이미 개인집 노비로 있는 자와 표류하고 있는 과거의 양인들과의 관계가 그러했고 하향이동하는 불안한 계층 내부의 직업집단들과 그 구성원들이 보인 형태 역시 논쟁의 불씨를 이루기 때문이다.

재인과 화척을 중심으로 한 표류집단의 존재를 정치적 통제와 사회안전 측면에서 우려하고 있는 왕조 초기의 모습은 태조조까지 거슬러 올라간다. 그것은 왕조 교체기의 충격과 사회불안을 가능한 최소화하고 동시에 새로운 정치질서를 조기 정착시키려 고민했던 권부의 프로그램을 잘 반영한다. 강제와 회유, 유인과 징치의 통치술은 그래서 처음부터 천민정책 결정과정에서 피할 수 없는 항목으로 떠오르고 있었다. 그것이 훗날 노비와 천민과의 정치적 차별성을 대변하고 하층민의 관리(管理)가 지배계급 전반의 정통성 강화와 늘 연계되었던 것도 재론의 여지는 없다.

다음 인용 또한 이러한 역사의 전말을 잘 말해 준다. 왕조 창건 직후

---

25. 박종성(1995), 앞 책, p. 206 참조.

도평의사사 배극렴, 조준 등은 태조에게 이렇게 상언(上言)한다.

> 才人과 禾尺은 이곳저곳으로 떠돌아다니면서 농업을 일삼지 않으므로 배고픔과 추위를 면하지 못하여 常時 모여서 도적질하고 소와 말을 도살하게 되니, 그들이 있는 州郡에서는 그 사람들을 戶籍에 올려 토지에 安着시켜 농사를 짓도록 하고 이를 어기는 사람을 죄주게 할 것.[26]

하지만 재인이나 화척은 그나마 생존에 필요한 최소 수단으로 재주와 능력을 갖고 있어 아예 초근목피로 연명하는 유민 전반의 극빈함보다 상대적으로 나은 처지였다. 여기서 여말선초의 군주별 유민 통계나 당대의 구체적 인구이동상황을 비교 검토하는 것은 거의 불가능하다. 그러나 이 같은 사실들의 역사적 조합과 사회과학적 상상을 계속함으로써 우리는 조선 천민의 존재와 구성, 그리고 그 사회적 유동성 문제에 한층 더 가까이 다가설 수 있다. 조선 중기까지 '지속 - 강화'되는 천민집단의 사회적 확산과 간헐적 저항의 역사는 그래서 다시 주목해야 할 사항으로 새삼스러워진다.

태조조에서 성종조에 이르는 동안 국내의 사회경제적 불안정을 제대로 '수습 · 처리'하지 못함으로써 권력이 적잖게 요동치고 있었던 사실은 의외로 약하게 인식되어 왔다. 물론 민중 부문의 말초적 불만이 권력의 중추를 건드려 스스로 각성케 할 만큼 과격하길 기대할 수는 없었지만 왕조 초기의 정치권력이 긴장할 수밖에 없었던 데에는 이처럼 소홀히 다룰 수 없는 잠재적 불안이 도사리고 있었다.

불안정한 인구이동을 가능한 한 정상적 사회화의 경로로 끌어들이려는 권력의 의도가 성과를 거둘 때 하층민에 대한 정치적 합리화 조치가 이루어졌고 완만하나마 그 과정이 제도화의 기틀을 다져나갈 때 기왕의 노비집단과 주변부의 갈등 또한 다스릴 수 있었다. 여기서 권력의 궁극적 의도는 곧 기층 천민의 이동과 방황을 유인할 가장 합리적인 준거집

26. 太祖 1年 9月 24(壬寅)日 · 『朝鮮王朝實錄』 第1輯 31面.

단이 바로 노비층이었고 불만이 가시화되더라도 이들을 통해 마찰과 충격의 부담을 흡수, 상향이동하지 못하도록 차단하는 데 있었다.

노비와 천민이 애초부터 같은 반열(班列)의 통치대상이 아니었음을 부각시키는 일은 따라서 중요하다. 학문적으로 그 과업은 굳이 중요한 절차가 아니며 사회사 본류의 흐름에서 볼 때 미세한 삶의 굴곡을 헤아리는 일은 그리 중요하지 않다는 비판마저 피할 수 없을 것이다. 그러나 이 같은 우려는 조선 초기 민중사의 추적과 왕조사의 변화 국면을 입체적으로 조망하는 데 별 문제가 되지 않는다. 그보다는 오히려 처참하고 비루한 삶의 나락을 헤치며 살아남아야 한다는 강박 속에 하루하루를 버텨야 했던 천민들의 삶이란 것이 의식주가 해결된 지배계급의 나날이나 그 주위의 일상보다 훨씬 절박했고 역사의 증거로 남아 있는 충격은 천민보다 차라리 노비가 행복한 존재임을 자각하게 만든다.

모든 천민은 노비로 격상, 이동할 수 있었지만 그렇다고 해서 노비인구 전부가 천민으로 규정될 수는 없었다. 불특정 다수집단의 경계는 그래서 매우 모호했다. 결코 서로 자유로운 소통이나 완벽한 단절을 의미하지도 않았고 경우에 따라 통제와 관리 대상으로 작동하며 체제의 간헐적 위협과 도전 주체로까지 정치화할 수 있었던 천민들은 경우에 따라 비적(匪賊)이나 유맹(流氓) 같은 존재로 비유될 수도 있었다.

'모든 천민은 노비일 수 있으나 노비 모두는 천민일 수 없었'던 역사적 특수성은 조선사회 하층 계급구조의 폐쇄성을 고스란히 반영한다. 그들 사이의 부분적 소통이나 직업적 중첩에 따른 인구이동 가능성에도 불구하고 노비가 천민보다 상대적 우위를 점할 수 있었던 배경에는 권부의 정책적 배려와 이에 따른 일련의 정치적 계산이 개재하고 있었다. 더 이상 오를 수 없다는 예고와 더 한층 낮아질 수는 없다는 공포의 확산. 통제와 효율을 견지하는 이 정치심리적 도미노는 천민 개념에 녹아든 포괄적 집단성이나 노비의 상대적 특수성 편차에도 불구하고 왕조 말기까지 계속되었다.

집단으로 존재하며 직업의 형식으로 분화하되, 완벽한 용해와 통합의 기회구조는 스스로 만들 수도 허용할 수도 없었던 조선에서 천민과 노비의 관계는 이처럼 독특했다. 직업적 역할 편차나 그 지역별 분포 여부와 관계없이 노비의 범주를 가르는 '공·사'의 구분은 사실상 노비가 천민이란 불특정 다수의 집단보다 사회적 처우에서도 한수 우위에 있는 부류였음을 입증한다. 물론 공천이나 사천이란 용어가 보편화되기도 했지만 여기서 노비 일반이 미미하나마 이미 확보한 정치경제적 자원에 비하면 천민의 집단적 정치력이나 그 사회적 파급효과란 극히 감정적이거나 제한적이었다.

이제 이들 사이의 역사적 관계는 보다 단순화시켜 이해할 필요가 있다. 실제 역사 속에서 사용된 용어의 중복이나 의미의 중첩이 빚어내는 혼돈도 문제지만 이 같은 애매함이 그대로 방치될 경우, 천민 본연의 삶이나 신역(身役)의 질박성(質朴性)은 물론이고 자칫 그 극단의 사회조건마저 노비 신분에 고스란히 묻혀 버릴 가능성이 적잖기 때문이다. 문제는 천역의 실상이나 신분 자체의 객관성 부각보다 그들이 보인 저항 혹은 일탈의 몸부림 총체를 어떻게 바라볼 것인지 거기에 있다. 나아가 이 같은 행위의 총합이 노비 일반과는 어디서 어떤 차별성을 보이고 있는지 추적, 검토해 보는 일로 남은 과제는 모아진다.

다시 새삼스레 문제를 던져보자. 대체, '모든 천민은 노비일 수 있으나 노비 모두가 천민이지는 않았'던 입지의 특수성은 다시 어떻게 그려볼 수 있을까. '공·사' 노비의 분화가 곧 모든 천역의 자동적 신분상승을 뜻하는 것이 아니었다면, 노비집단과 천민들 사이의 경계는 대체 어떤 모습이었을까? 노비로 상승할망정 천역의 공간을 끝내 벗어날 수 없었던 형극의 조건을 일반화할 경우, 대체 조선의 천민이란 어떤 그림 속에서 이해할 수 있는 것일까?

<그림 2>는 이 같은 물음의 답변을 찾는 가능한 방법 중 하나다. 물론 이념형의 선택이 역사의 실체를 담아내는 도구적 구체성까지 고스란히 담보하진 않을 것이다. 다만 지나간 시간들을 사료와 증거로만 추적하려 했던 실증주의의 강박은 체계적 이해와 상상의 벽을 깨는 데 오히

려 또 하나의 짐으로 기능해 왔음을 잘 알 수 있다. 노비가 천민집단으로부터 충원되는 현상이 왕조 말기까지 지속되었다면 거꾸로 천역의 부과를 서슴없이 거두어들이지 않으려 했던 정치적 고려 안에는 대체 어떤 계산과 동기가 숨어 있었던 것일까?

굳이 그들을 나눠 생각할 겨를조차 없이 그들은 모두 멀리 있었다. 보여도 보이지 않았고 있어도 없는 듯 주변으로 사라지며 일방 봉사와 처연한 굴신 행위를 마치 맹목으로 반복하도록 충분히 길들여진 양, 역사와 역사의 기록주체들은 그들의 존재를 애써 밀쳐내고 있었다. 기록과 관찰의 주체가 관심의 주변으로 몰아내고 권력과 지배의 자원들 모두가 굳이 별다른 관심을 기울이려들지 않을 때 하물며 그들 내부에서조차 이 같은 차별성은 아무런 의미가 없었다. 그것은 단지 좀더 얻어먹을 수 있고 보다 예측 가능한 미래의 시간 속으로 덜 불안하게 잠입할 수 있는 기회의 구조이자 미미한 차이의 환경이었을 뿐 근본적으로 행복과 쾌적을 담보하는 혁명의 출구는 아니었기 때문이다. 노비의 '공·사' 분할과 이에 따른 소유나 관리의 제도화는 유감스럽게도 노비계층의 해방과 신분 격상을 위한 조치가 아니었다. 그것은 한낱 권력의 자기유지 본능과 하층계급의 있을법한 저항을 사전 차단하려는 단속과 편의적 통

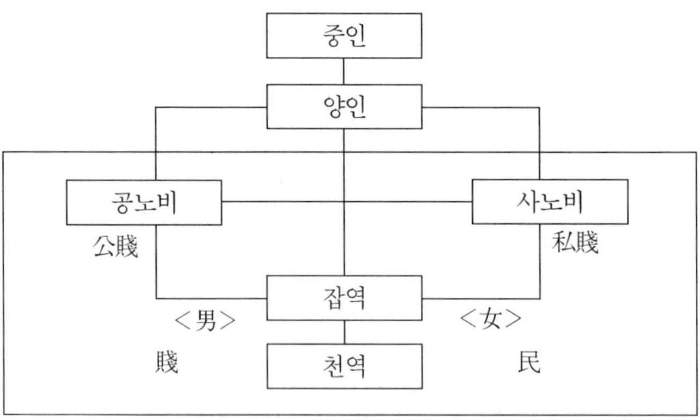

그림 2. 노비와 천민의 계층 경계

제의 결과였을 뿐이다. 그나마 이 같은 제도화 절차나 관할적 배려가 주변 천민으로까지 나아가지 못하고 노비 수준에서 끝나 버리고 마는 역사의 한계는 또 무엇을 뜻하는 것이었을까?

3. 천민의 분화와 직업구조

백정과 기생의 인구통계나 직업이동경로는 현재 경험적으로 입증할 수 없다. 다만 천출의 확산과 그 내역을 거꾸로 추적할 때 그들의 흔적 일부는 되살아난다. 백정이 조선 남성천민의 대표격이었고 기생(혹은 妓女)이 여성천민을 상징하는 또 하나의 이미지를 반영하고 있었다는 사실만으로도 천민의 분화와 사회 역할의 다원화 경향은 잘 드러난다. 물론 이 역할이 양성 모두에게 같이 요구되고 있었다면 남자 기생이나 여성 백정도 없으란 법은 없었을 것이다.

그러나 이 같은 예외가 기정화된 천민집단의 '지배적 성성(a dominant sexuality)'을 뒤집거나 사회적 역할 전이를 가져올 만큼 획기적이진 않았다는 점에서 백정은 여전히 남성천민의 지배 직종이었고 기생은 여성천민의 대표적 단위[27]였다. 그렇다고 해서 남성 중심의 정치권력이 천

---

27. 여기서 우리는 '기생'이 이른바 '기녀'와 같은 의미지평을 갖고 있었던 역사적 이유를 읽게 된다. 그 둘이 언제부터 누군가의 입을 통해 서로 달리 표기되기 시작했는지는 고증이 어렵다. 다만 기생은 곧 기녀를 뜻했고 그 역의 논리 또한 별 무리 없이 수용되어 왔던 기왕의 사회적 용례에 다시 주목한다면 이 문제는 그리 새삼스럽지 않다. 하지만 무녀들의 경우(무당과 같이 쓰이는) '박수무당' 집단이 별도로 용인되고 있었다든지 사당패 또한 남사당과 여사당의 분리가 허용되고 있었던 점과 기생들의 그것은 같지 않았음에 유념할 일이다. 이는 어디까지나 기생들만이 누릴 수 있었던 모종의 천민적 특권으로 사대부 집단과의 문예적 유착 혹은 권력부문이 은밀히 추구, 존치시키려 했던 '일방봉사'의 관행과 내밀하게 연관되어 있었을 것이다. 만일 기녀의 직종에 남성의 유입을 허용한다면, 그것은 왕실내 남성 지배세력들과 內侍의 관계와는 또 다른 '去勢

민집단의 성적 불평등을 시정하기 위해 스스로 나서거나 한 걸음 더 나아가 그들 모두의 처지를 올려주기 위해 애쓰길 바란다는 것은 아예 기대조차 할 수 없는 일이었다. 권부의 입장에서는 오히려 천민집단의 자생적 분화나 정책적 고려에 따른 직종 다원화가 통치의 능률을 위해 한층 기능적일 것이란 판단뿐이었다.[28)]

따라서 조선 천민의 직종 분화가 성적 차원에서 도리어 상대적 자율성을 보일 수 있었다는 사실은 엄격히 규정하자면 권력의 의도였다기보다 고의적 외면과 계산적 방임의 결과였다. 그렇게 하는 편이 일방적 억압과 차단보다 더욱 경제적이며 친 지배계급적 배려일 수 있다는 권부의 판단은 사회 전체가 한층 강한 복종과 이를 향한 거대한 예인(曳引)구조로 빨려들어가는 상황을 연출했고 이를 둘러싼 권력과 민중의 암묵적 동의는 변혁보다 체제 안정이 최고의 덕목이라는 가치체계를 양산해 낸다. 이 같은 상황이 계속되는 동안 천민의 인권이나 집단내 성역할 분화는 지배계급 모두의 공통 관심사일 수 없었다.

그러나 천민집단이 그들 내부의 자율적 변화기제를 통해 직업집단으로서의 원시성[29)]을 피하고자 애썼다는 점은 주목해야 할 또 다른 사실

(castration)' 節次와 같은 부담을 감수해야 했을 것이다. 이것은 권력을 장악한 남성들 전반에게 적잖은 긴장요인으로 작용할 것이 분명했다. 따라서 자신들의 향유가치와 이를 최대한 '은폐 · 유지'하려는 욕구가 서로 충돌한다면 여성들만의 봉사집단을 잠정적으로 형성하고 이를 폐쇄적으로 허여하는 것이 효율성 차원에서 훨씬 합리적일 것이란 계산은 얼마든지 가능했을 것이다.

28. 잡역제도가 확산되면서 그것이 사회통제의 좋은 수단이자 세습군주제 지탱과 권위주의 이데올로기 강화에 기능적 도구가 되었음은 아무리 강조해도 지나치지 않다. 더욱이 잡역의 정치적 합리화 조치가 기왕의 노비제와 맞물리면서 계층이동의 원천 봉쇄가 한층 강해졌던 것은 조선사회의 폐쇄성을 반증하는 좋은 근거가 된다.

29. 아무리 생존 그 자체가 삶의 목적이었다 해도 집단거주지 형식으로 둥지를 틀거나 계절 변화에 따라 이주와 정착의 관행을 반복하는 등 스스로의 생활근거를 문화적으로 제도화할 수 있었음은 천민계층이 이미 적응과 공존을 지향하는 사회성까지 준비하고 있었던 것으로 이해할 필요가 있다. 존재의 방식이 유동적이었든 고정적이었든 삶의 방편이 직업과 주거의 형식으로 '고착 · 확산'되는 현상은 현재까지도 계속된다. 이에 관해서는 다음 참조할 것. 玉漢錫, 「韓

로 남는다. 그들은 때로 지배계급을 향해 자신들의 불만을 예외적으로 토로하거나 저항하면서 모습을 드러냈고 악조건 속에서나마 소속집단의 존속과 처우 개선을 위해 간헐적으로 몸부림쳤던 게 사실이다. 다만 문제는 이 같은 저항과 이의제기가 정치적 지배중추의 의식변화를 담보할 만큼 구조적이지 않았고 반항기류가 전면적일 수도 없었다는 점으로 늘 모아진다.

결과적으로 분석의 초점은 저들을 바라본 역사인식의 주관적 차이가 아니라 천민집단의 객관적 삶의 조건이 실제로 어떤 편차를 보이며 굴절했는지 그와 깊이 관련된다. 왜냐하면 더욱 강하게 저항하지 못했던 과거의 한계를 이제와 되뇌인다거나 나아가 사회혁명적 파괴력을 '도출·담보'하지 못한 민중적 기초의 공백을 비판적으로 재검토한다는 것은 그나마 반항의 실제와 이유 있는 항거의 논리 자체를 배제해 버리는 결과를 초래할 것이기 때문이다.

지배집단의 천민정책이 일관성을 보이지 않고 있음은 역시 그들에 대한 동류의식보다 차별과 억압을 전제하는 격리의 필요성을 늘 암시한다. 통제대상으로 늘 일정한 거리감을 두고자 했던 이 같은 의식은 방임과 어설픈 회유가 저항의 단초나 체제이탈의 빌미가 될지도 모른다는 합리적 고려를 바탕에 두고 있었다. 그럼에도 불구하고 반항의 실제가 역사로 확인되는 경우란 권력부문과 민중부문 서로가 '감지·용인'할 수 있는 '똘레랑스(tolerance)'의 한계를 반증하는 것이었다.[30] 서로가 서로를 견딜 수 있는 한, 충돌은 없었고 반면 넘어설 수 없는 인내의 벽 앞에서 통제와 일탈의 긴장구조는 매우 불규칙하나마 지속되었던 셈이다.

國의 火田農業에 관한 硏究」, 叔軒 李廷冕 博士 回甲紀念 特輯號, 『地理學硏究』 第10輯(1985. 12), pp. 153-178; 李文鍾, 「泰安半島의 散村硏究」, 公州師大 『論文集』 第24輯(1986), pp. 345-369.

30. 이에 관해서는 다음 참조할 것. 박종성, 『혁명의 이론사: 그 연구는 아직 끝나지 않았다』(서울: 인간사랑, 1991), pp. 169-173; 헨드릭 빌렘 반 룬 지음·김희숙(外) 옮김, 『똘레랑스』(서울: 길, 2000); 필리프 사시에 지음·홍세화 옮김, 『왜 똘레랑스인가』(서울: 상형문자, 2001).

그것이 비록 왕조국가의 기본을 뒤틀어 버릴 만큼 구조적이거나 한층 도전적인 호전성을 반영하는 것은 아니었지만 아래로부터 위를 향한 맹아적 정치저항 기류와 이를 담보하는 경제적 현실적응력은 확실히 감지되기 시작했다.

> 壬辰亂 이전부터 지배체제가 동요하고 있던 조선왕조는 倭亂과 胡亂의 兩亂을 거치면서 사대부층의 통치능력의 한계를 노정하였다. 이에 대한 지배층의 반성은 武備의 확충 등 제도의 정비를 유도하였으며, 아울러 피지배층의 자생의식의 자각은 농업생산력의 향상, 상공업의 발전 등 조선 후기의 경제적 발전에 크게 기여하였다. 피지배층의 이러한 의식의 자각과 사회경제적 기반의 확충은 유교적 신분제도하에서 강요되어 온 旣得身分에의 속박에 대한 불만을 싹트게 하였고, 그것은 결국 신분을 상향이동시키려는 욕구로 표면화되었다. 이에는 물론 양란을 치르면서 인구의 지역적 이동과 軍功·納粟에 의한 제도적 신분상승 등으로 이미 신분계층의 혼효가 심화되었음도 하나의 요인으로 작용하였으며, 良役의 과중한 부담으로 인해 야기된 有役下層民의 避役 시도도 역시 중요한 요인으로 작용하였다. 신분계층의 혼효와 신분의 상향이동에 대한 욕구들은 결국 조선 후기 신분 직역의 변동을 초래하였다. 이러한 상황은 제도적인 신분규정이 부분적으로 그 의미를 상실하게 됨을 뜻하며, 따라서 제도적인 규정을 통한 신분 이해가 단편적일 수 있음을 시사한다. 또한 기존의 연구가 신분규정의 주요 근거인 職役을 通時的으로 이해함으로써 역동적인 身分職役變動의 實相을 제대로 반영하지 못해 왔다. …… 조선 왕조는 身分職役制를 포기한 적이 없이 존속하여 왔다. 조선시대의 각 개인(男子)은 원칙적으로 屬處가 있어야 했고, 이 屬處를 직역으로 하였으며, 신분적 지위에 걸맞는 직역이 制度圈內에서 결정되거나 이를 확보하려고 하였는데, 직역에 따른 권리·의무상의 차등이 법제적으로 규정되어 있었다. 그러므로 개인의 신분적 지위는 직역의 如何에 따라 파악할 수 있다. 이는 개인이 소속된 직역의 신분 개념이 곧 개인과 집단의 법제적·사회적 불평등의 주요 지표가 되기 때문이다. 따라서 직역은 신분을 판정하는 유력한 수단의 하나이므로, 신분직역제를 인정하면서 봉건체제를 유지해 온 조선사회의 신분구조를 이해하기 위해서는 직역에 대한 검토가 선행되어야 한다. 그러나 직역은 신분과 通時的으로 일치하는 것은 아니며, 항상 시대 및 사회상황과 유기적으로 관계하면서 변천된다. 다시 말해서 동일한 직역이라 할지

> 라도 시대 및 사회의 실상에 의하여 그 영예가 떨어짐으로써 신분이 저하될 수 있는 것이다. 이러한 점이 직역과 신분의 역동적 관계이며 이러한 점을 충분히 검토하고 난 뒤라야만 직역을 통하여 신분을 판단할 수 있게 되는 것이다.[31)]

기본적으로 중인 주변의 집단 직역을 연구 초점으로 삼았던 것이고 보면, 이준구의 이 같은 주장은 조선 천민의 논의과정에 그대로 적용하기 힘들다. 그러나 원칙적으로 보면 직업의 사회적 역할과 그 기능 운용이 그가 속한 집단의 신분을 결정하고 이 틀의 기본이 무너질 때 기존의 인간관계와 이를 수용하던 인식의 질서마저 변할 수밖에 없었다는 그의 말은 천민집단의 경우에도 여전히 옳다. 물론 저항과 거역의 정치적 자율성이 집단 전체의 인구분포 비율로 보아 어느 정도 상대성을 견지할 수 있었는지는 늘 문제일 것이다. 하지만 천직(賤職)이 천직(天職)이 아닌 한, 남녀로 분할하고 여러 직종으로 분화하던 과거 천민들의 사회 역할이 그들 스스로를 하층신분으로 옥죄게 했던 삶의 도구였음은 이미 재론의 여지가 없다.

여자 종 역시 감안해야 할 하층 인구의 변수였지만 노비 신분의 대부분도 결국은 남성이었다. 적어도 조선조 중·후반의 신분질서 동요기까지 계속되던 남존의 차별적 사회화와 그 독한 편견의 늪은 사회일반의 계급균열이나 이를 온전히 감싸고 있던 유교문화의 족쇄와 맞물려 예외 없이 수용해야 할 문화로 내면화되고 있었다. 사회 전체가 이미 이준구의 표기[32)]처럼 극도의 남성우위문화 속에서 차별화, 균열화되어

---

31. 李俊九, 『朝鮮後期身分職役變動硏究』(서울: 一潮閣, 1993), p. 1, 252.
32. 인용문에 나타난 '개인 - 남자'의 併記가 의도적인 것이었는지, 아니면 역사의 무의식적 재확인이었는지는 그다지 중요하지 않다. 다만 노비세계에서마저 남존여비의 문화적 관행이 횡행하고 있었다는 사실은 지속적인 탐구를 필요로 한다. 극한빈곤층으로서 천민집단의 성 역할 분화와 의외의 직능적 평등성도 관심대상일 수밖에 없다. 예를 들어 남자종과 여자종 사이에 흐르는 사회적 차별의 교감은 남사당과 여사당 사이에 오갔던 역할 차이와 비교할 때 오히려 강했다.

가고 있을 때 노비를 비롯한 주변 천민의 직능체계가 역할의 외피뿐 아니라 내용면에서도 다양성을 보이기 시작했다는 것은 간단한 일이 아니었다.

노비가 매매의 대상이자 철저한 사유(私有)도구로 전용될 수 있었다는 사실은 감상적 이해의 대상이거나 보다 적극적인 신분상승을 촉구하는 분노의 원천으로 작용했던 게 사실이다. 굳이 사회주의 이론으로 재지 않더라도 그들 대부분이 겪었던 착취나 억압은 오늘날도 같이 분노할 수 있는 역사의 현상이다. 그러나 노비는 매매와 착취의 대상이었을망정, 토지나 가족 나아가 매우 완만하나마 신분 상승을 도모할 수 있는 사회적 유동성마저 확보하고 있었다는 점에서 오히려 폐쇄와 진공의 계급공간을 헤매야 했던 극천민들보다 오히려 자율적이었다. 미야지마 히로시(宮嶋博史)의 다음 주장은 이를 이해하는 데 매우 중요한 준거가 된다.

> 스스로의 육체 노동을 하지 않았던 양반층에게 그들의 수족인 노비는 불가결한 존재였다. 노비를 소유하지 않는다는 사실만으로도 양반으로서의 사회적 인정을 받을 수가 없을만큼 양반과 노비는 뗄레야 뗄 수 없는 관계였다. ……노비들은 구체적으로 어떤 일에 종사하고 있었을까? 우선 첫째로는 주인인 양반과 양반 가정 내의 온갖 잡일을 담당하고 있었다. 그 중에서도 특히 중요했던 것은 贈答經濟의 관습에 따르는 각종 선물의 운반이었다. 양반이 知人과 친척집을 방문하여 선물을 하는 경우 그 선물을 나르는 것은 항상 남자종이었다. ……두 번째 중요한 임무는 농업노동에 종사하는 것이었다. 權閥 같은 대토지 소유층뿐만 아니라 작은 토지를 소유한 양반도 그 소유지의 농경은 노비가 담당하였다. ……노비가 노비인 이유는 무엇보다도 재산으로 매매될 수가 있었다는 점에서도 상징적으로 드러나듯이, 인격적으로 자유롭지 못한 존재였기 때문이다. 노비는 소유자의 재산으로 간주되었으므로 매매되었을 뿐만 아니라 상속의 대상이기도 했고 독립된 인격으로서 지위를 인정받지 못했기 때문에 그 소유자가 노비를 벌해도 노비가 죽지 않는 한 어떠한 처벌도 받지 않았다. 『쇄미록』의 1597년 6월 26일 條에 오희문의 남자종이었던 漢卜이 도망친 사건이 나온다. 게다가 漢卜은 혼자서만 도망친 것이 아니라, 오희문이 소유한 여자종 한 명을 데리고 다른 사람의 말까지 훔쳐 도망쳤다. 오희문은 즉시 뒤쫓는 사람을 풀어 漢卜 일행을 곧 붙잡았는

데, 오희문은 漢卜에게 杖 80대를 흠씬 치고 그를 관가에 인도한다. 관가에 압송된 漢卜은 감옥에 갇히고 고문 기구가 채워져서 사망해 버린 것이 사건의 전말이다. 이 경우에도 오희문이 漢卜에게 체벌을 가한 것은 법적으로 아무 문제가 되지 않았다. 노비의 지위는 이처럼 비참한 것이었지만, 그러나 이 비참한 면만을 강조하는 것은 금물이다. 노비는 다른 면에서 몹시 꿋꿋하게 살아갔고, 그 지위를 향상시켜 갈 가능성을 간직하고 있던 존재였다. 이 양면을 보지 않으면 조선시대 노비상을 제대로 파악할 수 없을 것이다. 노비들의 强靭함, 성장 가능성의 원동력은 무엇보다도 그들 다수가 가족을 형성하고 있었고, 또한 스스로 독립된 경영을 하고 있었던 데에서 구해진다. ……노비는 인격적으로 자유가 없었지만 자기 토지를 소유하는 것이 허용되었고, 그것을 매매하거나 자손에게 상속하는 것이 법적으로 인정되었다. 노비 신분이면서도 광대한 토지를 소유했던 사람의 예도 많이 알려져 있다. 노비는 토지를 소유하거나 빌려서 이처럼 자신의 농업을 경영했을 뿐만 아니라, 商 행위도 하고 있었다. 『쇄미록』에는 노비들의 게으름과 '不正'에 대한 오희문의 불만과 분노를 기록한 것이 무수히 보인다. 노비를 이용한 농사일의 낮은 효율, 시장에서 사고팔 때 생기는 상품의 감소, 가격의 허위 보고 등 오희문에게는 머리 아픈 일의 연속이었다. 이런 게으름과 '不正'은 노비 같은 부자유 노동자에게는 필연적인 것인데 ……그들도 자기 자신의 경영에는 게으르지 않았다. 따라서 양반과 노비의 관계를 일방적인 지배와 복종의 관계였다고 보아서는 안 된다. 양반층에게 노비란 어떤 의미로는 방심해서는 안 될 존재들이었는데, 그런 관계의 根底에는 자신들의 지위를 향상시키려는 노비들의 집요한 노력이 있었다는 점을 놓쳐서는 안 된다. 양반과 노비의 관계가 가장 긴장되는 경우는 노비가 도망을 기도할 때다. ……양반들은 엄한 처벌로써 이에 대처했지만, 집요한 추적에도 불구하고 도망쳐 버린 노비들도 많이 있었다. 도망에 성공한 노비의 경우도 16세기 당시에는 다른 지역에서 다시 다른 사람의 노비가 되는 것이 일반적이었다고 생각된다. 따라서 도망이 바로 노비의 신분 해방을 의미하는 것은 결코 아니었지만, 조선 후기에 들어와서도 執拗하게 반복된 노비의 도망은 곧 노비제를 붕괴시킨 큰 요인 중의 하나가 되었다.[33)]

---

33. 미야지마 히로시(宮嶋博史) 지음 · 노영구 옮김, 『양반: 역사적 실체를 찾아서』(서울: 강, 1996), pp. 160-167, passim. [原題: 『兩班-李朝社會の特權階層』(中央公論社, 中公新書 1258番, 1995)]

이 정도의 상황이라면 그보다 훨씬 못한 조건에서도 살아남아야 했던 집단의 삶의 모습이란 여러 가지로 상상 가능할 것이다. 무엇보다 인신매매와 상속이 가능했고 제한적이지만 토지소유와 그 면적 확장의 길이 열려 있었으며 행운의 요인과 결합할 때 '면천 · 속천'의 경로까지 신분상승의 기회로 이어질 수 있었음은 평생을 신분의 굴레에 갇혀 살아야 했던 천민들보다 훨씬 행복한 모습일 수 있었기 때문이다.

히로시의 분석에 담긴 유의미한 항목은 바로 조선노비 일반에 대한 기왕의 부정적 감상주의가 그들 전체의 삶의 실상을 이해하는 데 별다른 도움이 되지 않는다는 의외성에 있다. 조선의 노비들에게는 척박한 삶의 조건과 억압적 상황을 '타개 · 개선'할 만한 자율성과 비공식적인 사회적 승인(혹은 默認) 관행이 기형적으로 열려 있었다는 해석 말이다. 물론 이 같은 예외적 해석에도 불구하고 노비는 노비였을 뿐, 노비가 양반으로 격상될 수 있는 혁명적 경로는 아예 닫혀 있었고 일부 노비의 도주와 신분상승의 사례가 실질적 해방의 계기로 굳어질 수는 없는 노릇이었다. 오히려 그들 몇몇의 면천은 극히 예외적인 행운의 요소와 약삭 빠른 자기중심적 행동의 성공적 결합이었을 뿐 '공 · 사' 노비 전체의 정치적 자유와 경제사회적 평등을 담보하는 희망의 신호는 결코 아니었기 때문이다.

물론 천민집단의 직종 특성상, 기녀와 백정도 가정을 꾸리고 나아가 처절한 노력을 통해서라도 간신히 신분이동 경로에 편입되는 경우도 있기는 있었다.[34] 하지만 그들을 비롯한 '공 · 사' 칠팔천 다수가 노비의

34. 기생의 가족 개념이 여염의 부부나 처자, 혹은 가정단위의 그것과 반드시 같았을 리는 없었을 것이다. 특히 다른 직종과 달리 끝없이 남성고객을 상대해야 했던 기녀의 입장에서 자신이 남편으로 맞아들여야 했던 자와 일상적 가족으로 '관계'를 유지할 수 있었을 것인지는 의문이다. 다만 분명했던 것은 그들도 일부 특정 남성을 남편으로 맞아들였다는 사실 그 자체이고 기형의 모습으로나마 가정을 가질 수 있었다는 점을 역사로 인정해야 한다는 점이다. 이에 관해서는 다음 참조할 것. 玄文子(1972), 앞 논문, pp. 74-76, passim: "妓夫는 크게 둘로 나누어 볼 수 있다. 즉 士大夫로서 妓를 籍에서 빼내지 않았을 때 그는 妓夫로서 국가에서 필요로 할 때는 언제든지 참가시킬 의무가 있다. 또

경우처럼 이동과 상승의 상대적 자율성을 누렸다는 기록은 쉽게 발견되지 않는다. 그들은 그들끼리 통혼하거나 재산의 일부를 나눴고 운명적 신분 세습의 굴레를 불굴의 의지로 뚫고 생존해야만 한다는 절박성을 공유하고 있었다. 한전과 시혜적 수준의 봉토를 부여받고 만족할망정, 그들 대다수가 일반 백성들 속으로 흡수, 확산될 만큼 조선사회가 탄력적이었다는 증거를 우리는 갖고 있지 않다. 바로 이 점에서 노비들이 누린 상대적 자유는 비참함과는 다소 거리가 있었고 극한의 상황을 누비던 자들의 절박함이란 오히려 극천민 부류에서 우러나오고 있었다.

무당은 당채를 떠날 수 없었고 갖바치는 피장(皮匠)의 수모와 백정의 울분 모두를 평생 끌어안으며 굽히고 살아야 했던 특정의 천민이었을 뿐, 길이 보인다 하여 양반으로 편입되거나 지배권력의 중추로 다가설

하나는 소위 기둥서방이라는 것이다. 士大夫로서의 妓夫는 妓가 주로 경제적인 원조를 받으며 기둥서방인 경우 대부분 그들이 낮은 신분인 大殿別監 各宮의 '廳直이'들로 이들은 妓의 身邊保護를 맡고 있었다. ……官員의 경우 妓生은 房妓 守廳妓로 봉사하는 것이고 이를 妓夫로 다룰 수는 없다. 그러나 妓를 率畜하고 있으며 妓案에서 빼지 않았으면 士大夫도 妓夫가 되는 것이다. 그런데 이 妓夫는 李朝末에 와서 기둥서방이라 불려지는 한 사회계급이 형성되니 이가 四處所 오입쟁이다. …… 李能和氏의 말을 인용하여 보면 各殿別監 捕盜軍官 宮家廳直이 및 武士는 소위 四處所 外入匠이라 하는데 이들이 選上妓를 취하고 혹은 外方에 가서 妓를 뽑아 京에 와서 집에다 두고 內醫院이나 尙衣司에 籍을 넣어 女樂으로서 奉公하고 집에서는 妓業을 행하도록 하여 妓生하면 兩房(尙房과 藥房) 妓生을 말하고 妓夫하면 반드시 四處所였다. 그러므로 妓夫도 大殿別監이 가장 많았다고 하고 있다. 그런데 高宗末年에 이 四處所 오입쟁이가 妓夫로 있는 妓는 다 京城妓로 이들은 첫머리에 妓夫를 넣어 朴武鄕의 妓 梅月 金春成의 妓 杏雲 등으로 불려지고 있었다. 반면에 平壤妓 등 地方妓들은 잦은 進宴에 참가했다가 돌아가지 않고 남아 있어 妓業을 하는데 이들은 夫가 없으니 無夫妓로 불렸으며 號稱할 때에도 平壤妓 李錦仙 慶州妓 權錦玉 등으로 불렀다. 이상으로 볼 때 妓夫는 某甲과 組合의 前近代的인 형태였다고 볼 수 있으며 某甲이란 쉽게 말해서 抱主와 같은 것으로 한 某甲 밑에 수십명씩의 妓를 거느리고 다섯 명에 하나꼴로 波子를 두어 誘客과 娼妓의 잔심부름을 맡게 하였다. 이것이 더욱 近代化되고 組織化된 것이 妓生組合이었고 券番이었다고 볼 수 있다."

수는 없었다. 뿐만 아니라 지주나 관료의 삶의 양식을 '공유 · 모방'조차 할 수 없었다. 이러한 폐쇄적 긴장구조가 왕조 말기까지 이어졌다는 사실은 달리 놀랄만한 일도 아니었다.

이처럼 천민집단 특유의 폐쇄적 지탱은 위의 두세 직종뿐만 아니라 사당패(남 · 녀)와 유기장, 광대와 재인 등 최하층 신분 전체에 같이 적용되는 문제였다. 따라서 노비 신분의 사회적 유동성과 삶의 참상이 의외로 탄력적일 수 있었던 데 반해 천민들의 경우 변신과 속처의 이탈을 꿈꾼다는 것은 극히 어려웠다. 여기서 다시 한번 노비와 천민 사이를 흐르는 역사의 긴장을 읽게 된다. 비록 확연한 구분이나 두드러진 모습을 갖는 것은 아니었지만 유동성의 폭과 깊이 그리고 직능 세계에서 그들 사이의 차이는 엄연했다.

이러한 경계의 중첩과 역할의 극적 대비를 아우르는 포괄적 신분용어로 노비 일반과 천민은 보다 세목화될 필요가 있다. 이 작업이 분명하게 이루어질 때 사회 역할과 직능의 이해가 가능할 것이고 나아가 신분의 비교 또한 분명해질 것이다. 이를 위해 <표 3>은 중요한 기준이 된다. 특히 조선 사회계층의 구성비를 인구와 통계의 분포비율로 보기보다 외형적 신분이나 그에 따른 정치경제적 역할로 분할할 때 대구분법은 중요한 잣대가 된다. 이준구는 기왕의 연구를 통해 축적된 신분구조 분류의 대강을 다음과 같이 체계화하고 있다.

필자와 같은 시각은 신분구조를 세목화할 때 다시 드러난다. 바꾸어 말해 그들 사이의 경계는 웬만큼 자세히 들여다보지 않으면 잘 보이지 않을 만큼 여러 겹의 정교한 외피로 둘러싸여 있다.

노비와 천민을 가르는 경계선에 렌즈를 들이대는 작업은 사실상 양반의 세습과 그 현대적 변용[35]을 다루는 일보다 훨씬 어렵다. 그것은 우

35. 이에 관해서는 다음 참조할 것. 허권수 · 정진상, 「양반문화의 변천과 현대의 양상: 산청군 신등면 법물리 상산 김씨 가문의 경우」, 지승종(外) 지음, 『근대사회변동과 양반』(서울: 아세아문화사, 2000), pp. 123-181; 김준형 · 정진상, 「양반문화의 해체과정과 잔존양상: 단성지역 안동 권씨 우천공파와 성주 이씨 동

표 3. 조선사회 신분구조의 기존 분류36)

區分	諸 家	身 分·階 層	職役集團類型	
三分	四方博	兩班, 常民, 奴婢		14類
	金容燮	兩班 A·B, 平民 A·B		
	鄭奭鍾	兩班, 常民, 奴婢		
	崔在錫	兩班 A·B, 常民, 賤民		
	盧鎭英	兩班, 平民, 賤民		
	金錫禧 朴容淑	兩班, 常民, 奴婢		
	韓基範	兩班, 平民, 賤民		
四分	韓榮國	兩班 A·B, 中庶 A·B, 平民 A·B·C, 奴婢 A·B·C		10類
	李俊九	兩班, 中人, 常民, 奴婢		
	井上和枝	兩班, 準兩班, 常民, 奴婢	支配層·被支配層	
五分	韓榮國	兩班, 準兩班層, 吏胥層, 良人層, 良人(賤役)·賤人層, 奴婢	支配層·被支配層·從屬層	17類
	武田幸男	兩班, 準兩班, 中人, 常民, 賤民	上層·下層·隷屬層	10類
	金錫禧	兩班, 準兩班, 中人, 常人, 奴婢		
六分	全宇哲	兩班, 準兩班, 中·吏胥, 良人, 身良役賤·奴婢	支配層·被支配層·從屬層	20類
七分	朴性植	兩班, 準兩班, 軍官·鄕吏, 色人(軍·保·匠)·良人(軍·保·匠), 良·賤(官屬 및 保), 良·賤人, (雜), 奴婢	支配層·被支配層·從屬層	17類
	金泳謨	兩班, 準兩班, 中人, 良人, 賤役良人, 賤人, 奴婢		

곡공파를 중심으로」, 같은 책, pp. 213-271.

36. 李俊九(1993), 앞 책, p. 8에서 재인용.

선 하층민에 관한 기록과 진술한 고백의 형식이 양반과 지배계급의 그것에 비해 턱없이 부족하기 때문이다. 이는 굳이 후대에까지 자신들의 처지를 알리게 하지 않으려 했던 노비 내면의 사회심리와 또 이 같은 상황을 구태여 뒤집고자 애쓰지도 않았던 지배계급 일방의 기록문화에 그 책임의 대부분은 돌아간다. 따라서 양반과 지배계급이 쓴 노비와 천민의 세계를 토대로 집단의 행적과 개인 단위의 역사까지 추적(혹은 推論)하는 과업에는 늘 일정량의 의문과 긴장이 뒤따를 수밖에 없다.

게다가 양 계층의 성 역할 분화라는 문제의 규명은 그렇게 단순한 일이 아니다. 그 역시 언제 어디서 어떤 모습으로 성비가 갈라지는지 추적하기란 거의 불가능에 가깝다. 이것은 극단적인 남존여비 풍조가 하층민의 문화 관행으로까지 확산된 당연한 결과였다. 노비를 비롯해서 천역과 잡역 전반의 신분질서가 최소한 그 확실한 차별과 경계의 맥을 유지하는 조선 중기까지만이라도 그 맥락이 포착된다면 이 같은 작업의 인프라는 다져질 수 있겠으나 문제는 그렇게 간단치 않다. 오히려 그들의 윤곽은 신분질서의 동요가 본격화하는 조선 중기 이후에 이르러 모습을 드러내는 형국이었다. 그리고 무엇보다 인구의 산정조차 과학적으로 이루어지지 못했던 과거를 감안할 때 이동과 변화의 문제는 그만 두더라도 역사 속 어느 한 시기의 실체 규명조차 어려웠던 기왕의 사정을 알게 된다.[37]

37. 조선의 기록문화가 얼마나 폭넓은 통계적 정확성까지 갖추고 있었는지는 의문이다. 물론 正史의 기록에 따른다면 명확히 남겨야 할 사실들과 그렇지 못한 부문간의 불균형은 비교적 분명하다. 그러나 후대의 연구를 위한 기초 사료로 예를 들어 연도별, 지역별, 성별 인구통계의 증감이라든지 계층별 인구변동의 정확한 데이터 확보는 의외로 빈곤했다. 『실록』의 기록 또한 당대 현실의 객관적 묘사와 사실 보존에 주력했다는 점에 먼저 주목하게 된다. 여기서 비롯되는 한계는 실록의 주변 자료를 통해 국내학자들의 후발 연구나 추정에 따라 보완되기도 했지만 오히려 재일사학자나 강점기 조선시대 일본사학자들의 개별 추적에 의해 극복되어 나갔다. 예를 들어 조선 후기 大邱 戶籍臺帳에 나타난 계층별 인구이동과 변화의 추이를 살핀 시카다 히로시(四方博)의 경우나 이를 근거로 양반 연구에 힘을 더하고 있는 미야지마 히로시(宮嶋博史) 등은

가령 역대 군주 어느 시기든 천민집단과 노비의 사회적 편차에 유념했다든지 혹은 그들에 대한 부의 분배와 처우 개선에 신경쓰고 있었다는 기록은 찾기 힘들다. 뿐만 아니라 천민들의 공간 이동이나 신분질서의 동요를 공간별, 시기별로 정밀하게 파헤친 공식 기록 또한 발견하지 못한다. 그것은 애초부터 찾지 못할 이유가 따로 있었기 때문이 아니라 아예 원천적으로 그에 관한 관심이 없었다고 보는 편이 사실에 한층 가까울 것이다.

권력 변화의 촉수이동과 기득권 옹호의 전략수립, 그리고 경쟁진영의 반응 예측이 최우선의 관심사였고 나아가 주상의 심중을 읽으며 기민하게 대처해야 했던 권부의 입장에서 천민의 존재란 그저 막연한 조선사회의 말초 단위에 지나지 않았기 때문이다. 하물며 역사의 기록 안에 왜 여성 백정 항목과 사당패의 남녀 분화가 상세히 들어 있지 않았는지를 묻는다는 것은 그야말로 무리였다.

조선사 연구에서 배제되어 있던 계층 연구와 천민에 관한 접근법 가운데 가장 기초적인 작업은 노비 항목까지 아우르는 미시사료를 다시 면밀히 탐색하는 일이다. 무엇보다 그들의 직능을 파악하고 이어 신분의 부각을 통해 사회세력으로 그 존재를 드러내는 일은 중요하다. 아울러 그들이 역사 전개에 따라 변모하는 전체 양상을 짜임새 있게 조망할 때 역할의 성격 또한 일정한 모습을 갖출 것이다.

<표 4>는 실록에서 언급되고 있는 천민 직종 가운데 백정과 기생(기녀)직을 제외한 아홉 가지[38] 직역의 거론 횟수를 군주별로 재구성해

이를 잘 대변한다. 이에 관해서는 미야지마 히로시 지음・노영구 옮김(1996), 앞 책, pp. 254-261. 일본인의 양반 연구로는 다음 역시 주목할 필요가 있다. Fujiya Kawashima, *What is Yangban?: A Legacy for Modern Korea*(Seoul: Yonsei University Press, 2002). 이와는 별도로 정석종의 경우는 국내 연구자 가운데 미시분석을 대표하는 좋은 예다. 그의 다음 연구 참조할 것. 『朝鮮後期社會變動硏究』(서울: 一潮閣, 1990), 第2部.

38. 아홉 가지 준거를 차용하는 데 특별한 이유는 없다. 물론 '공・사천'이라는 광의의 기준과 칠종천인이라는 보편의 분류가 있지만 여기서는 앞서 예시한 김중섭의 준거, 즉 '七般公賤・八般私賤'의 분류방식과 그 포괄성에 다시 주목

본 것이다. 이 표의 역사적 특징은 무엇일까. 우선 언급 횟수의 순위를 단순 대비해 보더라도 그 시기는 개혁군주 집권기에 집중되고 있다는 사실을 알게 된다. 형식논리만을 기준으로 천민집단의 객관적 삶의 조건을 그대로 묘사할 수는 없을 것이다. 그러나 당대의 기록문화나 그 한계를 감안하더라도 군주별 언급 횟수가 극심한 기복과 통계의 편차를 보이고 있다는 사실은 천민의 개별 직종 어느 한 영역이나 집단 전체의 고르지 못한 관심을 그대로 반영한다.

개별 사례와 집단적 관심대상으로 그들에 관한 언급 유형이나 내용은 뒤에 자세히 살펴볼 것이다. 예를 들어 간통과 절도, 도주와 일탈, 모반과 항변, 배반과 저항 등 극단의 정치사회적 역류가 발생한다든지 이들의 이상기류를 감지한 지배세력의 극단적 금압과 경계의 권고가 기록의 주류를 이루고 있음은 그들의 폭력적 잠재력과 집단의 힘이 시기별로 어떻게 부침하고 있었는지 깊이 관련된 문제였다.

백정과 기생(혹은 妓女)을 제외한 7, 8종 천역의 언급이 세종조에 절정을 이룬다는 사실은 당대 유민들의 극심한 증가와 천민집단을 포함, 백성 전반의 사회경제적 피폐와 깊은 관련이 있었다. 뿐만 아니라 민중 전체에 관한 세종 본인의 남다른 애정과 상황 개선을 독려한 정책적 배려가 있었기 때문이다. 그것은 정치 불안정과 사회 무질서 못지않게 '가중·심화'된 자연재해의 중첩이 민심의 극단적 이반으로 연결되지 않기를 바랐던 지배권력의 구상과 맞닿은 것이기도 했다. 성종조까지 이어진 간단없는 정치사회적 제도화 추진과 다른 한편, 경제안정과 질서도모라는 두 가지 목표를 동시 달성하려는 과업은 의외로 힘든 일이었다. 그러면서 동시에 신분질서의 확연한 구축이 평화적 정치변동 기류와 자연스레 조화될 수 있도록 사회구성단위 모두를 통합시킨다는 것 역시

하고자 한다. 다만 직종은 같으나 호칭이 달랐던 두 경우로서 무녀와 무당, 광대와 재인 등을 모두 倂記함으로써 전체 종수가 늘어났음을 미리 밝혀둔다. 뿐만 아니라 광대 역시 倡優나 俳優人 혹은 伶人 등으로 불렸던 점에 유념하여 이들 직종의 경우 모두 광대에 포함시켰다.

표 4. 『조선왕조실록』 중 역대 군주별 천민 언급 횟수 대비

군주별	갖바치	巫女	巫堂	楊水尺	禾尺	광대	才人	捕卒	驛卒	계
태조			3		2		2		1	8
정종		2			1		1			4
태종		14	21		12	3	12		2	64
세종	1	37	74		17	17	55	1	4	206
문종		4	3	1					1	9
단종			3		1		3			7
세조		7	7		7	2	17		1	41
예종			1	1			2		2	6
성종		10	21	1		5	31		16	84
연산군		9	12			5	16		16	58
중종		16	40	1		12	35	1	28	133
인종		1	1							2
명종		4	11			3	2		18	38
선조		5	8			3	6	1	38	61
광해군		16	45			16	15	2	28	122
인조		5	10			1	1	1	16	34
효종			8					1	2	11
현종		4	4					2	15	25
숙종		24	26			6	2		16	74
경종		1	3			1	1		2	8
영조		13	26			1	2	18	19	79
정조		15	17			12	3	8	14	69
순조		5	8					5	4	22
헌종										
철종								1		1
고종			24			12		15	3	54
순종										
계	1	192	376	4	40	99	206	56	246	1,220

만만한 일은 아니었다.

세종조 이후, 천민집단 언급 횟수가 조선 후기에 이르도록 착실히 줄어들고 있다는 사실은 신분질서의 동요와 아래로부터의 정치적 변화기류를 완만하게나마 잘 말해 준다. 언급의 성격과 내용이 근본적으로 지배계급을 위한 복무과정상 발생한 예외적 사건이나 당시로는 충격적 일탈 현상에만 국한되고 있음에 주목할 때 실록상의 직종 기록이—그것도 실명의 거론보다는 불특정 다수의 집체적 표현으로—사건과 사건 이면의 실상을 그대로 반증해 주지 못하는 것 또한 사실이다. 그러나 실록을 빼고 나면 그나마 믿을 수 있는 통계의 인프라는 전혀 없다는 데 다시 주목하게 된다.

천민에 관한 집약적 논의 시기가 개혁군주 집권기와 일치하고 있다는 사실은 어디까지나 이에 관한 군주 본인의 의도와 이를 읽고 뒤따르려 했던 지배세력 전반의 정책적 배려가 직·간접으로 마주했던 결과였다. 언급의 계기는 비록 모두 달랐어도 집단 개념으로 천민들이 대상화되거나 권력부문의 관심사로 부각되는 시기는 '중종(133) - 광해군(122) - 성종(84) - 영조(79) - 숙종(74) - 정조(69) - 태종(64) - 선조(61) - 연산군(58)'의 집권기 순으로 나타나고 있고 이어 곧 고종(54)이 뒤를 잇는 형국이었다.

이들 모두는 개인적 역사 평가의 실질적 무게나 우열을 떠나 모두 사회정책과 개혁의 향방을 신중히 고뇌했던 인물들이었고 조선 전·후기 사회변동과 관련, 통치 차원에서 일정 지분의 책임과 관심을 공유했던 군주들이다. 특히 광해군 당대의 양안(量案) 정리 문제와 정조대의 서얼 혁파 방안, 그리고 왕조 초기의 신분질서를 확립하기 위해 고민했던 개혁 군주들의 집권기 모두가 이에 포함된다는 사실은 이 점을 더욱 분명히 해준다. 상위권 열 명에 이어 고종대의 천민 논의가 다시 본격화한 것은 역시 억제할 길 없었던 민란의 도미노와 깊은 관계가 있다. 굳이 동학의 창도나 포교의 역할에 기대지 않더라도 19세기 신분질서의 동요가 천민의 정치사회적 불만이나 공격심리의 밑바닥까지 뒤흔들어 놓았음은 이미 주지의 사실이다. 다만 그들의 저항과 이를 담아내는 행동양식이 정서적 센티멘탈리즘이나 감각적 흥분 차원을 넘어서거나 이데올로기적으로 여과되지 않은 채 단순한 폭거 형식을 밟음으로써 즉발적 대응의 성격을 크게 뛰어넘지 못했음은 치명적 한계였다. 그러나 봇물처럼 치솟는 하층민의 상향식 저항은 그 혁명성 여부와 달리 관심을 끌기에 충분했다.

그것도 농민을 주축으로 하는 양민세력과 체제에 불만을 품고 뜻을 펼치지 못하고 있던 소외세력 다수가 정치적 자유마저 누리고자 몸부림쳤던 흔적을 찾을 수 있음[39]은 천민 해방이 멀잖았다는 기대와 희망의 상징으로 받아들여질 수 있었다. 여기서 그들의 저항이 보다 조직적이거나 체계적 동원의 자율성을 갖지 못했다든지 주변 양민들과의 정치사회적 연대에서 여전히 원시성을 벗어나지 못하고 있었다는 등, 그 같은 한계는 여기서 더 이상 파고들어야 할 이유로 작동하지 않는다. 왜냐하면 그 문제는 마치 천민과 노비의 역할 갈등이 함축하는 경계의 추상성만큼이나 애매하고 근대 한국사의 항상적 모순의 핵인 양 반복해서 다루어졌기 때문이다.

양민의 정치적 저항이 역사의 두드러진 대목으로 부각될 수 있는 정도나 실제 현실 변혁의 담보분보다 천민의 항거가 불러일으킬 수 있는 상징성은 그보다 몇 배 더 컸다. 그러나 천민의 상향식 항거가 양민의 체제 불만적 정치심리와 결합, 확산될 수 있었던 19세기 말까지 고작해야 주인에 대한 개인의 불만 표출이나 이변과 일탈의 행태로밖에 비쳐지지 않았던 이유는 무엇일까. 이 역시 지배세력에게는 이 정도로 사회의 기틀이 무너지진 않을 것이며 그것은 단지 경계와 교훈의 계기이거나 예외적 사건의 하나일 뿐이라고 받아들여지고 있었다. 뿐만 아니라

39. 동학농민혁명의 전체 진행 국면에서 '보은취회'가 갖는 정치성은 이 점에서 특이하다. 그것은 흔히 남접과 북접의 노선갈등이나 정치적 대응전략의 차별성을 논의할 때 거론되는 사례 정도로 인식해 왔지만 사실상 집회에 모여든 세력의 면면은 매우 복합적이고 그 동기의 이면 역시 적잖이 다양한 심리적 박탈감에 뿌리를 두고 있었음에 주목할 필요가 있다.

엄벌과 징치의 효과가 기왕의 자발적 복종체제를 한층 강화할 것이며 나아가 공포효과의 확산이 사건의 사회적 충격을 해소시킬 것이라고 기대하는 수준에서 정치적 생활세계는 적어도 외형상 다를 것이 없었다.

그러나 이 같은 충격의 계기가 잦은 민란과 유사 변란으로 연계되고 있었음은 실록에서의 천민 언급 횟수가 갖는 정치적 부침 논리와는 다른 문제였다. 여기서 새삼 두드러지는 사항은 천민들의 저항이 양민과 중인 이상 민중부문이 갖고 있던 인습의 틀을 깨버릴 만큼 강력한 파괴력이나 실질적 정치폭력을 동원하지 못했고 결과적으로 국가 위기가 심화될 때까지 체제 이반이 '이완·지체'되고 있었다는 점이다. 나아가 이 같은 체제 일탈이 양인과 농민 등 기층 민중의 저항을 이끌거나 확산시키는 계기가 되기보다 오히려 그에 '편승·돌출'하는 기형성을 보임으로써 모처럼의 계층간 연대투쟁 기회마저 식민지를 요구하는 외생적 폭력구조에 그대로 흡수되어 버리고 말았다는 데 역사의 아쉬움은 증폭된다.

그러나 다른 한편, 이같이 완만했던 천민들의 정치적 의식화란 것도 결국 개혁군주들의 상대적 관심과 정책적 배려에 따른 자신감의 결과로 이해할 수 있을 것이다. 정치변동론 일반에서 언급하고 있는 것처럼 그것은 저항과 일탈의 시기가 억압의 정도나 전제적 폭력의 실제 사용 시점과 일치하지 않고 오히려 과거 권력의 한계와 오류를 자각하고 그에 따른 모종의 개혁 필요성을 '계몽·전파'하려는 변화의 역사적 개막기와 친화하려는 경향을 갖는다는 사실과 긴밀하게 맞닿는다.

비록 속박으로부터의 해방과 독립적 이반의 조건을 독려하려는 조치는 아니었다 해도 천민들을 점차 기존 신분질서 안으로 끌어들여 때로 억압하고 때로 회유하며 총체적 일탈을 예방하고자 했던 권력부문의 의도는 적어도 조선 중기까지 성공했던 셈이다. 그러나 지체된 신분질서 개혁은 기왕의 사회불만과 결합하기 좋은 조건이었다. 아울러 이는 왕조국가의 기본을 균열시키고 기존 정치경제적 모순을 증폭, 붕괴국면을 가속화시키는 중요한 변인으로 작동하고 있었다.

그렇다면 직종별 언급순위의 차이는 무엇을 뜻할까? 여기서 흥미로운 점은 자주 언급되는 직종의 성별이 여성으로 집중된다는 점이다. 물론 역졸과 재인, 광대 가운데 남성점유율을 과학적으로 뒷받침할 수 없는 한, 이는 하나의 가설적 전제로 멈춰야 할 것이다. 그러나 무당의 절대 인구와 재인, 광대층의 상당수가 여성이었던 점을 감안한다면 이 같은 전제의 역사적 사실성은 의외로 높다.

특히 기생과 기녀의 경우처럼 무당과 무녀의 예도 분명 중복적이다. 하지만 이렇게 사소한 의미의 차이는 문맥과 전후 뉘앙스 편차에 따라 오르내리고 있었고 이들을 무시하고 보더라도 두 직종의 언급 총수가 '568/1,220'의 압도적 비중을 보이고 있었음은 천민 일반의 직무수행에서 여성 인구의 상대적 우위를 그대로 반증하는 셈이다.[40] 거의 절반에 가까운 언급 비중이 민중의 위무와 기복을 대행한 무속계층에 집중되고 있고 놀이와 흥취의 기능을 '동원 · 유지'해야 했던 광대와 재인 계층 역시 높은 비중을 차지하고 있음은 이들의 사회적 수요와 갈등해소 역할이 적잖았음을 뜻한다.

사회적 직능의 문화 비중이나 잠재적 파급효과, 그리고 그 지탱력은 시기별, 공간별로 극심한 편차를 보이고 있었다. 하지만 이들 상위 언급 대상의 경우 민중 위무의 역할에서 고른 사회적 기능을 담당하고 있고 시기적으로나 지역적으로 빠짐없이 일정한 수요를 형성하고 있다는 점에서 두드러진다. 그것은 한결같이 그들 없이는 체제의 질서유지가 어렵다는 모종의 역설마저 깊이 내면화하는 것이었다. 계층의 높낮이 여부와 관계없이 미래에 대한 불안과 불투명한 현실의 고통을 잊고 정신적 피안의 세계로 잠정적 부유를 꾀하거나 고단한 삶 속에서 순간적 도

40. 여기서 조선 천직 가운데, 기생과 무당의 비중을 통합 추산해 보면 그들의 사회문화적 영향력은 권부의 지배세력이 발휘한 하향식 정치력 이상으로 감흥과 매력을 함축한다. 그것은 즉시적 복종이나 집단적 파괴력을 도모할 만한 정치적 비중을 갖는 게 아니었지만 결코 멀리도 가까이도 둘 수 없는 사회질서의 항상적 유지단위로서 모종의 긴장해소와 문화적 통합기능을 담보하는 대표적 여성천민세력으로 기능하고 있었다.

피를 피하는 데 이들의 도움을 거치는 집단적 유희와 기행의 반복은 강한 문화적 매력이자 충격이었다.

특히 공연과 흥행을 기반으로 삼는 광대나 재인의 경우, 여성 배역과 놀이행위 그 자체는 남존여비의 틀을 깨고 현실의 모순을 희화화하거나 패러디하는 데 매우 좋은 문화적 저항수단이 된다. 무당 역할의 여성성에 깃든 저력이나 그 역사적 지탱의 힘은 그만 두더라도 특정 종교의 정치적 지배력이나 문화적 영향력조차 마련할 길 없던 유교국가 조선에서 이 같은 천역의 여성화는 오히려 돋보이는 현상의 하나로 왕조 말기까지 지속되었다.

지배세력의 홀대와 천시와 달리 하나의 집단이 사회적 직능을 수행하고 일정한 문화적 수요까지 동원하며 역사적으로 지탱해 나갔다는 사실은 신분질서의 높낮이와는 또 다른 쟁점을 이루었다. 여기서 역졸의 우위성은 노비의 항상적인 양반봉사기능과 매우 대조적이었다. 노비의 도망에 따른 추쇄(推刷)조치가 양반들의 물리적 안위 보장을 위한 필수적 조치로 합법화된 것처럼 역졸에 관한 언급이 차지하는 역사적 우위 역시 그들 없이는 지배세력의 기동성과 인적, 물적 교류가 불가능하다는 사회적 동원능력에 있던 터였다. 여기서 포졸의 보조기능 역시 건물의 보위와 그 속에서 행세하고 있는 이들의 집단적 옹위를 위해 누군가 마땅히 치러야 할 고통의 노동을 대행하는 것이었다.

이로써 누군가는 반복해야 했던 하급노동과 그 처량한 역사의 재확인이 가능했던 것이다. 화척과 양수척의 용어사용 빈도가 백정으로 대체 전환되며 잦아드는 시기가 여말선초로 두드러짐은 이미 밝혀둔 바 있다. 다만 <표 4>에 따르면, 중종조에 이르도록 이들 용어는 간헐적으로 사용되고 있었다. 조선 전기에 이들이 재살(宰殺)과 불법적 도륙을 일삼거나 소외된 특정 세력으로서 화전과 수렵을 반복하며 유민의 행각을 멈추지 않고 있었음은 곧 양민과의 사회적 관계를 어떻게 설정할 것인지 고민하게 만든다. 그것은 동화와 격리를 둘러싼 적잖은 논전과 장기적 포용대상으로 궁극적 양성화 정책의 포섭대상이 될 수 있는지 여부와 관련, 여러 문제의식을 낳는다. 여기서 조선 천민의 직업적 적합성 개념은 원천적으로 세습과 사회적 유증의 산물이었다기보다 역사의 결과론적 합리화, 즉 사회집단으로 기정화된 의미를 한결 가까이 내포하고 있었다.

양수척과 화척의 직능 개념이 훗날 백정의 그것으로 대치되는 과정에서 혹은 일상의 민중적 이칭으로 '갖바치'란 용어가 실록 전체를 통해 단 한 차례 공식 언급되고 있음은 매우 이채롭다. 이는 백정이란 용어와 별 차이 없이 통용되고 있던 무의식적 혼용의 결과였을 뿐 그렇게 큰 의미를 반영하는 것은 아니었다. 뿐만 아니라 갖바치라는 용어 자체가 피장이란 직종의 다른 표현이었고 보면 이는 가죽일하는 이들을 특정 직종으로 따로 떼어 부르려 했던 관행의 결과였을 것이다.[41)]

어떤 모습으로 조선의 천민들을 그린다 해도 그들의 집단성을 직업의 양식으로 이해하려면 거기에는 이처럼 긴장과 의미의 도약이 늘 개입하게 마련이다. 직업집단이나 사회적 특정 직역으로 그들의 존재를 합리화시킨다는 일이 얼마나 어려웠던 것인지, 동시에 이미 기정화된 사회집단(혹은 세력)임에도 불구하고 그들을 원천 부정한다는 것이 얼마나 쉽지 않은 일이었는지 다음 인용구는 매우 강한 설득력을 갖는다.

예종 원년 6월 29일, 공조판서 양성지는 국정 전반에 관한 상소 가운데 천역 대목에 이르러 이렇게 아뢴다.

> 告訐을 엄하게 하는 일입니다. ……풍속은 국가의 큰 일이며, 아랫사람이 웃사람을 업신여기는 것은 더욱 작은 연고가 아닙니다. 평시에 이와 같다면 患難을 알 수 있으니, 우선 우리나라의 풍속으로 말하더라도 楊水尺이라는 것은 前朝의 초기에 있었는데, 江都 때에도 또한 있었으며, 才人과 白丁은 忠烈王 때에도 있었는데 공민왕 때에도 있었으므로, 먼 것은 5, 6백년, 가까운

41. 갖바치에 관한 유일한 언급시기가 하필 세종조였던 것은 무엇을 뜻할까? 그것은 단순히 지나가는 언급으로서 예외적 우연성을 반영하는 것일까 아니면 민중부문의 경제 사회적 모순에 관한 당대 권부의 관심을 그만큼 더 부각시키는 것일까?

것은 수백 년을 올라가지 않습니다. 그 絃歌의 풍습과 宰殺의 일은 지금까지도 고치지 않았으며, 심지어 나라 사람들 가운데 도망하여 遼東의 심양으로 들어가서 東寧衛에 속한 자들은 官에서는 중국말을 하고 집에서는 우리나라 말을 하는데, 그 풍속이 바뀌지 않은 것이 이와 같습니다. 대개 守令이란 백성의 부모이고 또한 한 고을의 주인입니다. 본국의 풍속이 官民의 사이에 심히 예의가 있어서 수령이 범한 바가 있으면 죽게 되어도 숨기는 자가 있었고, 근심이 있으면 자신이 대신하여 죽는 자까지 있었습니다. 근자에 이러한 풍속이 크게 변하여 憲司에 告狀하는 것은 태반이 관리가 그 관을 告하는 것이고, 혹은 종이 그 주인을 고하니, 이러한 풍속을 자라나게 할 수는 없습니다. 근일에 下敎하여 특별히 告訐을 금한 것은 진실로 宗社의 다행이며 萬世의 福입니다. 빌건대, 금후로는 自己의 寃抑과 貪暴하고 不法한 일 이외에는 받아서 처리하는 것을 허락하지 마시고, 그 誣告하는 자는 모두 反坐하게 하여, 비록 赦宥를 만났더라도 변방 고을에 옮겨 거처하도록 하여서 풍속을 敦厚하게 하소서. ……1. 牛賊을 금하는 일입니다. ……소는 사람에게 있어서 땅을 갈아서 곡식을 생산하여 주므로 기르는 것이니, 그 소용됨이 지극합니다. 예로부터 우리나라 사람 가운데 도둑질하여 죽이는 자가 많이 있었으나, 근일과 같이 심하지는 않았습니다. 그런데 지난해부터 가죽 갑옷을 감독하여 만들어서 거듭 常用으로 삼게 되니, 비단 도둑질하여 죽일 뿐만 아니라 공공연히 잡아 죽이되, 단지 白丁만이 하는 것이 아니라 良民도 또한 하고, 단지 宴飮에 쓸 뿐만 아니라 평상시에도 씁니다. 이러한 풍습이 날로 성하여 다시 그칠 수가 없으니, 잡은 소의 뼈가 길에 널려서 심지어는 소의 머리뼈를 가지고 다리를 만들어서 작은 시내를 건너는데, 이것이 어찌 都城 아래에서 차마 볼 일이겠습니까? 신의 어리석은 생각으로는 소를 죽이는 것이 비록 나쁜 행실이라고 할 수는 없으나, 반드시 巨家를 도와서 하는 것입니다. 빌건대, 금후로는 도둑질하여 죽이거나 사서 죽이는 것을 나누지 말고 모두 極刑에 처치하여 엄하게 다스리고, 그 切隣·管領으로 능히 알려서 잡게 하는 자가 있으면 그 窩主의 집을 즉시 주고, 이어서 변방으로 옮긴다면 자연히 소를 죽이는 자가 용납되지 않을 것이며, 백성들은 衣食을 얻을 수 있을 것입니다. ……임금이 申叔舟·韓明澮에게 傳敎하기를, "上書한 일 가운데 행할 만한 것에 付標하여 아뢰도록 하라" 하였다.[42]

---

42. 睿宗 元年 6月 29(辛巳)日·『朝鮮王朝實錄』第8輯 393面.

지배계층과 상자에 대한 하층민의 고발을 '경계 · 저지'토록 회유하고 동시에 우적(牛賊)에 대한 사회적 경각심이 고취되고 있었던 것은 다분히 사회불안과 특정 불만세력의 정치적 저항 가능성에 관해 권력부문이 갖고 있던 우려의 단면을 잘 드러낸다. 특히 백정의 세력화 가능성은 노비나 주변부 하층민들의 불만과는 다른 불안으로 집권세력의 부담이 되어 가고 있었다. 그것은 차라리 그들을 어느 일정 공간에 거주토록 유인, 안착시키거나 불필요한 자극과 분노의 원인을 제거해 줌으로써 체제 안으로 끌어들이려는 고민과 연결되기도 했다.

문제는 그들을 바라보는 권력부문 특유의 경계적 시각도 아니었고 분노와 저항의 사회심리를 갖고 있으되 쉽게 행동으로 옮기지 못하는 힘의 한계에 있지도 않았다. 그보다는 오히려 자신들의 삶의 굴레를 버겁게 지탱해야만 살아남을 수 있었던 사회경제적 조건의 고착화 경향, 바로 그것이었다. 이러한 조건의 불변과 그 역사의 지속은 계층의 차별과 내면적 갈등을 한층 심화시켜 나갔고 다른 한편 자신의 귀속공간이 그나마 도피와 위로의 안식처이자 구원의 통로일 수도 있다고까지 자각하게 만든다.

그것은 '현세적(mundane)' 계층 분화와 천직의 구조화 경향을 한층 독려했고 나아가 역사의 변인들과 맞물리며 더욱 뚜렷한 사회적 차별화 현상을 낳는다. 아울러 기왕에 형성된 천역의 직업화와 성적 분화의 계기도 더욱 노골화된다. 노비를 비롯한 하층민중들을 처연한 시각으로만 조준할 때 상당한 해석상의 오류가 있을 수 있음을 경고한 히로시의 지적에도 불구하고 천민의 경우 현실의 척박함과 극도의 소외는 여전히 연구의 힘이자 짐이 된다. 천민들의 거주와 생존의 방식이 이제 체제 이반의 길로 바뀔 수도 있을 것이라는 긴장의 여운은 예종조 이후에도 어김없이 반복되고 있다.

성종 집권 초기, 대사헌 이서장은 다음과 같이 상소한다.

"永安道의 풍속이 옛날에는 도둑이 없다고 일컬어 바깥 문을 닫지 않고 가축이 들판에 널렸었는데, 요새는 도적이 盛行하고 인심이 날로 경박해져 가니, 그 발단을 窮究하여 찾아보면 대개 또한 원인[漸]이 있습니다. 本道가 亂을 겪은 이래로 거기다 갖다 채울 것을 꾀하여 곧 무릇 罪應이 있거나, 행색이 도적과 같은 자나 牛馬를 宰殺한 자를 모두 여기에 돌려보냈으니, 이는 마치 虎狼을 몰아서 羊떼에게 들여보낸 것과 같았습니다. 도둑이 어찌 도둑질을 하지 않을 수 있겠으며, 宰殺하는 자가 어찌 宰殺하기에 쉽지 않겠습니까? 어리석은 백성이 서로 선동하여 점점 번지고 날로 익혀서 强悍한 풍속에다 교활한 도둑질을 겸하였으니, 어찌 朝廷의 뒷날 걱정거리가 되지 않겠습니까? 옛날 고려시대에 契丹兵이 來侵했을 때에 楊水尺들이 모두 앞잡이가 되어 그 害가 자못 심했으니, 뒷날에 만일 변방에 騷擾가 있으면, 이와 같은 무리가 어찌 염려되지 않겠습니까? 말하는 자들이 이러한 것을 관찰하지 못하고서, 죄를 주어 옮길 자가 있으면 반드시 兩界에다가 적용을 하나, 이것이 바로 신이 한심하게 여기는 바입니다. 엎드려 바라건대 전하께서 진념하시어, 지금부터 범죄했거나 凶悍하고 無賴한 무리들을 옮겨 들이어 그 형세를 더하지 못하도록 하여서 그 풍속을 변하게 하소서. ……일의 조목은 모두 이것이 國論의 실마리에서 나왔으며 道路에서 전해 들은 것이고, 간혹 개인의 견해를 말한 것도 있사온데, 비록 감히 다 반드시 옳다고 할 수는 없더라도 또한 감히 스스로 쓸데없다고 생각지는 아니합니다. 원컨대 전하께서 泛常한 것으로써 소홀히 보지 마시고, 猥瑣한 것이라 하여 그저 버리지 않으신다면, 근본을 굳게 하고 백성을 救恤하는 도리가 敵을 제어하고 변방을 방비하는 계책에 반드시 조금의 보탬이 없지 않을 것입니다. ……엎드려 바라건대 전하께서 정신을 유의하여 주옵소서" 하였는데, 임금이 다 嘉納하였다.[43)]

경제적 궁핍뿐만 아니라 정치적 내우외환을 거치면서, 특히 왜호(倭胡)양란 이후 신분제의 극심한 동요가 하층 민중의 삶의 질서를 크게 바꾼 계기였음은 이미 역사의 상식이다. 그것은 인조조 이후 조선 후기 사회변동과 정치변화를 견인한 내부의 동력이기도 했고 그들 서로가 맞물리는 구조적 변인으로 기능하기도 했다. 아울러 이 같은 질서의 변화가 조선 전기부터 태동한 하층민의 불만과 일정 부분 연계, 중첩됨으로

43. 成宗 5年 10月 28(庚戌)日 ·『朝鮮王朝實錄』第9輯 159面.

써 결국 가시적 저항과 이반의 형식으로 구체화되었던 것임도 재론의 여지는 없다.

지배세력에 대한 저항과 이반의 모습은 노비들의 도망으로 나타나기 시작했다. 물론 여기서도 여전히 문제가 되는 것은 용어의 사용이다. 즉 노비와 천민을 직업 개념으로 볼 것인지 아니면 계층적 집단의 이미지로만 파악할 것인지 그 여부에 관한 판정이다. 그들 모두가 집단을 이루고 있었으되, 경계의 구분도 확연하지 않았고 자신들 스스로를 객관적으로 판별할 사회적 장치조차 갖고 있지도 않았던 조건 속에서 그들 사이의 비교란 시작부터 쉽지 않았기 때문이다. 또한 그들 모두가 일정 지분의 정치경제적 이익을 균점하지도 않았고 정액의 보수나 그에 상응하는 보상을 누리지도 못했던 조건을 감안한다면 그 속에서 양 집단의 육체적, 정신적 고통비용을 '산출·대비'한다는 것은 거의 불가능하기 때문이다.

여기에다 오로지 자발적 복종만을 강요하는 지배권력의 권위주의적 사고가 최소한의 봉사를 위한 노동 여건마저 보장해 주지 못할 경우, 기왕의 정치심리적 항력은 폭발의 촉매지점을 찾게 마련이었다. 아울러 경제적 위기와 자연재해까지 겹칠 때 공격적(혹은 폭력적) 행동의 접점은 구체화될 수 있었다. 다만 양 계층의 집단 구분이 모호한 만큼 항거와 이반의 정체 역시 그 경계가 불분명할 수밖에 없었다는 점에서 작게는 도망으로부터 크게는 정치적 변란 도모에 이르기까지 하층민 항거의 주역과 신분의 정황을 드러내는 일은 그만큼 쉽지 않았다.

뿐만 아니라 지배계급 중심의 역사서술을 바탕으로 이들의 행동 경로를 추적하는 일이란 사실상 상상과 조합의 수준을 크게 뛰어넘기 어렵다. 그나마 노비층을 중심으로 한 이탈의 역사를 복원하는 데 최소한의 근거를 탐색한다 해도 천민들의 구체적 이반과 탈주 그리고 저항의 개인사와 그 사회사적 종합을 꾀한다는 것은 더더욱 어려운 과업으로 남는다. 묻혀진 역사로 우리 곁에 남아 있는 천민의 저항사는 그래서 복원의 기초작업조차 도모하기 어렵다.

중대한 도전이라고 생각되는 몇몇 사례[44]와 권부의 직접적 이해관계가 있는 경우를 빼고는 그들의 성과 이름 나아가 성별의 변수 따위는 굳이 기록대상으로조차 떠오를 수 없었다. 하물며 어느 한 사건의 끈질긴 천착과 그 전말 노출을 통해 천민집단의 삶의 질곡을 드러내는 일은 적어도 정사(正史)의 기록을 통해서는 불가능하다는 게 이미 상식이다.[45]

노비를 비롯한 천민집단의 예외적 저항사를 김용만은 이렇게 추적하고 있다.

---

44. 현대식 표현으로 바꾼다면 천출의 저항이란 개가 사람을 문 것이 아니라 사람이 개를 문 것 이상으로 충격적이거나 이례적이었다.
45. 그럼에도 불구하고 90년대 이후 가속화하기 시작한 조선사회사 연구는 적어도 미시사 수준의 추적과 섭렵의 필요성을 절감하고 그 학문적 확산 필요성까지 적잖이 고무시켰다. 다음 글은 그 같은 노력의 일단을 잘 대변한다. 김호, 「100년 전 살인사건, '檢案'을 통해 본 사회사」, 『역사비평』 通卷55號(2001/여름), pp. 303-324. 그는 여기서 개인적 원한과 분노에 얽힌 계층간 갈등뿐만 아니라 인간적 軋轢이 暴力으로 연결, 殺人과 獵奇로 이어진 일련의 사건들을 『增修無寃錄大全』에 따라 해석해 나가고 있다. 적어도 왕조 말기 사회에 內在한 폭력의 유형은 개인간의 私的인 '것'과 鄕村內 集團暴力, 그리고 私的 組織으로서 契와 褓負商·'樵'군을 통한 힘의 행사에 이르기까지 다양한 모습을 띠고 있었다는 것이다. 글의 末尾에 이르러 그가 시도하는 분석은 더욱 흥미롭다. "사적 조직의 폭력은 공권력을 능가하거나 대체하기까지 했다. 법보다 주먹이 가까웠으며, 믿을 수 있는 것은 공적 국가권력이 아니라 향촌에서 기능하고 있는 사적 조직의 힘이었다. ……사회 전반에 넘치는 폭력과 억압의 용인 그리고 사적 폭력의 亂舞는 공적인 법 집행에서도 공공연한 폭력의 남용을 당연시했다. 범인을 체포하는 도중에 살해하거나 투옥 중인 범인을 고문치사케 한 다양한 사건들. 이는 自白을 받기 위해 일정한 拷問이 허용되었던 조선시대의 한 단면을 보여 주는 것이다. ……물론 우리는 이들 檢案資料를 예외적이고 특수한 사례라고 置簿할 수 있을 것이다. 그리고 檢案記錄에 등장하는 수많은 사람들의 진술은 과거의 특별하고 어두운 사람들의 이야기인지라 당시를 대표할 수 없다고 말할는지도 모른다. 그럼에도 진술과 진술의 行間에 그려지는 당시의 사회상과 삶의 모습은 분명 100여 년 전 우리 향촌사회의 한 모습이었다. 그곳에는 국가로부터 그리고 향촌사회로부터 자신을 보호받지 못한 채 폭력과 권력 앞에 노출된 수많은 민중의 고통이 기록되어 있다. 檢案記錄들은 비록 예외적인 것이지만, 오히려 그 속의 일상을 담고 있는 '正常的 例外'임에 틀림없다." pp. 322-324, passim.

公·私奴婢의 도망이 엄청나게 진행되었음에도 불구하고 『朝鮮王朝實錄』에는 이를 강조하지 않고 있다. 특히 노비 가운데 대종을 이루었던 사노비의 도망은 국가·사회에 영향이 적다는 인식하에 더욱 희소한 기록이 있을 뿐이다. 肅宗·英祖年間이 되면 노비 도망이 극심하게 된다. 따라서 국가의 공노비 통제는 한계에 부딪치며 18세기에 들어서는 軍兵·公奴婢의 도망과 사망을 정확히 파악하여 당시까지 자행된 隣徵·族徵을 일체 금하도록 하였다. 이는 국가적 차원에서 보았을 때 이미 조선 전기 노비체제로의 환원이나 노비추쇄 등이 불가능하다는 판단에서 나온 조치이며, 隣徵·族徵의 弊端을 국가가 스스로 척결하려는 것이었다고 보인다. ……다음으로는 극단적인 저항으로서 노비의 殺主, 毆打士族, 訟主(告主), 背主, 奸士族婦女, 作亂 등이 있는데, 이는 실로 국가의 노비법제에 정면으로 도전하는 것이며 綱常과 貴賤分別을 무시하는 것이었다. ……43건의 사건은 거의 전국에 걸쳐 발생하였으며 의도적이었는지 알 수 없으나 弑害당한 사노비 上典의 신분이나 성명이 기록되지 않은 경우가 너무나 많다. 가해한 사노비를 問招하여 그 자백을 받아내고 극형에 처하는 일련의 과정에서 피해자의 신분이나 성명을 모를 리 없다고 보여지기 때문에 기록의 未備는 다분히 명분과 권위를 중시하는 데서 오는 의도적 不記로 볼 수 있을 것 같다. 즉 자기 노비에게 죽음을 당한 것은 개인적으로나 사회적으로 매우 욕된 것이었기 때문에 이름 밝히기를 꺼려했다고 생각되며, 실록 편찬자들의 기본적 인식도 이와 軌를 같이한 결과로 보인다. 이와 함께 殺主, 謀殺主의 事由나 내용이 상세히 기록되지 않은 사건이 또한 많다. 노비와 상전 사이의 갈등은 경우에 따라 천차만별이었다고 보이지만 기본적인 모순구조는 이미 동질적인 것으로 전제되어 있었던 것이다. 노비의 殺主는 上典의 자기노비 살해보다 더 절박한 상황에서 일어날 수 있다고 보며, 다른 대안이 없는 막다른 상황에서 발생했다고 생각된다. 그러나 굳이 弑主의 事由가 사건마다 상세히 서술되지 않았다 하더라도 그 정황만을 짐작하고도 남음이 있다. ……노비의 殺主사건 발생연대를 보면 조선왕조 성립 직후에는 별로 없다가 성종 연간에 접어들면서 많아진다. 그러한 추세는 다소간의 변화를 겪긴 했지만 대체로 숙종 연간까지 이어진다. 그러나 영조 이후 순조 연간에는 급격히 줄어들면서 30 - 60년 만에 한 건이 기록되어 있을 뿐이다. 이런 현상은 어떻게 설명해야 할까? 아마도 영조 연간부터는 노비의 도망이 보편화되고 국가나 개인의 公·私奴婢에 대한 효과적 통제나 推刷가 불가능한 때문이 아닐까 생각된다. 결국 노비의 입장에서 굳이 목숨을 걸고 殺主하기보다는, 보다 온건한 신분상승의 방법을 택했기 때문이라고 보여진다. 그리고 이러한 상황은 노비제의 해체가 보다 급격하게 진행되었음을 보여 주는 것이다. ……많은 노비가 주인으로부터 구타 내지 살해당하였음을 짐작할 수 있다. 그러나 上典의 노비구타는 합법적이어서 처벌의 대상이 아니므로 사료에 언급조차 없으며 노비의 살주보다 훨씬 많았다고 보여지는 상전의 노비살해도 거의 은폐·왜곡되어 버렸음을 짐작할 수 있다. 노비의 殺主가 上典의 노비살해에 대한 보복으로 일어나기도 했던 것이다. ……다음으로 賤人의 士族 구타에 대해 살펴보자. 이는 殺主에 버금가는 강력한 저항으로 자료에는 內需司 奴(豪奴)의 兩班毆打가 나타나며, 私賤의 上典에 대한 구타도 많았겠지만 거기에 대한 기록은 매우 희소하다. 私家의 경우 자기 혹은 타인의 노비에게 구타당하더라도 정식으로 告官治罪하기 전에는 정사에 기록되지 않았을 것이며, 개인적으로 노비에게 구타당하는 사실은 가문의 수치이므로 집안에서 은밀하게 처리해 버리고 기록으로는 남기지 않았기 때문이라고 본다. ……이와 함께 유교윤리를 이념으로 하는 양반지배체제에 대한 또 다른 법률위반 내지 도전에는 奴主相奸이 있다. 上典의 自己·他人婢에 대한 허다한 作妾·相奸을 정상적이라고 보았던 반면, 奴의 內上典 相奸, 士族婦女子 相奸은 綱常과 관련하여 극형에 처하였다. 8대 사건을 대별해 보면 私奴의 自己(他人) 上典妻에 대한 强奸 및 和奸과 불특정 士族女子에 대한 劫掠으로 나눌 수 있다. 奴의 경우 정상적인 혼인관계에 있는 여성이 없어서 상전 및 여타 부녀자를 강간하기도 했을 것이며, 신분을 뛰어넘는 남녀간의 사랑으로 인하여 화간이 이루어졌다고도 볼 수 있다. 혹 혼자 된 士族의 寡婦가 유혹하여 奴·主 相奸이 되는 수도 있었을 것이다. 이러한 奴主相奸, 賤奸貴의 사건이 노비층의 상전(지배층)에 대한 저항의 한 방법이었는지는 기록의 소략으로 분명하지 않지만 적어도 양반지배체제가 강조했던 규범을 위배한 것임은 분명하며, 이러한 측면에서 볼 때 奴主相奸은 양반지배층에 대한 저항의 한 형태라고 말할 수 있다. ……뿐만 아니라 노비들은 京·鄕의 각종 정변사건에도 적극 가담하여 시대의 변화를 선도해 나갔던 측면도 있었다. 公·私奴婢들의 이와 같은 활동은 개별 노비의 상전 살해에 못지않는 강력한 저항으로서 민중이 역사를 주도해 가는 또 다른 측면을 우리에게 보여 주고 있다. 즉 이들의 움직임이 정권의 향방을 좌우하는 경우도 있었던 것이다. ……다만 조선시대 노비층은 혁명적인 방법으로 봉건적 모순구조를 타파하지 못하고 오히려 그 속에서 良人·兩班이 됨으로써 고통을 免해 보려고 했던 한계성 내지 소극성을 가지기도 했다. 그 결과 갑오개혁 이후 일제의 강점기를 지나 1950년 6·25 전쟁시까지도 미세한 정도

였지만 노비제의 잔재가 존속하였던 것이다.[46)]

여기서도 김용만은 노비와 천민의 역할 경계나 직능구분 없이 포괄적 집단으로 이들을 단순 처리한다. 따라서 보다 엄밀히 이들의 행동 패턴을 분류하자면 그 주격은 대부분 노비로 국한되어 있다고 보는 게 한결 타당할 것이다. 뿐만 아니라 노비들의 저항 기록에 유독 인색했던 점을 감안할 경우, 천민집단의 그것 또한 정확한 추적과 분류를 기대하긴 어렵다. 다만 여기에 나타난 기록과 주변 행동의 조건들을 감안, 천착과 상상을 계속할 경우 그 윤곽의 포착은 불가능하지 않을 것이다.

이를 통해 나타난 노비류 천민집단의 저항을 다시 체계적으로 '압축·정리'한 것이 <표 5>다. 이를 토대로 천민의 집단적 항거까지 추론해 보자면 그것은 한결 더 폭력적이고 의외적인 공격성을 반영했을 것으로 보인다. 왜냐하면 그 같은 기이함은 결국 노비들이 겪어야 했던 역사 속의 경험지평보다 훨씬 더 소외되고 핍박받던 인간 이하의 대접으로부터 생각해 볼 수 있는 문제였기 때문이다. 왕조국가 전체를 관통하는 폭력의 질과 부피 총체를 감안할 때 노비들만큼 더 혹독하게 착취당한 대상은 아마 없었을 것이다. 그러나 가령 명종조 임꺽정의 활동과 그에 따른 뭇 도적들의 준동, 광해조의 홍길동 관련 사단과 왕조 말기 민란의 보편화에 따라 사회불만세력의 봉기 속으로 '수렴·확산'된 백정들의 행동양식이나 그와 관련한 천민들의 동조행위는 천민저항사의 분명한 발화지점을 잘 증명해 준다. 이러한 사실들은 가족을 이루어 '의·식·주'의 기본을 해결할 수 있었던 노비들과 달리 삶의 벼랑 끝에서 생명과 체면의 유지 자체가 늘 절박했던 천민들의 삶의 조건 차이만으로도 저항의 당위성은 얼마든지 설명될 수 있기 때문이다.

하층민들의 고알(告訐)과 사법적 쟁송이 권부의 정치적 우려대상으로까지 커지기 시작한 게 예종조를 전후한 조선조 초기부터였음은 이미

46. 金容晩, 『朝鮮時代 私奴婢研究』(서울: 集文堂, 1997), pp. 369-390, passim.

지적해 둔 바 있다. 그러나 노비집단이 이처럼 폭력적이고 공격적으로 저항을 계속했던 것은 결국 신분질서의 해체와 이완이 그리 간단한 문제가 아니었다는 사실을 잘 말해 준다. 비록 조선 후기에 이르러 나타난 현상이었다 해도 그것은 작게는 인간 개인의 정치적 자아 인식과정이었고 크게는 집단적 정치화의 지체가 빚어낸 예측 불가의 민중폭력화 절차를 말해 주는 것이었다. 민중 전체의 참여와 일정한 물리적 폭력을 동반하는 공격성까지 기대할 수는 없었지만 19세기 조선 민란 속에는 이처럼 왕조 전체를 통해 쌓여 있던 극도의 위축감과 그에 따른 보상 및 자기 위무의 복합기제가 여러 갈래로 얽혀 있었다.

우리는 이제껏 노비와 그들을 둘러싼 주변 하층민들의 사회적 포진 양식과 그들이 보인 직능관계가 어떻게 연결, 분화할 수 있었는지 몇 가지 단면들을 살펴보았다. 이를 통해 읽을 수 있었던 것은 역시 신분이란 운명의 논리라기보다 사회 역할의 외화이자 생존 수단으로 이해해야 할 문제였다. 바꾸어 말해 천민은 단순히 일정 인구의 물리적 집합이나 임의적 결사를 뜻하지 않았고 엄연한 직능과 역할로 사회화되어 구체적으로 집약된 이해관계의 틀을 내세울 수 있었던 직역 개념으로 거듭 드러나고 있었다.

표 5. 조선조 '노비 · 천민' 저항의 유형과 권력의 대응

<table>
<tr><th>區 分</th><th>奴 婢(公 · 私)</th><th>賤 民</th><th>支配勢力 對應</th></tr>
<tr><td>暴力使用</td><td>殺主 · 兩班毆打 · 作亂 · 士族毆打 · 奴主(內上典) 相姦(相奸)-强奸 · 劫奪</td><td>作變 · 毆打 (兩班 · 士族)</td><td rowspan="2">極刑 · 陵遲處死 · 斬不待時 · 典刑 · 正刑 · 行刑 · 正法 事件發生地域守令 罷免 · 邑格降下</td></tr>
<tr><td>威脅/迂廻/加虐</td><td>訴訟 · 告發 · 背反 · 上典 婦女姦通 · 奴主(內上典) 相姦(相奸)-和奸 · 竊盜 · 放火 · 誘拐 · 遺棄</td><td>?</td></tr>
<tr><td>自己否定</td><td>逃走(亡) · 自殺 · 同伴逃走 · 同伴自殺</td><td>身分上昇圖謀</td><td>推 刷</td></tr>
</table>

다만 그 같은 사회화 과정이란 것이 불가피한 생존과 호구의 방편으로 민중의 개인적, 사회적 욕구를 정치적으로 합리화한 결과물이었는지 아니면 처음부터 끝까지 의도치 않았던 역사적 행위의 산출물이었는지 그 여부는 여전히 불투명하다. 그러나 이들 집단의 지탱이 끊임없는 적응과 현실로의 편입을 의식한 인간적 노력의 산물이었다는 점과 그 총체적인 역사 맥락은 어느 단계에서든 중요한 문제로 남는다.

천민의 성 역할 분화도 이처럼 천역의 직업화 문제와 따로 떼어놓을 수 없는 문제였다. 따라서 남성천민과 여성천민이 공존해야 했던 기능적 이유와 그들의 집단적 생존 문제도 직접 연관되는 것은 아니었다. 물론 원초적 삶의 문제와 그 조건을 개선하려는 사회적 본능의 주제는 분리할 수 없는 게 사실이다. 그러나 살아남되, 절박한 상황을 거꾸로 활용하여 이를 집단적으로 끌고 가려는 결연한 의지와 자신들의 능력(재주 혹은 技藝)을 결합, 확대 재생산하고자 노력했던 것은 천민의 현실적 고뇌와 그 실상을 대변하는 좋은 잣대가 된다. 이러한 조건의 지탱과 그 사회 전체적 조율을 위해 이들 집단을 직업의 현장으로 이끄는 데 권력의 속내가 결코 빠질 수 없는 또 하나의 변수로 떠오르는 것은 이들 역시 궁극적으로 통치의 대상이었음을 잘 말해 준다.

재인을 중심으로 한 기능직 요원들을 차라리 공적인 전문집단으로 '존치·양성'할 필요가 있다고 인식한 권력의 의도가 새삼 돋보이는 점이나 그것이 하필 세종대였다는 사실은 흥미롭다. 특히 여성천민의 직업화 필요성이나 이를 제도화하려는 일련의 의도가 분명해지는 시점 또한 조선조 초기였다는 대목에 이르면 흥미의 입체성은 더해진다.

세종 25년 9월 16일, 의정부는 이렇게 아뢴다.

> 禮曹의 呈文에 의하여 아뢰기를, "대체로 百工技藝의 일은 나날이 단련하고 다달이 연습하지 아니하면 반드시 精妙한 지경에 이를 수가 없사오나, 慣習都監의 광대와 기생들은 모두 貧窮해서 살아나가기에도 겨를이 없사온데, 심한 추위와 무더위·장마에도 항상 기술을 연습하게 하오면 살아갈 것이 염려되오니, 청하옵건대, 4番으로 나누게 하여 매년 춥고 더운 여섯 달을 除한

외에 2월부터 4월까지, 8월부터 10월까지 날마다 기술을 연습하게 하되, 가르치기를 玄琴·伽倻琴·鄕琵琶·杖鼓·牙箏·奚琴·觱篥·大琴·小琴 등의 樂으로 하여, 能한 자는 다른 재주를 겸해 가르치고, 能하지 못한 자는 오로지 한 가지 技藝만을 가르치게 하소서. 또 모두 歌曲을 가르치며, 唐琵琶 같은 것은 每人마다 배우게 하되, 그 배우는 바를 따라서 각기 스승을 정하여 온전히 敎授하게 하고, 提調가 때때로 그 技藝를 상고하여서 能하지 못한 자는 벌주고, 심한 자는 도로 本役으로 정하여, 만약 교수하는 것이 부지런하지 아니하면 그 스승을 벌하여 징계되게 하오며, 才色이 없는 자는 내보내어 억지로라도 그 고향으로 돌려보내고, 각도에서는 매양 式年을 당하오면 정밀하게 선택해서 그 수효에 보충하게 하오며, 만일 재주가 있다는 이름이 전부터 드러난 자인데, 각 고을에서 붙들고 아껴서 보내지 않는 자는 慣習都監에서 指名하여 일러서 서울로 보내게 하고, 또 雅樂工人으로서 나이 늙고 재주에 성취하지 못한 자는 歇差備라고 칭하는데, 本監에서도 역시 이 例에 의하여 또 歇差備를 설정하고, 나이 20에 이르러도 재주에 성취하지 못하는 자는 모두 여기에다 소속시키고, 才藝를 시험하지 아니하고 매년 많이 출근한 자한 사람도 例에 따라 그 관직을 받기 때문에, 나이 적어서 가르칠 만한 자도 고의로 학업에 힘쓰지 아니하고 스무 살이 되기를 기다리므로, 도리어 큰 폐단이 되었사오니, 이제부터는 모름지기 나이가 40에 차서 다시 재주를 이룰 수 없는 자라야 歇差備에 속하는 것을 허락하게 하고, 또 그 公賤으로 다투어 가며 樂工에 들어가서 本役을 謀避하려는 자가 퍽 많사오니, 청하옵건대, 이제부터는 모두 쫓아내어 도로 본 곳으로 돌아가게 하여 役을 정하고 中外에서 良民 남편에게 시집가서 낳은 자로서 나이 적고 재주에 성취한 자를 그 自願에 의하여 보충해 시키게 하소서" 하니, 그대로 따랐다.[47]

권부의 온갖 금지와 간곡한 권유 속에 흐르고 있던 생각의 핵은 문화정책수립과 운용이 인적 요건의 엄격한 관리와 지탱에서 가능하다는 것뿐이었다. 들고 나는 인원의 선별 문제와 교육시기 및 법제화 필요성을 의식한 제안자의 의도에도 일단 제도와 문화의 단위로 광대를 비롯한 '재인·기녀' 집단을 사회적으로 합리화시켜야 한다는 집단적 기정화의 논리가 담겨 있었다. 따라서 어느덧 왕조의 과도기적 혼란과 표류하는

47. 世宗 25年 9月 16(丁卯)日·『朝鮮王朝實錄』第4輯·509面.

민중 일부의 체제 일탈을 맹목으로 염려하기 보다 통제와 흡수라는 다스림의 차원으로 그리고 천민의 직역 부여와 그들의 자발적 긴장을 독려하는 정책적 유인 통로까지 마련하려는 공식적 사고틀이 세워지고 있었던 것이다.

여기에는 이미 남녀의 구분과 기예 운용의 난이도에 따른 보상구조의 차별성, 그리고 '적응하면 인정받고 위반하면 제재받는다'는 통제와 그에 따른 제도적 공포효과마저 예고되고 있었다. 이 대목은 천민집단에 관한 제도권의 적잖은 언급 가운데 천역의 직업화와 성 역할 분화를 담보하는 매우 중요한 의미를 담고 있었다. 특히 중요한 것은 그 직종이 기녀(재인)든 아니면 단순히 광대든 천직이란 아무나 원한다고 편입되거나 부여받을 수 있는 보편의 직종이 아니라 그에 상응하는 전문적 기능을 수행할 능력을 갖고 있는지 여부로 판가름났다는 사실이다. 뿐만 아니라 그 평가와 심의 주체가 권력이었다는 점은 중요했다. 천직도 능력의 결과물이라는 역설과 그에 따른 일정한 사회 역할 요구는 세습군주국가 역시 그에 걸맞는 분화와 전문화 과정을 필요로 했다는 사실을 잘 반영하기 때문이다.

이러한 간언과 정책 권고는 결국 천직의 사회문화적 정체성 수립과도 연관되는 문제였다. 이는 천민들의 존재를 다시 부각시키고 나아가 그들 모두가 결코 만만한 상대가 아님을 입증하는 좋은 본보기였다. 그것은 누구든 쉽게 들어갈 수 있는 듯 보이는 집단 이미지를 표상하기도 했지만 아무도 함부로 성원이 되기는 어려운 기묘한 성격을 반영하고 있었다. 의정부의 진언 가운데 재주 없는 자들의 잔류 불가방침이나 '헐차비'들의 연령 상한 폭 상승 등의 내용은 결국 기예의 운용과 이를 담보하는 집단적 문화 배후로 당대 천역의 격조를 높이는 실질적 효과를 가져왔다.

정치환경의 변화에 따라 크고 작은 부침을 겪어야 했음에도 그들 집단은 결코 임의로 숨어들거나 그저 하릴없이 머물며 자신의 존재를 호도할 수 있는 맹목의 공간도 아니었고 의도적 변신과 안식의 외피일 수도 없었다. 여기서 거듭 말하고 있는 '그들'이란 결코 동일한 잣대로 동시 측정할 수 없는 직종의 다양성까지 반영한다. 그리고 모두가 같은 역사적 경험지평 위에 사회문화적 정체성과 일정한 격조를 공유하고 있던 것도 아니었다. 그럼에도 불구하고 조선조 초 권부의 정책적 배려대상으로 천역의 주요 단위들이 포섭되고 있음은 그나마 다행이었다. 문제는 지금의 시각으로 당대를 동시 관찰할 수 없다는, 바로 역사적 시차의 한계와 인식론적 차이의 보완 여부로 그 초점이 다시 모아진다. 뿐만 아니라 각종 경험 지표들이 갖는 전근대성과 비과학성(혹은 前科學性)의 모순을 뛰어넘을 만큼 객관적인 준거를 쉽게 동원할 수 없다는 문제와도 다시 부딪친다.

하지만 대체 조선의 천민들이란 구체적으로 누구를 말함인가? 아울러 그들의 시대별 인구 변화는 어떤 모습을 보이고 있었는가? 그들 사이의 경계를 가로지르는 역할 변이와 성적으로 얽혀 들어가는 관계의 변형은 조선사회의 민중토대 전체에서 무엇으로 자리하는 것일까?

기록의 문화가 후대의 연구를 위해 중요한 밑거름이 됨은 어제오늘의 얘기가 아니었다. 특히 『실록』이 차지하는 비중은 이제껏 거의 절대적이었고 또한 이를 '대체 · 능가'할 만한 자료가 마땅히 없는 것도 사실이다. 하지만 당대의 매 군주별 기록과 경험적 근거가 어느 정도 통계적 정확성을 갖고 있는지는 실록의 본원적 가치와는 다른 문제다. 대부분 추산과 짐작으로 경험적 근거를 밝히고 관례적 믿음에 의존하려는 태도가 주류를 이루었음에 주목한다면 조선의 천민 연구에도 정확한 인구 데이터의 추적은 생각보다 어려운 게 사실이다.[48)]

48. 그러나 이 같은 사실이 『실록』 전체를 통해 보편화되고 있는 것은 아니다. 군주별로 서로 달리 겪어야 했던 집권기 전체의 역사적, 정치적 환경 차이에도 불구하고 오늘날의 인구센서스에 해당하는 집계가 나름대로 이루어져 왕조 말기까지 간헐적으로나마 총량 데이터가 제시되고 있음은 주목해야 할 대목이다. 이는 추정 인구의 오류를 상당부분 불식시켜 준다. 하지만 이러한 정확성이 천민 이외의 조선 사회계층 전체에 걸쳐 나아가 그것도 지역, 직능별로까지 세목화되길 기대한다는 것은 극히 어렵다. 오히려 이 같은 문제와 현장 통계 등은

그럼에도 불구하고 다음과 같은 기록이 남겨진 것은 그나마 천민 인구 일부의 추정에 매우 의미있는 일이었다. 비록 그 구체적 직종은 밝혀지지 않았지만 다음 기록은 조선 초기 전체 인구 가운데 그들의 부피가 어느 정도였는지 잘 가늠케 한다.

> 兵曹에서 아뢰기를, "前日의 軍籍은 才人·白丁을 모두 保로 만들게 하였는데, 그후의 受敎에 다시 保로 만들지 못하도록 하였으므로, 守令은 平民 가운데 老弱하여 쓸모없는 자로써 保에 보충하였습니다. 才人이 한 고을에 사는 數는 平民에 비교하여 혹은 3분의 1, 혹은 4분의 1이나 되는데도 홀로 身役이 없고 마음대로 한가하게 놀고 있으니 청컨대 지금부터 그 재산이 實한 자는 諸道의 節度使로 하여금 前例에 의하여 찾아 모아서 保를 만들어 軍額을 채우도록 하소서" 하니 命하여 自願에 따라 保를 삼게 하였다.[49)]

여기서 말하는 재인들의 직종 내역은 구체적으로 추적 불가능하지만 그들 인구가 상당수에 달했으리라는 추론은 얼마든지 가능하다. 이처럼 짧은 인용에 의존하지 않더라도 기록을 통해 빈번하게 반복되는 여러 천직들의 역사 흔적과 이들 전반의 점증하는 정치적 압박만으로도 그 경험적 검증 이유는 논란대상이 될 수 없다. 문제는 왕조 초기의 인구 변화와 후기 민중부문의 정치적 폭발력이 서로 어떤 관계를 갖는지 보다 분명히 그 윤곽을 그려보는 일이다. 동시에 이를 위한 기초작업으로 이제 그 제한적 인구 일부에 관해 분석의 확대경을 가까이 대어보는 일일 것이다.

다시 문제의 소재를 분명히 하자. 조선 천민의 대표적 직종은 무엇이었으며 그들의 삶은 어떤 굴곡과 내용의 부침을 보이고 있었을까? 그들 세계에서 남성과 여성의 성 역할은 어떤 차이를 보이고 있었을까? 그것

향토사 연구자들의 개인 문헌이나 다종다양한 형태로 '발간·유포'된 문집자료에서 발견되며 이들이 실록의 공백을 다른 모습으로 메워 준다는 데 유념할 필요가 있다.

49. 成宗 4年 12月 18(甲戌)日·『朝鮮王朝實錄』第9輯 79面.

은 사회 전반에 퍼져 있던 남성우위의 사고체계와 새로운 갈등의 미시성까지 비추고 있는가? 직종의 유지와 사회적 역할분배 필요성은 진정 조선 천민의 직업분화 촉진과 관계가 있는 것일까?

이들 모두에 관한 흔쾌한 답변은 당장 기대하기 어렵다. 다만 우리는 몇 가지 전제 위에서 이들의 존재가 세력이기 이전, 이미 하나의 광역 집단이었고 단순한 역할과 기능소지자이기 앞서 필요와 욕망의 관리를 위해 교묘히 의도된 수요의 경제사회적 결과물이었음에 먼저 주목해야 했다. 나아가 그들은 권부와 지배세력이라는 또 하나의 힘의 운용 앞에 끝까지 배제될 수 없는, 아니 사실상 가장 먼저 달려오고 제일 늦게까지 남아 보이지 않는 위치에서 암암리에 봉사하고 착취당해야 했던 임의적 사회대상이었다.

그들 가운데 백정과 기생은 누구였는가? 그리고 그 천의 얼굴과 행동의 변화는 오늘 우리에게 무엇을 말해 주는가?

3 『조선왕조실록』과 천민의 인문학: 역사 속에서 살아나는 '그들'

1. 민초의 미시사와 천민 연구

생활사를 중심으로 한 사회사의 기록이 정치사의 압도적 우위를 따라잡지 못함으로써 조선사 연구의 균형이 이루어지지 않고 있음은 이미 새삼스런 얘기다. 특히 민중 일반의 삶의 모습도 모습이려니와 그 내막을 좀더 생생하게 들여다볼 수 있는 분석 잣대나 적합한 렌즈도 없고 기초적 접근 자체를 어렵게 만드는 기록의 빈곤 또한 피할 수 없는 장애요소다. 하지만 예외적으로 역사학의 대중화를 꾀하는 일반서의 출간과 보수적 인식틀을 깨기 위해 학문진영 스스로 노력하고 있는 것도 사실이다.

그러나 이 같은 시도[1]가 역사학 본연의 보수적 흐름을 바꾸거나 합리

1. 사회사 연구의 계통이 아직도 체계적이거나 치밀하지 못하고 특정부문에 관한 기획단계에 머무르고 있어 어느 정도의 상업주의나 센세이셔날리즘과 친화할 수밖에 없는 것도 피치 못할 문제다. 이 점은 정치사 일반이나 경제사의 경우처럼 확연한 인프라 구축이 쉽지 않기 때문이기도 하지만 사회사란 개념 자체가 끌어안아야 할 범주의 광역성과 주제의 포괄성으로 인해 연구자들 사이에 쉽게 합의할 만한 준거나 총체적 틀의 수립이 매우 어렵다는 이유가 더 크다.

적 해석틀을 끌어낼 만큼 결과물이 두텁든지 상시 연구가 가능한 것도 아니란 점에서 문제는 그대로 남는다. 뿐만 아니라 주변 사회과학 분과와의 연계나 원활한 학제간 연구를 추진할 만큼 역사연구진영이 개방적이지도 않다는 점에서 비관론의 줄기도 여전히 강고하다. 그럼에도 불구하고 적잖은 주제와 관심의 지평 확산을 위해 노력해 온 각론적 접근은 기왕의 연구의 빈곤과 지적 황폐를 다소나마 개선시킨 것도 사실이다.[2)]

여전히 지속되고 있는 문제는 양 진영의 시각 차이다. 전통역사학은 과학적 증거 없이 추단과 상상에 의한 역사기록을 거의 백안시하고 있는 형편이고 기존 이론의 적용과 그 적합성 여부를 둘러싼 논쟁을 논의의 출발점으로 삼으려는 사회과학적 접근의 경우 여간해서는 논의에 가담하지 않으려는 상황이다. 이 같은 조건 아래 외부의 접근과 분석에 거리를 두고 있는 것이 오늘날 역사학계의 형국이다. 따라서 어쩔 수 없이 전통사학의 지적 축적물을 딛고 설 수밖에 없는 사회사 연구진용은 자칫 졸속이란 이름으로 비판을 감수해야 할 경우가 많고 저들 또한 이와 무관하게 시작한 논의를 중단할 수 없는 처지에 있다.

사실의 역사적 존재 유무와 현상 자체의 엄밀한 인과론 없이 일방적 추론이나 가정의 논리를 용인하려 들지 않았던 전통사학의 경우, 연역적 연구자세는 일단 믿음의 대상이 될 수 없었다. 그보다는 늘 증거와 사료로 설명하고 이유 있는 설복으로 논의의 안전판을 다져 두어야 했

2. 이 같은 노력을 역사학계가 추동하지 않고 주로 사회학 진영의 선도와 자각이 있은 후, 주변 사회과학의 지지와 동조가 뒤따랐다는 점에서 출발부터 사회사 연구의 학문영역간 불균형은 불가피했다. 뒤늦게 역사학 진영도 연구의 필요성을 느껴 연구회와 모임들을 양산했지만 그들 모두가 사회사 연구에만 진력하고 있는 것은 아니란 점에서 양 진영 사이의 문제는 여전하다. '한국사회사연구회'에서 '한국사회사학회'로 명칭을 바꾼 그룹은 후자를 대표하는 주요 단위로서 계층, 지역, 여성, 농촌, 도시, 인물, 사회사상, 저항, 문화 등 폭넓은 주제들을 다루고 있고 '한국역사연구회'를 비롯한 주변의 연구집단들은 비록 더딘 속도를 유지하면서도 권력변동사와 정치변화의 흐름에 치우쳐 왔던 연구자세의 불균형을 벗어나기 위해 노력하고 있다.

던 역사학에서 귀납적 결과론은 일단 환대의 항목이었다. 바로 여기서 이론적 사고와 가설적 추론에 익숙해진 사회과학진영은 사실 중심의 인문학적 천착과 긴장 없이 나란히 갈 수 없었다. 항상 그것이 실제로 실재했던 일이었는지 따지고 그것이 의심스러울 때 어떤 분석과 해석도 매력적으로 받아들이려 하지 않았던 역사학의 홀대는 기왕의 학문간 단절구조를 무너뜨리는 데 별다른 도움이 되지 못했다. 이 같은 소통의 빈곤은 역사학의 사회과학적 보완이나 사회과학의 역사적 풍요도 전혀 이끌지 못했다.

이론적 사고에 익숙하지 못한 역사학의 경우, 논리의 추론과 그에 따른 미래 예측 또한 자유롭지 못했고 이를 통한 상상과 건설적 비약 혹은 희화적 조립 역시 쉽게 받아들일 수 없는 과업이었다. 마찬가지로 이 같은 작업 자체가 그다지 낯설 리 없는 사회과학의 경우, 현재로서의 역사에 관한 과도한 관심 집중은 '있었던 일들'의 부피와 경험적 지평에 어두웠던 게 사실이다. 양자 사이를 흐르는 이 같은 이질의 강물을 거둬들이지 않은 채 최단의 연구 경로를 찾아 나서는 것도 그렇게 쉬운 일은 아니었다.

무엇보다 큰 문제는 사회사적 단일 주제와 특정 연구 항목에 관한 통사의 부재다. 쓰여진 역사 하나 없이 이제 새롭게 써야 할 항목으로 가득한 영역이 사회사라면 이제까지의 제한적 연구와 편파적 관심은 전통사학으로부터 튼실한 수혈이나 사회과학의 어느 특정 분과에서 전폭 지원받지 않는 한 고쳐지기 어렵기 때문이다.[3)] 그렇다면 백정사나 기생사의 통사적 이해 없이 천민사 전반을 이야기하려 든다든지 이에 관한 논의의 빈곤과 역사 연구의 소홀을 개탄하는 것은 비효율적일 것이다.

그렇다면 이제 생각해 볼 수 있는 대안의 접근법은 무엇일까? 연구의

3. 이 점은 한때 사회사의 의미를 사회경제사의 그것과 쉽게 동일시해 버리거나 마치 마르크스류의 경제결정론으로 쉽게 치부해 버리려 했던 문제이기도 하다. 즉 사회사란 개념 자체를 반봉건저항의 기반이나 그 역사 토대로 인식한다든지 아니면 반자본주의적 의식화의 견인도구쯤으로 이해하려 했던 경험 말이다.

필요성과 목적은 분명하되, 방법의 도출이 불확실하다면 도모할 수 있는 합리적 방안은 어떻게 모색할 수 있는 것일까? 유감스럽게도 전통사학의 사회사적 인식 빈곤은 연구방법이나 최소한의 접근경로조차 마련하기 힘들게 했다.

천민사의 직종별 재구성을 위해 『실록』 사료의 정밀한 추적과 검색은 무엇보다 먼저 필요하다. 그것은 이제껏 빈곤하고 편파적이었던 천민관련 자료의 공식 소재와 시기별, 지역별 빈도의 탐색을 위해 가장 먼저 시도해야 할 기초작업이며 어떤 형태로든 써나가야 할 조선천민사의 예비 과업 중 가장 먼저 요구되는 일이기 때문이다.

조선의 정사(正史)는 천민에 관해 어느 정도의 관심을 보였고 그 모습은 어떻게 남아 있을까?

이 화두는 이제껏 진지한 고려대상이 되거나 대안의 역사기술을 위한 바탕으로 활용되지 않았다. 필자는 바로 여기에 관심을 갖는다. 이제 찾아볼 수 있는 새로운 경로는 백정과 기생 직종에 관한 실록상의 언급 횟수와 그 정확한 내역 검색을 통해 구체적 사단의 전말을 따져보는 것으로 좁혀질 수 있을 것이다.

<표 6>은 실록에 언급, 게재된 '백정·기생·기녀' 항목을 군주집권기별로 정밀 추적하여 다시 체계화시켜 본 것이다. 여기서 사실상 기녀 항목을 별도로 마련하는 일은 그다지 큰 의미가 없을지 모른다. 언제부터 병용했는지는 불확실하지만 두 어휘는 실제로 동종의 직종을 아우르며 그 음절 차이는 다만 사회에 회자되는 중 나타난 호칭의 미미한 변화일 뿐, 사실상의 차별과 의미의 내용이 달랐던 것은 아니기 때문이다.

그럼에도 불구하고 기녀 항목에 별도 유념하고자 하는 것은 의미의 편차와 관계없이 기록상의 등장 빈도와 용례가 실제로 적잖았기 때문이다. 사관들은 실제 의미 차이가 없었음에도 무의식적으로 기생과 기녀를 동일시했고 어떤 기준과 용례의 조건도 미리 마련하지 않은 채 무작

위로 두 어휘를 번갈아 사용했다. 굳이 차이를 의식한다면 기생이라는 직종 자체가 여성들의 전유물이었다는 사실과 이를 명확히 표기해 두려는 문화적 관행의 결과쯤으로 추론해 볼 수도 있을 것이다.

이러한 무의식적 병용과 혼존[4]은 기생과 기녀의 언급 모두 그때마다 독자적 의미를 갖고 있었고 횟수가 거듭될 때마다 그 성격 또한 지속되었던 것으로 파악할 필요가 있다. 따라서 이들 두 어휘의 반복은 서로 다른 직종이 아닌 동종의 직업이 갖는 '경우의 차이'이며 각기 사례를 이끈 인위적 주격이었던 것으로 보아야 한다. 결과적으로 볼 때 이 점은 재백정과 재인의 병기라든지 여자 백정과 (男)백정의 산정 경우와는 또 다른 사례에 해당한다.

이 같은 혼돈과 병용을 어떻게 볼 것인지 역시 간단치는 않다. 우선 생각해 볼 수 있는 문제는 지배계급과 권력층 일반에 대한 역사사회적 관심보다 훨씬 약한 비중을 차지함으로써 굳이 호칭의 통일과 용례의 엄정성을 기할 필요가 없었을 것이라는 점을 들 수 있을 것이다. 이러한 상대적 무관심은 비단 이들 직종뿐 아니라 앞서 살핀 주변 천직 모두에 폭넓게 적용될 수 있는 문제이기도 했다. 현실로 존재하는 엄연한 사회단위로서 물리성과 주변성을 충분히 감지하고 있음에도 불구하고 그들 전반에 관한 특정 용어의 조성과 용례의 사회문화적 관용이 보장되지 않고 있었다는 사실은 집단 전체의 표류와 유동성 크기가 적잖았음을 뜻한다.

뿐만 아니라 조선의 천민 대부분은 주변부의 주변, 혹은 하층 민중 가운데 최하층으로 상상을 뛰어넘는 비현실적 극단성을 항상 끌어안고 살아야 했다는 점이다. 즉 그들 대부분은 벼랑끝 단위로 겨우겨우 지탱하고 있었던 미시적 단위였다. 따라서 없는 듯 존재하고 인식할 수 있는 수준의 물리력을 확보할 때 또다시 소멸, 은둔하는 역사의 변수로 그들

4. 기왕의 언급 대목에서 또 하나의 대표적 병용사례를 들춰 본다면 무녀와 무당의 경우가 그에 해당할 것이다. 하지만 이는 '巫職' 자체가 반드시 특정 性性을 요구하는 것은 아니었다는 점에서 기녀직의 성적 편향성과는 다른 문제다.

은 단지 연기처럼 살아가고 있었던 셈이다. 있었어도 없었고, 사라졌건만 또다시 '등장 · 지탱'한 불특정 천민의 표류 과정 가운데 그나마 가장 잦은 언급과 표기 대상으로 부각된 직종은 기생이었다.

기생이든 기녀든 하나로 묶으면 그 합은 1,237회에 이른다. 실록 전체를 통해 '공 · 사' 칠팔천의 언급 횟수를 모조리 합쳐 놓은 것(1,220)보다 더 많은 이 직종은 그렇다면 천직 내 영향력 크기를 반증하는 것일까? 아니면 단순한 호기심이나 숱한 호사(好事)의 대상으로 잦은 거명의 의미만을 드러내는 것일까?

기록 내용과 언급 동기의 배후 모두를 치밀하게 천착하지 않는 한, 이 같은 물음에 즉시 답할 방법은 없다. 두말 할 필요조차 없이 그것은 백정을 비롯한 주변 천직 모두에게 다같이 적용될 문제다. 이 같은 전제 아래 양 직종의 실제적 경험지평과 언급 내역의 입체성 분석은 이제부터 정밀히 추진해야 할 과업의 기본을 이룬다.

실록의 특성과 문헌학적 비중은 천민연구과정에도 예외 없이 작용한다. 어쩔 수 없이 기대야 할 자료이자 역사 해석의 토대로 실록은 조선사의 모든 것을 담는다. 하지만 제아무리 정사(正史)이자 전사(全史)였다 해도 주제별 통사의 전사(前史)로 전무후무한 사료의 절대적 보고가 아닌 한 그것은 역사서술의 내재적 한계에서 결코 자유롭지 못하다. 앞서 강조해 두었듯 사관들의 시야가 노비에게까지 다다랐건만 천민과 주변 민중세력까지 넓혀지지 못했던 편파성은 오히려 피치 못할 문제였기 때문이다.

실록의 기록은 피지배층 연구의 절대적 사료로 기능하지 못한다. 기록자들은 천민들을 끝내 세력으로 인정하려 들지도 않았고 유효한 인구로 물리화하지도 않았다. 그들은 다만 존재하되 떠돌고 있었으며 경계선상에서 배회하되 체제 안으로 끌어들이기엔 여전히 의심스럽고 속된 천박의 부류였다. 사관들 역시 불특정 다수 천민의 상자였을 뿐, 구원과 해체의 손길로 신분상승을 도모해 주거나 간접 계몽의 교시자로 적극 나설 만큼 용감한 주체가 될 수도 없었다.

위민과 민본을 바탕으로 삼고 천명의 통치원칙에 아무리 충실하고자

표 6. 『조선왕조실록』 중 '백정 · 기생 · 기녀' 항목의 군주 집권기별 언급 횟수 대비

君主別	白丁	妓生	妓女	計
太祖		4		4
定宗		8		8
太宗	3	57	3	63
世宗	33	158	16	207
文宗	8	11	1	20
端宗		21	5	26
世祖	19	61	15	95
睿宗	3	13	4	20
成宗	132	163	40	335
燕山君	19	84	44	147
中宗	46	67	64	177
仁宗				
明宗	2	37	7	46
宣祖	6	68	8	82
光海君	3	60	14	77
仁祖		10	3	13
孝宗	1	3	1	5
顯宗	1	31	6	38
肅宗		40	14	54
景宗		2		2
英祖	1	41	20	62
正祖	1	9	8	18
純祖	2	6	2	10
憲宗	1	1		2
哲宗				
高宗	4	7		11
純宗				
計	285	962	275	1,522

애썼어도 정치적 휴머니즘이 파급되길 기대하기에 조선은 너무나 봉건적이었다. 사관들의 균형적 시각이 조선사회 전 계층에 널리 열려 있었다고 스스로는 자부했을망정, 반상의 구분과 양천의 차별이 엄연했던 상황은 하층민 일반에 관한 호의적 기록과 절대평등의 이미지를 보편화시키지 못한다.

백정과 기생을 중심으로 한 천민 대부분은 여성 일반의 경우처럼 이름 없이 표기되었다. 그리고 쓰여진다 해도 예외적으로 성명의 일부만을 스치듯 거명하는 게 관례였다. 이는 그들 모두가 원래 제대로 된 이름을 갖고 있지 않아서였기 때문이기도 했겠지만 굳이 역사에 이름까지 올리려 하지 않았던 무의식적 천시의 당연한 결과였다. 그들은 여전히 표류하는 집단 개념으로 단순히 백정이나 기생 혹은 기녀로 접두화되었을 뿐 여간한 사건 속으로 들어가거나 그들 스스로 초점을 이루지 않는 한, 인간의 얼굴을 한 인간의 이미지를 담고 구체적으로 형상화된다는 것 자체가 거의 불가능했다.

가장 큰 문제는 조선 천민에 관한 직종별 통사의 부재와 실록의 부분적 등재 사이를 가르는 역사의 거대한 틈새를 무엇으로 어떻게 메울 것인가 하는 점이다. 바로 이 지점에서 연구와 논의의 공백 또한 심각해진다는 사실에 다시 주목해야 한다. 『실록』 속의 천민 항목을 낱낱이 읽고 검색하는 작업. 그것은 이처럼 시작부터 안고 들어가야 할 엄청난 한계와 부담을 암시하는 일이며 끝까지 담보해야 할 추상과 불가지의 늪을 동시 예고한다. 조선조 천민들의 삶과 관련한, 특히 백정과 기생 항목에 관한 역사의 기록은 오늘 우리에게 무엇으로 다가오고 있을까?

2. 조선의 백정 : 표류와 이반

이름 없는 부류이면서 억센 힘의 소유자로 인식된 조선의 백정들은 끝내 단합된 정치세력으로 성장하지 못한다. 뿐만 아니라 소외와 불만의 조건을 벗어나기 위해 적극 노력하지도 못하고 봉건체제에 완전 '흡수·통합'되지도 못한 채 특정의 예속적 군집체로 지탱해 나간다. 하지만 저항과 도전의 맥락 역시 끊어질 듯 이어져 그들의 정치력이 황폐했던 것이라고는 절대 단정할 수 없었다.

그러나 그 힘의 집단적 조직력은 전혀 기대할 수 없었고 군사력으로 보강될 성질의 것도 아니었다. 때로 산발적인 활동을 통해 자신들의 삶의 조건을 외부에 드러내고자 예외적으로 신원해 보거나 혹은 절박한 의식표현의 계기를 마련했던 적도 있지만 조선의 백정들은 고립되어 있었다.

그렇다고 해서 어느 제3세력이 신화처럼 나타나 그들의 역사적 핍박과 울분을 단숨에 풀어주길 기대할 수도 없는 노릇이었다. 고립무원의 사회조건과 이를 타개할 만한 자원의 절대 결핍 속에서 믿을 것이라곤 자신들의 의지 이외에 아무것도 없었다. 그것도 함부로 대들면 좀체 살아나기 힘든 절명의 상황 속에서 복종은 생존의 절대조건이었고 반항은 곧 죽음이었다.

조선 중기에 이르러서야 백정의 정치적 의사표현이 가시화되었다고는 하나 그 대표격인 임꺽정 이후, 이를 대체하거나 뛰어넘을 만한 사례 또한 뚜렷하지 않았다는 점에서 저항적 힘의 분출도 일정한 경향이나 맥락을 형성한 것은 아니었다. 하지만 이 같은 저항사나 백정 정치화 추세는 조선민중사에 점멸하고 있는 반항의 목소리를 잘 대변한다. 문제는 그 경험지평을 이제 다시 어떻게 복원, 재현할 수 있을 것인가 하는 점이다.

조선 전기까지 계속된 왕조 창건의 부담과 제도화의 미진에 따른 사회불안 효과는 생각보다 컸다. 그리고 그 과정에 민중의 평균적 삶의 조건이란 피폐와 빈곤으로 묘사될 수밖에 없었다. 그 흐름 속에서 지배계급을 바라보며 거역 한번 제대로 해보지 못한 민중들 가운데 천민과 그들의 역동적 행각에 관한 기록도 대부분 편파적이고 부정적이었다. 그러나

표 7. 백정 항목의 군주 집권기별 언급 유형과 내역[5)]

君主	白丁項目 言及內譯·類型	回數	總計
太宗	○同化(同和)政策 推進	3	3
世宗	○行刑	14	33
	○白丁改名(才人 + 禾尺)	1	
	○孝行表彰	2	
	○白丁分離住居	1	
	○軍役	4	
	○雜處令	2	
	○舞童選拔方法	1	
	○白丁移住不可令	1	
	○落雷死亡事件	1	
	○新白丁農業從事有無確認	1	
	○雜役狀況報告	1	
	○盜賊禁止法案	1	
	○趙賚의 上書	1	
	○社倉事宜에 대한 集賢殿의 議論	1	
	○賤待/差別	1	
文宗	○軍役	4	8
	○賤待/差別	2	
	○同化(同和)政策	1	
	○行刑	1	
世祖	○同化(同和)政策	1	19
	○行刑	1	
	○鞫問	3	
	○軍役	6	
	○推刷令	1	
	○賊黨逮捕案	2	

5. 항목별 실록 출전은 생략함. 추후 항목별로 기사를 분석할 때 개별 인용, 확인하기로 함. 개별 사건과 논의항목 중 등장인물들의 포괄성과 중복 및 오해의 여지를 감안, 총인원을 언급 횟수로 환산하여 모두 '1'건 처리함.

표 7 계속

君主	白丁項目 言及內譯·類型	回數	總計
世祖	○無辜官吏罷黜	1	
	○農牛屠殺禁止上疏	1	
	○押送令	1	
	○賤待	2	
睿宗	○鞫問	1	3
	○告訐嚴禁上疏	1	
	○軍役	1	
成宗	○大王大妃의 才人白丁 群(屯)聚 言及	2	132
	○軍役	5	
	○行刑	95	
	○褒賞	2	
	○盜賊捕獲事目·治罪論議	6	
	○鞫問	4	
	○白丁의 行乞·作戲 禁止	2	
	○軍額減少計劃	1	
	○同和政策論議	6	
	○放免令	1	
	○賤待	4	
	○推刷規察令	3	
	○白丁의 私有項目	1	
燕山君	○同化政策論議	1	19
	○賤待	1	
	○行刑	6	
	○軍役	11	
中宗	○同和政策論議	6	46
	○行刑	8	
	○褒賞	2	
	○賤待	6	
	○軍役	9	
	○白丁의 私的 占有	8	
	○變亂圖謀	1	

표 7 계속

君主	白丁項目 言及內譯·類型	回數	總計
中宗	○鞫問	2	
	○斷罪論議	3	
	○斷罪報告	1	
明宗	○禁斷事目論議	1	2
	○決斷傳敎	1	
宣祖	○褒賞	1	6
	○賤待	2	
	○作黨逮捕	1	
	○軍役	2	
光海君	○鞫問	1	3
	○軍役	2	
孝宗	○賤待	1	1
顯宗	○賤待	1	1
英祖	○賤待	1	1
正祖	○賤待	1	1
純祖	○賤待	1	2
	○褒賞	1	
憲宗	○屠殺禁止策	1	1
高宗	○行刑	1	4
	○推刷	1	
	○免賤	1	
	○民會弊端	1	
總 計		285	285

적당으로 묘사되고 불한당으로 비쳐졌을망정, 백정을 비롯한 천민들의 행적이 면면히 기록되고 있었다는 사실은 주목해야 할 사항이었다.

이 점에 유념할 때 <표 7>은 조선민중사의 기초작업을 위한 중요한 단서가 된다. 이 자료는 사관들이 백정을 비롯한 주변 천민들을 어떻게 인식하고 있었는지 거꾸로 살펴볼 수 있는 전거가 될 수 있기 때문이다.

<표 7>은 실록에 등재된 백정 항목의 기사내용 모두를 면밀히 '추적·분석'한 후, 총 285회에 걸친 언급사항들을 다시 유형별로 체계화시켜 본 것이다. <표 7>에 이어 계속되는 기사의 내용분석을 통해 이제 조선의 천민, 특히 백정들의 삶의 모습은 어떤 것이었는지 추적해 보기로 하자.

총 285회라는 부피는 실록상의 수많은 언급 항목 속에서 볼 때 큰 수치가 아니다. 하지만 이 정도라도 실록이 언급하고 있음은 그들 모두가 실제 겪어야 했던 수모와 냉대에 비하면 역설적인 것이었다. 그대로 덮어 버린들 누구 하나 이의를 제기한 적 없고, 연구를 의식하여 논의의 단서를 찾으려 한들 믿을만한 근거하나 제대로 남아 있지 않은 오늘날 실록은 그런 대로 저들이 움직이고 숨어들었던 역사 속의 모습을 어떻게든 드러내어 문제의 소재를 말해 준다.

여기서도 개혁군주 집권기 동안 백정 항목에 관한 관심이 두드러진다는 사실은 중요하다(<표 7>의 통계에 나타난 시대별 변화추이의 변형도표로 <그림 3> 참조할 것). 10회 미만의 언급은 제외하고 '성종(132) - 중종(46) - 세종(33) - 세조(19) - 연산(19)'조로 이어지는 순위는 이 같은 사실을 잘 반증한다.[6] 성종조를 전후해서 백정에 관한 논의가 '급상승 - 재하강'하는 심한 기복을 보였는지는 차후에 살펴보자. 중요한 사실은 조선 중기부터 이들에 관한 언급 횟수가 눈에 띄게 줄어든다는 점이다. 따라서 전·후기의 논의와 그들 사이를 흐르는 역사의 편차가 실제 삶의 지평 속에 나타난 차이와 어떻게 달랐는지 변별해 내는 일은 중요한 과업이 될 것이다.

뿐만 아니라 실제 기록대상으로까지 오른 건들만을 역사의 실제로 받아들일 수는 없을 것이란 필자의 전제에 유념할 필요가 있다. 즉 여기에 나타난 기사 항목들보다 훨씬 많은 핍박과 힘든 사연의 세월이 그들을 짓눌렀을 것이고 기록 여부와 관계없이 극적인 상황과 그 속에서 표류하며 죽어간 군상들 역시 상상을 허락치 않을 것이란 예단도 여기서

6. 이러한 논의의 상대적 집중성은 '기생'과 '기녀' 항목에서도 어김없이 반복된다.

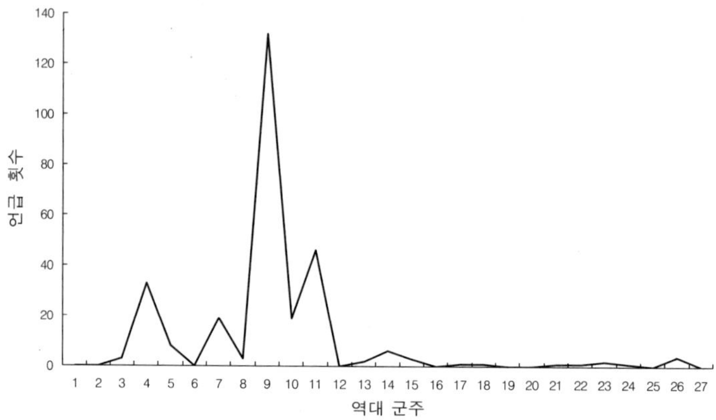

그림 3. 『조선왕조실록』 중 '백정' 항목의 언급변화추이[7]

얼마든지 힘을 얻을 수 있을 것이다.

기록이 역사의 실제를 모조리 담보하는 것은 아니었지만, 이 같은 불문율을 의식하지 않아도 실록에 담긴 제한적 천민 기록은 극단적 삶의 실상을 잘 드러낸다. 사관들의 시야에 들어온 백정들의 존재양식이란 1) 범법대상, 2) 동화(同化·同和)대상, 3) 군역[徵發]대상, 4) 격리대상 등으로 압축된다. 여기서 중요한 사실은 왕조 전체를 통해 백정이 결코 고정적인 시각에서 다루어지지 않았다는 점이다. 왕조 초기만 하더라도 극심한 정치적 동요기를 거치는 동안, 권력부문의 최대 관심사는 체제의 안정이었다. 특히 역성의 변혁이 주는 충격과 무질서보다 최대한의 충격흡수와 사회적 포용의 기조 아래 새로운 질서 구축에 착안한 권부는 불필요한 마찰요인 축소에 애쓰고 있었다.

가능하다면 최소의 노력으로 최대의 효과를 노리려는 합리적 사고가 다다른 정책적 조율점은 고려 유민의 흡수와 여러 사회불만세력의 안정

7. X축의 일련번호는 조선왕조의 역대 군주를 집권순서별로 단순 횡렬화한 것이다.

적 편입으로 좁혀졌다. 새로운 질서를 만들고 기정화시켜 그 안으로 포섭하려는 통치 차원의 프로그램이 가속화되는 동안 그것은 사회적 동일시 효과, 즉 동화(同化/同和) 조치의 강화로 구체화된다.

그러나 이 같은 융화의 기획이 뼈속 깊이 스며든 가부장적 권위주의나 자기중심적 가족주의의 문화적 편견을 깨거나 그 틀의 근본부터 부정하는 절대 쇄신의 이데올로기로 확장될 수 있었던 것은 결코 아니다. 이처럼 조선 전기 동안 반복교차하고 있는 백정에 관한 인식변화와 그 상극의 내용은 명분과 내용의 극명한 괴리, 바로 그것이었다. 이념으로 끌어안고 정치적으로는 더더욱 포섭해야 했던 대표적 사회계층으로 백정들은 끝내 감각과 본능의 포용대상으로까지 오르진 못했다. 권력과 민중 전체가 기꺼이 받아들이기에 백정들은 여전히 두렵고 거추장스런 존재였다. 유교국가의 지탱과 확장에 늘 부담요인으로 작동한 백정들의 외경효과는 그러나 물론 가시적 수준의 것은 아니었다. 암암리에 압박해 들어오고 적절히 '흡수・배제'시킬 수 있었던 체제의 장해요인으로 사회통합을 지연시키거나 새로운 불안요인으로 권력을 자극할 수 있는 변수들은 그것 말고도 대내외적으로 많았기 때문이다.

소극적 수용과 포섭, 그리고 악의적 배척과 경계라는 저 상극의 지점 사이에서 적절히 이용당하며 교차 왕복한 백정사의 흐름은 결국 동화와 격리, 둔취와 잡처의 모습으로 피곤한 추의 운동을 반복했다. 범법대상으로 경계하고 적절한 징발자원으로 군역을 부과한 것은 결국 이 같은 교차점에서 권력이 의도하고 백정들이 조응한 일정한 접점 만들기였던 셈이다.

가장 잦은 언급항목은 일반 백성들과의 자연스런 교류와 동화에 역점을 둔 유화적 조치에 관한 것들이었다. 아울러 이에 저항하는 민중들의 심상찮은 기미나 권력의 언짢은 반응이 가시화될 때, 통제와 격리의 기류 역시 많이 언급되고 있었다. 보다 정확히 말하자면 조선조는 왕조 말기까지 이들에 대해 전혀 일관된 정책 기조를 세우지 못했다. 대민정책 항목 다음으로 중요한 비중을 차지한 것은 범법자원의 관리였다. 주

요 통제대상으로 일탈 백정들에 관한 치죄와 단죄, 행형과 국문(鞫問)의 사항들이 바로 그것이었다.[8)]

백정에 관해 시기별로 서로 다른 시각을 갖고 있었던 점이나 여론의 향배가 이처럼 극단적이었던 게 군주들 개인의 가치관 편차나 통치권력의 평균적 사고를 그대로 따랐던 것인지는 역시 불분명하다. 다만 선정과 개혁의 기치를 올리며 통치과정에서 남다른 성실성을 보였던 군주[9)] 집권기에 이에 관한 기록의지까지 집중되고 있음은 매우 흥미로운 일이었다. <표 6>과 <표 7>에 나타난 논의의 상대적 풍요 역시 이 같은 각도에서 바라보아야 할 필요가 있다.

민중의 정치의식은 반드시 역사지평의 봉건성 여부에서 결정되지 않았다. 마찬가지로 저항과 도전의 형식을 취하든 아니면 묵종과 외면의 행로로 귀결되든 결정적 정치행동의 주체가 늘 민중 자신이었던 점도 굳이 힘주어 말할 필요는 없을 것이다. 하지만 정치적 행동결정의 주관적 변수가 아무리 중요했다고 해도 세습군주체제 속에서 권력과 신분차별에 포위된 민중 일반에게 조정이 적용하려는 율법과 그 제도화의 쟁점은 그리 간단한 문제가 아니었다.

---

8. 대민정책의 고려대상으로 백정들을 거론한 시기가 왕조 전체에 고루 퍼져 있음에 반해 범법관리대상으로 치중하는 시기가 성종조로 기우는 이유는 별도의 논의항목을 이룬다.
9. 물론 개혁군주라는 별도의 개념이나 역사적 관용어가 진작부터 사용되었던 것은 아니다. 전통 사학과 사회과학도 이러한 용례에 익숙치 않았다. 그러나 27명의 조선조 군주들의 집권을 '권력운용'과 '현실인식', 그리고 '정책집행'이라는 세 가지 차원에서 재해석할 경우 분명 상대적 차별성을 갖는다. 이들 가운데 상황논리에 지배받지 않고 조건과 환경을 마련하기 위해 적극적으로 노력한 경우, 민본과 위민의 정치행정적 방략을 두드러지게 의식하고 이를 집행하고자 애썼던 경우, 집권기간 전체를 통해 이 같은 정책기조를 '통괄 - 수정 - 응용'하며 현실적 탄력과 민중적 매력을 동원한 군주들을 관례적인 개념과 같은 반열에서 이해할 수는 없을 것이다. 필자는 이들의 정치적 차별성을 아우르는 별도의 유형으로 개혁군주가 합당하다고 본다. 다만 그들의 개혁이 소위 '의도한 행위의 의도적 결과'로 담보되었는지 여부와 민중 개개인의 실질적 삶의 조건 개선으로 감지될 수 있었는지의 문제는 따로 다루어야 할 항목이다.

세종조의 백정정책은 분리주거와 이주 불가, 잡처의 혼용을 불사했던 시기였다. 따라서 정책의 입안과 집행은 물론이고 심지어 백정들 스스로도 어쩌지 못하는 혼돈의 기간이었다. 통일되지 않은 권부의 입장과 때로 행정편의적 발상으로 움직인 관리들의 주문이 백정들을 한층 불만 속으로 끌어넣은 시기로도 두드러진다. 물론 그 이후라 하여 확연한 정책기조가 마련된 것도 아니었고 보면 세종조의 정책혼선에 더 비판적일 수만도 없다는 사실을 곧 깨닫게 된다. 하지만 그것은 선초의 혼란과 정치적 무질서를 인위적으로 다스리며 제도화하려는 가운데 나타난 불가피한 사회현상이기도 했다. 뿐만 아니라 백정들을 포함해서 천민 모두에 대한 국가정책이 간단한 기준과 절차에 의해 수렴, 개선될 성질의 것이 아니란 사실도 잘 증명해 주는 것이었다.

다음의 인용구들은 당대 관리들의 정책 혼선과 동요하는 권부의 입장을 잘 반영한다. 특히 세종이라고 해서 이를 단숨에 뛰어넘을 만한 합리적 대안을 갖고 있지도 않았고 특정 관리들이 천민정책의 운용에 집중적 관심을 보이지도 않았다는 사실은 그 시대의 상대적 차별성[10)]을 실제 무색하게 만든다.

> 刑曹에서 啓하기를, "……牛馬를 屠殺하는 자는 오로지 이 新白丁이기 때문에, 永樂 9년에 新白丁을 조사 색출하여 도성으로부터 3舍 밖으로 옮겨 놓았던 것입니다. 근래에 와서 이 금지법이 무너져, 드디어 성 안과 성 밑으로 모두 돌아와 살면서, 한가로운 雜人과 더불어 같이 牛馬를 훔쳐내어 屠殺을 恣行하니, 그 奸惡함이 막심하옵니다. 위에 말씀드린 백정과 그 처사를 모두 조사 탐색하여 아울러 해변 각 고을로 옮겨, 軍官으로 하여금 수시로 覈問하여 原住地로 도망해 돌아오지 못하도록 하여야 할 것입니다. ……" 하니, 그대로 따랐다.[11)]

10. 개혁군주의 이미지와 현실 개선의 목표를 이루려는 권부의 노력이 다른 시기보다 두드러진 차이를 반영한다고 보면 세종조의 정책적 산출이 차지하는 비중은 분명 남다르다. 다만 민중 각자가 누릴 수 있던 정책의 장점이란 게 무엇이었는지는 전혀 인지할 수 없다는 점에서 문제는 여전히 남는다.
11. 世宗 7年 2月 4(甲辰)日 · 『朝鮮王朝實錄』 第2輯 652面.

政事를 보았다. 임금이 말하기를, "소나 말을 몰래 屠殺하는 것은 이미 법을 세워 금지하고 있는데, 간혹 '密屠殺하는 것이' 있고, 또 그것을 고발하는 자에게는 상을 주는 법령이 있건만, 고발하는 자가 없다. 법을 마련한 것은 그것을 시행하기 위한 것인데, 이제 도리어 이와 같으니 장차 무슨 방법으로 對處해야 하겠는가." 하였다. 兵曹 判書 趙末生이 대답하기를, "都城의 서쪽 毋岳山 아래에 新白丁들이 모여 살고 있습니다. 소와 말을 密屠殺하는 것은 이 무리들이 하는 짓이니, 마땅히 서울 밖으로 내쫓아야 되겠습니다." 하니, 임금이 말하기를, "그렇게 하라." 하였다.12)

刑曹에서 啓하기를, "牛馬의 屠殺을 금지하는 법을 거듭 밝히고 白丁과 平民의 雜處하는 令을 새로이 내리소서." 하니, 그대로 따랐다.13)

兵曹에 傳旨하기를, "大臣이 의견을 올리되, '續典에 才人과 禾尺을 白丁으로 고쳐 일컫게 하고, 토지를 적당히 주도록 하여 한결같이 평민의 호적 등록에 의거하게 하였으나, 그들 중에 농업을 일삼지 아니하고 이곳저곳으로 떠돌아 옮기는 사람은 이를 죄주도록 했으니, 원컨대, 거듭 밝혀서 효유하고 엄격히 금지하도록 하며, 만약 고치지 않는 사람이 있으면, 모두 찾아내어 그 妻子들과 아울러 閭延 등처로 옮겨 들이어 변경을 충실하게 하는 것이 실로 좋은 법이 될 것입니다.' 하니, 그것이 편리한가 편리하지 않은가를 서로 의논하여 아뢰라." 하였다.14)

격리와 배제를 원칙으로 삼던 정책의 기본이 장기적으로 동화와 공존으로 바뀌는 역사적 이유가 무엇이었는지 실록은 거기까지 밝히지 않고 있다. 뿐만 아니라 배척에서 포용으로 전환하는 역사의 과도기가 이처럼 2년(1425 - 1427)이라는 짧은 기간에 국한된다는 점도 당시 권력부문이 취한 의외적 탄력성을 잘 말해 준다. 다만 당대 역사의 전후 맥락을 통해 이러한 정책적 굴절의 계기를 추론해 보자면 1) 잦은 절도와 도발적 행동으로 인한 민중 불안의 가중, 2) 표류하는 특정 천민의 체제이반

12. 世宗 7年 12月 5(庚午)日 ·『朝鮮王朝實錄』第2輯 704面.
13. 世宗 9年 11月 27(辛亥)日 ·『朝鮮王朝實錄』第3輯 103面.
14. 世宗 17年 8月 27(丙寅)日 ·『朝鮮王朝實錄』第3輯 649面.

과 양민의 유민화 방지, 3) 사회불만의 전국적 확산 금지와 합리적 대응 방안의 최적화 모색, 4) 외형적 억압과 내면적 수용의 이중전략 시도, 5) 천민의 정치세력화 엄금과 유사 현상의 사전 차단, 6) 세종의 포괄적 온정주의 등의 항목을 들 수 있을 것이다.

물론 이 같은 추론의 단서가 실록 곳곳에 확연히 드러나는 것은 아니다. 다만 간헐적인 백정 기록과 이들을 둘러싼 정치행정적 고민의 흔적을 거꾸로 훑어가다 보면 위의 가설적 사고가 힘을 얻게 된다는 사실을 알게 된다. 하지만 권력부문의 치밀한 의도가 아무리 진지하고 지속적인 논의를 거치면서 배려와 선정의 절차 속으로 녹아들었다 해도 막상 백정 개개인이 이를 어떻게 받아들였는지는 전혀 별개의 문제였다. 특히 정책적 배려에 자극을 받거나 직·간접의 심리변화를 겪는 인구보다 여전한 삶의 관행과 드센 행태 반복을 통해 차라리 신분의 굴레 안에서 고통을 즐기려는 세력이 더 컸음은 지속적 관심대상이 된다.

세습군주체제의 정치적 고려와 행정조치가 민초의 말단까지 이르는 동안 무엇을 얼마나 변화시켰는지 그 내용과 전달 속도의 감지효과까지 여기서 거론할 여유는 없다. 다만 여기서는 최고권력의 의사와 현장의 상황은 여전히 거리가 멀었고 그 바람이 미시적 수준까지 다다르는 데에는 거의 절망적인 기다림마저 뒤따랐던 것임을 다시 확인하게 된다.

다음의 인용구는 이 같은 기다림과 절망의 세월을 다시 극적으로 반증한다. 신분의 조속한 상승이나 이를 위한 사회변혁의 기대까지 꿈꾸고 있었을지도 모를 그들의 처지와 지속적 일탈의 사연은 여기서 그 충분한 단서를 잡을 수 있다. 세종의 집권 후반기에 이르자 상황은 다시 이렇게 바뀌어 가고 있었다.

> 前 吏曹判書 朴信이 上言하기를, "우리 국가에서는 新白丁이 없는 곳이 없사와 소를 잡는 것으로 농사를 대신하여 빈들빈들 놀고 먹는 까닭으로, 개국 이래로 여러 번 條令을 내려 소 잡는 것을 금하고 농사를 지어먹게 하였사오나, 그들의 習俗이 농사를 괴롭게 여기어 말하기를, '농사는 본래 하지 않던 일이니, 어찌 쉽게 배울 수 있는가.' 하고, 소 잡는 것이 여전하와 改悛함

이 있지 아니하니, 국가에도 이익이 없고 생민에게 害毒이 심하옵니다. 이제 부터는 10년을 한하여 新白丁이 농사를 실지로 하는가 아니하는가를 殿最한다면, 수령들이 다 마음을 다하여 勸勉하게 되어 마침내는 반드시 성과가 있을 것이옵니다." 하므로, 의정부에 내려 이를 의논하게 하니, 의정부에서 아뢰기를, "이 말이 매우 사의에 합당합니다. 條章을 역력히 상고하오면 新白丁은 식구를 계산해 토지를 주고, 향리에 錄籍을 주어 평민과 섞여 살면서 서로 혼인하게 하였사옵고, 거지를 假托하고 떼지어 도적질하는 자는 모두 그들의 말을 빼앗고 억지로 팔게 하여 도적질하는 계획을 끊어 버렸사오니, 그 입법한 것이 상세하여 빠짐이 없었사온데, 각 고을 수령들은 깊으신 뜻을 본받지 아니하고, 다 奉行하지 못하였습니다. 청하건대, 지금부터는 수령이 봉행하지 못한 자는 律에 의하여 처벌하옵고, 또 上言에 의하여 그 백정들이 생업에 안심하고 농사를 힘쓰는지의 여부를 상고하여 殿最하는 데 憑據가 되게 하옵소서." 하니, 그대로 따랐다.[15)]

그러나 문제는 관리(官吏)들의 관리(管理), 즉 백정의 행정적 통제나 그 효율적 지탱에 있지 않았다. 그보다는 오히려 양민 일반의 지속적 배타성과 이를 깨지 못하는 권력의 한계로 모아졌다. 만약 이마저도 권부의 의도대로 원활했다면 조선의 천민정책은 굳이 별도의 고민대상이 아니었을 것이다.

권력이 구상하고 체제 구성원 일부가 통치 차원에서 강구한 천민의 동화전략은 그래서 말처럼 쉬운 일이 아니었다. 양반이 권유하고 천민 자신들이 원한다고 녹아들 성질의 것이 아니었던 계층의 벽은 이처럼 신분의 인습적 골보다 훨씬 깊었던 셈이다. 물론 그 반대의 경우도 얼마든지 있었다. 공존과 회유를 기본으로 삼아도 체제의 주류로부터 일탈하고 외려 그에 도전하려는 천출의 저항이 이 같은 합리적 인도주의의 조류만큼 강한 맥락을 이루는 경우도 쉼 없었던 게 사실이기 때문이다.

하지만 백정에 대한 민중부문의 혐오와 배척은 세종의 심기를 결코 편치 않게 만들었다. 그는 이 대목에 이르러 이렇게 말하고 있다.

---

15. 世宗 21年 2月 16(乙丑)日 ·『朝鮮王朝實錄』第4輯 188面.

각도 관찰사와 開城府 留守에게 傳旨하기를, "才人이나 禾尺 등이 외딴 곳에 모여 살면서 農業을 하지 않고 오로지 柳器나 皮物 등으로 生業을 삼고 있으므로, 일찍이 白丁이라고 고쳐 부르게 하고 田地를 주어서 평민들과 섞여 살면서 서로 혼인하게 한 법이 『六典』에 실려 있는데, 지금 들으니, 관리와 인민들이 新白丁이라고 부르면서 평민들과 비교하여 차별을 두며, 그곳 수령들이 사냥 등 여러 가지 일에 부리고, 柳器를 공공연히 거두어 가는 일까지 있다고 하니, 그들에게 시킨 雜役의 상황을 갖추 기록하여 啓聞하라."고 하였다.[16)]

백정들의 사회적 일탈과 정치적 표류행각은 결국 어떤 형태로든지 손보아야 함에도 감히 손댈 수 없는 대상으로 이미 커져가고 있었다. 중국의 유맹(流氓)이나 불한당들이 함축하고 있던 불가촉민(不可觸民 the Untouchable)적 요소를 조선의 백정들이라고 갖지 말란 법이 없었다. 물론 그 같은 요소들이 정치적 집단행동이나 즉발적 저항으로 연결, 매개될 조짐은 크지 않았지만 결코 만만한 것은 아니었다.

권부가 선택한 천민정책, 특히 백정들에 대한 입장의 기본이 흔들림 없는 틀을 유지하기 위해 필요했던 것은 엿과 채찍의 병용이었다. 한쪽으로 회유하고 다른 한편 겁을 주는 '강 · 온'의 적절한 배합은 어쩔 수 없이 당대 권력이 기대야 했던 명분과 실리의 동시 해소책이었다. 권력이 정한 원칙을 어기거나 그 주변부에서 최대한 자유롭고자 애쓰는 집단의 암약이 엄연할 때 지배세력은 잔인해질 수밖에 없었고 이를 겪으며 생존해야 했던 사람들 또한 척박한 현실과 대안 없는 마지막 자존의 근거지를 한껏 떠돌고 탈주하며 활로를 찾을 수밖에 없었다.

다음 상서에서도 이 같은 양면전략의 진의가 무엇이었는지 잘 드러난다.

전 동지돈녕부사 趙賚가 上書하기를, "……대개 成群 作黨하여 强暴가 더욱 심한 자는 모두가 무뢰배들입니다. ……대개 이 무리들은 본래 田土와 집이

16. 世宗 24年 8月 6(癸巳)日 ·『朝鮮王朝實錄』第4輯 427面.

없어서 農桑을 일삼지 않고 항상 丐乞하는 것으로 생활을 이어 飢寒이 切迫하므로, 작게는 담구멍을 뚫어 밤에 도둑질하고 크게는 사람을 죽이고 집에 불을 질러서 못하는 짓이 없습니다. 갑진년에 新白丁이라고 고쳐 이름하여, 田土를 주고 軍籍에 넣어서 평민과 서로 혼인하게 하여 생업을 편안히 하게 하였사오나, 입법한 이후로 평민이 백정과 혼인하고, 백정이 평민에게 시집가서· 밭일을 하고 농사에 힘쓴다는 말은 듣지 못하였습니다. 대개 평민들은 종류가 다른 것을 싫어하여 혼가를 하려고 하지 않고, 수령들도 餘事로 보아서 田土와 집을 주지 않으니, 저들이 비록 도둑질을 하지 않으려고 하여도 않을 수 있겠습니까. 京中과 外方의 强盜·竊盜는 이 무리가 반이 넘음이 옳으옵니다. 臣은 생각하옵건대 이 법을 거듭 밝히어 남녀 노소를 모조리 戶籍에 붙이게 하되 저희들끼리 혼가하는 것을 금하고, 평민과 公私賤人을 물론하고 강제로 혼가하게 하고, 어기는 자는 痛烈히 법으로 다스리고, 중년 늙은이와 이미 혼가를 이룬 자는 관가에서 노는 밭을 주어 業을 편안히 하게 하고, 이렇게 하여도 오히려 놀면서 악을 자행하는 자는 신설한 邊鎭에 귀양 보내어 영구히 水卒에 편입하소서. 만일 혹시 도망하여 흩어지거든 軍法으로 논하여 그 나머지를 징계하소서." 하였다.[17]

동화의 실패가 곧 일탈의 근거가 된다는 견해나 체제 부적응이 절도와 강도로 이어지는 단서였다는 논리는 물론 과잉 도약이다. 왜냐하면 이에 그대로 빠져들 경우, 모든 백정은 범죄예비자들로 혐의를 사전 담보할 수밖에 없을 터이고 기왕의 부정적 편견을 더욱 심화시키는 것 외에 다른 돌파구는 있을 수 없기 때문이다.

모든 백정이 악의 근원이나 사회적 독소의 조성단위로 살아나갔던 것은 아니다. 효행과 선행의 장본인으로 부각되었으나 기록 주변부에 그대로 묻혀 버린 인물들 또한 적잖았다는 가설도 여전히 힘을 얻는다. 다만 실록 기록자들 역시 이 같은 행태의 평균율을 고려치 않고 거의 대부분 백정과 범법자를 동일시하거나 천민을 무뢰한으로 순간 내면화해 버리려는 사고틀을 쉽게 버리려들지 않았다는 점은 치명적 한계로 남는다. 다시 말해 실록마저 백정의 범법항목은 그 반대의 행태보다 관

17. 世宗 30年 4月 9(甲子)日 ·『朝鮮王朝實錄』第5輯 59面.

심 촉수에서 우선의 자리를 차지하고 있었다.

'세종 - 성종 - 중종'조에 걸쳐 반복 집중되고 있는 백정 관련 범법기사와 그 사법처리항목은 이 같은 사실들을 잘 말해 준다. 살인과 절도, 강도와 강간, 우마 탈취와 방화, 난언(亂言)과 무민(誣民), 간통(姦通 혹은 和奸)과 도주 등 범법의 유형과 방법도 매우 다양했고 지역과 계절, 성별로 보아도 일반 양민들의 경우와 크게 다르지 않은 범죄발생분포를 보이고 있었다.

문제는 왜 하필 이들 세 군주집권기에 백정들의 범죄발생과 가혹한 처형이 빈번하게 되풀이되고 있었을까 하는 의문이다. 아울러 특히 성종조의 95건과 세종조의 14건, 그리고 중종조의 8건순으로 연결되는 기록빈도의 우위와 역사적 편중성 그리고 그 정치적 성격 차이를 어떻게 읽을 수 있을 것인가 하는 점이다.

이에 관한 특별한 대답 역시 실록은 생략하고 있다. 다만 남겨진 기록을 치밀하게 읽고 이 같은 사실들과 주변 정황을 거꾸로 조합하면서 그 가능한 답과 역사적 행간의 의미를 추론, 상상해야 할 터이다. 이들 시기는 제도개혁의 정착과 그에 따른 정치적 반발이 권력부문과 민중부문 모두에서 왕성했던 기간으로 각별한 의미를 갖는다. 물론 당대 체제의 특성상, 결코 민중진영의 힘의 성장을 섣불리 논할 시기는 아니었다. 하지만 기이하게도 천민 항목에 관한 두드러진 언급 횟수의 감소와 신분동요에서 비롯된 충격효과의 격감을 고려한다면 이 같은 빈도의 상대적 풍요는 그만큼 왕조 초기 정치질서의 경직과 봉건적 부담을 고스란히 반영한다.

그럼에도 불구하고 이들 세 사람 모두 개혁군주의 확연한 면모와 눈에 띄는 성실성을 통해 온갖 피로와 위협을 견디고 확연한 제도화의 기틀을 다지기 위해 노력했던 점은 실록 기록의 절대부피[18)]만으로도 다른 시기와 잘 비교된다. 그러나 굳이 꼬집어 보자면, 이들 군주의 경우 오

---

18. 「世宗實錄」: 全4卷/「成宗實錄」 全5卷/「中宗實錄」 全6卷 等.

히려 기록의 과잉이라는 문제마저 대두되고 있었다. 물론 이 점이 역사 연구의 실질적 장해가 된 것은 결코 아니었다.

세상의 율법을 바로 세우고 가능한 한 죄와 벌의 기준을 준엄히 지탱하고자 애쓴 시대에 사소한 것까지 다 기록해 두고자 했던 사관들의 노력은 일단 군주 개인의 놀라운 성실성과 지나칠 정도로 자신을 잃지 않으려 했던 의지의 영향력에 따른 일들이었다. 군주가 예의 기본을 잃지 않고 이미 세워진 법을 지키며 그 적용의 내막과 사회적 교훈의 파장을 오래도록 이끌고자 강구한 조치는 결국 단죄의 전후 맥락과 폭력의 역사적 인준을 확연히 도모해 두는 일이었다. 역사의 기록 행위란 결국 힘의 이미지와 추종의 정치학이 맞닿는 지점에서 발생할지 모를 모종의 긴장을 깨고 그 위에 이의의 여백을 마련치 못하도록 전례화하는 권력의 파수도구로 기능하게 되었다는 사실도 여기서 부인할 수 없게 된다.

리더십 스타일과 역사 조건의 크고 작은 차이에도 불구하고 특히 세종과 성종 집권기에 나타난 통치행위의 정치적 유사성은 바로 동기 자체의 선의와 그 추인을 향한 군주들 본인의 남다른 진지함이 서로 화학반응한 결과였다. 다음 <표 8>, <표 9>에 투영되고 있는 법률 적용의 일관성이나 그 제도폭력의 공포효과가 민중부문에게 무엇을 각인시켜 놓았을 것인지 거꾸로 상상해 보는 일은 그래서 한층 더 흥미롭다.

이처럼 엄혹했던 성종조의 기록문화는 그것이 반영하는 역사의 엄정성보다 오히려 백정집단에 대한 경계와 모종의 세력화 추이를 방지해야 한다는 정치적 강박까지 동시에 일깨운다. 이 점에서 해당 기록분은 미묘한 이중성을 반영한다. 그러니까 저들의 불만과 방자함을 냉정히 바라보면서 그에 단호히 대처하는 것만이 집단화나 폭력적 발호 가능성을 차단하는 길임을 지배세력은 잊지 않았던 것이다.

그 같은 부담이 천민정책의 밑바탕을 이루는 동안 권력과 천민세력 사이를 가르는 잠정적 긴장과 실질적 위협 가능성은 백정의 범법행위를 과민한 억압대상으로 인식하게 만든다. 뿐만 아니라 이 같은 현상을 직접 바라보고 죄와 벌의 순환논리를 직접 경험한 민중부문은 동화와 경

표 8. 세종조 백정 관련 범법자 사법처리내역

言及時機 (在位年月日)	發生地域(郡縣基準)	人 的 事 項1)		嫌疑內容	行刑/判決內容	出典(『朝鮮王朝實錄』)輯/面(數)
		加害者(白丁)	被害者			
1. 01/02/07 (壬午)	楊州	白丁 딸 곰이(熊伊)	熊伊夫	殺害	從法	2/301
2. 07/05/25 (甲午)	漢陽 (推定)	趙仁富	(私有馬)	竊盜殺害	斬刑減等	2/671
3. 08/08/02 (癸亥)	泗川	仍邑實	白丁 朴文의 아내 熊德	발로 차서 落胎死	絞首	3/38
4. 08/12/15 (甲戌)	松禾	金照乙都	金永生	殺害	絞刑減等	3/53
5. 09/12/01 (甲寅)	寧海	鄭上左	未詳	殺人	絞刑	3/103
6. 12/10/19 (丙戌)	谷城	魚奉	白丁青道	殺害	絞首刑	3/266
7. 13/09/27 (戊子)	通津	末守		竊盜三犯	絞刑	3/344
8. 14/10/13 (戊戌)	白川	朴所乙進	白丁 柳成己	殺害	絞刑	3/420
9. 19/09/12 (己亥)	谷城	私奴 加仇之	白丁 金仇知	毆打殺害	斬刑	4/106
10. 23/06/13 (戊寅)	洪州	金山・金奉	未詳	未詳	斬刑	4/347
11. 24/10/23 (庚戌)	洪原	李難守와 子 李牛同	未詳	他人의 소 竊盜	杖刑	4/442
12. 24/11/30 (丙戌)	忠州	吾乙未	未詳	殺人	斬刑	4/449
13. 28/11/27 (辛卯)	未詳	若老	未詳	竊盜三犯	絞刑	4/712
14. 30/04/09 (甲子)	漢陽 (推定)	未詳 才白丁・禾白丁	마을 夫婦	馬盜・强盜	未詳	5/59

주: 1) 가해자와 피해자 모두 반드시 백정 신분을 뜻하는 것은 아니다. 다만 여러 명이 나란히 등장하는 경우, 오해의 여지를 줄이기 위해 백정 신분을 미리 밝혀두기로 한다. 하지만 가해자와 피해자 모두 특별한 표식 없이 이름만 기록한 경우는 모두 백정을 뜻한다.

표 9. 성종조 백정 관련 범법자 사법처리내역[19)]

言及時機 (在位 年月日)	發生地 域(郡縣 基準)	人 的 事 項[1)]		嫌 疑 內 容	行 刑/ 判 決 內 容	出典[2)] (『朝鮮王 朝實錄』) 輯/面(數)
		加害者(白丁)	被害者			
1. 01/03/10 (己丑)	善山	私奴 石今 私奴 李萬(石今과 共謀)	白丁 딸 春伊 春伊 夫 蒙古里 蒙古里	奸通 謀殺 謀殺參與	斬待時 絞待時	8/479
2. 01/06/06 (癸丑)	黃州 未詳	白丁 딸 甘物 ·奸夫僧 信一 莫同·金莫同	甘物 夫 韓得美 行人威脅	謀殺 强盜	凌遲處死 斬不待時	8/507
3. 01/06/07 (甲寅)	陵城	孫今同·毛仇知山敏·毛乙乎里·梁季順 ·孫今生 等 張永奇 黨類에 合流	不特定 民家	放火 殺傷 强盜	斬不待時	8/507
4. 01/07/05 (辛巳)	星州	私奴 崔元· 良人 卞宗善· 白丁 石乙萬	楡谷寺 僧侶	劫掠 强盜	斬不待時	8/513
5. 01/07/14 (庚寅)	南原	小裵山·大裵山·者斤石伊	書員 黃致明	威脅强盜	斬不待時	8/517
6. 01/07/22 (戊戌)	江華	春才·永夫·吉同·春乙·乙中	不特定 民家	威脅 强盜	斬不待時	8/518

19. '72번'과 '79번'의 경우 발생지역('陰竹'/'陰城')과 피의자 성명—성씨의 명기 여부(「邊」每邑土)를 제외하고 나면—이 거의 일치하고 있어 동일사건에 관한 재론의 성격이 강한 것으로 추정, 이를 1건으로 환산함. 따라서 성종조의 백정 관련 범법자 사법처리와 행형 총 건수는 <표 7>과 같이 95건으로 재확인함.

표 9 계속

言及時機(在位年月日)	發生地域(郡縣基準)	人的事項		嫌疑內容	行刑/判決內容	出典(『朝鮮王朝實錄』)輯/面(數)
		加害者(白丁)	被害者			
7. 01/08/03 (戊申)	求禮	朴石老·李仁夫	不特定多數	惑世誣民 添言同調	杖壹百臺 流三千里 役三年	8/521
8. 02/02/11 (甲寅)	萬頃	北間	丈人 今音山	殺害	斬待時	8/555
9. 02/04/30 (壬申)	未詳	申莫金·李石山·良人 李銀山	行人 崔溢의 아내	劫奪/馬匹·衣服奪取	○斬不待時 ○妻子極邊官奴婢永屬	8/568
10. 02/07/16 (丁亥)	興海	朴吾乙未·私奴 良奉	未詳	소 屠殺	○絞待時 ○杖壹百臺 流三千里 刺字	8/589
11. 02/07/21 (壬辰)	昌寧	成丹 私奴 莫同·李松	孔明老 朴今音同	소 竊盜	○絞待時 ○杖壹百臺 流三千里 刺字	8/589
12. 02/07/25 (丙申)	南陽	延壽	不特定多數	亂言	○斬不待時 ○家産籍沒	8/589
13. 02/08/27 (丁卯)	鴻山	朴今音同	未詳 他人	소 强奪	斬不待時	8/594
14. 02/09/03 (壬寅)	金堤	李牛知·黃山	金桂文	집 劫奪 强盜	絞待時	8/601
15. 02/09/27 (丙寅)	居昌	趙仇德	檢同	집 소 竊盜	絞待時	8/603
16. 02/10/24 (壬辰)	開城	邊北間·趙界山	朴自善	집 劫奪 (明火强盜罪)	○斬不待時 ○妻子邊方奴婢永屬	8/606

표 9 계속

言及時機(在位年月日)	發生地域(郡縣基準)	人的事項		嫌疑內容	行刑/判決內容	出典(『朝鮮王朝實錄』)輯/面(數)
		加害者(白丁)	被害者			
17. 02/11/07 (乙巳)	開城	崔白伊·金守丁·崔仍火伊	未詳 行商	劫掠 (强盜罪)	○斬不待時 ○妻子邊方奴婢永屬	8/608
18. 03/02/05 (壬申)	古阜	李山	金貴山	집 財物 竊盜	杖壹百臺 流三千里	8/634
19. 03/02/09 (丙子)	康津	每邑金外	不特定多數	群盜	死刑減刑	8/636
20. 03/05/22 (戊午)	沃溝	朴沙汝只·洪亡連	未詳	鹽船劫奪 强盜	○斬不待時 ○妻子邊方奴婢永屬	8/658
21. 03/06/01 (丙寅)	泰仁 金堤	李得戒 李刈沙里·成萬·乙珍·今音同	未詳 吳永壽	殺人 强盜罪 집 소 劫奪	斬不待時 斬待時	8/662
22. 03/06/07 (壬申)	金溝	金今山	李莫同	집 牛馬 竊盜	斬刑待時	8/664
23. 03/06/12 (丁丑)	楊州	水光	金孝南	威脅·强盜	○斬刑不待時 ○妻子邊方奴婢永屬	8/665
24. 03/10/08 (辛未)	未詳	韓同·末同·趙元	未詳	明火强盜罪	斬刑不待時	8/689
25. 03/10/25 (戊子)	未詳	趙石伊·成己		冠岳山 集結/官軍과 對抗	○斬刑不待時 ○妻子功臣집종/財産官이 沒收 ○父母·祖孫·兄弟 - 流三千里	8/692

표 9 계속

言及時機 (在位 年月日)	發生地域(郡縣基準)	人的事項		嫌疑 內容	行刑/判決 內容	出典 (『朝鮮王朝實錄』) 輯/面(數)
		加害者(白丁)	被害者			
26. 03/11/13 (乙巳)	振威	黃莫同 · 金介叱同 · 李巨乙亏未	未詳	强盜	斬刑不待時	8/695
27. 03/12/19 (辛巳)	未詳 洪州 晋州	莫松 · 金戒守 崔山 黃仇知 · 良人 金末山	未詳行人 朴佛老 姜子魚	劫奪 집 劫奪 · 强盜 집 衣服 · 雜物 竊盜	斬不待時 妻子邊方 奴婢永屬 首犯絞待時	8/699
28. 04/04/24 (甲申)	廣州	朴末中 · 勿金	未詳行人	威脅 · 强奪	斬不待時	9/19
29. 04/04/29 (己丑)	泗川	今山	良女 由里	奸通	絞待時	9/21
30. 04/05/08 (戊戌)	新寧	劉亡 · 千與 · 金延 結黨	崔宗右	소 · 雜物 竊盜	絞待時	9/23
31. 04/05/22 (壬子)	水原	趙永贊	秦貴生	돼지强奪	○斬不待時 ○妻子邊方 奴婢永屬	9/24
32. 04/07/08 (丁酉)	草溪 安陰	李今 破土伊 · 劉吾佐未	草岾의 行人	威脅 · 强盜	○斬不待時 ○妻子邊方 奴婢永屬	9/36
33. 04/07/18 (丁未)	未詳	心性 · 白山 · 尙佐 · 檢同 · 仍叱之	未詳 行人	威脅 · 財物 强奪	斬不待時	9/39
34. 04/07/19 (戊申)	醴川	趙莫同 · 趙永萬	權萬	威脅 · 强盜	○斬不待時 ○妻子邊方 奴婢永屬	9/39
35. 04/07/26 (乙卯)	水原	李勿才 · 李之里		冠岳山 屯聚 官兵對敵	斬不待時	9/42
36. 04/07/28 (丁巳)	未詳	金仲 · 內隱山 · 介叱知	未詳	牧場馬 竊盜	首魁絞待時	9/43

표 9 계속

言及時機(在位年月日)	發生地域(郡縣基準)	人的事項		嫌疑內容	行刑/判決內容	出典(『朝鮮王朝實錄』)輯/面(數)
		加害者(白丁)	被害者			
37. 04/08/08 (丁卯)	利川	金自己	未詳	竊盜再犯	絞待時	9/51
38. 04/09/16 (甲辰)	醴泉	李今·於里金·伊文季	池自守	强盜罪	○斬不待時 ○妻子住居地奴婢永屬	9/60
39. 04/09/23 (辛亥)	松禾	趙栗·李奉田	未詳	殺人·强盜	○斬不待時 ○妻子住居地奴婢永屬	9/61
40. 04/10/17 (乙亥)	未詳	得山·金元·甘丁	金處中	放火·射殺·强盜	○斬不待時 ○妻子邊方奴婢永屬	9/67
41. 04/11/22 (己酉)	咸安 安山 南陽 水原	白哲·莫山外朴檢同·朴貞·從南·趙山吳得夫·金末同·徐孟雨	南孝仁 陳叔良	牛馬竊盜 强盜罪	首魁絞待時 ○斬不待時 ○妻子住居地奴婢永屬	9/74
42. 04/11/29 (丙辰)	水原	趙銀同·小斤毛知·檢長	巫女 將未	집 劫奪 强盜	○斬不待時 ○妻子住居地奴婢永屬	9/75
43. 05/04/08 (壬戌)	平壤	良人 嚴伊·桂山·康春·白丁 桂同	張石剛·魯興德	집 放火·牛馬·衣服强奪	○斬不待時 ○妻子管轄官奴永屬	9/100
44. 05/06/10 (癸巳)	金海	良人 金仲山·白丁 黃千金	未詳 大家	放火 劫奪强盜	○斬不待時 ○妻子住居地官奴永屬	9/117
45. 05/06/19 (壬寅)	萬頃	私奴 仇叱達·白丁 趙介叱同·金玉山	未詳行人	劫奪·牛馬·衣服掠奪	○斬不待時 ○妻子住居地奴婢定屬	9/122
46. 05/09/09 (辛酉)	新昌	申石山	未詳	竊盜再犯	絞待時	9/144

표 9 계속

言及時機(在位年月日)	發生地域(郡縣基準)	人的事項		嫌疑內容	行刑/判決內容	出典(『朝鮮王朝實錄』)輯/面(數)
		加害者(白丁)	被害者			
47. 05/10/05 (丁亥)	羅州	朴者古未・金石伊	驛子李山	말 强奪	斬不待時	9/151
48. 05/11/14 (乙丑)	大興	僧侶 六禪・白丁 金升老・豆他非・趙山	行人 趙乙生・僧侶二人	脅迫殺害 衣服雜物 掠奪	○斬不待時 ○妻子居住地 官奴婢定屬	9/166
49. 05/12/06 (丁亥)	龍仁	趙春同・石乙同・今音同・升同・殷同・末同・趙牛叱・同㓨・孫泂	未詳	馬・雜物 强奪	○斬不待時 ○妻子所在 官奴婢永屬	9/171
50. 05/12/08 (己丑)	長興	姜仲老・金三・金甘金	南仲達・朴莫同	家財放火 衣服雜物 强奪	○斬不待時 ○妻子所在 官奴婢永屬	9/171
51. 06/01/05 (乙卯)	陰城	許豆音	未詳	竊盜再犯	絞刑	9/177
52. 06/02/29 (戊申)	全州 南陽	小高山 私奴 每邑山	未詳	强盜罪	斬不待時	9/205
53. 06/03/19 (戊辰)	水原 龍仁	金仇京 仁守	未詳 行人	威脅强盜	斬不待時	9/210
54. 06/04/08 (丙戌)	尙州	金完山	未詳	竊盜再犯	絞待時減免	9/213
55. 06/04/13 (辛卯)	未詳	金得界		徙民逃亡	斬待時減免	9/214
56. 06/04/13 (辛卯)	羅州	朴介叱同・良人 李同・崔禿同・表心性	不特定 人家	放火・强盜	○斬不待時減 ○妻子所在地 官奴婢定屬	9/214
57. 06/04/22 (庚子)	益山	朴衆伊	未詳 行人	劫奪强盜	○斬不待時 ○妻子住居地 官奴婢定屬	9/216
58. 06/05/08 (丙辰)	平壤	李石老・鄭叱同	未詳	竊盜再犯	絞待時	9/221

표 9 계속

言及時機(在位年月日)	發生地域(郡縣基準)	人的事項		嫌疑內容	行刑/判決內容	出典(『朝鮮王朝實錄』)輯/面(數)
		加害者(白丁)	被害者			
59. 06/06/22 (己亥)	鎭岑	石乙知 · 小斤 · 長解山	未詳	强盜罪	○斬不待時 ○妻子住居地奴婢永屬	9/236
60. 06/09/10 (丙辰)	平壤 江西	鄭叱同 良人 吳石山	未詳	竊盜三犯	絞待時	9/259
61. 06/09/21 (丁卯)	古阜	僧侶 省明 · 良人 金山伊 · 李凡伊 · 金石乙山 · 白丁 姜莫同 · 僧侶 尙岑 · 雪義	僧舍	劫掠 强盜罪	斬不待時	9/272
62. 06/11/02 (丁未)	未詳	李北間 · 李小斤同 · 私奴 金仁壽	趙萬	집 劫奪 强盜罪	斬不待時	9/284
63. 06/11/07 (壬子)	振威	趙玉連	未詳	竊盜再犯	絞刑	9/285
64. 06/11/14 (己未)	未詳	張明三	未詳	竊盜	絞待時	9/286
65. 06/11/19 (甲子)	振威	趙玉連	未詳	竊盜三犯	絞待時	9/287
66. 07/07/13 (甲寅)	谷城	趙末生	未詳	竊盜三犯	絞待時	9/358
67. 07/10/07 (丁丑)	未詳	金豆多非 · 斤吾乙未	西江行人	威脅强盜	○斬不待時 ○妻子管轄官奴婢定屬	9/384
68. 08/01/11 (庚戌)	未詳	巨于未 · 良人 黃凡伊	件伊同	威脅强盜	○斬不待時 ○妻子住居地奴婢永屬	9/408
69. 08/06/08 (癸卯)	未詳 未詳	종 加叱同 · 종 朴孝代 朴永	 未詳	楮貨僞造 竊盜再犯	絞待時 絞待時	9/463

표 9 계속

言及時機(在位年月日)	發生地域(郡縣基準)	人的事項		嫌疑內容	行刑/判決內容	出典(『朝鮮王朝實錄』)輯/面(數)
		加害者(白丁)	被害者			
70. 09/06/21 (辛亥)	未詳 富寧	樂生 金守知 張仇知	婦 阿干 趙介叱知	毆打殺害 毆打殺害	絞待時 絞待時	9/618
71. 10/05/18 (癸酉)	未詳 旌義 南原 綾城	靑坡驛 姜得敏 良人 宋南 良人 金水明 朴夫奇・黃莫同・芿叱莊	仇叱同 良人 高止 金水生 未詳 僧侶	毆打殺害 毆打殺害 毆打殺害 劫掠・衣服强奪	○斬不待時 ○妻子管轄官奴婢永屬	10/16
72. 10/06/22 (丁未)	陰竹	邊義存・李永春・每邑土	未詳 行人	殺害・衣服掠奪	○斬不待時 ○妻子管轄官奴婢永屬	10/30
73. 10/07/03 (丁巳)	南平 昌原	私奴 則金發 仲伊	宣自潤 未詳	藁葬・依物奪取 竊盜再犯	絞待時	10/31
74. 10/07/12 (丙寅)	全州	石乙知・金海山・永山	未詳	放火强盜	○斬不待時 ○妻子住居地奴婢定屬	10/33
75. 10/10/27 (己酉)	光州	良人 黃祿同・白丁 白春・莫同	未詳	放火强盜	○斬不待時 ○妻子住居地奴婢永屬	10/64
76. 11/03/20 (庚子)	公州	金元山 流代	金德 石非	强奸 强奸	絞待時 絞刑	10/116
77. 11/04/12 (壬戌)	春川	金介叱同・李同・金萬壽・金牛阿之・冬叱金・今同・莫同・乃浮只	未詳 行人	劫奪・衣服物品掠奪	○斬不待時 ○妻子住居地奴婢永屬	10/119
78. 12/10/22 (癸亥)	長興 古阜	張致雲・李牛同 黃守山・黃守生・金得和・金莫同	飛龍寺 驛吏 朴貴山	明火强盜 집 劫奪 소 强奪	○斬不待時 ○妻子住居地奴婢定屬	10/269

표 9 계속

言及時機(在位年月日)	發生地域(郡縣基準)	人的事項		嫌疑內容	行刑/判決內容	出典(『朝鮮王朝實錄』)輯/面(數)
		加害者(白丁)	被害者			
79. 13/01/17 (丙戌)	陰城	邊每邑土・邊義存・李永春	未詳 行人	衣服物品掠奪	○斬不待時 ○妻子住居地奴婢永屬	10/290
80. 13/04/11 (己酉)	長興	寶城正兵 朴番山	白丁 金孝山	殺害	斬待時減免	10/318
81. 13/05/04 (壬申)	淸州	吾乙亡・金繼孫・李蕃伊	修道庵 僧侶	强盜罪	死刑減刑	10/331
82. 13/12/12 (丙子)	江華	趙檢山	李季倫	竊盜殺人	斬不待時	10/417
83. 14/01/06 (己亥)	全州 肅川	私奴 伐介 小斤山	主人 亡龍 金得幹	毆打 衣服雜物竊盜	斬不待時 ○斬不待時 ○妻子管轄官奴婢永屬	10/426
84. 14/03/08 (庚子)	長淵	黃順山・李莫同	廉乾坤	放火・衣服 雜物竊盜	○斬不待時 ○妻子住居地奴婢永屬	10/438
85. 16/07/23 (辛未)	江華 襄陽	李禶 良女 佛德	未詳 婢夫 李莫山	强盜 奸通	斬不待時 斬待時減刑	11/44
86. 16/10/22 (己亥)	通津	私奴 姜綠・白丁 者火同・山伊所・文義同・於叱同・亡龍	未詳	强盜	○斬不待時 ○妻子所在官奴婢定屬	11/64
87. 17/01/04 (辛亥)	淸州	金大衆・崔吉同・內隱山・巨仇里(徒黨結成)	未詳	强盜	○斬不待時 ○妻子住居地奴婢永屬	11/87
88. 17/05/07 (辛亥)	南平	梁今音山・介叱同	未詳	强盜	○斬不待時 ○妻子所在官奴婢永屬	11/124

표 9 계속

言及時機(在位年月日)	發生地域(郡縣基準)	人的事項		嫌疑內容	行刑/判決內容	出典(『朝鮮王朝實錄』)輯/面(數)
		加害者(白丁)	被害者			
89. 18/01/09 (庚戌)	梁山	金連・吾乙未	未詳	放火强盜	斬不待時	11/174
90. 21/04/07 (己丑)	咸平	朴萬山・金石同・仁順府 종 金生	李玉同等	强盜罪	斬不待時	11/583
91. 21/07/07 (丁巳)	江陵	祿山	六寸妹 莫德	殺害	絞待時	11/611
92. 21/07/11 (辛酉)	南原	水軍 朴檢山	白丁의 딸 祿只	奸通未遂 毆打殺害	斬待時	11/614
93. 21/09/24 (癸酉)	利川	牛叱同・申豆含	韓自恭	强盜罪	○斬不待時 ○妻子所在官奴婢定屬	11/643
94. 23/09/29 (丁酉)	晋州 橫城	私奴 玉同 私婢 介未致・奸夫 崔同仇知	白丁 孝達의 아내 孝德 本夫 金性仇	奸通・孝達 毆打殺害 殺害圖謀	斬待時 淩遲處死	12/229
95. 24/12/19 (己卯)	靈巖 德山	金山同・金內隱同 私奴 莫山・鄭致山	妻의 奸夫 卯山 良人 金仇叱同	殺害・衣服奪取 謀議殺害	斬待時 斬待時	12/452
96. 25/08/23 (己卯)	光山 竹山	私奴 石敬 私奴 崔潭	白丁 崔儉丁 未詳 主人	毆打殺害 背反	絞待時 絞不待時	12/575

주: 1) 가해자와 피해자 모두 반드시 백정 신분을 뜻하는 것은 아니다. 다만 여러 명이 나란히 등장하는 경우, 오해의 여지를 줄이기 위해 백정 신분을 미리 밝혀 두기로 한다. 하지만 가해자와 피해자 모두 특별한 표식 없이 이름만 기록한 경우는 모두 백정을 뜻한다.

2) 백정 연루사건 중 노비와 양민 혹은 양반까지 거명된 사건들을 선별한 통계임. 따라서 이 사건들이 성종조의 범법기록 전체를 대변하는 것은 물론 아님.

계, 그리고 처단의 고삐를 강화하는 권력의 틈새에서 기형적 '자경(自警)의식(vigilantism)'을 발전시킨다. 그것이 권력의 부단한 교화와 장기적으로 사회화된 일종의 정치교육효과의 부산물이었음도 두말 할 필요는 없을 것이다.

성종조의 제도화 추진은 곧 세종조의 정치철학과 그 이후의 사회경제 개혁을 구현하려는 역사의 결과물이었다. 천민의 움직임이 추호라도 지배세력의 행보와 처신에 걸림돌이 되어서는 안 된다는 강박관념도 당대에 도모된 숱한 조치와 논의과정에서 무르익고 다져진다. 이후 박해와 처벌의 인습으로 더욱 조여진 신분의 족쇄는 끝내 백정들을 쉽게 대하기 힘든 기묘한 세력으로 성장시킨다.

성종조 천민정책의 경직성을 이해하려면 당연히 세종과 성종 사이의 역사적 논의과정을 피할 수 없게 된다. 그것은 일대를 풍미한 개혁과 선정의 결과를 더욱 풍요롭게 이어나가고 나아가 이를 확대 재생산해야 한다는 정치적 부담과 직결되는 문제였기 때문이다.

문종 원년 6월 16일, 검토관 하위지는 백정문제에 관해 이렇게 말하고 있다.

> "국가가 兩色白丁으로 하여금 平民과 섞여 살게 하니, 後患이 염려됩니다. 그러나, 白丁과 平民은 서로 혼인하지 않고 각각 스스로 구별하므로, 태평한 때에는 진실로 염려할 만한 것이 없으나, 만약에 變故가 있게 되면, 반드시 떼로 모여서 亂을 일으킬 것이니, 예전에 紅賊·倭寇 때의 일을 보면 알 수 있거니와, 마땅히 그 법을 더욱 밝혀서 平民과 혼인하게 하여야 합니다. ……."
> 하니, 임금이 嘉尙히 여겨 받아들였다.[20]

여기서 분명한 것은 동화와 융화 이전에 백정집단의 세력화를 염려하고 있었고 이를 기어이 막아야 한다는 권부의 무의식적 강박까지 그 행간에서 엿보인다는 점이다. 권력이 잡처를 권유하고 지배세력 자신이

20. 文宗 元年 6月 16(癸未)日 ·『朝鮮王朝實錄』第6輯 401面.

동화의 정책적 필요성을 교화하려 했어도 기실 그것은 명분과 실리의 편차를 좁히고자 애썼던 제도화 주체들의 고뇌를 반영한 것이 아니었다. 그보다는 오히려 더불어 살망정 경계와 통제 대상으로 백정들을 염두에 두는 한, 그것은 언제 어떤 형식으로든 그들이 일대 반격의 정치 단위로 기능할 수 있음을 암암리에 의식하는 일이었다. 이는 심정적 동일시 효과나 실질적 포용대상으로 백성을 끌어안으려 했던 구휼과 용인의 처사와는 근본적으로 다른 것이었다.

백정 범법자들에 대한 성종조의 일관된 강경론은 이 같은 선대의 우려와 방책을 의식하여 통제의 정치공학을 고스란히 적용하려는 것이었다. 세종의 친자들로 문종과 세조가 정치변혁의 틈새를 헤치면서도 백정정책의 수립과 지탱에서 이 같은 기조를 조금도 흔들림 없이 견지했던 점은 이 같이 이해할 필요가 있다.

세조 2년 3월 28일, 집현전 직제학 양성지의 상소가 격한 어조로 단호하게 작성된 연유가 진정 그 자신의 순수한 소신과 정치적 작정(作定)에서 비롯되었던 것인지 아니면 선대왕들의 유지와 당대 권력의 정책적 취향을 미리 감안했던 판단 결과였는지는 분명치 않다. 다만 그는 백정이 곧 도적이며 적당의 존재가 이들의 굴절된 모습임을 고하는 데 조금도 서슴없었다. 그리고 이를 다스리기 위한 방편으로 엿과 채찍을 같이 써야 한다는 데 전혀 굽힘이 없었다.

"白丁을 區處하는 것입니다. 대개 白丁을 혹은 '禾尺'이라 하고 혹은 '才人', 혹은 '韃靼'이라 稱하여 그 종류가 하나가 아니니, 국가에서 그 濟民하는 데 고르지 못하여 민망합니다. 白丁이라 稱하여 옛 이름을 변경하고 軍伍에 소속하게 하여 仕路를 열어 주었으나, 그러나 지금 오래된 자는 5백여 년이며, 가까운 자는 수백 년이나 됩니다. 본시 우리 족속이 아니므로 遺俗을 변치 않고 자기들끼리 서로 屯聚하여 자기들끼리 서로 婚嫁하는데, 혹은 殺牛하고 혹은 동량질을 하며, 혹은 도둑질을 합니다. 또 前朝 때, 契丹이 來侵하니, 가장 앞서 嚮導하고 또 假倭 노릇을 해 가면서, 처음은 강원도에서 일어나더니 경상도에까지 蔓延하여 장수를 보내어 討平하기에 이르렀습니다. 지금도

大小의 도적으로 체포된 자의 태반이 모두 이 무리입니다. 親戚과 姻黨이 八道에 連綿하여, 적으면 饑饉되고, 크면 亂離를 일으키니, 모두 염려가 됩니다. 빌건대 이제부터는 따로 壹戶도 짓지 못하게 하고, 모두 甲士·侍衛, 鎭軍의 奉足을 삼아 일일이 끼어 살게 하고, 이어서 그 다른 군으로 왕래함을 금하며, 그 홀로 산골짜기에 거처하면서 혹 자기들끼리 서로 婚娶하거나 혹은 屠殺을 행하며, 혹 寇賊을 행하고 혹은 樂器를 타며 求乞하는 자를 京外에서 엄히 禁하여, 그것을 범한 자는 아울러 戶首를 죄 주고 또 三代를 犯禁하지 않는 자는 다시 白丁이라 칭하지 말고, 한가지로 編戶하게 하면, 저들도 또한 스스로 이 農桑의 즐거움을 알게 되어 도적이 점점 그칠 것입니다.…….” 하니, 임금이 기꺼이 받아들였다.[21)]

‘적응하면 보상받고 일탈하면 제재받는다’는 예고가 삼대(三代)로 확장되고 끝내 동화의 종착점이 농상(農桑)의 노동사회화를 거치는 장기 구상으로까지 연장된 것은 실로 가혹한 내용이었다. 뿐만 아니라 통제의 강화와 신분구속 완화를 조건부로 예시하고자 애썼다는 사실은 결국 그만큼 저들의 존재 자체가 위협과 공포의 대상임을 그대로 드러내는 것이었다. 무의식적 강박의 이미지로 포섭되고 이를 ‘축출·견제’하기 위해 더욱 강력한 대응조치를 예고했던 권부의 태도는 이미 백정을 단순 사회집단으로 인식하지 않고 주기적 공격과 반역의 단위로 이해하려는 것이었다. 권력의 과민한 경각심리는 곧 용서와 제민(濟民)을 바탕으로 삼는 다른 백성들에 대한 인식과는 전혀 다른 것이었다.

이러한 긴장감을 엿볼 수 있는 역사의 근거로 세조의 명령은 매우 유의미하다. 비록 짧지만 그는 강력한 어조로 백정들의 발호와 폐해의 확산이 용납될 수 없는 일임을 크게 강조한다. 군주의 이 같은 직접 지시는 이후에도 이따금 반복되지만 이처럼 단호한 예는 그리 흔치 않았다.

漢城府에 傳旨하기를, “才人·白丁 등이 많이 本鄕을 逃離하여 京中에 와 붙어서 盜賊이 점점 盛하니, 그것을 速히 推刷하라.” 하였다.[22)]

---

21. 世祖 2年 3月 28(丁酉)日·『朝鮮王朝實錄』第7輯 121面.

> 左承旨 尹弼商에게 명하여, 앞에 나와 八道에 유시하여 도적을 잡는 글을 草案하게 하였다. 그 글에 말하기를, "盜賊이 良民을 해치는 자가 날로 심하여, 郡臣들이 竊盜의 初犯도 다 죽이라고 請하나, 내 특별히 그 생명이 죽는 데 나아감을 불쌍히 여기었다. 또 큰 慶事를 因緣하여 비록 强盜라도 만일 사람을 죽이지 않았으면 모두 다 放免하여서 스스로 새로워지는 길을 열어 주었는데도, 도적은 나의 큰 은혜를 생각하지 않고 방자한 행동을 하여 거리낌이 없어서, 官人을 攻掠하기에 이르렀으니, 諭書 뒤에 있는 條件을 卿은 널리 道內에 효유하여, 반드시 잡은 뒤에야 그칠 것이다. 대저 도적이 그치지 않는 것은 오로지 守令이 법을 만홀히 하여 일어난 소치이니, 이른바 법이란 무엇이겠는가? 떠돌아다녀서 남에게 몸을 의탁하였다고 일컫는 자는 마땅히 속히 본디대로 돌아가게 하고, 行路에서 求乞하는 자는 마땅히 엿보는 것을 살펴서 그 가운데 踪迹이 怪異한 자는 마땅히 가두고 推鞫하라. 守令 등이 部居民이 오고 가는 것을 알지 못하니, 이것은 도적의 踪迹을 용납하여 꺼림이 없게 하는 所以이다. 금후로는 만일 强盜가 境內에서 발생함이 있는데도 摘發하지 못한 자는 그 고을 守令은 杖 壹百臺를 때려서 罷職하고, 해당된 官吏는 杖 壹百臺를 때려서 罷職하고, 해당된 관리는 杖 壹百臺를 때려 驛吏로 定屬하며 切隣·色掌은 온 집안을 변방으로 옮기겠다. 1. 도적의 무리(賊黨)와 白丁이 만일 能히 잡을 수 있도록 告한 者는 그 罪를 赦免하되, 벼슬로 賞주고 綿布로 賞주는 것은 모두 自願하는 대로 따르게 하라. 1. 이제부터 이후로는 贓物을 論하지 말고 여러 사람의 證告를 가지고 定하게 하라.[23]

율법을 어긴 백정들에게만이 아니라 이를 다스리고 엄히 치죄해야 할 관료집단에 대해서도 사회통제의 원칙이 같이 적용되었다는 점은 당대의 범죄 부피와 그것이 미친 폐해의 크기를 능히 짐작케 한다. 오죽하면 군주 스스로 책임행정의 필요와 새삼스런 경고의 메시지까지 강화했겠는가 말이다.

이 대목은 결국 선대왕의 유지와 정책기조를 지탱하되, 그것이 효과를 거두려면 얼마나 많은 대가를 지불해야 하는지 잘 말해 주고 있었다. 부정적 이미지와 정치사회적 편견을 불식하고 나아가 호칭의 개편과 양

---

22. 世祖 9年 5月 8(丙申)日 ·『朝鮮王朝實錄』第7輯 574面.
23. 世祖 11年 5月 25(辛未)日 ·『朝鮮王朝實錄』第7輯 687面.

민들과의 잡처까지 명하며 획기적 공존의 틀을 마련했다지만 민중부문의 의외적 배타성과 권력부문의 추상적 대응이 다다른 조치란 이처럼 조건부적 이완이나 혹은 통제의 엄정성을 전제로 한 동화의 지속적 권유로 나타났다.

엄격함의 정도를 넘어 자칫 정치적 경직의 한계마저 보인 세조의 강성 국가적 운영기조는 천민정책 수립에도 어김없었다. 특히 백정의 경우, 공존 이전에 먼저 질서유지를 강조하고 동화 이후에도 율법의 지탱과 '양·천'의 냉혹한 구분을 흐리지 않으려는 사회적 조건 강화를 전제하고 있었다. 무엇보다 세조가 염려한 사항은 백정들의 정치세력화, 즉 불만의 제거를 위한 저들의 자발적 동원이나 그 실제적 성사가 미칠 예상외의 결과였다.

그러나 백정들이 간헐적으로 정치화했던 것은 이미 그의 재위 이전부터였고 천민들의 집단적 일탈 조짐이 서서히 가시화된 것도 이상한 일은 아니었다. 그 자신도 이미 밝혔듯 관료집단에 대한 노골적 반항은 이미 시작되었고 그것을 그대로 방임한다는 것은 정치적 권위의 지탱은 물론 계층구조의 동요까지 생각하지 않으면 안 될 처사였다.

동화의 권장과 통제 강화라는 모순적인 정책 병행은 세조조 백정정책의 특징 가운데 하나였다. 이는 결국 조선 초기의 사회질서 확립과 신분구조의 안정적 정립이 그만큼 쉽지 않은 과업이었음을 잘 말해 준다. 그것은 곧 백정을 비롯한 천민들의 동요를 막는다고 해서 모든 문제가 자동 해결되는 것은 아니라는 점을 잘 반영하는 것이었다. 또한 부의 분배과정에서 백성들 모두가 자신의 이기성을 이기지 못할 때 통치자는 끝없는 감시와 처벌을 예고할 수밖에 없다는 일련의 경고와 맞닿는 것이기도 했다.

세조가 부딪친 정치경제적 모순의 벽은 백정과 양민의 경계 사이에서만 나타나지 않았다. 다만 그 대표적 양상의 하나로 다음 경우는 눈여겨 보아야 한다. 이제 대사헌으로 승진한 양성지는 과거의 엄숙함에 이어 다시 예상외의 진언으로 상서를 대신한다.

"……옛날에는 白丁과 禾尺이 소를 잡았으나, 지금은 京外의 良民들도 모두 이를 잡으며, 옛날에는 흔히 잔치를 준비하기 위하여 소를 잡았으나, 지금은 저자 안에서 판매하기 위하여 이를 잡고, 옛날에는 남의 소를 훔쳐서 이를 잡았으나, 지금은 저자에서 사서 이를 잡습니다. 백정은 일정한 數가 있으나 양민은 그 數가 無限하며, 잔치는 일정한 수가 있으나 판매하는 것은 끝이 없으며, 남의 것을 훔쳐서 잡는 것은 일정한 숫자가 있으나 소를 사서 잡는 것은 無窮하니, 일정한 수효가 있는 소를 無窮한 날에 끝없이 잡는다면, 반드시 南山의 소나무와 같이 다 벤 다음에야 그만둘 것입니다. 그리고 지난날에는 소를 잡는 도적[宰牛賊]이라 하였으나 지금은 '去骨匠'이라 稱하고, 閭閻의 곳곳에 雜居하면서 소를 잡아도 大小隣里에서 전혀 怪異하게 여기지 않습니다. 만약에 고기를 쓸 일이 있어서 저자에서 구하려고 하면, 값을 가지고 가서 구하면 얻지 못함이 없습니다. 신이 듣건대, 백성들의 마음이 安定되어 이를 풍속이라고 이르니, 이러한 풍습이 이미 이루어진 것입니다. 크게 형벌을 시행하지 않는다면 그치지를 않을 것이니, 이제부터 풍습이 바르게 될 때까지 限하여 우선 軍法에 의하여 시행하소서. 무릇 소를 잡은 사람은 도둑질하여 잡았거나 사서 잡았거나를 불문하고 首從을 가리지 말고 모두 다 즉시 사형에 처하되, 그 妻子와 전 가족을 변방으로 이주시키고, 소를 잡는 것을 告한 자는 財産으로써 賞을 주되, 벼슬로 받기를 自願하는 자는 세 資級을 뛰어서 叙用하고, 그 窩主를 용납하여 머무르게 한 자는 家舍를 관가에 속하게 하며, 士大夫는 杖 壹百臺에 영원히 벼슬에 叙用하지 말고, 庶人은 杖 壹百臺를 때려 全家族을 邊方으로 이주시키고, 三切隣과 情實을 알고도 소를 판 사람이나 情實을 알고 고기를 먹은 자도 역시 上項의 例에 따라 施行하고 京中의 管領과 外方의 勸農으로 그 情實을 알고도 檢擧하지 않았거나 관가에 고하지 아니한 자도 역시 杖 壹百臺를 때려 全家族을 邊方으로 移住시키소서. 만약에 이와 같이 한다면, 거의 소를 잡는 풍속이 아주 달라져 農牛가 絶種하는 데에 이르지 않을 것입니다. ……." 하니, 命하여 詳定所에 내리게 하였다.[24)]

농업을 근간으로 삼았던 조선사회에서 도살의 엄격한 제한과 그 직능마저 엄격히 제한하고자 했음은 백정 일반에 대한 배타적 경계와 정치적 우려와는 별개의 문제였다. 바로 거기서 상황의 모순은 한층 커지기

24. 世祖 13年 1月 4(辛未)日 ·『朝鮮王朝實錄』第8輯 56面.

시작했다. 우덕을 칭송하되, 최소한의 도축은 불가피한 것이었고 그 역할을 백정에게 위탁 전임시킨 것도 사실상 큰 틀에서 보자면 제민의 수단이자 공존의 방책이었던 셈이다. 그러나 이 같은 역할 제한이 점차 무너지면서 권력의 개입과 또 다른 부수적 제한조치가 뒤따를 수밖에 없었다는 데 새로운 문제가 있었다.

양민도 밀도살에 간여하고 도축물의 은밀한 거래가 사회 전체로 퍼져나가는 가운데 권력이 취한 조치는 결국 엄정성의 제고, 즉 불법행위를 마다 않는 양민들의 과잉 억압과 그에 따른 백정 직능의 상대적 강화로 이어진다. 이는 다른 한편, 백정들이 감지하게 될 필요 이상의 사회적 위축감과 기왕의 소외의식이 새로운 정치적 불만으로 '촉매 · 연결'되기를 결코 바라지 않았던 당대 권부의 잠재적 고뇌를 여지없이 반영하는 것이었다. 양민들의 방만한 도살과 도축물의 암거래가 봉건적 지하 유통구조를 통해 정착할 경우 기존 제도권의 질서와 명령 자체가 힘을 잃게 될 것이란 판단은 굳이 힘주어 말하지 않아도 충분히 이해할 수 있는 문제였다.

이 같은 조치는 '신양역천'의 모순을 포용해야 했던 봉건체제 특유의 한계를 그대로 반영한다. 더욱이 양민과 천민 사이의 갈등을 어느 정도 용인하면서 신분의 경계만큼은 기어이 가르려 했던 세습군주국가의 특징마저 드러내는 것이었다. 그것은 자발적 복종에 뿌리를 두지 않고서는 지탱하기 어려운 군주국가의 정치공학과 오히려 이를 강화하려는 여러 유인책 가운데 하나로 이해할 수도 있었다.

급기야 세조는 이렇게까지 타이르고 있다.

> "……도적의 근원은 모두 貧窮한 데서 일어난다고 하나, 지금의 도적질을 하는 자는 모두 豪悍한 무리를 거느려, 그 사이에 才人과 白丁은 10에 8, 9가 되니, 비록 平民과 섞이어 살더라도 오히려 교화가 따르지 못하였다. 수백 년 이래에 스스로 한 풍속을 이루어 뿌리를 다 제거할 수가 없었으니, 제거하지 않으면 도적이 끊이지 않는데 장차 무슨 방법으로 처리하겠는가? 또 형벌로써 간사함을 깨우치고 포악함을 제거하여 반드시 다 다스리려 하면,

官吏가 형벌을 濫用하는 폐단이 있으며, 엄하게 栲訊하지 않으면 간사하고 포악한 것이 허물을 굴복할 리가 없으니, 형벌을 남용하지 않게 하고 실정을 반드시 나타내려는 것도 또한 무슨 방법으로 이루겠는가? 백성의 告訴를 듣고 그 寃痛함을 펴서 문득 下請을 上達하게 하려 하나, 고발하고 들춰내는 것이 풍속이 되니, 비록 자기의 원통함이 干與되지 않았더라도 部民이 守令을 고소하고, 胥吏가 官吏를 고발한다. 이를 禁하려고 하면 言路가 막히어 寃痛하고 억울함을 펼 수가 없고, 다 들어주면 上下가 서로 업신여기어서 풍속이 날로 무너지니, 장차 어떻게 처리하여야 좋겠는가? 이 세 가지는 모두 當世의 急務인데, 옛것을 上古하여도 또한 모두 있고 子大夫의 講論함에도 자세하니, 옛일을 이끌어서 現今을 증명하여 다 陳述하고 숨김이 없게 하라." 하고, 序賢亭에 나아가 武擧를 親試하였다.[25]

규모와 시기, 그리고 공간분포에서 편차는 있었지만 전국에 걸쳐 산발적으로 반복된 백정들의 집단화 추이는 크게 네 가지 유형으로 분화하고 있었다. 1) 관군과의 대치와 교전을 통한 정치적 의사표현[謀叛劃策], 2) 불특정 다수의 유랑과 걸식, 작희(作戱)와 돌출행동을 통한 관심의 유인, 3) 간통과 강간, 절도 등 개인단위의 일탈행위로부터 명화적, 집단 방화, 군도화한 집단범법, 4) 양인 및 주변 천민들과의 공모를 통한 계층간, 직능간 연대 범죄의 확산 등이 그것이다.

이쯤 되고 보면, 백정들의 세력화는 이미 기정화된 일이었다. 뿐만 아니라 전국에 걸쳐 깊게 퍼져 나가고 있었다. 그들만이 누리고 교류할 수 있는 행태의 특성과 그 역사적 관행이 용인될 수 있었음도 조선사회사 전 과정을 통해 수시 확인할 수 있는 또 하나의 현상이었다. 관(官)이 통제하고 권력이 나서서 준엄한 단죄 기준을 예고한들 들불처럼 번져 나간 백정들의 불만 표출을 차단할 특단의 조치란 결국 엿과 채찍의 동시사용 외에 다른 방법이 없었다. 하지만 모든 백정이 범법과 일탈의 주역으로 변신했던 것은 물론 아니다. 군역과 예종(隷從)의 확약을 통해 이미 제도권력에 흡인된 백정들도 적잖았고 때로 제도백정들과 외곽의

25. 世祖 14年 4月 2(辛卯)日 ·『朝鮮王朝實錄』第8輯 176面.

일탈세력 사이의 충돌 역시 주목해야 할 대목의 하나였기 때문이다.[26)]

성종조의 백정정책이 범법자 처단과 그에 따른 사법적 후속대응으로 점철, 전대의 상황보다 한층 경직된 모습을 보이고 있었음은 이미 <표 8>을 통해 살펴본 바 있다. 그러나 백정들에 대해 당시 권부가 한결같이 엄숙한 태도로만 일관했던 것은 아니다. 성종 역시 잡처와 공존을 정책의 기본으로 삼았지만 후일 양민화 정책의 기조를 다지고 특히 이들의 적극적 동화를 위해 노력했던 흔적을 실록은 곳곳에서 밝히고 있기 때문이다.

> 才人・白丁이 屯聚하면 도둑질할 마음이 저절로 생겨서 해가 평민에게 미치게 된다. 祖宗朝에서 이미 평민과 더불어 섞여 살게 하였으니, 마땅히 마음을 다하여 推刷해서 屯聚하지 못하게 하라.[27)]

> 盜賊도 또한 나의 赤子이다. 얼마나 飢寒에 핍박하였으면 그랬겠느냐?[28)]

> 刑曹에 傳旨하기를, "諸道 諸邑의 才人・白丁・行乞하는 자가 떼지어 다니면서 作戱하고 남의 집을 엿보며, 因하여 도둑질과 劫奪하며 빈둥빈둥 놀면서 먹으니, 今後로는 떼를 이루어 行乞하는 자는 한결같이 禁하라." 하였다.[29)]

적극적 동화의 일환으로 가능한 한 공존과 잡처의 기틀을 제도화하고 이를 포기하지 않으려 했던 군주의 고뇌는 비단 성종만의 것이 아니었다. 다만 그의 경우 가장 많은 백정범죄기록을 수재하고 있었던 만큼 고민의 흔적 또한 그에 비례했을 것이다. 위의 몇 대목은 성종의 집권 초기 백정문제에 관해 우려하고 있던 군주 본인의 인간적 면모와 통치

---

26. 예종 원년 동짓달의 '花開事態'는 관군과 백정, 群盜와 제도권력 사이의 갈등을 극적으로 대변해 주는 좋은 예다. 이에 관해서는, 睿宗 元年 11月 1(辛巳)日・『朝鮮王朝實錄』第8輯 427面 참조할 것.
27. 成宗 元年 2月 8(丁巳)日・『朝鮮王朝實錄』第8輯 464面.
28. 成宗 2年 11月 15(癸丑)日・『朝鮮王朝實錄』第8輯 611面.
29. 成宗 3年 1月 30(丁卯)日・『朝鮮王朝實錄』第8輯 629面.

차원의 미묘한 정치심리를 그대로 반영한다.

무작위로 추출, 인용한 군주의 이 같은 번뇌는 기록과 후대의 역사에 남을 자신의 이미지까지 의식하며 진술한 정치적 언사라기보다 오히려 평상의 성격과 심층심리의 단면으로 보인다. 연민과 엄단, 경계와 유념의 심경을 통해 군주가 드러낸 속내는 결국 숨길 수 없는 방황과 고뇌어린 결단의 과정을 잘 반증한다. 그것은 군주가 갖고 있던 실질 권력이나 현실적 집행능력과도 관련이 있었고 개인적 판단을 실제 문제의 현장에 적용할 때 나타날 피치 못할 경험적 한계와도 긴밀하게 맞닿는 것이었다.

일종의 내키지 않는 대상으로 백정들의 존재가 독특한 부류로 인식되기 시작했다는 것은 역설적으로 그들이 함축하는 부담의 강도를 의미했다. 그것은 고스란히 정치적 잠재력 제고라는 또 하나의 아이러니를 낳고 있었다. 끝없이 경계하면서도 끝내 포용의 필요성마저 계몽해야 한다는 부담은 사실상 그리 쉽게 생각할 문제가 아니었다. 나아가 전지의 내용을 받들어 실제 집행의 부담마저 이겨내야 했던 관료들의 입장에서 볼 때 군주의 의중과 그 정치적 심층심리 주변에서 요동치는 감정의 파고까지 헤아린다는 것은 더더욱 어려운 일이었다.

군주의 고뇌가 증가하는 만큼, 관료와 현장의 공권력 역시 기민하게 조응하고 합리적으로 판단할 만큼 자율적 기제와 그 조건을 갖추고 있었는지는 역시 별개였다. 특히 백정에 관해 군주와 관료 각자가 품고 있던 편견의 크기란 것도 일정한 비교의 준거를 갖는 것은 더더욱 아니었다. 그럼에도 불구하고 백정정책의 동요와 불안정을 적극적 동화의 방향으로 이끌려는 정치행정적 조정능력과 일정한 방향성, 그리고 합리적인 자세마저 갖추고 있었다는 점에서 성종조는 다른 군주의 재위기보다 안정적이었다. 바로 여기서 그의 정치력과 그를 보좌했던 지배권력의 상보성 또한 돋보인다. 군주는 '감시 · 견인'하고 관료는 '제창 · 조응'하는 힘의 효율적 안배가 이루어지는 동안 예측 불가의 백정세력은 분명 정치적 자율권을 키워 나갔다. 동시에 계층의 이동과 변동 추이를 바라보며 그 엄정한 차별의 틀을 지탱하려 애쓴 지배권력이 끝내 백정들과의 직접 충돌이 아닌 우회적 포용으로 돌아서게 되는 일련의 과정은 제도화의 일차적 정리기로 적잖은 의미를 갖는다.

물론 백정을 비롯한 소수 천민들의 정치력 신장은 지배권력의 중추를 흔드는 도전이나 양민들과의 연대를 통한 연합성 투쟁의 견결한 의지로 숙성되지는 않았다. 이 점에서 계층적 한계의 벽은 분명했다. 그러나 백정들의 끊임없는 사건 유발과 저항 잠재력의 성장은 군주를 비롯한 왕실권력을 거의 동시에 긴장시켰고 그 결과 통치과정의 탄력과 수축 기제를 강화한 것도 사실은 의도하지 않았던 일들 가운데 하나였다.

<표 10>은 이처럼 다양한 권력 긴장과 행정력 수축의 메커니즘을 잘 반영한다. 동시에 그것은 완만하나마 신분구조의 점진적 이완을 향해 조선사회가, 그것도 자율적으로 아주 서서히 움직이고 있었다는 역사의 경쟁원리를 잘 말해 준다.

아예 백정집단을 양민화하도록 권부가 제안한 것도 성종 집권 초기의 일이었다. 그것은 그들이 지속적으로 일탈과 소외의 대상인 양, 겉돌도록 놔둘 수 없다는 제도권력의 우려와 백정들 스스로도 점차 견디기 힘든 삶의 조건이 화학반응한 자연스런 결과물이었다. 성종 6년 4월 12일, 병조에서는 전라도 관찰사의 계본에 따라 다음과 같이 아뢴다.

> "才人·白丁들은 농업과 양잠을 일삼지 않고 사냥과 장사를 業으로 하여 四方으로 떠돌아다니면서 그 호구책을 얻고 있습니다. 그런데 이들을 하루 아침에 모두 卒伍에 隷屬시키고 賦役으로 編戶와 같게 한다면, 그 고통을 이기지 못하고 모여서 도적이 됨으로써 오히려 良民을 해치게 되지 않을까 우려됩니다. 청컨대 살림이 조금 넉넉하여 軍伍에 편입되고자 하는 자는 이를 허락해 주고, 산업이 없는 자는 賦役을 정하지 말고 閑田을 지급하여 農桑을 권장하여 수십년을 기다려서 富實하게 된 다음에 부역을 정하도록 하소서. 또 앞으로는 才人·白丁이라 부르지 말게 하고, 일반 백성과 섞여 살면서 서로 혼인하게 하고, 觀察使로 하여금 그들에게 지급한 田土의 數를 기록하여 아뢰게 하소서." 하니, 임금이 그대로 따랐다.[30]

---

30. 成宗 6年 4月 12(庚寅)日·『朝鮮王朝實錄』第9輯 214面.

표 10. 성종 집권 초기 백정정책의 단절과 지속

時 機	政策建議・論議話頭	結 果
1. 成宗 2年 2月 18(辛酉)日	才人・白丁 戶籍記錄/推刷民戶 編入/逸脫人物 懲治强化[1]	未詳
2. 成宗 2年 11月 15(癸丑)日	城底 群盜急增/劫掠蔓延/'搜索・治罪' 强化/盜賊良民化 絶對不可/重法斷罪(姜希孟)[2]	非答
3. 成宗 3年 1月 5(壬寅)日	外方 才人・白丁 京城入出 防禁/密入者 親族 索出・告發・刑曹推鞫/率居奴婢 人員報告 - 本部 置簿/正體不明者 卽時告發 義務 强化/贓物遺棄 嚴禁/鍮器・銅器・鐵器・匹段・綿紬・衣服 密賣買者 市場坐主 卽時告發 - 漏落・未發覺者刑曹 抵罪强化[3]	承認
4. 成宗 3年 10月 8(辛未)日	雜處 白丁姓名 全員 帳簿記錄 - 民戶 編入/土地・家産 官廳支給/衙前 選拔 - 定屬/良民化 督勵/上記 條件 離脫者・自由來往者 盜賊論斷 (申叔舟・尹子雲)[4]	再論指示
5. 成宗 4年 8月 21(庚辰)日	父母 妻子間 家族事 - 葬禮・救病 才人 白丁 行狀發給 建議/來往禁止・移動嚴禁項目 相對的 緩和[5]	受諾

주: 1) 『朝鮮王朝實錄』 第8輯 555面.
2) 『朝鮮王朝實錄』 第8輯 611面.
3) 『朝鮮王朝實錄』 第8輯 622面.
4) 『朝鮮王朝實錄』 第8輯 689面.
5) 『朝鮮王朝實錄』 第9輯 55面.

그러나 이 같은 정책의 파격도 막상 당사자들이 느끼고 겪었던 경험의 실제와 견주어 볼 때 상당한 거리가 있었던 것으로 추정된다. 왜냐하면 사관들은 양민화 조치 이후에도 백정들의 진솔한 행태 변화, 즉 권력의 훈계와 인도에 따르려는 적극적 편입 자세보다 기왕의 생활양식을 '고수·지탱'하려는 행동의 보수성과 지배세력에 대한 일련의 저항에 크게 주목했기 때문이다. 또한 양민화 정책추진 이후에도 그들이 지배층의 뜻대로 따르지 만은 않았던 역사의 행적은 얼마든지 거꾸로 추적할 수 있기 때문이다.

바로 여기서 조선의 백정들이 얼마나 다루기 어렵고 또 미묘한 사회세력으로 성장해 나가고 있었는지 잘 헤아릴 수 있게 된다. 다시 정리해 보자면 이 정도의 정책 조치로 감동하거나 흔들릴 존재가 아니었다는 점에서 조선 백정들의 삶의 윤곽은 두터웠다. 집권 초기의 적극적인 백정 포용의지가 점차 '탈색·변형'될 것 같은 조짐을 보이거나 혹은 실망스런 판단에 기초, 한층 더 강한 권위주의로 복귀하는 현상은 오히려 재위 중반기를 향하는 동안 한층 노골화된다.

다음 두 구절은 이상과 현실 사이에서 번민하던 성종의 정치심리를 잘 드러낸다. 급기야 여기서 성종이 백정들을 다스리는 전선의 관리들을 향해 경각의 고삐를 다시 강하게 조이는 점은 매우 이채롭다. 이른바 책임행정의 구현으로 관료의 기강과 왕권의 기개를 튼실히 확보하려 했음은 이 대목에서도 어김없이 반복된다.

> 諸道의 觀察使에게 下書하기를, "才人과 白丁은 본디 모두 異類인데, 농업은 일삼지 않고 사람이 살지 않는 곳에 모여서 오로지 도둑질만 일삼으니, 이러한 조짐을 키워서는 안 될 것이다. 이미 그들을 민간에 분산시켜 섞여 살게 한 것은 그들의 奸巧한 술책을 방지하여 점차로 良民이 되게 하려는 것이었다. 그런데 守令들을 관찰하여 보면 태만하게 검찰하지 않아서 山行을 칭탁하여 방종한 행동을 거리낌 없이 하므로 양민들이 피해를 당하니, 이것은 작은 일이 아니다. 卿은 잘 알아서 엄하게 糾察을 가하여 前轍을 밟지 않도록 하라. 만일 혹시라도 위반함이 있으면 守令뿐만이 아니라 卿도 또한 책임을 면하지는 못할 것이다." 하였다.[31]

> 全羅道 觀察使 李克墩에게 下書하기를, "道內 사람의 성질이 강하고 사나우

---

31. 成宗 7年 7月 18(己未)日·『朝鮮王朝實錄』第9輯 359面.

며, 그 가운데 土豪라는 者가 담과 울타리를 넓게 두르고 人丁을 점유해 숨기는데, 才人·白丁, 군사의 奉足, 도망했거나 누락된 奴婢 등의 無賴輩가 모여 淵藪로 삼고 그 戶首와 本主로 하여금 손을 쓰지 못하게 하며, 심지어 도둑을 잡는 者가 그 종적을 찾아서 쫓아 그 門에 이르러도 잡을 수 없으니, 그것은 시골에서 위엄을 떨치면서 악한 짓을 마음대로 꺼리낌없이 하는 것이 더할 수 없이 甚하다. 卿은 그것을 엄하게 糾察하고 摘發하여 아뢰라." 하고, 곧 弘文館 直提學 李命崇을 全羅道 逃漏人物 推刷敬差官으로 삼았다.[32]

이 두 항목은 물론 서로 다른 상황에서 발생한 일들에 대한 제도권력의 조치였다. 그것도 백정들의 발호가 행정권력의 통제권을 넘어서서는 안 된다는 군주의 의지와 이를 확인하려는 정치권력의 위엄이 서로 섞여 나타난 권위적 지시로 이 같은 항목은 실록 곳곳에 반복 등장한다. 실제로 노동조건의 극한상황과 삶의 활로를 찾으려는 절박한 몸짓은 전국에 걸쳐 '노비·백정'의 잦은 도주와 추쇄의 숨바꼭질을 자극했고 이를 통해 매우 완만하나마 장기적인 신분 구속의 틀이 이완되는 역사의 시기가 당겨지는 것도 숨길 수 없는 사실들이다.[33]

특히 조선 후기의 신분제 이완이 경제사회적 토대의 혼돈으로 이어지는 역사의 독립변수로 인식되거나 자본주의 침투와 제국주의 팽창이 동북아 세계질서 재편 과정에서 조선사의 후미를 강타하는 폭력의 정치학으로 변질되는 일련의 과정도 이미 그 이해틀을 갖춘 지 오래다.[34] 하지만 왕조의 정치질서를 지탱한 이른바 자발적 복종의 틀이, 그것도 천

---

32. 成宗 13年 11月 3(丁酉)日·『朝鮮王朝實錄』第10輯 405面.
33. 이에 관한 상세한 역사추적으로는 다음 참조할 것. 鄭奭鍾, 『朝鮮後期社會變動硏究』(서울: 一潮閣, 1990). 문제는 숙종조 연간에 발생한 사건들과 특정지역의 노비제 운영 및 변화에 관한 연구만으로 조선후기 전체의 상황변이를 가늠할 수 없다는 점이다. 그럼에도 불구하고 이 연구는 조선 후기의 특정시기에 관한 미시변동연구로 매우 치밀하고 방대하다.
34. 이에 관해서는 다음 참조할 것. 朴鍾晟, 『王朝의 政治變動: 朝鮮朝의 國家存續과 農民의 政治的 抵抗』(서울: 인간사랑, 1995); 『强占期 朝鮮의 政治秩序: 忍從과 抵抗의 斷層變動』(서울: 인간사랑, 1997); 『韓國政治와 政治暴力: 解放後 權力과 民衆의 衝突』(서울: 서울대학교출판부, 2001).

민들 속에서 추동되기 시작했다는 점은 단순한 문제가 아니었다. 그것은 역설적으로 중앙권력의 행정적 침투위기가 가속화되어 가는 모습과 지배집단의 정치적 권위를 끝없이 자극, 긴장시킨 지속적 화두로 왕조 말기까지 지속된 통치 차원의 콤플렉스 가운데 하나였다.

통제와 이완의 정치적 탄력을 통해 천민들의 불안정한 삶을 다스리려 했던 조선조 전기 체제에서 성종 또한 유화의 틀을 크게 벗어나지 못했음도 이 같은 측면에서 살펴보아야 할 일이다. 특히 집권 후반기에 이르러 한층 극명해지는 노비들의 하극상과 도적들의 만연[35]은 군주로 하여금 무엇이 합리적인 해결방안일 것인지 쉽게 결정하지 못하도록 자극한 특이한 고통의 대목이었다. 이처럼 천민계층의 정치적 자율성이 상대적으로 돋보인다는 사실은 매우 예외적이었다. 뿐만 아니라 경우에 따라 조이고 때에 따라 다시 푸는 탄력적 통제와 엄정한 관리 위주의 정치공학이 끝내 넘지 못했던 벽은 바로 백정과 노비들로부터의 믿을만한 정치심리적 지지선 확보였다.

방대한 기록과 그 내용 편차에도 불구하고 그 사이를 일정하게 교차한 백정정책은 번민하는 군주의 판단과 이를 이끈 백정들의 지속적 일탈 및 도전의 맥을 고스란히 반증한다. 다음 인용구에 나타난 백정들의 자유 혼가 금지조치나 공·사천 도망자들에 대한 별도처리 규정은 이 같은 군주의 엇갈림과 정책결정과정의 혼선을 잘 드러낸다.

> 慶尙道 觀察使 成俶이 陳弊하기를, "1. 公私賤의 逃亡한 사람을 許接한 것이 1년이 차면 實情을 안 것으로 論斷하여 같이 살거나 따로 사는 것을 물론하고 戶首는 役價를 徵收하고 全家徙邊하는 것이 어떠하겠습니까? 1. 전자에 刑曹에서 受敎한 第1條는, '白丁이 스스로 서로 婚嫁하는 것을 금지한다.'고 하였고, 第2條는, '그 自望에 따라 적당함을 헤아려서 婚嫁하게 한다.'고 하였으며, 第3條는, '白丁이 스스로 서로 婚嫁하는 것이 드러나면 切隣·色掌·守令은 重하게 論罪하며 赦前을 가리지 아니한다.'고 하였습니다. 臣 等은 생각

35. 이에 관해서는 朴鍾晟(1995), 앞 책, pp. 206-216 참조할 것.

하기를 觀察使는 道主로서 王人을 待接하는데, 이를 의논해서 결정한 가운데, 第1條와 第2條는 擧行하고 赦前을 가리지 아니한다는 事緣은 削除하였으니 이와 같이 하면 이미 스스로 婚姻할 수도 없고, 또 自望으로 婚姻할 수 없으니 法을 세운 것이 어긋납니다. 前例대로 平民과 서로 婚姻하도록 許諾하는 것이 어떠하겠습니까? …….” 하였는데, 이에 이르러 刑曹에서 이에 의거하여 아뢰기를, “第1條의, ‘公私賤의 도망한 사람을 許接하는 일’과 第2條의, ‘白丁의 婚嫁의 일’은 陳弊한 바에 의하여 시행하는 것이 어떠하겠습니까?” 하니, 그대로 따랐다.[36]

집권 말기에 이르도록 도적들의 발호와 암약이 끊이지 않고 있음은 성종조 체제의 특징이자 한계였다. 무엇보다 관리들의 통제와 단속이 범법세력의 물리적 부피와 폭력사용규모를 감당하지 못하는 경우가 비일비재했다. 심지어는 범죄 행위의 가해 당사자가 평민인지 천민인지 여부를 가늠하기조차 어려울 정도로 유사사태가 빈발했고 그에 따른 사안별 문제처리 역시 확실치 않은 경우가 많았다.

이 같은 현상은 결국 민중부문이 실제 느낄 수 있는 정책적 개혁 크기와 정도가 상당한 거리가 있음을 뜻하는 것이었다. 뿐만 아니라 사회경제적 삶의 조건이 지속적인 불안정과 피폐함 속에서 한층 심각해지고 있었음을 잘 말해 준다. 문제는 조선 초기 사회에서 이러한 사회불안정이 구성단위 상호간의 자율적 기제나 자발적 통합 노력에 의해 조절될 기미가 전혀 보이지 않았고 나아가 권력부문이 힘으로 간여해도 진정될 조짐이 없었다는 사실이다. 신분의 확실한 구분과 그 명료한 지탱도 기왕의 집단간 경계의식과 뿌리깊은 편견의 늪을 메울 수 있을만한 합리적 수단은 되지 못하는 형편이었다.

신분과 계층의 구분을 둘러싼 각 집단별, 부문별 경계의식은 피지배집단 서로간의 연민이나 동류의식의 확산조차 기대하기 어렵게 했다. 그것은 차라리 하층계급에 대한 일상적 미움이나 기정화된 범죄 당사자로 백정과 재인 세력에 관한 경원의 심리와 가까운 것이었고 아무리 배제

36. 成宗 19年 11月 11(庚午)日 · 『朝鮮王朝實錄』 第11輯 399面.

하려 해도 새롭게 각인되는 배척과 홀대의 심리와도 맞닿는 것이었다.

이러한 선입견 자체가 점차 부정적 파장을 일으키며 국가 전체의 계층적 긴장구조를 확산시켜 나감에 따라 천민정책 전반에 관한 권부의 입장과 그 체계적 조응이란 화두는 의외로 복잡해진다. 크게는 인도주의와 민본주의의 틀을 견지하되, 사안별로 엄정성과 제도폭력의 강인한 적용을 '예고·병행'하는 이원 구조의 지속이야말로 조선사회가 끝까지 손놓을 수 없었던 정책 기조였다.

백정과 재인 세력이 감지하는 불안의식이 민중부문과 지배세력의 의문대상으로 발전, 변화하게 된 역사의 현장은 이처럼 적잖았다. 다음의 세 언급 역시 이 같은 혼돈의 단면을 잘 드러낸다.

> 刑曹判書 鄭佸 등이 와서 아뢰기를, "近者에 都下에 盜賊의 무리들이 마구 일어나 다니는데, 만약에 講武때에 城中의 丁夫들이 모두 從軍하고, 捕盜將 또한 모두 扈從하면, 臣 等은 아마도 盜賊들이 빈틈을 타서 가만히 일어날까 염려되오니, 청컨대 捕盜將을 더 定하소서. 또 듣건대, 黃海道에 賊黨들이 白晝에 무리를 이루어 劫掠을 恣行하고 간혹 角을 불며 다니기까지 한다 하니, 그 氣勢가 심히 盛합니다. 請컨대 추적하여 잡게 하소서. 또 才人과 白丁들이 都下에서 나그네로 旅寓(寓居)하다가 그대로 머물러 사는 者가 제법 많이 있는데, 才人과 白丁들은 거의 모두가 盜賊이므로, 區別하여 두지 않으면 아니됩니다. 請컨대 元居地로 刷還하소서." 하니, 傳敎하기를, "才人과 白丁들은 京都에 섞여 살 수 없음이 이미 법에 있으니, 그것을 조사하여 아뢰고, 捕盜將은 兵曹로 하여금 의논하여 아뢰도록 하고, 黃海道의 盜賊을 잡는 일은 監司에게 또한 諭示하라." 하였다.[37)]

> 承政院에 傳敎하기를, "前日에 刑曹에서 아뢰기를, '才人·白丁들이 京城 안에 섞이어 살고 있는데, 도둑이 생기는 것이 모두 이들에게 나온 것이니 본토로 刷還하기를 請한다'고 했었다. 그러나 이들도 역시 百姓이니 도둑이 모두 이들에게서 생기는 것을 어찌 알 일이겠느냐? 平民들도 또한 도둑질을 할 수 있는 것이다. 도둑질을 한 자들이 스스로 도둑질한 죄를 자복하였다면

37. 成宗 20年 9月 26(辛巳)日·『朝鮮王朝實錄』第11輯 519面.

어찌 꼭 구별하여 刷還할 것이 있겠는가? 刑曹로 하여금 이런 뜻을 알도록 해야 한다." 하였다.[38)]

大司諫 李杯이 아뢰기를, "지금 도적이 일어나서 中外가 騷擾한데 모두 才人·白丁의 무리입니다. 이 무리들은 본래 恒產이 없고 使役이 몹시 괴로우므로, 도둑이 되는 것은 진실로 그럴 만합니다. 그러니 국가에서 살 길을 열어 준 뒤에야 도적을 막을 수 있습니다. 良民과 혼인하는 것을 허락한 것은 참으로 아름다운 법이나, 고을에서 다른 종류로 취급하여 이웃 사람으로 하여금 감시하게 하고 別牌를 만들어 부리면서 良民에 끼이지 못하게 하기 때문에 才人·白丁이 산업을 일삼지 아니하고 모여서 도적이 되니, 그 폐단을 救濟하기 어렵습니다. 臣은 願하건대 才人·白丁이라는 이름을 모두 없애고 일체의 賦役을 모두 良民과 같게 하면 수십년 후에는 모두 良民으로 변하여 盜賊을 막을 수 있을 것입니다." 하였다. 임금이 좌우에게 물으니, 領事 盧思愼이 대답하기를, "良民과 혼인하기를 허락하여 살도록 한 법을 세우지 아니함이 아닌데, 오히려 서로 모여서 盜賊이 되니, 才人·白丁이라는 이름을 없앤다고 하더라도 무슨 이익이 있겠습니까?" 하자, 임금이 말하기를, "그러하다. 마땅히 널리 의논할 것이다." 하였다.[39)]

호칭을 바꾸고 통혼의 자유와 거주 이전의 조건을 상대적으로 풀어준다고 해서 사라질 불안의식이 아니었다면 궁극적으로 백정들의 포용과 동화 여부는 양민과 그 위의 계층구조에서 발휘할 수 있는 실질적 흡인력에 따라 결정될 성질의 것이었다. 그러나 지배계층이 보여 줄 수 있는 실제 포용범위란 명분상의 아량과 동류의식의 유포를 통한 정책적 배려 필요와는 큰 차이가 있었다.

다시 말해 백정들을 바라보는 지배계층과 양민들의 불안의식은 거꾸로 이들 상위의 존재를 의식하는 백정들의 사회경제적 불만과 고스란히 닮아 있었다. 서로는 서로를 비추는 거울이었다. 백정과 도적을 동일시하는 편견이나, 동화를 제의하는 권부의 의지를 위선으로 파악하는 선

38. 成宗 20年 10月 15(己亥)日 ·『朝鮮王朝實錄』第11輯 526面.
39. 成宗 20年 12月 9(壬辰)日 ·『朝鮮王朝實錄』第11輯 551面.

입견이나 그들의 충돌조건은 이미 운명적 대립상황 속에서 소리 없이 무르익고 있었다.

회유와 억압의 공존, 불안과 불만의 격돌, 계몽과 탈주의 순환 등 제도권력이 겪어야 했던 백정들과의 알력은 이처럼 상반된 조건 아래 서로의 힘을 의식한 채 커 나갈 소지만을 안고 있었던 것이다. 그것은 정괄의 제안처럼 잠재적 불안요인과 현존하는 위협의 실질적 제거를 위해 통제와 위압의 물리력 확장으로 더욱 구체화되고 있었다. 집권 말기에 이르도록 수그러들지 않는 도둑의 준동 등 사회불안요인의 제압을 위해 성종은 심지어 오부에 각기 장수를 두어 이 문제를 전담 처리할 필요성까지 논의하기에 이른다. 이 대목에 이르러 그는 이렇게 말한다.

> 傳敎하기를, "듣건대 京中의 閭閻에 盜賊이 많이 발동한다고 하는데, 이는 반드시 軍士가 모두 北征에 나아갔기 때문이다. 빈틈을 타서 함부로 행함이 이에 이르렀는데, 捕盜將은 단지 2인뿐이고, 도둑을 맞은 사람이 즉시 告하지 않아 잡는데 機會를 잃게 된다. 내 생각으로는 五部에 모두 將帥를 두어, 와서 告하는 대로 즉시 管下를 거느려 搜捕함이 어떨까 한다. 그것을 오늘 經筵에 入侍한 宰相에게 물어보라." 하니, 尹弼商은 의논하기를, "盜賊을 잡은 자에 대하여 상을 주고 벌을 주는 법이 『大典』에 모두 실려 있는데도, 이제 이에 이르렀음은 法 때문이 아닙니다. 奉行하는 자가 그 法을 能히 行하지 못한 것뿐입니다." 하고, 李崇元과 金諶은 議論하기를, "五部에 각각 將帥를 두면 騷擾스러울 것이니, 捕盜將 2, 3人을 擇差하여 軍士를 헤아려 주어 防備하게 하면 거의 도적이 없어질 것입니다." 하고, 金升卿은 議論하기를, "李陽生이 捕盜將이 되었을 때, 才人과 白丁을 引誘하여 盜賊의 所在를 廉問하였는데, 귀신과 같이 摘發하였습니다. 지금은 장수된 자가 이 방법을 알지 못하고, 또 捕盜의 이름을 부끄럽게 여겨 마음을 쓰지 않으니, 만약 장차 마땅한 사람을 얻는다면 거의 도적이 없게 될 것입니다. 또 前日에는 5家가 서로 번갈아 坐更을 하였으므로 도적이 조금 그쳤는데, 이제 徵闕로 폐단이 있다 하여 革破하였습니다. 臣의 생각에는 坐更의 法을 다시 세우면 京中의 도적도 또한 없어질 것 같습니다." 하였다. 命하여 大臣에 議論하게 하니, 沈澮는 議論하기를, "西征·北征의 軍士가 回還하기를 限하여, 五部에 각각 한 將帥를 差遣함이 便하겠습니다." 하니, 그대로 따랐다.[40)]

그러나 이 같은 적극적 경계에도 불구하고 백정집단의 사회적 세력화가 도모된 것은 결국 기왕의 불만과 불안의 화학반응이 일정한 인내의 임계점을 넘어섰기 때문이다. 더이상 견디지 못할 삶의 조건 속에서 '실패는 곧 죽음'이란 사실을 잘 알면서도 봉기와 도전을 감행한 기이함은 외면할 수 없는 조선사의 극적인 대목을 이룬다.

'도적'과 '적당', '무뢰배'와 '불한당' 등으로 표현되면서 백정들이 정치적으로 집단화 조짐을 보이기 시작한 것도 정확한 고증은 쉽지 않다. 제도권력 내부의 정치적 일탈과 새로운 세력 도모를 위한 음모의 추진마저 전통 역사연구의 흐름에서는 벗어나는 주제였다. 이른바 모반의 역사를 '복원·재현'하는 과업[41] 자체에 소홀하던 상황 속에서 하물며 백정의 반란을 체계화한다는 것은 극히 어려웠다.

따라서 천민정치학 속에, 특히 백정들의 정치세력화 연구와 그 실제 역사의 추적은 사실의 진위 여부를 떠나 역사적 신비주의의 함정마저 극복해야 할 처지에 놓인다. 그것은 좀체 실화로 담보되거나 기록으로 확실히 포착하기 어려운 주제였기 때문이다. 하지만 실록은 이 대목의 단서 또한 적잖이 남겨 놓고 있다. 물론 사태의 발단과 진행, 그리고 결과적 국면의 변화 등 상세한 전말은 생략하고 있지만 '있었던 일'들로서 그 정치적 추이만큼은 엄정하게 기록하고 있다.

<표 10>에 압축되고 있듯이, 백정들의 군집화 경향과 그 정치화 추세마저 성종조에 집약되고 있음은 우연한 일이 아니다. 뿐만 아니라 이 같은 추이는 기왕의 사회불안과 접목, 사회경제 모순을 증폭시키는 역

---

40. 成宗 22年 9月 29(壬寅)日·『朝鮮王朝實錄』第12輯 98面.
41. 이제라도 이 같은 裏面史의 천착이 가시화되고 있음은 고무적인 일이다. 비록 그것이 천민사의 맥락과 관계 맺는 방식이나 유형 등 입체적 수준으로까지 연결되지는 않는다 해도 다음 분석과 접근은 바람직하다. 한국역사연구회,『모반의 역사』(서울: 세종서적, 2001); KBS TV 조선왕조실록 제작팀,『조선은 양반의 나라가 아니오』(서울: 가람기획, 2001); 허남오,『너희가 포도청을 어찌 아느냐』(서울: 가람기획, 2001); 고성훈(外) 지음,『민란의 시대』(서울: 가람기획, 2000).

사의 단서로 작동한다. 사관들은 사건의 발생 사실을 기록하되, 그 원인의 소상함과 봉기의 자세한 내역에 관해서는 말하지 않고 있다. 이렇게 보면 <표 11>은 이러한 한계를 감안하고 읽어야 할 『성종실록』의 다양한 함정들이다.

비록 세 차례에 걸친 언급이었지만 이들 대목의 비중은 다른 어느 경우보다 두드러진다. 다른 일상적 기록에 나타난 것처럼 단순 절도나 살해 및 겁탈 등 국지적 범죄가 아니었기 때문이다. 동원된 인원과 공간적 한계는 명백했지만 당국과의 대치와 이를 둘러싼 사건의 심각성은 분명했다. 이들 행각은 드러난 독립변수 몇 가지만으로도 사태 진전의 진지한 동기를 추정할 수 있다. 물론 이 역시 사건의 원인을 '기록 · 정리'하는 과정에서 사관들이 도적 일반이나 군도 혹은 '떼도둑'과 같은 직설적 용어를 사용, 수식하는 등 이미 부정적 선입견이 개입되고 있었다.

그러나 당대의 역사조건 속에서 백정들이 자발적으로 세력화하여 관군과 분연히 대치했다는 사실은 그 자체만으로도 극적인 요소를 잘 드러낸다. 저항의 지탱 기간이나 사건의 인과관계는 비록 분명치 않지만 성종 집권 초기에 발생한 이들 세 차례의 백정 항거사태는 1) 노비들과의 전략적 연합, 2) 산중 둔취와 임의 모병을 통한 장기 항전의 의지 표명, 3) 결사적 저항과 적극적 의사표현을 바탕으로 한 폭력적 도전의 조건 등 모두를 아우르는 매우 이례적인 사례들로 다른 일상적 범죄와는 크게 차이가 난다.

그렇다고 해서 이들의 저항이 성종 집권기의 정치적 근간을 흔들었다거나 권부의 통치력을 크게 손상시켰다는 기록은 그 어디에도 없다. 뿐만 아니라 사건의 심각성이 커 상당기간 쟁점화된 것도 아니고 민중부문 전체를 동요시킬 만큼 폭력의 파급효과가 구조적이지도 않았다. 다만 다른 어느 경우에도 찾아볼 수 없는 행각의 기이함이 마치 혁명의 전조를 연상시키고 일상의 도둑들과 전혀 다른 정치성을 보였다는 점에서 특히 '관악산 항쟁'은 돋보인다. 성종 3년 10월부터 이듬해 7월까지 반복 발생한 것으로 기록되고 있는 군도들의 적극적 행동은 이 시기의

표 11. 성종조 백정세력의 정치적 群盜化

時 機	場 所 (空間)	動員人員 (推計)	關聯人物	行 脚	行 刑
1. 成宗 3年 10月 8(辛未)日	未詳	未詳	對官軍抗拒 事態報告 (申叔舟・尹子雲)	群盜蠢動	同和 建議
2. 成宗 3年 10月 25(戊子)日	冠岳山	4+	私奴 末應實・高道金 白丁 趙石伊・成己	山中集結・對官軍抗拒	斬刑不待時・妻子功臣・家奴定屬・財産還收・父母/祖孫/兄弟流二千里
3. 成宗 4年 7月 26(乙卯)日	冠岳山	2+	白丁 李才・李之里	山中屯聚・官兵對敵	斬不待時

사회경제적 핍박과 국가 전체적으로 '확산・심화'된 유민화 추세의 심각성을 잘 드러낸다.[42)]

그것은 성종조 전체의 정치경제적 위기와 민생불안의 기초를 잘 말해주는 사례였다. 동시에 이들 사례는 체제의 환부이자 숨길 수 없는 계층간 모순의 단면으로 당대 사회사 이면에 고스란히 자리한다. 이들의 초기 저항국면에 나타난 극적인 모습들은 성종조 후기의 사회변동과 민초의 빈곤 그리고 주변의 삶의 실상을 상상하는 데 중요한 단서로 작용한다. 백정들의 동원과 관군과의 대치 상황은 보다 상세한 준거가 없는 한 더 이상 추론 자체를 허용하지 않는다. 다만 그들이 숨어든 관악산이란 위치가 곧 지배세력과 민중의 실질적 주거공간으로 한양과 경기를

42. 굳이 이 시기로만 못박을 수 없을 만큼 성종 집권기 전체를 통해 민중부문의 동요 실상은 심각했다. 특히 백정들의 '불만'과 양민 및 지배세력의 '불안'을 차치하고라도 노비들의 하극상이 극단적 모습을 보일 만큼 계층 갈등과 경쟁구조의 가시화 현상은 돋보였다. 이에 관한 연구의 기본적 단서 확인으로는 朴鍾晟(1995), 앞 책, p. 206, <표 5> 참조할 것.

가르는 도계였고, 산악지세를 이용하여 자신들의 불만과 이를 표출하는 방법을 정치적으로 극대화할 만큼 조직적인 모습마저 보이고 있었다는 점에서 그것은 예외적 저항의 모습을 잘 드러낸다.

나아가 여기에 극히 제한적으로 명시되고 있는 동원 백정들의 인원과 아예 밝혀지지조차 않고 있는 관군들의 부피는 이미 그것만으로도 상황의 절박성을 잘 반영한다. 그것은 역사적으로 자주 발생할 수 없는 극적 조건의 탓도 있었겠지만 천민들의 정치적 반역 행각마저 굳이 끌어당겨 확실히 기록해 두지 않으려 했던 소극적 기록문화도 원인의 하나였을 것이다. 그렇다면 추론하건대 실제 대치와 갈등 국면은 일상의 상상과 기록 수준을 크게 넘어설 수도 있는 규모였을 것이다. 따라서 여기에 나타난 극히 제한된 인원 규모와 행형의 유형은 의도적으로 축소되거나 임의 누락된 경우까지를 감안, 조절된 결과일 수도 있을 것이다.

천민들의 저항이 산중 대치라는 극단성마저 드러냈고 이를 굳이 배제하지 않고 역사에 남긴 사관들의 의도 역시 과장도 축소도 필요치 않을 것이다. 그것은 곧 상황의 심각성을 알리고 잊혀져서는 안 된다는 계몽적 경고의 메시지까지 담는 것이었다.

적어도 위의 자료를 통해 살펴볼 수 있는 사실 한 가지는 조정에 해당 사실을 보고하는 최초 일자, 즉 성종 3년 10월 8일부터 군도(群盜)의 정치적 저항 기록이 마무리되는 이듬해 7월 26일까지 약 10여 개월 동안 이들 사태는 계속되었고 진압과 공격을 거듭하는 혼미의 양상을 보였을 것이란 점이다. 따라서 이 기간 동안 '등장 - 소멸'했던 실제 동원 백정들과 관군들의 대치는 상당한 물리적 충돌을 미리 상정해 두어야만 실질적 이해가 가능할 것이다. 왜냐하면 여기 나타난 대로 극히 제한된 숫자의 사노(私奴) 몇 명과 소수의 백정들만으로 관군과의 대치를 전제한다는 것은 이미 논리의 당착이며 상황 설정 자체가 불가능한 일이기 때문이다.

양 진영의 대치를 둘러싼 이 같은 기록상의 괴리는 역사의 기록의무를 이행하는 자와 균형 있는 정치적 판단을 직업으로 담보해야 하는 이들 사이의 인식 부담과 긴장의 단면을 여실히 드러낸다. 진솔한 기록이 왕실의 역사 평가에 부담이 된다는 사실과 고의적 누락이나 폄하의 행위는 곧 역사 맡은 관리의 도리일 수 없다는 자기 경계의 상념이 서로 충돌할 때 끝까지 정당화될 수 있었던 논리는 곧 사실의 보존과 올바른 전달이었다. 비록 사태의 상세한 전말은 알 수 없으되 다시 분명해지는 것은 이들 사건을 계기로 노비들의 저항과 하극상은 물론이요, 백정들의 이반(離叛) 경향도 본격화하게 된다는 점이다. 그것은 그만큼 조선 초기 백정 정치화 과정의 중요한 단서를 제공하는 사건이었고 지배세력과 왕실 전체를 겨냥하여 천민계층의 중추가 내지른 극단적 함성의 상징이었다.

전례 없는 저항이자 극단적 경각 효과마저 잉태하고 있던 이들 사태가 준엄하게 단죄, 징치된 이후에도 백정들의 삶의 질과 객관적 조건이 개선되지 않았던 것은 전혀 이상한 일이 아니다. 백정들의 유민화 경향이 때로 절도와 범죄, 방화와 약탈에서 계층간 연합을 통한 불만 표출에 이르기까지 다양한 경로로 분화해 나가는 동안에도 그들이 처한 사회적 조건은 조금도 달라진 것이 없었기 때문이다.

성종조 이후의 백정사를, 그것도 정사(正史)의 기록을 통해 '탐색 · 정리'한다는 일은 매우 어렵다. 우선은 양과 질 모두에서 기록 자체가 크게 위축되며 선조조 이후에 이르면 그것은 빈곤하다 못해 아예 황폐한 수준으로 전락해 버리기 때문이다. 나아가 그 기록마저 부정적 시각을 크게 넘어서지 못하고 단절과 폄하 혹은 희석되면서 기대는 곧 무너진다. 이렇게 따지고 보면 '실록 백정사'는 사실상 지배세력의 입장에서 본 노예사이자 통제를 의식한 특정 부류의 한시적 흐름으로 압축되는 셈이다. 그것은 끝까지 백정 한 개인의 삶의 여정이나 사회경제적 굴곡에 초점을 맞추지 않았을 뿐만 아니라 집단적 삶의 모습 변화에도 크게 눈돌리지 않은 채 역사의 지류 주변만을 맴돌 따름이었다.

하지만 기록의 빈곤과 소멸이 곧 백정들의 삶의 실재를 부인할 만큼 강력한 단서가 되는 것은 아니었다. '쓰여지지 않은 역사'를 '없었던 흐름'으로 보아서는 곤란하며 잦아든 관심을 해당 세력의 정치적 신장이나 단순 소멸로 이해할 수는 없는 노릇이었다. 비록 논의의 부피는 크게 줄지만 간헐적으로 나타나는 백정 관련 기록은 오히려 그네들의 삶이 한층 더 깊은 소외의 나락으로 떨어져 가고 있음을 말해 주는 것이었다.

성종 사후, 연산의 등극이 백정들의 삶에 별다른 보탬이 되지 못했음은 굳이 이야깃거리조차 되지 않는다. 역설적으로 말해 차라리 연산이 천민에게 후하고 지배집단 보편에 대하여 야박한 도덕의 준칙을 적용했더라면 상황은 어떻게 전개되었을까. 가정과 허구의 틈새 분석은 이처럼 의외로 넓다.

그러나 연산조의 백정들 역시 처참한 삶의 현장을 헤매긴 마찬가지였다. 다음 인용구를 면밀히 추적해 보면 이러한 사실은 어렵잖게 헤아릴 수 있다. 연산 9년 10월 18일, 대사헌 이자건 등은 주상의 사냥 중지를 건의하면서 이렇게 아뢴다.

> "듣건대, 才人 · 白丁들이 너무 주리고 지쳐서 옷을 팔아 밥을 구해 먹기까지 한다고 합니다. 옛 글에 이르기를, '한 지아비라도 잘 되지 못하면 곧 이것은 나의 죄라 한다.' 하고, 또 이르기를 마치 '자신이 시궁에 밀어넣은 것같이 생각한다.' 하였으니, 하물며 이 5천여 명의 주리고 추움이 어찌 성상의 생각에 미치지 않을 것이겠습니까?" 하니, 傳敎하기를, "단연 거행할 것이니 여러 의논을 하지 말라." 하였다. 李自健 등이 다시 아뢰기를, "처음에 명령하시기를, 사냥은 군사를 調練하고 날짐승을 천신하기 위한 것이다고 하셨는데, 지금 이미 세 곳에서 사냥하여 兵卒의 훈련이 잘 되었으며, 또 이미 날짐승도 천신하였으니, 어찌 다시 청계산에서 거행할 필요가 있겠습니까?" 하였는데, 들어주지 않았다.[43)]

이튿날 이자건은 다시 연산의 생각이 잘못되었음을 지적하며 굽힘 없

---

43. 燕山 9年 10月 18(辛亥)日 ·『朝鮮王朝實錄』第13輯 579面.

이 진언한다. 여기서 주목할 것은 바로 그가 주장하고 있는 5천의 백정 인구이며 그들 가운데 동원된 군역대상으로 상당수의 백정이 늦가을 자연조건을 이기지 못할 만큼 허약해져 있었다는 지적이다. 가능한 한 사역과 동원의 노고를 줄여주려는 권부의 제안과 이를 기어이 허여치 않으려는 주상의 대립 속에서 천민정책의 기본이나 그 탄력적 조율 가능성은 전혀 엿보이지 않는다. 그들 사이에 오간 담론 내용에 다시 주목해 보자.

> 大司憲 李自健 等이 아뢰기를, "臣 等이 반복하여 생각하건대, 才人·白丁들이 한데서 바람과 이슬을 맞으며 먹고 자니, 이것은 전하께서 깊이 생각하실 일입니다. 한더위에 비오거나 심한 추위도 백성들은 원망하고 탓하는데, 지금 軍卒들이 어찌 원망하고 한탄하지 않겠습니까? 단연 거행할 수 없습니다." 하니, 傳敎하기를, "지금 한 번 사냥하고는 풀어 보낼 것인데, 어찌 번거롭게 말을 하는가? 이미 峨嵯山·大慈山 등으로 定하였다가 停止한 것도 역시 諫하는 말을 따른 것이다. 가령 才人·白丁들이 한데서 바람과 이슬을 맞으며 지낸다 하지만 집에 있더라도 역시 진상하기 위하여 산과 들을 쏘다니며 사냥할 것이니, 어찌 편안히 있을 수 있겠느냐? 한더위에 비오거나 크게 추워도 원망하고 탓한다는 것은 일반 백성들을 두고 하는 말이요 이들을 말하는 것이 아니다. 『書經』에 이르기를 '怨望은 큰 데 있지도 않고, 또한 작은 데 있지도 않다. 恩惠로울 때 恩惠롭지 않고, 힘쓸 때 힘쓰지 않는 데 있다.' 하였으니, 역시 이를 두고 한 말이 아니다. 臺諫의 말이 理致에 合當하면 들을 것이지만, 나는 너희들의 말이 理致에 合當한지 모르겠다." 하였다. 自健 等이 여러 번 아뢰었지만, 모두 들어주지 않았다.[44]

이 대목은 실록의 기록 가운데 전무후무한 '곳'으로 자리한다. 이것은 조선조 역대 관리 중 최고의 인도주의적 발언과 역대 주상 가운데 극단의 홀대가 맞부딪치는 클라이막스이기 때문이다. 더욱 중요한 것은 그것이 하필 백정에 관해 가장 많이, 그리고 가장 큰 관심을 기울였던 성종조 직후였고 이로써 선대왕의 의도가 무참하게 퇴색되고 있다는 점이

44. 燕山 9年 10月 19(壬子)日 ·『朝鮮王朝實錄』第13輯 579面.

다. 그것은 백정이 곧 비인간의 처지를 벗어나지 못하며 어차피 영구노동의 주체로 구원과 해방의 대상일 수 없다는 뿌리깊은 편견의 골을 그대로 드러내는 언사였다.

적어도 연산의 의식세계에서 성종의 개혁의지나 그 제도적 완결을 향한 고뇌의 편린은 전혀 엿볼 수 없다. 실록은 이 부분을 명백히 하고 있다. 사냥과 출타에서 한층 두드러진 개성을 보인 연산의 경우 백정과 재인을 가장 만만한 군역대상으로 여겼고 상시 동원의 의무를 부과하고 있었음은 그들이 왕실 사역의 불가피한 대상으로 편입될 수 있다는 사실까지 말해 주는 것이었다. 아예 그들 집단의 왕성한 체력과 특정한 기예가 모든 잡역노동의 뿌리가 되어야 한다든지 나아가 수범의 준칙으로까지 발전될 필요가 있음을 강조하는 대목에 이르면 연산의 편견은 최고조에 오른다.

그는 병조에 이렇게 전한다.

> "국가에서 武士를 두는 것은 장차 敵을 막으려는 것이다. 文臣이 아무리 重하지만 일단 유사시에는 손을 댈 엄두도 못한다. 그리고 武臣이라 할지라도 갑자기 언덕이 험하고 막혀 있는 땅을 만나게 되면 싸우기가 어려우니, 진실로 미리 걸어다니는 것을 익히지 않으면 敵을 만났을 때 반드시 쓰러지고 말 것이다. 하물며 士族의 子弟이랴. 그들은 좋은 음식을 먹고 생장하여 스스로 편한 데 젖었으며, 의복도 춥고 더운데 편리한 대로 입었으므로 조금만 주린다든가 춥다든가 하면 그 괴로움을 견디지 못한다. 지금 才人이나 白丁들이 山阪에 잘 오르내리는 것은 많이 익혀서 숙달한 까닭이다. 武士된 자는 만약 猛獸를 만났다면, 진실로 마땅히 죽음을 무릅쓰고 활을 쏠 것이지 어찌 두려워하고 피하여 되겠느냐. 지금 바야흐로 새 教化를 更張하는 때를 당하여 이와 같은 安逸하고 姑息의 풍습은 모두 변혁해야 할 것이다. 지금부터 打圍할 때에는 武士 모두가 걸어가게 할 것이니, 龍廐·衝鐵衛·補旅隊 등도 모두 신 밑에 징을 박아서 거꾸러지지 않게 하라." 하였다.[45]

45. 燕山 11年 11月 10(辛卯)日·『朝鮮王朝實錄』 第14輯 27面. 같은 내용의 관련 기사로 다음 참조할 것. 燕山 11年 11月 19(庚子)日·『朝鮮王朝實錄』 第14輯 29面.

반정과 지속적인 부문별 개혁조치가 뒤따랐던 중종조 백정들의 삶 역시 과거와 다르지 않았다. 절도와 이반, 부적응과 소외세력의 합류로 특화된 기왕의 백정 행태가 나아질 기미란 조금도 없었다. 뿐만 아니라 연산 재위 당시 왕의 사냥과 출타를 위해 어쩔 수 없이 봉족으로 삼았던 백정 상당수의 한양 이주 명령은 그의 폐위 이후 새로운 쟁점으로 부각된다. 이들의 거주지역을 다시 어떻게 처리, 관할할 것인지부터가 문제였다.

여기서 다시 분명해지는 것은 왕조 전기간에 걸쳐 표류하는 백정들의 주거지 제한과 완화의 문제로 이를 둘러싼 부단한 정책교차와 그 시행을 둘러싼 어지러운 왕복에 각별히 주목해야 한다. 또한 그 역시 백정들 본인의 필요나 이해관계에 따라 변한 게 아니라 거의 양반들의 안위를 위해 예고도 후속조치도 없이 임의 시행되었다는 점에서 이는 철저한 편의주의의 결과물이었다.

그것은 '잡처 - 격리 - 일부 공존 - 부분 축출 - 특정 공간 주거 유도 - 임의 둔취 - 소개(疏開 evacuation) 회유 - 공간 일탈 - 재동화(再同化) 추진 - 양민화 - 재일탈' 등 정책의 복잡한 단절과 지속으로 압축된다. 그러나 백정관리 방안은 중종반정 이후에도 어쩔 수 없는 논란대상으로 다시 떠오른다. 심지어 반정의 동조세력으로마저 끌어들인 백정들의 처우와 관리는 특정 개인에서 집단에 이르기까지 복잡한 쟁점들을 제기한다. 그것은 백정까지 공신의 반열로 편입시킬 것인지 여부만이 아니라 이미 권력을 장악한 문신세력들의 기득권 옹호와 일부 공신백정들의 서슴없는 준동이 야기할 장차의 사태까지 의식한 예비단속의 우려를 반영하는 것이었다. 어느 경우든 명분 없이 움직이려 하지 않고 공식적 제언에 자유롭지 못하던 조선 관료사회의 행정관행은 반정의 충격에도 불구하고 어김없이 지속되었다.

중종 2년 3월의 경우를 살펴보자. 영의정 유순과 좌의정 박원종, 우의정 유순정과 무령군 유자광 등은 공신 편입된 백정 일부와 그들의 부정적 잠재력에 관해 이렇게 걱정하고 있다.

"白丁 唐來·彌勒 兄弟가 原從功臣에 참여되어 있는데 그들은 날래고 勇猛스럽기 짝이 없으며, 또 劫奪하는 일이 많아서 强盜란 말을 듣고 있습니다. 그리하여 숨고 나오지 않으면서 말하기를, '국가에서 罪를 풀고 捕盜將에 붙여주면 도적들을 다 잡겠다.'고 합니다. 臣 등의 생각으로는, 이미 原從功臣에 기록하였으니, 다행히 罪를 풀고 忠贊衛에 소속시키든가 혹은 捕盜將으로 소속시켜 도둑의 내막을 잘 아는 것을 이용하여 그들을 잡게 함이 어떻겠습니까?"[46] 하니, 傳敎하기를, "强盜를 忠贊衛에 소속시켜 대궐 안에 섞여 있게 할 수는 없다. 다만 捕盜將에 소속케 하여 熟知라 稱名하여 도둑을 잡게 하는 것이 마땅하겠다." 하였다.[47]

그러나 문제는 이 같은 정책적 조절과 예외적 탄력에 있지 않았다. 백정들의 입장이 조금도 개선될 여지없이 항상 지배계급의 기득권을 먼저 생각해야 했던 조선의 상황은 반정 이후라 해서 크게 나아질 것도 없었다. 백정들의 삶이 조선사회사의 비극 가운데 하나였음을 이해하는 일은 그래서 이 대목에 이르면 다시 중요해진다. 권력의 배려란 것이 민중부문 내 사회구성단위의 정치적 자율성을 제고하거나 그 틀의 변화를 유도할 만큼 전폭적이거나 장기적일 수 없었던 만큼, 이 정도 조치로 백정들의 빈곤과 울분을 다스릴 수는 없었다.

오히려 백정과 주변 천민들의 군도화를 막고 그들의 일탈과 불만이 더 큰 반대나 불안요인으로 연결되지 않도록 집단 내부자의 공과(功過)를 거꾸로 이용하려 했다는 점에서 이들 조치는 상징성 이전에 단속과 통제의 계기로 작동한다. 백정들을 다스리기 위해 백정을 동원하고 동시에 이들을 이용하려는 정책적 판단이 조선 중기에 이르도록 이어진 점은 천민정치학 연구가 결코 소홀히 할 수 없는 대목 가운데 하나다.

권력이 도운들 발전과 계층상승의 여지가 마련되지 않았고 도리어 분

46. "唐來·彌勒은 强盜로서 朴永昌이 金浦縣令이 되었을 때 신임을 받았는데 靖國할 때에 朴永文이 두 사람이 勇猛하다고 薦擧하여 일을 시켜 原從功臣에 참여하게 되었다." 『朝鮮王朝實錄』 第14輯 131面.
47. 中宗 2年 3月 28(辛未)日·『朝鮮王朝實錄』 第14輯 131面.

노와 원망만 늘어난 사회적 관행은 기왕의 빈곤구조와 결합, 사회불안을 다시 증폭시킨다. 심지어 권력을 등에 업은 공신 백정들마저 삶의 고통을 이겨내지 못할 만큼 사정이 악화되고 있었던 것은 조선 중기 사회사의 흐름이 결코 단선적이지 않았다는 사실을 잘 말해 준다.

다음 기록은 이 같은 모습을 잘 드러낸다.

> 大臣들이 아뢰기를, "捕盜 熟知 唐來가 서울에 와 살고 있는데 매우 살기가 어려우니 특히 奉足 두 사람을 주어 糧食을 장만해 주도록 하고, 또 廢主가 撤去할 때에 外方의 才人과 白丁들을 서울에 옮겨 살게 하였는데, 요새 明火賊의 무리가 밤낮으로 들끓으니, 原籍으로 다 되돌려 보내도록 하소서." 하니, 上이 그대로 따랐다.[48]

포도장의 역할을 배고픔 속에서 수행해야 했던 상황이나 그보다 훨씬 나쁜 삶의 조건이 전국화된 절도와 저항으로 연결된 핍박의 문제는 이미 거부할 수 없는 현실로 다가오고 있었다. 그것은 역사의 실제이자 이제껏 살아있는 사실로 빛을 더하고 있다.

<표 12>는 이 같은 현실의 극단성을 잘 대변한다. 반정과 이어지는 개혁에도 불구하고 달라지지 않았던 천민의 정치현실은 표 안에서 거듭 드러나는 빈곤과 저항의 모습을 통해 다시 읽을 수 있다. 이들 사태의 성격도 대부분 앞의 경우와 비슷했다. 저항과 소요의 진원을 제압하기 위해 '백정을 동원해서 백정을 다스리려는' 정치적 판단도 비슷했고 권력의 진압의도와 관계없이 지속적으로 발생한 항거와 준동 행위 역시 크게 다르지 않았다. 이를 다스리려는 권력의 의지보다 오히려 백정들의 폭력동원규모가 부분적으로 넘치는 이변이나 수그러들지 않는 조선 중기의 천민 저항을 이해하는 데 이 표는 중요한 잣대가 된다.

중종조에 나타난 또 다른 문제는 '양반·지주·관료'의 불법적인 천민 점유와 백정의 과다독점으로 인한 사회불만 및 불안요인의 증가였다.

---

48. 中宗 2年 6月 3(乙亥)日 · 『朝鮮王朝實錄』 第14輯 153面.

표 12. 중종조 백정집단의 정치세력화

論 議 時 機	地域(空間)	內 容	措置內譯	實錄出處
1. 中宗 4年 10月 5(癸巳)日	仁川・黃海道・開城府 一帶	群盜擴散/官 差出 背反白丁에 대한 報復	狩獵僞裝捕劃/將帥派遣	14輯 377面
2. 中宗 9年 12月 16(甲辰)日	全羅道 一帶	才人・白丁 結黨劫奪/殺害/竊盜・群盜擴散/守令侵害	該當地域索出/團束/慰撫/懷柔	15輯 48面
3. 中宗 13年 9月 17(甲寅)日	安東	白丁 金山→捕盜官 金𠱾達 殺害	死刑	15輯 481面
4. 中宗 15年 4月 29(丙戌)日	漢陽(推定)	金湜 人事不滿 → 靈光 群盜 使嗾/抗拒・擧事謀議	刑推	15輯 656面 657面 664面
5. 中宗 20年 9月 13(己巳)日	未詳(延安)	五十餘 白丁 結黨/殺害・竊盜	刑杖/公開梟首	16輯 452面
6. 中宗 24年 7月 8(辛丑)日	黃海道 一帶	旱災中 白丁 黃孟文等 結黨 竊盜・抵抗	刑推不問	17輯 138面
7. 中宗 36年 5月 14(己亥)日	全國 敎示	呈才人・白丁 凶年中 蠢動 嚴禁指示	怠慢守令/遺棄官吏斷罪	18輯 465面

백정들을 소유의 대상으로 탐내기 시작했다는 사실은 지배세력의 가용 노동력 증가와 하층민 계층이동의 단절을 뜻하는 것이었다. 더욱이 조선 중기에 이르도록 백정들은 이따금 분노하고 행동했을 뿐 지배세력의 횡포와 권력남용에 분연히 맞설 수 있는 직업 주체가 되지는 못했다. 이 문제는 결국 민중부문 전체의 정치력 증가와 그 실천적 잠재력 부침과 맞물리는 중요한 탐구대상이다.

지배세력이 동원하는 폭력의 임의성과 일방성, 그리고 예측불가능함은 결국 체제에 대한 백정들의 불만과 도전적 저항욕구의 기반을 확산시킨 근본의 변인이었다. <표 13>은 이를 이론화할 수 있는 경험적 토대가 된다. 이는 지배계급이 일방적으로 차출하거나 과다 독점하여 백정을 부린 이기적 사례들이다. 비록 그들의 이름과 삶의 처지 모두를 상세하게 압축할 수는 없지만 이 자료는 중종조 당대의 개혁정치가 부딪친 또 다른 한계로 지배계층이 군주의 의도나 당대의 정책적 드라이브와 얼마나 어긋나게 처신하고 있었는지 잘 드러낸다.

중종조를 고비로 『실록』에서 백정 항목이 급속히 소멸해 가고 있음은 이미 지적해 둔 바 있다. 물론 그 구체적인 이유는 공백으로 남겨둔 채 말이다. 하지만 조선 후기의 신분질서 해체에 유념한다면 이 같은 기록 감소가 새로운 문제를 일으키는 것은 아니다. 그것이 아래로부터의 민중저항이나 점진적 변혁의 물꼬를 타고 진행된 자연적 결과물이 아니었다 해도 조선의 신분구조 변화는 천민의 정치적 존재양식과 삶의 조건을 부분적으로나마 고양시켰다.

선조조에 이르러 백정의 신분상승이 도모되고 있는 것이 사실 임란의 충격과 그에 따른 사회변동의 결과물이었다고만 볼 수 없는 이유도 이 때문이다. 그것은 왕조국가의 기본을 지탱하기도 버거울 만큼 이미 위기관리에 실패하고 정통성을 잃어버린 정치권력에 대해 민중들이 갖게 된 환멸과 자연적 반동 그리고 여기서 더욱 구체화된 지배계급의 권위 상실로 집약된다. 권위의 상실과 자연적 소멸은 복종과 동조의 문화붕괴를 예고하는 것이었다. 나아가 이 같은 이변의 실현은 곧 기왕의 사회질서 흐름마저 더 이상 그대로 계속될 수는 없음을 암시하고 있었다.

다음 경우는 선조조의 이 같은 혼돈을 잘 말해 주고 있다.

> 軍功廳이 아뢰기를, "公賤과 私賤에 대해서는 적의 斬首가 1級이면 免賤시키고, 2級이면 羽林衛를 시키고, 3級이면 許通시키고, 4級이면 守門將에 除授하는 것은 이미 規例로 되어 있습니다. 그리고 이미 許通되어 職이 除授되었으면 士族과 다름이 없어야 마땅합니다. 그러나 적을 斬首한 수급이 10 - 20級에 이르는 경우가 있는데 事目대로 논상한다면 私奴같은 賤人이라도 반드시 東班의 正職에 붙여진 뒤에 그만 두어야 하니 官爵의 외람됨이 이보다 더 甚한 경우가 없습니다. 이뿐만이 아니라 才人・白丁・匠人・山尺 등의 賤類

표 13. 중종조 지배계층의 백정 무단 점유

論議時機	地域(空間)	內容	措置內譯	實錄出處
1. 中宗 7年 11月 4(甲戌)日	南原・下三道 一帶	府內 品官當 才人・白丁 三十, 四十名 無斷占有/衙前 督促 不可/守令 推尋時 中傷 甘受/官奴婢 動員・私有 極甚/官奴婢 本然 義務履行 空白	新監司 團束 徹底	14輯 621面
2. 中宗 9年 12月 19(丁未)日	咸安	李季賢 才人・白丁 三十餘名 隱蔽占有/他人 牛馬 任意獨占/原所有主 呼訴不可/奴婢原主 殺害 遺棄/土豪 弊端擴散	拔本索原/峻嚴懲治	15輯 49面
3. 中宗 10年 2月 4(壬辰)日	全羅道	土豪 才人・白丁 任意 占有 - 權弘 推考/大司憲 成世貞 連累	行功不可	15輯 54面
4. 中宗 12年 5月 30(甲辰)日	南原	吏曹 正郞 尹止衡 才人・白丁 過多獨占	臺諫 替職 建議/允許 不可	15輯 277面
5. 中宗 19年 12月 8(戊戌)日	順天	全羅左道水使 柳墉 才人・白丁 二百餘名 任意獨占・動員/作弊 莫甚	推考後 罷職 論議	16輯 360面
6. 中宗 28年 4月 2(甲戌)日	蔚山	前 郡守 黃汝獻 鄕人・才人・白丁 本家 隱蔽 使役 動員	推考後 懲治	17輯 406面
7. 中宗 32年 7月 7(甲申)日	光州・羅州	司瀿寺僉正 申瀚・羅州牧使 奉嗣宗等 光州 白丁 叱於里 等 四名 私奴婢 所有劃策 - 押良爲賤	推考後 罷職/良役還元	18輯 90面

라 하더라도 職級을 뛰어넘어 높은 관직에 오르고 있습니다. 바로 張吾乭 같은 類가 그런 等屬인데 物情이 穩當하게 여기지 않고 있습니다. 어떻게 해야 하겠습니까? 大臣과 의논하여 措處하소서." 하니, 傳敎하기를, "나도 온당치 못하게

여기고 있다. 그러나 의논하여 措處하라." 하였다. 회계하기를, "大臣에게 물어 보니 '벼슬이 主簿에 이르렀으면 의당 主簿의 職을 준 뒤에 아직 論하지 않은 功은 다른 賞으로 주어도 無妨하겠다.'고 하였습니다." 하니, 傳敎하기를, "이미 登科한 뒤에 限品叙用하는 것은 事理에 맞지 않는 듯하다. 그리고 이런 때에 이와 같이 한다면 이들이 싸움에 臨하여 누가 힘을 다해 싸우려 하겠는가." 하였다.[57]

임란 이후에도 백정들의 저항이 그치지 않았음은 조선 중기 사회변동의 단면을 잘 반영한다. 그것은 위기수습에서 정치력을 발휘하지 못한 조정의 무능과 정통성 상실에 따른 당연한 환멸이자 그 집단적 조응의 한 방식이었다. 다른 한편, 백정들까지 포함된 아래로부터의 저항은 더 이상 기댈 곳 없이 표류하던 민중부문의 사회경제적 자구수단으로 이해할 수도 있었다.

임란 직후 만연한 민중의 정치적 이반 가운데 다음 경우는 백정들이 주도한 대표적 봉기였다. 더욱이 그것이 한양과 경기라는 중심지역에서 집중 발생하고 있었고 조정 또한 민첩하게 대응하기 어려웠던 현실은 당시의 정치적 한계를 여실히 드러낸다.

승정원이 아뢰기를, "어제 저녁에 경기 감사 柳根이 復命하기 위하여 院에 도착하여 臣들을 보고 은밀히 말하기를 '利川의 敵은 玄夢이란 者가 魁首인데, 龍仁에 사는 백성 薛世昌이라고 하는 자는 白丁과 山尺 40여 명을 거느리고 현몽의 지휘를 받아 作敵한 자이다. 이 달 7일 薛世昌과 趙乭孫을 붙잡아 推問하니, 서울 동대문 안에 사는 才人 金義山이라고 하는 자가 또 이들의 우두머리로서 거느린 자가 역시 많다고 하였는데, 만일 범연히 馳啓하면 漏泄될까 염려되어 수원에서 달려왔다. 적의 공초 내용의 사실 여부는 모르지만 공초가 이러하니 급급히 찾아와서 체포하지 않을 수 없는데, 臣이 외방으로부터 와서 비밀히 아뢴 일을 포도청에 내리게 될 경우, 本賊이 과연 있어서 이를 듣고 스스로 의심하여 도피할 위험이 있을까 싶으니 매우 難處하

57. 宣祖 27年 5月 8(乙酉)日 ·『朝鮮王朝實錄』第22輯 266面.

다. 虛實間에 정원에서 은밀히 아뢰어 兩邊의 大將을 불러서 搜索하여 체포하도록 한다면 좋을 것 같다.'고 하였습니다. 柳根의 말이 역시 緻密하게 處置하는 計策에서 나온 것이기에 감히 아룁니다." 하니, 傳敎하기를, "어제 저녁에 아뢴 말을 어찌 이제야 아뢰는가. 啓辭대로 速히 施行하도록 하라." 하였다.[58]

그나마 이들을 고비로 하면 백정들의 저항 기록은 더 이상 나타나지 않는다. 실제 변란의 빈곤과 단절? 사태 발생 자체의 외면? 기록의 의도적 배제? 주체할 수 없이 분출하는 극단의 집단 행동과 이에 따른 권부의 혼돈? 역사의 기록 여부와 그 정치적 판단 자체를 둘러싼 혼돈의 지속? 사관과 권력과의 갈등 격화? 유감스럽게도 실록은 이 같은 의문에 아무런 답도 내놓지 않는다.

군주의 정치적 리더십과 통치과정의 성실성, 그리고 정책적 진정성 여부가 역사의 기록임무를 맡은 관리들에게 어떻게 비쳤을 것인지 그것을 추적하기란 쉽지 않다. 뿐만 아니라 사관들 스스로 특정사안에 관해 남다른 촉각을 세우며 기어이 그 역사의 전말을 캐고 지속적으로 파고들 수 있는 형편의 자율성마저 여의치 않았던 것도 굳이 의심할 필요는 없다.

그렇다면 백정 항목이 쇠락하는 진정한 이유도 이들 사이의 어느 한 지점에서 가능한 답을 찾을 수 있을 것이다. 나아가 관리들의 상소와 어전의 논의, 그리고 군주의 답변과 결단을 기록 근거로 삼는 실록에서 잘 거론되지 않았거나 비록 논의과정에는 들어있었다 해도 편견에 가려있던 백정 항목은 혹여 체제에 부담이 될 때 그 순위의 우선에서 늘 밀려날 수밖에 없는 한계도 고려해야 할 사항 중 하나였다.

실록의 기록은 군주의 열정과 관료들의 합리적 판단, 그리고 사관들의 판단과 객관적 평가의 종합적 결집물로 보면 크게 틀림이 없었다. 게다가 미기록분의 사실 여부에 관한 논쟁이나 추론의 과학성이란 것도 엄

---

58. 宣祖 27年 10月 9(癸丑)日 ·『朝鮮王朝實錄』第22輯 365面.

정한 근거와 객관적 판단기준이 없을 때 마지막으로 남는 것은 신비로움과 의혹의 벽뿐이었다.

조선 후기의 백정들은 모두 누구였을까? 그들은 진정 역사의 현장에서 기꺼이 사라졌던 것일까? 존재했어도 말할 수 없었고 소리쳐도 들어주지 않는 철저한 소외대상으로 계속 폄하되기만 했던 것일까? 개혁대상에서 변혁 주체로 되살아나는 계층의 단위로조차 그들은 끝내 인정받지 못하고 마는 것일까? 신분적 핍진성과 사회적 천박성을 이겨내지 못하고 끝내 계층의 포말로 전락하고 말았던 것일까?

영·정조조의 개혁정국에서도 정책의 풀뿌리가 백정에게까지 파급되지 못했던 것은 또 다른 역사의 아쉬움으로 남는다. 계층의 이동과 신분타파의 목표를 이루려는 꿈은 여전히 왕조국가의 이상으로만 남아있었다. 그것은 한낱 권력의 의지와 정책적 구상단계에서만 머무는 생각이었을 뿐, 민중전체가 따르고 좋아할 만큼 획기적인 일은 아니었다. 백정들의 신분상승과 계층이동은 그래서 민중일반에게도 결코 달가운 일이 아니었던 것이다. 다음 경우가 그 대표적인 예이다.

> 임금이 말하기를, "朴孝成의 上疏를 보건대, 開城府에 돌을 던진 變이 있었다고 말을 했는데, 이 일이 무엇으로 緣由하여 생긴 것인지 모르겠다. 大臣은 혹 들은 일이 있는가?" 하니 金思穆이 말하기를, "臣도 또한 詳細히 알지는 못합니다. 閭巷 사이에 이른바 白丁이란 자들은 매우 卑賤한 자들이어서 감히 常人과도 같이 하지 못하는데, 이제 듣건대 該府에 있는 白丁이 婚娶에 官服을 입고 日傘을 받쳤으므로, 고을 사람들이 이로 인하여 騷亂을 일으켜 官服을 빌려 준 사람을 亂打하고 白丁의 집을 毁撤한 다음 인하여 本府에 호소하였으나 그 죄를 엄히 다스리지 않는다고 여겨 떼지어 일어나 行悖를 부리고 드디어 府衙에 돌을 던지기에 이르렀다고 합니다." 하였다. 임금이 말하기를, "上疏에 批答을 이제 내려야 하는데, 이 일 또한 廟堂에서 恪別히 사실을 조사하여 稟處하는 것이 옳다." 하였다.[59]

59. 純祖 9年 6月 5(甲午)日·『朝鮮王朝實錄』第47輯 631面.

민중 내부에서조차 신분철폐와 계층의 이동을 도모하려는 노력을 기대하기 어려웠던 일단의 이유는 이것만으로도 충분히 설명되는 셈이다. 양민과 천민, 중인과 양반, 그리고 '양반 - 지주 - 관료'계층과 피지배층 사이를 잇는 통로 마련 없이 사회 문화적 유동성이나 정서적 공감대가 마련되길 기대한다는 것도 불가능한 일이었다. 하물며 백정들과 천민집단 자체를 주변의 사회적 지원이나 지배세력의 자각에 의해 해체시키길 바란다는 것은 더더욱 어려운 일이었다.

크고 작은 백정들의 절도나 사사로운 분쟁 기록, 그리고 민중 일부의 도살에 관한 언급도 중종조 이전에 비하면 크게 줄어든다. 기록 자체의 소상함이나 내용의 신빙성이 전대에 비할 바가 못되는 이유도 확실치는 않다. 기록의 부피가 크게 줄었을 망정, 논의 자체는 그래도 어김없이 고종조까지 이어진다는 사실은 이들에 관한 미미한 관심의 맥을 말해 줄 뿐이었다.

백정의 천민 신분철폐가 제도로 굳어지는 시기가 동학농민혁명 이후였음도 굳이 별도의 논의는 필요치 않을 것이다. 폐정개혁안의 각 조항에 관한 한국사 연구자들의 논의도 이미 적잖았다. 칠종 천인의 차별철폐와 이를 제도화하려는 권부의 조치도 있었고 그 역사의 전말에 관한 수많은 언급도 이미 접할 수 있었다.

> 軍國機務處에서 提議 案件을 올렸다. "……驛卒이나 광대, 白丁들에게 모두 賤人의 身分을 免해줄 것입니다. ……." 모두 承認하였다.[60]

그로부터 얼마 지나지 않아 민회가 확산되고 군중취회를 바라보는 양반들의 시각이 우려와 개탄으로 점철되고 있는 것은 차라리 당연한 일이었다. 군중가운데 백정들까지 끼어 이제는 거리낌없이 관리들을 향해 자기주장을 하고 나아가 집단행동 자체가 전혀 이상하지 않게

60. 高宗 31年 7月 2(丙子)日: "軍國機務處進議案. …… 一. 驛人倡優皮工. 竝許免賤事. ……竝允之."

인식되는 상황은 왕조 해체의 조짐을 충분히 암시하고 있었다. 천민저항이 사회혁명의 촉매 역할조차 하지 못하던 상황 속에서도 민회의 잦은 개최는 자발적 민중봉기와 지체된 민주화의 봇물을 예고하는 것이었다.

지배세력에게 천민들의 거침없는 주장과 자발적 동원은 분명 위협이었다. 그러나 국제영향력 침투와 그에 따른 민중적 조응이나 국가위기 극복을 위한 아래로부터의 당연한 역사적 반작용을 의식할 때 민회와 여기서 더욱 발전한 민란의 확산은 그나마 국권을 수호하겠다는 민중의 정치력을 반영하는 것이었다. 권력부문의 대외인식 빈곤과 국가위기수습의 한계는 물론이고 왕조붕괴를 사전 방어할 만한 사회혁명적 자발성 발휘에도 끝내 실패하는 정치상황 속에서 천민들의 민회와 그 전국적 확산 현상을 이제 어떻게 평가할 것인지는 앞으로의 주요 연구과제로 남는다.

다음 인용구는 이 같은 역사의 단면을 극적으로 반영한다.

> 前 參書官 安泰遠이 글을 올렸는데 그 요지는 이러하였다. "……어찌 일찍이 이른바 오늘의 民會와 같이 大臣을 脅迫하고 威脅하여 威嚴을 보이고 복을 주고 하는 권한을 몰래 옮기는 일이 있었겠습니까. 놀랍고 무서운 일과 위태롭고 두려운 기미에 대해서 이제 낱낱이 다 열거할 수는 없지만 가장 드러난 것에 대해서 논하겠습니다. 처음에는 머리를 흔들고 눈알을 굴리면서 서로 모여서 이야기하였는데 그런 일이 차츰 계속되다가 나중에는 눈썹을 곤두세우고 소매를 걷어올리고는 공공연히 고함을 지르게 되었는데 그 형세는 점차 확대되어 막을 수 없게 되었습니다. 심지어는 대궐문에서 떠들어대고 네거리에서 모임을 가지며 앞뒤에서 서로 소리로 회답하면서 수백, 수천 명이 무리를 지었는데 장사치, 논다니, 중, 白丁들이 왁자지껄 모여들어 빙 둘러쌉니다. 名聲과 威勢를 돋우는 데 핑계대고 각 社의 新聞과 외국의 보도에 터무니없는 거짓말을 선전하여 드러내놓고 비방을 늘어놓는 것입니다. 이러다가 마지막에는 곧 조목별로 규제를 제정하고 보고하여 승인할 것을 위협하여 청하는 데 마치 강한 이웃 나라의 사나운 적이 힘으로 맹약을 요구하듯이 하는 것입니다. 이것은 진실로 萬古에 있어보지 못한 變故입니다. 대

체로 오늘 官吏들이 홀을 드리우고 북쪽을 향해서 폐하의 조정에 선 사람들이 만일 조금이라도 타고난 떳떳한 도리를 가지고 있다면 마땅히 깜짝 놀라서 피로 얼굴을 씻고 눈물을 흘려야 하겠는데 도리어 앉으라면 앉고 서라고 하면 서고 나오라고 하면 나오고 물러가라고 하면 물러가서 會에 좇아가 말하는 대로 따르며 署名을 하여 가하다고 쓰는데 마치 요구에 미치지 못할까 봐 두려워하는 것 같습니다. 이것은 백성들이 임금을 위협하는 논의를 임금이 백성들을 다스리는 지시보다 더 重하게 여기는 것입니다. 官吏들에게 通文을 돌려 장군같이 모이게 하여 혹은 갈래를 定하고 이름을 맡겨 서로 엉키어 패거리를 뭇고 마침내는 한 덩어리로 되고 돌려가며 서로 주인이 된다고 하여 이름지어 이를, '官民共同會'라고 하였습니다. 그리고 그 목적이 무엇이냐고 물어보면 임금에게 충성하고 나라를 사랑하는 것이라고 하며 하는 일이 무엇인가고 물어보면 바른 말로 極力 諫하는 것이라고 합니다. ……禍와 變故는 자주 일어나고 凶惡한 逆賊이 잇달아 일어나서 백성들의 마음이 안정되지 못하고 부당한 논의들이 물끓듯 일어났습니다. 그런 후에야 비로소 감히 뜻을 이루었다는 듯 꺼떡대면서 저마다 거짓말을 내돌리고 은연중 임금에게 충성하고 나라를 사랑하며 바른 말로 極力 諫한다는 이름을 스스로 차지하고는 임금의 形勢가 고립되도록 하고 백성들의 마음이 더욱 騷亂하도록 했으니 그들의 마음이 진짜로 딴 마음이 없는 확고한 한 가지 신념에서 나왔다고 하겠습니까? 지나간 일은 물론 뒤좇아 따라잡을 수 없다고 하더라도 닥쳐오는 일에 대해서는 따라잡을 수 있습니다. 이제 잘못한 일을 바로잡아주고 도와주어 전날에 세상 돌아가는 대로 따라하고 침묵을 지킨 죄를 贖罪하려고 한다면 왜 각각 자기 所見을 진술하고 속에 품어오던 생각을 말하기를 마치 수레를 미는 사람들이 서로 함께 험한 데를 넘어서는 것과 같이 하지 못하고 오늘 바로 패거리를 불러서 무리를 지어 죽일 수 없다는 威勢를 먼저 보인다는 것은 또 무엇 때문입니까. 아, 슬픕니다. …….” …… 批答을 내리기를, “네가 한 말은 물론 나쁘다고 할 수 없다.”라고 하였다.”[61)]

61. 高宗 35年 12月 9日: “前參書官安泰遠疏略. ……有則改之. 無則勉之已矣. 曷嘗有督迫脅持大臣. 潛移威福之柄. 如今所謂民會者哉. 駭凜之擧. 危怖之機. 今不能一一枚擧. 而就論其最著者. 始則搖頭轉目. 相與聚談. 其漸涓涓不絶. 終焉撑眉攘臂. 公肆呼嘯. 其勢浩浩莫遏. 甚至喧聒禁門. 開會通衢. 前喁後于. 千百爲羣. 商民游女僧尼屠坦. 雜遝環擁. 籍爲聲勢. 各社新聞. 外國譯報. 譸張衒幻. 顯示譏訕. 末乃條定規制. 脅請奏可. 有若强鄰勍敵. 以力要盟者然. 此誠亘萬古所未有之變也. 凡今日腰紳垂笏. 北

백정 항목의 마지막 대목은 이랬다. 사관들은 오히려 급전직하로 격변하는 왕조 말기의 절박함을 정리, 압축하는 것만으로도 소임을 다하기 어려운 긴장과 부담의 상황으로 빠져든다.

스스로를 해방시켰어야 할 천민 중의 천민, 백정. 그들은 끝내 왕조붕괴기에 이르러서도 자신들의 족쇄를 자발적으로 끊지 못했다. 단지 정치권력의 내키지 않았던 후퇴와 뒤늦은 자각에 따라 타율적으로나마 그들은 자신의 해방을 제도로 경험한다. 그러나 이 같은 삶의 변화계기가 그들의 완전한 해방을 보장해 주는 것은 물론 아니었다. 백정들은 역사의 기록 부피와 전혀 관계없이 하나의 직업군을 이루며 일정 부류의 인구로 남아 그 이후에도 엄연히 살아나갔기 때문이다. 다만 그들은 잊혀져 갔고 또다시 처연한 삶의 속내를 간직하면서 새로운 역사적 소외의 단위로 세상 한 구석에 그들만의 둥지를 틀어 나갔던 것이다.

3. 조선의 기생: 안주와 조종

기생에 관한 언급이 백정의 그것보다 월등히 많았던 사실은 이미 지적한 바 있다. 백정 대 기생의 언급부피가 285 : 962였던 것만으로도 그 비율은 1/3 이상의 역조를 보이고 있고 여기다—물론 재인과 화척이라

面而立於陛下之廷者. 苟有一半分秉彝之性. 則宜其明日張膽沫血飮泣. 而顧乃坐云則坐. 立云則立. 曰進則進. 曰退則退. 相率赴會. 惟言是從. 署名書可. 如恐不及. 是重民人脅上之論. 重於重君上御下之令也. 或發通縉紳. 聚集如市. 或派定任名. 盤結爲黨. 畢竟打成一片. 回賓爲主. 名之曰官民共同會. 問其題則忠君愛國. 問其事則直言極諫. ……禍變層生. 凶逆踵出. 民志靡定. 横議沸騰之後. 始敢揚揚于于. 胥煽以訛. 隱然自占於忠君愛國直言極諫之名. 使主勢孤立. 民情滋騷. 是其心眞箇出於斷斷無他乎. 籍曰往固莫追. 來猶可及. 今欲匡救闕失. 以贖前日容容噤默之罪. 則何不各陳所見. 各達所懷. 如推車子之相與踰險. 而今乃聚召成黨. 先示其不可勝誅之勢. 又何也. 嗚呼噫嘻."……批曰. "爾言非不好矣."

는 유사집단을 감안한다 해도—기녀(妓女)라는 동종의 호칭(275회)까지 합산, 종합해 보면 그 부피는 285 : 1,237로 늘어난다. 백정의 언급부피는 기생(기녀)집단의 그것과 대비, 1/4에 불과했던 셈이다. 군주 집권기별 직능집단인구의 통계추적과 그 시계열 변화분석이 어려운 만큼 백정인구와 기생(기녀)인구의 총체적 비교나 그 정확한 시대별 단순 대비도 현재로선 쉽지 않은 문제다.

하지만 같은 천민이었어도 기생은 백정과 여러 면에서 달랐다. 기생은 우선 백정들의 집단적 유동성과 달리 직종의 배타성, 즉 독특한 폐쇄적 예외성을 갖고 있었다. 그럼에도 불구하고 인구의 상대적 우위를 차지하던 백정들이 그보다 훨씬 적은 수의 기생들보다 못한 부피로 역사의 기록을 감수해야 했다는 사실은 그 자체만으로도 흥미롭다.

그러나 백정들의 경우처럼 기생에 관한 실록의 언급부피가 그 내용까지 결정하는 것은 아니었다. 기생들 역시 천민으로서 기록자의 시각과 인식내용이 크게 다를 리 없었다는 점은 먼저 지적해 두지 않을 수 없다. 궁극적으로는 경계하되 불가피한 동화의 대상으로 백정들이 다루어졌듯, 기생 또한 그들이 실제 누구였고 어떻게 살고 있는 계층인지 실록의 기록자들은 크게 관심이 없었다. 나아가 그네들이 사회 안에 왜 존재하는지, 그들이 정치사회적으로 어떤 관계를 갖는지까지 눈여겨보려 하진 않았다.

사관들뿐만 아니라 사대부에게도 기생들은 단지 은밀한 만남과 주연의 도구였다. 거기서 더 나아간들 만만한 성적 희롱이나 기껏 문예적 완상 단위 정도로 인식하는 게 상례였다. 따라서 기생들이란 사대부의 한낱 장식적 존재이거나 언제 어느 곳에서든 동원과 향유가 가능한 특별한 천역 제공자쯤으로 인식될 뿐이었다. 결국 당사자의 입장에서가 아니라 이 또한 지배세력의 입장에서 한낱 그들이 누구이어야 하는지에 관한 명분론과 의무 규정의 반복 이행을 골자로 기록을 일삼던 사관들은 이들에게 끝없는 금단의 경고와 이를 어길 경우 그에 따른 통제와 처벌이 무엇인지 기어이 예고했다는 점에서 근엄함의 틀은 여전했다.

이러한 경직성은 물론 기생에 관한 사대부와 조선 남성 전체의 평균적 사고를 대변하는 것이었다. 그것은 유교국가 특유의 가부장적 권위주의와 철저한 성 정치적 이중성을 고스란히 숨기고 있었다. 왜냐하면 권부의 엄숙한 지시나 군주를 정점으로 하는 관료체제의 법도란 늘 개인적 단위의 사사로운 욕망이나 이에 뒤따르는 주변적 사회악 모두에 대해 필요 이상으로 준엄한 원칙을 적용했기 때문이다. 뿐만 아니라 조선의 정치권력은 정당성 확보를 위해 스스로 경계해야 한다는 '신독(愼獨)'의 이데올로기를 지나치게 강조한 나머지 본능과 규범의 괴리를 메울 능력조차 감안하지 못한다. 다시 말해 본능은 요구하건만, 명분 안에 갇혀 규범으로 누르며 겉으로는 아무 일 없는 양 괴로워해야 하는 형국이 지속되었던 것이다.

조선의 정치권력은 이처럼 끝내 스스로도 지키지 못할 준엄한 도덕률에 자신을 묶고 피지배 민중의 반도덕적 행태나 지배세력의 비도덕성 모두를 엮어 결코 피하지 못할 함정 속으로 한꺼번에 빠뜨리고 마는 모순에 직면한다. 기생들이란 바로 이 함정의 곁에서 이들을 본능적으로 조종하거나 정치적으로 이용한 역설의 특수 천민이었다. 동시에 그들은 예외적 천역으로 왕조 전 기간을 지배한 독특한 신분단위의 하나였다. 이들은 권력이 금하고 있던 남성사대부의 체통 훼손을 강하게 유인하거나 경우에 따라 파멸과 붕괴의 나락으로 인입, 실제로 전부를 잃게 함으로서 치명적 손상의 계기를 만들기도 한다. 더욱이 '양반-지주-관료'와 심리적 긴장관계를 유지함으로써 자신들의 사회적 존재 이유를 한층 더 강화하려는 면모를 드러내기도 했다. 여기서 다른 천민들과 달리 지배세력과 매우 가까이 자리했던 기생들의 삶의 방식을 이해하게 된다. 즉 지배세력의 약점을 오히려 자신들의 강점으로 뒤바꿀 수 있는 특수집단으로 기생이 그들 위에 군림할 수 있을 만큼 강한 문화적 잠재력을 발휘했던 이유도 헤아릴 수 있다.

백정과 마찬가지로 기생 항목에 관한 실록의 언급이 군주집권기별, 유형별로 어떻게 세목화되고 있는지부터 먼저 살펴보기로 하자. 여기서는 내용과 의미의 사소한 편차를 감안, 기생 항목부터 먼저 일별하고 이어 기녀 항목까지 추적, 조회하기로 한다.

기생과 기녀를 굳이 달리 표기해야 할 필요가 있는지는 이미 지적해 둔 바 있다. 그러나 여기서는 단지 실록상 분리 표기되어 있었다는 사실 자체에 주목, 별도 산정하기로 한다. 기생과 기녀의 호칭이나 용법 차이는 물론 근본적인 게 아니었다. 그것은 거의 무의식적인 관례였고 굳이 구분하자면 외관과 사회문화기능의 여성성(femininity)을 한층 강조하려 했던 상황적 특수성과 문맥의 전후 차별성만 의식할 수 있을 뿐 다른 차이는 없었다.

굳이 구분하건대, 기녀는 기생의 여성성을 반복 강조하고 나아가 천민 가운데서도 암암리에 존치되고 있던 남녀차별의 문화를 반영하는 동어 반복의 의미로 받아들일 필요가 있을 것이다. 따라서 여자기생으로서의 특성을 한층 강조함으로써 희소했지만 남자무당이나 일반 남성 천역과 구분하려는 정도로 이해할 필요가 있다. 두 용어의 실제적 의미 차이나 중복 정도와 관계없이 기녀 항목 하나만도 백정(285)과 대등한 언급 횟수(275)를 보이고 있다는 사실은 그네들에 관한 관심의 크기를 잘 말해 준다. 특히 기생 항목의 경우, 기녀와 백정 항목의 언급 총계(560)를 합친 횟수의 거의 배(962)에 달할 정도로 그 빈도가 급증한다는 사실은 이들이 단순한 직능집단이 아니었음을 잘 말해 준다.

기생이든 기녀든 문제는 이들 집단에 관한 지배세력 전반의 평균적 시각과 그것이 함의하는 이중성의 크기였을 것이다. 이것은 철저한 명분과 허세, 본능적 욕구와 권위주의적 처신 사이에서 한결 솔직하지 못했던 남성 지배집단의 정치적 허구성을 드러내는 일과 직결된다. 왜냐하면 양반과 지주, 관료집단에게 기생은 규범과 제도로는 멀리할망정, 본능과 욕구로까지 견제할 수는 없었던 조선조 문화권력의 한 단위였기 때문이다. 뿐만 아니라 이를 정치적으로 역이용할 경우 기생들은 오히려 이들을 조종, 견제하면서 사회적 생명력마저 좌우할 만큼 실질적인 힘을 갖고 있던 '세력 아닌 세력'이었기 때문이다. 바로 여기서 기생집단은 천민이면서도 막강한 힘의 원천이었고 동시에 지배세력은 강자이면서 나락과 파탄의 유인대상으로 '전락·변질'될 수 있는 약자의 모습을 공유하고 있었다.

사회적 동원을 둘러싼 조선의 예외적 경쟁구도나 계층간 견제와 균형의 원리는 여기서 다시 극명해진다. 후기체제로 이행할수록 조선이 신분변동에서 해이했고 계층간 이동과정에서 엄격한 차별성을 반영하는 독특한 양식을 보유하고 있었다 해도 세습군주사회의 외형과 내적으로는 사회적 순환기제를 갖는 독특한 유교국가였음은 아무리 강조해도 지나치지 않다. 기생이 대뜸 양반으로 이동하거나 지주가 당장 백정으로 전환하는 즉발적, 즉시적 이행 방식을 밟으며 실질적 평등을 담보하는 혁명적 외형을 갖추는 등 급진적 성격의 것은 아니었지만 신분 차별의 엄혹함을 견뎌야 했던 조선에서도 유동성의 조짐은 왕조 초기 역시 예외일 수 없었다.[62]

기생이 양반을 무너뜨릴 수 있었다고 해서 그들 사이를 가르는 신분 차별이 소멸되는 것은 결코 아니었다. 그것은 단지 철저한 지탄과 비난 대상으로 부각될 예외적 사건이었을 뿐 풍속을 해치거나 기강을 무너뜨리는 돌발사태로 사직의 근간이나 국가구조의 기초까지 뒤흔드는 전기가 마련되는 것은 아니었기 때문이다. 그러나 역설적이게도 제도로 막고 인습으로 억압했으나 끝내 자신의 본능적 욕구를 이기지 못하여 세상이 정한 도덕과 율법에 따라 무너진 양반들을 실록은 적잖이 기록하고 있다. <표 14>, <표 15>에 나란히 적시되고 있는 것처럼 '기생·기녀' 항목에서 한결같이 우위를 차지하는 인사관리 기사를 통해 이 사실은 잘 드러난다. 그 내용이야 개별 천착과 추적을 필요로 하는 것들이지만 지배권력의 중추와 도덕적 무게중심이 결국 '기생·기녀'들과의 성적인 관계 때문에 오염, 폄하될 수는 없다는 거의 강박적인 자기 다짐과 실록의 기록은 마주한다.

---

62. 劉承源,『朝鮮初期身分制研究』(서울: 乙酉文化社, 1988), p.40.

표 14. 기생 항목의 군주 집권기별 언급 유형과 내역

君 主	妓生項目 言及內譯·類型	回 數	總 計
太祖	○宴會/餘興	1	4
	○田制	1	
	○人事管理	1	
	○行刑	1	
定宗	○彈劾	4	8
	○經筵	1	
	○人事管理	1	
	○宴會/餘興	1	
	○行刑	1	
太宗	○宴會/餘興	3	57
	○行刑	13	
	○外交	12	
	○田制	1	
	○彈劾	7	
	○報償/下賜	3	
	○人事管理	9	
	○世子의 隱密한 妓生呼出	5	
	○儀禮	4	
世宗	○人事管理	50	158
	○宴會/餘興	4	
	○行刑	35	
	○妓籍除籍	1	
	○王族奇行	2	
	○地方官妓奸淫嚴禁	2	
	○外交	13	
	○彈劾	24	
	○補償/下賜	6	
	○軍役	3	
	○弘報	1	
	○女樂教育	3	
	○女樂廢止建議	1	
	○詳定所建議	1	

표 14 계속

君主	妓生項目 言及內譯·類型	回 數	總 計
世宗	○妓生蓄妾禁止建議	1	
	○官妓贖良上言	2	
	○官妓贖良私的請託禁止建議	1	
	○法制	1	
	○男子才人起用	1	
	○禮服	1	
	○驛馬使用弊端論議	1	
	○朝官出使者娼妓關係禁止建議	1	
	○推問	1	
	○妓生數爻減少·革破建議	1	
	○王室行幸論議	1	
文宗	○人事管理	8	11
	○彈劾	2	
	○行刑	1	
端宗	○彈劾	6	21
	○行刑	5	
	○人事管理	4	
	○上言	1	
	○王室邂逅	2	
	○實錄記事監修	1	
	○女樂敎育	1	
	○補償/餘興	1	
世祖	○王室慣行	2	61
	○人事管理	17	
	○外交	8	
	○弘報	2	
	○軍役	1	
	○上疏	1	
	○救荒當付	1	
	○官吏失手	1	
	○推鞫·彈劾	7	
	○行刑	4	
	○妓生本邑還役	1	

표 14 계속

君主	妓生項目 言及內譯·類型	回數	總計
世祖	○補償/下賜	3	
	○咸吉道諸鎭妓生派遣	1	
	○黃海·江原兩道百姓慰撫命令	1	
	○義州妓生·樂工革破	1	
	○養老宴儀	2	
	○公賤慣行施行	1	
	○樂學都監官吏覈實 刑曹委任	1	
	○樂學都監官吏司諫院覈實	1	
	○歌謠上納	1	
	○宴會/餘興	2	
	○唱妓·農歌 九妓稱名	1	
	○叛逆圖謀	1	
睿宗	○推問	7	13
	○妓生 卓文兒 官婢定屬	1	
	○人事管理	3	
	○司憲府 言路開放 訴請	1	
	○詳定所 服飾論議	1	
成宗	○淫說論議	3	163
	○人事管理	53	
	○地方守令宴飮嚴禁訴請	1	
	○行刑	8	
	○推鞫	20	
	○上疏	25	
	○養老宴	4	
	○彈劾·懲戒	3	
	○國喪後妓生奸通罪刑罰論議	12	
	○下敎	7	
	○宴會/餘興	11	
	○掌樂院妓生確保措置	2	
	○外交	7	
	○京外妓生私通子女 父의 身分 承繼不可	3	

표 14 계속

君 主	妓生項目 言及內譯·類型	回 數	總 計
成宗	○宗親妓妾問題論議	1	
	○妓生子女의 父身分承繼論議	2	
	○田制	1	
燕山君	○推鞫	10	84
	○上疏	12	
	○人事管理	10	
	○彈劾	4	
	○行刑	7	
	○臺諫國事論議	9	
	○刑罰論議	1	
	○下教	7	
	○宴會/餘興	4	
	○進上	1	
	○補償/下賜	5	
	○選上妓論議	2	
	○妓生宮闕出入時 便服着用 與否論議	1	
	○外交	1	
	○宴會時 發生事案 妓生外部 傳言禁止	1	
	○淫說論議	1	
	○妓生檢閱	1	
	○妓夫名單作成上申	1	
	○妓藝下達	4	
	○掌樂院妓生數爻增員	1	
	○禮樂下達	1	
中宗	○外交	2	67
	○上疏	10	
	○廢王在位時進上財物沒收論議	1	
	○推鞫	7	
	○彈劾	3	
	○王室後宮私的請託	1	
	○人事管理	19	

표 14 계속

君 主	妓生項目 言及內譯·類型	回 數	總 計
中宗	○刑罰論議	5	
	○藝宴女樂禁止	2	
	○人物評價	2	
	○宦官弊端論議	1	
	○下敎	6	
	○國事論議	5	
	○宴會/餘興	3	
明宗	○下敎	3	37
	○人事管理	15	
	○地方敎坊論議	1	
	○推鞫	1	
	○人物評價	1	
	○上疏	11	
	○行刑	3	
	○庶孼互通	1	
	○宗親朝士妓生蓄妾禁止	1	
宣祖	○人事管理	39	68
	○人物評價	4	
	○彈劾	6	
	○戰鬪狀況報告	9	
	○軍隊募集建議	1	
	○上疏	8	
	○醫女敎育件	1	
光海君	○推鞫	3	60
	○下敎	5	
	○人事管理	16	
	○掌樂院管理	12	
	○彈劾	8	
	○女樂禁止件	1	

표 14 계속

君 主	妓生項目 言及內譯·類型	回 數	總 計
光海君	○行刑	1	
	○上疏	5	
	○宴會/餘興	4	
	○祭禮	1	
	○帝臣朝官들의 妓生同居與否 把握	1	
	○地方官失政告發	1	
	○妓生蓄妾士大夫勤愼傳敎	1	
	○地方妓生動員令	1	
仁祖	○下敎	1	10
	○人事管理	5	
	○上疏	1	
	○儀禮論議	2	
	○妓生抗拒	1	
孝宗	○上疏	2	3
	○人事管理	1	
顯宗	○上疏	8	31
	○人事管理	17	
	○行刑	1	
	○推鞫	3	
	○直諫	2	
肅宗	○人事管理	18	40
	○上疏	11	
	○行刑	1	
	○國事論議	2	
	○自決妓生奬勵	1	
	○彈劾	7	
景宗	○人事管理	2	2
英祖	○彈劾	9	41
	○行刑	6	

표 14 계속

君 主	妓生項目 言及內譯·類型	回 數	總 計
英祖	○上疏	9	
	○人事管理	12	
	○下敎	4	
	○儀禮	1	
正祖	○上疏	4	9
	○儀禮	1	
	○推鞫	2	
	○下敎	1	
	○人事管理	1	
純祖	○人事管理	2	6
	○上疏	3	
	○褒賞	1	
憲宗	○上疏	1	1
高宗	○行刑	1	7
	○上疏	4	
	○條約締結	1	
	○刑罰論議	1	
總 計		962	962

그것은 곧 수기치인(守己治人)과 극기복례(克己復禮)의 가르침을 소중히 여기며 욕구의 사사로운 기운과 정념의 분방한 표출을 늘 이지(理智)의 틀 안에 가둬 스스로 다스려야 하는 사대부의 숨막히는 자기 율법과도 배치되는 한갓 헛된 행동에 지나지 않았다. 이 같은 위인들을 처단하거나 '징치 · 국문'하고 나아가 최소한 권부와 정치의 현장에서 격리처우해야 함을 아뢰는 상소나 그에 따른 답변과 비답(批答) 내역들이 이 같은 행위를 불사한 조정 관료들의 인사조치와 재발 방지 촉구로 채워지면서 후대의 밑그림은 보다 준엄하게 마련된다.

흥미로운 것은 '기생 · 기녀' 항목 역시 실록상 언급 부피의 우열과 그

표 15. 기녀 항목의 군주 집권기별 언급 유형과 내역

君主	妓女項目 言及內譯·類型	回數	總計
太宗	○宴會/餘興	1	3
	○人事管理	1	
	○下敎	1	
世宗	○人事管理	4	16
	○彈劾	3	
	○儀禮	1	
	○國事論議	1	
	○舞童選拔	1	
	○北方妓女軍士接待	1	
	○上疏	2	
	○平安道 永邊府妓女六十新設	1	
	○宴會/餘興	1	
	○妓藝敎育	1	
文宗	○彈劾	1	1
端宗	○推鞫	2	5
	○人事管理	3	
世祖	○人事管理	2	15
	○上疏	2	
	○宴會/餘興	3	
	○妓女革破上言	1	
	○外交	4	
	○下敎	1	
	○養老宴	1	
	○推鞫		
睿宗	○政事論議	1	4
	○人事管理	3	
成宗	○儀禮	8	40
	○人事管理	20	
	○刑罰論議	1	
	○推鞫	4	
	○下敎	3	
	○上疏	3	

표 15 계속

君 主	妓女項目 言及內譯·類型	回 數	總 計
成宗	○掌樂院管理	1	
燕山君	○推鞫	5	44
	○上疏	3	
	○人事管理	4	
	○行刑	2	
	○下教	1	
	○宴會/餘興	2	
	○儀禮	7	
	○補償/下賜	1	
	○選上妓論議	6	
	○掌樂院管理	4	
	○外交	2	
	○妓女服論議	7	
中宗	○外交	1	64
	○上疏	9	
	○儀禮	5	
	○推鞫	5	
	○女樂革破論議	7	
	○人事管理	15	
	○政事論議	5	
	○下教	14	
	○養老宴	1	
	○宴會/餘興	1	
	○掌樂院管理	1	
明宗	○下教	1	7
	○人事管理	2	
	○儀禮	1	
	○上疏	3	
宣祖	○人事管理	4	8
	○國事論議	1	
	○彈劾	2	
	○行刑	1	

표 15 계속

君主	妓女項目 言及內譯・類型	回數	總計
光海君	○外交 ○人事管理 ○掌樂院管理 ○彈劾 ○上疏 ○地方妓動員令	1 3 5 2 2 1	14
仁祖	○人事管理 ○上疏 ○妓女抗拒	1 1 1	3
孝宗	○國事論議	1	1
顯宗	○士大夫同居妓女調査刷還 ○人事管理 ○妓女刷還 ○儀禮	1 3 1 1	6
肅宗	○人事管理 ○上疏 ○推鞫 ○儀禮 ○下敎	5 5 2 1 1	14
英祖	○選上妓 數爻減縮 ○推鞫 ○上疏 ○人事管理 ○彈劾 ○儀禮	1 3 4 8 2 2	20
正祖	○行刑 ○上疏 ○儀禮紀綱確立 ○宮女遊宴禁止 ○下敎	1 1 3 1 2	8
純祖	○人事管理	2	2
總計		275	275

시기가 백정의 경우와 거의 일치한다는 사실이다. 이 같은 유사성은 과연 무엇을 뜻할까. 천민 직종에 관한 권부의 보편적 관심? 역사적 우연의 반복과 사관들의 의도적 기록 노력? 군주의 각별한 관심과 사회적 사건의 빈발로 인한 역사순환?

이에 관해서도 실록은 즉시 답하지 않는다. 다만 백정 항목처럼 개혁군주의 역할과 그 역사적 실천이 국가정책 전 영역에 걸쳐 반복 확인되고 있고 여기서 기생과 기녀의 문제 역시 빠짐없이 거론되고 있음을 알게 된다. 그러니까 '성종 - 세종 - 연산 - 중종 - 선조 - 광해 - 세조 - 태종 - 영조 - 숙종' 순으로 이어지는 기생 항목의 언급 우위와 '중종 - 연산 - 성종 - 영조 - 세종 - 세조 - 광해 - 숙종 - 정조 - 선조' 등으로 계속된 기녀 항목의 또 다른 기사언급 우위는 이 같은 군주의 의지와 지배세력 전반의 정치사회적 경각 효과와 상대적 함수관계를 갖는다.

다만 다른 군주와 달리 기생들에게 끝까지 적극적 관심을 보인 연산의 경우를 제외한다면 이들 순위의 정치적 의미와 사회적 개혁파급 효과는 기왕의 역사적 평가우위와 그 궤를 같이한다. 군주 자신의 정치적 보복과 보상 수단으로 기생들과의 유희적 관계에 탐닉한 연산은 도리어 조선조 기생문화의 양적 팽창과 동시에 질적인 내용 강화에 기여한 장본인이었다.

연산은 세종대의 기생문화와 그 교예의 기초를 한층 강화하고 이후 사대부의 은밀한 향유 수단으로 기방 및 주변 자원을 활용할 수 있는 토대를 마련한다. 그러나 이 시기를 벗어날 경우, 기생들은 한결같이 사대부가 드러내놓고 다가가서도 안 되고 영구히 피할 수만도 없는 사회적 함정으로 인식되었다. 하지만 국가 전체적으로는 결코 한시적이 아닌 문예적으로 지탱되어야 할 상수의 천민으로 자신들의 세를 노골적으로 나타내기에 이른다. 불가피한 존재로 그 역설의 지탱점과 감각적 유인의 이유를 드러내며 스스로 성장해 가고 있던 계층이 이들이었다는 해석도 여기서 얼마든지 가능해진다.

개혁군주의 정책 쇄신과 이에 따른 준엄한 법도의 적용이 유독 기생들과 놀아난 사대부의 징치와 그 인사조치 현장에서 강하게 반복 확인되는 점도 이 같은 이중성을 가능한 피해 보고자 했던 군주 본인과 그를 따른 권력 주변의 의지를 잘 반영한다. 특히 성종과 세종조의 기생 언급 항목이 문예부흥과 그 제도의 완비라는 틀 속에서 진행되되, 어김없이 준엄한 도덕률을 적용하고 과도할 정도로 반복되는 사법조치 단행으로 거의 행정적 경직 단계로까지 이어지는 역사의 과정이나 왕조의 기강 이완은 바로 기생 하나만으로도 얼마나 많은 역사의 곡절이 사회사적으로 설명 가능한지 잘 드러내고 있었다.

<그림 4>는 앞서 분류한 군주 집권기별 '기생·기녀' 항목에 관한 실록기사의 언급 부피를 순차적으로 체계화시켜 본 것이다. 여기서 군주집권기별로 달리 투영되고 있는 언급사항과 그 내용은 다양한 편차를 갖

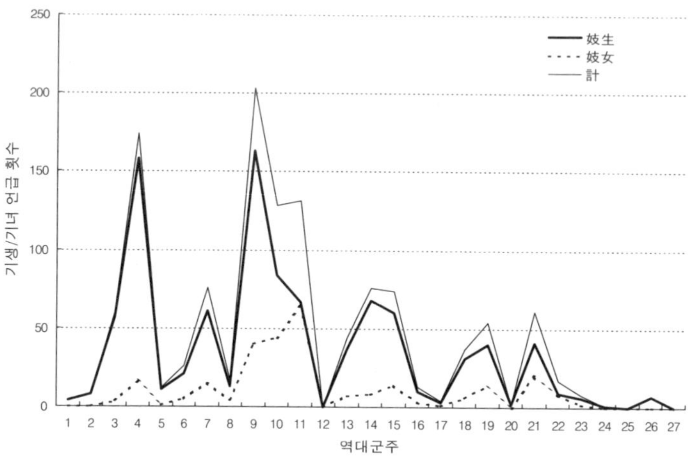

그림 4. 『조선왕조실록』 중 '기생·기녀' 항목의 언급변화추이[63]

63. X축의 일련번호는 조선왕조의 역대 군주를 집권순서별로 단순 횡렬화한 것이다. 기생과 기녀의 언급 횟수를 모두 따로 기입하되 그림 안에서는 합산처리결과까지 밝혀 두도록 한다.

는다. 하지만 과연 어느 시기에, 그리고 누가 집권하고 있을 때 이들에 관한 관심이 달리 나타나고 있었는지는 이를 통해 잘 가늠할 수 있다. 문제의 심각성은 사대부를 비롯한 지배세력의 성적 일탈에서 깊어 가고 있었다. '기생 · 기녀'들과의 간통 행위를 둘러싼 지배집단의 논란 규모는 의외로 컸다. 그것은 제도로 막고 윤리로 통제하려 한들 쉽게 자제하거나 덮지 못할 문제였다. 나아가 비단 양반, 관료들만이 아니라 양인과 중인세력 역시 범접의 의사를 실행에 옮길 수 있는 일로 실제 그 확인과 추적이 가능한 것이기도 했다.

이처럼 기생과의 일탈 관계란 애시당초 이들을 천민 중 공물로 인식함으로써 개인적 접촉이나 사유의 계기 자체가 명분상 제한되어 있던 탓에 위반의 욕구를 무릅쓸 경우 그에 따르는 모종의 사회적 비용과 부담을 감수해야 하는 일이었다. 그러나 왕조 초기부터 이 같은 긴장구조가 확고히 뿌리내리고 있었던 것은 아니다.

세종마저 이 문제에 관한 한 의외로 관대했던 것은 무엇 때문이었을까? 그는 관리들의 기첩관계나 그에 따른 사회문화적 폐단[64]까지 직접 언급하려 하지 않았다. 물론 세종 자신의 성 정치적 관심이나 이에 관한 정확한 원인 규명은 쉽지 않다.

> 司憲府에서 아뢰기를, "『大明律』에 이르기를, '官吏로서 倡家에서 자는 者는 杖 60대에 처하고, 官吏의 자손으로서 倡家에 자는 者도 罪가 같다.'고 하였사온데, 本國의 大小官吏가 妓生으로 妾을 삼아서 淫亂하고 더럽고 절개가 없을 뿐만 아니라, 이로 인하여 부부가 反目하고 父子 兄弟가 乖離하여, 대대로 香火의 신의와 金石의 交際를 닦아 오던 터이라도 서로 시기하고 몰래 重傷하는 경우도 있사오며, 또 貪汚하여 贓物을 범하는 자들은 대개가 여기

64. '기생 · 기녀'의 삶의 양식을 반드시 보수적 시각으로만 조준할 필요는 없을 것이다. 그러나 그들이 흔히 사치와 향락을 일삼았거나 혹은 이를 유인한 것으로 인식한 데에는 오랜 역사의 강박과 다른 정치적 이유가 숨어 있었다. 사회제도로서 이를 금지하려 했던 경우에 관해서는 다음 참조할 것. 白性禮, 「朝鮮朝의 禁制小考(2): 奢侈禁制를 中心으로」, 漢陽女子專門大學『論文集』 第6輯(1983. 9), pp. 213-233.

> 에서 起因하옵니다. 그 밖에 의리를 저버리고 도덕을 傷하게 하는 것은 일일이 들기가 어렵사옵니다. 비옵건대, 지금부터 妓生을 妾으로 삼는 者를 일체 모두 금지하게 하소서." 하였으나, 允許하지 아니하였다. 이때에 위로는 대신으로부터 아래로는 선비와 서민에 이르기까지, 妓生妾으로 집안 일을 管理하게 하여 嫡妻와 다름이 없는 者가 꽤 많이 있었으므로, 혹은 이로 인하여 贓物罪를 犯하기도 하고 혹은 서로 毆打하여 傷害를 입히기도 하여, 서로가 怨讐가 되어서 선비의 풍속이 不美하였던 까닭으로 이러한 請이 있었던 것이었다.[65]

『대명률』의 규정에도 불구하고 재량권 행사에서 의외의 탄력을 보인 세종은 거듭되는 사헌부의 청을 외면한다. 그 문제에까지 준엄한 기준과 율법의 예를 따르지 않고자 했던 진의의 한계가 어디까지였는지도 물론 공백상태로 남겨둔 채 말이다. 왕명이나 정책적 결의 차원에서 기생들과의 관계와 그 소생의 신분문제까지 거론, 제도화의 기초를 다지는 것도 역시 성종조에 이르러서였다. 그러나 아주 엄밀히 상고해 보면 이들 문제의 해결은 최고 권력의 지시나 상위 신분의 명령에 따른 법제화 노력보다 윤리적 자정과 사회적 경각심리의 확산에 의존하려는 경향이 강했던 것으로 보인다. 다음의 인용 역시 이러한 사실을 잘 말해 준다.

> 司憲府에서 請하기를, "朝官으로서 出使하는 사람은 娼妓를 관계하지 말게 하소서." 하니, 정부에 내려 이를 의논하게 하였다. 우의정 하연이 의논하기를, "예전에 평안도 감사 尹坤의 말로써 이 법을 만들어 시행한 지가 몇 해나 되었는데, 곧 기생은 옛날에 軍士의 아내 없는 사람을 위하여 설치한 것이나 이를 中止시켰지마는, 營鎭의 군사가 기생을 거느리고 赴防하는 사람은 얼마 안 되었는데도, 大小 使臣과 守令들은 淫欲을 마음대로 행하여 폐를 끼침이 매우 많게 되고, 이로 인하여 풍속을 더럽히는 사람이 있게 되어 聖明의 정치에 累가 되오니, 請하옵건대 司憲府에서 아뢴 바에 의거하여 풍속을 바로잡게 하소서." 하였으나, 마침내 시행되지 못하였다.[66]

---

65. 世宗 20年 11月 23(癸卯)日 · 『朝鮮王朝實錄』 第4輯 173面.
66. 世宗 28年 1月 30(戊戌)日 · 『朝鮮王朝實錄』 第4輯 653面.

그러나 세종조의 기생정책이란 것이 전무했던 것은 아니다. 무엇보다 서울의 기생 숫자를 감축함으로써 불필요한 수요와 논쟁의 원인을 개선, 혁파하려는 의도가 엿보이고 있었다는 것이 그 대표적인 예일 것이다. 이 같은 수효의 인위적 감소가 다시 적극적으로 '증원 · 확산'되는 때는 연산조였다. 하지만 기생과 사대부의 성적 스캔들이 사회문제로 비화, 세간의 논란거리로 커져 가는 데에는 단지 기생인구의 양적 제한만으로는 통제하기 어려운 이유가 따로 있었다. 거기에는 기어이 세상의 눈을 피해 가면서라도 사적인 욕망을 실현하려는 권력과 성의 은밀한 결탁이 항시 끼어 들게 마련이었다.

여하튼 서울의 기생을 최소인원 백 명으로 제한하는 세종실록의 기록은 조선기생사 전체에서 매우 중요한 상징적 의미를 갖는다. 외형적 자제와 물리적 축소에 드러난 사회적 허구성의 부각이 바로 그것이었다.

> 議政府에서 禮曹의 呈狀에 依據하여 아뢰기를, "서울의 妓生이 125인이나 되니 그 數爻가 지나치게 많습니다. 무릇 使臣 接待와 內宴할 때에 女樂이 40인이니, 비록 1部를 증가시키더라도 80人에 지나지 않을 것이며, 蓮花臺 6人에 14人을 補充하여 모두 1百人으로 定員을 삼고, 그 나머지 25人은 이를 革破하소서." 하니, 그대로 따랐다.[67]

기생의 역할을 모두 이처럼 제한할 수만 있었다면 실록상의 그 많은 '사대부 · 기생' 간통사건과 그에 따른 인사상의 불이익 조치, 징벌 및 국문 이후의 양형이나 행형 조치는 분명 없었을 것이다. 그러나 매 군주집권기별로 상당수의 관리와 기생은 이로써 벌받거나 참조의 전례로 삼아 윤리와 체통이 제대로 세워지기 힘들었다. 하지만 사대부 집단의 성적 자기결정권을 원활하게 조율하도록 기대한다든지, 반대로 기생계층의 강력한 자제와 반성을 바탕으로 사건의 축소와 배제를 바라기란 아예 상정조차 할 수 없는 일들이었다.

---

67. 世宗 29年 3月 18(庚辰)日 · 『朝鮮王朝實錄』 第5輯 10面.

기생의 입장에서 세속의 문제를 피해 양반과 관료를 다스린다는 것은 원천적으로 불가능했다. 오히려 성적인 조종과 이를 바탕으로 자기안주의 경로를 모색하거나 혹은 문예적 감화나 절개의 현시를 통해 생존과 자기방어논리를 모색하려 했던 것이 더욱 진솔한 기생적 삶의 모습이었을 것이다. 반대로 이들을 다시 상대하지 않을 수 없었던 권력의 입장에서 보면 자신들의 정치사회적 존재양식, 즉 위신의 고수란 목숨보다 더 소중한 일이었다. 혹여 기생들과의 관계로 인해 자신들의 기득권과 부가가치 모두를 상실할지 모른다는 위기의식이 다가올 경우, 경우에 따라 남성권력은 차라리 극도의 자기부정을 통해 모든 것을 버리려는 의외성을 드러내기도 한다.

권력이 지시하거나 정책과 제도로 굳이 표면화시켜 놓지 않았어도 그들의 의중에 깃든 성 정치적 전략의 내용물이란 결국 성적 자율권의 합리적 행사와 감시에 따른 처벌 강화, 그리고 그 위압적 예시를 통한 억지효과의 계몽과 확산이었다. <표 16>은 바로 이 같은 사실들의 역사적 전개를 잘 드러낸다. 이는 물론 사대부와 기생 사이의 사통을 중심으로 삼되 양인과 천민 모두를 포함해서 실제 적발되었거나 역사에 기록될 만큼 비중 있는 경우만을 선별, 체계화시켜 본 것들이다. 실록은 의외로 방대한 양의 지배층 간통 사실과 그 주변 현상들을 적시하고 있다. <표 16>을 통해 이제 그 사단의 내역과 역사의 전후 맥락을 살펴보기로 하자.

여기에 나타난 내용들이 조선조 '기생·기녀' 간통사례의 전모는 물론 아니다. 이는 다만 간통 현장을 적발했거나 신빙성 있는 소문을 근거로 국문과 수사를 병행한 다음 확실한 사건으로 성립된 것들과 이어 대간에 의해 정식 고발된 건들만을 토대로 삼은 것이다. 따라서 사건으로 접수되긴 했으나 주상의 윤허가 뒤따르지 않았거나 증거 불충분으로 채택되지 않았던 애매한 사건들을 공제한 확연한 근거 제시분만을 토대로 작성한 것이다. 특히 이 가운데에는 반드시 양반 사대부나 '지주·관료'들만이 아니라 지방관과 무신, 중인 집단과 노비 일부 혹은 왕실 '직·

표 16. 조선조 군주 집권기별 '기생·기녀' 간통사건 내역 : 『조선왕조실록』 기준

順番	時 機	職位(姦主)	對象妓生(妓女)	處理內譯	實錄根據(輯/面)
1	定宗 01/0516 (乙酉)	大司憲 趙璞	李芳碩 侍妾 妓生 孝養	海州 定配	1/149
2	太宗 02/06/11 (癸亥)	知三陟郡事 朴抵生	未詳 妓生/本妻 (宰臣 李舒原 所生) 毆打/聘父 告發	泗州 定配	1/238
3	太宗 03/08/19 (甲子)	使臣 馬麟	妓生 侍寢 要請	-	1/273
4	太宗 10/11/29 (辛卯)	上護軍 兼 判通禮門事 尹夏	摠制 河久 妓妾 韓嬋娟	外方 付處	1/571
5	太宗 11/12/22 (戊寅)	全羅水軍都節制使 洪有龍	荒淫	罷免	1/617
6	太宗 12/01/07 (壬辰)	知淸道郡事 崔道源 知密陽郡事 韓有紋	農繁期 妓生 會飮/侍寢	崔道源 免職 韓有紋(官階三品)卽席科斷不可 - 上 不聞	1/620
7	太宗 12/06/06 (己未)	右政丞 趙英茂	出宮女(金湊 妓妾 所生 - 觀音) 蓄妾	彈劾 不許	1/638
8	太宗 13/03/27 (丙午)	世子	平壤妓生 小鸚	判內贍寺事 金邁卿·判禮賓寺事 朴竪基 等 罷職	1/668
9	太宗 13/04/19 (丁卯)	大司憲 安省	完山妓生 玉壺氷 慶尙觀察使 在職時 道內 咸安田舍 隱匿 私通/摠制 李澄 妾/醫女 藥生 姦通	司憲府 罷職 要請	1/669
10	太宗 15/05/13 (己酉)	世子	上王 妓生 楚宮粧 私通	楚宮粧 逐出	2/65
11	太宗 17/02/15 (壬申)	世子	前中樞 郭璇 妾 於里 姦通後 宮中 引入	前 判官 李昇 前 小尹 權堡 樂工 李法華 宦者 金奇 等 義禁府 下獄	2/147

표 16 계속

順番	時機	職位(姦主)	對象妓生(妓女)	處理內譯	實錄根據(輯/面)
12	世宗 01/09/15 (丁巳)	速古赤 林昇富	妓女 鳳紹蓮 姦通	林昇富 死刑免除 妓女杖八十贖後 公州官婢定屬	2/337
13	世宗 04/02/29 (丙辰)	黃海 觀察使 李隨 經歷 河逈	官妓 帶同 行次	河逈 杖八十 職牒 回收	2/476
14	世宗 04/07/28 (癸未)	仁順府 副丞 趙石山 司直 尹敬老	太上 昇遐後三日內/五日內 上護軍 李攝 妓妾 勝西兒	杖壹百	2/488
15	世宗 04/11/04 (丁巳)	洪川 縣監 李益朴	原州妓生 露凝香	李益朴 職牒回收 /露凝香 杖九十	2/510
16	世宗 05/04/28 (戊寅)	敬寧君 裶	妓生 一點紅 - 伶人 住持 - 火者 重斤	戒問	2/539
17	世宗 05/05/11 (庚寅)	摠制 鄭孝門	平壤妓 下蓬萊 本妻 疏薄	治罪 不許	2/541
18	世宗 05/10/26 (癸酉)	前萬戶 孫玏	母親喪 三年內 妓妾 私通 正妻 逐出	杖九十	2/561
19	世宗 07/05/26 (乙未)	內禁衛 司正 郭鱗	妓妾 七點仙 正妻 凌辱	郭鱗 罷免 七點仙 官妓定屬	2/671
20	世宗 07/08/25 (辛卯)	洪川 縣監 李益朴	國喪 卒哭前 官妓私通嫌疑誣告	職牒 返還	2/690
21	世宗 08/06/26 (戊子)	禮曹 左郎 李承門	妓生 學玲瓏	推鞫	3/34
22	世宗 09/02/19 (丁丑)	知敦寧 李湛	孝寧大君 妓妾 桂宮仙	職牒 回收 公州 定配 桂宮仙 杖九十 仲媒妓生 帶千嬌 杖八十 全員 本役還元	3/62
23	世宗 09/05/09 (丙申)	正尹 李茂生	紫洞仙・間雪梅・竹間梅・藥堦・新白丁女 寶金	職牒 回收 外官(白川)付處 妓生全員杖九十 寶金 禮賓寺使役	3/72

표 16 계속

順番	時機	職位(姦主)	對象妓生(妓女)	處理內譯	實錄根據(輯/面)
23	世宗 09/05/09 (丙申)	李福生 元尹 李義生	梅捎月	職牒 回收 外官(原州)付處 妓生 本邑刷還 連累妓生全員 苦役 定屬 江華 居住	
24	世宗 09/11/02 (丙戌)	勳親 李涉 親子 李孝誠	未詳 妓生	杖壹百	3/100
25	世宗 10/09/01 (庚戌)	副司正 李明仁	妓女 小婢 蓄妾	職牒 回收/鞫問	3/142
26	世宗 10/10/05 (癸未)	都摠制 李順蒙	前 兵曹判書 黃象 妓妾 月下逢과 私通	罷職 命令	3/147
27	世宗 10/10/16 (甲午)	前 兵曹判書 黃象		義禁府 下獄 鞫問	3/148
28	世宗 10/10/20 (戊戌)	前 兵曹判書 黃象		加重處罰上疏	3/149
29	世宗 11/02/15 (辛卯)	監寞 姜齊老	師父 孟希道 妓妾 私通	推鞫	3/167
30	世宗 11/07/30 (甲戌)	前 摠制 鄭孝文	妓妾 下蓬萊 隱匿 私通	鞫問 建議	3/193
31	世宗 11/08/05 (己卯)	前 摠制 鄭孝文		淸州 付處	3/193
32	世宗 11/11/13 (乙卯)	光州 牧使 辛保安	妓生 小梅	金宗瑞 調査建議	3/205
33	世宗 12/01/22 (癸亥)	黃州 判官 李安仲	本邑/他邑 妓生	判官 苔刑建議 治罪 再論	3/214
34	世宗 12/04/27 (丙申)	奉化 縣監 玉岡	本郡 妓生家 留宿	刑杖八十	3/234
35	世宗 13/06/01 (癸巳)	慶州 判官 金自怡	官妓 姦通	罷免・推鞫	3/320
36	世宗 14/03/23 (壬午)	副司正 金昉 幼學 盧懷愼 金昉, 盧懷愼 毆打	安崇直 妓妾 金蓮 私通 安崇直 妓妾 金蓮 姦通	金昉 贖錢 盧懷愼 論罪不問	3/378

표 16 계속

順番	時 機	職位(姦主)	對象妓生(妓女)	處理內譯	實錄根據(輯/面)
37	世宗 15/05/22 (甲戌)	盈德縣 未詳 衙前	未詳 女妓 姦通 守令 崔岐 訊問中 妓女死亡	上敎 遞職	3/479
38	世宗 16/07/07 (壬午)	恩津 守令 李希信	本州 妓生 李秋 公衙 嫡妻 帶同	杖六十 徒壹年	3/579
39	世宗 16/10/27 (庚午)	使臣 三人	妓生 私通圖謀	都監 申告	3/600
40	世宗 18/08/07 (庚午)	永同 縣監 郭珣	守令身分 妓生帶同	罷免	4/26
41	世宗 18/10/23 (乙酉)	元尹 李福生	恭靖大王 忌辰時 春川妓生帶同 狩獵	定配	4/36
42	世宗 21/01/20 (己亥)	日城君 鄭孝全·瑞山君 譓	妓生 小枝紅 對象 爭取 軋轢	取調後 報告命令	4/184
43	世宗 21/01/27 (丙午)	瑞山君 譓	鄭孝全 紛爭後 娼妓 姦通留宿	告身 回收	4/185
44	世宗 21/06/06 (壬午)	趙末生	淫行 恣行	告身 回收	4/217
45	世宗 21/08/19 (乙未)	正尹 李謙	柳桂芬 妓妾 雪月梅	海南 定配	4/232
46	世宗 21/11/12 (丙辰)	寧海府使 金布	本府·周邊府 妓女 不特定 多數 姦通	罷黜	4/252
47	世宗 23/08/10 (甲戌)	官奴 毛知里	未詳 妓生 姦通	濟州 安置	4/354
48	世宗 25/02/20 (丙午)	韓承祖	未詳 妓生 姦通	杖壹百	4/463
49	世宗 25/07/16 (己巳)	沔川郡事 金叔篪 懷德縣監 黃義軒	未詳 京妓 官舍隱遁後 姦通	不聞	4/493
50	世宗 25/11/04 (乙卯)	前 判中樞院事 吳陞	妓妾 錦江兒 奴婢 姦通/私通奴婢 誅殺	吳陞 竹山縣 安置 妓妾 官婢定屬	4/521
51	世宗 26/10/06 (辛亥)	前 三登縣監·平壤 少尹 韓昌	平壤妓 姦通	官職除授取消	4/587
52	世宗 28/09/27 (壬辰)	洪州牧使 趙壽山	妓生 小睢鳩 姦通 庶子 生産	告身 回收	4/702

표 16 계속

順番	時 機	職位(姦主)	對象妓生(妓女)	處理內譯	實錄根據(輯/面)
53	世宗 28/12/12 (乙巳)	故 副知敦寧 柳仲昌 子 柳淵	喪中 妓生 小眞珠 姦通	鞫問	4/714
54	世宗 29/04/15 (丙子)	殷山縣監 具文靖 具文靖 子 具孟孫	平壤妓 金閏月 姦通 妓女 玉壺氷 姦通	全家族 平安道 邊方 入居	5/19
55	世宗 30/06/05 (己未)	吏曹 正郎 李永瑞	司正 閔叙 妓妾 笑楊妃 姦通	閔叙 私事處罰	5/71
56	世宗 31/03/02 (壬午)	知醴泉郡事 李希信	長興庫直長 庫婢姦通 後 恩津守令官妓 關係	罷免	5/119
57	文宗 00/08/29 (庚子)	左都節制使 李澄石	友人 妓妾 姦通	罷免要請	6/277
58	文宗 01/08/29 (甲午)	處置使 辛晋保	妓生 孝兒·京妾 觀音非 軍門內 淫行	科罪	6/392
59	端宗 00/06/24 (乙酉)	李石杖	父妾 寶今 姦通	鞫問建議	6/514
60	端宗 00/07/15 (丙午)	藝文待教 琴以詠	妓 紅樓月	告身回收	6/519
61	端宗 00/09/06 (乙丑)	學生 崔末哲	妓 月中娥	瓮津 定配	6/540
62	端宗 00/10/25 (癸丑)	高靈縣監 柳孝川	未詳 全州妓	遞職	6/550
63	端宗 01/03/06 (癸亥)	鹽浦萬戶 裵綿	國喪中 妓生姦淫	永久叙用不可	6/570
64	世祖 02/02/27 (丙寅)	濟用錄事 李宗衍	學生 宋緝 妓妾 待重來	告身回收	7/118
65	世祖 02/09/08 (乙亥)	進士 鄭大禧	妓 杜蘭香	告身回收	7/151
66	世祖 03/06/18 (庚戌)	崔末哲	國喪中 妓 千金月·中蛾/父親喪中 醫女 月非	忠贊衛 宿衛 不可/錄用 除外	7/204
67	世祖 03/06/26 (戊午)	禮葬都監判官 申自衡	妓妾 楚腰輕 關係·家婢 二人杖殺	告身回收	7/205
68	世祖 03/07/17 (戊寅)	申自衡	前妻 疏薄	姦通妓 兩外方 流配	7/211

표 16 계속

順番	時機	職位(姦主)	對象妓生(妓女)	處理內譯	實錄根據(輯/面)
69	世祖 04/01/27 (丙戌)	宣城君 李茂生	正妻 廢黜·妓妾 濯錦兒 關係	妓妾 本邑 還役	7/250
70	世祖 05/01/24 (丁未)	學生 宋緝	母親喪中 妓 月中梅	宋緝 杖六十/長城縣 付處	7/310
71	世祖 07/04/09 (己卯)	通事 李從衍	未詳 妓生	鞫問 建議	7/458
72	世祖 07/07/21 (己未)	尹塢	成從·京邸 妓生 姦通	平安道 採訪別監 改差	7/475
73	世祖 07/08/24 (辛卯)	前 羅州判官 黃事長	妓 燕輕飛	妓生 黃海 白川 定配/告身 還收 不許	7/481
74	世祖 10/02/24 (丁未)	禮曹佐郎 李壽男·李吉輔	妓女帶同 民家投宿	推覈	7/611
75	睿宗 01/02/12 (丁卯)	前 忠淸觀察使 安哲孫	國喪中 官妓 廣寒兒 姦通	推鞫後 容恕	8/339
76	睿宗 01/07/07 (戊子)	族親衛 尹有德	妓 燕輕飛	邊方充軍/終身 叙用禁止	8/400
77	睿宗 01/07/17 (戊戌)	府尹 李德良의 伴人 朴從直 觀察使 魚世謙 都事 任孟智	妓 望玉京 妓 含露花 妓 楚腰輕	鞫問	8/402
78	睿宗 01/08/23 (甲戌)	李德良의 伴人 朴從直	國恤中 未詳 妓女 姦通	杖壹百/全家族 極邊 定配	8/413
79	成宗 01/10/23 (丁卯)	富平府使 金倆	平壤妓 姦通	罷職	8/536
80	成宗 02/04/19 (辛酉)	前 司勇 趙璧·修義副尉 奇孟同·樂工 鐵堅	江陽君 李瀜 帶同 妓生 會飮 眈溺	趙璧·奇孟同 杖壹百/兩界 極邊充軍 鐵堅 杖壹百/極邊官奴定屬 瀜 職牒回收	8/566
81	成宗 03/09/01 (甲午)	成川府使 趙宗智	從事官時 金礩의 妓女犯奸 正妻 疏遠	改差	8/684

표 16 계속

順番	時 機	職位(姦主)	對象妓生(妓女)	處理內譯	實錄根據(輯/面)
82	成宗 05/06/24 (丁未)	刑曹佐郎 金旼	恭惠王后 初喪中 妓 笑雪烏 姦通後 逃走	逮捕 命令	9/123
83	成宗 05/08/15 (丁酉)	慶尙左道 節度使 金舜臣	妓妾帶同 公凜虛費	罷免	9/138
84	成宗 05/10/17 (己亥)	忠淸道 栗峰寘訪 金士溫	淸州妓生 卞陽臺	杖壹百/ 外方付處	9/155
85	成宗 06/09/12 (戊午)	海運判官 金用寶	妓女二人帶同 公務遂行	告身回收/外方付處	9/259
86	成宗 07/07/04 (乙巳)	慶州 判官 康應謙	集慶殿 當直時 齋所妓生 姦通	改差	9/356
87	成宗 08/06/05 (庚子)	富林君 李湜	安川君 權彭 妓妾 錦江兒	妓妾 杖刑	9/462
88	成宗 10/06/01 (丙戌)	前 貞松守 碩孫	正妻逐出/妓 一點紅	妓妾 離異 告身 回收	10/18
89	成宗 10/07/28 (壬午)	風君 李源	七寸叔 松林副正 李孝昌 妓妾 紅杏	罷職	10/39
90	成宗 12/03/07 (辛巳)	內官 李孝智	平壤妓生 蓄妾	杖壹百贖	10/197
91	成宗 13/03/26 (甲午)	朝士 金偁	妓女 紅杏 姦通定役後 再犯	同伴推鞫	10/312
92	成宗 13/05/08 (丙子)	永膺大君 奴婢 僧侶 惠泉	酒肉取食/未詳妓生 姦通	時推 照律	10/332
93	成宗 14/05/14 (乙巳)	嘉林守 李秋	國喪卒哭內 堂叔 富林君 妓妾 錦江兒	告身 回收 外方 付處	10/462
94	成宗 14/05/19 (庚戌)	阜城 副正 李孝深	國喪卒哭內 妓 勝蓮花	告身 回收	10/464
95	成宗 14/05/22 (癸丑)	淸風君 李源	國喪直後 妓 湖南月	告身 回收 草溪 付處	10/465
96	成宗 14/11/03 (壬辰)	會原君 李崝	堂叔 遂安君 李讜 妓妾 笑春花	罷職 妓妾 杖壹百贖	10/540
97	成宗 16/11/16 (癸亥)	宣傳官 金胤孫	永川君 李定 妓妾 笑春風 白晝姦通	外方 付處	11/74

표 16 계속

順番	時 機	職位(姦主)	對象妓生(妓女)	處理內譯	實錄根據(輯/面)
98	成宗 17/12/10 (辛巳)	晋州 鄕吏	姜希孟 妓妾姦通	推劾 報告 傳教	11/167
99	成宗 18/03/18 (戊午)	上護軍 黃衡	遂安君 李讜 妓妾 笑春花	時推 照律	11/198
100	成宗 18/04/04 (癸酉)	黃衡	父母病苦辭職後 妓女家留宿/歸覲遲延	職牒 回收	11/200
101	成宗 18/06/17 (乙酉)	弘文館 副提學 柳允謙·咸陽 郡守 曺偉	外邑妓女 本家隱匿 蓄妾	推考	11/225
102	成 18/11/10 (乙巳)	金碣	母親 草殯·初喪後 妓女 白玉兒 姦淫	刑訊 與否 論議	11/261
103	成宗 18/11/21 (丙辰)	評事 洪瑓	尹弼商 平壤妓妾 西湖月	懲罰 論議	11/266
104	成宗 19/06/02 (甲午)	守令 金克愧	他邑妓 通奸後 本州 判官 禹允恭에게 陋名 씌움	治罪令	11/343
105	成宗 23/05/07 (丙子)	豊川尉 任光載	未詳 妓	治罪	12/176
106	成宗 24/06/05 (丁卯)	奉常寺 主簿 盧瑁	妓生 奸夫에게 被殺	調査令	12/347
107	燕山 01/04/10 (癸亥)	訓練院 副正 尹湯老	卒哭前 妓生關係	鞫問	12/659
108	燕山 01/05/25 (丁未)	義禁府 同知 尹坦	未詳 妓	彈劾	12/673
109	燕山 10/08/22 (己卯)	李成孫	妓 早春梅·勝杜秋	彈劾/鞫問	13/658
110	燕山 11/05/19 (癸卯)	燕山	妓女 勝陽妃·耐寒梅	-	14/3
111	燕山 12/07/07 (甲申)	尹珣	奸妓 闕內引人	敬誓文中 削除	14/58
112	中宗 02/03/18 (申酉)	軍官 崔有井	節度使 李克均 妓妾 姦淫後 嘉山 臨地 隱匿	改差/治罪	14/130

표 16 계속

順番	時 機	職位(姦主)	對象妓生(妓女)	處理內譯	實錄根據(輯/面)
113	中宗 02/05/01 (癸卯)	李長吉	朴元宗 愛妓 待皇華	濟州 定配	14/147
114	中宗 02/06/12 (甲申)	韓洵	廢主妓女 姦通	重刑建議/不許	14/157
115	中宗 03/04/15 (壬午)	閔樑	父親喪中 未詳 妓	罷職 建議/不許	14/243
116	中宗 04/08/05 (乙丑)	司果 成世昌	父親喪中 未詳 妓	-	14/355
117	中宗 06/03/06 (丙辰)	節度使 黃衡 柳繼宗 防御使 黃衡	虞候 妓妾 奪取姦淫 黃衡 姦淫後 再姦淫 柳繼宗 妓妾 再姦淫	彈劾 不許 改差 建議 /不許	14/499
118	中宗 06/04/17 (丙申)	金謹思 金磁	廢主 愛妓 未詳 妓 二人	彈劾	14/508
119	中宗 07/07/14 (乙酉)	前 奉教 李迨	母親看病詐稱 妓生帶同	贖杖・一等減	14/599
120	中宗 07/07/21 (壬辰)	鶴城令 李鐵夫	廢主 愛妓 閬苑仙	義禁府 推問	14/600
121	中宗 07/08/14 (乙卯)	幽谷寘訪 裵哲輔	父親妓妾所生 醜行	遞職建議/ 不許	14/606
122	中宗 10/05/18 (甲辰)	南弼元	國喪卒哭前 妓 紫雲仙 通奸	彈劾/推鞫 再論	15/81
123	中宗 10/06/12 (丁卯)	靈光郡 衙前多數	軍卒誘引 妓女帶同 會飮	狀啓下達	15/85
124	中宗 11/10/23 (辛未)	水使 金良弼	國恤中 昌原妓女 私通	遞職/推鞫	15/229
125	中宗 11/12/06 (壬子)	副提學 金磁	朴元宗 死後 過去妓妾 私通	貶降	15/242
126	中宗 12/12/03 (甲辰)	禮曹 正郎 姜台壽	國喪中 未詳 妓	罷職要請/ 不許	15/364
127	中宗 14/09/18 (己酉)	忠淸監司 柳雲	淸州妓女帶同 鎭川 宴會 主管	遞職	15/570
128	中宗 20/03/11 (庚午)	龍仁縣令 崔光潤	他邑妓女蓄妾	治罪照律	16/390
129	中宗 26/03/18 (癸卯)	兎山縣監 洪佑世	京妓 秋江月	治罪建議/ 不許	17/290

표 16 계속

順番	時 機	職位(姦主)	對象妓生(妓女)	處理內譯	實錄根據 (輯/面)
130	中宗 30/04/15 (乙巳)	廣川君	妓生蓄妾/東萊帶同	王室子弟 檢束	17/584
131	中宗 30/06/06 (乙未)	臨淮守 樹	京妓 滿園紅	推考	17/589
132	中宗 31/06/09 (壬辰)	慶尙左道 兵使 金舜皐	京妓同行 安東에서 姦通	遞職	17/664
133	中宗 31/11/19 (辛未)	靑松令 李坤純	國喪·母親喪中 未詳 妓	推鞫	17/692
134	中宗 33/02/03 (丁未)	中樞府都事 李躋	光州判官 在職時 官妓 私通	叙用不可/ 受用	18/162
135	中宗 36/10/04 (丙辰)	黃賜木 敬差官 李叔幹	母親喪中 南原妓 姦通後 隱匿 私通	仕版 削除	18/502
136	明宗 03/03/26 (辛丑)	冬至使 宋福堅·金漹	荒淫行動	罷職	19/579
137	明宗 04/05/01 (庚午)	生員 康惟善	父親殯所 妓生帶同 荒淫	鞫問	19/637
138	明宗 05/01/12 (丁丑)	同知中樞府事 韓㞯	全羅道 觀察使 在職時 妓生帶同 公務遂行	罷職	19/680
139	明宗 08/05/04 (己酉)	全羅道 觀察使 曺光遠	成川妓女 任意同行 家宅隱遁 私通	罷職後 推考	20/132
140	明宗 08/12/12 (甲申)	尹思哲	父親喪中 永興妓 姦通/ 叔父妾 姦通/養祖母 通奸	死殺	20/176
141	明宗 09/01/10 (辛亥)	前 靈川尉 申檥	未詳 妓	定配	20/178
142	明宗 12/05/20 (壬申)	掌樂院正 金虯	淸州妓 帶同 東萊出他	推鞫	20/415
143	明宗 21/05/28 (戊午)	敬顯公主 親子 申士楨	國喪中 妓 惜娉婷 姦通	決杖/濟州 定配	21/95
144	明宗 21/06/27 (丙戌)	咸鏡道 節制使 李潤德	國喪中 咸興妓 本營 引入 私通	罷職	21/98

표 16 계속

順番	時機	職位(姦主)	對象妓生(妓女)	處理內譯	實錄根據(輯/面)
145	宣祖 06/07/21 (己亥)	永興府使 徐崶	京妓 私通	咸北兵使 張弼武 罷免 要請/允許	21/266
146	宣祖 21/08/01 (壬午)	黃海都事 金翼賢	他道 妓 同居 口舌	罷職	21/454
147	宣祖 25/11/18 (甲戌)	永興府使 安世熙	未詳 妓 私通	削職	21/571
148	宣祖 26/01/17 (壬申)	兵曹正郎 柳熙緖	娼妓 私通	推鞫	21/609
149	宣祖 27/02/21 (庚午)	江原道 觀察使 姜紳	未詳 妓 姦通	罷職	22/226
150	宣祖 27/04/02 (庚戌)	咸鏡道 觀察使 尹卓然	妓生 過多保有/職務遺棄	遞職	22/245
151	宣祖 27/08/26 (辛未)	義城 縣令 鄭希玄	妓生 三人 保有	重刑賦課	22/335
152	宣祖 29/02/12 (己酉)	淸州判官 李泳道	邑妓 蓄妾	罷黜要請	22/647
153	宣祖 30/03/12 (壬寅)	崇善副正 李富仁	妓生 所有問題로 軋轢 毆打當함	遞差	23/178
154	宣祖 30/05/22 (壬子)	長興府使 李英男	喪中肉食/妓生帶同出他	罷職	23/228
155	宣祖 30/06/29 (戊子)	蔚津縣令 朴崙	洪州判官 在職時 邑妓 姦通	罷職	23/258
156	宣祖 31/02/18 (癸酉)	權知承文院 副正字 金墍	公務遂行中 忠州 彈琴臺에서 妓生會飮	仕版削除	23/387
157	宣祖 31/11/02 (癸未)	將帥 李芳春·牛伯英	南原妓 陣中 引入/荒淫紊亂	備邊司 啓下	23/529
158	宣祖 32/06/12 (己丑)	慶州判官 閔沆	本府妓 姦通	罷職	23/632
159	宣祖 32/08/30 (丙午)	熙川郡守 李愼	妓生帶同出他	罷職	23/671
160	宣祖 33/03/05 (戊申)	全羅都事 宋光庭	試官資格 妓生帶同	罷職	24/44

표 16 계속

順番	時 機	職位(姦主)	對象妓生(妓女)	處理內譯	實錄根據(輯/面)
161	宣祖 33/08/09 (己卯)	濟州牧使 成允文 ·判官 李挺生	本土 同一妓生 姦通 軋轢	全員罷職	24/110
162	宣祖 35/04/16 (丁未)	鄭經世	居喪中 原州妓女 任意同行 私通	罷職後 叙用禁止	24/374
163	宣祖 35/12/06 (癸巳)	洪州判官 洪可立	邑妓姦通	罷職	24/433
164	宣祖 35/12/22 (己酉)	平壤判官 具綮	本府妓生姦通	罷職	24/434
165	宣祖 38/08/02 (甲辰)	鏡城判官 崔東式 子弟	邑妓 任意姦通	遞職	25/102
166	宣祖 38/11/27 (丁酉)	忠清道 觀察使 李弘老	妓生 耽溺	罷職	25/140
167	宣祖 40/12/20 (戊寅)	戶曹佐郎 羅紉	妓生 會飮	罷職	25/378
168	宣祖 35/03/01 (癸亥)	禮曹參議 鄭經世	妓生 私通	罷職	25/686 (宣修)
169	光海 02/11/16 (丁巳)	刑曹正郎 白大珩	娼妓 私通	罷職	31/578
170	光海 04/01/06 (辛丑)	任實縣監 金斗南	妓生私通	罷職	32/1
171	光海 07/10/04 (丁未)	西原縣監 尹知敬	本邑妓女 姦淫	罷職要請	32/427
172	光海 09/04/07 (辛丑)	司鑰 張壽男· 弓人 李天龍	國忌日 妓生會飮	推考	32/581
173	仁祖 03/03/08 (丙辰)	公州牧使 宋興周	本府妓女 姦淫	罷職	33/686
174	仁祖 11/06/24 (甲申)	公淸監司 尹知敬	妓生帶同 公務遂行	推考	34/524
175	仁祖 26/01/11 (丁未)	慶尙都事 崔振溟	妓生任意同行	罷職	35/316
176	孝宗 02/11/13 (丁亥)	敬差官 李垓	妓生會飮	拿推後 定配	35/516
177	顯宗 04/10/17 (辛亥)	義州府尹 李垓	定州 守令時 本邑 妓女私通後 任意同行	罷職	36/384

표 16 계속

順番	時機	職位(姦主)	對象妓生(妓女)	處理內譯	實錄根據(輯/面)
178	顯宗 07/09/17 (甲午)	大邱營將 李東相	本邑妓女 會同 飮酒 歌舞後 私情妓女 杖殺	拿問後 定罪	36/526
179	顯宗 12/07/20 (己巳)	忠淸兵使 李泌	士人 愼仁立 女妓 任意同行	遞差後 定配	36/701
180	顯宗 03/04/25 (戊辰)	前 正言 丁昌燾	醉中 妓生 爭鬪	罷職	37/269 (顯改)
181	肅宗 06/07/03 (庚寅)	國子監長 閔宗道	妓生帶同 公務遂行	定配	38/461
182	肅宗 08/04/23 (庚子)	宦官 劉起漢	官妓 雲香 姦通	刑訊	38/587
183	肅宗 24/07/08 (庚辰)	童蒙敎官 韓配周	妓生帶同 公務遂行	仕版削除	39/497
184	肅宗 26/01/04 (戊戌)	持平 韓永徽	未詳 妓 私通	罷職	39/552
185	肅宗 30/12/15 (辛巳)	兵曹判書 尹世紀	妓生蓄妾	遞職允許	40/122
186	肅宗 34/06/20 (乙丑)	善山府使 蔡時益	隣邑妓女 迷惑	罷職	40/298
187	肅宗 39/05/26 (壬寅)	茂朱府使 韓配夏	邑妓帶同 俗離山遊覽	罷職	40/500
188	英祖 01/06/12 (戊寅)	平海郡守 柳東茂	愛妓 行政干與	罷職	41/524
189	英祖 01/09/19 (癸丑)	敬差官 李匡輔・都事 朴師悌	妓生會飮後 淫行	削黜後 邊境定配	41/553
190	英祖 04/09/12 (己未)	掌樂 僉正 尹世恒	喪中 妓女會同 音樂演奏	仕版削除	42/82
191	英祖 10/01/10 (丁亥)	慶尙右兵使 閔昌基	妓女逼迫 姦通未遂後 刑罰賦課 卽死	罷職後 敍用 禁止	42/410
192	英祖 10/03/26 (壬寅)	載寧郡守 尹世觀	妓女 耽溺	罷職後 敍用 禁止	42/428
193	英祖 11/08/12 (戊寅)	前 鏡城判官 李壽海	李思晟 妓妾私通	治罪	42/483
194	英祖 21/02/09 (辛亥)	端川府使 鄭瓚 价川郡守 李世馨	未詳 妓 私通 未詳 妓 私通	罷職 不許 罷職	43/171

표 16 계속

順番	時機	職位(姦主)	對象妓生(妓女)	處理內譯	實錄根據(輯/面)
195	英祖 30/08/03 (庚戌)	前 泰仁縣監 崔載興	邑妓 姦淫	罷職	43/538
196	英祖 45/04/16 (戊辰)	士人 金基長	醫女 家宅隱遁	決笞/徒配	44/323
197	英祖 50/01/05 (己未)	吉州牧使 李邦鵬	妓妾 獄訟干與	仕版削除	44/469
198	英祖 50/08/29 (庚戌)	德川郡守 具八柱	未詳 妓 私通	問責	44/480
199	英祖 50/12/07 (丙戌)	濟州御史 洪相聖	未詳 妓 私通	官職削奪/海南定配	44/484
200	正祖 04/12/21 (乙丑)	左道兵馬節度使 李文德	女妓帶同 軍中引入	治罪	45/199
201	正祖 06/05/26 (壬戌)	忠州牧使 兪恒柱	妓生會飮	拿問後 告身 回收	45/326
202	純祖 08/05/29 (甲子)	平安監司 趙得永・義州府尹 尹益烈	妓生會同後 漁獵	定配	47/602
203	純祖 08/12/17 (戊申)	水原留守 李集斗	愛妓 政事干與	罷職	47/616
204	憲宗 03/10/13 (丁巳)	中使 申寬吉	'平壤-安州'間 妓生帶同 公務遂行	拿問後 勘斷	48/453
205	高宗 04/08/09 (己丑)	衙前 金亨默	鏡城 流配中 咸興 移動 官妓 姦通	梟首 命令	
206	高宗 30/08/21 (庚午)	宣撫使 魚允中	全州 南固山城 妓生會飮/荒淫	參酌 處分	
207	高宗 33/04/06 (陽曆)	熙川郡守 慶光國	國忌中 明倫堂 妓生會飮/爭鬪	內閣討議後 決裁處理	

방'계의 세손 및 척신들까지 아우르는 매우 방대한 계층을 전제한다는 점에서 포괄성의 정도도 두드러진다.

그러나 실록은 성적 일탈이란 사대부가 할 짓이 아니며 왕실의 종친과 고급관료의 경우 더더욱 용서받지 못할 범죄임을 거듭 확인시켜 주고 있다. 서구의 경우처럼 '위신 유지에 따르는 응분의 의무(noblisse oblige)' 이행같이 직위가 요구하는 도덕률의 실천이 왜 중요한지를 실록은 반복해서 말하고 있다. 결국 세상의 모범은 지배집단이 보여야 하며 그 지속적인 현시효과 역시 무엇보다 중요한 덕목으로 인식되고 있었다는 사실 확인도 그래서 늘 중요했다.

하지만 왕 자신과 왕실의 후예들이 보인 성적 방종이나 그 법적, 사회적 징벌의 어려움은 이 같은 모범적 자기계몽의 효과를 어처구니없이 반감시키고 만다. 이 점에서 조선의 권력중추는 결국 성 정치적 특권마저 독점하는 자기모순과 스스로 개혁하기 어려운 문화세습의 문제까지 노정하고 있었던 셈이다.

그럼에도 불구하고 도덕적 정당성 강화를 통해 사회기강과 국가의 근본을 바로잡아가겠다는 권부의 의지가 도모될 수 있었던 것은 왕조의 짐이자 동시에 힘의 원천이었다. 역대 군주마다 어김없이 거듭된 사대부 간통사건에도 불구하고 당국의 냉정한 반성과 경고가 되풀이된 것은 바로 통치 메커니즘과 직결되는 권위의 문제와 맞닿고 있었다.

개혁군주의 정책적 명민함이나 이를 역사의 기록과정에 반영하려 했던 사관들의 의지도 어김없이 반복되고 있었다. 이는 결국 군주 본인에 관한 종합적 평가 이전에 권부의 의지와 군주 개인의 정치적 리더십이 서로 치밀하게 맞물려 있고 통치와 위민, 그리고 자기단련을 기초로 하는 엄혹한 성실성의 지탱에서도 그들 집권기 전체가 예외일 수 없음을 입증하는 것이었다.

<표 17>은 이 같은 사실들을 잘 말해 준다. 이는 앞의 자료를 다시 군주집권기별로 수치화하여 단순 대비해 본 결과다. 표에서 알 수 있듯 1) 세종 - 2) 성종 - 3) 중종 - 4) 선조 - 5) 영조 - 6) 세조 - 7) 태종 - 8) 명종 - 9) 숙종 - 10) 단종 순으로 이어지는 '기생 · 기녀'의 간통사건순위는 결국 후대의 평가 여부와는 관계없이 사건을 사실로 확정하고 그에 관한 처리를 명시함으로써 교훈의 메시지까지 전달하려 했다는 점에서 두드러진다.

'기생 · 기녀'와의 간통은 왕실을 비롯한 지배계급뿐만 아니라 중인과 천출에게까지 확산되고 있었다. 무엇보다 그것은 기생들의 매력과 감각

표 17. 조선조 군주 집권기별 '기생 · 기녀' 간통사건 통계우위: 실록 기준

定宗	太宗	世宗	文宗	端宗	世祖	睿宗	成宗
1	10	45	2	5	11	4	28
燕山	中宗	明宗	宣祖	光海	仁祖	孝宗	顯宗
5	24	9	24	4	3	1	4
肅宗	英祖	正祖	純祖	憲宗	高宗	計	
7	12	2	2	1	3	207	

적 유인요소가 그만큼 강했고 이를 바탕으로 그들이 유리한 조건을 만들면서 삶을 꾸려갈 수 있다는 사실을 입증했다. 바꾸어 말하자면 기생들과 남성의 관계에는 일정한 유혹과 함몰의 이미지가 늘 전제되게 마련이었다. 하지만 그들과의 성적인 관계가 타락의 사건으로 적발된다 한들, 결국 이를 징벌하고 세상에 널리 교화함으로써 정치적 권위의 대강을 잃지 않으려 했음은 유교국가의 성정치적 긴장을 타파하는 모종의 허구적 쐐기로 작용하고 있었다.[68]

사대부를 중심으로 한 지배권력의 성적 향유가 반대로 '기생 · 기녀' 집단에 어떤 이익으로 되돌아갔는지는 물론 그 어디에도 명시된 바 없다. 그러나 그것은 단순히 금전적 혜택이나 특수 천민집단의 직업적 폐쇄성 보장만으로 나타나지 않았다. 그것은 도리어 지배집단과의 가족적 유대나 신분 상승을 향한 수직적 사회이동경로 모색 등 다양한 방향으로 구체화되고 있었다. 나아가 계층적 이해관계의 증대와 자기중심적 세력화를 위한 안주(安住)와 조종(操縱)의 문화 확산으로 모습을 갖추게 된다. 뿐만 아니라 권력과 제도가 권부의 축첩을 금지하고 강력한 단속 의지를 표명해도 끝내 막을 수 없는 사회조류로 확산된 양반의 은밀한 기첩 마련은

68. 권력과 매춘의 사회문화적 긴장이 문제로 등장한 것은 사실상 어제 오늘의 일이 아니다. 뿐만 아니라 그 알력과 갈등의 문화현상이 사법당국으로 하여금 최소한 금지주의의 경직성을 버리지 못하게 하고 단속과 징벌을 바탕으로 하는 근엄한 틀마저 고수하게 했던 역사의 토대가 조선조까지 소급될 수 있다는 것도 이상한 일은 아니다. 이에 관해서는 박종성(1996), 앞의 책, pp. 37-58.

지속적인 간통 적발과 그 징벌효과 자체를 무색하게 만들고 있었다.

그럼에도 불구하고 <표 18>에 나타나 있듯이 문무관리들과 '중앙·지방'을 아우르며 끝내 남성들의 기생 탐닉이 왕실의 후예들에게까지 확산, 사건화됨으로써 역사의 주목을 끌게 되었음은 군주체제 역시 성 정치적 긴장과 통제가 분명 만만찮은 주제를 이루었던 것으로 볼 수 있다. 그것은 여염의 일상적 성범죄나 그에 따른 통제[69]와는 또 다른 정치사회적 파급효과를 갖는 것이었다.

게다가 군주 개인마저 기생들과의 은밀한 성적 탐닉이 공공연한 비밀로 회자하는 상황 속에서 그를 제외한 채 하위계층에 대한 성적 통제만을 엄히 내세운다는 것도 이미 상당한 모순이었던 셈이다. 어쩔 수 없이 그 같은 현상은 곧 통제와 처벌의 임의성, 적발과 고발의 정치적 당파성, 준엄한 사회통제효과의 빈번한 단절성 등 여러 불협화음과 함께 거의 전국에 걸쳐 확산되고 있었다.

정치사회적 쟁점대상으로까지 커져 버려 적발과 처벌을 논의해야 했던 사건 수효가 제한적이었던 데 반해 드러나지 않고 있던 사건의 실제 규모와 물밑의 역사적 잠재인구까지 감안한다면 크기의 실제는 상당 수준이었을 것이다. 유교국가의 이중적 성의식까지 굳이 거론하지 않더라도 역사에 기록 근거를 남기게 된 사건들 대부분이 그 처리과정에서 권부의 고뇌를 반영하거나 궁극적으로 군주 본인마저 결정의 파장에 고민해야 했던 것은 이 문제가 어디까지나 공표보다는 가능한 한 엄폐를 위주로 다루어지고 있었다는 사실을 잘 말해 준다.

게다가 결코 권장할 만한 일도 아니었지만 그렇다고 끝까지 숨길 수만도 없었던, 실로 남성 정치권력의 치부와 체면에 관한 결정적 단서로 작동하고 있었던 것도 사실이다. 결과적으로 이는 실제 그 같은 사건

---

69. 이에 관해서는 다음 연구들 참조할 것. 장병인, 「조선시대 性犯罪에 대한 國家規制의 變化」, 『역사비평』 通卷56號 (2001 가을), pp. 228-250; 김호, 「죽음의 원인을 밝히는 원님들」, 上同, pp. 272-295; 「100년전 殺人事件. '檢案'을 통해 본 社會史」, 『역사비평』 通卷55號 (2001 여름), pp. 303-324.

표 18. 조선조 '기생 · 기녀' 집단의 사회적 안주와 성적 조종

區分	王室家族	中央官吏	地方官吏	武官	中人	內(宦)官	朝士	官奴	身分未詳	합계
姦通	15	53	62	11	2	2	1	2	17	165
公務(出他)帶同		7	11	2						20
行政干與			2							2
會飮	1	11	6		1					19
軋轢爭鬪	2	2	3	1						8
妓夫被殺		1								1
合計	18	74	84	14	3	2	1	2	17	215

들의 경험적 사실 확인 여부보다 그것을 '적발 · 보고'함으로써 재발과 확산 가능성을 차단하려는 사회적 계몽과 정치적 억지의 성격이 한층 강했음을 잘 알 수 있게 해준다. 나아가 그것이 문제의 원천적 해결을 뜻하는 것이 아닌 한 당사자들의 원만한 처신과 인간관계의 자연스런 조절을 기대, 권유하는 쪽으로 권력과 사회 분위기가 자리잡혀 가고 있었다는 사실도 추정할 수 있다.

기첩을 두고도 처첩과 사회적 관계를 유지하는 게 전혀 문제되지 않던 조선에서 사대부와 권력의 주체들이 이따금 정처(正妻) 아닌 자들과 비정상적 성관계를 가질 경우 그것을 정책과 법률로 구분, 징치하는 일은 이처럼 쉬운 문제가 아니었다. 그나마 정사의 기록에서, 그것도 힘있는 자들의 불륜 사실과 그에 관한 지속적 단죄 과정을 사관들이 기어이 유념해 기록으로 남김으로써 후대의 경계와 모범적 처신의 전거로 삼았음은 주목해야 할 대목으로 남는다.

군주 본인의 취향이나 의지와 관계없이 개혁의 정책적 드라이브와 사

관들의 기록의지가 결합하여 드러난 사건의 추이가 사실 '기생 · 기녀'집단 본연의 사회 역할을 능멸하거나 부정할 만큼 전면적인 것은 아니었다. 일부 기생들이 지배집단을 등에 업고 자신들과 소생의 신분상승이나 삶의 변화를 도모하여 행정 간여와 정치적 조종 등 남성중심의 일방적 정치권력행사에 거꾸로 영향을 가함으로써 부정적 폐단의 기록을 남기기도 했지만 그들 전부가 이 같은 행위에 종사하는 집단적 매매춘 단위로 작동했던 것은 결코 아니었다. 어느 경우든 기생의 본분은 습악(習樂)을 기본으로 삼고 남성지배집단의 국가적, 의례적 수요와 공식적 기능수행의 절대적 자원으로 존재하면서 공인된 즐거움을 집전하는 것이었다. 동시에 특수천민으로 그들 대부분은 남성들을 유혹할 수는 있으되 스스로 억제하면서 권력의 향배를 순식간에 파멸과 전락의 길로 유인할 수도 있는 마력적 매력의 원천으로 살아나가고 있었다.

절개와 기개의 운용, '나섬'과 '들어섬'의 시기 조절, 남성의 강력한 요구를 뿌리칠 수 있는 조절능력과 인위적 절제의 전략 유지, 기예 집단의 특수성과 성 정치적 매력의 지속 등 대표적 여성 천민이면서도 자신들의 '여성성(femininity)'을 늘 정치화할 수 있었던 그들의 직업적 개성은 바로 그들 자신을 지탱할 수 있는 힘이자 자원이었던 셈이다.

'기생 · 기녀'의 역할에 깃든 복합성은 결국 그들의 본원적 기능을 우선 분명히 해둔 다음 지속적으로 따져볼 문제였다. 그들은 결코 기예와 가무를 중심으로 한 가지 직능만을 고수하지 않았다. 그러니까 조선의 '기생 · 기녀'들은 장악원을 중심으로 한 동종의 유일 집단이나 정치경제적으로 미분화된 특정 천민들의 단순 산술적 총합이 아니었다. 이 같은 사실을 입증하는 데 빈센차 두르소(Vincenza Durso)의 분석은 유의미하다. 두르소는 자신의 학위논문[70]에서 이 같은 사실에 주목하고 있고 그 정치적 의미 확산 또한 간단치 않았음을 분명히 한 바 있다.

특히 <표 19>는 필자의 분류와 달리 실록을 토대로 그 자신이 역

70. 국내 미간행 논문.

추적했던 유형별 통계를 재정산한 것이다. 이는 '기생·기녀'라는 전래 집단 외에도 그 역할을 중복 수행한 주변 집단과 보다 세목화된 여성 천민들의 체계적 재구성물로 각별한 의미를 갖는다. 특히 필자가 재구성한 통계가 두 항목의 총괄적 집적 자료로 역사 속의 언급 모두를 토대로 했던 데 반해 두르소는 기본적으로 그들의 역할이 극히 제한적이었다는 데 착안한다. 흔히 거론되는 것처럼 기생은 결코 매춘행위에 종사하는 세속적 직능 단위가 아니었고 어느 경우든 음악 공연과 문학을 본업으로 삼았던 특정 천민이었다는 게 그의 지적이었고 이 수치 또한 이에 주목해서 독자적으로 산정한 것이라는 데 주목할 필요가 있다. 따라서 간통이나 음행 대상이 아니라 사대부의 문예적 보좌와 국가의 공기(公技)단위로 중요한 자율적 지탱 근거를 확보하고 있었다는 사실을 통계로 입증한다.[71]

<표 19>에 따라 여성 전문 천직을 세목화해서 군주별로 다시 헤아려 보아도 앞서 분류한 상위 언급 횟수의 순위와 해당 군주집권기는 별 차이가 없다. 이미 개혁군주 집권기로 명명했던 시기의 역사기록은 이들 활동과 행태 전반에 관해서도 폭넓은 관찰과 언급을 빠뜨리지 않았던 것이다. 따라서 분류 기준의 크기와 관계없이 실록은 군주 개인의 관심과 그를 둘러싼 지배세력의 정치적 근면성 여부를 끝없이 감시하고 있었던 셈이다.

열 한가지 직종으로 나눠 기생을 포함한 여성 천직의 기능을 추적해 보아도 '침선비·의녀·여령·창기(倡妓)·여악'을 제외한 여섯 직종, 즉 '기생·관기·기녀·창(娼)기·여기(女妓)·경기(京妓)' 등은 이미 그 용어만으로도 역할의 유사성을 드러낸다. 그러니까 공연예술과 의례의 주요 자원으로 '기생·기녀'의 전문성은 이들과 중복되는 경우도 있었고 혹은 주변 여성전문 천직 기능을 대체할 수도 있었을 것이다. 따라서 전국적으로 산재한 '기생·기녀'의 역할을 엄정한 틀 안에 가둬 이해하거나

71. 「朝鮮日報」 1996年 10月 16(水)日 · 第23513號, 27面.

표 19. '기생 · 기녀'와 주변 여성천직의 유형별 · 군주 집권기별 언급 횟수:
『조선왕조실록』 기준

區分	妓生	官妓	妓女	倡妓	娼妓	女樂	女妓	女伶	醫女	針線婢	京妓	計
太祖	1	1			2	4						8
定宗					1							1
太宗	2	8	3	10	8	15	2		2		1	51
世宗	3	31	10	17	32	13	28		13	1		148
文宗	1	1	1	4	8	8	6		3			32
端宗	1	2	5	1	3	2	4					18
世祖	14	5	13	7	5	10	20	2	4			80
睿宗	3	1	3		1	1						9
成宗	34	18	37	8	56	45	48	3	18		1	268
燕山君	1	9	12	1	31	11	27		23	6		121
中宗	6	12	40	4	31	85	35	1	57	1	6	278
仁宗												
明宗		9	3	1	12	9	6		8		3	51
宣祖	1	9	3	1	29	15	1		13	1		73
光海君	5	2	7	1	13	36	6	2	10			82
仁祖		2	1	1	3	5			2		2	16
孝宗			1		2							3
顯宗		2	4		8	5	2		2			23
肅宗	9	21	13	1	14	7			6	1		72
景宗		1							1			2
英祖	10	6	15		6	2	1	1	8			49
正祖			6			10		1	2	2		21
純祖			2		3	3		10	1			19
憲宗	1					1						2
哲宗								1				1
高宗												
純宗												
計	92	140	179	57	268	287	186	21	173	12	13	1,428

왕조 말기까지 변함없이 적용할 수 있을 것이라고 단언하기는 어렵다.

뿐만 아니라 여기서 다시 그들의 문예적 순기능만을 부각시켜 논의의 초점을 분명히 한다 해도 두르소의 분석[72]과 별도로 기생 연구에는 풀기 어려운 과제가 늘 남는다. 그것은 곧 '기생·기녀'가 성적 매력의 대상이자 유인의 원천으로 집단 특유의 여성적 흡인력을 독점하고 있었던데 반해 이를 무릅쓰고 자신들의 본분을 고집하는 한, 그 사이에는 늘 모종의 성 정치적 긴장이 발생하고 있었다는 사실이다.

특히 정치권력이 모든 것을 독점하고 있던 왕조국가에서 제도와 율법이 금지했을망정 이를 어기고 자기중심적 쾌락의 늪 주변에서 온갖 가치를 누릴 수 있던 자들에게 기생들과의 관계란 한낱 헤아릴 필요조차 없던 부가가치적 소유항목의 하나일 뿐이었다. 따라서 지배권력 스스로가 각성하고 이를 초극하려는 노력 없이 단지 기생들만의 자제와 노력으로 그 같은 일탈의 고리를 제거하려 한다는 것도 원천적으로 거의 불가능한 일이었다.

흔히 거론되는 절개와 기예운용의 주역들로서 조선기생의 표본을 황진이(黃眞伊)나 매창(梅窓) 류의 인물로 상정한다. 하지만 조선의 기생 모두가 그들 같을 수는 없었다. 제아무리 의연하고 본분에 충실하고자 애썼어도 권력과 기녀 사이에는 늘 이 같은 성 정치적 긴장, 즉 유혹하

---

72. 기녀를 기능에 따라 '娼妓 - 女樂 - 醫女' 등으로 나누고, 지역에 따라 '관기 - 향기 - 경기' 등으로 분류할 수 있다고 보는 그는 실제로 10 - 15세 소녀(倡兒)들이 습악을 통해 기녀과정을 수련했고 특히 성종 때 노비 출신 기녀인 '景伊'의 사례처럼 노래를 잘해 '창녀 - 경기 - 첩' 등으로 단계적 신분상승의 길을 밟는 경우도 있었음에 주목한다. 그러나 임란 이후에는 기녀의 신분상승에 관한 기록이 거의 없고 이를 통해 한국사의 보충설명이 얼마든지 가능하다는 것도 그의 지적이다. 나아가 그는 기생을 통해 외교분야에 관한 설명도 가능하다고 본다. 중국 사신이 올 때는 여악을, 일본사신들에게는 수준이 처지는 기녀들을 각각 동원함으로써 외교적 배려가 달랐다는 것이다. 무엇보다 기녀의 활동 중에 문학, 회화, 음악 등 예술창작에 크게 주목하는 두르소는 현역을 떠난 老妓들이 교육을 통해 문화의 전수에도 상당히 공헌했을 것으로 추론한다. 上同 27面.

며 빠져들고, 헤어나온 뒤 다시 전락하고야 마는 모종의 '끌고 당김'이 발견된다는 데 다시 주목할 필요가 있다. 이 같은 긴장구조는 조선기생사 연구에도 그대로 투영되게 마련이다. 두르소류의 적극적 평가와 기녀 보편의 문예적 기능에 관한 연구가 그 축의 주요 부문을 떠받치고 있다면 남성들을 막후에서 조종하고 성 정치적 권력을 토대로 자신들의 존립기반까지 확장하려 했던 또 하나의 사회자원으로 이들을 보아야 할 필요가 있다는 점도 배제할 수 없다.

조선조 남성 지배세력은 '기생·기녀'집단의 세력화를 인정하거나 좌시하지 않았다. 그러나 여성 천민의 대종으로 그들은 남성 사대부의 시야에서 결코 벗어날 수 없었고 이를 거꾸로 이용, 정치화할 수 있었던 그들 역시 여느 주변 천민들만큼 만만한 대상은 아니었다. 철저한 이중적 성의식이 문제였음은 예나 지금이나 다를 바 없지만 조선조 남성권력이 표방하던 병적인 이중성은 단순히 명분과 실리의 괴리를 넘어서는 특이한 성격을 반영하고 있었다. 겉으로는 근엄하되 속으로는 탐하고 표면적으로는 도덕과 윤리의 화신인 양 행세해도 내용상 원초적 본능의 구사 주체로 원색적 동물성이나 주체할 수 없는 욕구의 편린을 드러낼 수밖에 없었던 것은 모두 역사의 사실로 증거할 수 있다.

막후의 성 정치적 조종과 그에 따른 경제사회적 반대급부를 통해 국가권력구조 뒤에 숨어 있던 '기생·기녀'집단은 이처럼 철저한 묵시적 계약논리와 이익교환에 따른 위상 강화 혹은 점진적 신분상승의 경로를 착실히 밟아나가며 성장하고 있었다. 결코 과잉 단순화시킬 수는 없으되, 그렇다고 엄연히 커 가는 사회사의 조류로 '기생·기녀'의 세력화를 외면할 수만도 없었다.

의도치 않았던 유혹과 탐닉, 고의적 함정 마련과 우연한 조우의 연장, 천출과 홀대의 대상이면서 단숨에 삶의 조건을 수직 상승시킬 수 있었던 성적 자원의 사회화, 유교국가의 애매한 축첩 기준과 지독한 남성중심주의 주변에 서식할 수 있었던 여성천민들의 신축적 삶의 경로, 기정화된 왕조국가의 매매춘과 그 전국적 유포, 완만한 신분 이동과 조선사회 계층구조의 점진적 이완, 남성천민의 삶의 양식과 여성천민의 그것 사이를 가르는 절대지표로 '기생 · 기녀' 집단의 의외적 자기결정성 강화, 그들의 감각적 · 매력적 유인요소 존치, 스스로 탐닉하고 스스로 번민하며 역사와 기예의 이름으로 설치된 덫 주변에서 서서히 '전락 · 상승'해 가는 그들 모두의 삶의 부침.

실록은 이 같은 사실의 전말을 증거해 주는 토대로 적어도 허구를 상징처럼 내세우며 있을 수 있는 일을 사실의 흐름이었던 양 앞세우려는 문학의 컨텐츠와는 전혀 다른 자료로 엄존한다. '기생 · 기녀'집단과 남성사대부와의 성 정치적 긴장을 다루는 실제 역사의 기록이 세종 집권 초기로부터 시작되고 있음은 이 문제가 결코 왕조의 기반이 다져진 이후의 일이 아니었음을 잘 말해 준다. '기생 · 기녀'들과의 부적절한 관계로 인해 남성 지배세력이 입게 될 사회적 체면 손상과 그 파장을 최소화하려는 정치적 자기중심성은 역사 속에서 거의 전천후로 확인된다.

'윤곤 대 변계량'의 입장 차이는 성 정치적 갈등과 그 정책 대안을 둘러싼 실록상 최초의 대립이었다. 뿐만 아니라 이는 왕조 초기의 남성적 자기중심주의와 그 사회적 만연의 정도가 굳이 조선조에만 국한되고 있는 게 아님을 잘 입증한다. 세종 1년 4월 14일부터 6월 18일까지 지속된 이들의 논의와 생각 차이가 결국 임금에 의해 엄숙한 금지주의 쪽으로 귀결되는 전말도 흥미롭다.

> 평안도 감사 尹坤이 啓하기를, "우리 동방이 해외의 한 작은 나라로서, 중국과 견주는 것은 특히 예의가 존재하기 때문이온데, 요즘 대소 사신이 명령을 받들고 외방에 나가면, 혹은 官妓와 사랑에 빠져 직무를 전폐하고 욕심껏 즐기어 못할 짓 없이 다하며, 만약 기생과 만족을 누리지 못하면, 그 수령이 아무리 어질어도 吹毛覓疵하여 일부러 죄망에 몰아넣고, 명사들끼리나, 한 고을 안에서 서로 좋게 지낸다는 자들도 혹은 기생 하나를 놓고 서로 다투어, 드디어 틈이 벌어져 종신토록 친목하지 않는 일도 있으며, 수령이 법을 만들어 백성을 다스리는 이상, 만약 간음하는 일을 보면, 반드시 의법 처단해야 되는데, 官妓에 있어서는 매양 貴客이 오면 강제로 간음하게 하며, 잘

듣지 않는 자에겐 도리어 중한 죄를 더하고, 혹은 모자와 자매가 서로 뒤를 이어 기생이 되어, 한 사람이 다 간음하는 예가 있사오니, 이는 綱常을 무너뜨리고 풍속을 어지럽게 하며, 禮를 紊亂하게 하고 義를 毁損하여, 文明의 政治에 陋를 끼치는 일인데도, 오래 전부터 행하여 왔다 해서, 조금도 해괴하게 여기지 않으며, 또 더구나 먼저 있던 관기들로 干이니, 尺이니 稱하는 것들도 이제는 모두 賤役을 免하여 보충군에 소속되고, 지금의 官妓는 다 官婢에서 뽑았으므로, 관청 내의 모든 使役에 있어 오히려 부족한 점이 있으니, 그 폐단도 작지 않습니다. 원컨대 이제부터 前日에 官妓가 있었던 곳에는 각 官에 흩어져 사는 各司의 婢子 및 먼저 干·尺으로 있다가 보충군에 소속된 것들의 딸자식을 뽑아 올리도록 하고 풍악을 익히게 하여, 그 대소 使行이나 貴客들이 서로 간음하는 것은 一切 禁斷하며, 만약 어기는 자 있으면, 主客을 다 죄를 내리도록 하여 주시옵소서." 하니, 임금이 禮曹에 命하여, 議政府·六曹와 상의하여 올리게 하였다.[73)]

대소 사신이 官妓를 간음함을 금하였더니, 이때에 정부와 육조가 평안감사 윤곤의 장계와 함께 의논하여 모두 말하기를, "행한 지 이미 오래였으니, 반드시 금할 것이 아니다." 하되, 오직 박은이, "坤의 請하는 대로 따르는 것이 마땅하도다." 하고 변계량은 옛것에 좇아 뭇사람의 마음에 맞게 하기를 청하였다. 임금이 말하기를, "그렇게 해온 것이 비록 오래다 하나, 그것이 어찌 아름다운 풍속이며, 더구나 남편 있는 기생이랴. 坤의 請함을 따르라."고 하였다.[74)]

간통을 죄형법정주의의 관점에서 벌하려는 정책이 본격 제도화된 시기도 성종조에 이르러서였다. <표 16>에서 이미 읽었듯 성종조 이전이라고 해서 이에 관한 사법적 징치가 없었던 것은 아니다. 그러나 '기생·기녀'와의 간통이 범죄의 한 유형으로 인식되거나 그에 따른 치죄의 준엄함으로 사회적 공포효과까지 담보할 수 있는 시기가 15세기 중·후반으로 미뤄지는 것은 세종조의 경고와 그 사법적 인식틀이 탄력을 받기까지 상당한 시간을 필요로 했기 때문이다.

---

73. 世宗 1年 4月 14(戊子)日·『朝鮮王朝實錄』第2輯 312面.
74. 世宗 1年 6月 18(辛卯)日·『朝鮮王朝實錄』第2輯 322面.

거기에는 남성 지배세력의 여전한 우월감과 역사적으로 기정화된 정치적 면책의식이 크게 작용하고 있었다. 아울러 권력이 계몽과 경고의 훈시를 제아무리 반복 강화할망정 이를 두려워하지 않는 방만함 역시 오래도록 지속되고 있었다. 결국 성종조의 치죄가 갖는 효과란 행형의 강화, 즉 사회통제의 공포와 그 전국적 유포에 있었다. 다음 경우가 그 좋은 예이다.

> 司憲府에서 曝曬別監 藝文館校理 崔漢楨의 啓本에 의거하여 아뢰기를, "충청도 栗峰察訪 金士濕이 일찍이 淸州 妓生 卞陽臺를 간통하였는데, 國喪 뒤에도 이어 간통하면서 承差하여 출입할 때에는 驛馬에 태우고 다녔으니, 죄가 從重하여 杖 1백대와 流 3천리에 處하고, 敗常案에 기록하여야 합니다." 하니 杖은 때리고 敗常案에 기록하는 것은 贖바치게 하여 外方에 付處하도록 命하였다.[75]

그러나 문제는 그렇게 간단치 않았다. 지배세력의 방만함과 사회적 오만은 그리 쉽게 다스려질 성질의 것이 아니었다. 결국 왕조의 정치권력은 도덕적 정당성의 훼손이라는 모순을 넘어서지 못하고 있었다. 지속적인 자기절제의 실패와 모범적 통치의 한계는 곧 종친을 비롯한 최고권력의 윤리적 허구와 그로 인한 체제의 정당성 위축마저 감수해야 할 문제로 숙성시켜 가고 있었다.

세종조에 발현하여 성종조에 이르도록 제도화에 실패하고 있던 가장 큰 고민거리는 바로 기첩 소생의 사회적 수용 문제였다. 엄밀히 말하자면 아비와 어미의 정체가 확인된 서자의 경우, 아비가 종친을 비롯한 지배세력의 장본인이거나 그 후예 혹은 사대부의 주요단위들이고 그 씨를 '잉태 · 출산'한 산모의 직분이 '기생 · 기녀'일 때 소생의 신분을 아버지로 맞출 것인지 아니면 어미의 그것으로 제한할 것인지가 바로 문제의 핵심이었다.

---

75. 成宗 5年 10月 17(乙亥)日 · 『朝鮮王朝實錄』 第9輯 155面.

속신과 종량의 문제는 비록 잠시라도 즐기며 누린 남정네들에게는 껄끄럽고 눈치보이는 사단이었겠지만 그 대상인 여성의 경우, 신분 상승 여부와 삶의 질 자체가 달라질 수 있는 매우 중요한 문제였다. 하지만 권력의 편에서는 가급적 논의의 우선대상으로 끌어올리고 싶지 않았던 문제였다. 그도 그럴 것이 이 문제는 지배세력 전반에 정치적 타격을 가할 수 있는 도의적 책망의 원인행위였고 나아가 숨길 수 있을 때까지 숨긴 후 드러나더라도 자신의 이익이 최대한 보장되는 범위 안에서 문제를 처리하려 했던 이기적 사안에 속한 것이었기 때문이다. 결국 제도화라는 것도 천민의 입장에서 조정, 작성된 게 아니라 지배세력 전반의 이익과 명분이 훼손되지 않는 범주 안에서 최대한 늦게 조율되는 것이 특징이었다.

친부가 확인된 소생, 그것도 경기(京妓)와의 관계를 넘어서는 경우는 제외하려 했던 소극적 배제주의로부터 원천적 금지주의 내지는 선별적 규제주의에 이르는 짧지 않은 논쟁의 맥은 이 같은 사실들을 잘 설명해준다. 성종의 다음 전지는 이 같은 논쟁의 발단으로 매우 중요하다.

> 刑曹에 傳旨하기를, "陳言하는 者가 말하기를, '娼妓들은 定한 男便이 없어 오늘은 여기서 자고 내일은 저기에서 자는데, 娠娠을 하게 되면 그 所生을 從良시키기 위하여 사람들에게 말하기를, "이 아이는 아무 宗宰와 私通하여 娠娠한 것이다."라고 하면, 宗宰가 된 者도 그 말에 眩惑되어 말하기를, "어느 기생의 子女는 나의 所生이다." 하며, 심지어는 後嗣를 삼는 者까지 있습니다.'라고 하니, 綱常을 어지럽힘이 이보다 더 심할 수가 없다. 지금 이후로는 宗親과 大小 人員의 집에 데리고 있는 妓妾 외에 서울 밖에 있는 기생과 私通하여 낳은 子女는 贖身하여 從良하지 못하게 하라." 하였다. <史臣이 論評하기를, "이때에 宗親의 妾에게서 난 所生은 비록 奴僕과 娼妓의 所生이라 하더라도 반드시 士族에게 억지로 婚姻하게 하므로, 사람들은 모두 그것을 羞恥로 여기면서 怨望하였다." 하였다>[76)]

76. 成宗 9年 11月 21(戊寅)日 ·『朝鮮王朝實錄』第9輯 666面.

군주의 이 같은 지시는 사실 매우 옹색한 것이었다. 그것은 기첩 소생의 신분상승을 최대한 억제해야 한다는 선입견과 나아가 사회적 쟁점으로 비화할 경우 예상되는 부정적 여운을 사전 방어하고 이를 가능한 최소화하려는 나름대로의 합리성을 전제하고 있었기 때문이다. 그러나 이 문제는 억압한다고 다스려지거나 명령에 따라 통제할 수 있는 그런 성질의 것이 아니었다. 다시 말해 본능의 문제를 권력이 제어할 수 없음은 예나 지금이나 같았다.

성종의 일방적 지시는 논의과정에서 곧 반대에 부딪혔고 정책집행 중에도 적잖은 도전에 직면한다. 하지만 그것은 정치적 기강과 실천의 분위기 마련을 위해서라도 매우 긴요한 조치의 하나로 인식된다. 특히 권력의 민중적 기초 확보라는 통치의 기본원리를 유교적으로 극대화하기 위해 군주와 주변세력의 도덕적 정화를 꾀하고자 애썼던 왕조 초기의 논의는 매우 진지하고 집약적이었다. 논의대상과 그 전반적 주체가 왕실과 종친세력에 국한됨으로써 사회 전 계층까지 미치진 못했으나 스스로를 단속하고 윤리적으로 이끌기 위해 제도화의 명분과 실제를 맞추고자 노력했음은 지배세력 일부의 타락과는 대조적인 일이었다.

성종 9년 11월 21일, 군주 본인의 입을 통해 밝힌 대로 경기(京妓)와의 관계를 벗어난 일체의 소생들에게 속신을 허용하지 않으려 했던 입장의 기본은 그러나 바로 다음날부터 흔들리기 시작한다. 그것은 당장 종친들의 기첩 소생들이 겪게 될 신상의 불편함과 이로 인한 처우의 불공평이 예상되고 있었기 때문이다.

> 宗親인 德源君 李曙 등이 와서 아뢰기를, "어제 傳旨에, 종친과 재추로서 집에 데리고 사는 妓妾 외에 다른 妓妾의 所生은 從良하지 못하게 하였는데, 臣 등은 옳지 못하다고 여깁니다. 만약 이 법이 만들어지면 宗親의 아들이 혹 賤役에 종사하게 될 경우, '우리 아버지는 어느 종친이고, 우리 할아버지는 어느 王이다.'라고 할 텐데, 천역에 종사하게 함이 옳겠습니까? 종친의 아들뿐만이 아닙니다. 節度使는 여러 해 동안 기첩을 데리고 사는데, 그 子女를 또한 從良하지 못하게 함이 옳겠습니까? 신 등의 생각입니다만, 비록 집

에 두지 아니하더라도 혹 부모의 집이나 혹은 별도로 집을 지어 머물게 한 것도 집에 데리고 있지 않은 것으로 論하겠습니까? 稟旨를 원합니다." 하니, 御書로 대답하기를, "이번에 여러 의견을 보니, 내가 宗室을 貴하게 여기고 天倫을 重하게 여기는 뜻을 너무나 모른다. 대체로 기생은 본래 아내가 없는 軍士에게 주기 위하여 마련된 것이다. 예를 들어 길거리의 버들이나 담장의 꽃처럼 사람마다 꺾을 수 있는 것이라면, 그 子女는 진실로 누구의 소생인지 결정하기 어려울 것이다. 가령 大君의 妾이 몰래 다른 사람과 간통하여 자식을 낳았다면, 대군이 그것을 알 수 있겠는가? 그 의미는 다만 그 아들만 잘되게 하고자 할 뿐이니, 어찌 사실대로 告하려 하겠는가? 이런 것은 宗室에 累를 끼치고 天倫을 거역함이 아닌가? 하늘에 계신 祖宗의 英靈이 무어라고 하겠는가?" 하였다. 德源君 등이 계속하여 아뢰기를, "만약 부모의 집에 두었거나 별도로 집을 지어 살게 하면서, 奴婢도 주고 衣食도 공급한 妾의 子女는, 모두 집에 데리고 있는 例에 따라 贖身하여서 從良하게 함이 어떻겠습니까?" 하니, 傳敎하기를, "모두 卿 등의 말대로 따르겠다." 하고, 이어 傳旨를 고쳐서 내리기를, "무릇 宗親이나 大小人員의 집에 데리고 있거나, 부모의 집에 두거나, 혹 별도로 집을 마련해 주고서 노비도 주고 의식도 공급해 준 妓妾의 소생을 제외하고는 贖身하여서 從良하지 못하게 하라." 하였다. 承政院에서 아뢰기를, "이렇게 법을 만들면, 이는 종친에게 기첩을 두게 하는 실마리를 여는 것입니다. 우리나라에서는 正妻를 疎薄하는 것을 일체 엄금하고 있습니다. 그러나 간혹 법을 범하는 자가 있어도 국가에서 이를 방지하기가 매우 어려운 형편입니다. 이제 이런 법을 만들면, 기첩을 두고자 하는 자가 법대로 하기 위한 수단으로, 집에 데리고 있지 않은 자는 부모의 집에 둘 것이고, 그렇지 않으면 별도로 집을 지어 奴婢와 衣食을 任意대로 공급할 것이니, 그 正妻를 疎薄하는 법에 있어서 어찌 되겠습니까? 지극히 적합하지 못합니다." 하니, 傳敎하기를, "내일 月山大君·德源君·誼城君·銀川君·玉山君과 일찍이 政丞을 지낸 이들을 불러서 의논하여 아뢰라." 하였다.[77]

논쟁은 기본적으로 기득권을 옹호하려는 종친, 재추 세력 및 이를 간접 두둔하는 군주와 권부 대신들의 대립으로 구체화된다. 정치권력이 저지른 기왕의 폐단과 그에 관한 결과론적 합리화가 민중부문에 미칠 악영향이란 차원에서 사전 제어됨으로써 국가 전체적으로 어떤 결정과

77. 成宗 9年 11月 22(己卯)日·『朝鮮王朝實錄』第9輯 666面.

판단이 더 나을지 고민한 흔적도 여기서 두드러진다. 대신들의 저항이 철저한 명분과 윤리적 잣대에 기초함으로써 강한 이미지로 '무장·지탱' 하고 있음도 이상한 일은 아니었다.

> 領事 金國光이 대답하기를, "世宗 때에는 妓妾의 所生은 從良할 수 없었습니다. 世祖 때에 이르러 宰相 李仲至가 적실에게는 아들이 없고 妓妾에게만 하나가 있었는데, 從良하게 해달라고 請하므로 世祖가 이를 허락하였고, 그 뒤에 『大典』을 撰定할 때 從良하는 법을 만들었습니다." 하고 同知事 李承召는 말하기를, "비록 집에 데리고 있는 자라 하더라도 만약 妓役을 免除시키지 않고 그냥 데리고 간 자는, 집에 둔 자로 인정하여 그 所生을 從良시킬 수 없습니다." 하니 金國光이 말하기를, "臣이 이른바 집에 데리고 있다는 자도 이러한 뜻입니다." 하였다. 大司諫 安寬厚가 말하기를, "기생은 정해진 남편이 없고, 날마다 淫蕩하게 놀아나는 것을 일삼고 있으니, 비록 집에 데리고 있다 하더라도 출입할 때가 많으면 집에 두었다고 할 수 없습니다." 하고, 掌令 徐蘄은 말하기를, "官吏가 娼女와 자면 자연히 罰을 받게 되니, 世宗 때의 제도를 따라 從良하지 못하게 하는 것이 더 나을 것 같습니다." 하니, 임금이 말하기를, "다시 政丞 등과 의논하라." 하였다. ……宗親과 宰相을 賓廳에 모아놓고, 妓妾의 所生을 從良하지 못하게 함이 옳은지의 여부를 의논하게 하였다. 月山大君 李婷·光山府院君 金國光·右議政 尹弼商은 의논하기를, "중국 조정의 例를 따라 官吏가 娼女와 자는 것을 금하는 법을 다시 闡明하여, 지금 이후로는 법을 어기고 낳은 자식은 從良함을 허락하지 않는다면, 비록 다시 새 법을 만들지 아니하더라도 자연히 그 폐단이 없어질 것입니다." 하였고, 德源君 李曙와 左議政 沈澮는 의논하기를, "娼妓는 본래 御前의 呈才와 大小의 宴享을 위하여 마련된 것인데, 宗親과 宰相 所生의 子女가 참이냐 거짓이냐를 굳이 論할 필요가 있겠습니까? 한결같이 『大典』의 公私賤을 贖身하는 법에 따라 시행함이 어떻겠습니까?" 하고, 領議政 鄭昌孫은 의논하기를, "大小 宗親과 宰相의 집에 데리고 있어 출입하지 아니한 자의 所生을 제외하고는 贖身하여 從良함을 허락하지 않는 것이 어떻겠습니까?" ……하였다. 御書로 이르기를, "영의정의 의논이 매우 내 뜻과 맞는다. 또 종친과 재상들은 비록 妓妾이 없은들 무엇이 해롭겠는가? 다시 의논하여 아뢰라." 하니, 모두가 말하기를, "聖上의 下教가 진실로 마땅합니다." 하였다. 은천군 이찬과 옥산군 이제 등이 말하기를, "이전의 妓妾 所生은 모두 『璿源錄』에 記

載되었는데, 지금 이후의 所生을 이 법대로 한다면 從良할 수 없게 되었으니, 한 사람의 所生이 혹은 從良이 되고, 혹은 賤人이 되는 것은 마음에 未安합니다." 하니, 傳敎하기를, "宗親이 娼妓로 妾을 삼는다는 법이 어느 글에 있던가? 영의정의 의논에 따라 시행하라." 하고, 이어 傳旨를 고쳐서 刑曹에 이르기를, "지금 이후에는 종친과 대소 인원의 집에 데리고 있는 기첩을 제외하고는 一時的으로 立役하는 기생과 相姦하여 낳은 자식은 贖身하여 從良함을 許諾하지 말라." 하였다.[78]

경기(京妓)를 제외한 여타 기첩들과의 관계에서 출발하여 구제와 속신의 범주를 확장한 후 다시 이처럼 실제적 동거 이외의 경우를 배제하는 방안으로 최종 결론을 내릴 때까지 정책의 혼선과 불일치를 보인 것은 결국 '기생·기녀'들이 남성 사대부를 성적으로 견제하고 독자적 신분상승을 도모할 수 있는 잠재적 구현 단위였음을 증거한다. 나아가 그것은 행정적 근거와 기준 마련을 위해 정치권력과 첨예한 항변 논리를 수시 동원할 수 있었던 대신들과도 적절히 타협해야 했던 절충의 사안이었다.

여기서 '기생·기녀'가 실제로 남성 권력의 향배와 법적 근거의 조정 능력까지 담보할 수 있는 잠재세력으로 강력히 살아남을 수 있었던 이유가 충분히 설명된다. 배제와 통제를 기본으로 하기엔 이미 살을 섞고 피를 나눈 다음이라는 육체적, 본능적 제약이 늘 따라붙었고 완전한 통합과 수용을 전제로 신분의 벽마저 용해시켜 버리기에 관습은 극도로 경직되어 있었던 것이 바로 조선 초기 사회의 한계였다. 그 같은 문제는 바로 이들 사이를 적절히 가르고 견제하며 끝내 독특한 긴장구조를 형성하기에 이른다.

역설적으로 말해 성적 매력과 이를 이용한 정치적 통제가 늘 가능했던 '기생·기녀'들과 이를 곁에 두고자 애쓴 남성권력 사이의 긴장은 직접 대결과 충돌로 '발전·해소'되기보다 오히려 은폐와 엄폐 혹은 고의적 격리나 극단의 소유욕을 바탕으로 절대독점의 문화구조를 양산하며

78. 成宗 9年 11月 23(庚辰)日·『朝鮮王朝實錄』第9輯 667面.

'연장 · 유예'되어 나갔다.

우리는 이미 조선의 주상이 유약하거나 미미한 존재가 아니었음을 여러 번 읽은 바 있다. 하지만 그렇다고 해서 그들 모두가 일체의 국사를 스스로 결정하거나 집행, 추진하려 했던 막강한 힘의 주체가 아니었음도 곳곳에서 확인할 수 있었다. 기첩 소생의 사회적 신분결정에 관한 논쟁과정을 통해서도 알 수 있듯이 종친과 왕실에 밀리고 조정 대신들의 논리적 견제 앞에서 한낱 고뇌하는 군주의 면모만을 지탱했던 성종의 모습은 조선의 왕이 처하고 있던 상황의 독특한 이중성을 잘 드러낸다. 특히 준엄한 면모만으로 자신의 위상을 자동 강화할 수 있었던 것도 아니고 타협과 묵시적 동의만으로 갈등적 사안을 해결할 수 없었던 저 역사적 특수성은 조선의 통치가 결코 만만한 과업이 아니었음을 잘 말해 준다. 하물며 조선 초기의 온갖 정치사회적 갈등을 수습, 통합하고 제도로서의 정치를 내외에 천명하며 국가적 안정을 도모하려 했던 왕의 생각이 의도대로 실현되기에는 넘어야 할 벽 역시 높았다.

성종의 다음 주장은 이 같은 조선 권력부문의 성 정치적 이중성을 그대로 반증한다. 그것은 때로 정치적 강제와 법적 징벌이란 하나의 축과 방임이나 고의적 외면이라는 또 다른 대안의 축을 가동하여 지배세력의 성적 방종을 다스리고자 했던 군주의 숨은 의도를 잘 읽을 수 있는 대목이기도 하다.

> 1品 宗親을 불러서 傳敎하기를, "우리 朝廷은 중국 朝廷과 다르니, 宗親이 妓女와 私通한 것은 娼家에서 자는 律로서 처단할 수 없다. 다만 『大典』에 이르기를, '妓妾이 낳은 자녀는 집에서 기른 것 외에는 贖身하지 못한다.'고 하였으니, 여기에 의거하여 예전대로 律을 쓰는 것이 적당하다. 내가 전일에 娼類를 데리고 살지 말도록 宗親에게 傳敎하였는데, 내 명령을 잘 따르면 좋지마는 만약 따르지 않더라도 책망할 수는 없다." 하였다.[79]

79. 成宗 18年 5月 23(壬戌)日 · 『朝鮮王朝實錄』 第11輯 216面.

> 承政院에 傳敎하기를, "처음 娼妓를 沿邊 여러 고을에 둔 것은 邊將과 軍官들이 고향을 떠나서 邊境을 지키므로 빨래하고 바느질하는 일에 그런 사람이 없어서는 안 되기 때문이었다. 內地 같은 데에는 없애는 것이 어떠하겠는가? ……." 하니, 承旨들이 合辭하여 아뢰기를, "국가에서 중국 사신을 接待하는 데에 女樂을 쓰는데, 만약 內地에 娼妓를 두지 아니하면 서울 妓女가 闕함이 있을 때에는 어떻게 골라 채우겠습니까? 변경 고을의 창기만으로는 그 選拔을 堪當하지 못할 것이니, 請컨대, 해당 曹에 의논하게 하소서." 하자 傳敎하기를, "領敦寧 이상에게 의논하게 하라." 하였다.[80]

성종조 기녀 신분의 변동과 그 소생의 사회적 상향이동과 관련해 특기할 사항은 또 있다. 그것은 소생의 신분상승이 어미의 그것마저 담보할 수 있는지와 그 정치적 한계를 둘러싼 논의들이다. 사실상 기첩 소생의 신분상승, 즉 서자로서 아버지의 신분을 따르게 한다는 것이 권력부문으로서는 그다지 내키지 않는 일이었던 만큼, 그 어미의 속신과 종량마저 논의한다는 것은 지배계급의 입장에서 탐탁할 리 없었다.

그러나 신분변동의 미세한 변화로 민중부문 내부에서 이미 직능의 동요와 그 실질적 인구 이동이 이루어지고 있다는 사실은 매우 중요한 현상이다. 물론 변화와 이동의 폭이나 사회적 용인의 깊이가 눈에 띌 만한 것은 아니었지만 출세한 첩기 소생의 친모로서 '기생·기녀'의 면역과 그 수용의 탄력성이 조선 전기부터 가시화된다는 사실은 그렇게 단순한 문제가 아니었다.

> 伽倻令 千終이 上書하였는데, 대략에 이르기를, "우리 국가에서 宗枝를 특별히 생각하여, 만일 派가 璿源에 연하였으면 賤出인 臣과 같은 자도 爵祿을 얻어서 종이 되는 욕됨을 면하게 하였으니, 이는 바로 堯 임금이 九族을 和睦하게 하는 뜻입니다. 이제 아들은 宗親이 되었는데도 어미는 오히려 賤役을 한다면, 그 아들이 된 자가 비록 날마다 萬種의 祿을 받는다 하더라도 奉養하는 데는 부족함이 있으니, 朝廷의 事體에 어떠하겠습니까? 臣은 猥濫되게 聖恩을 입어서 冠帶를 갖추고 士大夫와 더불어 조정의 班列에 끼였는데,

80. 成宗 19年 1月 14(己卯)日 ·『朝鮮王朝實錄』第11輯 297面.

臣의 어미인 女妓 勝千金은 오히려 妓役을 면하지 못하고 있습니다. 內宴 때는 그만두더라도 客人의 饋餉과 여러 곳의 賜樂과 私家의 獻壽에까지 奔走하지 아니함이 없고, 조금만 늦으면 해당 관리가 묶어 놓고 매질하니, 臣이 아무리 울면서 救濟하기를 구하더라도 누가 즐겨서 臣의 어미라고 하여 너그럽게 풀어주겠습니까? 대저 서울의 妓女는 나이가 50에 차면 役을 면하는데, 臣의 어미는 금년 43歲이니, 남은 해가 또한 멀지 아니합니다. 엎드려 원하건대 전하께서는 臣의 어버이를 위하는 심정을 어여삐 여기시고 특별히 妓役을 免하게 하여 주소서. 지극한 所願을 이기지 못하겠습니다." 하였는데, 御書를 承政院에 내리기를, "이제 上書를 보니, 情理가 切迫하다. 하지만 宗親의 妾妓로서 아들을 둔 자는 일체 모두 役을 免하게 할 수 없다. 이를 의논하여 아뢰도록 하라." 하였다. 承旨들이 아뢰기를, "대저 宗親은 妓生을 妾으로 삼는 자가 많은데, 자식을 둔 자에게 으레 어미의 역을 면하게 하면 반드시 뒤에 폐단이 있을 것이니, 가볍게 役을 免하게 할 수 없습니다. 그러나 그 아들이 벼슬을 받아 宗班에 끼였으면, 그 어미가 賤役을 하는 것은 大體에 未安할 듯 합니다. 그 아들이 벼슬을 받은 자에게는 身貢을 거두도록 허락하고 賤役을 주지 말게 하는 것이 어떠하겠습니까?" 하였는데, 傳敎하기를, "宗親은 妓女를 妾으로 삼아서 아들을 낳은 자가 많은데, 이제 만약 宗親이라는 까닭으로 일체 모두 役을 免하게 하면 폐단이 또한 적지 아니할 것이다. 대저 기녀는 姿色과 才藝가 있는 자를 골라서 뽑아 올렸는데, 宗親이 곧 妾을 삼아 아들을 낳은 자를 璿源錄에 올리고 인하여 어미의 役을 면하게 하면 姿色이 있는 자는 모두 妓案에서 빠져나갈 것이다. 內宴에는 그만두더라도 그 나머지 賜樂 및 客人의 燕享과 일체 여러 곳에는 役을 하지 말게 하는 것이 어떠하겠는가? 이를 領敦寧 이상에게 의논하게 하라." 하였다. 沈澮·尹弼商·盧思愼·李克培는 의논하기를, "上教가 진실로 마땅합니다." 하고, 洪應·尹壕는 의논하기를, "어미는 아들로써 귀해지는 것인데, 所生이 宗親이 되면 마땅히 그 役을 免除시켜야 할 것입니다. 그러나 그와 같은 것이 또한 많으므로, 그 법을 다 행할 수 없으니 內宴 外의 여러 곳에는 役을 주지 않는 것이 가합니다." 하였는데, 沈澮 등의 의논에 따랐다.[81)]

기생에 관한 정사의 기록에서 연산조가 차지하는 특징은 역시 그에 관한 일상적 편견, 즉 폭군과 패덕의 이미지를 크게 벗어나지 못한다.

81. 成宗 21年 1月 24(丁丑)日·『朝鮮王朝實錄』 第11輯 566面.

그는 과거의 풍속사적 비중이나 그 제도화 과정에 얽힌 크고 작은 사연들의 중요성보다 자의적 해석과 즉흥적 조치를 한층 앞세움으로써 자신의 생각을 강요한 예외적 인물이었다. 그렇다고 해서 그의 돌출적 해석과 예외적 입장 때문에 기왕의 선입견이 더욱 강화되는 것도 물론 아니다. 오히려 그것은 연산 스스로 만들어 놓은 자신의 제한적 행동 반경과 이를 벗어나지 못한 정치심리 주변에서 자연스럽게 도출되었을 것으로 이해할 수 있다.

무엇보다도 '기생·기녀'를 국가적 공물로 인식하되, 그들의 문예적 기능보다 미모와 외형적 효용성에 존재 이유의 우선을 두려 했던 연산의 입장은 다른 어느 군주보다 지나치게 솔직했던 게 사실이다. 특히 실록에 밝혀둔 연산의 다음 명령은 그것이 단순히 군주의 성적 본능을 반영하고 있다기보다 남성 보편의 성적 솔직함과 직설적 컨텐츠를 담고 있다는 점에서 그가 얼마나 공격적 성격의 소유자였는지 잘 말해 준다.

> 傳敎하기를, "妓女는 곧 御前에서 呈才하는 사람이니, 모름지기 젊고 모습이나 얼굴이 좋은 자를 가려서 文籍에 두어야 하며, 音律을 알더라도 얼굴이 못났으면 뽑아서는 안 되리라. 外方에 반드시 얼굴이 아름다운 자가 있을 터이거늘, 守令이 式年選上 때에 姿色이 있는 자는 숨기어 보내지 않고 못생기고 늙고 재주없는 자만을 올려보내니, 위를 爲하는 뜻이 아주 없다. 대저 계절의 물건이 맛있으면 위에 바치고자 하는 것이 사람의 常情이니, 위를 爲하는 일은 본디 이러하여야 한다. 대저 선비가 비록 재주가 많더라도 심술이 착하지 않으면 登用하기에 足하지 못한 것이니, 이름은 妓女일지라도 재주와 용모가 없으면 또한 무엇에 쓰랴. 外方으로 하여금 式年을 기다리지 말고 別例로 選上하게 하되 숨기는 자가 있거든 그 守令을 棄毁制書律로 論罪하고, 禮曹·掌樂院의 官員으로서 私事로이 請託을 받아들여서 바치거나 물리는 자도 아울러 죄를 다스리라." 하였다.[82]

성적 진솔함과 남성적 공격성이 도를 넘어 급기야 정치적 이상심리로

82. 燕山 10年 7月 15(癸卯)日·『朝鮮王朝實錄』第13輯 646面.

표출되기 시작했던 역사의 저간(這間)까지 여기서 자세히 살펴볼 여유는 없다. 다만 기생을 바라보는 자세의 기본이 어떻게 '변모 · 일탈'하는지와 그것이 다다르는 과격한 정책적 굴절의 모습을 헤아려 볼 필요를 느낄 뿐이다. 위의 언급이 있던 같은 해, 같은 달 연산은 계속해서 이렇게 말하고 있다.

> 傳敎하기를, "妓生 玉堂春이, 12일 進宴 때에 마음 써 노래부르지 않았으니, 鞫問하라." 하였다.[83)]

> 왕이 종친들과 옛 成均館 下輦臺에서 활쏘기를 하며, 기생 풍악을 베풀어 아주 즐겁게 놀고, 司僕寺의 말 13필을 가져다 射官들로 하여금 勝負를 겨루도록 하고, 傳敎하기를, "妓生 笑紅粒은 李忻의 妾이었으니, 항을 통하여 혹 禁內의 일을 들었을 것이다. 항이 庶人이 되어 먼 지방에 있으니, 이 기생은 반드시 원한을 품고 宮中의 일을 漏泄하였을 터이니, 그를 刑訊하라. 대저 娼妓를, 혹은 路柳墻花라 하고, 혹은 東家食 西家宿한다 하였다. 그런데 이 기생은 노래부를 때에 항상 愁心에 찬 얼굴을 하고 노래도 화한 音聲이 없다. 대저 風樂은 화기를 通暢하는 것으로 마음에 걱정이 있으면 鬱寂하여 通暢하지 못하는 것이니, 孔子가 10일에야 비로소 成音하고, 伯牙는 뜻이 山水에 있었다는 것이 모두 이런 것이다. 飮食에 比하면, 근심이 있는 사람은 비록 온갖 음식이 앞에 있다 할지라도 먹는 것이 달지 않는 것이다. 옛 詩에, '얼굴을 들면 나는 새를 보고, 머리를 돌려 잘못 사람을 對한다.' 하였으니, 어찌 이 기생의 마음에 근심이 있어 그런 노래를 하므로 이렇게 울적하여 通暢하지 못한 것인지 알겠는가. 또 이 기생은 서울에 둘 수 없으니, 刑訊한 뒤에 먼 邊方으로 보내고, 또 李憻도 역시 妾이 있을 터이니, 아울러 詳細히 鞫問하라." 하였다.[84)]

> 傳旨하기를, "妓生이란 것은 국가의 公物인데, 宗親 또는 朝士들이 차지하여 자기 것으로 하고, 公家의 宴會에도 또한 더러 나오지 않으니, 妓生을 두어 음악을 익히게 하는 뜻에 어긋나는 일이므로 때때로 摘奸하여 勤慢을 고찰

83. 燕山 10年 8月 13(庚午)日 · 『朝鮮王朝實錄』 第13輯 655面.
84. 燕山 10年 8月 17(甲戌)日 · 『朝鮮王朝實錄』 第13輯 656面.

하도록 하는데, 그 지아비가 혹 이로 인하여 怨望과 忿心을 품고 비방하는 말을 조작하는 자가 있고, 娼妓도 또한 勞苦를 꺼려 申訴하는 자가 있다. 이런 풍습은 조점을 자라게 할 수 없으니, 효유하여 이런 일이 없도록 하라." 하였다.[85)]

그의 명령과 지시에 투영된 과잉 단죄의 정치적 배경은 그렇다면 과연 어떻게 이해해야 하는 것일까? 자신의 종말을 예견한 극단적 보상? 고의적 타락과 무소불위(無所不爲)의 권력행사를 통한 심리적 강박의 상쇄? 성적 집착과 절대복종의 기제를 거친 정치적 자기 존재 확인?

본분에 충실치 않았음이 단죄의 원인일 수 있다고 스스로 합리화하는데 서슴없던 연산은 이어 극단의 자의성을 드러내며 기생의 존재 이유를 희석시키기까지 이른다. 그것은 기생 수효의 임의증가 명령으로 나타난다. 세종조의 경기(京妓) 정원을 총 백명으로 제한했던 금기 조치가 57년 만에 깨지고 만 것이다.

傳敎하기를, "掌樂院 妓生을 본래 숫자의 培인 3百名으로 하라. 妓生은 오로지 內宴을 위하여 둔 것이니, 용모가 絶妙한 자를 어찌 쉽게 얻겠는가. 비록 다 좋지 아니하더라도 또한 가하다. 數를 培로 한다면 內宴이나 外宴에 쓰기가 넉넉할 것이다." 하였다.[86)]

물론 실록 그 어디에도 기생의 전국통계는 자세히 밝혀진 바 없다. 특히 전국의 지방기(地方妓) 수효나 변방 여성 천직의 경험적 추적도 현재로선 기대하기 힘들다. 또한 여기서의 증원조치란 것도 어디까지나 장악원 기능에 국한, 기생의 역할을 공연예술의 담지자로 제한하고 이를 명분으로 늘린 것[87)]이고 보면 그 수효의 단순 증가가 왕실의 도덕적 해이나 정치행적적 방만함을 반증하는 것이라고 강변할 수만도 없었을

85. 燕山 10年 9月 1(戊子)日 ·『朝鮮王朝實錄』第13輯 660面.
86. 燕山 10年 10月 1(戊午)日 ·『朝鮮王朝實錄』第13輯 664面.
87. 연산의 폐위 2년 전 일로 막상 장악원의 기녀수가 실제 늘었는지 그 여부나 차후 군주 집권기별 인원증감 현황에 관해서는 구체적 고증이 쉽지 않다.

것이다.

하지만 조선의 역대 군주 가운데 연산을 제외한 어느 누구도 그처럼 노골적으로 언급하거나 심지어 관행과 준칙을 벗어난 임의증원을 감행한 인물이 없고 보면 그가 얼마나 즉흥적인 면모를 보이고 있었는지 쉽게 알 수 있다. 뿐만 아니라 그가 말은 이렇게 하면서도 기실 행동은 그에 따르지 못함으로써 황음을 일삼고 후일 가혹한 역사의 기록[88]을 감수해야 했던 동시에 당대의 명분[89]과 실제의 격차가 얼마나 심했는지를 잘 헤아리게 된다.

---

88. 중종반정 직후, 사관은 연산에 관해 이렇게 적고 있다. "燕山은 性品이 暴惡하고 살피기를 좋아하여 政治를 苛酷하게 하였다. 酒色에 빠져 祀事를 廢하고 쫓겨난 어미를 追崇하면서 大臣을 많이 죽였으며, 規諫하는 것을 듣기 싫어하며 言官을 誅竄하였으며, 庶母를 杖殺하고 여러 아우들을 竄殛하였다. 날마다 娼妓와 더불어 淫戱하여 법도가 없었고, 남의 妻妾을 거리낌없이 姦通하였다. 喪制를 고쳐 날로 달을 바꾸는 綱常이 전혀 없었고 죄악이 하늘에 넘쳐서 귀신과 사람이 분해하고 원망하였으므로 마침내 이렇게 된 것이다. ……당초 田非 · 綠水를 들여놓으면서부터 날이 갈수록 거기에 빠져들었고, 美貌가 빼어난 娼妓를 宮 안으로 뽑아들인 것이 처음에는 백으로 셀 정도였으나, 마침내는 천으로 헤아리기에 이르렀다. 女妓를 고쳐 運平이라 하고, 大內에 들인 자를 興淸 혹은 假興淸 · 繼平 · 續紅이라 했으며, 가까이에서 모시는 자를 地科興淸, 임금의 굄을 받는 자를 天科興淸이라 하고, 院과 閣을 分設하여, 院은 聚紅 · 蕾英 · 趂香 · 含芳 · 翠春, 閣은 繪絲 · 淸歡 · 彩霞라 하였다. 掌樂院을 聯芳院이라 고치고, 또 列邑에 모두 運平을 設置하여 뽑아 올리게 하였다. ……또 '娼妓는 公物이라. 私事로이 기를 수 없는 것이다. 사람마다 각기 婢子를 소유하였으니, 今後로 大小人員은 公賤으로 妾을 삼을 수 없다. 어기는 자는 重히 論罪하리라.' 하였다. 運平의 通奸은 이미 禁令이 있어서, 아이를 밴 이는 그 남편을 베고, 아이는 생으로 埋葬하게 하였다. 興淸이 입는 迓祥服과 紅丹裝 등에 드는 물건들을, 처음에는 옛 남편에게서 징수하였는데, 또 백성에게도 거둬들여서 백성들의 살림이 거의 蕩盡되었다. ……." 中宗 1年 9月 2(戊寅)日 · 『朝鮮王朝實錄』 第14輯 71面.
89. 심지어 연산은 의녀와 기녀의 사회적 기능이 어디까지 확장될 수 있는지마저 고려하고 있었다. "前日 女妓 및 公私賤 良女로서 나이 젊고 영리한 者를 선택하여 글과 음악을 가르치되, 典樂으로 하여금 가르치라 하였었는데, 이에 이르러 傳敎하기를, '글은 醫女가 가르치고 음악은 妓女가 가르치도록 하고 禮曹에서 團束하도록 하라.' 하였다" [燕山 10年 12月 1(丁巳)日 · 『朝鮮王朝實錄』 第13輯 676面].

연산의 재위기간을 통해 두드러지는 또 하나의 현상에 주목할 필요가 있다. 두르소는 기생이 매춘행위에 종사하지 않았음을 강조한 바 있지만 연산조에 이르면 여기의 간통과 대가성 매춘은 현저해지고 있다. 더욱이 군주 본인이 탐닉한 창기와의 사적 통간은 그때까지 '축적·지탱'된 기생문화의 합목적성과 존재 이유의 상당부분을 퇴락시킨다. 그것은 군주 본인의 성 정치적 콤플렉스에 대한 과잉보상이자 모종의 이상 집착으로 구체화된 일탈행동이었다. 아울러 그것은 즉발적 쾌락과 문제해결을 노리는 '문제적 인간' 연산에게 가장 손쉬운 그리고 호소하기 편안한 일종의 폭력적 도피수단이었다고 이해하는 편이 한층 더 실제에 가까울 것이다.

기생 수효의 강제 증원과 직능 분화는 왕실 내부에서의 과잉수요를 부추기는 단초가 되었고 궁극적으로 세수 확대와 징세 대상의 착취로 이어질 수밖에 없었다. 뿐만 아니라 굳이 외모의 출중함을 가리지 않고 기녀의 합법적 동원과 신분의 수직상승까지 담보할 수 있는 절호의 기회마저 여염에 열려 있었다는 사실은 새로운 사회적 충격이었다.

군주 본인의 윤리적 해이에 관한 가치평가나 당대의 풍속사적 의미부여와 관계없이 연산조의 기생문화는 결국 외형적 분화와 기능적 전문화로 압축된다. 아울러 그에 따른 급속한 사회적 이완과 지배계급 전반의 동반 추락은 군주에 대한 직접적 비판과 저항보다 우회적 한탄과 자학적 기다림, 혹은 군주의 자발적 복귀와 자기계몽의 실현을 기다리려는 극히 소극적인 정치 행태의 유포로 구체화된다.

<표 19>를 통해 확인할 수 있었던 것처럼 '기생·기녀'의 언급 횟수는 '여악·창기·여기' 등 상위의 대상에 뒤이어 나타나고 있었다. 호칭과 용례의 다양성에도 불구하고 이들의 직능이 모두 같은 내용의 다른 표현방식이었다고 본다면 권력의 그 같은 잦은 언급이 모두 무엇을 암시하고 있었을 것인지는 능히 짐작하고도 남음이 있다. 패(牌)별 유형 차이에 따라 '기생·기녀'집단의 구체적 직능이 차별화되고 있었다 해도 그들의 육체와 이를 훔쳐보는 남성들의 시선 사이에는 늘 기묘한 긴장

구조가 형성되었고 권력과 율법으로도 막을 수 없는 본능적 충동의 구현이나 그에 따른 제재 필요성은 곧 여성 천민의 성 정치적 권력자원을 증폭시켰다.

바꾸어 말해 기생의 사회적 순기능은 곧잘 의도치 않은 문예적 덫이나 강력한 유혹의 도구로 변질되는 경우가 많았다. 따라서 이를 순간 성적 교접대상으로 오인하거나 혹은 실제 관계를 가진 사대부들과의 만남이 사건으로 비화할 경우 어느덧 '기생·기녀'가 창기와 이음동어로 전환하는 데 별다른 인식의 저항은 없었다. 비록 길지 않은 기간이었으나 연산조는 바로 이 같은 사회적 편견을 한층 더 깊이 퍼뜨리고 양자의 의미구조를 굳이 가르려 들지 않았던 시기였다.

반정에 의해 밀려난 또 다른 군주로 광해조에 이르도록 기생인구의 과잉공급이 조정되지 않았음은 또 다른 문제였다. 뿐만 아니라 이 문제에 관해 굳이 깊은 관심도, 그렇다고 완전히 냉담한 자세를 취하지도 않는 광해 특유의 성 정치적 이중성은 특이하다. 무엇보다 중요한 사실은 여기서 다시 기생들의 수효가 세종조 당대의 수준으로 조절된다는 점이다.

> 掌樂都監이 아뢰기를, "내전에서 거행하는 上壽宴의 첫번째 豫行 연습날짜가 10여일 남았습니다. 妓生의 정원수 143명 내에 도망하여 시골로 내려간 者를 빼면 현재 남아 있는 자가 123명이고 醫女가 44명입니다. 이 중에서 隊伍의 줄을 서는 기생 80명, 內儀仗 23명을 配定하고 外儀仗 79명의 인원을 채워야 하는데 15명이 부족합니다. 이리하여 朱杖을 드는 妓生은 각사의 婢女로 인원수를 채웠습니다." 하니, 傳敎하기를, "지난날에 大禮를 여러 번 거행하였으나 한 번도 각사의 婢女로 儀仗을 들게 한 적이 없었다. 지금 계사를 보건대 매우 놀라운 일이다. 평상시에도 大君·王子들이 데리고 있는 妓生들을 모두 나오게 했었는데 지방의 기생을 어찌 잡아올 수 없겠는가. 본 도감의 色官들을 의당 나추해야겠으나 연습할 때 어떻게 하는가를 보아 措處하겠다. 따라서 기생들을 시급히 재촉하여 나오도록 하고 내보내지 않는 家長들을 모두 곧바로 아뢰도록 하라. 그리고 이러한 말은 하지 말라." 하였다.[90)]

150을 전후한 인원으로 장악원을 운용하면서 기예와 가무 및 서화를 통해 의전의 보좌와 직능상 본분을 고수하려 애쓰고 있었다는 것이 당시 실록이 남기고 있는 중앙 '기생·기녀' 집단의 공식적 윤곽이다. 물론 아직도 본격적인 조선 기생 연구가 없는 상황 속에서 이들 이외의 지방 관아 소속 기녀와 변방기와의 관계, 그리고 지역별, 군주 집권기별 기생 운용의 상세한 편차와 내역을 '대비·추적'한다는 것은 여전히 어렵다.

반정 이후, 기생문화의 퇴행이 빚어낸 사회적 역기능과 아울러 이를 긍정적으로 복구시키려는 일련의 반동적 움직임이 뒤따랐음은 극히 자연스런 일이었다. 무엇보다 중종의 단호한 개혁이 뒤따르면서 차후 왕조 말기까지 이어지는 단속과 사정의 다짐은 연산조의 전철을 반복해서는 안 된다는 경고와 계몽의지를 바탕에 두고 있었다.

때로 이 같은 조치는 도를 넘는 금형과 비현실적 징치를 골간으로 과잉명령의 폐단을 낳기도 했지만 <표 20>에 체계화된 대로 '금주(酒)·금간(奸)·금첩(妾)'을 내역으로 삼는 왕명의 기본은 모두 이러한 군주의 의지를 담는 것들이었다. 아울러 늦게나마 권력 행사와 위신 유지에 따르는 정치적 의무비용 지불을 강하게 암시하고 이를 담보하는 상징성마저 담고 있었다는 점에서 금지와 규제조치의 배후를 이해할 수 있다. 그것은 곧 사대부와 정치적 지배세력이 발휘할 수 있는 힘의 도덕성과 그 윤리적 지탱이 실제 생활을 통해 실천될 수 있는지와 직결되는 문제였다. 뿐만 아니라 아무나 쉽게 대하고 만날 수 있는 여타 천민들과는 달리 같은 천직이되 함부로 기생을 대할 경우 공멸과 파탄의 늪에서 헤어나오지 못하게 될 것이란 준엄한 경고 역시 여기 깃들어 있던 셈이다.

이로써 누구든 즐기되 전락할 수 있으며, 관계를 갖되 정도를 벗어난 탐닉과 일탈은 동반추락의 가능성을 늘 전제한다는 경고와 암시의 공포 효과를 동시 독점함으로써 군주는 새로운 다스림의 기틀을 강화할 수 있었다는 데 다시 주목할 필요가 있다. 물론 이 같은 효과의 전파가 실

---

90. 光海 15年 2月 26(丙戌)日 ·『朝鮮王朝實錄』第33輯 494面.

표 20. 기첩 관련 근신 항목 내역 및 下敎 군주

時 機	禁 斷 內 譯	出典根據
中宗 11年 11月 14(辛卯)日	朝官·醫女·妓女 會飮 禁刑再告	15輯 237面
中宗 12年 4月 3(戊申)日	士大夫 宴會·妓女會飮 嚴禁傳敎	15輯 268面
中宗 23年 10月 25(癸巳)日	夫君 死後 再嫁者·信義固守 妓妾 姦通者 推問後 嚴罰令	17輯 72面
明宗 15年 6月 7(壬寅)日	宗親·朝士 女色耽溺 妓妾禁止/犯法者 治罪權限 掌樂院 委任/內宗親 妓妾 引入與否 宗簿寺 嚴索 下教	20輯 558面
光海 12年 3月 10(戊子)日	隨時 傳教 - 宰臣·朝官 同居妓生 大禮任務 回避不可/個別 督促 確認後 違反者 該當 家長 摘發 懲戒處置 - 掌樂都監 索出處理	33輯 302面
光海 14年 7月 22(丙辰)日	掌樂院 上記 任務 遂行時 苦衷 上申 - 權門勢家 遵法 意識弱化/職務怠慢妓生 家長 官職削奪/儒生 囚禁	33輯 461面
光海 15年 2月 26(丙戌)日	大禮 擧行時 不足人員 地方妓 補充/不應 妓生督促 - 違反家長 摘發報告	33輯 494面
英祖 45年 4月 16(戊辰)日	三更 建明門 親臨 - 妓生同居 朝官·儒生 召喚 拘引後 削職·放逐/武人·中庶 決棍 加刑/軍門·各司 官吏 下隷 多數問罪/五部官員 現告 不良嫌疑 南間獄 下獄 命令	44輯 324面
英祖 45年 11月 29(丁未)日	妓生同居 編配者 釋放令//問罪·處分 過多 再調整	44輯 340面

제로 얼마나 강한 역사의 파장을 불러일으켰는지 그것을 피부에 와 닿도록 정량화할 방법은 없다. 다만 연산조 이후, 반정의 역사가 불러온 조선 기생사의 변천은 결국 언급 자체를 크게 위축시킨다.

중종반정 이후 실록의 기생관련 항목에서 기첩 간통기사를 제외하고 나면 역시 의기를 둘러싼 조선 후기 기생들의 정치화 현상이 두드러진다. 특히 국난극복 과정에서 특정 기녀들이 보인 저항과 극도의 자기부정은 그들에 관한 기왕의 세속적 편견이나 성 정치적 왜곡과는 매우 다른 이미지를 반영한다. 투신과 자진, 동반자살 등이 바로 그 대표적 사례들일 것이다.

다음 세 경우는 이처럼 극단적으로 정치화한 기생들의 행태를 잘 드러낸다.

> 이때 청나라 사신과 鄭命壽가 沿路의 각 고을에서 房妓 바치기를 요구하였는데 妓女들이 죽음으로 항거하였다. 묘당이 아뢰기를, "그 뜻을 맞추지 않을 수 없겠습니다." 하니 上이 따랐다.[91]

> 成川의 妓生 今玉은 丙子年의 變亂 때 亂離를 避하여 골짜기에 깊숙이 숨었다가 敵兵에게 잡혀서 逼迫받게 되자, 몸을 날려 낭떨어지에 떨어져 죽으니, 사람들이 모두 歎息하며 불쌍하게 여겼다. 그런데 이때에 이르러 道臣이 道內 士民들의 公議를 採擇하여 그 일을 陳啓하니, 임금이 命하여 특별히 旌閭하도록 하였다.[92]

> 江界 妓生 瀟湘梅의 마을에 旌門을 세웠다. 평안감사 金履素가 道內의 孝子·烈女를 아뢰니, 傳敎하기를, "瀟湘梅는 賤한 妓生으로서 한 지아비를 섬기다가 지아비가 죽자 뒤따라 죽었다 하니, 이처럼 굳은 절개는 전에도 드물게 들은 바이다. 하물며 먼 邊方에 사는 사람으로서 이렇게 특별한 행동이 있었으니, 더욱 特例로 褒奬하는 것이 마땅하다." 하고, 이어 旌閭하라고 命하였다.[93]

---

91. 仁祖 15年 11月 8(壬申)日 ·『朝鮮王朝實錄』第34輯 709面.
92. 肅宗 7年 3月 3(丙辰)日 ·『朝鮮王朝實錄』第38輯 520面.

문제는 이 같은 극단의 행태, 즉 절개와 수분(守分)을 바탕으로 삼는 전통적 신비주의와 유혹과 안주를 진정한 정치적 동기로 은폐하려는 현실적 합리주의 사이 어느 지점에서 과연 조선 기생의 평균적 이미지를 포착할 것인가 하는 점이다. 이제껏 살펴본 조선 정사의 기록만으로도 기생들의 지배적 행태가 후자로 기울어지고 있음은 일상의 편견과 다르지 않다. 뿐만 아니라 기록상의 부피, 즉 그네들의 행위 전반에 투영된 심층심리와 동기의 정당성 여부를 떠나 실제 율법으로 금하고 권력이 경고했음에도 사통과 정분의 경로로 이를 위반한 '기생·기녀'와 사대부들의 도덕적 해이가 왕조 전체에 고르게 퍼져 있었던 점은 결국 그들의 위상을 독자적으로 강화하는 데 상당한 장애요인이 된다.

그러나 백정의 역사적 평가가 단순치 않았듯, '기생·기녀'의 왕조사적 이미지 추출 역시 간단한 일은 아니다. 그것은 바로 남성 사대부세력을 유혹하고도 반대급부로 독자적 신분상승이나 사회이동을 굳이 사양했던 역사의 예외적 존재들이 얼마든지 있었고 부적절한 관계 때문에 마치 기녀 전체가 그랬던 양 매도하기에는 본업에 충실했던 기생 역시 적잖았기 때문이다. 지역별 공간 편차와 그에 따른 노동분포의 실상을 자세하게 체계화시킬 수는 없지만 그네들을 단순한 매소(賣笑)와 임의적 성매매대상으로만 폄하할 수 없을 만큼 이례적인 기생들도 얼마든지 있었다는 얘기다.

조선 기생을 세속의 잣대로 함부로 잴 수 없고 또 그만큼 남성 지배세력 전반이 임의로 다룰 수 없었던 역사의 이유나 그 고결한 자존의 상징이 통간의 너절한 사단을 넘어설 만큼 의연했던 경우에도 우리는 주목해야 한다. 조광국의 다음 분석은 이 같은 대조적 해석의 근거로 매우 유의미하다. 특히 그는 기생들이 드러낸 다양한 행동양식 가운데 강한 자의식을 구현하려 했던 문예적 '계기(繼起)'와 그 전후 맥락을 이렇게 해석한다.

---

93. 正祖 13年 1月 10(丁卯)日 · 『朝鮮王朝實錄』 第46輯 25面.

> 고전소설에서 不汗黨들이 겁박하고자 뒤쫓아왔을 때 궁지에 몰린 여주인공들은 흔히 投身自殺을 선택한다. 士族女의 投身自殺은 조선시대의 守節을 중시하는 사회적 통념이나 윤리의식을 반영한 것이기도 하지만, 그러한 사회적·윤리적 통념을 넘어서 작품의 흥미 제고를 위한 방편이자 통속성을 부추기는 한 요인으로 자리잡는다. 그러나 기녀가 守節하기 위해 投身自殺하였다거나 혹은 自決하였다는 것은 조선 후기 사회의 妓女 風俗에서 그리 흔하지 않은 획기적인 사건이다. 그에 따라 기녀의 投身自殺과 守節이 작품의 話素로 자리잡게 되었을 경우 작품세계는 새로운 창조성을 부여받는다. 기녀의 節死 행위는 기녀도 士族女와 같이 貞節이 있는 동등한 여성이라는 것을 드러낸다. ……페미니즘 시각으로 보아 조선 후기는 남존여비의 문제가 있었으며, 그렇다고 기녀가 여성이라고 해서 士族女와 동등하게 취급되는 것은 아니었다. 같은 여성이라도 기녀의 사회적 桎梏과 士族女의 사회적 桎梏은 다를 수밖에 없었다. 양반의 풍류의식은 엄밀히 말해서 '양반 - 正室' 관계에는 해당하지 않고 '양반 - 기녀' 관계에 해당하는 것이다. 양반 風流意識이 享樂化의 길을 걸으면서 기녀는 양반 風流意識에 의해 社會的 桎梏으로 빠져들 수밖에 없었던 것이다.[94]

이렇게 본다면 문제는 그들이 어느 쪽 길을 걷든 관계없이 역할 자체를 고스란히 지탱할 수 없게 한 역사사회적 환경에 있었을 것이다. 기예와 여악을 본분으로 남성 사대부의 공식적 의전과 이를 보좌하는 특수기능의 주역으로 자신의 역할을 엄격히 한정하든, 아니면 유혹의 손길을 뿌리치지 못하여 기어이 살을 섞고 정을 통한 후 일정한 관계유지와 급부의 상호교환으로 새로운 이미지를 형성하든, 냉정히 따져볼 경우 그것은 어디까지나 그네들 본인이 선택할 의지와 성격의 문제일 따름이었다. 또한 이를 엄연한 사생활 차원으로 국한시킨다면 조선 기생의 평균적 삶의 양식이라는 개념도 그 뜻이 모호해질 수밖에 없다.

하지만 기본적으로 조선 기생의 외형적 이미지와 그 삶의 보편적 성격을 논의할 때 맞물리는 문제는 늘 따로 있었다. 그것은 기역(妓役)을 부과하는 국가와 막상 그에 따라 노역하고 봉사한 집단이 노력한 만큼

---

94. 조광국, 『妓女談 妓女登場小說 研究』(서울: 月印, 2000), pp. 231-232.

실질적으로 누리지 못하던 삶의 질이나 신분적 불안의 문제였다. 권위주의적 속성상 이는 근본적으로 피할 수 없는 문제이기도 했다. 그러나 노동의 부과가 실질임금의 상승이나 그에 상응하는 삶의 조건 개선으로 연결될 수 없었던 한계는 곧 조선 조정의 무책임과 직결된다. 특히 조선 후기에 이르러 신분질서가 급속히 무너지고 상업경제가 발달하자 '기생·기녀'의 빈곤화와 몰락은 불가피했다. 때맞춰 양반들의 기득권 유지가 더 이상 힘들게 되었을 때 기생들이 스스로 퇴락, 향락의 길로 접어들자 이들을 의식한 특수 천민들의 공생과 서식의 문제가 등장한 것도 당연한 일이었다.

조선사회에도 이미 기녀집단의 사창화 경향은 가속화되고 있었다. 그러나 그것은 곧 조정의 무책임과 사회적 홀대에 온몸으로 저항하려 했던 그들의 불가피한 생존전략으로 이해할 필요가 있다. 이에 관한 조광국의 분석에 좀더 귀기울여 보자.

> 官妓가 모두 양반 권력층의 妾으로 들어갈 수는 없었다. 지방의 많은 官妓들은 國法에 따라 妓役을 담당하면서 한편으로 才色을 내세워 私的으로 실리 추구에 힘썼던 것으로 보인다. 官妓의 私娼化는 국가에서 기녀에게 생계를 보장하지 않고 妓役의 의무만을 부과하였던 조선시대 기녀제도 및 신분제도의 필연적인 귀결이다. 한편 '私妓'나 '私娼'이 존재하였는데, 이들은 관청에 소속된 자들이 아니었다. 형조좌랑 김민이 役事를 담당해야 할 選上妓를 빼돌리고 '私妓' 笑雲烏에게 그 값을 받게 하였다. 또한 '私娼'을 데리고 宴飮 후 육체적 관계를 빚은 地方官들이 物議를 일으키고 摘發되기도 하였다. 이들 '私妓'나 '私娼'은 地方官의 사랑을 받은 자들로 推定된다. 한편 조선초기부터 관청이나 개인에게 속하지 않고 院·館·營·鎭 주변을 서성이면서 賣淫을 일삼았던 遊女나 花娘과 같은 자들이 있었다. 成宗[95] 이후 色人이라 불

95. 정책과 제도의 입안뿐 아니라 그 실질적 집행과 결과적 성패 여부에 이르기까지 해당 사안을 총체적으로 인식, 남다르게 인내하며 왕조국가의 정치적 기틀을 바로세우고자 노력했던 인물이 성종이었음은 이미 지적해 둔 바 있다. 동시에 이 같은 면모가 사관에게 중립적으로 '수용 - 여과 - 기록'됨으로써 상당 부피의 실록기록을 보유한 이유에 관해서도 굳이 다른 설명은 필요치 않을 것이

다. 심지어 백성들의 음행단속과정에서 권부의 경각심과 긴장, 그리고 군주의 각별한 자세가 서로 어떤 관련이 있었는지 알아보는 데 「성종실록」의 다음 대목은 매우 중요한 의미를 갖는다. 특히 그것은 주상의 의지를 정치적으로 보좌하고 나아가 행정권력을 통해 완성, 제도화하려는 구체적 노력의 일단을 엿볼 수 있게 해 준다. 「禮曹에서 아뢰기를, "이제 傳敎를 받으니, 陳言하는 사람의 말 가운데 '우리 東方이 箕子 이래로 敎化가 크게 행하여져, 남자는 烈士의 風이 있었고 여자는 貞正의 風이 있었으므로 歷史에도 '小中華'라 稱하였습니다. 요즈음 들으니 淫亂한 女子가 전에는 다만 陽城縣의 加川에 있었는데, 이제는 四方의 院·館과 營·鎭 사이에 또한 많이 있어, 봄과 여름에는 魚梁의 세금을 거두는 장소에 가고 가을과 겨울에는 산간의 僧舍에 놀러가 음란한 짓을 마음대로 행하여 敎化를 汚染시킨다고 하니, 守令·萬戶·驛丞으로 하여금 檢察하여 엄중하게 論罪하도록 하는 것이 편합니다.'라고 하였습니다. 臣 등이 음란한 風俗을 자세하게 살펴보건대 법으로 엄하게 다스릴 바입니다. 이제 遊女라 稱하고 혹은 花娘이라 稱하며 음란한 짓을 제멋대로 하니, 이를 禁制하는 條目을 뒤에 仔細히 기록합니다. 1. 花娘과 遊女가 음란한 짓을 하여 利得을 꾀하고, 승려와 俗人인 서로 즐겨 怪異하게 여기지 아니하니, 남녀의 道를 어지럽게 하여 綱常을 毁損하는 자는 所在地의 守令·萬戶·察訪·驛丞으로 하여금 엄중하게 규찰하게 하여 범한 자는 犯奸律에서 한 等을 더하여 論罪하고, 良家의 여자와 중은 殘邑의 노비로 永續하소서. 1. 私婢는 그 本 主人이 사실을 알면서도 故意로 그 하는 대로 맡겨서 日貢·月貢을 거두어 이익을 삼는 사람이 간혹 있으니, 그 주인은 엄중하게 論罪하고, 그 婢는 殘邑의 官婢로 삼되, 本役을 도피하여 '淫亂한 짓을 하였는데' 주인이 알지 못한 자는 논죄한 뒤에 주인에게 돌려주고, 公賤은 죄를 결정한 뒤에 그의 族親에게 주어 보호하게 하소서. 1. 遊女의 族親이 음란한 짓을 하는 대로 맡겨 두고 禁制를 가하지 아니한 자는, 妻妾을 縱容하여 간음을 범하는 율에 의하여 論罪하소서. 1. 모든 業者(色人)가 花娘과 遊女를 숨기고 사람과 通奸하게 하고 因하여 이익을 얻는 자는, 犯人과 같은 죄를 주고 財利는 官에 沒收하소서. 1. 守令·萬戶·察訪·驛丞 등이 부지런히 檢察하지 아니하여 管內로 하여금 花娘과 遊女를 숨기게 하는 자는, 里正·色掌과 함께 制書有違律로써 斷罪하고, 도망하여 숨었거나 피하여 가서 쉽게 摘發하지 못하는 사람이 있으면 사람들로 하여금 고발하게 하여 상을 주되, 한결같이 逃漏한 公賤을 고발한 예에 의하소서. 1. 중의 무리들이 부인을 誘引하여 山中의 절에 감추고, 혹은 머리를 깎고 女僧(尼)을 만들어 同行이라 冒稱하고서 남몰래 서로 음란한 짓을 하는 자, 富商과 大賈의 商人들이 재물로써 良家의 處女를 꾀어내어 그로 하여금 失行하게 하여 마침내 돌아갈 바가 없어 드디어 淫女가 되게 한 자, 無賴한 무리들이 부녀자를 데리고 白晝에 院·館에 들어와서 자고 쉬다가 밤이면 출입하여 踪迹이 괴상한 자는, 그들이 범한 바의 경중에 따라 痛切하게 懲戒하고 財物은 官에 沒收하소서. 1. 女僧과 중은 衣服을 分辨하기 어려우리는 포주들은 遊女나 花娘으로 비밀리에 賣淫하게 하여 이익을 챙겼다. 또한 私婢의 주인 중에는 私婢를 내세워 자유롭게 遊女와 같이 賣淫하게 하고 日貢이나 月貢 등의 花貸를 챙긴 경우도 있었다. 官妓의 私娼化와 私婢의 私娼化를 동시에 보여 주는 자료가 17세기 박취문의 『赴北日記』에 실려 있다. 박취문이 1644년 12월 집을 떠나 1645년 10월 함경도 경성의 병영생활을 마치기까지 同寢한 여성 23인을 昭詳히 밝혀 놓았는데, 여성 23인은 婢子 5인, 酒湯 3인, 賤民 1인, 妓女 14인으로 세분된다. 그 중에서 婢子는 모두 친족집의 婢子거나 숙박한 주인집의 婢子, 즉 私婢였고 賤民 1인은 宿泊한 주인집 여자였으며, 또한 妓女 中 2인은 宿泊한 주인집 여자가 그 하나였고 私婢 1인이 그 하나였다. 박취문이 동행하며 통솔하였던 다른 네 명의 남성들도 妓女나 私婢 또는 鄕校婢 등과도 肉體的 關係를 맺었는데, 妓女와 私婢가 同參하는 경우도 있었다. 조선 후기로 접어들면서 官妓나 私婢를 가리지 않고 妓女의 財物 追求行爲는 商業의 발달, 重商主義의 대두와 관련하여 더욱 심화되었다.[96]

이렇게 보면 삶의 조건과 현실에서 비록 표면적 차이는 있을망정, 내면의 실상은 그때나 지금이나 다름이 없다. 오늘의 매매춘 현실과 조선조 전체를 통해 확인 가능한 그것은 단순 비교를 허락하지 않지만 '기생·기녀'들의 사회적 처우란 생각조차 할 수 없는 일이었다. 남성들의 욕망의 배출물만을 수용하며 자발적 복종과 일방적 봉사를 강요당한 당대 상황 속에서 그나마 그네들이 취할 수 있었던 행동반경의 폭이란 애초부터 극히 제한적이었다. 그럼에도 불구하고 때로 저항하며 안주하고 본능과 욕망의 덫을 통해 남성들을 조종해 나간 조선 기생의 서로 모순된 행태는 결코 힘있는 자들에게 맹목적으로 기생할 수만은 없다고 판단한, 자존과 생존의 틈바구니에서 버텨낸 자연적 결과물이었다.

므로 서로 왕래하여 열흘 또는 한 달씩 머물며 음란한 짓을 제멋대로 하는 자가 많은데, 이것은 비단 戒行에 累가 있을 뿐만 아니라 실로 風敎에 관계되니, 京外의 官吏로 하여금 엄중히 규찰하여 위의 項目의 例에 의하여 論罪하고 다 殘邑의 奴婢로 삼으소서." 하니, 그대로 따랐다. 成宗 3年 7月 10(乙巳)日·『朝鮮王朝實錄』 第8輯 670面.

96. 조광국(2000), 앞 책, pp. 58-59.

정치적 격변과 전환의 계기도 '기생 · 기녀' 집단의 해방이나 삶의 조건을 이완시키는 획기적 변수는 아니었다. 물론 조선조의 정치적 격변이나 정치질서의 전환 계기라는 것 자체가 처음부터 완전한 계급해방을 표방하는 것이 아닌 한, 기생뿐 아니라 백정이나 주변 천민들의 자유를 기대할 수 없는 것도 당연한 일이었다. 기껏해야 유사 정치혁명으로 반정과 정난, 사화와 변란 등 구조적 저항이 아닌 제한적 정치변동 속에서 천민들간의 직능연합이나 정치적 연대를 모색한다는 것도 상상하기 힘든 일이었다. 그 같은 상황 속에서 정치적 주도권을 빼앗긴 측이든 아니면 새로운 세력으로 부상한 진영이든 각기 그들에게 예속되어 있던 '기생 · 기녀'들의 입지점이란 크게 다를 바가 없었다.

그들은 때로 주인을 바꾸거나 적몰(籍沒)의 대가로 또 다른 천역을 강요당함으로써 수평적 신분이동마저 감수해야 하는 처지에 놓이기도 했다. 그런가 하면 어느 정도 기득권을 옹호할 수 있었던 몰락세력과는 달리 정치적 조건 변화를 즉각적인 삶의 변화 계기로 예민하게 받아들일 수 없는 상황 속으로 들어가기도 했다. 즉, 지배세력의 권력구조변화가 자신의 낮은 신분 자체를 급속히 상승시키거나 완만한 변동이나마 보장할 수 있는 희망의 곡절로 인식될 수 없는 조건 속에서 주인의 전락은 오히려 더욱 강한 예종과 봉사의 계기가 될 수밖에 없었다.

정치적 전환기의 지배세력들이 보인 행태 역시 기녀들의 신분모순만큼 반도덕적인 경우도 허다했다. 물론 철저한 신분사회의 봉건적 문화구조가 과연 얼마나 강한 윤리적 자정의식과 각성효과를 담보할 수 있었을 것인지는 그렇게 단순한 문제가 아니었다. 또한 정치적 격변기를 거친 후 헤게모니를 장악한 세력들 대부분이 더욱 도덕적인 자기무장과 처신의 철저함을 기할 수 있었는지도 회의적이다. 개혁군주시대의 온갖 진취적 조치가 긍정적인 효과를 불러일으켰다 해도 지배세력 안에서 배양되기 시작한 도덕적 퇴행은 개혁군주 본인의 입지나 당대의 총체적 평가를 약화시키는 치명적 계기가 된다.

단종조의 김미와 중종조의 박원종 등 몇 가지 경우는 이처럼 봉건시대 개혁과 변혁이란 개념이 명분과 실질에서 얼마나 동떨어진 것이었는지 잘 보여 준다. 다음 역시 이를 증거해 주는 좋은 예라 할 것이다.

> 金湄는 婢妾과 妓女들을 데리고 향락생활을 일삼았는데, 나라에서 官妓를 두어 공식적으로 가무를 익혀 女樂에 동원하게 한 것처럼 자신의 계집종 6, 7명에게 管絃과 歌舞를 가르치고 아름답게 입혀서 미리 음식을 장만해 두었다가 손님이 이르면 곧 술자리를 베풀어 마음껏 즐기고 혹 자고 가는 사람이 있으면 계집종으로 하여금 薦枕시켰다. 이러한 향락적인 생활은 1506년 중종 즉위에 공헌한 朴元宗의 경우에서도 확인할 수 있다. 朴元宗은 연산군이 모았던 興淸 300명을 받고 그들을 家妓로 삼아 음악과 풍류가 넘치는 사치스럽고 향락적인 생활을 누렸다. 1599(宣祖 32)년경 부호군 權應銖는 좌도 열읍에 私屯을 설치하여 播種하는 것이 거의 2백여 석에 이르고 公私賤을 자기의 소유로 삼아 농사짓게 하였으며, 도내의 娼妓 30여 명을 誘致하여 家婢로 만들었으며, 歌童·舞女를 집에다 잔뜩 데려다 놓고는 날마다 연회를 베풀고 풍악 울리는 것만 일삼았다. 그리하여 十二農九妾이라는 말까지 나돌았을 정도였다. 金湄, 朴元宗, 權應銖의 경우에서 보듯 조선 초·중기부터 官妓가 家妓로 되어 가고 私婢가 家妓로 되어 가는 등 妓女制度는 일부분 瓦解의 과정을 밟고 있었다.[97]

그렇다면 이제까지 살펴본 조선 기생들의 삶의 양식은 어떻게 종합해 볼 수 있을까? <그림 5>는 이 같은 물음에 답하기 위해 지금까지의 논의를 압축한 것이다. 이는 조선 기생들의 정치사회적 안주와 성 정치적 조종 및 의외의 저항, 그리고 자기부정의 모습 전반을 함축하며 아울러 문예적 자율성을 견지하는 특수천민이면서도 불가피한 기생집단으로 살아야 했던 양식상의 차별성 역시 잘 교차 반증한다.

기생이 역사 속에 반복 등장한 일정한 행태적 특성의 기본을 순종과 저항의 양식으로 과잉단순화[98]시켜 보면 양반지배세력과의 관계유지방

97. 조광국(2000), 앞 책, p. 56.
98. 권태연은 조선 기녀들의 섹슈얼리티 유형을 이미 거시역사적으로 이렇게 분류한 바 있다. 특히 조선 기녀들의 사회적 존재양식이 유교적 여성관을 지향하는 경우와 그에 저항하는 경우로 나뉠 수 있다고 본 그는 그래도 끝까지 자기정

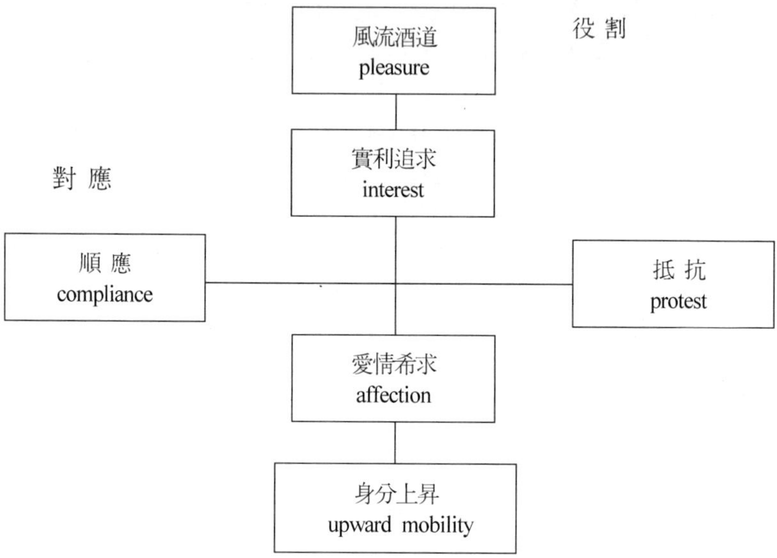

그림 5. 조선 '기생 · 기녀'의 사회 문화적 역할과 정치적 대응

식은 중요한 의미를 갖는다. 그것이 비록 오늘날의 거센 페미니즘적 저항이나 예외적 인종의 형식을 밟는 것은 아니었다 해도 사회문화적 조류에 때로 편승 혹은 일탈하며 그네들 모두가 추구했던 삶의 진정한 모

체성 확립을 위해 애쓴 기녀들의 삶의 모습에 주목한다. 「朝鮮時代 妓女의 社會的 存在樣態와 섹슈얼리티 硏究」, 박용옥 엮음, 『女性: 歷史와 現在』 (서울: 국학자료원, 2001), pp. 479-505. 그의 생각의 한 단락을 엿볼 수 있는 다음 인용에 주목할 것. "朝鮮時代는 賣淫女로서 妓女의 必要性을 인정하면서도 그들을 법의 보호권 밖에 위치지음으로써 그 존재를 부정하려고 하였다. 이러한 상황에서 기녀들은 자신들의 正體性을 찾으려 했고 그러한 욕구는 자신의 전 생애를 희생해서라도 한 가지 목표에 도달하려는 극단적인 상황으로까지 그들을 몰아 가게 된 것이다. 儒教的 女性觀을 내면화한 기녀들은 士大夫 남성들이 자신들에게 요구하는 기녀로서의 역할을 거부함으로써 경제적, 신체적 어려움을 겪어야 했고, 이와 반대의 위치에 있는 기녀들은 기녀들에게까지 남성들 자신들에게 유리한 윤리적 기준을 적용시키는 남성들에 의해서 비판받아야 했다. 결국 조선시대 기녀들의 삶은 철저하게 남성들의 요구에 순응하고, 길들여진 것이라고 할 수 있다."(p. 501)

습이란 결국 치열한 정체 확립과 생존을 향한 몸부림이었던 것으로 이해해야 한층 옳을 것이다. 그 가운데 '기생·기녀'들이 자신들에게 부과된 풍류지도와 기예 운용의 정도를 걷든 아니면 경제적 실리와 인간적 애정을 추구하며 나아가 신분상승의 길을 갈구하든 그 행태의 다양성이란 결국 왕조사회가 부여한 천민의 역할과 그에 대한 적합한 대응의 모습으로 나타났던 것이다.

그림에 나타나고 있는 각 영역별 유형의 실제 해당인물과 그 구체적 사단의 전말은 생략하지만 왕조사회 전체를 관통하며 부침한 '기생·기녀'들의 삶의 경로가 이 같은 본연의 역할축과 가변적 대응의 서로 다른 축이 교차하며 빚어낸 복합적 지평 위에서 만들어졌다는 사실을 기억해 두는 일은 따라서 늘 중요하다.

4 역사의 실제와 상상의 한계

1. 문학과 사회과학의 단절 : 역사의 중재

백정과 기생만이 조선의 천민은 아니었다. 이들 두 직종을 제외하더라도 왕조 말기까지 수많은 인구가 설움과 고통의 족쇄를 끊지 못한 채 속박의 틀 안에서 갇혀 지내야 했던 통한의 세월이야 이미 널리 알려진 얘기다.

그러나 아무리 많은 역사 속 이야기들이 전해진다 해도 여전한 문제는 그들에 관한 논의와 분석의 미진함이다. 왜냐하면 그것은 역사의 기록을 통해 단지 일회적으로 설명되거나 흥미 대상으로만 스쳐 지날 주제가 아니기 때문이다. 그것은 이미 오랜 편견과 부정적 가치판단 속에서 바라본 소외계층의 문제였다. 그나마 이제껏 살펴본 실록의 기록조차 없었다면 믿을만한 흔적이란 아예 떠도는 야사나 전래 설화 정도로 만족해야 했을 것이다.

사실은 역사로 담보되고 있으나 기록과 증거로 확실히 뒷받침되지 않을 때 상상의 끝은 어디까지 가능한 것일까. 그 답이 완전한 허구와 사실적 실재의 극점 사이를 방황할 때 이를 끝내 적합하게 이끌 수 있는 생각의 실마리는 어디서 어떻게 끌어올 수 있을까.

문학이 삶의 치열한 현장을 설명하는 도구이자 동시에 오랜 꿈의 양식이었음은 어제 오늘의 얘기가 아니다. 사실, 사회과학이 늘 미래를 꿈꾸게 하고 가능한 행위경로를 예시할 만한 또 다른 조타수였다면 문학의 세계에까지 기댈 필요도 없었던 게 아닐까? 그러나 오늘의 사회과학이 처한 극도의 비관적 상황과 이를 벗어날 황금의 열쇠를 찾지 못하는 한 이론적 사유와 분석으로 현실을 개선시킬 수 있는 여지란 극히 좁은 게 사실이다.

인문학의 황폐가 사회과학의 무능을 가리거나 그 또한 대리면피의 도구가 될 수 없었다는 것도 이미 오래된 얘기다. 그러나 문학적 상상력과 창작의 지평은 학문적 엄격함에서 비롯되는 지적 경직과 자기 속박의 틀을 이완시켰고 나아가 이를 깨버림으로써 '있었던 일들'에 관한 자유 연상과 사실의 새로운 해석을 도모하게 했다. 그나마 암울한 시대의 작은 버팀목으로 학문으로는 다 일구기 어려운 감각적 여유와 삶의 존재 이유를 확장하는 구실로까지 의미의 크기를 더했다고 보면 크게 틀리지 않을 것이다.[1] 물론 이들 사이를 가르는 영원한 차별과 상호 홀대의 벽은 그대로 놔둔 채 말이다. 하기야 엄밀히 따지고 든다면 문학과 사회과학이 진작부터 서로 치열한 논쟁의 장을 열어 사회발전에 기여할 만한 소통의 길이라도 넓혀 왔다면 얘기는 좀 달랐을 것이다. 새삼스럽게 말하자면 그들은 서로 크게 다툴 일도 없었지만 굳이 사이좋게 지낼 이유도 없었던 관계의 소원을 지금껏 이겨(?)내고 있는 중이다.

문학과 사회과학을 가르는 형식의 문제나 내용상의 차이까지는 그만

---

1. 그렇다고 해서 오늘의 문학이 사회과학도 '대응 · 처방'하지 못하고 있는 시대의 아픔에 적절히 조응하고 있는지는 여전히 의문이다. 문학도 그 자체의 위기를 통과하기 위해 死鬪와 지탱의 접점을 찾지 못하고 있고 그것이 또 다른 비극의 출발점이 되고 있음도 부정할 수는 없다. 다만 문학의 내재적 속성과 지향점이 사회과학이 그리려는 준엄한 행복과는 달리 훨씬 탄력적이며 인간적 정감의 세계를 아우르고 있다는 점에서 대안적 돌파구 역할을 기대하게 된다는 점을 전제하려는 것이다.

두더라도 이들 모두가 행복의 문제를 다루는 데 결코 소홀히 할 수 없었던 대상은 바로 역사였다. 역사란 사실의 단순한 집적물 이상으로 함부로 재단하거나 진술할 수 없는 의미의 보고(寶庫)라든지 혹은 어느 한 개인의 의지와 욕망을 넘어서는 모종의 불가지론(Agnosticism)이 개재하는 문제라든지 하는 따위의 담론을 의식하지 않더라도 지난 과거는 한결같이 문학과 사회과학이 기대야만 했던 반면교사였다.

역사가 문학의 영원한 소재이자 사회과학의 시간적 모체임도 굳이 힘주어 변명할 필요는 없으리라. 그것은 모든 문학에 생명을 불어넣는 토대이자 환경이었고 과학이란 명분 아래 이론과 새로운 가설을 딛고 선 모두에게 미래라는 세월의 텃밭을 향해 형체 없이 흐르는 강물처럼 열려 있었다. 따라서 역사 없는 문학이란 존재할 수 없고 역사성이 배제된 사회과학이란 아예 생각조차 할 수 없는 힘의 요소가 그들 사이를 관통하고 있었던 것이다. 이렇게 본다면 문학과 사회과학을 가르고 있던 단절의 벽도 오히려 역사를 통해 뚫리고 소통할 수 있다는 이른바 중재(仲裁) 가능성을 찾을 수 있는 것도 그리 놀랄만한 일은 아니다.

하지만 문제가 없는 것은 아닐 터이다. 사회과학이 한때 열중했던 가치중립적 자세와 여전히 떨치지 못하고 있는 자기경직성, 그리고 그 허구적 엄격함[2)]이 치러야 했던 몰역사성의 대가가 그 한 축을 이룬다면, 기교와 구성의 화려함으로 마치 살아난 현실처럼 역사를 복원한다 해도 문학의 기록이 과거의 역사 그 자체는 아닐 것이며, 그 안에서 꿈틀거리던 숱한 인간들의 진정성마저 담보할 만큼 솔직했거나 끝내 성공적이었던 것인지는 또 다른 논쟁의 축을 이룰 것이다. 뿐만 아니라 역사는

2. 문제의 해결보다 방향 제시만으로도 버거워 스스로 지쳐가고 있는 자세를 무엇으로 평균화할 것인지도 쉬운 문제는 아니다. 한때 이념과 분단의 벽이 숨막히도록 옥죄며 답을 요구했던 격정의 담론에서도 오늘의 사회과학자들은 자유롭지 못하며 평등의 미학을 완성하지 못했던 모종의 자책감 앞에 또다시 괴로워해야 하는 것도 사실이다. 이 대목에서 오늘의 사회과학이 왜 존재하느냐는 물음은 이미 심각성을 잃어버린 지 오래다.

실재하였으되, 기록 없는 사실을 향해 문학과 사회과학이 어떤 경로로 접근할 것인지는 여전히 의문대상으로 남을 것이다.

이들 모두가 일정한 믿음의 지평을 서로에게 보여 주지 못하는 한, 특히 역사의 중재란 과업도 모종의 허구와 긴장 혹은 상상과 작위적 해석의 틈바구니에서 방황할 것임은 재론의 여지가 없다. 이들 문제와 관련, 황광수는 이렇게 말하고 있다.

> 어떠한 형태의 역사적 서술이든 그것은 사실을 토대로 하여 이루어져야 하지만, 그것은 또한 사실들의 단순한 집합과 정리 이상의 것일 수밖에 없다. 말하자면 역사는 사실의 재생이면서 동시에 역사의식을 통한 사실의 극복이기도 하다. 역사가 올바르게 재생되기 위해서는 먼저 충분히 확보된 역사적 사실들에 대한 엄밀한 검증과 취사 선택의 과정을 거쳐야 한다. 사실의 취사 선택에서 어떻게 객관적 진실성과 올바른 방향성을 확보할 것인가 하는 문제, 다시 말해 역사의식의 문제는 역사서술의 성격과 의미를 결정하는 본질적 중요성을 내포한다. 그러나 지금 우리에게 시급한 문제가 되고 있는 것은 사실 그 자체의 빈곤함이며, 따라서 단편적으로나마 우리에게 알려진 소량의 역사적 사실들의 중요성은 그만큼 강조될 수밖에 없다. 이처럼 역사사실과 역사지식의 빈곤함은 우리로 하여금 시·소설·수필과 같은 문학적 형식에 크게 의존할 수밖에 없도록 하고 있지만, 문학적 형식은 그 유용성 못지않게 여러 가지 부정적 측면을 노출할 가능성도 그만큼 큰 것이다. 첫째 객관적 검증을 거치지 못한 데서 비롯된 역사적 사실의 부정확성, 둘째 올바른 역사의식을 갖추지 못한 데서 비롯된 전반적인 역사왜곡, 셋째 지엽적인 문제들에 대한 과도한 묘사에서 비롯된 균형성의 상실 등이 그것이다.[3)]

희박한 역사의 기록을 역사 자체의 부재로 매도할 수 없다면 사회과학으로서는 오히려 이를 반겨야 할 일이었다. 그러나 이 땅의 사회과학이 그 같은 속내를 드러냈다고 우리는 진솔히 기억해 낼 길이 없다. 아니 오히려 양 진영은 그들 서로를 의식할 겨를도 없이 각자 '민중은 무엇인가'라는 버겁고 큰 화두를 놓고 뒤늦은 담론의 장을 마련하기에 여

3. 黃光穗, 『삶과 역사적 진실』(서울: 창작과비평사, 1995), pp.151-152.

념이 없었다. 그것이 고의적 은폐였든 의도치 않은 기록의 망실이었든 선대의 무책임과 침묵을 탓하기 앞서 문학은 역사의 공백을 상상으로 메우고 때로 도약과 과장으로 넘어서려는 극단의 몸짓을 통해 과거의 빈곤을 이겨내려 애썼다.

때로 이 같은 시도는 황광수의 우려처럼 역사의 왜곡과 역사의식의 부재 혹은 부분으로 전체를 유추하려는 해석의 무리를 동반함으로써 문학의 '역사 읽기'가 의도치 않은 방향으로 발전할 수 있는 여지도 적잖았다. 그러나 문학진영이 함축할 수 있는 내재적 동력이란 애시당초 사회과학의 그것과는 같은 반열에 올려놓을 수 없는 상상력에 기초하고 있었다. 그리고 지나친 이론 우위적 사고와 방법적 절차에 얽매여 있던 해방 후 사회과학이 역사의 소재(所在)까지 뒤쫓는다는 것은 그야말로 비과학적이며 비능률적인 우회의 노동으로 치부될 뿐이었다.

'소량의 역사'를 다룬 문학이 그나마 '작품의 다수'를 미리부터 예정, 보장하는 것이었는지도 불투명했다. 그러니까 문학이 과거의 역사를 상상하고 복원, 재생산하는 데 사회과학보다 앞설 수 있었다 해도 그것이 곧 문학진영 전체의 합의된 사안이거나 지배적 집필 주제로 떠오른 것은 아니었다는 얘기가 된다. 따라서 문학의 역사적 의무라는 것과 실제 그것이 폭발적 동원력을 끌어 모을 수 있는지는 엄연히 다른 문제였다.[4] 하지만 축적된 작품의 양과 관계없이 문학이 사회과학을 '견인·압도'할 수 있는 계기가 역사의 중재로 가능했다는 사실은 거꾸로 사회과학이 역사를 업고 문학의 한계를 메울 수 있는 여백 또한 넓다는 사실을 암시하는 것이기도 했다.

사회과학이 이념의 무게에 업혀 '민중' 속으로 빠져들 무렵 문학도 그에 질새라 논쟁과 상호비판의 틀을 지탱하면서 작품으로 승부[5]하려 했

---

4. '잘 쓸 수 있다'는 것과 실제로 '많이 쓸 수 있다'는 것은 전혀 별개의 문제다.
5. 70·80년대의 한국문학이 통과했던 민중문학론의 터널과 그 내부 속성에 관해서는 다음 참조할 것. 황광수, 「80年代 民衆文學論의 指向」, 황광수(1995), 앞 책, pp.181-226; 「노동문제의 소설적 표현」, 같은 책, pp. 227-254.

다. 그때 진정 조선의 천민, 그것도 막상 왕조국가의 백정과 기생에 관해 문학이 얼마나 많은 애정과 관심을 기울이고 있었는지는 따로 살펴볼 일이었다. 나아가 역사의 기록마저 건너뛸 상상의 보고가 이들 불특정 다수의 인구까지 담아낼 만큼 풍요로운 것이었는지도 우리는 단순히 재단할 수 없다. 이른바 민중문학의 허울로 담아낼 수 있는 직능집단 가운데 조선의 천민들이 얼마나 포함되고 있었는지 정량화하는 일도 쉬운 작업은 아니다.

백정과 기생이 주제로 채택된 적이 없었던 것은 아니다. 다만, 민중문학의 중심에 그들만을 추켜세울 수 없었던 이유가 왜 분쇄되지 않았던 것인지 그것이 궁금했던 것이다. 국문학사에서 민중문학의 출발점을 어떻게 잡느냐는 문제와는 별도로 이 주제와 관련한 시대구분의 문제도 만만치는 않을 것이다. 다만 해방 후 한국 민중문학이 '설정 · 채택'한 화두의 기본이 정치적 민주화와 이를 담보하는 혁명적 역사주체로서 노 · 농 계급의 전위와 대중적 의식화로 맞춰졌음에 주목한다면 왕조국가 조선의 천민이란 그보다 훨씬 더 소급해야 할 대상으로 일정량의 부담을 미리 전제하는 것이었다.

작가들 대부분은 일단 해방의 감격과 흥분으로부터 민중의 지체된 정치화를 화두 중심으로 끌어내기 바빴고 아쉬운 대로 다시금 강점기 조선민중의 침묵과 사회적 저력이 문학적으로 어떻게 재구성될 수 있는지 타진하는 데 작품의 무게중심은 크게 쏠리고 있었다. 여기서 누가, 왜 이처럼 문학적 촉수의 기본을 달리할 수밖에 없었는지 가려낸다는 것은 매우 어렵다. 왜냐하면 그것은 곧 소재나 주제선정 과정의 개인적 선호와 아울러 작가들 모두가 일정 지분 나눠 가질 수밖에 없는 역사의식과 직결되기 때문이다. 이 가볍지 않은 문제와 맞닿는 역사의 소재란 때로 중세의 왕조체제나 훨씬 더 오랜 과거 공간으로까지 소급할 수도 있는 문제일 것이다.

하지만 조선의 역사공간만으로 한정해도 민중문학작가들이 파고들 수 있었던 주제의 초점은 매우 폭넓게 퍼져 있었다. 이 같은 과업이 실제로 얼마나 성실히 담보되었는지 여기서 본격적으로 따지며 파고들 여유는 없다. 다만 민중문학의 비중과 역사적 관심 중추가 최근세사 혹은 현대사의 본격적 개막을 알리는 '해방 지평'을 향해 미뤄졌던 모순을 다시 절감하면서 여전히 뛰어넘지 못하고 있는 문학적 역사의식의 골이 오늘 우리 모두에게 무엇으로 다가오는 것인지 되새기게 된다.

주제의 변방성과 관심의 소원함을 여전히 벗지 못하고 있는 조선 천민의 문학적 형상화란 그다지도 어려운 작업일까? 이에 관한 답을 끌어내기 위해 우리는 다시 황광수의 주장에 좀더 귀기울일 필요가 있다.

> 역사소설을 쓰는 사람의 행위 역시 과거에 이루어진 인간행위를 문제삼는 점에서는 역사가의 그것과 비슷하지만, 역사소설을 쓰는 사람은 역사가와는 달리 일차적 사료보다는 역사가들의 손으로 이루어진 역사소설에 의존하는 것이 보통이다. 역사소설을 쓰는 사람이라고 해서 일차적 사료를 탐색하지 말란 법은 없고, 실제로 훌륭한 역사소설들 중에는 일차적 사료에 대한 철저한 검토를 거쳐서 이루어진 것이 많지만, 그는 어디까지나 픽션을 쓰는 소설가이지 사실을 실증적으로 다루는 역사가는 아니기 때문에 사실 검증을 역사소설가의 의무로 삼을 수는 없다. 역사소설가는 역사가에 의해 밝혀진 과거 사회의 구조와 그 속에서 이루어진 인간행위들 사이의 내적 연관을 밝히고, 그 사회와 좀더 큰 사회와의 유기적 연관을 살피며, 무엇보다도 그 시대를 하나의 거대한 시간의 흐름 속에서 파악하면서 작가로서의 상상력을 최대한으로 발휘하여 옛 사람들의 삶의 디테일을 재생시켜 간다. 그들은 소재를 선택하고 그것을 하나의 작품으로 구상화시켜 가는 과정에서 그들이 몸담고 살아가는 현대사회의 지배적인 관심 또는 그들 자신의 역사의식을 반영함으로써 우리들로 하여금 그들의 작품이 현재적 삶의 완성을 위해 창조된 옛 사람들의 구체적인 삶의 공간임을 믿게 한다. 이런 점에서 볼 때, 역사의식은 역사가보다는 오히려 역사소설가에게 더욱 절실하게 요청되는 것인지도 모른다. 역사가는 자기가 연구하는 시대와 사회를 현대와의 맥락이나 좀더 큰 사회와의 유기적인 연관 속에서 파악하기를 회피할 수도 있다. 이런 태도는 그들의 능력의 한계에서 비롯된다기보다는 그것을 그들 자신이 꼭 해야 할 일로 받아들이지 않는 데에서 비롯된다. 그러나 역사소설

> 가는 과거 사실을 리얼하게 그려내는 것만을 그의 임무로 삼을 수는 없다. 현재의 복잡다단하고 절실한 문제들을 제쳐놓고 구태여 과거로 눈길을 돌릴 때에는 현재를 더 깊이 이해하기 위한 어떤 목적이나 이유를 가져야 마땅하기 때문이다. 역사적 고찰을 배제하고는 어떠한 방법으로도 손쉽게 해석될 수 없는 현재의 문제들의 연원을 밝힘으로써 그러한 문제들의 본질을 한층 명백하게 드러내겠다든가 단절된 전통적 생활감정이나 미의식의 줄기를 캐어내겠다는가 하는 목적이 없다면, 그들의 과거에 대한 관심은 괴로운 현재로부터의 도피 또는 단순한 호사취미에 지나지 않을 것이며, 아무리 과거 사실을 소상히 드러낸다 하더라도 그것은 현재 속에 살아있는 어떤 힘이 아니라 이미 지나가 버린 과거의 그림자로만 남아 있게 될 것이다. 그리고 이러한 현상은 실제로 외국의 역사소설이나 국내 역사소설에 두루 나타났던 현상이기도 하다.[6)]

이렇게 본다면 민중문학의 역사성과 역사소설의 사회과학적 성격 역시 서로 소통할 수 있는 길을 찾을 수 있을 것이다. 다만 그들 사이를 잇고 보다 적합한 이해틀을 공고히 하기 위해 각자의 장벽 틈새에서 새어나오는 오해의 가능성을 줄이는 일이 급선무임은 두말 할 필요가 없다. 뿐만 아니라 각자가 상대에게 무엇을 줄 수 있을 것인지 통 학문적 교류의 여지를 넓히는 일이 성실성의 담보보다 한층 중요한 과업이 된다는 데에도 주목할 필요가 있다.

역사소설은 '있었던 일'들을 토대로 작품화하되, 이를 '있을 수 있었던 일'들과 새로운 사건의 복잡한 관계로 발전시켜 과거의 한계를 극복할 수 있는 시간 속 실마리까지 일깨워 주는 데 작업의 본령을 둔다. 반면, 사회과학은 여전한 모순과 질곡으로 가득 찬 현실의 개선을 위해 이론을 내놓는 학문단위들로 세분화되면서 자신의 존재 이유를 키워 나간다. 여기서 역사가 문학과 사회과학의 단절을 메우고 그 틈새마저 새로이 중재할 수 있는 중요한 의미의 복합체로 되살아난다는 것도 이미 강조되어 왔다. 문제는 실제 역사를 바탕으로 삼되, 문학이든 학문이든 최

---

6. 윗책, pp. 12-13.

초의 상상력을 끝까지 어떻게 담보할 수 있을 것인지 거기서 판가름나는 것이었다. 아울러 그 창조적 결과물의 적합성을 무엇으로 대중화하며 감동과 흥분의 계몽효과를 어떻게 오래도록 도모할 것인지도 남는 문제였다.

출발점을 어디서 잡든, 한국의 민중문학과 사회과학이 이 땅의 역사로부터 피하지 못한 강박은 곧 민중의 저력이 언제 어디서 어떻게 정치화하는지의 물음과 연결되고 있었다. 바꾸어 말해 해방전후의 저 흐르고 넘치던 정치적 저항조건에도 불구하고, 아니 더 거슬러 올라가 왕조국가의 종말을 방어해야 했던 역사의 당위 속에서도 구조적 항거와 변혁의 물꼬 한번 제대로 트지 못한 채 급변하는 정치질서의 와류에 그대로 무너지고 말았던 역사 속 민중의 한계는 줄곧 애석함과 감상적 차원의 자기학대 아니면 주눅으로 물들어 급기야 혁명 콤플렉스로 윤색되어 왔던 게 사실이다. 그것이 성공한 사회혁명이나 전면적 정치저항으로 구체화하여 민족적, 시민적 역량의 폭발로 이어지는 모습을 갖추지도 못하고 즉발적 정치폭력의 투입을 통한 감동적 역사변동의 이미지로 현실화되는 것도 아니었을망정, 한국의 근·현대사가 그나마 끝없는 내재적 변화의 과정으로 거시적 형용화의 틀을 마련했던 것은 일단 문학진영의 줄기찬 노력의 결과였다.

이에 관한 역사학 전체의 연구결과나 사회과학의 그것마저 과잉 단순화할 수 없는 이유는 이제 더 이상 변명할 일이 아니다. 그러나 이들 두 진영의 지적 산출물이 지난 역사의 역동성을 아무리 적극적으로 해석했다 해도 그들 모두가 기울인 노력의 총합은 결코 문학진영의 창조적 상상력 부피를 넘어서지 못한다. 물론 역사학과 사회과학은 동일한 잣대로 비교할 수 없는 지적 다양성과 학문적 독자성을 엄밀히 전제하지만 인문학적 상상력을 통한 역사의 복원과 과거의 입체적 조망을 도모한 문학의 노력은 이미 그 자체만으로도 의미를 더하는 작업이었다.

상상 행위 자체를 지적인 무책임으로 이해하려는 사회과학적 오류. 증거와 사료로만 말하며 한치의 도약이나 허튼 과장, 혹은 이유있는 생략과 배제란 상상조차 할 수 없었던 역사학적 경직성. 이 같은 문제들을 안은 채 문학적 사유방식이 주변부 학문단위와 평화롭게 공존할 수 있는 가능성은 일찍부터 기대하기 힘들었다. 그러니까 혁명 없는 시대에 마저 실제로 우리의 삶은 매우 완만하나마 변혁의 거대한 조류를 타고 있었고 나아가 아주 천천히, 보다 큰 변화를 지향하는 민중의 정치적 의지와 흐름을 같이 하고 있었다는 해석을 도리어 문학 외 영역에서 끌어내길 기대하긴 어려웠던 셈이다.

단숨에 권력을 교체하고 세상을 뒤엎는 구조적 혁명이 일어난 적은 없었으나 아주 천천히 그 같은 모습을 갖추기 위해 민중 각 부문이 깨어나고 움직인 과정이 바로 이 땅의 근대사이자 현대사에로의 이행을 담보한 뼈아픈 역사의 접점이었음을 알리는 데 문학은 이바지했다. 사회과학이 이론의 입을 빌려 그것은 혁명이 아니었다고 말할 때 역사학은 이를 간접 시인했고 사료와 증거를 통해 격변의 과거가 시민혁명은 아니었다고 그들이 입 모을 때 작가는 다른 각도에서 흘러간 역사를 예의 주시하며 체계적으로 이를 다시금 매만지려는 인문학적 진정성을 보이고 있었다.

문학진영의 진정성이 이처럼 의미의 크기를 더해가고 있을 때 그러나 작가들 모두가 이 주제에 매달렸던 것은 아니다. 한국의 근·현대문학 작품 전부가 민중문학일 수 없듯, 마찬가지로 민중문학의 컨텐츠 모두가 혁명과 사회변혁이란 주제로 일관해야 했다는 것도 말이 안 된다. 앞서 지적했듯, 민중문학의 역사지평이 기껏해야 19세기 말 혹은 17·8세기의 조선 후기 사회변동을 의식하는 정도로 소급되는 것 역시 피치 못할 한계로 남는다.

이는 그만큼 조선의 정치사회적 역동성이 후기에 이르러서야 가능했음을 알리는 일이다. 하지만 그렇게만 보면 자칫 그 이전의 조선사는 항거와 도전의 전사(前史)로 전혀 역사적 적합성을 갖지 못하는 양 곡훼할 가능성도 있는 게 사실이다. 뿐만 아니라 민중문학의 조선사 지평이 후기로 미뤄지는 현상은 과연 사회변혁의 역사적 주체가 누구였는지와 민중의 구체적 계층기반은 어떻게 범주화되고 또 그들의 직업적 기초는 무엇으로 가늠할 것인지까지 같이 풀어야만 비로소 답할 수 있는 것이기도 했다.

그러나 막상 작가들마저 이에 관해 체계적이고 적실성 있는 답변을 끌어내기란 쉽지 않았다. 그것은 애초부터 민중이란 개념 자체가 신비의 껍질을 벗고 나면 질척거리거나 끈끈한 삶의 모습 아니면 끝내 환상으로는 걸러지지 않을 슬픔과 때로 잔혹한 배신의 그늘을 숨겨놓음으로써 정작 이들 모두를 그려내기가 좀체 막막해지는 '어려움' 같은 것이기도 했다. 하여 아무리 탁월한 상상력과 자료를 종합, 역사의 복원이 가능하다 해도 결코 단순한 잣대로 민중의 역사를 형상화하기가 쉽지 않았던 한계와 이들 문제는 마주하고 있었다.

한국 근·현대문학사에서 민중문학이 차지하는 역사의 지평과 컨텐츠를 생각할 때 같이 고민해야 할 문제 중 하나는 이제껏 여기서 논의한 조선 천민들의 실질적 위상이다. 그들은 과연 한국민중문학에서 무엇으로 되살아나고 있을까? 역사가 미처 기록하지 못한 조선 천민의 삶의 다양한 항목은 작품 속에서 어떻게 묘사되고 있을까? 결국 문학으로 읽는 조선천민사는 정사(正史)와 사회사로 보는 그것과 어떻게 다를까?

유감스럽게도 이에 관한 답변은 현재 풍요롭지 않다. 조선 후기라는 역사의 제한된 지평을 대상으로 삼았을 뿐만 아니라 아무리 훌륭한 상상력을 발휘하더라도 기초사료의 한계 위에서 무한대의 창작과 극한의 자유연상을 발휘한 문인들이란 그리 많지 않았기 때문이다.

＜표 21＞은 이에 관한 답변의 기본 윤곽을 잡는 실마리가 될 수 있을 것이다. 이는 강점기 조선시대의 문학사까지 거슬러 올라가지 않고 해방 후 한국 현대문학사에 등장한 민중문학의 단초, 즉 대하(大河)형식의 창작물을 내놓은 문인들의 작품군을 체계적으로 정리해 본 것이다.

굳이 대하소설류로 대상작품을 한정한 것은 기본적으로 역사를 다룬다는 점과 플롯의 전개를 담보하는 주체와 상황의 정치사회적 역동성이란 것이 단선적 서사구조만으로는 이해할 수 없다는 거시성을 의식해야만 했기 때문이다.[7]

이 표를 통해 정리한 17인의 작가들은 필자가 무작위로 선별한 인물들이다. 지명도와 시기적 호응도 역시 다 달리 나타났던 점을 고려한다면 이 분류가 해방 후 한국 대하소설의 민중문학적 전개과정을 그대로 대변하는 것은 물론 아니다. 다만 이들 변수를 고려, 기왕의 평가를 다시 빌려볼 때 작가들의 개인별 이념지평이나 월북 여부에 따른 선입견 또한 지나치게 고려할 사항은 아니라고 본다.

단지 작품만으로, 또한 그들의 문학적 축적물을 바탕으로 표에 나타난 주제의 변화와 이를 증거하는 역사의 굴곡을 다시 추적하노라면 해방 전후 한국 정치변동의 격동과 그 전후 맥락에 투영된 극적인 모습은 여지없이 드러난다. 표에서도 확인할 수 있듯, 민중문학의 소재로 빈번했던 역사의 지평은 숙종조 이후 19세기로 이어지는 조선민중사 속에서 펼쳐진다. 그것은 의도치 않았던 거대 폭력 아래 외세의 중첩 개입과 전쟁으로 인한 지리적, 이념적, 인간적 단절의 척박한 삶의 조건을 통해 피치 못할 극적 변수들과 함께 작품으로 녹아든다. 민란과 농민봉기, 왕조의 붕괴와 강점기의 밀물, 분단과 전쟁, 단절의 고착화와 미움의 화석화 등은 소재의 변형과 주제의 연출과정에서 수많은 한의 이랑이자 슬픔의 고랑으로 반복 채택되어 나간다.

그것은 어느 한 개인의 힘으로는 도저히 감당키 어려운 구조적 폭력이었다. 그 힘은 끝내 물리적으로까지 확인할 수 있었던 타율의 봇물로 작품 속에 각인되어 나갔고 더 이상 복종과 핍박의 그늘 아래 신음할 필요 없는 불특정 민중의 아픔을 극명하게 드러냈다. 각자의 작품이

---

7. 그러나 대하물의 선별 기준과 근거는 따로 엄격히 정하지 않았다. 다만 해방 이후 세기말까지 국내 지명도와 판매부수의 상대적 우위를 점했던 작품들에 주목, 무작위로 선정한 것이다.

표 21. 해방 후 한국 대하소설의 민중문학적 전개[8]

作家	作品名	出版社	出版年度	狀況	主體身分
김원일	노을	文學과知性社	1978	韓國戰爭 直前	南勞黨 末端行動 隊員
	불의 제전 1卷 人間의 마을 2卷: 人間의 마을	文學과知性社	1983	韓國戰爭 直前	知識人
	겨울골짜기(2)	民音社	1986	居昌良民 虐殺事件	김익수 (知識人)
金周榮	客主 1卷: 外場 2卷: 外場 3卷: 外場 4卷: 京商 5卷: 京商 6卷: 京商 7卷: 商盜 8卷: 商盜 9卷: 商盜	創作과批評社 /中央日報社	1981 1987	高宗朝	褓負商
	禾尺(3)	문이당	1991	高麗武臣亂 以後	高麗賤民
	아라리난장(3)	문이당	2000	IMF 以後	한창범 (輸送技士)
	野丁 1卷: 벼랑길과 외다리 2卷: 질경이와 영산홍 3卷: 때묻은 소매 4卷: 혼자나는 늦잠자리 5卷: 문지키는 원숭이	文學과知性社	1996	强占期	滿洲移民 1世代
	천둥소리	문이당	2000	解放後 韓國戰爭以前	신길녀 (靑孀村婦)

8. 작품명 우측에 괄호 처리한 숫자는 복권으로 구성되어 있으나 각 권의 부제가 없는 경우 전체 연작 권수만을 따로 밝힌 것이다.

표 21 계속

作家	作品名	出版社	出版年度	狀況	主體身分
金琸桓	鴨綠江 1卷: 황룡을 쏘다 2卷: 그대 이름은 강오랑캐 3卷: 성공한 쿠데타 4卷: 몰락의 다른 이름 5卷: 활빈 그리고 활빈 6卷: 거인의 얼굴로 돌아오라 7卷: 이 곳은 유토피아	열음사	2000	光海朝	林慶業 (武臣)
	허균, 최후의 19일(2)	푸른숲	1999	光海朝	許筠 (士大夫)
文淳太	타오르는 江 1卷: 大地의 꿈 2卷: 깨어있는 밤 3卷: 逆流 4卷: 開港 5卷: 반창 6卷: 義兵 7卷: 어둠의 땅	창작사	1987	高宗朝: 1886 - 1895	解放奴婢 群小農民
	피아골	정음사	1986	韓國戰爭 直後	빨지산/ 知識人
박태원	갑오농민전쟁	깊은샘	1977	1892 - 1895	吳氏家門 (東學徒)
송기숙	岩泰島	創作과批評社	1981	1920・30年代 强占期 朝鮮	小作人
	녹두장군(12)	創作과批評社	1994	1894 - 1895	全琫準 (沒落兩班)
劉賢鍾	들불 1卷: 東學亂 2卷: 남사당	세종출판공사	1986	高宗朝: 1894 - 1895	임여삼 (農民의 아들)
李箕永	두만강	풀빛	1989	1890-1930	農民
이덕일	雲浮(3)	중앙 M&B	2000	肅宗朝: 1688 - 1697	雲浮 (僧侶)

作家	作品名	出版社	出版年度	狀況	主體身分
李炳注	智異山 1卷: 잃어버린 季節 2卷: 岐路에서 3卷: 작은 共和國 4卷: 酉林의 壁 5卷: 晦明의 群像 6卷: 憤怒의 季節 7卷: 秋風 山河에 불다	기린원	1985	1938 - 1955	박태영 (革命的 知識人)
	南勞黨(3)	청계	1989	1945 - 1950	박갑동/ 박헌영 (南韓 社會 主義者)
이 태	南部軍(2)	두레	1988	1946 - 1954	빨지산
정동주	丹冶(7)	열음사	1993	1925年直前 强占期	金丹冶 (强占期 朝鮮 社會主義者)
	白丁 1卷: 이상한 노래 1卷: 天刑의 꽃 2卷: 에나 3卷: 까꼬실 나루 4卷: 곤담골 가는 길 5卷: 哀痛 6卷: 한울님의 눈물 7卷: 黃沙 8卷: 서러운 文身 9卷: 꿈꾸는 바람 10卷: 들풀의 노래	우리문학사	1991	高宗朝	白丁
趙廷來	太白山脈 1部 1卷: 恨의 모닥불 1部 2卷: 恨의 모닥불 1部 3卷: 恨의 모닥불 2部 4卷: 民衆의 불꽃 2部 5卷: 民衆의 불꽃	한길사	1988	麗順事件 - 韓國戰爭 前夜	解放空間 民衆

표 21 계속

作 家	作 品 名	出 版 社	出版年度	狀 況	主體身分
趙廷來	3部 6卷: 分斷과 戰爭 3部 7卷: 分斷과 戰爭 4部 8卷: 戰爭과 分斷 4部 9卷: 戰爭과 分斷 4部 10卷: 戰爭과 分斷		1988		
崔仁旭	全琫準	平民社	1983	1894 - 1895	全琫準 (沒落兩班)
黃晳映	客地	創作과批評社	1980	1960년대 중반	干拓工事 場 勞務者
	張吉山 1卷: 廣大(上) 2卷: 廣大(下) 3卷: 群盜(上) 4卷: 群盜(中) 5卷: 群盜(下) 6卷: 潛行(上) 7卷: 潛行(中) 8卷: 潛行(下) 9卷: 逆謨(上) 10卷: 逆謨(下)	玄岩社	1994	肅宗朝	광대 出身 義賊
玄基榮	邊方에 우짖는 새	創作과批評社	1983	舊韓末	李在守(濟州 別監通引)
洪命憙	林巨正 1卷: 鳳丹編 2卷: 皮匠編 3卷: 兩班編 4卷: 義兄弟編(I) 5卷: 義兄弟編(II) 6卷: 義兄弟編(III) 7卷: 火賊編(I) 8卷: 火賊編(II) 9卷: 火賊編(III) 10卷: 火賊編(IV)	사계절	1985	明宗朝	임꺽정 (白丁)

한국 근·현대문학사에서 차지하는 의미나 비중 혹은 성격까진 그만두더라도 이들 대부분은 문학성 이전에 이미 정치성과 텍스트적 매체성을 동시 분출하는 중요한 잣대로 빛을 발해 왔던 게 사실이다.

모국어의 용례와 새로운 어법의 계발, 그리고 방대한 면적에 걸쳐 상용화되고 있던 방언구조의 체계적 단련도 이들 작품 속에서 가능했다. 그것은 오늘의 교육체계와 영상미디어가 혁명적으로 보급되기 전, 이미 민중을 계도하고 역사의 텃밭에서 다시 역사를 가르치는 보편의 매체로 중요한 인도적 기능마저 거침없이 발휘했다.

그러나 여기서 반드시 짚고 넘어가야 할 문제가 있다. 그 가운데 하나가 바로 민중문학이 지향하는 '민중성(popularity)'의 의미 그리고 그 대상과 주체의 모호함이 빚어내는 결과적 모순의 변별로 구체화된다. 다시 말해 민중은 민중문학의 주체이어야 하는지 아니면 그 대상일 뿐인지에 관한 오랜 논쟁이 여기서 다시 중요한 화두가 될 수 있다는 점이다. 특히 여기서 말하고 있는 조선의 천민 역시 문학대상이 될 경우와 그들 스스로 문학의 주체가 될 경우를 구분해서 이해할 필요가 있다. 그것은 문학이 계몽적 사회교육성과 정치적 민중성을 공유한다 하더라도 글로써 작품을 쓰고 그 과업 자체의 노동성이란 개념이 이미 또 다른 지식과 이론을 필요로 하는 권력자원으로 세상에 회자할 때 과연 민중문학의 민중성과 그 민주지향성의 대중적 거점—혹은 기반—을 어떻게 변명할 수 있을 것인지와 밀접하게 연관되기 때문이다.

문학이 굳이 민중 해방과 평등 실현을 위한 궁극의 정치도구로 적극적 실천기능마저 발휘해 주길 기대할 필요까진 없었다 치자. 그러나 그럼에도 불구하고 그것이 또 하나의 권력이자 민중의 지배수단으로 오용될 수 있는 가능성이 있었다든지 혹은 그 같은 오해의 여백이 만들어질 수 있었다면 그것은 최대한 방어하고 고쳐야 할 치명적 문제였다. 이와 관련한 과거 민중문학진영의 논의는 되짚어보아야 할 이유를 충분히 갖는다.

그간에 여러 방향에서 전개된 민중문학론들은 대체로 세 가지 경향으로 나뉠 수 있다. 첫째, 민중문학·민중문학론에 대한 호의적 관심을 가지고 있음에도 불구하고 그 자신이 민중문학자가 아니어서 80년대의 민중문학론에 대해 다소 미심쩍어하는 입장이 있다. 이 입장을 취하는 사람들은 기본적으로 기존 문학관과 문학적 태도를 거의 수정하지 않고 기존의 문학적 태도에 내재해 있는 일정한 수준의 비판성에도 현실 개선(따라서 민중현실의 개선)의 의지와 기능이 있다는 점을 강조한다. ···· 둘째, 70년대부터 '민중'을 민족해방의 주체로 인식하면서 일정하게 민중지향성을 유지해 왔으며 궁극적으로는 민중 자신이 만드는 민중의 문학이 본격화되어야 한다는 주장을 하기에 이른 입장이 있다. 이들은, 지식인 집단의 전문성에는 일정한 수준의 매판성이 도사리고 있지만 전문성의 올바른 사용은 민중문학의 발전에 필수적인 것이라고 주장하며, 민중문학은 민중문학론적 지평에 올바르게 자리잡아야 함을 강조하고 있다. 셋째, 민중(이때 '민중'은 주로 직접생산자로서의 기층민중을 의미한다) 자신이 주체가 되는 문학에 더 많은 의미를 부여하며, 끝내는 민중 자신이 쓰고 읽는 문학을 통해 기존 문학의 노동소외 현상이 극복되어야 한다는 입장이다. 이들에게는, 지식인의 전문성이 역사발전 과정에서 이데올로기적 왜곡을 겪은 것이어서 일차적 극복대상이 되는 것이지만 그 전문성 속에 들어 있는 일정한 기능은 잠정적으로 민중문학의 창작기법 또는 형식면에서 이용될 가치가 있는 것이며, 지식인집단은 그들이 지닐 수 있는 선도성(이것도 어디까지나 잠정적이다)을 실천적 운동 속에서 적극적으로 발휘함으로써만 '잠정적인' 존재 이유를 획득할 수 있는 것으로 이해된다.[9)]

본격적인 민중문학논쟁이나 그 이데올로기적 기반 차이까지 여기서 다시 자세히 회고하며 반성할 여유는 없다. 그것은 어디까지나 문학을 작업의 본령으로 삼는 이들의 임무 내역일 뿐 문학 자체를 논의의 중심 화두로 삼을 수 없는 여기서 이는 단지 건설적 엿보기의 대상이자 또 다른 준거 정도로 의미의 크기가 제한될 수밖에 없기 때문이다. 단지 이를 통해 우리가 다시 확인할 수 있는 사실은 민중문학의 민중성이란 개념이 결코 단순하지 않고 이 또한 적절히 계도되고 동시에 교육해야

9. 황광수(1995), 앞 책, pp. 182-183.

할 또 하나 별도 화두를 이룬다는 점[10])이다. 물론 그 효과와 실질적 변화의 크기는 논외로 하고 말이다.

문학이 민중의 의식을 바꾸고 삶의 방향마저 새롭게 결정해 주길 기대하게 되는 것만큼 인문학적 울림의 크기가 그렇게 늘 집단적이거나 감동적인 것만은 아니었다. 또 객관적일 수도 없는 문제였다. 마치 사회과학이 과거와 현재를 토대로 현실적 연계나 삶의 적합한 경로를 모색하려 해도 미래의 그것까지 확실히 이끌지 못함으로써 논의의 중심축이 늘 불안정하듯, 인문학적 상상과 감동의 제고를 통하더라도 문학이 인

10. 이에 대한 7·80년대의 문학논쟁과 민중성 규명을 둘러싼 이념지평의 확산에 관해서는 다음 참조할 것. 성민엽, 「민중문학의 논리」, 성민엽(편), 『민중문학론』(서울: 문학과지성사, 1984); 유재천, 「민중 개념의 내포와 외연」, 유재천(편), 『민중』(서울: 문학과지성사, 1984); 김병익, 「민중문학론의 실천적 과제」, 자유실천문인협의회(편), 『민족문학』 제5집(서울: 이삭, 1985); 백낙청, 「민중·민족문학의 새 단계」, 『창작과 비평』 57호(서울: 창작과비평사, 1985); 성민엽, 「민중문학의 논리」, 김병걸·채광석(편), 『민족, 민중 그리고 문학』(서울: 지양사, 1985); 성민엽, 「문학과 계층의 목소리」, 김병걸·채광석(편), 『민족, 민중 그리고 문학』(서울: 지양사, 1985); 홍정선, 「현단계 민중문학의 반성」, 『실천문학』 제8집(서울: 실천문학사, 1987); 백낙청, 「문학적인 것과 인간적인 것」, 『민족문학과 세계문학』 I(서울: 창작과비평사, 1978); 「민족문학 개념의 정립을 위해」, 『민족문학과 세계문학』 I(서울: 창작과비평사, 1978); 「민중은 누구인가」, 『뿌리깊은 나무』(1979. 4); 「민중문학론의 새로운 과제」, 『실천문학』 제1집(1980); 이재현, 「문학의 노동화와 노동의 문학화」, 『실천문학』 제4집; 백진기, 「手記와 르포의 운동역량을 위한 문제제기」, 『문학의 자유와 실천을 위하여』 1(서울: 지양사, 1985); 「노동문학, 그 실천적 가능성을 향하여」 『시인』 제3집(서울: 시인사, 1985); 백낙청, 「민족문학과 민중문학」, 『문학의 자유와 실천을 위하여』 1(서울: 지양사, 1985); 김지하, 「민중문학의 형식 문제」, 『민족, 민중 그리고 문학』(서울: 지양사, 1985); 임헌영, 「노동문학의 새 방향」, 『민족문학』 제5집(서울: 이삭, 1985); 김사인, 「전문성에 대한 비판과 옹호」, 『실천문학』(1985년 봄호); 성민엽, 「문학과 계층의 목소리」, 『시인』 제3집(서울: 시인사, 1985); 현준만, 「노동문학의 현재적 의미」, 『한국문학의 현단계』 IV(서울: 창작과비평사, 1985); 이재현, 「노동, 문학 그리고 민주주의」, 『일터의 소리』 1(서울: 지양사, 1985); 「집단적 신명과 비판의 무기」, 『일터의 소리』 2(서울: 지양사, 1985); 전영태, 「민중문학론에 대한 몇 가지 의문」, 『한국문학』(1985. 2); 박현채, 「민중과 문학」, 『한국문학』(1985. 2); 최원식, 「노동자와 농민」, 『실천문학』(1985년 봄호).

간과 사회를 이끌 수 있는 실제 변화의 부피는 일단 주관적 영역에서부터 그 감지가 시작되는 일이었다.

여기서 그간의 민중문학 논쟁사와 이를 이끌고 간 인물들의 이념지평까지 해부할 여백은 없다. 그러나 늘 문제로 남는 문학사의 궁극적 화두 가운데 하나는 민중의 실질적 단위와 이들의 삶을 그려내는 작가의 사회적 기능이 어디까지 멀리 그리고 얼마나 넓혀질 수 있는가 하는 점이었다. 하물며 문학의 주체가 민중진영으로 전이되어야 한다는 논지에 전적으로 공감한다 해도 역사의 바다에서 소재와 대상을 어느 깊이까지 내려가 건져 올릴 것인지는 매우 중요한 문제였다. 글쓰기의 주체와 대상의 문제는 그래서 문학의 시작이자 끝을 이루는 근본의 화두이기도 했다. 문학이든 사회과학이든 지식세계를 의식할 필요도 겨를도 없이 역사가 그 결을 스치듯 흘러갈 때 어느 층위에서 누가 그 속의 무엇을 자세히 바라보며 작품 형식으로 그 흐름의 정체를 파헤치느냐는 것은 늘 피할 수 없는 문제였다.

조선의 천민이 문학의 주체로 거듭날 수 있는 역사의 계기란 따로 마련되지 않았다. 아니 도저히 그럴 수 없었다. 천민과 문자 혹은 천역과 언어의 관계가 왕조국가에서 서로 원활히 소통되길 기대하긴 어려운 문제였기 때문이다. 백정은 물론이고 공·사 칠팔천 대부분이 글을 쓰거나 언어의 소통을 전제로 자기의사를 표현한다는 것은 극히 이례적인 일이었다. 단지 예외적으로 권력 주변의 인사들을 지근거리에서 봉사해야 했던 기생을 해어화(解語花)라 부르거나 왕실 의료행위의 보조 역할로 의녀 등 일부 특수천민들만이 문자를 해독할 정도였음은 그만큼 문화의 단절과 폐쇄적 소통구조의 단면을 잘 드러내는 일이었다.

말을 이해하거나 문자를 구사하는 것 자체가 희안한 일일 수밖에 없었던 역설은 오히려 그들 대부분의 삶을 문학세계에서마저 제외시키기 한껏 좋은 명분이었고 이를 굳이 작품화하거나 천착대상으로조차 승화시키기 어려운 빌미였다. 그러나 역사가 저버리고 문학의 주류가 도외시했을망정, 그들의 삶에 투영된 모종의 극단성은 언제든 극화 자체가 가능한 절실한 사연의 창고였다. 따라서 터질 듯 쌓여 있는 불가피한 고백의 저장소로 그 모습을 감추고 있었을 뿐이라는 데 우리는 다시 주목하게 된다. 하지만 그것은 구태여 해방 전후사의 한국문학이 주류로 채택할 만한 화두로 드러나거나 일상적 감동대상으로 떠오르진 않고 있었다.

근·현대 한국문학사에서 각기의 작품들이 고른 기량을 갖고 힘을 발휘했었던 것인지 여기서 분명히 답할 처지는 아니다. 다만 조선의 천민들이 한국 근·현대문학에서 완전히 배제되지 않았음을 역사로 확인하고 작품으로 접할 때 그간의 논의의 빈곤과 지적 비관주의를 벗어날 수 있는 계기가 마련된다는 데 그나마 안도할 뿐이다.

백정과 기생 항목에 초점을 맞춰 이를 다시 문학적으로 '재생·복원' 해 낸 결과물들을 새삼 재구성하는 일도 간단치는 않다. 비록 같은 신분지평 위에 서 있었을망정, 삶의 굴레와 구체적 경험배경 자체가 판이하게 달랐던 조선의 대표적 남녀 천직으로 이들의 생활 현실을 가감 없이 묘사하고 나아가 삶의 여러 국면들을 입체적으로 그려낸다는 일은 이미 작업 초기단계부터 예사롭지 않았기 때문이다.

여기서 기존의 작품세계란 건설적 준거의 하나로 참조하거나 때로 엿보아야 할 인위적 창작물로 그 의미의 잠재력을 함축한다. 이때 천민이 문학의 주체였든 아니면 한낱 소재로만 처리되고 있었든 한국 전통문학에 담겨 있는 조선 천민을 통해 '기록의 역사'를 다시 비추어 본다면 의미의 입체성은 여러 각도에서 빛을 더할 수 있을 것이다.

2. 백정문학과 해방의 좌절: 민주화의 '前史'

극도로 척박한 삶의 조건 속에서 백정이 글을 쓰거나 읽을 여유가 전혀 없었을 것이라고 상상해 보는 일은 어렵지 않다. 특히 기생이 남성들의 성적 매력과 육체적, 정신적 접근대상이 되었다든지 관음의 호기심마저 발동할 수 있었다는 점으로 미루어 보면 백정의 환경은 크게 달랐을 것이다. 하물며 천민의 문자 해독과 언어의 자유로운 구사가 봉쇄되어 있던 조선에서 백정을 문학 주체로까지 격상시켜 이해하려는 것은 좀체 쉽지 않은 일일 것이다.

그것도 19세기까지 극히 일부 예외적 경우를 제외하고 정치화의 길 자체가 막혀 있던 백정들에게 삶은 생존을 위한 최소한의 터전일 뿐이었다. 목적과 보람이라는 어휘를 도저히 생각할 수 없는 삶의 막장에서 혁명까진 그만 두더라도 집단적 항거를 도모하거나 신분 해방을 목적으로 정치적 의지를 드러내는 일에 늦게나마 과단성을 보였다는 것은 그나마 고무적이었다.

다음의 격한 어조는 비단 신분차별과 억압의 사슬만이 아니라 강점기 조국의 현실을 적극적으로 개선하려는 저항의 단초까지 자신들이 마련해야겠다는 백정들의 정치적 속내를 잘 드러낸다. 형평사 운동의 시발을 알리는 선언적 성격과 이제 더 이상 억눌려 살지만은 않겠다는 저항적 통보의 문구로 그것은 강한 사회적 상징성을 표방하는 것이기도 했다.

> 公平은 社會의 根本이요 愛情은 人類의 本良이라, 然함으로 我等은 階級을 打破하며, 侮辱的 稱號를 廢止하며, 敎育을 奬勵하야 우리도 참사람이 되기를 기약함이 本社의 主旨이라. 今我一 朝鮮의 우리 白丁은 如何한 地位와 如何한 壓迫에 처하엿는가! 過去를 回想하면 終日痛哭에 血淚를 難琴할 바라. 이에 地位와 條件 問題 等을 提起할 餘暇도 업시 目前의 壓迫을 絶叫함이 우리의 實情이요, 이 問題를 先決함이 우리의 急務로 認定할 것은 的確한지라. 卑하며 貧하며 劣하며 弱하며 賤하며 屈하는 者 누구인가? 噫라, 우리 白丁이 아닌가! 그런데 如此한 悲劇에 對하야 社會의 態度는 如何한가? 所謂 知識 階級에서 壓迫과 蔑視만 하엿도다. 이 社會에서 白丁의 沿革을 아는가 모르는가? 抉코 賤待를 받을 우리가 아닐가 하노라. 職業에 別이 있다 하면 禽獸의 목숨을 뺏는 者 우리뿐이 아닌가 하노라. 本社는 時代의 要求보다도

> 社會의 實情에 應하여 創立되얏슬뿐 아니라 우리도 朝鮮民族 二千萬의 分子며 甲子年 六月부터 勅令으로써 白丁의 稱號를 업시하고 平民된 우리이라. 愛情으로써 互相 扶助하야 生活의 安定을 圖하며 共同의 存榮을 期하자 玆에 四十餘萬이 團結하야 本社의 目的된 바 그 主旨를 解明해 標榜코자 하노라. - 朝鮮 慶南 晉州 衡平社 發起人 一同[11)]

1923년에 이르도록 백정들의 조직적 저항과 정치화 경로가 봉쇄되어 있었다는 것은 도리어 그들 특유의 인내와 역사적 순응의 자세를 잘 대변한다. 이미 동학농민봉기에 이르러 폐정개혁안의 선포와 그 현실화 방안을 논의할 때 억압의 부당성과 신분차별 철폐의 필요성은 충분히 드러난 바 있다. 물론 그 이전이라고 해서 그들이 극도로 부당한 처우를 받고 있다는 사실[12)]을 은폐할 수 있는 것은 아니었지만 저항과 투쟁의 길이 본격 열리기까지 공간적 국한성과 시간적 산발성을 드러내던 조선 백정들의 반항적 정치심리와 그 평균값을 도출해 낸다는 것은 결코 쉬운 일이 아니었다.

조선 백정 전체에 저항정신이 퍼질 수 있던 결정적 시기가 왕조 말기까지 늦춰질 수밖에 없었다는 사실은 분명 비극이었다.[13)] 이 같은 사실은 한국문학사에서 극히 예외적인 백정문학을 통해 잘 드러난다. 그 몇 가지 표상으로 홍명희의 『임꺽정』과 정동주의 『백정』, 그리고 조명희의 「낙동강」 등은 이 점을 극명하게 드러낸다. 특히 조선 백정의 표본으로 명종조 임꺽정을 작품화한 벽초의 경우는 압도적이었고 평가과정에서도 상당한 논쟁의 여지를 남긴다. 그를 과연 단순한 도둑이나 대도의 이미지까지 함축하는 사회적 범법자로 보아야 하는지 아니면 의리와 정의감으로 뭉쳐 당대 정치권력을 간접 징치한 의적의 대표 양식으로 범례화

---

11. 김중섭(1994), 앞 책, p. 327에서 재인용.
12. 이에 관해서는 다음 참조할 것. 金重烈, 『抗日勞動鬪爭史: 徵用당한 百萬勞動者들의 뒷소식』(서울: 集賢社, 1982), pp. 35-37.
13. 陳德奎, 「衡平社運動의 自由主義的 改革思想에 대한 認識」, 『韓國政治學會報』 第10輯(1976), pp. 169-181.

해야 하는지부터 기왕의 논쟁은 갈라지고 있었다.

기초 사료의 분석과 이를 토대로 한 상반된 해석은 이미 해방 후 한국 현대문학의 후발 작업을 통해 반복 확인된다.[14] 그것은 곧 문학의 사회과학적 이해나 인문학적 분석에도 어김없이 되풀이된다. 물론 이들 두 진영 사이의 유사성이나 이를 소통하는 의미의 내역이 서로 친화력을 갖는 것인지는 불투명하지만 말이다. 다만 임꺽정의 정치사회학과 인문학의 지평을 구분짓는 분할선이 나름대로 분명한 차이가 있다는 사실은 늘 주목해야 할 사항이다. 임꺽정이 단순한 도적이었으되, 남다른 관심과 기록 대상이 되었던 점은 왕조사회에 대한 불만과 이를 제거하고자 고심했던 초기의 울분이 정치적으로 표출, 확산되어 나간 영향력 때문이었다고 보는 입장이 그 하나였을 것이다.

최명은 아예 임꺽정이 일개 천도(賤盜)에 지나지 않았다고 단호하게 말한다.

> 옛날에도 신분은 있었으나, 계급이라는 개념이 등장한 것은 훨씬 후의 일이다. 어떤 사람들은 예컨대 홍경래의 난이나 동학란 등을 계급간의 투쟁으로 보기도 한다. 동일한 계급에 속하는 사람들 사이에서 권력을 얻기 위하여 일으킨 반란과 노예나 상민이 上典이나 양반에 대한 반항으로 일으킨 반란은 구별되어야 할 문제라고 생각한다. 그래서 후자의 경우를 계급투쟁으로 간주하는 입장도 있을 수는 있다. 내가 여기서 계급간의 투쟁을 이야기하는 이유는 벽초가 임꺽정의 행동을 상당한 정도로 계급투쟁의 관점에서 묘사하고 있기 때문이다. 임꺽정은 백정이라는 자신의 신분에 한이 맺힌 사람이다. 양반에 대한 극도의 혐오감이 그의 머리 속에 가득하고, 불평등한 사회구조를 뒤집어 보고 싶은 생각이 그의 가슴 속에서 들끓었다. 그러나 임꺽정의 행적

14. 해방 후의 다양한 임꺽정 논의나 그 인문학적 추적까진 그만 두더라도 세기말을 거치도록 그의 인간됨과 행적 전반에 관한 종합적 평가에서 강도의 이미지와 의적의 그것이 여전히 서로 교차하고 있음은 흥미롭다. 전자의 경우를 대변하는 작품으로 구효서, 『악당 임꺽정 1 · 2』(서울: 해냄출판사, 2000)에 주목할 필요가 있고 후자로는 조해일, 『임꺽정에 관한 일곱개의 이야기』(서울: 책세상, 2000)를 참조할 것.

> 을 보면, 그는 천한 도적임을 면치 못한다. 의로운 일이라고는 조금도 한 적이 없는 인간이다. 화적을 이끌고는 인명을 살상하고 관아를 습격하여 사회를 소란하게 하였을 뿐, 못 사는 사람들을 救恤한 적도 없고, 탐관오리를 처단함으로써 사회 기강을 바로잡으려고 노력한 일도 없었다. 무식한 천민의식의 발동으로 무모한 소란만을 일으킨 것이 임꺽정 행적의 특징이다. 게다가 그는 官憲에게 收奪을 당한 적도 없었고, 밥을 굶은 적도 없었다. 임꺽정은 우연하다면 우연한 사건으로 살인·방화·탈옥의 죄를 짓고 어쩔 수 없이 적굴로 피신하여 도적이 된 사람이다. 반란을 일으키려고, 계급투쟁을 하려고 도적이 된 것은 아니다. 그렇다고 하면 임꺽정의 행동에서 계급투쟁적인 요소는 그 출신이 백정이라는 것에 지나지 않는다. 그렇기 때문에 벽초가 임꺽정의 행동을 계급투쟁의 관점에서 보려고 하였다면 잘못이라고 나는 생각한다. 천재도 잘못을 범할 수 있다. 아니면 그에게는 다른 목적이 있었을 것이다.[15)]

의도하지 않았던 도적의 길, 불만과 저항의 심리는 있었을망정 혁명까지는 끌어올릴 역량도 의지도 없었던 정치적 한계, 신분 차별을 계급의 적대의식에서 비롯된 울분의 의식화로 이용하려는 것은 논리의 도약이자 또 다른 정치적 동기로 곡훼될 수 있다는 우려, 도둑을 도둑으로 보지 않고 민중운동의 지도자나 급진적 사상 전파의 실질적 두령으로 보는 태도는 논리의 도약이라는 경고.

사실상 이 같은 문제의 지적은 벽초의 소설 『임꺽정』을 겨냥하는 것이 아니라 역사 속의 실제 인물에 관한 것으로 이해해야 할 것이다. 뿐만 아니라 그 같은 비판은 근·현대 한국사회의 정치변동을 염두에 둘 때 행동으로 말하고 언어와 문자로까지 움직였어야 했던 민중부문 전체의 과거 정치적 '비동성(inactivity)'에 대한 아쉬움의 한 형식으로 볼 수도 있을 것이리라. 물론 그 같은 정치적 소회(所懷)가 역사적으로 하필 중종반정 이후 명종조라는 시기로 집중될 필요가 있겠느냐는 반론도 염두에 둘 필요가 있을 것이다. 그러나 유민화하는 민중들이 자발적으로

15. 최명, 『벽초, 임꺽정 그리고 나』(서울: 책세상, 2004), pp. 156-157.

봉기하지 못하고 단지 산발적인 화적의 출몰로만 이어지던 당대의 상황을 감안할 때 체계적이고 조직적인 민중 동원과 정치적 지도의 책무를 임꺽정 같은 인물에게 기대하게 되는 것은 극히 자연스런 일이었을 것이다.

꺽정의 개인적 한계와 소설 『임꺽정』의 위상이 달리 다뤄질 필요가 있다고 보는 입장은 강영주 역시 마찬가지다.

> 그들은 근본적으로 하층계급의 사회경제적 상황을 불만스럽게 여겨서라기보다는 매우 사사롭고 우연적인 계기로 도적패에 가담한 것으로 되어 있다. ……요컨대 『임꺽정』에는 가난으로 인해 유망한 농민이 도적으로 전락해 가는 당시의 가장 전형적인 현실이 형상화되어 있지 않은 것이다. 이와 관련하여 『임꺽정』에서는 주인공 임꺽정으로 대표되는 백정계급의 생활과 의식이 과연 충분히 형상화되어 있는지도 검토의 여지가 없지 않다. ……그러나 실제의 작품을 보면, 청석골의 화적패에는 임꺽정을 제외하고는 단 한 명의 백정 출신도 발견되지 않으며, 따라서 백정계급의 단합이니 그들의 계급의식이니 하는 것은 기대할 수 없게 되어 있다. 이 작품에서 임꺽정은 "백정의 자식으로 아이 적부터 창피를 보고 설움을 받은 것이 뼈에 맺힌 까닭에 천참만륙할 도둑놈이란 말은 오히려 웃고 들을 수가 있어도 백정놈의 자식이란 말은 듣기만 하면 언제든지 온몸의 피가 일시에 끓어" 오르는 인물로 되어 있다. ……그러나 이러한 그의 작중 발언들은 자연발생적이고 소박한 계급적 감각의 표현에 가까우며, 성숙한 계급의식과는 거리가 먼 것이라 하지 않을 수 없다. 그리고 상층 양반가의 인척으로 설정된 임꺽정의 가계부터가 백정으로서는 매우 예외적인 경우인데다, 임꺽정은 은군자인 갖바치의 덕분으로 김덕순·심의·이장곤 등과 같이 반상차별의 계급의식을 지니지 않은 예외적인 양반들과 신분적 한계를 벗어난 교류를 갖게 되어, 백정으로서 천대를 받거나 그로 인해 계급의식에 눈뜰 기회가 더욱 적게끔 그려져 있는 것이다. ……작중에 묘사된 임꺽정의 집안 풍경은 상민들의 평균적인 생활수준이지, 최하층 천민인 백정의 집으로서 가업인 푸주일을 하지 않아 수입이 끊긴 상태라 보기는 어렵다. ……이렇게 볼 때 임꺽정은 미미한 백정 출신으로 대규모 화적패의 지도자까지 성장한 인물로서 세계사적 개인이 될 수 있는 가능성을 지니고 있기는 하나, 이 작품에서 그가 과연 당시 민중의 동향을 집약하면서 그러한 움직임에 명확한 의미와 방향을 부여하는 존재로까지

> 고양되어 있는지는 의문이다. 화적패를 결성한 후에도 임꺽정은 약탈로 풍족한 생활을 하며 졸개들의 시중을 받고 청석골에서 기를 펴고 산다는 것 이상의 목표를 추구하고 있는 것 같지 않다. ……이상과 같이 이 작품에서 임꺽정 일당은 의적활동이나 반란과 같은 단순한 도적패로서의 활동을 넘어선 미래에의 전망을 지니지 못하고 있다. 이러한 문제점은 역사소설『임꺽정』의 한계라기보다는 역사적 인물로서의 주인공 임꺽정의 한계에서 기인한 것이라 할는지도 모른다. 그리고 그것이 그 시대의 역사적 실상에 보다 부합된다면, 작가는 그러한 현실을 있었던 그대로 묘사하는 것이 당연하다고 할 수도 있겠다. 임꺽정은 민중운동이 아직 본격화되기 이전인 조선 중기에 활동하던 인물로서, 민중운동의 지도자라 하기에는 미흡할 만큼 일개 도적의 괴수로서의 한계를 벗어나지 못한 것이 어느 정도 사실이었으리라 생각된다. 그러나 작가는 그러한 그의 존재를 미화시키지 않고 그대로 그려 보이면서도, 이를 통해 사회적 전망이 결여된 화적활동의 문제점이라든지, 민중과의 괴리 등 그들이 끝내 패배할 수밖에 없었던 요인들을 드러낼 수도 있었을 것이다. 그리하여 민중과의 굳건한 유대를 통해서만, 나아가서는 민중 자체의 힘에 의해서만 봉건체제는 전복될 수 있다는 역사적 전망하에 실패로 끝난 임꺽정 일당의 활동이 궁극적으로는 조선조 말 민중운동의 선구로서의 의의를 지닌다는 점을 부각시킬 수도 있었지 않을까 한다.[16)]

임꺽정의 정치적 미숙과 그로 인한 혁명적 미진이 그의 역사적 성격의 대종을 이루는 것은 결코 아니며 이로써 당대의 평가나 인물의 위상마저 과잉 단순화될 수 없다는 입장은 위의 부정적 견해와는 한결 다르다. 그것은 곧 임꺽정이 혁명가가 아니었다고 해서 단순한 화적류의 도둑으로 폄하될 수 없으며 좌파 이데올로기의 허울로 윤색, 단순 매도나 비약 대상으로 동원되는 것 역시 경계해야 한다는 입장을 말한다. 이 같은 태도 역시 이제껏 '진행 · 축적'된 간단치 않은 임꺽정 연구를 통해 여러 차례 거론된 바 있다. 그러나 행동의 일말은 가상하였으되 결코 바람직스럽지는 못했다는 부정적 해석과 비판의 목소리가 지속되는 동

---

16. 姜玲珠, 「홍명희와 역사소설『임꺽정』」, 林熒澤 · 姜玲珠(編),『벽초 홍명희와「임꺽정」의 연구자료』(서울: 사계절, 1996), pp. 391-395, passim.

안 임꺽정에 관한 적극적 이해는 그만큼 지체되고 있었다.

그에게 혁명가적 자질과 심오한 역사의식으로 무장된 민중 동원의 정치적 수완까지 기대하는 것은 가혹하다는 모종의 동정론도 있다. 이 같은 적극적 해석진영의 입장은 사뭇 다르다. 이남호는 이렇게 말한다.

> 벽초가 임꺽정과 같은 역사적 인물에 대하여 흥미를 느끼고 그것을 소설화하였다는 것 자체가 식민지 현실에 대한 일정한 대응일 수 있다. 그리고 작품 안에서 백정계급의 불만과 봉건사회의 모순과 민중적 삶의 건강성은 일관되게 강조한다. 민중의식의 구현이 소설『임꺽정』의 주요 가치임은 분명하다. 그러나 이 점은 종종 과장되고 그 결과 오해되기도 한다. 즉 백정계급의 불만과 저항적 성격을 공산주의적 계급의식으로 비약해서 생각하는 것이다. 아마도 벽초의 정치적 행적은 이러한 무모한 기대를 더욱 증폭시키는 요인이 되었을 것으로 짐작된다. 그런데 이러한 잘못된 기대와 오해는 40년 동안 그 실체에 대한 접근이 거의 불가능한 상태에서 유지되는 것이지 그 실체가 공개되면 공연히 사라지게 된다. 그 대신 현재 논의수준에서는 그 반작용의 태도가 종종 목격된다. 다시 말해『임꺽정』이 대단한 혁명의식으로 무장된 소설인 줄 알았는데 전혀 그렇지 못하고 역사의식이 없는 야담적 성격의 소설에 그치고 만다는 것이다. 이는 무모한 기대가 낳은 근거 없는 실망이다. 투철한 혁명의식으로 무장되어 있지 않다고 해서『임꺽정』속에 구현된 민중의식이 부정되어서는 안 된다. 오히려 작위성이나 도덕성이 전혀 없이 소박한 차원에서 민주의식을 구현하고 있음은『임꺽정』의 중요한 미덕이라 생각된다. 민중적 삶을 딱딱하고 작위적인 의식으로 재단하는 것이 아니라 그 구체적 숨결을 언어공간 안에서 되살리는 것이 민중의식의 진정한 문학적 구현일 것이다. 이 때, 역사의식의 지향성이 문제되지 않을 수 없으나,『임꺽정』의 경우 그 문제는 이미 창작의 구도와 의도에서 해결되어 있는 것으로 보인다. 당대에 발표된 여타의 역사소설들과 비교해 보면『임꺽정』의 역사의식이 얼마나 뚜렷한 지향성을 지니고 있는가를 짐작할 수 있고, 70년대에 발표된 황석영의『장길산』의 뻣뻣하고 작위적인 역사의식과 비교해 보면『임꺽정』의 역사의식이 얼마나 자연스럽고 부드럽게 문맥 속에 용해되어 있는가를 짐작할 수 있다.[17]

---

17. 이남호,「벽초의『임꺽정』연구」, 이남호(編),『한국 대하소설 연구』(서울: 집문당, 1997), pp. 123-124.

이남호는 끝내 벽초의 작품이 황석영의 『장길산』보다 역사의식 발현에서 한결 우위에 있음을 분명히 한다. 여기서 그치지 않고 그는 벽초를 적극적으로 읽어야 할 필요가 있다고 못박는다. 이러한 긍정적 수용론의 동일선상에서 채진홍은 임꺽정의 혁명적 한계가 어디까지나 당대 역사와 정치상황의 산물이었을 뿐 개인의 역량과 의지의 오류 탓은 아니었다고 단언한다. 물론 그 같은 단정이 작품 전체의 흐름을 이해하는 데 방해가 되는 것은 아니다. 더욱이 그 같은 해석이 의도된 이데올로기적 해석장치의 특정 고안물에 의해 여과된 것도 아니었다는 점을 분명히 단서로 달아 둔 채 말이다.

그에 따르면, 꺽정이 처음부터 구상한 사단의 윤곽이란 것을 혁명이 아니었다고 해석하는 것은 그 자체가 이미 틀린 태도였다. 부정(否定)의 부정(否定)으로 구체화되는 이미지가 우회적 긍정 혹은 결과론적 환원이듯, '혁명이 아니라고 생각하는 것' 자체가 오류일 때 논리의 맥락은 이미 변혁의 사고와 인식의 전환을 바탕으로 삼는 혁신쪽으로 기울고 있었던 셈이다. 꺽정이 혁명을 생각할 만한 위인이 못 되었기에 미처 혁명가가 되지 '못하였음'이 아니라 부단한 전복과 거역의 꿈을 꾸었으되, 조건과 상황이 그를 여의하게 정치적 경로로 끌어들이지 '않음'으로써 좌절과 변형의 행로를 걷게 되었다는 해석이 여기서 가능해지는 것이다. 그러니까 애초부터 꺽정의 정치적 한계를 단정적으로 끊어 이해하거나 더 이상의 개전이 불가능했던 듯 한정해 버림은 이미 좌절한 혁명의 모순을 한층 더 강화할 뿐이라는 데 그의 생각은 계속 멈추어 선다.

> 이미 뿌리가 깊어질 대로 깊어진 당시 사회질서의 모순이 임꺽정에게 진정한 혁명가로서의 뜻을 펼 기회를 그렇게 쉽게 넘겨줄 리 없었다. ……사람됨이 극단으로 뻗친 임꺽정으로서는 그 의의를 좀더 폭넓은 차원에서 받아들이기에 힘든 세상이었다. 그리고, 당시의 봉건적 질서가 그에게 그러한 기회를 애초부터 허락하지 않으려 했던 것이다. 이장곤의 말대로 백정으로서는 그러한 억울한 설움을 이겨낼 길은 도적이 되는 수밖에 없었다. 결국, 작품에서 그의 힘이 쓰일 방향의 다음 단계는 화적패의 괴수가 되는 길로 정해

지고 만다. 물론, 임꺽정 자신이 처음부터 화적이 되길 원해서 그렇게 된 것은 아니었다. "도적놈의 힘으로 악착한 세상을 뒤집어 어풀수만잇다면 꺽정이는 발서 도적놈이 되엇슬 사람이다. 도적놈을 그르게 알거나 미워하거나 하지는 아니하되 자긔가 늣깍기로 도적놈이 되는 것도 마음에 신신치안커니와 외아들 백손이를 도적놈만드는 것이 더욱 마음에실혓다." 그가 바라는 바는 늘 '악착한 세상을 뒤집'는 일에 있었다. 그는 양반 도적은 미워했어도, 그들에게 도적질 당함으로써 어쩔 수 없이 도적이 된 백성 도적은 미워하지 않았던 터였다. ……결국, 화적의 괴수로서 임꺽정의 역할은 박련중의 표현대로 '객긔'에 그친 것이 되고 만다. ……반생을 화적질만 하면서 늙어버린 박련중이나 오두령으로서는 세상에 대한 분풀이가 더 이상 흥미없는 일이 되었던 것이다. 그들의 눈에 임꺽정 역시 그들처럼 화적의 괴수 이외에 아무것도 아닌 것으로 보였다. 이와 같이 임꺽정이 세상에 대해 품었던 뜻은 '革命 → 反革命'의 과정을 거치게 됨으로써 좌절되고 만다. 그러나, 모순된 봉건주의 사회에서 그것은 임꺽정 개인에게만 국한될 문제는 아니다. 임꺽정 개인의 좌절은, 그가 자신의 뜻을 펴나가는 과정에서 나타났던 민중들의 입장을 수렴한 한 결과일 뿐이다. 민중들의 입장 역시 모순된 상황에 대한 끊임없는 대응과정 속으로 복잡하게 얽혀 들어가는 데에서 나온 좌절의 결과인 것이다. 그것은 한 개인이 한 사회 전체의 이념에 대해 정면으로 맞설 수는 있어도, 한 개인의 개념과 한 사회의 개념이 대등하게 병행될 수는 없다는 논리를 뒷받침한 결과이다. 한 개인의 의미는 한 사회 안에서 그 개인이 모여 이룩된 집단의 의미와 유기적으로 얽혀 있는 것이기 때문이다. 중요한 점은 그 유기적 관계에서 발생된 문제적 사실들이다. 개인이나 민중은 그 문제적 사실에 의해 미리 결정된 두 개의 겹치는 의미 속에 존재한다. 이러한 겹치는 의미 속에서 발생되는 문제가 바로 이 작품에서 문제되는 '봉건주의 이념에 대한 반봉건 의식'의 문제이다. 임꺽정 개인이 품었던 혁명의 뜻이 복합적인 민중들과의 관계 속에서 좌절의 단계에 이르게 된 것은, 바로 봉건주의 체제를 유지시키는 데 공헌해 온, 유학에 근거를 둔 통치 이념에 의해서이다. 당시 민중들의 입장에서 보면, 그 통치 이념이란 바로 자신들을 억압하기 위해 내세워진 명분에 지나지 않았던 터이다.[18]

---

18. 蔡進弘, 「碧初의 『林巨正』 硏究」, 高麗大學校 大學院 國語國文學科 博士學位論文(1989), pp. 164-175, passim.

이렇게 본다면 임꺽정의 실제 역사적 행각과 작품 『임꺽정』을 통해 다시 드러나는 과거의 현실은 백정의 객관적 삶의 모습과 수많은 민중 사이의 정치적 관계를 잘 반영한다. 이미 극명하게 나타났듯이 역사 속의 실존 백정, 임꺽정에게 가해진 기대와 실망 혹은 논리적 상찬과 회상의 형식은 결국 그가 발휘했던 일정한 영향력과 행적에 관한 또 다른 민중적 반응이자 철학적 조응이었다. 뿐만 아니라 그것은 민중저항사 해석의 새삼스런 양식들로 일정량의 아쉬움과 자부심을 통해 서로 엇갈리게 토로한 전달방식의 차이이기도 했다.

중요한 것은 임꺽정을 비롯하여 정치적 저항을 주축으로 삼았던 조선 백정들의 구체적 행각과 그 미시사의 복원쪽으로만 과업의 비중이 몰릴 수 없다는 점이다. 이 말은 특히 왕조사 속의 구체적 민중사를 구성하는 기초로 백정사의 사회사적 기초 마련이 주변의 어떤 주제보다 덜 중요하다는 뜻이 아니다. 이는 왕조사의 새로운 이해와 객관적 보강을 위해 항시 담보해야 할 역사학적 당위로 따로 확인할 필요조차 없는 주제이다. 그럼에도 불구하고 왕조국가 시기의 백정사 복원이나 그 역사 정치적 성격 규명보다 이후 근·현대 한국민중사 속에 그들 백정집단이 추구한 저항정신과 실제 경험적 행각을 어떻게 되살릴 것인지가 더욱 중요해지는 이유는 따로 있다.

그것은 한국 민주화의 장정이 결코 단선적 경로를 통해 진행되지 않았고 형식과 내용 면에서 비록 단 한번일망정 성공적 혁명의 쾌거를 겪어 보지 못했어도 완만하나마 현상 타파를 향해 민중 역량이 결집되고 있었기 때문이다. 아울러 이를 담보하는 민초들의 계층별, 직업별, 지역별 공간분화 과정에서 천민계층이 담당했던 역사적 역할의 일정 지분을 분명히 헤아려야만 운동 전체의 형국을 그려볼 수 있다는 일정한 몫의 해석 때문이다. 경로와 방법의 문제는 결코 일치할 수 없는 이데올로기적 지평과 역사적 정치의식의 다면성을 분명히 반영하고 있었다. 그 속에서 때로 좌절하고 때로 흥분하며 임꺽정이 혁명가의 역할을 자임하려 애썼듯, 수많은 백정운동의 정치적 단위들과 주체는 그를 뒤로 한 채 경우에 따라 그를 비추거나 또한 그에 업히며 실낱같은 해방의 꿈과 완전자유를 쟁취하기 위한 투쟁의 길목에 기꺼이 나섰던 것이다.

역사로 모두 다 기록되지 못하고 사회과학이 미처 바라보지 못했던 시대적 전환기의 정치현실을 바라보는 데 이처럼 소설을 비롯한 문학의 장르들은 그들 사이를 잇고 조절하는 문화적 중재자로 늘 그 소임을 담보해 왔다. 강영주가 말했듯, 임꺽정 행동의 혁명성 여부와 관계없이 왕조 말기 민중운동사의 선구이자 향후 조선민중사의 성숙을 견인하는 하나의 역사적 단초로 '꺽정'은 분명 조선 민주화의 전사(戰士)이자 또 하나의 전사(前史)적 단위로 신산한 삶을 기꺼이 살아낸, 진정 극적인 인물임에 틀림없었다.

임꺽정의 삶의 양식이 그의 사후에도 줄기차게 지탱되고 있었다는 사실은 그 자체만으로 또 하나의 극적인 일이었다. 말없이 복종하며 노예적 삶을 기꺼이 받아들였건만 왕조의 운명이 다 하도록 견뎌온 그들 앞에 강요된 또 다른 극단의 역사적 압박은 차라리 반어법으로도 다 그리기 어려운 희극적 모습이었다. 때마침 왕조의 붕괴 직전에 불어닥친 민란의 바람과 그 격정적 와류 속에 자신들의 목소리를 가다듬을 수 있었던 봉건 말기의 모습은 그나마 다행이었다.

스러져 가는 왕국과 덧없이 떠오르는 또 하나의 식민국가 속에서 여전히 핍박받고 있던 백정은 누구였는가. 문학은 그들을 어떻게 다루었으며 관념으로의 해방과 자유의 이미지는 진정 낭만적으로나마 생명력을 되찾을 수 있었던 것일까. 꺽정과 조선조 말기의 민란을 가르는 수세기 간 백정 정치학이 왜 공백을 메우지 못하고 있었는지는 여전히 풀지 못할 수수께끼다. 다만 그간의 공백과 여기서 우러나는 정서적 허전함을 해소할 방법을 달리 끈질기게 찾을 뿐이다. 이 같은 기로에서 문학이 참신한 상상과 새로운 해석의 실타래를 풀어나갈 대안의 도구임도 이젠 더 이상 강조할 필요가 없을 것이다.

정동주의 『백정』은 『임꺽정』 이후 오래도록 잠자고 있던 백정문학의 맥을 힘겹게 잇는다. 강점기로의 척박한 이행을 앞두고 기꺼이 항거한 왕조 말기의 백정들을 소재로 삼는다는 점과 홍명희 이후 복권의 대하물로 발표되었다는 점에서 정동주의 작품은 두드러진다. 강점기 조선사회주의 운동의 해외지평 확산을 다룬 『단야(丹冶)』를 통해 잘 알려진 그였지만 여기서 다시 두드러지는 점은 작가가 아예 작품 제목으로 '백정'을 채택하고 있고 동학운동의 촉발 전후 전국으로 퍼지는 민란을 통해 그네들의 자율적 해방을 정면에서 다룬다는 것이다.

작품 곳곳에 마련되어 있는 백정 차별의 함정과 이를 통한 저항의 단서는 벽초의 작품에서 찾아보기 어려웠던 정치적 성격을 여실히 드러낸다. 물론 그것은 왕조 중기의 봉건성과 단순히 비교하기 어려웠던 역사적 변이나 독특한 사회적 차별성을 감안해야 할 문제였고 동시에 매우 완만하나마 조선 민중의 민주화가 지체된 형식으로 그 모습을 드러내는 것이기도 했다. 그러나 이 같은 변수들을 고려한다 해도 백정들의 정치적 저항 자체가 당연했던 것은 그네들을 향한 왕조사 전체의 물리적 과잉억압과 자연적 반발을 의식하지 않을 수 없었기 때문이다.

> 그러더니 이 양반은 무슨 치명적인 모욕이라도 당한 것처럼 분노한 목소리로 하인들에게 다시 명령하는 것이었다. 그리하여 다시 서른대의 매질을 더 당하게 된 것이었다. 양반 앞에서 또 다시 姓氏를 말한 것도 문제였거니와 자식의 이름자에 '仁'字를 사용한 것은 용서받을 수 없는 크나큰 잘못이었다. 결국 길상구의 할아버지 길성조는 거의 얼죽음이 되도록 매질을 당하고 자식의 이름자에서 '仁'字를 뺄 것을 거듭하여 다짐한 뒤에야 기어서 집으로 돌아올 수 있었다. 백정은 이름에 仁·義·禮·智·信·忠·國 같은 글자를 사용하면, 주제 넘는다며 언제 어디서든지 누구에게나 매질을 당하고 즉시 이름자를 다른 글자로 바꾸어야만 했다. 그래서 길상구의 아버지는 그날 이후 병환이라고 부르게 된 것이었다. ……백정에겐 姓氏나 이름이 제대로 없기도 했으려니와 族譜나 行列도 없었다. 그저 姓이 없는 이름을 붙이되 돌쇠, 금돌이니 하는 것 외에는 달리 무슨 개성이나 깊은 의미를 담고 있는 것은 없었다. 거기다가 백정은 이 땅의 백성으로는 도무지 쳐주지도 않는 제도 탓으로 아예 백성의 숫자에 계산되지도 않은 채 철저하게 무시되어 살아온

> 것이 오백년을 훨씬 넘었다. 조상의 이름을 알 리 만무했고, 또 알 필요도 없었다. 양반들의 미움을 사게 되면 양반들은 즉시 인신매매를 해버리거나 죽이기도 했다. 그래서 양반들은 억울한 일을 당하거나 어처구니없는 경우를 당하면, <백정놈 죽이고도 살인으로 치는구나>며 그들의 변명이나 넋두리로 삼기 일쑤였다. 그래서 백정들은 조상의 이름자 따위를 외우며 살기보다는 눈앞에서 벌어지고 있는 살벌하고 핍박한 생존이 더욱 切實한 세월에, 조상들의 이름이며 나름의 반듯한 行列까지 정리하여 만든 길상구의 족보는 유계춘이 감탄을 하고도 남음이 있는 그런 것이었다.[19)]

흔히 진주민란이라 부르는 임술(壬戌)농민항쟁은 철종 13(1862)년에 발생, 전국의 민란과 1894년 동학농민혁명을 이끈 중요한 시발적 사건이었다. 이 사건을 작품 한가운데 놓고 이를 이끈 5인[20)]의 지도자 가운데 항거 중추 유계춘(柳繼春 1815－1862)과 주변 인물을 작품 골격으로 삼은 정동주는 항쟁의 전말을 밀도 있게 그린다.

백정 문학 역시 역사소설의 형식과 그 서사구조를 빌릴 때 사실과 허구의 비율을 어떻게 조율할 것인지 고민하게 되는 것은 당연한 일이다. 여기서 정동주의 작품화 과정에 투영된 사실과 허구의 부피를 정량화한다는 것도 그렇게 쉬운 일은 아니다. 사실의 문학적 이해라는 것이 역사의 완벽한 복원이나 실제적 재현에 맞춰질 수 없다면 더더욱 역사학적 엄격함과 실증적 추적의 주체들이 배워야 할 항목은 늘 그 풍요로운 인문학적 상상에 맞춰져야 할 것이다.

엄밀히 역추적하자면 봉기의 시발은 경상도의 경우, 이미 동년 2월 진주보다 먼저 단성현(丹城縣)에서 불붙던 터였다. 이를 필두로 함양·선

19. 정동주, 『백정 · 1』(서울: 우리문학사, 1991), pp. 48-49.
20. 柳繼春 · 金守萬 · 李貴才 · 朴守益 · 鄭順季 등 다섯 인물은 농민 다수를 이끌고 兵使 白樂莘의 탄압과 수탈에 저항한다. 1862년 2월 18일, 임술항쟁의 주역들은 馬洞과 元堂을 거쳐 水谷場市를 휩쓸고 德山場市로 몰려갔고 여기에 모인 농민들은 철시 강행 후 그 여세를 몰아 진주성에 이르니 그때까지 잠잠하던 북, 동, 남방면의 농민들마저 즉각 가세, 봉기의 기세는 더욱 커진다.

산·개령·인동 등 전역이 민란의 소용돌이에 휘말리고 있었고 규모가 비교적 큰 읍 가운데 민란이 안 일어난 지역은 고작 안동과 대구 단 두 곳에 불과할 정도로 그 불길은 거셌다. 민란의 불길은 이어 전라도로 옮겨 붙어 3월 말부터 시작해 4·5월에 익산·함평·장흥·순천 등 40여 곳으로 퍼졌고 경상도에서 보고된 민란만 18건 정도였던 데 반해 전라도는 도내 전역에 퍼져가고 있었다. 하삼도의 공간분화에 걸맞게 민란의 불길은 계속해서 충청도까지 북상, 5월에 이르면 회덕·공주·은진 등지로 뻗어나가 반도의 왕조는 가히 위기의 전조를 분명히 드러내고 있었다.

단성 농민항쟁과 고부 동학농민혁명의 중간 변인으로 진주민란을 통해 작가는 이 중대한 계기가 단순한 정치적 민주화의 전기만을 마련한 게 아니라 신분질서의 동요와 누대에 걸친 경제문화적 불만을 구조적으로 표출, 지표면으로 가시화시킨 사건이었다고 묘사한다. 이 같은 변화 국면에 민중의 자발적 정치참여가 나타나고 와중에 백정을 필두로 천민 전반에 관한 적극적 의식화 작업이 병행되고 있었다는 소설적 추론이 빛을 발하고 있음은 주목해야 할 또 하나의 대목이다.

이미 봉기의 필요성에 관해 충분히 숙지한 길상구에게 민중동원과 선동적 공격논리를 강화, 계도하는 유계춘의 설명이 두드러지는 점도 바로 이 같은 이유에서다.

> "농민덜의 불평을 드러내게 할 수 있는 방도는 뭣입니까?" 상구의 목소리도 유계춘을 닮아서 가라앉았다. "여러 가지가 있겠지요. 우선은, 노래 같은 것을 부르게 해서 은연중에 저항적인 태도를 갖게 하는 것이지요. 말하자면 탐관오리나 악독한 양반지주들을 비방하거나 그들의 험담을 여러 사람들이 알도록 노래를 만들어서 퍼뜨리는 겁니다. 그 다음은, 종이에다 탐관오리들과 양반지주들의 비행과 비리를 적어서 동네마다 내붙이거나, 사람들이 많이 왕래하는 우물가나 방앗간, 술집 같은 곳에다 뿌리는 것이지요. 그런데 다음 방법은 좀 과격하기는 하겠지만, 매우 자극을 줄 수 있는 방법입니다. 이번 일에 처음부터 가담한 사람들 중에서 행동이 날렵하고 힘이 센 사람을 골라

> 서, 그들에게 아전이나 관리의 복장을 입히는 것입니다. 그런 후 그 사람들로 하여금 으슥한 밤을 이용하여 농민들의 집을 습격하게 하는 것입니다. 물건을 훔치는 시늉을 하는 것이지요. 일부러 소리를 내어 주인이 눈치를 채도록 유인합니다. 주인이 고함을 지르며 달려나오면 일단 도망을 가면서 입고 있던 옷이나 모자, 또는 다른 물건을 일부러 떨어뜨리는 것입니다. 주인이 그의 집에 도둑질을 하러 들어왔던 자들이 다름아닌 아전이나 관리였던 것처럼 만드는 것이지요. 그러면 소문은 날개를 단 듯 퍼지게 되고, 이 소문을 들은 사람들은 관청을 더 크게 불신하고 적개심을 가질 것입니다. 그리고 악독한 양반이나 지주들을 모함하기 위한 거짓말을 지어서 퍼뜨리는 겁니다. 이를테면, '북면 한실동네 하참봉이 종년의 딸을 겁탈하려다가 실패를 하자 종년 딸에게 극약을 먹여서 죽였다'느니, '금촌리 강진사가 소작인의 딸을 겁탈했다'느니, '동면 길봉리 정부자가 소작인을 때려서 그 소작인이 피를 토하고 죽었다'느니, '강주목의 아전이 대낮에 부녀자를 겁탈했는데, 그 여자의 남편이 강주목사를 찾아가서 호소를 했지만 강주목사는 도리어 그 남편에게 곤장을 쳐서 쫓아내자, 그 남자는 문 밖에서 통곡을 하다가 할복자살을 했다'는 등의 유언비어를 퍼뜨려서, 일반인들로 하여금 잔뜩 흥분하게 만드는 것입니다."
> 유계춘의 얘기는 참으로 재미가 있었다. 그리고 신기하기도 했다.[21)]

그러나 봉기의 빈발이 신분의 완전 해방과 나아가 사회의 구조적 변혁을 담보할 만큼 파괴적인 것이었는지는 전혀 별개의 문제였다. 민란이 기정화되고 전국으로 퍼져 나가는 등 놀라운 일이었다 해도 그것이 곧 세상의 급격한 변화나 절대평등을 담보하는 확실한 수단은 아니었기 때문이다. 왕조의 국제정치적 환경이 국내적 단결과 위기대응을 위한 사회심리적 통합을 자극했다고 해도 그 같은 상황 자체가 바로 계층간 이해와 실익의 비교마저 기꺼이 포기할 만큼 긴박하게 감지되고 있었는지는 의문이다. 수세기 동안 이어진 신분 세습과 그에 따른 기득권의 급속한 폐기를, 그것도 지배계급 내부의 자각과 의도적 겸양 차원에서 확산되길 기대한다는 것은 매우 힘든 일이었다.

그렇다고 해서 백정을 비롯한 천민의 신분 해방을 그들 스스로에게만

21. 정동주, 『백정 · 1』(서울: 우리문학사, 1991), pp. 179-180.

맡길 수도 없었던 일이고 보면 왕조 말기 사회변동의 여러 국면과 다양한 성격을 계층간 협조와 우애라는 모종의 사회주의적 '공상성'만으로 이해한다는 것도 허망한 일이었다. 자신의 처지를 자신이 분쇄하지 못하고 아래 이를 타개할 만한 돌파구조차 없을 때 그들 대부분이 선택할 수 있는 행위의 경로란 자학 아니면 무의식적 동조뿐이었다.

체질화된 복종과 인습적 굴종, 화석화된 순응과 전통적 묵종, 체념과 자포자기의 생활화, 생존의 절박성과 세습적 운명론의 수용, 도주 불가의 사회적 폐쇄성과 간헐적 저항의 반복, 모멸적 자기 폄하와 자율적 연대투쟁의 방기, 정치적 의식화의 장기 지체와 선도적 투쟁역량의 한계, …….

이는 같은 내용의 다른 표현방식이라기보다 오히려 미묘히 달랐던 백정집단 구성원들의 심리구조와 이를 이론화할 수 있는 상황의 단위로 간주할 수 있을 것이다. 나아가 저항의 조건은 숙성되었을망정, 막상 자발적 저항 단위로는 성장하지 못했던 백정집단 전체의 정치사회적 자조와 의식적 소극성을 단편적으로 잘 보여 주는 것이기도 했다. 그것은 곧 세상이 변했어도 변화 자체를 감지할 만한 역사적 학습능력이나 사회의식 함양이 신분의 제약상 허여되지 않고 있었다는 사실을 의미했다. 뿐만 아니라 설령 그 같은 의식이 '확산 · 공유'되고 있었다 해도 천민들 스스로 이를 국가적 위기이자 자율적 해방의 기회라고 감지할 수 없었던 또 다른 비극적 상황이기도 했다.

이와 관련해 정동주는 19세기 말 신분질서의 동요가 정작 백정집단 내부의 구성원 각자에게 피부로 와 닿지 않는 안타까움을 진지한 어조로 담아낸다. 혁명이 필요한 상황 속에서도 대신 내뱉었던 저들의 자탄과 울기의 논리란 대체 무엇이었을까.

> "백정놈 세월은 인자 다 지나간 거 겉소. 칼을 던져삐린 사램이 열에 다섯여섯이고 우짤 수 없어서 칼자리를 붙들고 있는 사람덜은 하나같이 무지랭

> 이덜뿐이오. 참, 말모디나 하고 심깨나 씨던 늠덜은 모도 칼을 던지고 근본을 감추고서 양반 행세 할라꼬 믈설고 낯도 선 곳으로 가버렸으니 백정도 인자는 한 물 간 기라요." 술잔을 반쯤 비우다 말고 술잔을 내려놓고 당장 겪어야 하는 백정사회의 변화, 그것도 능력과 인격이 담보되지 못한 데서 비롯되는 백정들의 수모와 와해된 조직력이 초래하는 불이익과 상민들로부터의 차별 대우를 도창세는 아파하는 것이었다. "그런 변화는 우리들한테만 있능기 아니라 양반들이나 상민들에게도 똑같이 일어나고 있다. 백정들의 의식과 자세가 변하는 것만큼 양반들이 우리들을 바라보는 눈도 달라지게 될 것이다. 지금부터 우리들은 그 변화의 움직임과 뜻을 깊이 생각하고 조심스럽게 받아들여서 조금씩 달라져야 할 것이다." 도창세가 길상구의 말뜻을 어떻게 이해할는지 모른다는 의구심을 조금은 가진 채 길상구 나름의 현실적 처세론을 말하기 시작했다. "양반덜이 변하고, 상민덜이 변한다능 거는 더 잘 살고 더 출세한나능 기지마는 백정덜이 변하능 거는 그 반대요. 양반덜이사 이날 이때껏 묵고 자면서 한 짓이 글자를 익히고, 벼실길에 나가고, 뇌물 바치고, 속이 같은 늠덜끼리 모이서 제주장하면서 살길을 도모하는 짓이었소. 상민덜도 그랬소. 다문 올매라도 전답이 생기몬 고걸 우찌해갖꼬 양반이 될라꼬 발버둥을 치거나 더 많은 재물을 쥘라꼬 오만발광을 했지마는 우리 백정덜이사 천날만날 짐승 목줄기나 따면서 옷에 피배끼 더 묻혔소? 변하기는 변하것제요. 하지마는 우리 백정덜이 변한다능 거는 자꾸 쪼그라드는 살림살이, 가는 데마다 천대받고 짓밟히고 죽어나는 일뿐이요, 양반덜이나 상민덜은 자꾸 숫자가 늘어나고 거기다가 재물과 권세까지 더 합해지는데 우리 백정덜은 숫자가 늘기는커녕 갈수록 줄어들면서 가진 것 없고 아능기 없으니 우짜것소? 이라다가 고만 몰라 뒈지는 수배끼는." 시대의 변화가 주는 자유스러움과 풍요함 그리고 신분계층간의 모든 격차가 좁혀지기보다는 더 벌어지면서 하층민들의 궁핍과 박해는 심해지리라는 도창세 나름의 진지한 분석이었다.[22]

이 같은 자학심리가 운동의 확장이나 봉기의 저변을 잠식한 부정적 요인이 되었음은 굳이 다시 강조할 필요가 없을 것이다. 그럼에도 불구하고 역사 상황의 변화와 조선 말기 사회변동의 실상을 신분이동에서 정확히 읽어낼 만큼 작중 인물들의 눈과 귀는 열려 있었다. 도창세의

---

22. 정동주, 『백정 · 5』(서울: 우리문학사, 1991), pp. 84-85.

자조론에 맞서는 길상구의 사실주의적 현실론은 자못 진지했고 이미 왕조의 붕괴는 기정화된 듯 비장한 것이었다. 특히 양반을 비롯한 지배계급의 퇴락과 상대적 박탈의식의 확산은 이미 거대 정치변동의 조류로 신분의 해체와 국가구조의 말기적 동요 또한 심각하게 진행되어 가고 있음을 노골적으로 말해 주고 있었다.

길상구는 도창세의 장 탄식에 이렇게 응수한다.

> "자네 말은 옳다. 그러나 이것도 알아야 할 끼다. 뭣이냐 하모, 시방 양반들은 이전의 양반이 아니다. 겉으로는 아직도 세도를 누리고 재산을 모으는 것 같지마는 속으로는 벌써 거덜이 났다. 양반들의 세도는 나라의 기틀을 좀 묵고 재산은 이미 양반들이 가진 것보다는 상민들의 재산이 더 많다. 양반들은 이 빠진 호랭이요, 물 빠진 못이다. 창세 니도 많이 안 봤나 와? 꼬라지는 갓쓰고 두루매기 입고 가죽신 신고 뒷짐쥐고 헛기침하면서 뒤로 나자빠졌지마는 그 갓쓴 모양이 물에 빠진 쥐새끼요, 두루매기 입고 도포입은 꼴이 똥 묻은 짐승이며, 가죽신 신고 헛기침하는 꼬라지는 병들고 늙어빠진 달구새끼라. 억시기 양반들 눈치보고 부러워할 꺼 없다. 문제는 상민들이다. 상민들은 지금껏 벼슬길에 나가지는 몬했지마는 죽는다 하면서도 악착같이 재산을 모으고 자슥들을 키워서 호시탐탐 양반들이 고꾸라지기만을 기다리고 있다. 말하자몬 가마솥에 물이 끓는 모습이다. 처음에는 밑바닥 물과 웃물이 다르지마는 끓기 시작하몬 웃물 아래물이 뒤섞이는 이치처럼 앞으로 세상은 뒤섞일 것이다. 뒤섞이다가 불이 꺼지몬 또 아래 웃물이 생기고, 그때는 이미 양반도 상민도 백정도 따로 없는 그야말로 한울님이 뜻하신 대로 세상은 다시 생기게 될 것이다. 그러니 아뭇소리 말고 더 열심히 일거리를 찾아서 재물을 모으고, 악착같이 절약하고 자슥들을 까망눈 안 만들도록 해야 한다. 말하자몬 울고 서 있는 놈은 길이 더디지마는 속으로는 울면서도 앞으로 뛰어가는 놈한테는 길이 빨리 끝난다는 말이다. 의리도 좋고 인정도 버릴 것은 결코 아니지마는 그 의리와 인정이 우리들을 그냥 백정으로 묶어두는 것이 되어서는 안 된다." 길상구도 무섭게 변모하고 있었다. 한양 나들이 중에 보고 들은 탓도 있었지만 동학에 입교한 뒤로 자연스럽게 깨닫고 성장한 의식과 행동철학이라고 볼 수도 있을 것 같았다.[23)]

---

23. 윗책, pp. 85-86.

길상구가 과연 그 시대에 마르크스를 읽었거나 혹은 파레토나 모스카를 충분히 이해[24]해서 이처럼 분석적인 혜안을 가질 수 있었다는 상상은 설득력을 갖지 못할 일이다. 설령 그의 주장이 위의 인물들이 토해 내놓은 이론들과 기막히게 맞아떨어지고 있다손 치더라도 말이다.(그러나 대체 이것은 무슨 극적 조화일까. 작가의 의도적 배치? 무의식적 중첩?) 세상이 뒤집어져도 지배계급과 피지배계급의 구분은 계속될 것이라는 예측. 그 때 가도 백정의 처지와 천민의 모습은 크게 다르지 않을 것이라는 비관. 그래도 변화의 조류는 이미 보이기 시작했고, 그 물살을 거스를 힘은 어디에도 찾아볼 수 없다는 저 기이한 역사의 이변. 신분해방의 주체가 백정일 수 없어도 이 같은 조류의 끝에 다다를 변화의 모습은 차별의 소멸과 민주화의 완성일 것이라는 실낱같은 희망. 그리고 그 지탱.

대하 형식의 작품으로도 모두 다 그리지 못할 19세기 말 조선 사회변동의 천민적 지평은 이렇듯 간단치 않게 묘사되고 있다. 작품 말미에 이르면, 정동주는 아예 논문적 서술구조를 따르는 지문의 모습[25]을 빌려 갑오농민혁명 전후의 상황을 이렇게 압축한다.

> 그러니까 1894년을 기점으로 하여 급변하기 시작한 조선사회였다. 그 혼란 가운데서도 가장 두드러진 변화는 천민들의 신분해방을 위한 집단 움직임이었다. 천민들의 그 같은 행동은 시간이 더할수록 노골적이고 더욱 집단화되었다. 천민들을 가장 직접적으로 억압하고 지배하던 양반계층의 근본적인 붕괴와 동시에 일어난 현상이었다. 언제까지나 온전하리라고만 믿고 있었던 양

24. 이에 관한 이론적 논의의 단서로는 다음 참조할 것. 朴鍾晟, 『혁명의 이론사: 그 연구는 아직 끝나지 않았다』(서울: 인간사랑, 1991), p. 62, pp. 84-92.
25. 이러한 방법이 문학적으로 어떤 의미를 갖는지 거론하긴 버겁다. 다만 이 같은 의도적 설명장치와 소설적 삽입을 강화할 때 자칫 작중 화자와 등장인물들 사이의 언술구조가 의외로 약해지거나 작가의 의도적 강조로 인한 동어반복의 비능률도 마저 각오해야 할 것이다. 이 점은 자연스런 독해를 방해할 수도 있다. 그것은 때로 반복강조를 통한 문학적 세뇌와 극적 효과증대로 긍정적 반응을 유도할 수도 있겠지만 반드시 그러한 효과를 재확인하긴 어려울 것이다.

반들의 지배구조가 하룻밤 사이에 밑바탕에서부터 금이 가고 붕괴되기 시작하자 양반들은 어지럽게 흔들리는 자신들의 위치를 붙들기에만 급급했을 뿐, 그들의 오랜 손발처럼 붙박혀서 그들을 떠받들고 있던 노비와 천민들의 움직임에는 미처 눈을 돌릴 겨를이 없었다. 그 틈을 이용하여 대개의 천민들은 일단 노예상태에서 벗어나는 데까지는 성공할 수 있었다. 그러나 불안하고 미흡하기 그지없는 상태로 획득한 자유는 또 다른 문제를 천민들 앞에 내놓게 되었다. 자유란 그 자체만으로는 아무것도 할 수 없는 위험하고 부질없는 짐일 뿐이었다. 자유를 누리기 위해서는 다른 의무나 책임과는 다른 새로운 능력이 필요했다. 의무나 책임이 조금은 타의에 의한 강박과 쫓기는 심정과도 유사한 속성의 것이라면, 자유란 다분히 스스로에 대한 스스로의 판단과 해결능력이 뒷받침되어야만 하는 매우 무거운 짐이었다. 양반이나 부호들에게 예속되어 사는 동안에는 그런 대로 최소한의 먹이와 집과 옷을 손수 장만해야 하는 부담은 적었다. 주는 대로 누리면 되었기 때문이다. 하지만 노예상태에서 먹고, 입고, 자는 문제는 육체와 인격을 팔아서 마련한 것들이었기 때문에, 그 같은 예속상태에서 벗어나게 된 뒷날을 미리 예견하여 토지며 집과 옷을 충분하게 마련해 둘 여유를 가질 만한 엄두는 낼 수가 없었다. 노예란 그의 죽음조차도 주인의 몫이었기 때문이다. 그러다가 어느날 갑자기 밀어닥친 격변의 여파에 실려서 억압과 예속이라는 질곡의 손아귀로부터 자유라는 신천지에 도달하게 되었다. 질곡의 그늘 속에서 바라보거나 꿈꾸던 신천지는 무척 황홀한 땅이었다. 그러나 막상 꿈에도 생각하지 못한 이변의 탓으로 신천지에 발을 들여놓는 순간부터 신천지는 황홀하고 신비한 꿈속의 땅이 아니었다. 거기에도 인간이 살고, 인간들의 삶과 죽음이 변함없는 모습으로 기다리고 있었다. 그곳은 질곡의 땅에서보다 더 냉엄하고 비정한 삶의 조건들로 이루어져 있었다. 신천지에 도달한 천민들은 다시 떼거지로 변하여 오물덩이처럼 뒹굴며 흘러다닐 수밖에 없었다. 육신을 옥죄며 피를 강요하는 제도의 틀과 음흉한 손발은 없었지만, 배고픔과 추위와 바람부는 바깥 세상이 기다리고 있었다. 천민들 가운데서는 아주 드물게 움막이라도 둘러치고 박토를 갈아 엎어 씨를 뿌리는 사람도 있었지만 그렇지 못한 사람이 훨씬 더 많았다. 그들은 탁류에 떠밀려 흘러가기만 하는 쓰레기더미처럼 곳곳에서 주저앉거나 쓰러져 뒹굴다가 시름시름 죽어가기 일쑤였다. 어쩌다가 살아난 자들 중에서는 가장 손쉬운 육체의 힘과 본능적 욕망의 손에 이끌려 남의 것을 빼앗아 허기를 채우는 도적으로 변했다. 도적이라도 될 수 있는 자는 행복했다. 도적이 되기 위해서는 그만한 능력이 뒤따라야 했기 때문에 그럴

> 만한 능력조차도 갖추지 못한 자들의 생존은 비참했다. 도적이 된 자들의 대부분은 주로 역졸 출신들이었고, 그들은 떼거리를 지어 위력을 과시하기 위하여 닥치는 대로 유랑인들을 끌어들여 조직하고 무장시켰다. 백정들은 그런 사회변화의 격랑 속에서도 계속되는 신분차별과 학대를 견디다 못해 보부상 단체로 들어가 신분을 속이고 합류하기도 했다. 역졸들이나 보부상 단체에 뒤섞이게 된 백정들은 거기서도 홀대받기는 마찬가지였다.[26]

작가는 역사의 실재를 실제 그대로 작품에 넣는 방법마저 병행한다. 그것은 픽션의 형식이 굳이 절대 허구와 가상의 서술구조만을 구할 필요가 없다는 점을 분명히 해두려는 작가의 정치적 의도와 맥을 같이한다. 그러니까 정치소설이자 역사문학으로 『백정』의 컨텐츠가 실제 조선조 말기 백정세력보다 과장될 필요도 축소될 이유도 전혀 없다는 사실은 이 대목에서 다시 분명해진다.

동학운동의 정치적 표출이 혁명의 역사성을 반영하는지 아니면 내전 경로를 거친 외세 인입과 충돌의 계기를 심화시킨 제한적 사건인지 그 만만찮은 논쟁과는 별도로 사태의 결과가 실제 '공·사' 칠팔천 해방과 신분차별의 면제를 공식화하는 방향으로 가시화되었음은 무엇보다 큰 수확이었다. 그것도 조정 관료들의 반대와 행정조치의 지연을 무릅쓰고 고종의 결단과 단호한 지시에 따라 백정의 면천이 이루어지고 있음은 주목해야 할 역사의 변화였다.

행정조치의 일환으로 백정들의 면천이 공식화된 시기는 1897년 6월 5일이었다. 농상공부 훈령에 따르면 백정들의 '모든 행위'는 평민과 전혀 다를 바 없었다. 더욱이 상법은 조선 백성 모두는 어디서든 어떤 업종이든 일정한 허가 절차를 밟기만 하면 가능하다고 규정했다. 뿐만 아니라 백정들의 인권을 탄압하거나 영업행위에 대한 관리를 빙자하여 법이 정한 바 없는 세금을 추징하거나 강제노역을 부과하는 것 또한 불법임을 명백히 하고 있었다.

---

26. 정동주, 『백정 · 10』(서울: 우리문학사, 1991), pp. 88-90.

정동주가 주목한 것은 바로 이 대목에서 면천 백정들에게 부과된 세금이었다. 즉, 1896년 1월 18일자의 <법률 제1호 포사(庖肆)규칙>에 따른 세금 납부를 당국은 거듭 당부하고 있었다. 특히 저들이 강조한 <포사규칙 제6조> 이하의 규정은 매우 강력한 의무이행을 골자로 하는 것이었다. 그러나 막상 이 같은 내용대로 당시 백정들이 세금을 지불할 능력이 있었는지는 전혀 별개의 문제였다. <표 22>는 이처럼 강력한 의무규정을 내용으로 한 <포사규칙> 제6조 이하의 대강을 정리한 것이다.

이 같은 징세 요구에 제대로 응할 만큼 호구의 방편이 풍요로운 백정들은 그다지 많지 않았을 것이다. 뿐만 아니라 이러한 상황 변화는 또 다른 통제와 조절을 향한 정치적 의도를 바탕에 두는 것이었다. 작가의 말대로 백정 신분의 해방은 곧 더욱 비정한 신천지에로의 초대였고, 막막하기만 한 새로운 경쟁사회를 향한 정처 없는 이행이었을 뿐이다. 그러나 이보다 더 감당키 어려웠던 것은 걷잡을 수 없이 이어지는 또 다른 거대 고난들이었다. 백정의 핍박과 통증 따위는 오히려 역설적으로 강점기 조선의 등장이란 큰 파도에 묻혀 보이지도 않을 모순의 자락쯤으로 치부될 일이었다.

형평사 활동[27]은 자존과 자위를 의식한 백정들의 정치적 자율성이 신장되고 있다는 사실을 잘 말해 준다. 계층간 격차와 정치적 불평등 해소를 위한 노력이 가시화된 것만으로도 당대 운동의 의미는 컸다. 그것이 이제는 더 이상 참을 수 없어 폭발한 정치심리적 결과물이었든 아니면 압축과 도약의 방편으로나마 발생할 수밖에 없던 아래로부터의 저항이었든 백정들의 목소리는 이제 분명히 들리기 시작했다. 그에 발맞춰 천민들의 정치화와 사회주의 이데올로기의 인입은 민중적 저변 확보와 그 확산 부피의 제한성에도 불구하고 이제 거부할 수 없는 조류로 정착되어 가고 있었다.

---

27. 金重烈(1982), 앞 책, pp. 35-37; 김중섭(1994), 앞 책, 제2부.

표 22. 법률 제1호 庖肆規則 제6~12조/1896. 1.18[28)]

제6조: 庖肆는 그 설치 장소에 따라 아래와 같이 분류한다.
一等地: 하루에 한 마리 이상의 소를 屠殺하는 곳.
二等地: 이틀에 한 마리씩 屠殺하는 곳.
三等地: 사흘에 한 마리씩 屠殺하는 곳.
四等地: 나흘에 한 마리씩 屠殺하는 곳.
五等地: 닷새에 한 마리씩 屠殺하는 곳.
제7조: 稅金은 場所에 따라 나눈다.
一等地: 每月 24원
二等地: 每月 12원
三等地: 每月 8원
四等地: 每月 6원
五等地: 每月 4원 80전
제8조: 稅金은 每月末에 해당 관청에다 갖다 바쳐야 한다.
제9조: 영업자는 영업에 관한 帳簿와 屠殺場을 해당 관리가 臨檢하고자 할 때는 拒絶할 수 없다. 단 臨檢官吏는 그 증명서를 반드시 携帶해야 한다.
제10조: 영업자가 허가장을 받지 않았거나 또는 남의 것을 빌려서 몰래 소를 잡는 자는 3원 이상 30원 이하의 벌금에 처하고 현물 및 기구를 몰수한다. 단 密屠殺한 고기를 이미 팔아버린 자는 그 가격을 산정하여 징수한다.
제11조: 제9조의 검사를 거부하는 자는 2원 이상 20원 이하의 벌금에 처한다.
제12조: 稅納을 遲延하는 자는 5원 이상 50원 이하의 벌금에 처하고 다시 해당 稅額을 徵收한다.

조명희의 단편, 「낙동강」(1927.5.14)은 이 같은 역사의 조건을 벗어나려는 저항과 투쟁의 단면을 문학적으로 고스란히 드러낸다. 특히 그의 초점은 궁극적으로 일제를 향하고 있었고 문학적 투쟁의 일환으로 현실비판 의식이 강한 시와 희곡 그리고 경향소설을 통해 그 의지를 드러내

28. 정동주, 『백정 · 10』(서울: 우리문학사, 1991), p. 227에서 재인용.

고 있었다. 「낙동강」은 대표작으로 이를 잘 반영한다.[29)]

사회혁명가를 주인공으로 등장시켜 개혁의지를 문학에 반영시켰을 뿐만 아니라 강점기 조선에서도 백정의 삶은 크게 변하지 않고 있음을 보여 준 드문 예였다. 「낙동강」은 구체성을 잃고 있고 표피적 진술구조를 통한 회고적 구성이란 한계를 끝내 뛰어넘지 못한다. 그러나 이 작품은 소재적 희소성과 역사적 계몽성을 통해 분명한 방향성과 자기주장을 담는다는 점에서 몇 안 되는 강점기 정치문학의 업적이었다.

이에 관한 민병기의 분석을 들여다 보자.

> 「낙동강」은 그의 출세작이요, 프로문학의 대표적 성과물로 평가되고 있다. 이 소설의 주인공은 문제적 인물이다. 그의 경력을 보면 이 점이 잘 드러난다. 그의 조부는 뱃사공이었고, 부친은 농부였다. 그는 농업학교를 졸업하고 군청 농협 조수로 근무하던 중 3·1운동에 적극 가담했다 잡혀 1년 반 동안

29. 민병기, 「抱石 趙明熙의 生涯와 文學」, 『抱石 趙明熙 全集』(청주: 동양일보 출판국, 1995), pp. 446-447. 여기서 조명희는 이렇게 압축평가되고 있다. "그는 프로문학의 先驅者, 分斷의 障壁으로 埋沒된 작가, 文學史에서 失踪된 亡命作家 등으로 단순하게 定義할 수 없는 다양한 意味網을 가진 작가이다. 이는 그가 한국 현대문학 초창기에 사실주의 문학을 개척했고, 구소련 땅에 韓人僑胞文學의 씨를 뿌린 작가였다는 등의 단순한 過去形으로 그의 文學的 意味를 정리할 수 없는 이유와도 文脈을 같이 한다. 抱石에 대한 관심은 國境을 超越한 民族文學의 미래 운명과도 깊은 관계가 있기 때문이다. ……그의 反體制 文學活動이 일제의 탄압을 받자 그는 조국을 떠나 사회주의 국가인 러시아로 망명을 갔다. 그곳에 가서 일제를 맹렬히 비난하고 프롤레타리아 혁명을 讚揚하는 시와 소설을 썼다. 그런 그가 스탈린 정권하에 일제의 간첩 혐의로 사형을 당했다. 이 사실은 무엇을 의미하는가. 그것은 이데올로기가 얼마나 虛像인가, 스탈린이 얼마나 독재자인가를 말해 주는 그 이상의 의미를 내포하고 있다. 스탈린은 한국인을 중앙아시아로 강제 移住시키면서, 그들의 反撥을 우려해 소수민족의 수많은 지식인들을 숙청했다. 이런 상황에서 그는 희생당했던 것이다. 이 희생은, 소수민족이 스스로 방어할 조직의 힘이나 보호해 줄 국가권력이 없을 때, 비참한 박해를 당한다는 교훈을 담고 있다. 그의 죽음은 한인들의 강제 이민과 그에 따르는 쓰라린 고생을 상징한다. 趙明熙 文學에 대한 그들의 높은 관심은 바로 소수민족의 비참했던 과거를 되새기는 일이요, 그 불행을 미래에 되풀이하지 않도록 오늘을 되돌아보는 의미를 지니고 있다."

감옥살이를 한다. 석방된 후에 서간도로 이주하나 유랑하며 민족독립운동을 한다. 5년 간의 해외생활에서 조국으로 돌아온다. 그는 조국을 떠날 때는 민족주의자였으나 귀국할 때는 사회주의자가 되었다. 그가 돌아온 서울은 사회단체가 운동에는 힘쓰지 않고 공연히 파벌싸움만 하고 있었다. 이에 크게 실망하고 민중 속으로 가기 위하여 귀향한다. 고향에 내려와 사회운동단체를 만들어 정당한 운동에 힘쓴다. 그가 없었던 사이 고향이 많이 변했음을 느낀다. 농가가 많이 줄고 큰 <東拓倉庫>가 생겼고, 중농은 소농으로 소농은 소작농으로 바뀌어 있었다. 많은 소작농들은 破産하여 이 곳을 떠나가 버렸다. 그는 농촌운동 프로그램 1. 선전 2. 조직 3. 투쟁으로 정한다. 이를 구체화하기 위해 야학을 설치하고, 농민교화를 시도하며, 소작인 조합을 결성하고 소작쟁의를 벌인다. 특히 대지주 격인 東拓의 착취에 대항하는 소작쟁의를 일으킨다. 이러한 활동이 당국의 탄압을 받아 중단된다. 야학이 금지되고, 조합은 해체 명령을 받아, 사회운동을 더 이상 전개시킬 수 없이 되었을 때에, 갈밭새 쟁의가 일어났다. 낙동강 기슭에는 수만 평의 갈밭이 있다. 농민들은 이 갈대를 베어 그것으로 돗자리나 삿갓을 만들어 팔아 생계를 유지한다. 그들의 생활터전인 이 갈밭이 일본인 가등의 소유가 된다. 주민들은 血書同盟會를 조직하며 당국에 항거하나 실패한다. 마을 사람들은 자신의 목숨 같은 이 갈밭을 빼앗기자 홧김에 갈대를 베어 버린다. 이를 말리는 관리자와 농민 사이에 싸움이 벌어진다. 이 과정에서 성운은 그 선동분자로 지목받아 연행된다. 그는 경찰서에서 지독한 拷問을 받고 죽게 되어 병보석으로 풀려난다. 이 소설은 감옥에서 풀려난 그가 배를 타고 낙동강을 건너며 회상하는 수법으로 전개되어 장례지내는 장면으로 끝난다. 박성운의 회상 중에 형평사원들과 장사꾼들 사이에 패싸움하는 장면이 있다. 청년회원, 소작인, 조합원, 여성동맹원까지 총출동하여 형평사를 돕는다. 이 과정에서 형평사원의 딸 로사[30]가 여성동맹원이 되고 성운을 사랑하게 된다. 그녀는 백정의 딸이지만 사범학교를 졸업한 보통학교 여교사이다. 그녀는 이 사건을 계기로 교사직도

30. 작중에 그들 백정가족의 본명을 포석이 왜 끝까지 밝히지 않고 있는지는 의문이다. 그러니까 이것이 과거 백정들 스스로 본명을 갖고 있지도 않았고 또 굳이 밝히려 들지 않았던 관례를 따른 것인지 혹은 의도치 않은 결과였는지는 불분명한 채로 남아 있다. 다만 포석은 마침 주인공 백정 가문의 성씨가 '로'가임을 밝혀두고 있고 남자 주인공 박성운이 이를 중시하여 유럽의 극좌파 로자 룩셈부르크의 이름을 따 여자 주인공을 아예 '로사'로 개명하도록 처리한다. (『抱石 趙明熙 全集』, 청주: 동양일보 출판국, 1995, p. 211).

> 그만 두고 사회운동에 적극 가담한다. 부모는 그녀가 교사직에 복귀하기를 강요하나 ……부모 말에 따르지 않고 열렬한 운동가가 되어 성운의 뜻을 이어가는 것으로 이 소설은 끝이 난다. 이 소설은 ……농촌이 궁핍해지는 과정이 분명하게 드러나 있지 않다. 또, 박성운이 사회운동을 벌이는 것도 프로그램만 제시되어 있지 그의 행동이 나타나 있지 않다. 갈발쟁의나 형평사 운동도 구체적 묘사 없이 回顧套로 陳述되어 있다. 그러나 명확한 사회운동 프로그램을 제시했고, 전형적 운동가를 주인공으로 등장시켜 그 뒤 프로소설에 큰 영향을 주었다는 점에서 그 의미가 크다. 예를 들면 이기영의 「洪水」에 나오는 박건성은 박성운과 유사한 점이 많다. 박건성도 농촌 개혁운동을 하기 위하여 夜學을 열어 의식화 운동을 전개하고, 소작인 조합을 조직하여 소작쟁의를 일으킨다. 그 과정에서 감옥에 가게 된다. 두 인물은 전과자이며, 사회주의 운동가이며, 농촌개혁운동을 전개하는 문제적 인물이라는 점에서 유사하다. 이 유사점은 「故鄕」의 김희준이라는 인물에서도 발견된다. 박성운은 프로소설에 등장하는 최초의 문제적 인물이었다는 점에 그 의미가 큰 것이다.[31)]

프로문학의 기수답게 포석은 이미 작품 곳곳에 사회주의적 계몽과 대중동원을 강하게 의식하는 문학적 장치들을 지뢰처럼 묻어놓았다. 그것은 곧 문학이 역사의 질곡과 현실적 사회모순을 타파할 수 있는 중요한 정치수단이자 강력한 저항도구로 결코 단순한 여가 선용의 수단이 아니란 점을 웅변으로 대변하는 것이었다.

3·1운동 이후 확산된 정치적 저항 기류와 이를 계기로 자신감을 얻은 민초들이 깨어날 수 있었던 것도 강점기 역사의 우연은 아니었다. 형평사 운동과 신간회 운동뿐 아니라 소작쟁의, 노동쟁의로 확산된 민중부문의 자율적 정치화가 점차 폭력 강도를 높일 수 있었던 것도 결국은 이 같은 변화의 흐름과 이를 가로막으려 했던 식민권력의 강압적 통제에 대한 반발에 힘입은 바 컸다. 이 때 문학이 그 같은 저항 기류를 '상승·강화'시킬 수 있었던 것도 힘으로 막아낼 일은 아니었다.

작가의 인식지평은 이처럼 전면적이고 노골적이었다. 민중 전체가 폭

31. 『抱石 趙明熙 全集』(청주: 동양일보 출판국, 1995), pp. 466-468.

력적 파괴의 선봉으로 나서지 못하고 혁명 의지와 역사 변화의 전위의식으로 단련되지 않았다고 해도 문학의 투쟁적 전화가 의식화의 또 다른 계몽수단이 된다는 믿음을 세상에 알린 것만으로도 그의 인문학적 의무이행은 단호했다.

포석은 자신의 문장 속에 고전 사회주의 이념과 민중적 울분의 이미지를 이렇게 녹여내고 있다.

> 이네의 조상이 처음으로 이 강에 고기를 낚고, 이 벌에 곡식과 열매를 딸 때부터 세지도 못할 긴 세월을 오래오래 두고 그네는 참으로 자유로웠었다. 서로서로 노래 부르며, 서로서로 일하였을 것이다. 남쪽 벌도 자기네 것이요, 북쪽 벌도 자기네 것이었었다. 동쪽도 자기네 것이요, 서쪽도 자기네 것이었다. 그러나 역사는 한바퀴 굴렀었다. 놀고 먹는 계급이 생기고, 일하여 먹여주는 계급이 생겼다. 다스리는 계급이 생기고, 다스려지는 계급이 생겼다. 그러므로부터 임자 없던 벌판이 임자가 생기고 주림을 모르던 백성이 굶주려가기 시작하였다. 하늘에 햇빛도 고운 줄을 몰라가게 되고, 낙동강의 맑은 물도 맑은 줄을 몰라가게 되었다. 천 년이다. 오천 년이다. 이 기나긴 세월을 불평의 평화 속에서 아무 소리 없이 내려왔었다. 그네는 이 불평을 불평으로 생각지 아니하게까지 되었다. 흐린 날씨를 참으로 맑은 날씨인 줄 알듯이. 그러나 역사는 또 한 바퀴 구르려고 한다. 소나기 앞잡이 바람이다. 깃발이 날리었다. 갑오동학이다. 을미운동이다. 그 뒤에 이 땅에는 아니, 이 반도에는 한 괴물이 배회한다. 마치 나래치고 다니는 독수리같이. 그 괴물은 곧 사회주의다. 그것이 지나치는 곳마다 기어가는 암나비 궁뎅이에 수 없는 알이 쏟아지는 셈으로 또한 알을 쏟아 놓고 간다. 청년운동, 농민운동, 형평운동, 노동운동, 여성운동……. 오천년을 두고 흘러가는 날씨가 인제는 먹장구름에 싸여간다. 폭풍우가 반드시 오고야 만다. 그 비 뒤에는 어떠한 날씨가 올 것을 뻔히 알 노릇이다.[32)]

작품의 내용과 어투에는 이미 백정에 관한 당대(1920年代)의 인식이 어느 정도였는지 잘 반영되어 있다. 세상이 변하고 시대가 민주화되어 가고 있었어도 신분과 계급에 관한 일상의 편견이 단숨에 사라지길 기

---

32. 윗책, pp. 200-201.

대하기에 조선사회의 인습의 벽은 아직 한껏 높았다. 그 같은 편견이 민주화에 대한 지배계급의 우려와 정치 사회적 방어심리에서 비롯된 게 아니라 오히려 일반 민중의 의외적 거부와 염려에서 한층 강하게 우러나오기 시작했다는 사실은 차라리 이상스런 일이었다.

신분의 해체가 기득권에 대한 위협이 될지 모른다는 위축심리를 키우게 된 것도 역사적 민주화 과정에서 정확히 예견할 수 없는 문제였다. 그 같은 수세적 분위기 속에서 백정을 비롯한 천민들 대부분이 어떻게 대응했는지는 또 다른 관심대상이 된다. 하지만 그들 대부분이 보인 전반적 소극성과 나아가 자기해방을 향해 투입했어야 할 노력의 실체가 거의 드러나지 않았음은 지울 수 없는 역사의 모순으로 고스란히 남는다.

포석은 작품을 통해 천민 해방의 역사적 한계와 특히 백정의 신분타파를 위한 계층적 자기결정성이 얼마나 취약했는지 잘 고발한다. 비록 낭만적 감상주의 형식과 도약의 방편을 거치면서 매우 압축적인 이해틀을 요구한 게 사실이지만 그의 글은 강점기 역사 속에서마저 신분 해체를 향한 자기계몽과 객관적 이해의 소통망 구축이 실로 어려운 일일 수밖에 없음을 잘 보여 준다.

나라 없는 백성들 사이에서도 엄연히 계속된 신분의 차별. 그 같은 상황을 그들 스스로도 깨 버릴 수 없었던 척박한 현실의 지탱. 백성이 백정을 멀리하고 백정 자신이 이 같은 백성들 보편의 의식을 바꾸지도 없애지도 못했던 비루함의 연속. 그것은 가혹하고 처연한 일들이었다.

> 장거리에서 형평사원들과 장꾼 - 그 중에도 장거리 사람들과 큰 싸움이 일어났다. 싸움 시초는 장거리 사람 하나가 이곳 형평사 지부 앞을 지나면서 모욕하는 말을 한 까닭으로 피차에 말이 오락가락하다가 싸움이 되고 또 떼싸움이 되어서, 난폭한 장거리 사람들이 몽둥이를 들고 형평사원 촌락을 습격한다는 급보를 듣고, 성운이가 앞장을 서서, 청년회원, 소작인조합원 심지어 여성동맹원까지 총출동을 하여 가지고 형평사원편을 응원하러 달려갔었다. 싸움이 진정된 후에, "늬도 이놈들, 새 백정이로구나" 하는 저편 사람들의 嘲

笑와 漫罵를 무릅쓰고도 그는, “백정이나 우리나 다 같은 사람이다 ……. 다만 직업의 구별만 있을 따름이다. ……무릇 무슨 직업이든지, 직업이 다르다고 사람이 귀천이 있는 것은 결코 아니다. 그것은 옛날 봉건시대 사람들의 하는 말이다. 더구나 우리 무산계급은 형평사원과 같이 손을 맞붙잡고 일을 하여 나가지 않으면 아니된다. ……. 그러므로 형평사원을 우리 무산계급은 한 형제요, 동무로 알고 나아가야 한다. …….” 하고 여러 사람 앞에서 열렬히 부르짖은 일이 있었다. 이 뒤에, 이곳 여성 동맹원에는 동맹원 하나가 더 늘었다. 그것이 곧 형평사원의 딸인 로사다. 로사가 동맹원이 된 뒤에는 자연히 성운과도 相從이 잦아졌다. 그럴수록에 두 사람의 사이는 점점 가까워지며 필경에는 남다른 정이 가슴 속 깊이 들어 배게까지 되었었다.[33)]

진정 답답했던 인물은 로사의 아버지였다. 백정이라는 과거 신분을 여전히 잊지 못한 채, 자신의 속내를 드러내며 딸의 사회적 진출이 속 깊이 쌓여 있던 울기와 항심을 쉽사리 풀어줄 것이라 믿고 있던 콤플렉스 때문이었다. 딸의 출세가 혹여 자신의 신분상승을 부채질 해줄지 모를 것이란 작중 판단은 무엇을 의미하는 것일까? 자발적 변신과 사회적 이탈 불가의 상황? 자괴와 모멸의 심리적 투사? 공격적 보상 부재와 대리만족 기제의 출현? 소극적 자학과 적극적 탈주?

다른 이도 아닌 자신의 친딸을 향해 신분적 안식처를 구하려 한 백정 아비의 심리를 문자로 표현하고 언어로 분석한다는 일은 실체 그 자체의 묘사에서 긴장감을 떨어뜨릴 빌미가 될 수도 있다. 그것은 창작을 위한 인문학적 상상과는 또 다른 독해의 오류와 작위적 인식과정에서 생겨나는 불가피한 과오와 서로 통하는 문제일 수 있기 때문이다. 실제와 실제를 표현하려는 언어의 편차를 충분히 감안하고 보더라도 작품 가운데 투영되는 부녀의 다음 대화와 그 엇갈림은 정치적으로 어떤 의미를 가질까?

로사의 부모는 형평사원으로서, 그도 또한 성운의 부모와 마찬가지로 딸일망

---

33. 윗책, p. 209.

정을 발전시켜 볼 양으로 그리하였던지 서울을 보내어 여자 고등보통학교를 졸업시키고 사범과까지 마친 뒤에 여훈도가 되어 멀리 함경도 땅에 있는 보통학교에 가서 있다가 하기방학에 고향에 왔던 터이다. 그의 부모는 그 딸이 판임관이라는 벼슬을 한 것이 천지개벽 후에 처음 당하는 영광으로 알았었다. 그리하여 그는, "내 딸이 판임관 벼슬을 하였는데, 나도 이 노릇을 더 할 수 있는가?" 하고는, 하여 오던 수육업이라는 직업도 그만두고, 인제 그 딸이가 있는 곳으로 살러 가서 새 양반 노릇을 좀 하여 볼 뱃심이었다. 이번에 딸이 집에 온 뒤에도 서로 의논하고 작정하여 놓은 노릇이다. 그러나 천만 뜻밖에 그 몹쓸 큰 싸움이 난 뒤부터 그 딸이 무슨 여자청년회 동맹이니 하는데 푸떡푸떡 드나들며, 주의자니 무엇이니 하는 사나이 틈바구니에 가서 끼어 놀고 하더니, 그만 가 있던 것도 아니가겠다, 다니던 벼슬도 내어놓겠다 하고 야단이다. 그리하여 이 네의 집안에는 제일 큰 걱정거리가 생으로 하나 생기었다. 달래다, 구스르다, 별별 소리로 타일러야 그 딸이 좀처럼 듣지를 않는다. 필경에는 큰소리까지 나가게 되었다. "이년의 가시내야! 늬 백정놈의 딸로 벼슬까지 했으면 무던하지. 그보다 무엇이 더 나은 것이 있더노? ……." 하고 그의 아버지가 야단을 칠 때에, "아배는 몇 백 년이나 몇 천 년이나 조상 때부터 그 몹쓸 놈들에게 온갖 학대를 다 받아 왔으며, 그래도 그 몹쓸 놈들의 썩어자빠진 생각을 그저 그대로 가지고 있구만. 내사 그까짓 더러운 벼슬이고 무엇이고 싫소구마 …… 인자 참 사람 노릇을 좀 할란다" 하고 딸이 대거릴 할 것 같으면, "아따 그년의 가시내, 건방지게 ……의 뭐락했노? 뭐락해? ……." 그의 어머니는 옆에서 남편의 말을 거드느라고, "야, 늬 생각해 보아라. 우리가 그 노릇을 해가며 늬 공부시키느라고 얼마나 애를 먹었노. 늬 부모를 생각키로 그럴 수가 있능가? ……자식이라고 딸자식 형제에서 늬만 공부를 시킨 것도 다 늬 덕을 보자꼬 한 노릇이 아니냐?" "그러면 어매 아배는 날 사람노릇시킬락고 공부시킨 것이 아니라, 돼지 키워서 利 보듯기 날 무슨 덕 볼락고 키워 논 물건으로 알았는게오?" "늬 다 그 무슨 쏘리고? 내사 한 마디 몬 알아듣겠다……아나, 늬 와 이라노? 야 ……." "구마내 듣기 싫소, ……내 맘대로 할라요." 할 때에, 그 아버지는 화가 버럭 나서, "에라 이……늬 이년의 까시내, 내 눈 앞에 뵈지 마라. 내사 딱 보기 싫다구마." 하고는 벌떡 일어나 나가 버린다. 이리하고 난 뒤에 로사는 그 자리에 푹 엎드려져서 흑흑 느껴가며 울기도 하였다. 그것은 그 부친에게 야단을 만나고 나서 분한 생각을 참지 못하여 그러하는 것만도 아니었다. 그의 부모가 아무리 무지해서 그렇게 굴지마는, 그 무지함이 밉다가도 도리어 불쌍한 생각이 난 까닭이었다. 이러할 때도, 로사는 으레같이 성운에게로 달려가서 하소연한다. 그럴 것 같으면 성운은, "당신은 최하층에서 터져 나오는 폭발탄 같아야 합니다. 가정에 대하여, 사회에 대하여, 같은 여성에 대하여, 남성에게 대하여, 모든 것에 대하여 반항하여야 합니다." 하고 격려하는 말도 하여준다. 그럴 것 같으면 로사는 그만 감격에 떠는 듯이 성운의 무릎 위에 쓰러져 얼굴을 파묻고 운다.[34]

로사의 가족사적 질곡과 회한의 보고가 당대 형평사 운동이나 그에 얽힌 강점기 조선 백정 전체의 고뇌를 평균적으로 대변하는 것은 아니었다. 다만 여기서 우리는 포석의 인문학적 상상과 소설을 통해 '있을 수 있었던' 일들의 역사 단면을 살피고 잊혀진 사실의 자락을 복원함으로써 어느 한 백정 가족의 수모와 초월의 역정을 되돌이킨다. 하지만 그것은 저항의 담론치고 소박하기 짝이 없었다.

절대적 해방불가의 상황. 지체된 조직화와 운동형식의 초보적 저항기제. 억압의 강화와 항거의 좌절. 인문학적 항변의 단절과 사회과학적 도전의 황폐화. 민중부문의 가없는 자기부정과 낭만적 퇴행. 혁명적 조건의 점진적 패배와 혁명부재의 역사 존속. 그 사이를 가르며 파열음으로 지나친 낮은 수준의 민중폭력과 감상적 도전. 제도폭력의 과잉과 전면적, 구조적 대항폭력의 빈곤.

사실상 백정의 자기부정과 신분 해체의 고삐를 보다 강하게 나꿔채지 못했던 한계를 그들 스스로의 책임으로 쉽게 몰아버리거나 한꺼번에 지탄키 어려웠던 이유는 따로 얼마든지 마련될 수 있었다. 식민지를 거부할 만한 민중 전체의 단합된 의지조차 마련할 길 없는 상황 속에서 백정들의 무능을 탓할 수 있는 여력이 과연 누구에게 있었을 것인가? 뿐만 아니라 더욱더 강하게 왜곡되어 나간 강점기 조선사의 갈등을 염두에 둘 때 그 책임의 몫을 이들 어느 한 천민 계층에게 담보할 이유도 지금 없지 않겠는가 말이다.

---

34. 윗책, pp. 210-211.

더 큰 문제는 포석 이후 강점기를 지나고 나면 이유 없이 약해지고 마는 백정문학의 맥이었다. 홍명희에서 조명희, 정동주를 잇는 백정문학의 저 드문 인문학적 상상 줄기가 해방 후 현대사의 또 다른 단절구조 안으로 파고들지 못하고 민족문학의 화두조차 되지 못했던 저 빈곤의 속내를 우리는 이제 어떻게 변명해야 할까? 또 하나의 어설픈 면책논리를 찾아 사회혁명의 부재를 변명하고 계급적, 민족적 모순의 거대담론 안에 그 같은 문학적 단절의 핑계를 만들어 그네들을 애써 외면한다면 이제 남는 것은 무엇일까?

현 단계에서 다시 또 분명해지는 것은 그네들에 관한 저 거짓 같은 집단적 침묵이 예나 지금이나 변함없이 계속되고 있다는 사실이다. 이제 더는 저 역사적 무관심의 맥이 이어지지 않게 하기 위하여 인식의 단절과 창작의 빈곤을 동시에 넘어설 감각들을 만드는 데 모두가 노력하는 것만이 과거의 부끄러움을 넘어서는 일이 될 것이다.

3. 문학주체로서의 기생과 문학대상으로서의 기녀

문자와 언어를 동시 구사한다는 이유만으로 '기생 · 기녀' 가 천민 신분에서 벗어날 수는 없었다. 어디까지나 삶의 양식을 지탱하려는 생존의 방편이었을 뿐 그것으로 해방과 독립을 도모하거나 그렇게 할 만한 정치적 도구가 되는 것이 아니었기 때문이다. 게다가 문자해독이 가능한 유일 천민으로 그들의 인문적 능력을 '시(詩) · 서(書) · 화(畵) · 창(唱)'의 영역까지 넓혀 잡아도 기생의 실체가 그것만으로 다 드러나는 것은 아니었다.[35)]

---

35. 사실상 기생에 관한 인류학적 관심이나 그 풍속사적 연구란 것도 오래 전부터 시작된 것이 아니었다. 이들의 사회적 존재양식에 관한 무관심도 문제였으려니와 중세 이후 본격적으로 기녀 활동이 성행하던 시기별 논의와 그 현대적 변

백정이 그러했듯, '기생·기녀' 역시 독자적 사회세력을 이루고 자존과 자율의 메커니즘을 유지하며 살아나갔던 존재임을 부인할 길은 그 어디에도 없다. 즉 철저한 신분사회의 핍박을 견뎌낸 또 하나의 특수천민으로 이들을 이해할 필요성은 아무리 강조해도 지나치지 않다. 따라서 단순히 어느 한 잣대로 그들의 역사성을 재단하거나 지배적 속성과 정치사회적 의미까지 쉽사리 논한다는 것은 이미 또 다른 결정론을 예고한다.

그러나 '기생·기녀'의 역사적 성격 분석을 위한 메타이론 하나 기대하기 어려운 현 단계에서 이들의 삶의 양식과 굴곡 전체에 대한 통사적, 전국적 정리[36]란 더더욱 기대하기 힘든 형편이다. 나아가 이에 관한 엄정한 해석과 균형감각을 갖춰 조선천민사를 복원할 때까지 부분사의 조립과 발굴마저 유예시킨다는 것도 바람직한 일은 아닐 것이다. 그렇다면 어차피 세상의 눈총과 편파적 해석이 주류를 이루는 현실 속에서 이제부터라도 할 수 있는 일은 그나마 무엇일까?

'기생·기녀'에 관한 문학적 이해도 사실 가상의 이미지와 시간적 가능태로서 과거의 복원을 의식한 최소한의 인위적 얼개일 뿐이라고 깎아내린다면 논의의 진지함은 시작부터 사라질 것이다. 백정문학도 그랬지만 '기생·기녀'에 관한 인문학적 접근도 앞의 경우보다 상대적으로 풍부했을 뿐 기초사 마련을 기대할 만큼 그 지평이 넓은 것도 아니었다. 뿐만 아니라 여전히 강한 성차별 의식이 살아있는 이 땅의 현실을 감안

용마저 최근에 와서야 관심대상이 되었다는 점은 눈여겨볼 필요가 있다. 그것도 우리보다 동아시아, 특히 일본의 '게이샤' 같은 변용양식에 관해 서양의 관심이 집중된 것은 매우 이례적이다. 이에 관해서는 다음 참조할 것. 나카니시 레이(なかにし禮) 지음·양윤옥 옮김, 『게이샤의 노래』(서울: 문학동네, 2002); 리자 댈비 지음·유용훈, 『게이샤』(서울: 우석, 1999); 아더 골든 지음·임정희 옮김, 『게이샤의 추억』(서울: 현대문화재단, 1998).

36. 조선기생연구의 기초문헌으로 李能和의 『朝鮮解語花史』는 홀대할 수 없다. 다만 그 문헌이 갖는 지나친 나열성과 거의 일방적이기만 한 자료의 소개는 신빙성 여부에 의문이 가는 경우도 있음을 감안해야 한다. 이재곤 譯, 서울: 동문선, 1992, 複刊本; 『中央日報』 2002. 2. 2日字, 43面 참조할 것.

할 때 백정만큼 홀대와 무관심을 견뎌내야 하는 것도 이 부문의 피할 수 없는 문제다.

그렇다면 '기생·기녀'의 세계를 이해하는 데 문학은 어느 정도의 힘을 발휘할 것인가? 인문학적 상상 결과가 역사의 실제와 허구를 가교해 줄 수 있는 부피는 어떻게 감지할 수 있을까? 아울러 성적 조종을 일삼은 기생들과 독자적 직업윤리로 일관한 이들 사이를 가르는 긴장이나 미묘한 차이를 가늠하는 데 문학적 장치는 어떤 의미를 가질까?

'기생·기녀'의 문학적 이해과정에서도 그들이 막상 어떻게 행동하고 있었는지는 상대적으로 살필 필요가 있다. 문학적 창작이 허구의 세계를 전제하는 의도적 행위라 해도 역사 속 실제와 완전히 동떨어진 채 행해지는 일은 아니다. '있을 수 있는' 행위의 범주를 전제하면서 창작은 극단의 상상과 사실적 세계를 오가는 일임을 염두에 두어야 하기 때문이다. 따라서 문학의 세계에서 나타나는 일들이란 실제 나타났거나 사라졌던 일들의 복원을 전제하기보다 오히려 그럴 수도 있었다는 역설적 반문과 대안의 행위범주를 가상한 역사적 상상으로 우리를 인도한다.

작가들이 기녀에 관해 많은 관심을 보였던 것도 사실은 그네들 모두가 품고 있던 매력과 성(정치)적 현혹을 바탕삼아 지배세력과 천민 사이를 가르는 차별의 인문학을 세워보고자 한 욕망 때문이었을 것이다. 따라서 기생의 정치학이나 기녀의 사회학 혹은 여성학적 천착의 종합보다 오히려 문학의 '기생·기녀'학이 더 많은 부피[37]를 자랑하는 것도 이

37. 무작위로 추출해 보아도 '기생·기녀'에 관한 혹은 그들 자신의 작업이 백정들과 비교조차 할 수 없이 절대우위에 있었음은 항시 확인할 수 있는 일이다. 다음은 그 대표적 단면들이다. 김용숙, 「한국 女流文學의 特質」, 『亞細亞女性研究』 14輯(1975); 김지용, 「매창문학 연구」, 『수도사대논문집』 6卷(1975); 김영숙, 「閨中文學과 妓女文學의 價値」, 『문호』 1輯(1960); 이화형, 「黃眞伊의 詩的 眞實」, 『외대어문논총』 8호(1997); 성현경, 『妓女 時調와 士大夫 時調』(서울: 螢雪出版社, 1976); 鄭宗大, 『艶情小說構造研究』(서울: 啓明文化社, 1990); 黃忠基, 『閭巷人과 妓女의 時調』(서울: 國學資料院, 1999); 조광국(2000), 앞 책; 李炫熙, 『京鄕의 妓女와 官妓』(서울: 明文堂, 1988); 黃眞伊(外) 지음·문정희 엮음, 『기생시집』(서울: 해냄, 2001); 김지용·김미란,

같은 몇 가지 이유를 통해 추론해 볼 수 있다.

문학이 기생집단을 눈여겨 본 부분은 이들의 삶의 여정이 반영하는 극적(혹은 극단적) 유린과 이를 돌파, 극복하는 방식의 차별성에 있었다. 유교국가 여성의 몸으로 순종과 저항의 대립적 행태를 모두 드러낼 수 있었다는 사실은 그것만으로도 특이한 일이었다. 나아가 이 같은 사실들을 단서로 삼되, 때로 과장하거나 낭만적으로 재구성하여 소재와 상상력을 수시 융합할 수 있었던 문학의 절차는 적어도 학문이란 이름으로 자행된 여느 엄숙한 화두보다 청중 확보면에서조차 능한 수 위였다.

조선 기생의 삶의 양식을 이처럼 인종과 항거라는 스펙트럼으로 과잉 단순화시키는 작업은 과연 문학적으로만 의미있는 일일까. 기생의 인문학은 물론이고 여성학과 사회학적 천민 분석에서도 극명한 삶의 대립 구도는 부각된다.

권태연은 이렇게 말한다.

> 기녀는 천민이다. 천민이라는 계급적 귀속과, 여성이라는 성적인 귀속은, 사대부들의 慰樂的이고 性的인 대상이라는 사회적 口實과 더불어 기녀가 지닌 성격을 매우 복잡하게 만들었다. 일반적으로 기녀는 다른 여성들에 비해 성적으로 적극적이고 능동적이었을 것으로 여겨지지만 『東野彙輯』의 247話 「各士好勝占花魁」 說話와 『조선왕조실록』에 나타나는 太宗朝의 可憙兒와 世宗朝의 패강아의 기록을 살펴보면 남성들과의 관계에서 기녀들이 자신의 성적 주체성을 확보하지 못했다는 사실을 알 수 있다. 이처럼 사대부와 기녀와의 관계에서 기녀들이 주체성을 갖지 못했고 단지 사대부 남성들의 성적 대상, 혹은 소유의 대상이었고, 사대부들은 기녀를 <路柳墻花>, <解語花>처럼 꽃에 비유함으로써 인격을 소유하지 않은 존재로 인식하고 있다. 또한 꽃의 아름다움, 한 번 피면 곧 지는 一回性, 지는 과정에서부터 지고 난 후의 초라함이 기녀의 일생과 흡사하여 기녀들 스스로도 자신을 꽃에 비유하기도 하였다. 남성들에 의해 성적 대상물로 인식된 기녀들은 조선시대 이상적인

『韓國女流漢詩의 世界』(서울: 여강출판사, 2002).

> 女性觀이라 할 수 있는 <儒敎的 女性觀>에 부합될 수 없었으며 모성적 역할 또한 배제되었기 때문에 여성성으로부터 소외현상을 경험하게 된다. 소외현상을 경험한 기녀들은 정체성에 혼란을 느끼고 자신의 삶을 극단적인 방향으로 몰아가게 된다. 그것은 기녀들이 유교적 여성관에 대하여 '순응'과 '저항'의 자세를 취하는 것으로 나타난다. '순응'의 자세를 취한 경우 儒敎的 女性觀을 스스로 내면화하여 사회적으로 공인되는 유교윤리에 부합하는 것이다. 이 경우 기녀라는 자신의 신분을 부정하는 것이 될 수 있으나 대부분의 기녀들은 기녀라는 자신들의 신분을 유지하면서 사회에서 요구하는 유교적인 여성관에 자신들을 맞추어 갔는데 이러한 기녀들의 행동은 일반 부녀자들에게 유교적 여성관을 더욱 강조하는 역할을 하였다고 할 수 있다. 또 다른 하나는 <저항>의 자세를 유지하며 儒敎的 女性觀을 거부하는 것이다. 이것은 기녀의 직업윤리에 충실하는 것이라고 할 수 있는데 대체로 남성과의 관계에서 적극적이라든가 性에 대해 개방적이고 물질적인 면에 집착하는 것으로 생각할 수 있다.[38]

아울러 권태연은 전자의 부류에 속하는 기녀들을 논개(論介), 강계(江界)기 무운(巫雲), 평양기 자앵(紫鶯) 등으로 나누고 후자의 대표로 『어우야담(於于野談)』에 수록된 성명 미상의 정주(定州)기와 말년의 황진이를 예[39]로 든다. 어느 경우든 이들은 기생으로 살아야 했던 기구한

---

38. 권태연, 「조선시대 妓女의 社會的 存在樣態와 섹슈얼리티 硏究」, 박용옥 엮음, 『女性: 歷史와 現在』(서울: 國學資料院, 2001), pp. 495-497.

39. "지금까지 대부분의 연구에서는 황진이가 자신의 독특하고 개성적인 성격이 조선시대 여성들의 예속적이고 속박된 사회규범에 적응할 수 없음을 알고 남성들과의 교류와 자유로운 생활을 향유하기 위하여 스스로 기녀의 길을 택했으리라고 추측하지만 그보다는 賤子隨母法에 의해 어머니의 신분을 이어받아 기녀가 된 것 같다. 기녀가 된 후 황진이의 履歷에 관해서는 유명한 일화들이 많이 남겨져 있다. '황진이는 기녀이면서 성품이 高潔하여 시정의 천한 족속 같으면 천금을 준다고 하여도 돌아보지 않았으며 풍류명사가 아니면 거들떠보지도 않았다'고 할 만큼 자아가 강한 인물이며 상당히 능동적인 남성편력을 가지고 있었다. 한시와 시조에도 탁월한 실력을 가지고 있었으며 애정을 詩의 題材로 삼아 자아의 확립, 인간성의 회복을 추구하였다는 평가를 받고 있다. 그러나 죽음 앞에서 황진이는 기녀로서 살았던 자신의 일생에 대해 회의하는 태도를 보인다. 『韶濩堂集』에서는 황진이가 죽으려 할 때 佳人에게 부탁하기를 '나는 天下男子를 위해 스스로 사랑을 하지 못하고 이 지경에 이르렀으니

운명과 삶의 굴곡에 담긴 극적 요소로 인해 문학의 소재로 채택되기 쉬웠고 또 그만큼 쉽게 잊혀졌다.

삶의 방편을 마련하기 위해서라도 육신의 절제보다 남성 고객의 주문에 기꺼이 따라 나섰던 경우, 그리고 뭇남성들을 감성으로 지배하고 육신마저 복속시키며 유교의 관행을 거스를 수 있었던 위인들 모두는 결국 인문학이 저버릴 대상이 아니었다. 더욱이 아무나 들여다 볼 수 없도록 지배층과 기녀의 만남을 은폐해도 기어이 그 속내를 파헤쳐 훔쳐볼 실마리를 찾아 이를 복원, 재구성하는 일은 아무나 할 수 있는 게 아니었다.

이 같은 작업이 단지 문인이라는 이름의 후대 전업작가들에 의해 이뤄진 것만이 아니었다는 사실은 늘 분명히 해 두어야 한다. 문학이 문인의 전유물이 아니라 누구라도 근접할 수 있는 자유의 통로이자 인식의 구토 행위일 수 있었다는 사실은 차라리 그들에게 일말의 해방과 탈출경로로 작동하고 있었기 때문이다. 그것은 바로 그들 자신이 문학의 주체이자 동시에 대상임을 새삼 일깨워 주었다.

이 예외적 속성은 그들의 삶의 양식 자체를 한층 매력적으로 변모시켰고 파고들면 들수록 더욱더 대하기 어렵거나 해부하기 버거울 정도로 문예적 자율성을 두텁게 해주었다. 그렇다면 문학적 부피와 내용에서 다른 천민의 그것을 훨씬 능가한다는 우선의 특징은 어떻게 이해해야 할까? 작품의 질적 수준과 그 각기의 의미지평까진 그만 두더라도 양적으로 빈번히 거론된 것은 기생이 곧 필자[作家]이자 소재[質料]로 항시 변환될 수 있었기 때문이다. 하지만 그렇다고 해서 조선의 모든 기생이

내가 죽거든 棺을 덮지 말고 東門 밖에 모래와 물이 있는 곳에 屍身을 버려두어 갖은 微物들로 하여금 내 몸을 뜯어먹게 함으로써 천하의 여자들로 하여금 황진이로서 경계를 하라'고 하여 佳人이 그 말대로 하였는데, 한 남자가 거두어 장사지냈다고 기록하고 있다. 황진이가 기녀로서 자신의 삶에 대한 悔恨과 自虐의 遺言을 한 것은 자유분방했던 자신의 생에 대한 뉘우침이며, 사회에서 逸脫된 자신의 破格的인 삶의 모습에 대한 도덕적 책임의식을 인정한 것이라고 할 수 있다." 윗책, pp. 500-501.

문인적 자질과 문학적 제재로 자신의 삶을 구성할 수 있었던 것은 물론 아니다.

다만 자신의 삶에 축적된 통한과 그 극적 극단성이 정작 본인들에 의해 '토로·표출'될 수 있었다는 사실과 이 같은 문화 역사적 매력이 그들의 시대가 사라진 후에도 계속됨으로써 후대 작가들과 심지어 삶의 유사한 굴레를 경험하는 여성 인구들[40]에 대해서마저 그 같은 의식 전파를 가능케 했다는 점은 주목해야 할 또 하나의 비정함으로 남는다. 이른바 수기 문학이나 고백록 형식을 취하는 자기고발류의 문학적 카타르시스 행위는 질긴 삶을 견뎌낸 이들의 생활과 그 내용을 전달하려는 또 하나의 노골적 고해[41]로 끊어질 듯 이어지고 있다.

---

40. 몸을 팔거나 그에 준하는 육체의 직접 소비로 성적 환대의 노동가치를 교환하려는 오늘의 성매매 행위가 곧 조선조의 기녀집단에서 빈발한 私通과 패륜행각의 그것과 일치하는지는 논란의 여지가 있을 수 있다. 다만 사회 전체적으로 볼 때 억압과 통제에도 불구하고 성욕 분출의 기제가 자율적으로 조절되지 못하고 특히 남성우위의 사고체계와 여전히 이기적인 그들만의 심리가 종횡무진 통용되고 있는 현실을 감안한다면 과거의 가부장 문화와 그 속에 투영된 극도의 편향성 역시 여전히 사라지지 않고 있는 게 사실이다. 여기서 기생문화의 역사적 부활과 그 현대적 틈입은 얼마든지 가능해진다. 봉사구조의 다양한 분화와 자본의 일방 증식을 의식한 사회적 변질과 왜곡도 넘치도록 충분하다. 바로 이 대목에서 과거 기생들의 얼굴은 호스테스와 출장 마사지 걸 혹은 티켓다방 종업원들의 무표정으로 되살아나고 있고 사대부의 위선과 그 경쟁적 소유의 쟁탈 또한 오늘의 지불능력 있는 남성들 면모에서 부활하는 셈이다. 여기서 「영자의 전성시대」 이후 한국 현대문학사에서 리얼리즘의 위상을 구가한 호스테스 문학과 그 사회문화적 파급의 의미도 거꾸로 읽어볼 수 있는 여유가 생긴다. 다음 작품들은 그 단절적 파급의 맥락 속에 마디마디 묻혔거나 때로 모습을 드러낸 작가적 고뇌의 산물로 이해할 필요가 있을 것이다. 정의명, 『창녀와 금배지』(서울: 경운출판사, 1996); 박광서, 『閔마담』(서울: 자유시대사, 1985); 尹一雄, 『賣春』(서울: 東光出版社, 1987); 柳在順, 『서울서 팔리는 女子들』(서울: 나남, 1984).
41. 단행본으로 출간된 자기고백서나 르뽀류의 기록이 그렇게 많았던 것은 아니다. 그러나 그것은 단순히 황색문화의 부산물이나 천박한 호객 도구로 치부될 수 없는 독자적 생명력을 지닌다. 아무나 경험할 수 없는, 그리고 결코 의도하지 않았던 생의 이면을 드러내면서 공개 관음과 공감의 터전을 마련하려 든다는 점에서 이는 경향 이전에 이미 장르이며 형식과 내용을 공유하는 문학의 한

그렇다면 이들을 소재로 삼는 경우와 이들 자신이 문학의 주체로 나서는 두 가지 경우를 어떻게 구별할 것인지가 문제다. 그네들에 '관한' 이야기와 그들 자신'의' 목소리를 구분하지 않고 이들 모두를 막연히 동일시하는 것은 결국 기왕의 무의식적 홀대를 다시 되풀이하는 일에 지나지 않기 때문이다. 기존의 문학이론은 이 같은 구분의 잣대나 상대적 인식의 표본조차 마련한 바 없었다.

이를 위해 기생문학과 기방문학 개념을 구분해서 이해할 필요가 있다. 즉, 그네들의 삶의 궤적과 그 극적 전환을 객관적으로 다루되 이를 소재로 삼거나 제재화한 창작물 총체를 전자의 개념군으로 포섭하고 불가항력의 역사환경을 글과 말로 이겨내며 통한의 세월을 살아낸 저들 스스로의 감각적 편린이나 자발적, 문예적 창조물 모두를 아우르는 개념으로 후자의 의미를 사용해야 할 것이란 점이다. 물론 이 같은 구분은 어디까지나 분석과 이해의 편의를 도모하려는 이유에서일 뿐 다른 의도를 바탕에 둘 수는 없을 것이다.

기생문학이 주로 특정 인물에 관한 전기적 접근과 일정 시기 혹은 사건을 둘러싼 사회문화적 관련성을 주안점으로 삼는다면, 기방문학은 그들 본인의 가변적 심사와 감정 특히 한과 울분을 골자로 삼되 이를 초극할 수 있었던 성 정치적 능력과 조절 통로를 보여주는 문예창작물을 일컫는다. 그러니까 전자가 특수천민의 객관적 조명을 바탕으로 삼는다면 후자는 그들 각자의 애증과 고통의 극복을 위해 당사자의 주관이 고스란히 묻어나는 역사의 자기고백형식으로 이해할 필요가 있다.

그러나 이들 사이를 문학적으로 다시 잇거나 소통시킬 만한 장치는 마련될 수 없다. 그것은 마치 스스로 외쳐도 누구하나 그들의 처지를

영역으로 엄존한다. 다음 몇 작품들은 1970년대 이후 한국 수기문학의 展開斷面을 잘 反證한다. 金文炯, 『가시를 삼킨 장미』(서울: 新女苑, 1979); 이을록, 『팔리는 여자』(서울: 자유시대사, 1999); 함신미, 『몸의 생』(서울: 이야기, 2002). 현대문학 속에서 매매춘 현상에 관한 작품분석의 한 방식으로는 다음 참조할 것. 박훈하, 「기지촌 소설의 계보와 남성성의 확립과정」, 『한국문학논총』 제19집(1996.12), pp. 119-153.

개선시켜주길 기대하기 어려웠던 만큼 후대의 문예 창작이 전대의 핍박과 세월의 질곡을 어쩌지 못하는 한계와 맞닿기 때문이기도 하다. 신분의 괴리나 시간적 차이의 늪을 건너지 못하는 저 '도저함'이란 곧 풀어내기 힘든 집단의 고통을 최대한 그네들의 입장에서 생각하고 바라보아야 할 필요성만을 암시했다. 그렇다고 보면 막상 스스로 쓰고 말하며 고뇌했던 육필의 힘과 상상이나 기억의 회로에 의존하며 과거를 재현하려는 인문 권력은 서로 간단히 견주기 어려운 개념들이지 않았을까?

그럼에도 불구하고 이들 사이의 괴리와 균열을 파고드는 문화의 쐐기는 결국 작품일 수밖에 없다. 그것이 상상의 결과물이든 아니면 고통과 회한의 버거운 감각으로 토해 낸 피의 고백이든 관계없이 말이다. 역사를 자료와 사초만으로 '복원 · 재현'할 수 없다면 시대를 관통한 생각과 그들 주변에 포진했던 숱한 이들의 의식은 이를 대체할 수 있는 매우 중요한 도구가 된다. 그것은 바로 당대의 인간관계를 '결정 · 유인'한 중요한 변수였고 작품은 이때 이들 사이의 정서와 감각의 교류를 반증하는 최종 단서가 될 수 있기 때문이다.

기생문학과 기방문학의 결과물 모두를 집적자료로 하여 그 경계를 가르거나 또한 두 부문의 부피를 대비해보는 일도 만만치는 않을 것이다. 왜냐하면 문학의 결과물은 남겨진 문자와 이를 담고 있는 미디어의 외형적 질량만으로 그 부피를 측정할 수 없는 일이며 장르와 형식의 세목화 없이 무작정 비교로 내용과 의미의 무게가 가려지는 것도 결코 아니기 때문이다.

하지만 이 같은 전제와 함정을 감안하고 보더라도 기방문학의 결과물은 기생문학의 그것보다 우선 양적으로 제한적이다. 그러나 질적으로는 단순 비교치 못할 독자적 의미체계를 이미 튼실히 확보하고 있다. 비록 시조 형식을 갖추고 시적 운율과 이에 준하는 문사적 변용을 주축으로 삼으면서 장르의 분화까진 담보하지 못하지만 기방문학은 솟구치는 감정의 원형질과 누구도 범접치 못할 특화된 경험의 내용물들을 흐르고 넘치도록 끌어안고 있었다. 반면, 기생문학은 기왕에 축적된 문학적 산출 부피와 미디어의 출고 형식에서 앞의 경우를 능가할는지 모르나 컨텐츠와 의미의 전달과정 중 실질적 감동의 동원이나 흥분의 지탱에서 반드시 기방문학의 그것을 뛰어넘는지는 의문스럽다.

전자가 주로 시의 형식을 못 벗어난다면 후자는 소설의 모양을 주축으로 삼았고 때로 문학적 변용을 통해 희곡이나 시나리오로까지 지평을 넓히기도 했다. 그 같은 차별은 주로 역사의 환경 차이와 문화적 커뮤니케이션의 방식 자체가 다른 데서 비롯되는 것이었지만 기방의 역할이 글씨와 노래 혹은 그림 외에도 시작 과정까지 중요시했던 자연적 결과였다. 게다가 시의 형식이 다다를 수밖에 없는 감각의 농축과 생략 그리고 도약과 극복의 미학을 감안하면 그것은 자신의 현실적 처지를 뛰어넘는 유일한 문예적 도구로뿐만 아니라 오히려 매력적 탈출 경로로도 적극 활용될 수 있었을 것이다.

그에 반해 기생문학은 이들이 살아온 경험지평의 극적 성격과 그 예외적 대목들에 관해 다소 과장되게 각색하거나 절박한 은유를 통해 삶을 재구성하는 데 역점을 두었고 흔히 한 개인의 인물사나 유사한 운명을 공유한 특수천민 공동체의 내면세계를 묘사, 재현하는 데 초점을 맞추곤 하였다. 그것은 그들이 감수해야 했던 수모와 천대를 극대화시키는 방향으로 그려지기도 했고 오히려 사대부와 지배세력을 때로 농락하고 휘어잡는 이례적 과정으로 각색되기도 했다. 그러면서도 어쩔 수 없이 받아들여야 했던 신분의 벽과 때로 남성지배세력을 이용하고 또 이용당한 채 삶을 지탱해야 했다는 봉건적 상호의존성을 부각시키면서 기생문학은 문학의 특수한 하위유형을 양산해 낸다.

그것은 바로 1) 특정 기생 개인의 전기와 평전류의 인물사, 2) 불특정 다수의 기생군과 특정 군주시기의 화류집단으로 화제와 귀감이 된 인물들을 총체적으로 다루려 했던 명기열전, 3) 외국인의 눈에 비친 특유의 천민집단으로 객관적 탐색과 접근을 통한 고발적 소개문학[42] 등으로 분

42. 다음이 바로 그 대표적 결과물들이다. W. 아더 노블 지음 · 尹弘老 옮김, 『사랑은 죽음을 넘어서: 舊韓末 '이화'의 사랑이야기』(서울: 포도원, 2000); 세로쉐

류할 수 있다.

<표 23>은 주로 1980년대 이후 출간된 작품들을 대상으로 기생문학의 내역을 다시 체계화시켜 본 것이다. 물론 이 작업은 이제껏 출간된 국내작품 모두를 대상으로 한 것이 아니며 필자의 무작위 선정에 따른 것이다. 특히 논개와 황진이, 매창과 홍랑 등 이미 충분히 유명세를 치른 인물들에 다시 주목했다. 조선조 기생 모두가 극적인 삶의 면모나 극단성을 보였던 것도 아니고 보면 기생들의 시작(詩作)이라고 하여 모조리 인구에 회자될 만큼 작품적 가치와 사회적 예외성을 숨기고 있던 것도 아니었을 것이다. 따라서 새로운 사례 발굴도 중요한 일이겠지만 특정 기녀에 관해 거듭되는 작품화 경향과 그 문학사회학적 의미 천착은 궁극적으로 당대의 조선천민사 분석에 도움이 되는 일들이었다.

기생문학의 축적 부피가 상당하다고 해도 그것이 이 땅의 문학사에서 창작과 논의의 주류를 이룬 적은 결코 없었다. 이러한 사실이 조금도 이상할 리 없던 게 이 나라의 문학현실이었다. 이 때문에 문학적 문제의식과 그 정치적, 역사적 관련성에 관한 논쟁은 우리 모두 앞에 공통의 과제로 남는다. 이를 위해서는 또 하나의 별도 공간과 분석 지평이 기어이 요구되는 일임도 필자는 모르지 않는다. 그러나 여기서는 기다림과 한, 그리고 소외와 초극의 담론을 중심으로 그네들이 기대거나 견딜 수 있었던 정치심리적 추스림의 세계를 살펴보려 한다.

세상의 눈빛을 의식하면서도 그나마 힘겹게 기생의 자기지탱논리가 세워질 수 있었던 것은 자신이 믿고 따르려 했던 연모의 대상과 그에 대한 초월적 사랑 때문이었다. 남다른 정염과 폭발적 애정의 기운마저 실제 현실로 드러낼 수 없었던 그들에게 차라리 일방의 사랑이나마 퍼부을 수 있는 대상이 은밀하게라도 나타나 준다는 것은 삶의 새로운 의미이자 생존의 보람이었을 것이다.

혁명 없는 시대에 사랑할 수 있는 대상이 출현한다는 사실은 곧 자신

프스끼 지음 · 양정숙 옮김, 『기생 월선이』(서울: 남지, 1995).

표 23. 한국 기생문학의 구성과 전개/1980년대 이후

作家名	作 品 名	出版年度	出版社	장 르
정한숙	논개	1993	청아	傳記
정동주	논개	1998	한길사	傳記
최낙건	꽃, 강에 지다 (정부인 논개 신안주씨전)	2001	다우	傳記
김수영	논개	2001	지식산업사	傳記
이태준	황진이	1999	깊은샘	傳記
문정배	황진이	1994	미래문화사	傳記
최정주	황진이 <상·중·하>	1993	삼신각	傳記
김탁환	나 황진이	2002	푸른역사	小說
김민성	매창전집	2001	고글	文集
문정배	부안의 명기 이매창	2001	미래문화사	傳記
문정배	홍랑	2001	미래문화사	傳記
정비석	美人別曲: 鄭飛石 名妓列傳 第1卷: 梨花에 月白하고 第2卷: 동짓날 기나긴 밤을	 1989 1989	 고려원 고려원	 列傳 列傳
김용길	名將들의 逸話·名妓들의 夜話	1990	명문당	列傳
이현희	창기와 명기의 애환	1988	명문당	列傳
이현희	경향의 기녀와 관기	1988	명문당	列傳

의 천역을 무릅쓸만한 생존방식일 수 있었다. 그리고 그에 대한 온갖 느낌과 감각의 표현이 문예적으로 가능했다든지 문자와 언어 형식을 빌려 분명하게 드러낼 수 있었다는 것은 그것만으로도 더 없는 구원이었다.

> 희생과 봉사. 무한 대기와 일방 승화의 관행. 역설적 카타르시스와 초월적 행태의 유지. '무보상·무목적'의 생존과 극도의 순종. 탈주불가의 생활양식과 순응의 정치화. 동조와 찬양, 자발적 복종심리의 교화와 존숭(尊崇)의 체질화.

조선 기생들의 성적 헤게모니 장악과 그에 따른 조종의 문제는 기방

문화에 숱한 예외와 도발적 화두를 남긴다. 아울러 다소곳하거나 차분하기만 한 기녀의 이미지는 결코 논의대상의 전부일 수 없었다. 인식과 수용의 양면성은 역사의 이해에서 이렇게 늘 염두에 두어야 할 복병이자 모종의 부담으로 작동하는 것 또한 어쩔 수 없는 현실이다.

그러나 그럼에도 불구하고 조선 기생의 이미지의 보편이란 것이 이처럼 정적이고 내면적이며 시류에 대한 저항보다 인종과 절제를 무슨 종교처럼 신봉하려 했던 것은 대체 뭘 뜻하는 것일까? 나아가 조선 기녀 모두가 이처럼 모범적이지 않았다 해도 끝내 저 이상의 주변을 배회하거나 최소한 이를 지향하는 문화의 저류가 늘 그들 내부를 강박처럼 관통하고 있었던 것은 도무지 어떤 이유에서였을까?

권태연이 말한 조선 기녀의 양면적 섹슈얼리티와 그 유교적 문화 기반 모두가 설득력이 있어 보여도 이들에 관한 문학적 천착을 담보한 힘의 원천은 결국 그들 모두의 실제 행보나 이에 깃든 매력의 총합이 아니었다. 그것은 범상치 않았던 행태의 극단으로 차라리 예외적 인종과 온갖 수모를 견디더라도 끝내 자신의 면모를 잃지 않으려 했던 심리적 학대와 맞닿는 것이었다. 자신을 망가뜨리더라도 여염의 여성들과 동일하게 본분을 지탱코자 몸부림치고 있었다든지 아니면 맺지 못할 이승의 인연이나마 스스로의 율법에 따라 배반과 변절의 길로 일탈하지 않으려 거의 사투에 가까운 고뇌로 치를 떠는 형국이라든지 이들 모두와 견줄 만한 기생의 독특한 극적 이미지란 그다지 흔치 않았다.

자신을 파괴하거나 극도로 부정함으로써 탈주와 시대의 저항을 도모하기보다 수용과 인고의 내적 단련을 통해 도리어 천역의 본분을 지키려 했던 경우는 사실상 적잖은 기방문학작품을 통해 잘 드러난다. 기다림의 미학을 수용하되, 초극적 삶의 양식을 밖으로 드러내지 않고 도리어 글로 풀고 시로 녹인 대표적 인물은 역시 매창[43]이었을 것이다.

---

43. 梅窓, 桂生/桂娘, 字는 天香, 宣祖朝 扶安 妓生.

梨花雨 흩날릴 제 울며 잡고 이별한 님
秋風落葉에 저도 나를 생각는가
千里에 외로운 꿈만 오락가락 하더라

내 精靈 술에 섞여 님의 속에 흘러들어
九曲肝腸을 마디마디 찾아가며
날 잊고 님 향한 마음을 다스리려 하노라

기러기 산 채로 잡아 정들이고 길들여서
님의 집 가는 길을 歷歷히 가르쳐주고
한밤중 님 생각날 제면 소식 전케 하리라

등잔불 그무러갈 제 窓 앞 짚고 드는 님과
五更鍾 나리올 제 다시 안고 눕는 님을
아무리 白骨이 塵土된들 잊을 줄이 있으리

내 가슴 흐르는 피로 님의 얼굴 그려내어
내 자는 방안에 簇子 삼아 걸어두고
살뜰히 님 생각날 제면 簇子나 볼까 하노라

醉하신 님 사정없이 날 끌어단
끝내는 비단적삼 찢어놓았지
적삼 하날 아껴서 그러는 게 아니어
맺힌 情 끊어질까 두려워 그렇지[44)]

이 정도의 표현이고 보면 그것은 단순한 자학과 퇴행이 아니라 일방의 사랑이나마 작정하고 나선 위인의 다짐이었고, 간단한 연모와 애정 표출을 크게 넘어서는 모종의 정치적 충정까지 이 시는 함축한다. 여기서 막상 상대의 심사가 어떤 것이었는지는 문제되지 않는다. 물론 이들

44. 「醉客執羅衫 羅衫隨手裂 不惜一羅衫 但恐恩情絶」, 문정희 엮음(2001), 앞 책, pp. 35-42, passim.

의 관계가 일상의 연정으로 쉽사리 잊혀지고 혼인의 형식으로 성사될 수 있었던 것이라면 더 말할 필요조차 없었을 것이다. 그러나 일방의, 그것도 비일상적 초극과 끝없는 애정의 자기확인으로 본능의 아쉬움이나 감각의 불균형을 조율하려 안타깝게 애쓰고 있었음은 늘 주목해야 할 대목이다.

정의 교환이 일상적이지 못하고 오히려 극도의 편향성을 드러낼 수밖에 없었다는 이른바 관계의 예외성은 흔히 말하는 불륜이냐 아니냐의 차원을 크게 넘어선다. 왜냐하면 사대부의 혼외정사는 이미 사회적 죄악이기 이전, 문화의 관행이자 체질화된 봉건체제의 습속으로 굳어 있었고 특히 기녀들과의 사통과 정의 교류란 적발되지 않는 한 논란대상으로조차 부각되지 않는 일상적 사소함으로 치부되었기 때문이다. 따라서 기녀들로서는 그저 바라볼 수만이라도 있거나 조우의 시기 또한 예견할 수 있을 때 그것으로 모든 것을 감내해야 할만큼 관계의 불공정과 편파성은 치열했다.

그럼에도 불구하고 최대한 억제된 감정을 유지하면서 대상에 대한 변치 않는 정염과 반듯한 애정 표시를 위해 압축 표현으로 모든 걸 대신하고자 애썼던 경우도 있다. 자신의 주관적 심상을 자연 그 자체에 능히 투사하거나 아예 동일시하려는 승화의 기법이었다. 널리 알려진 대로 홍랑[45]이 남긴 저 '유일시'는 우리의 모국어가 여성의 심성을 감동의 세계로 이끌 때 이 같은 효과를 어떻게 극대화시키는지 잘 보여 주고 있다.

묏버들 갈해 꺽어
보내노라 님이 손에

자시는 창 밖에
심거두고 보소서

---

45. 洪娘, 宣祖朝 漢陽 妓生.

밤비에 새잎 곧
나거든 날인가도 여기소서[46]

조선조 기녀의 성 정치적 행태나 그 섹슈얼리티의 정체라는 것도 사실상 순종 아니면 저항이란 선별적 화두로 몰고 가며 논의할 문제는 애시당초 아니었을 것이다. 대개 학문적 논의나 분석적 담론이라는 허울을 쓰는 순간부터 이와는 전혀 관계없이 존재하고 있던 논의의 대상들은 그 당사자들에 의해 임의 재단되거나 분류, 재구성되는 그야말로 건조한 작업공간으로 끌려 들어가는 게 어쩌지 못할 관례이기 때문이다.

꼼꼼히 따지고 든다면, 대관절 님 그리던 군주국가 기녀의 심상이나 그 이후 그네들의 행태 변화라는 것이 어찌 이것 아니면 저것으로 범주화될 수 있는 문제였겠는가. 이 쪽 혹은 저 쪽으로 나누고 어느 한 울타리 안에 가두어 넘나들지도 못할 기형의 절개로 자신의 일생을 외쪽으로 윤색했던 양 어찌 단정할 수 있겠는가 말이다. 이론적 논의나 분석적 작업이란 것들은 애초부터 심리적 경계선상의 번민이라든지 혹은 말과 글로 표현키 어려운 번다한 마음과 그 요동치는 심정까지 쉽게 포용하긴 힘든 게 사실이었다. 뿐만 아니라 객관적 일반화를 위해 범주화시키기 어렵거나 체계적으로 다룰 수 없다고 해서 이를 쉽게 배제할 수도 없는 노릇이었다.

저항도 순응도 아닌 끝없는 번민 속에서 방황하며 마음붙이지 못하던 조선의 기녀가 어찌 한둘뿐이었겠는가. 감각과 본능이란 것이 문법과 논리로 쪼개질 성질의 것이 아닌 한, 이 같은 문제 제기는 외려 조금도 이상할 리 없다. 그러니까 이리하다 저리하고, 그리하다 다시 돌아오는 일련의 헤매임이 차라리 기녀 심리묘사에 실제적 효과를 더한다면 이들의 미시적 행태 변화와 천민적 삶의 양식 총체를 인문학적으로 추적한다는 일은 시작부터 대단한 인내와 치밀한 관찰을 요구하는 일이었다.

18세기 중반의 기녀였던 것으로 추정되는 '송이'의 경우가 그랬다. 도

---

46. 문정희 엮음(2001), 앞 책, p. 34.

리어 더욱 인간적이고 친근감이 더해지는 대목은 위의 정서적 처연함이나 모범적 초극으로 일관한 홍랑이나 매창보다 한층 뚜렷했다. 나아가 때로 투정하며 농을 걸거나 서늘한 야유로 운우지정(雲雨之情)의 상대를 거꾸로 휘어잡으려 한 수동적 저항의 기교도 빠짐없이 발견된다는 점에서 이는 기생정치학의 복합심리를 고스란히 드러내는 사례로 보아야 할 것이다.

솔이 솔이라 하니 무슨 솔만 여기는다
千尋絶壁에 낙랑장송 내 기로다
길 아래 樵童의 접낫이야 걸어볼 줄 있으랴

남은 다 자는 밤에 내 어이 홀로 앉아
轉轉反側하야 님 둔 님 그리는고
차라리 내 몬져 죽어서 제 그리게 하리라
그 님도 님 둔 님이니 생각할 줄이 있으랴

꽃 보고 춤추는 나비와 나비 보고 방긋 웃는 꽃이
저들의 思郞은 節節이 오건마는
어떻다 우리의 사랑은 가고 아니 오느니

이리하여 날 속이고 저리하여 날 속이니
怨讐이 님을 벌써 잊음 직도 하다마는
怨讐야 怨讐가 일시 옳도다 잊을 적이 없어라

思郞이 어떻더냐 둥구더냐 모나더냐
기드냐 잘으더냐 발물너냐 자힐너냐
各別이 긴 줄을 모르되 끝간 데를 몰라라
銀河에 물이 지니 烏鵲橋 뜨단 말가
소 이끈 仙郞이 못 건너오단 말가
織女의 寸만한 肝腸이 봄눈 스듯 하여라

내 思郞 남 주지 말고 남의 사랑 耽치 마소
우리 두 사랑에 잡사랑 행여 섞일세라

아마도 우리 사랑은 류가 없는가 하노라
일생에 이 사랑 가지고 괴어 살려 하노라

玉 갓튼 漢 宮女도 胡地에 塵土되고
解語花 楊貴妃도 驛路에 묻혔는데
閣氏 내 一時花容을 아껴 무삼하리오

닭아 우지 마라 닐 우노라 자랑 마라
半夜 秦關에 孟嘗君 아니로다
오늘은 님 오신 날이니 아니 운들 어떠리

사랑인들 님마다 하며 이별인들 다 설우랴
평생에 처음이요 다 못 볼 님이로다
이후에 다시 만나면 緣分인가 하노라[47]

사랑의 복합심리가 관객의 뇌리에 때로 감동으로 각인되거나 혹은 비수처럼 내리 꽂히는 이유는 바로 그들의 이루지 못할 관계 때문이었을 것이다. 그래서 더욱 애틋하고 간절한 것이 그들 사이를 가르는 차가운 틈새인 셈이다. 만일 벌려진 이 틈새가 메워질 수 있다면 청중들은 거기까지 기다려 보고픈 욕망이 새롭고 안타깝게 솟구치는 것을 새삼 느낀다. 그리해서 절절한 이야기를 녹이고 해피엔딩의 꼴이 그 간의 고초를 일순간 날려버릴 때 기다림이 해후로 뒤바뀌는 극적 반전의 효과도 그만큼 강하게 나타날 수 있다. 바로 이 점을 기생의 '사랑 인문학'은 수시로 확인시켜 준다.[48] 그러니까 이별과 해후를 반복하며 계속되는

---

47. 같은 책, pp. 74-76.
48. 물론 이 같은 경우가 일상적인 것은 아니다. 대부분의 경우 님 그리는 기녀의 애원이 성사되는 현실의 모습이란 또나시 하룻밤의 관계로 끊어질 듯 이어지는 게 상례이고 아예 그 모습 자체가 화석화되거나 관습으로 굳어짐으로써 애초의 순수하고 간절했던 일방의 마음조차 폄하되어 버리는 게 흔한 일이다. 따라서 기생은 자칫 사랑하면 안 될 대상이자 주체로 부각되든지 아니면 그 논리의 이중적 모순고리 안에서 평생을 맴돌아야 하는 세월의 형극까지 견뎌야 할 존재로 자주 묘사된다. 따라서 그녀들에게 '邂逅'는 차라리 '再離別'보다 한

인간관계가 어느덧 예외적 결합의 형국으로 마무리될 때 그간의 사회적 불공평으로 얼룩진 아쉬움이나 애틋한 감각은 이따금 감격으로 상쇄되기도 한다.

주지하는 것처럼 『춘향전』은 이별과 해후를 기본축으로 삼되 끝내 신분의 벽과 사회 차별의 한계를 뚫고 사대부의 도전적 관습타파가 극적으로 이루어지는 경우다. 만남에서 이별로, 복수에서 위기의 반복으로 이어지는 극적 감흥의 유도와 그 배치는 매우 짜임새 있고 순환론적인 구조로 두드러진다. 이에 관한 수많은 작품론과 문학적 의미규명은 이미 적잖이 논의된 바 있어 예서까지 반복할 필요는 없을 것이다.

다만 작품의 이례적 결말구조와 관계없이 작중 클라이막스에 해당하는 춘향의 국문 과정과 저항의 의연함으로 특화되는 대사의 진행을 창본 원고로 살펴보자. 여기서 성춘향은 자신의 소외된 처지나 옥중의 불편함에서 비롯된 개인적 도발보다 이몽룡을 향한 결연한 각오를 도드라지게 되새긴다. 이 대목은 이미 적잖은 인용과 공연을 통해 세상에 알려진 바 있다. 그리고 판소리와 소설 형식으로 중층 각색되어 극적인 효과를 증폭시키면서 춘향의 저항 정신과 그 속에 함축된 혁명적 정치성은 여느 작품에서 찾아보기 힘들만큼 강하고 깊게 전달되었다.

그것은 일반적으로 농축된 표현과 이미지의 생략을 바탕으로 삼는 시어나 이를 빌린 문예적 사고와는 또 다른 감흥이었다. 행형의 당사자[執杖使令]가 죄인보다 더 가련하고 취조와 국문의 절차 자체가 도리어 초라해지는 저 상황의 모순. 절개와 율법의 불꽃튀는 충돌. 남성 지배권력의 인습적 억압과 춘향 개인의 처절한 항거. 죽음으로 끝낼망정 타협과 인종은 거부한다는 공개적 거부.

춘향의 언사가 통쾌한 감흥으로 다가오는 결정적 이유는 불합리한 공권력과 부패한 당국을 향해 온몸으로 맞서려는 정치적 절박성이 돋보였기 때문이다. 이렇게 보면 옥중 춘향의 다음 절규는 차라리 그 이후의

층 가혹한 시련과 사랑의 실험대가 되는 것임을 쉽게 확인할 수 있다.

의연함에 비해 훨씬 여성적이고 수세적이다.

쑥대머리 鬼神形容
寂寞獄房 찬자리에
생각난것 님뿐이라
보고지고 보고지고
漢陽郎君 보고지고

執杖使令 擧動을 보아라. 別刑杖 한아람을 덥숙 앓어다가 東뜰 밑에다 좌르르 …… 펼쳐놓고 刑杖을 골은다. 이 놈도 잡고 늑끈 능청 저 놈도 잡고 늑끈 능청 그 中의 등심 좋은 놈 골라쥐고 갓을 숙여 台上을 가리고 使道 보는데는 嚴令이 至嚴허니 春香을 보고 속말을 헌다. 이에 春香이 한두개만 견디어라. 내 솜씨로 살려주마. 꼼짝꼼짝 말아. 뼈 뿌러지리라. 매우 처라. 에이 딱. 불어진 刑杖가지는 空中으로 피르르 떨어지고 東뜰 위의 春香이는 아픈 말을 吐心실어 앓이허고 고개만 빙빙 둘우면서 一字로 아뢰리다. 一片丹心 먹은 마음 一夫從事 나 뿐이요. 一介刑杖이 웬 일이요. 어서 急히 죽여주오. 매우 처라. 에이 …… 딱. 二字로 아뢰리다. 二夫不更 이내 마음 二君不事 다르릿가. 二妃史蹟 아옵거든 두 郎君을 섬길있가. 可望없고 無關해요. 三字낫을 딱 붙이니, 三生佳約 맺은 言約 三從之法 알았거든 三月花로 알지마오. 四字를 딱 붙여노니, 士大夫 使道님이 四其事를 몰우시요. 四肢를 짝짝 찌저서 四大門에다 걸드래도 可望없고 無關해요. 五字로 또 붙이니 五字로 아뢰리다. 五馬로 오신 使道. 五倫을 밝히시요. 寤寐不忘 우리 郎君 잊을 可望 叮寧없소. 六字를 딱 붙여노니, 六腑의 맺힌 마음 戮屍허여도 無關해요. 七字낫을 붙여노니, 七尺劍 높이들어 칠때마다 동강나도 可望없고 無關해요. 八字 딱 붙이니 八面不當 않될 일을 팔짝팔짝 뛰지마오. 九字를 또 붙이니 九重分憂 官長되어 궂은짓을 그만하오. 九曲肝腸 맺친마음 어서急히 죽여주오. 十字를 딱 붙여노니, 十杖歌로 아뢰리다. 십시일 적은 고을도 忠靈이 있압거든 우리 南原敎坊廳에 烈行하나 없아릿가. 十盲一枝 날만믿는 우리老母가 不詳허오. 이제라도 이 몸이 죽어 魂飛中天 높이 떠 道令님 잠든 窓前에 가 罷夢이나 이루어지고, 열을 치고 斟酌헐까 수물을 치고 斟酌헐까 三十度를 猛杖허니 玉같은 두다리에 流水같이 흘으는 피는 靜盤의 震霞이라 업졌든 刑房도 눈물짓고 매질허든 執杖使令도 매놓고 돌아서서 구포자락 끌어다 눈물흔적 스치면서 발툭툭 굴리며 못보건네 사람의 눈으로는 못보건네. 四十年間

官門出入後에 저런 光景은 처음보았네. 이제는 나가 門前乞食을 허드래도 아서라 이 口實 그만두자.[49)]

절정의 위기가 사라지고 사대부를 지아비로 섬길 수 있는 행운마저 거머쥘 수 있었던 스토리 엔딩의 설정은 이미 「춘향전」의 백미로 널리 알려진 얘기다.[50)] 이 같은 이례적 플롯의 전개와 서사구조의 마련이 기

49. 金世宗(版), 『春香歌』(成昌順 唱本), pp. 35-36, passim.

50. 「춘향전」은 흔히 염정설화와 암행어사 설화 등을 바탕으로 초기에는 판소리 唱者인 광대에 의해 불려지다가 여러 사람 손을 거치며 소설화된 積層文學의 일환으로 발전되었다는 것이 오늘날의 정설이다. 따라서 「춘향전」은 많은 異本이 있고 그 정착 연대도 영·정조조 대로 추정된다. 그 구성은 1. 성대퇴기, 2. 선아환생, 3. 방자경설, 4. 호화치장, 5. 작교풍류, 6. 물각유주, 7. 청조정신, 8. 월태화용, 9. 이성지합, 10. 책실낭독, 11. 기해천문, 12. 필재절등, 13. 청사등롱, 14. 함정무어, 15. 탐화봉접, 16. 주반등대, 17. 일희일비, 18. 녹수원앙 등의 항목으로 이어지나 여기에 수록한 부분은 춘향이 사또의 수청을 거절하다 태형을 맞게 되자 '十杖歌'를 부르는 대목이었다. 大同小異하지만, 성창순의 唱本 외에 傳來說話本으로 이 대목을 다시 정리해 보자. "棍杖 笞杖 치는데는 使令이 서서 하나 둘 세건마는 刑杖부터는 法杖이라, 刑吏와 通引이 닭쌈하는 모양으로 마주 엎더서 하나 치면 하나 긋고, 둘 치면 둘 긋고, 무식하고 돈 없는 놈 술집벽에 술값 긋듯 그어 놓니 一자가 되었구나. 춘향이는 저절로 설움겨워 맞으면서 우는데, 一片丹心 굳은 마음 一夫從事 뜻이오니, 일개 형벌 치옵신들 일 년이 다 못 가서 일 각인들 변하리까? 이때 南原府 閑良이며 남녀 노소 없이 구경할 제, 좌우의 한량들이, '모질구나 모질구나. 우리 골 員님들이 모질구나. 저런 형벌이 왜 있으며, 저런 매질이 왜 있을까? 執杖使令놈 눈 익혀 두어라. 三門 밖 나오면 急殺을 주리라.' 보고 듣는 사람이야 누가 아니 落淚하랴. 둘째 낱 딱 부치니, '二夫節을 아옵는데, 不更二夫 이내 마음이 매 맞고 죽어도 이 도령은 못 잊겠소.' 셋째 낱을 딱 부치니, '三從之禮 지중한 법 三綱五倫 알았으니, 三治刑問 定配를 갈지라도 三淸洞 우리 낭군 이 도령은 못 잊겠소.' 넷째 낱을 딱 부치니, '사대부 사또님은 四民公事 살피잖고 威力公事 힘을 쓰니, 四十八坊 남원 백성 원망함을 모르시오. 四肢를 가른대도 死生同居 우리 낭군 사생간에 못 있겠소.' 다섯 낱째 딱 부치니, '五倫倫氣 그치잖고 夫婦有別 五行으로 맺은 緣分 올올이 찢어낸들 寤寐不忘 우리 낭군 온전히 생각나네. 梧桐秋夜 밝은 달은 임 계신데 보련마는, 오늘이나 편지 올까 내일이나 기별 올까. 無罪한 이내 몸이 誤死할 일 없사오니, 誤決罪囚 마옵소서. 애고애고 내 신세야.' 여섯 낱째 딱 부치니, '六六은 三十六으로 낱낱이 考察하여, 육만 번 죽인대도 육천 마디 어린 사랑 맺힌 마음 변

생에 의한 것이 아니었기에 여기서 분류하려는 기방문학에 「춘향전」이 항목화될 수 있는 여지도 사실상 약할 것이다.51) 그러나 성춘향과 이몽룡의 '사랑 이야기'가 그다지도 늘 빈번한 인용과 쉼 없는 참조의 표준으로 우뚝 서게 되는 것은 권선징악의 통렬한 극적 반전도 중요한 변수였지만 신분을 초월하는 인문학적 이변과 상상 속의 혁명이 이야기로 녹아들고 픽션의 문법으로 가시화되는 방법의 파격 때문이었다.

이 같은 이례성을 바탕으로 작품이 민중의 정치 경제적 울기와 사회적 항심 해소를 도모하는 문화적 매력의 원천으로 각인되어 갔음은 막상 기생문학이나 기방문학의 유형화 과업과는 또 다른 의미를 더했다. 하지만 이제 정작 여기서 생각해 보아야 할 문제는 그것이 기생에 '관한' 타자의 문학이었든 아니면 기생의 인문학적 사유와 주체적 인식의

할 수 전혀 업소.' 일곱 낱을 딱 부치니, '七去之惡 범하였소? 칠거지악 아니여든 칠개 영문 웬일이요. 七尺劍 드는 칼로 동동이 장글러서 이제 바삐 죽여주오. 치라 하는 저 형방아. 칠 때 고찰 마소. 七寶紅顔 나 죽겠네.' 여덟 낱을 딱 부치니, '팔자 좋은 춘향몸이 팔도 방백 수령 중에 제일 명관 만났구나. 팔도방백 수령님네 治民하려 내려왔지 악형하려 내려왔소?' 아홉 낱을 딱 부치니, '구곡간장 굽이 썩어 이내 눈물 九年之水 되겠구나. 九皐 청산 장송 베어 정강선 무엇 타고 한양성중 급히 가서 구중궁궐 나랏님께 구구히 억울한 사정을 여쭈옵고 九庭 뜰에 물러 나와 삼청동을 찾아가서 굽이굽이 반겨 만나 우리 사랑 맺힌 마음을 마음껏 풀련마는.' 열 낱을 딱 부치니, '十生九死할지라도 팔십년 정한 뜻을 십만 번 죽인대도 가망 없고 무개내지. 십육세 어린 춘향 곤장 맞아 원통한 귀신 되니 가련하고 가련하오.' 열 치고 구만 둘 줄 알았더니 열 다섯째 번 매를 치니, '십오야 밝은 달은 떼구름에 묻혀 있고 서울 계신 우리 낭군 삼청동에 묻혔으니 달아 달아 임 보느냐? 임 계신 곳 나는 어이 못 보는고.' 수물(스물)치고 끝날까 하였더니 스물 다섯 매를 치니, '이십 오현 야탄월에 不勝淸怨 저 기러기, 너 가는데 어디메냐. 가는 길에 한양성 찾아들어 삼청동 우리 님께 내 말 부디 전해다오. 나의 모습을 자세히 보고 부디부디 잊지 말라.'"

51. 작자 미상으로 알려진 「춘향전」을 기생이 처음 썼을 것이라고 다시 추정할 근거는 약하다. 그러나 이 같은 추정 자체를 끝까지 끌고 갈 이유나 근거는 더 약하다. 작품 전체에 녹아든 정서의 운영과 처리, 반전 등 구성적 힘과 감동의 담보에서 내용의 맥락은 훨씬 남성적인 면모를 많이 반영하고 있고 이를 굳이 여성의 예민한 감각과 독창적 심성으로 승화시킨 결집물로 보기에는 무리가 따른다.

결과물이었든 「춘향전」을 고비로 하면 이들에 관한 문예적 창작 부피와 역사적 표현양식은 극히 제한된다는 사실이다. 앞서 살펴본 작품들 이후 아류의 분화와 창조적 모방이 뒤따르는 것이었고 보면 한국문학사에서 이들의 변방성과 그 예술적 주변성은 실제 역사 속에서 그들 모두가 겪어야 했던 물리적 소외와 차별의 고통을 거울처럼 비추었던 셈이다.

문학의 형식과 부피로라도 천민의 영혼을 진정시킬 수 있는 가능성은 안타깝지만 여전히 기대하기 어려운 실정이다. 천민문학이 문학의 주류로 인입되지 못한 채 자칫 역사 속의 핍박을 곱씹으며 애처로운 감각의 상처를 매만지는 센티멘탈리즘의 도구 정도로 폄하되고 말 가능성이 높아지는 것도 바로 이 같은 인문학적 한계와 역사의 과거 모순을 모두가 그저 바라만 보고 있는 동안 자연 증폭된 건 아니었을까?

5 천민정치학의 재구성 : 변방성의 탈피와 역사의 복원

백정과 기생이라는 조선의 대표적 천직(賤職)에 초점을 맞춰 논의를 진행하면서 이제껏 다음 몇 가지 사항을 발견한 것은 작지 않은 울림이었다.

첫째, 백정과 기생은 각기 왕조국가 조선의 천민을 대표하는 직종이었다. 백정은 남성 천직을 대표했고 기생은 여성의 경우를 일컬었다. 이들이 갖고 있던 대표성이란 단지 왕조사회 전체를 역사적으로 관통하고 있던 인구의 양과 사회적 기능이라는 두 축만으로 결정되는 게 아니었다. 그것은 잠정적인 중요성만을 의미했을 뿐 사실상의 의미의 비중과 물리적 중요성까지 반영하는 것은 아니었다.

둘째, 그들의 존재의 이유는 사실 따로 있었다. 그것은 아무나 대신해줄 수 없고 또 대신해서도 안 되는 신분사회 조선에서 정치적으로 고안되고 역사 문화적으로 조장된 모종의 암묵적 기획 결과물로 이해할 필요가 있었다. 따라서 이들을 감싸고 있던 신분의 족쇄는 차라리 왕조정치권력의 의도적 불평등 장치와 그들 스스로도 끊을 수 없었던 억압의 메커니즘 속에서 한층 더 폐쇄적이고 일방적인 핍박의 방향으로 조여져갔다.

셋째, 누구도 대체할 수 없는 역할로 백정과 기생 모두가 담지했던 일들이란 한결같이 육체를 직접 소비하고 이를 통해 노동의 재생산구조를 독점적으로 강화해 나가는 특징을 갖고 있었다. 여기서 육체의 직접소비와 노동의 재생산이란 원시공산적 투박함이나 봉건세습체제의 중세성을 반영하는 '단순 · 건조'한 개념이 아니라 오히려 사회적 불만을 조절하고 이를 성 정치적으로까지 새롭게 '조율 · 통제'함으로써 국가를 거시 관리하려는 의도 아래 운용된 제도이자 그 소산이었던 것으로 인식할 필요마저 있었다.

넷째, 그들의 노동과정에 투영된 원시성은 곧 인간의 원초적 본능 해소와 긴밀한 관계가 있었다. 식욕과 성욕의 분출을 억제하지 못하는 민중 모두의 상황을 전제할 때 이를 '조절 · 관리 · 분배'해야 하는 지배계급과 천민의 역할은 대립적이지 않았다. 신분사회가 지탱되어야 하는 역사의 주문 앞에서 이들은 서로 갈등하기보다 정치(전략)적으로 공존했다. 따라서 천민들에 관한 사회정책적 고려와 그 막후의 정치행정적 합리화 절차가 이들의 존재와 역사 속에 용해되어 나갔던 것은 자연스런 현상이었다. 비록 누군가는 담당해야 할 역할을 수행함으로써 삶의 터전을 보장받고 나아가 이들의 노동을 통해 본능의 부수적 향유를 한층 확대하려 했던 지배세력의 의도는 모두 역사발전단계와 전혀 관계없는 감각의 문제와 맞닿고 있었다.

다섯째, 이 같은 역사의 흐름을 사실로 증거하는 데 『조선왕조실록』은 역시 중추의 자료였다. 왕조 전체를 통해 군주집권기별로 교차 언급되고 있는 백정과 기생관련 항목의 횟수는 물론 서로 고르지 않았다. 이들에 관한 언급의 양적 편차가 모두 군주 개인의 관심이나 천민정책 결정과정에 나타난 지배세력의 고뇌의 부피를 반영하는 것도 아니었다. '있었던' 일들의 기록과 평가를 담당해야 했던 사관들의 붓끝 또한 천민들의 입장을 대변하지는 않았다.

그렇다고 해서 인도주의적 관점으로 일관했던 것도 아니다. 기록의 내용은 우선 천민들의 거주지 이동과 관리, 그에 따른 사회적 반응과 여파 등 지배자 중심의 논리로 출발했고 이후 억압과 반발에 수반되는 정치적 고려 또한 뒤따르고 있었다. 그러나 사관들의 역사 인식이나 기록 자세와 관계없이 실록의 천민 항목은 그 자체로 조선사회사의 흐름과 내용을 증거하는 중요한 대목이었다. 그들 사이의 편차에도 불구하고 백정과 기생관련 항목은 조선의 남·녀 천민사를 대표하는 핵심의 사료로 존재한다.

여섯째, 그러나 백정과 기생의 역사사회적 존재양식과 그 정치행태의 표출방법은 서로 달랐다. 백정의 삶에 대한 정치행정적 관심이 그들의 사회조건 자체를 개선시킬 만큼 획기적인 경우란 적어도 19세기 말까지 유예되고 있었다. 거주공간의 관할과 이동에 관한 정책적 통제가 기본적으로 지배계급과 양민들의 안위를 우려한 정치적 판단결과였음도 그때까지 재론의 여지가 없었다. 이러한 권력의 태도는 백정을 한층 더 소외시켰고 사회과정으로부터 스스로 일탈하게 만드는 지속적 계기로 작동한다.

같은 천민이면서도 지배계급 측근에서 호의호식할 수 있었던 기생들의 조건은 외형적으로 백정보다 한결 나았다. 백정들이 혹여라도 지배계급의 안면을 방해할지 모를 것이란 염려는 적어도 기생들에게는 적용되지 않았다. 그만큼 그네들은 자발적으로 체제에 안주했고 처세의 다른 요령까지 터득해 가기 시작한다.

일곱째, 소 잡는 칼을 들고 기왕의 울분과 소외된 처지를 단숨에 뛰어넘을 만큼 조선의 백정들은 폭력적이지 않았다. 즉, 체제에 대하여 도전적 항거를 획책하기에 백정들은 지나치게 위축되어 있었고 또 조직화되어 있지도 않았다. 집단적 파괴력을 도모할 만큼 그들은 강력하게 통합되어 있지도 않았다. 그러나 이 같은 침묵과 소극적 행태가 항구적 보편성을 갖는 것만은 결코 아니었다. 백정들의 간헐적 저항과 돌출적 일탈은 조정의 심기를 크게 뒤흔들기도 했고 권부마저 동요할 만큼 구조적일 때도 있었다. 그러나 이들의 이 같은 행동이 계층 전체의 전면 동원이나 총체적 저항을 도모할 만큼 전국적이거나 장기적으로 퍼져나갔던 것은 아니었다. 이렇게 되기까지 오랜 시간이 필요했던 것도 이미 여러 차례 확인되었다.

백정들의 간헐적 저항이 국가적 논란대상이 될 경우가 있었음에도 불구하고 기생들에게마저 같은 유형의 행동이 반복되길 기대하긴 힘들었다. 기생들이 조직화하거나 집단적으로 저항하는 경우가 전혀 없었던 것은 아니지만 그것은 전란 기간 중 국가 위기를 극복하려는 계층별 저항의 다양한 방식 중 하나에 불과했다. 아울러 그것이 더욱 발전하여 자신들의 신분적 속박과 불평등한 억압구조를 '해체 · 타파'하는 획기적 계기로 성장하는 경우도 찾기 힘들었다.

백정들이 이따금 칼을 들고 피묻은 손을 휘저으며 지배세력 전면에 나서서 저항할 때 기생들은 노래와 웃음으로 사대부를 '경계 · 유혹'했고 더도 덜도 아닌 본분의 수행만을 고수하는 양, 위장함으로써 지배권력의 본능적 감각을 거꾸로 '유린 · 자극'하는 복합 전략을 구사한다. 뿐만 아니라 그것은 사실상 수분(守分)만이 능사가 아니며 아예 본격적인 성 정치적 전략수행을 통해 고의적으로 함정을 파거나 이를 수단으로 육체적 탐닉과 파멸 장치까지 마련함으로써 의도된 일탈 경로를 만들어 나가는 경우도 비일비재했음을 역사는 고발하고 있다.

여덟째, 사대부와 왕실권력을 아우르는 폭넓은 지배세력과 기생집단의 성 정치적 상호유린이 반드시 실록의 기생 관련 언급 항목을 백정의 경우보다 잦게 만든 결정적 계기는 아니었다. 그러나 '기생 · 기녀'들에 관한 언급이 백정들의 경우보다 상대적 우위를 차지했던 이유의 대부분은 이 같은 유혹의 함정과 상호일탈의 역사적 반복 때문이었다. 이를 지켜보는 민중들의 흥미와 지속적 관심, 탐닉과 파멸을 둘러싼 지배세력의 전략 과정이나 그 사회문화적 매력 그리고 이를 통한 모종의 심리적 자기경계와 대체복수의 효과적 확산은 생각보다 컸고 그 열기의 역사적 지탱 또한 강했다.

아홉째, 백정과 기생의 미시사 복원이 실록의 기록에 의해 '보장 · 견인'될 수 없는 일임은 이 작업을 통해 분명히 입증되고 있다. 그것은 단지 있었던 일들에 관한 나열적, 서술적 언급과 그 일상의 숱한 파편적 단서들만을 제공했을 뿐 이를 다시 꿰고 엮어 역사 속에서 사라져간 그들 모두를 완벽히 불러들이거나 그 속에서 다시 숨쉬고 뜨겁게 살아갈 기력을 부활시킬 수 있었던 사람들은 따로 있었다.

여기서 근·현대 한국 인문학의 역할과 그 실제 창작인구가 '실행·축적'했던 상상의 결과물은 가치 있는 보완의 상징물로 새삼 부각된다. 소설을 바탕으로 한 백정문학과 '전기·평전'물을 주종으로 삼은 기생문학 그리고 시와 창의 장르를 골간으로 한 기방문학 등 이들 모두가 한국문예사의 인문학적 전통을 구축한 데 이바지한 크기는 아직 분명히 양화(量化)되지 않고 있다.

그러나 분명한 것은 적어도 이들의 상상이 역사기록의 편파성과 그 양적 희소성에서 비롯된 선입견의 대부분을 교정하고 인식의 새로운 수평을 맞추는 데 적잖은 도움이 된다는 사실이다. 인문학과 사회과학의 결합이, 특히 문학과 정치학의 역사적 중재가 더욱 중요해지는 시기가 바로 지금인 것은 그래서 늘 잊지 말아야 할 항목의 하나[1]로 새삼스러워진다.

열째, 조선천민사의 재구성을 염두에 두고도 정작 백정과 기생이라는 두 직종에만 끝끝내 매달렸던 이 책의 한계는 너무도 명백하다. 천민사의 두 얼굴을 조명하고 이를 통해 사라진 역사의 뒤안길을 다시 비추어 보고자 했음에도 그들 곁에 혹은 그들 뒤에 소리 없이 숨죽이며 천민의 삶의 대열에 같이 합류했던 수천의 얼굴과 수만의 표정을 필자는 어쩔 수 없이 빠뜨리고 마는 결정적 잘못을 '알면서도 저지르고야' 말았다.

조선의 백정과 기생의 역사가 중요했다면 마찬가지로 조선의 무당과 남사당의 역사 또한 논의의 범주에서 애초부터 빠지지 말아야 할 일들이었다. 뿐만 아니라 백정의 개인사 복원이 소중했던 만큼 조선 갖바치

1. 오늘날에도 이들 사이의 관계가 각별할 수 없는 것은 무엇을 뜻할까? 이에 관해서는 다음 참조할 것. 최문규, 「미워도 다시 한번: 문학과 정치」, 『문학동네』 통권29호(2001 겨울호), pp. 417-436.

들의 집단사와 직업사의 매력 그리고 가족사의 애환이라는 또 다른 미시사의 재현 역시 배제해서는 안 될 일들이었다. 유기장(柳器匠)과 광대의 역사 또한 그러했으며 포졸의 일생과 무동의 슬픈 성장사도 끝내 스치듯 도망치며 그대로 놔둘 일은 아니었던 것이다.

이제 이 같은 일들은 다시 시작해야 할 우리 모두의 새삼스런 몫으로 남아 있다. 우리 가운데 그 누구도 이 같은 작업 대열에서 마음대로 빠져 나갈 수는 없을 것이다. 그만큼 자유로운 이들은 없다. 만일 그것이 가능하다면 그것은 우리 모두가 지난 역사를 지워버리거나 의도적으로 왜곡해 버린 다음에라야 생각해 볼 일일 것이다. '없었더라면 좋았을' 역사란 진정 이 땅, 이 나라 그 어디에도 없었다. '있었던' 역사를 다시 꿰뚫고 파편으로 널려 있는 사실의 단서들과 기억의 현상을 묶어 과거의 삶을 기어이 복원해 내는 일들만이 남아 있을 뿐이다.

그것이 차마 성가신 일이라 여겨 인식의 부담을 떨치지 못할 요량이라면 그땐 차라리 외면할 일일 것이리라. 하지만 그런다고 하여 사라질 역사가 아니었으며 내다버릴 오욕적 시간의 탁류들이 아니었다. 섬기고 싶지 않았던 조상이었던들, 큰그릇으로 담아볼진대 한민족공동체의 같은 구성단위였고 시민과 공중은 아니었을망정 평범타 못하여 있었어도 보이지 않았던 여린 백성 가운데 하나였음을 뉘라 대체 부인할 수 있겠는가. 이제사 다시 또 굳이 들춰 파보며 빛 비추어야 할 필연의 이유가 무언가를 놓고 시시비비야 가리려 들지 모른다 한들, 오늘을 사는 이승의 모든 이들이 숨고 또 피하며 자신은 그들과 아무 관계없었다고 끝까지 도리질 칠 위인이 어디에 있겠는가 말이다.

이제는 보이지 않을 만큼 역사의 그늘 저편에 한 점 '불꽃'으로 남아 그마저 사라질 지경(地境)이 '지금' 여기라 해도, 이제라도 불씨의 속내를 파헤쳐 꼼꼼히 들여다보고 세월의 핍박을 견뎌낸 저들의 사정을 좀 더 들어야 할 사람들 또한 이 시대를 사는 우리 모두인 것이다. 마땅히 그래야 할 우리가 설령 자리를 뜨려 하여도 조선의 천민들은 부활하고 또 재생하면서 역사의 물줄기 곁에 혹은 그 속에 잠기어 우리를 향해 수시로 손짓하며 다가설 것이다.

사라진 듯 살아있는 조선의 백정과 기생. 저들 모두는 우리의 선조였다. 이 책은 단지 이를 알리고 언젠가는 써내려가야 할 이 땅의 천민사와 그 복원 필요성을 재확인하려 했던 '뒤늦은' 신호였다.

참고문헌

1. 단행본

『高麗史』 卷129, 列傳　第42, 叛逆3, 崔忠獻傳.
『高麗史』 列傳1/諸臣/趙浚 ⑤篇.
『高麗史』 志35/兵/兵制/五軍 ②.
고성훈(외) 지음. 『민란의 시대』(서울: 가람기획, 2000).
골든, 아더 지음 · 임정희 옮김. 『게이샤의 추억』(서울: 현대문화재단, 1998).
곽차섭 엮음. 『미시사란 무엇인가』(서울: 푸른역사, 2000).
구효서. 『악당 임꺽정 1 · 2』(서울: 해냄출판사, 2000).
김경일. 『일제하 노동운동사』(서울: 창작과비평사, 1992).
김문형. 『가시를 삼킨 장미』(서울: 신여원, 1979).
金錫亨. 『朝鮮封建時代農民の階級構成』(東京: 學習院 東洋文化硏究所, 1957).
김석형. 『한국사와 농민』(서울: 신서원, 1998).
김용만. 『조선시대 사노비연구』(서울: 집문당, 1997).
김중렬. 『항일노동투쟁사: 징용당한 백만노동자들의 뒷소식』(서울: 집현사, 1982).
김중섭. 『형평운동연구: 일제침략기 백정의 사회사』(서울: 민영사, 1994).
김지용 · 김미란. 『한국여류한시의 세계』(서울: 여강출판사, 2002).
김진송. 『서울에 딴스홀을 許하라: 현대성의 형성』(서울: 현실문화연구, 1999).

김탁환. 『나 황진이』(서울: 푸른역사, 2002).

남경희. 『주체, 외세, 이념: 한국 현대국가 건설기의 사상적 인식』(서울: 이화여자대학교출판부, 1995).

노블, W. 아더 지음 · 윤홍로 옮김. 『사랑은 죽음을 넘어서: 구한말 '이화'의 사랑이야기』(서울: 포도원, 2000).

댈비, 리자 지음 · 유용훈. 『게이샤』(서울: 우석, 1999).

레이, 나카니시(なかにし 禮) 지음 · 양윤옥 옮김. 『게이샤의 노래』(서울: 문학동네, 2002).

문정배. 『부안의 명기 이매창』(서울: 미래문화사, 2001).

민족문화추진회. 『국역 연려실기술 III』(서울: 민족문화추진회, 1967).

박광서. 『민마담』(서울: 자유시대사, 1985).

박종성. 『강점기 조선의 정치질서: 인종과 저항의 단층변동』(서울: 인간사랑, 1997).

박종성. 『권력과 매춘: 억압의 음모와 도피의 흉계』(서울: 인간사랑, 1996).

박종성. 『왕조의 정치변동: 조선조의 국가존속과 농민의 정치적 저항』(서울: 인간사랑, 1995).

박종성. 『한국정치와 정치폭력: 해방후 권력과 민중의 충돌』(서울: 서울대학교출판부, 2001).

박종성. 『혁명의 이론사: 그 연구는 아직 끝나지 않았다』(서울: 인간사랑, 1991).

白南雲. 『朝鮮封建社會經濟史』(東京: 改造社, 1933).

사시에, 필리프 지음 · 홍세화 옮김. 『왜 똘레랑스인가』(서울: 상형문자, 2001).

사이덴스티커, E. 지음 · 허호 옮김. 『도쿄이야기』(서울: 이산, 1997).

성현경. 『기녀 시조와 사대부 시조』(서울: 형설출판사, 1976).

셰로쉐프스끼 지음 · 양정숙 옮김. 『기생 월선이』(서울: 남지, 1995).

完顔紹元. 『流氓的變遷: 中國古代流氓史話』(上海: 上海古籍出版社, 1993).

유승원. 『조선초기신분제연구』(서울: 을유문화사, 1988).

유재순. 『서울서 팔리는 여자들』(서울: 나남, 1984).

윤일웅. 『매춘』(서울: 동광출판사, 1987).

李能和. 『朝鮮解語花史』(京城府: 漢城圖書株式會社, 1927).

이석태(엮음). 『사회과학대사전』(서울, 1987).

이을록. 『팔리는 여자』(서울: 자유시대사, 1999).

이준구. 『조선후기신분직역변동연구』(서울: 일조각, 1993).

이현희. 『경향의 기녀와 관기』(서울: 명문당, 1988).

이홍두. 『조선시대 신분변동 연구: 賤人의 신분상승을 중심으로』(서울: 혜안,

2000)
정동주. 『백정 · 1』(서울: 우리문학사, 1991).
정동주. 『백정 · 5』(서울: 우리문학사, 1991).
정동주. 『백정 · 8』(서울: 우리문학사, 1991).
정동주. 『백정 · 10』(서울: 우리문학사, 1991).
정석종. 『조선후기사회변동연구』(서울: 일조각, 1990).
정의명. 『창녀와 금배지』(서울: 경운출판사, 1996).
정종대. 『염정소설구조연구』(서울: 계명문화사, 1990).
정준모. 『한국 백정해방운동 선구자 사무엘 F. 무어 선교사 생애와 사상』(서울: 은혜기획, 2000).
정화열 지음 · 박현모 옮김. 『몸의 정치』(서울: 민음사, 1999).
조광국. 『기녀담 기녀등장소설 연구』(서울: 月印, 2000).
조명희. 「낙동강」, 『砲石 조명희 전집』(청주: 동양일보출판국, 1995), pp. 199-212.
조해일. 『임꺽정에 관한 일곱개의 이야기』(서울: 책세상, 2000).
지승종. 『조선전기노비신분연구』(서울: 일조각, 1997).
진덕규. 『한국현대정치사 서설』(서울: 지식산업사, 2000).
陳寶良 지음 · 이치수 옮김. 『中國流氓史: 중국 건달의 사회사, 건달에서 황제까지』(서울: 아카넷, 2001).
차남희. 『저항과 순응의 역사정치학: 미군정의 농업정책과 농민』(서울: 이화여자대학교출판부, 1997).
川村 湊. 『妓生: 「もの言う花」の文化誌』(東京: 作品社, 2001).
최 명. 『벽초, 임꺽정 그리고 나』(서울: 책세상, 2004).
크라우스, 프리드리히 S. 『일본의 성풍속』(서울: 바리데기, 1997).
한국역사연구회. 『모반의 역사』(서울: 세종서적, 2001).
함신미. 『몸의 생』(서울: 이야기, 2002).
허남오. 『너희가 포도청을 어찌 아느냐』(서울: 가람기획, 2001).
헨드릭 빌렘 반 룬 지음 · 김희숙(외) 옮김. 『똘레랑스』(서울: 길, 2000).
황광수. 『삶과 역사적 진실』(서울: 창작과비평사, 1995).
황진이(외) 지음 · 문정희 엮음. 『기생시집』(서울: 해냄, 2001).
황충기. 『여항인과 기녀의 시조』(서울: 국학자료원, 1999).
히로시, 미야지마(宮嶋博史) 지음 · 노영구 옮김. 『양반: 역사적 실체를 찾아서』(서울: 강, 1996) [原題: 『兩班 - 李朝社會の特權階層』(中央公論社, 中公新書 1258番, 1995)].

Camus, A. *The Rebel*, tr. by Anthony Bower(New York: Alfred A. Knopf, 1956).

Kawashima, Fujiya. *What is Yangban?: A Legacy for Modern Korea*(Seoul: Yonsei University Press, 2002).

KBS TV 조선왕조실록 제작팀. 『조선은 양반의 나라가 아니오』(서울: 가람기획, 2001).

Kim, Joong-Seop. *The Korean Paekjong Under Japanese Rule: The Quest for Equality and Human Rights* (London: RoutledgeCurzon, 2003).

Palais, James B. *Confucian Statecraft and Korean Institutions: Yu Hyongwon and the Late Choson Dynasty* (Seattle, Washington: University of Washington Press, 1996).

Pratt, Vernon. *The Philosophy of the Social Sciences* (London: Methuen, 1978).

Schak, David C. *A Chinese Beggars' Den: Poverty and Mobility in an Underclass Community*(Pittsburgh, PA.: University of Pittsburgh Press, 1988).

Ⅱ. 논　　문

강만길. 「鮮初白丁考」, 『사학연구』 제18호 · 신석호 박사화갑기념 조선시대연구특집(1964년 9월), pp. 491-526.

강영주. 「홍명희와 역사소설 『임꺽정』」, 임형택 · 강영주(편), 『벽초 홍명희와 「임꺽정」의 연구 자료』(서울: 사계절, 1996), pp. 352-399,

강익수. 「고려 무신정권기 천민의 난에 대한 고찰: 망이 · 망소이 난과 만적의 난을 중심으로」, 고려대학교 교육대학원 역사교육전공 석사학위논문(1984).

고대민족문화연구소(편). 『한국민속대관』 제1권: 사회구조 · 관혼상제(서울: 고대 민족문화연구소 출판부, 1980), pp. 281-283.

고성훈. 「조선시대의 민중운동, 어떻게 일어났나?」, 고성훈(외) 지음, 『민란의 시대: 조선시대의 민란과 변란들』(서울: 가람기획, 2000).

권태연. 「조선시대 기녀의 사회적 존재양태와 섹슈얼리티 연구」, 박용옥(엮음), 『여성: 역사와 현재』(서울: 국학자료원, 2001), pp.479-505.

今西龍. 「朝鮮白丁考」, 『藝文』 9 - 4(1918).

旗田巍. 「高麗時代の白丁」, 『朝鮮學報』 第14輯(1959).

김　호. 「100년전 살인사건. '檢案'을 통해 본 사회사」, 『역사비평』 通卷55號 2001 여름), pp. 303-324.

김　호. 「죽음의 원인을 밝히는 원님들」, 『역사비평』 通卷56號(2001 가을), pp. 272-295.

김동욱. 「이조기녀사서설(사대부와 기녀): 이조 사대부와 기녀에 대한 풍속사적 접근」, 숙명여자대학교 아세아여성문제연구소(편), 『아세아여성연구』 제5집(1966), pp. 75-116.

김두종. 「근세조선의 의녀제도에 관한 연구」, 숙명여자대학교 아세아여성문제연구소(편), 『아세아여성연구』 제9집(1976), pp. 1-16.

김병익. 「민중문학론의 실천적 과제」, 자유실천문인협의회(편), 『민족문학』 제5집(서울: 이삭, 1985).

김사인. 「전문성에 대한 비판과 옹호」, 『실천문학』(1985년 봄호).

김영숙. 「규중문학과 기녀문학의 가치」, 『문호』 1집(1960).

김용숙. 「기생」, 한국정신문화연구원(편), 『한국민족문화대백과사전』 제4권(성남: 한국정신문화연구원, 1993), pp. 464-465.

김용숙. 「한국 여류문학의 특질」, 『아세아여성연구』 14輯(1975).

김윤곤. 「항몽전에 참여한 초적에 대하여」, 풀빛 편집부(편), 『전통시대의 민중운동・上: 만적의 난에서 평안도 농민전쟁까지』(서울: 풀빛, 1981), pp. 44-64.

金靜美. 「19世紀末 20世紀初頭における '白丁'」, 『近代朝鮮の社會と思想』(1981).

金靜美. 「朝鮮の被差別民 '白丁': 日帝下における生活と解放運動」, 「喊聲」 5號(1983) 七四書房, pp. 44-62.

김준형・정진상. 「양반문화의 해체과정과 잔존양상: 단성지역 안동 권씨 우천공파와 성주 이씨 동곡공파를 중심으로」, 지승종(외) 지음, 『근대사회변동과 양반』(서울: 아세아문화사, 2000), pp. 213-271.

김지용. 「매창문학 연구」, 『수도사대논문집』 6권(1975).

김지하. 「민중문학의 형식 문제」, 『민족, 민중 그리고 문학』(서울: 지양사, 1985).

김진봉. 「기생조합만세운동」, 한국정신문화연구원(편), 『한국민족문화대백과사전』 제4권(성남: 한국정신문화연구원, 1993), p. 465.

김혜숙. 「조선시대의 권력과 성: '禮治'개념 중심으로」, 여성철학연구모임(엮음), 『한국여성철학』(서울: 한울, 1995), pp. 96-116.

민병기. 「抱石 조명희의 생애와 문학」, 『抱石 조명희 전집』(청주: 동양일보출판국, 1995), pp. 447-469.

박정오. 「새로운 상징질서를 찾아서: 뤼스 이리가라이」, 한국영미문학페미니즘학회(편), 『페미니즘: 어제와 오늘』(서울: 민음사, 2000), pp. 181-200.

박현채. 「민중과 문학」, 『한국문학』(1985. 2).

박훈하. 「기지촌 소설의 계보와 남성성의 확립과정」, 『한국문학논총』 제19집(1996.12), pp. 119-153.

배항섭.「임술민란 전후 명화적의 활동과 그 성격」,『한국사연구』 60(1988), pp. 173-205.

백낙청.「문학적인 것과 인간적인 것」,『민족문학과 세계문학』 I(서울: 창작과비평사, 1978).

백낙청.「민족문학 개념의 정립을 위해」,『민족문학과 세계문학』 I(서울: 창작과비평사, 1978).

백낙청.「민족문학과 민중문학」,『문학의 자유와 실천을 위하여』 1(서울: 지양사, 1985).

백낙청.「민중·민족문학의 새 단계」,『창작과 비평』 57호(서울: 창작과비평사, 1985).

백낙청.「민중문학론의 새로운 과제」,『실천문학』 제1집(1980).

백낙청.「민중은 누구인가」,『뿌리깊은 나무』(1979. 4).

백성례.「조선조의 禁制小考:(2) 奢侈禁制를 중심으로」, 한양여자전문대학『논문집』 제6집(1983. 9), pp. 213-233.

백진기.「手記와 르포의 운동역량을 위한 문제제기」,『문학의 자유와 실천을 위하여』 1(서울: 지양사, 1985).

백진기.「노동문학, 그 실천적 가능성을 향하여」,『시인』 제3집(서울: 시인사, 1985).

변태섭.「만적란 발생의 사회적 소지: 무신란 후의 신분구성의 변질을 기반으로」, 풀빛 편집부(편),『전통시대의 민중운동·上: 만적의 난에서 평안도 농민전쟁까지』(서울: 풀빛, 1981), pp. 13-43.

성민엽.「문학과 계층의 목소리」,『시인』 제3집(서울: 시인사, 1985).

성민엽.「문학과 계층의 목소리」, 김병걸·채광석(편),『민족, 민중 그리고 문학』(서울: 지양사, 1985).

성민엽.「민중문학의 논리」, 김병걸·채광석(편),『민족, 민중 그리고 문학』(서울: 지양사, 1985).

성민엽.「민중문학의 논리」, 성민엽(편),『민중문학론』(서울: 문학과지성사, 1984).

신혜숙.「조선시대 기녀제도와 기녀복에 관한 일고찰」, 대구대학교 대학원 사학과 석사학위논문(1987).

옥한석.「한국의 화전농업에 관한 연구」, 叔軒 李廷冕 박사 회갑기념 특집호,『지리학연구』 제10집(1985. 12), pp. 153-178.

유재천.「민중 개념의 내포와 외연」, 유재천(편),『민중』(서울: 문학과지성사, 1984).

이남호.「벽초의『임꺽정』연구」, 이남호(편),『한국 대하소설 연구』(서울: 집문당, 1997), pp. 115-145.

이문종.「태안반도의 散村硏究」, 공주사대『논문집』제24집(1986), pp. 345-369.

이성무.「백정」, 한국정신문화연구원(편),『한국민족문화대백과사전』제9권(성남: 한국정신문화연구원, 1993), pp. 439-441.

이숙인.「동양적 여성철학의 모색: 공자의 여자 이야기」, 김혜숙(외) 13인 공저,『여성과 철학』(서울: 철학과현실사, 1999), pp. 153-166.

이영훈.「한국사에 있어서 노비제의 추이와 성격」, 역사학회(편),『노비・농노・노예: 예속민의 비교사』(서울: 일조각, 1998), pp. 304-422.

이우성.「閑人・白丁의 신해석」,『역사학보』제19집(1962), pp. 53-89.

이이화.「17-18세기 민중의 저항」, 강만길(외) 11인 공편,『한국사 9: 중세사회의 해체 1』(서울: 한길사, 1994), pp. 309-312.

이재룡.「노비」, 국사편찬위원회,『한국사 10: 양반관료국가의 사회구조』(서울: 탐구당, 1981); '백정,' pp. 690-693.

이재현.「노동, 문학 그리고 민주주의」,『일터의 소리』1(서울: 지양사, 1985).

이재현.「문학의 노동화와 노동의 문학화」,『실천문학』제4집(1983).

이재현.「집단적 신명과 비판의 무기」,『일터의 소리』2(서울: 지양사, 1985).

이준구.「조선후기 경상도 단성지역 백정의 존재양상: 단성 帳籍을 중심으로」, 조선사연구회(편),『조선사연구』제7집(1998), pp. 63-101.

이준구.「조선후기 백정의 존재양상: 대구시 西上面 路下里 백정부락을 중심으로」,『대구사학』제53집(1997).

이화형.「황진이의 시적 진실」,『외대어문논총』8호(1997).

임헌영.「노동문학의 새 방향」,『민족문학』5집(서울: 이삭, 1985).

장병인.「조선시대 성범죄에 대한 국가규제의 변화」,『역사비평』通卷56號(2001 가을), pp. 228-250.

전영태.「민중문학론에 대한 몇가지 의문」,『한국문학』(1985. 2).

전형택.「노비제도 및 그 변천에 관한 諸說의 정리: 조선시대의 노비연구를 중심으로」,『국사관논총』제68집(1996), pp. 121-143.

전형택.「한국 노비의 존재양태」, 역사학회(편),『노비・농노・노예: 예속민의 비교사』(서울: 일조각, 1998), pp. 277-303.

鮎貝房之進.「白丁, 附水尺, 禾尺, 楊水尺」,『雜攷』5輯(1932, 1938).

朝鮮衡平社 總本部.「朝鮮衡平運動の梗概」,『朝鮮及 朝鮮民族』1輯(서울: 朝鮮思想通信社, 1927).

조효순.「조선시대 기녀복식의 사치와 그 영향」, 명지대학교,『명대논문집』제15집(1984).

지승종.「조선후기사회와 신분제의 동요」, 한국정신문화연구원(편),『한국의 사회와 문화・제10집: 조선후기의 체제위기와 사회운동』(성남: 한국정신문화연구원, 1989).

진덕규.「형평운동의 자유주의적 개혁사상에 대한 인식」,『한국정치학회보』제10집(1976), pp. 169-181.

채진홍.「벽초의『임꺽정』연구」, 고려대학교 대학원 국어국문학과 박사학위논문(1989).

최문규.「미워도 다시 한번: 문학과 정치」,『문학동네』通卷29號(2001 겨울호), pp. 417-436.

최원식.「노동자와 농민」,『실천문학』(1985년 봄호).

한상권.「18세기 전반 명화적 활동과 정부의 대응책」,『한국문화』13(서울대 한국문화연구소, 1992), pp. 481-532.

한영국.「인구의 증가와 분포」,『한국사』33: 조선후기의 경제(서울: 국사편찬위원회, 1997), pp. 13-32.

한희숙.「조선초기의 잡류층에 대한 연구」, 고려대학교대학원 사학과 문학박사학위논문(1990).

허권수・정진상.「양반문화의 변천과 현대의 양상: 산청군 신등면 법물리 상산김씨 가문의 경우」, 지승종(외) 지음,『근대사회변동과 양반』(서울: 아세아문화사, 2000), pp. 123-181.

현문자.「이조 기녀제도와 생활연구」, 아세아학술연구회(편),『아세아학보』제10집(1972), pp. 41-76.

현준만.「노동문학의 현재적 의미」,『한국문학의 현단계』IV(서울: 창작과비평사, 1985).

홍정선.「현단계 민중문학의 반성」,『실천문학』제8집(서울: 실천문학사, 1987).

花中仙.「기생생활도 신성하다면 신성합니다」,『시사평론』1923년 3월호.

喜田貞吉.「朝鮮の白丁と 我か傀儡子」,『史林』(史學硏究會) 3卷 3號(京都, 1918. 7), pp. 104-110.

Kim, Hyun Sook. "*Yanggongju* as an Allegory of the Nation: Images of Working-Class Women in Popular and Radical Texts", Elaine H. Kim and Chungmoo Choi, eds., *Dangerous Women: Gender & Korean Nationalism*(London: Routledge, 1998), pp. 175-201.

Maclean, Mavis., and Margot Jefferys. “Disability and Deprivation”, Dorothy Wedderburn, ed., *Poverty, Inequality & Class Structure*(Cambridge: Cambridge University Press, 1974), pp. 165-179.

Miliband, Ralph. “Politics and Poverty,” Dorothy Wedderburn, ed., *Poverty, Inequality & Class Structure*(Cambridge: Cambridge University Press, 1974), pp. 183-196.

Mink, Louis O. “Narrative Form As A Cognitive Instrument”, in Robert H. Canary and Henry Kozicki, eds., *The Writing of History: Literary Form and Historical Understanding*(Madison, Wisconsin: The University of Wisconsin Press, 1978), pp. 129-149.

Moon, Katharine H.S. “Prostitute Bodies and Gendered States in U.S.-Korea Relations,” Elaine H. Kim and Chungmoo Choi, eds., *Dangerous Women: Gender & Korean Nationalism* (London: Routledge, 1998), pp. 141-174.

Yang, Hyunah. “Re-membering the Korean Military Comfort Women: Nationalism, Sexuality, and Silencing,” Elaine H. Kim and Chungmoo Choi, eds., *Dangerous Women: Gender & Korean Nationalism*(London: Routledge, 1998), pp. 123-139.

III. 신　문

『조선일보』 1996年 10月 16日, 27面.

『중앙일보』 2002年 2月 2日, 43面.

IV. 실록자료(時機 · 原典出處)

1. 賤民總論(住居 · 移住 · 通婚 · 占有 · 處遇 · 統制)

太祖 1年 9月 24(壬寅)日 · 『朝鮮王朝實錄』 第1輯 31面.

太宗 15年 1月 20(己未)日 · 『朝鮮王朝實錄』 第2輯 · 51面.

世宗 1年 4月 14(戊子)日 · 『朝鮮王朝實錄』 第2輯 312面.

世宗 1年 6月 18(辛卯)日 ·『朝鮮王朝實錄』 第2輯 322面.
世宗 8年 3月 4(戊戌)日 ·『朝鮮王朝實錄』 第3輯 12面.
世宗 25 年 2 月 5(辛卯)日 ·『朝鮮王朝實錄』 第4輯, 460面.
世宗 26年 7月 24(辛丑)日 ·『朝鮮王朝實錄』 第4輯, 579面.
世宗 5年 10月 8(乙卯)日 ·『朝鮮王朝實錄』 第2輯, 559面
世宗 25年 9月 16(丁卯)日 ·『朝鮮王朝實錄』 第4輯 · 509面.
世宗 7年 2月 4(甲辰)日 ·『朝鮮王朝實錄』 第2輯 652面.
世宗 7年 12月 5(庚午)日 ·『朝鮮王朝實錄』 第2輯 704面.
世宗 9年 11月 27(辛亥)日 ·『朝鮮王朝實錄』 第3輯 103面.
世宗 17年 8月 27(丙寅)日 ·『朝鮮王朝實錄』 3輯 649面.
世宗 20年 11月 23(癸卯)日 ·『朝鮮王朝實錄』 第4輯 173面.
世宗 21年 2月 16(乙丑)日 ·『朝鮮王朝實錄』 第4輯 188面.
世宗 24年 8月 6(癸巳)日 ·『朝鮮王朝實錄』 第4輯 427面.
世宗 28年 1月 30(戊戌)日 ·『朝鮮王朝實錄』 第4輯 653面.
世宗 29年 3月 18(庚辰)日 ·『朝鮮王朝實錄』 第5輯 10面.
世宗 30年 4月 9(甲子)日 ·『朝鮮王朝實錄』 第5輯 59面.
文宗 元年 6月 16(癸未)日 ·『朝鮮王朝實錄』 第6輯 401面.
世祖 2年 3月 28(丁酉)日 ·『朝鮮王朝實錄』 第7輯 121面.
世祖 9年 5月 8(丙申)日 ·『朝鮮王朝實錄』 第7輯 574面.
世祖 11年 5月 25(辛未)日 ·『朝鮮王朝實錄』 第7輯 687面.
世祖 13年 1月 4(辛未)日 ·『朝鮮王朝實錄』 第8輯 56面.
世祖 14年 4月 2(辛卯)日 ·『朝鮮王朝實錄』 第8輯 176面.
睿宗 元年 11月 1(辛巳)日 ·『朝鮮王朝實錄』 第8輯 427面.
成宗 元年 2月 8(丁巳)日 ·『朝鮮王朝實錄』 第8輯 464面.
成宗 2年 11月 15(癸丑)日 ·『朝鮮王朝實錄』 第8輯 611面.
成宗 2年 2月 18(辛酉)日 ·『朝鮮王朝實錄』 第8輯 555面.
成宗 2年 11月 15(癸丑)日 ·『朝鮮王朝實錄』 第8輯 611面.
成宗 3年 1月 5(壬寅)日 ·『朝鮮王朝實錄』 第8輯 622面.
成宗 3年 1月 30(丁卯)日 ·『朝鮮王朝實錄』 第8輯 629面.
成宗 3年 7月 10(乙巳)日 ·『朝鮮王朝實錄』 第8輯 670面.
成宗 3年 10月 8(辛未)日 ·『朝鮮王朝實錄』 第8輯 689面.
成宗 4年 8月 21(庚辰)日 ·『朝鮮王朝實錄』 第9輯 55面.
成宗 4年 12月 18(甲戌)日 ·『朝鮮王朝實錄』 第9輯 · 79面.

成宗 5年 10月 17(己亥)日 ·『朝鮮王朝實錄』 第9輯 155面.
成宗 6年 4月 12(庚寅)日 ·『朝鮮王朝實錄』 第9輯 214面.
成宗 7年 7月 18(己未)日 ·『朝鮮王朝實錄』 第9輯 359面.
成宗 9年 11月 21(戊寅)日 ·『朝鮮王朝實錄』 第9輯 666面.
成宗 9年 11月 22(己卯)日 ·『朝鮮王朝實錄』 第9輯 666面.
成宗 9年 11月 23(庚辰)日 ·『朝鮮王朝實錄』 第9輯 667面.
成宗 13年 11月 3(丁酉)日 ·『朝鮮王朝實錄』 第10輯 405面.
成宗 18年 5月 23(壬戌)日 ·『朝鮮王朝實錄』 第11輯 216面.
成宗 19年 1月 14(己卯)日 ·『朝鮮王朝實錄』 第11輯 297面.
成宗 19年 11月 11(庚午)日 ·『朝鮮王朝實錄』 第11輯 399面.
成宗 20年 9月 26(辛巳)日 ·『朝鮮王朝實錄』 第11輯 519面.
成宗 20年 10月 15(己亥)日 ·『朝鮮王朝實錄』 第11輯 526面.
成宗 20年 12月 9(壬辰)日 ·『朝鮮王朝實錄』 第11輯 551面.
成宗 21年 1月 24(丁丑)日 ·『朝鮮王朝實錄』 第11輯 566面.
成宗 22年 9月 29(壬寅)日 ·『朝鮮王朝實錄』 第12輯 98面.
燕山 9年 10月 18(辛亥)日 ·『朝鮮王朝實錄』 第13輯 579面.
燕山 9年 10月 19(壬子)日 ·『朝鮮王朝實錄』 第13輯 579面.
燕山 10年 7月 15(癸卯)日 ·『朝鮮王朝實錄』 第13輯 646面.
燕山 10年 8月 13(庚午)日 ·『朝鮮王朝實錄』 第13輯 655面.
燕山 10年 8月 17(甲戌)日 ·『朝鮮王朝實錄』 第13輯 656面.
燕山 10年 9月 1(戊子)日 ·『朝鮮王朝實錄』 第13輯 660面.
燕山 10年 10月 1(戊午)日 ·『朝鮮王朝實錄』 第13輯 664面.
燕山 10年 12月 1(丁巳)日 ·『朝鮮王朝實錄』 第13輯 676面
燕山 11年 11月 10(辛卯)日 ·『朝鮮王朝實錄』 第14輯 27面.
燕山 11年 11月 19(庚子)日 ·『朝鮮王朝實錄』 第14輯 29面.
中宗 1年 9月 2(戊寅)日 ·『朝鮮王朝實錄』 第14輯 71面.
中宗 2年 3月 28(辛未)日 ·『朝鮮王朝實錄』 第14輯 131面.
中宗 2年 6月 3(乙亥)日 ·『朝鮮王朝實錄』 第14輯 153面.
中宗 7年 11月 4(甲戌)日 ·『朝鮮王朝實錄』 第14輯 621面.
中宗 9年 12月 19(丁未)日 ·『朝鮮王朝實錄』 第15輯 49面.
中宗 10年 2月 4(壬辰)日 ·『朝鮮王朝實錄』 第15輯 54面.
中宗 12年 5月 30(甲辰)日 ·『朝鮮王朝實錄』 第15輯 277面.
中宗 19年 12月 8(戊戌)日 ·『朝鮮王朝實錄』 第16輯 360面.

中宗 28年 4月 2(甲戌)日 ·『朝鮮王朝實錄』第17輯 406面.
中宗 32年 7月 7(甲申)日 ·『朝鮮王朝實錄』第18輯 90面.
宣祖 27年 5月 8(乙酉)日 ·『朝鮮王朝實錄』第22輯 266面.
宣祖 27年 10月 9(癸丑)日 ·『朝鮮王朝實錄』第22輯 365面.
光海 15年 2月 26(丙戌)日 ·『朝鮮王朝實錄』第33輯 494面.
仁祖 15年 11月 8(壬申)日 ·『朝鮮王朝實錄』第34輯 709面.
肅宗 7年 3月 3(丙辰)日 ·『朝鮮王朝實錄』第38輯 520面.
正祖 13年 1月 10(丁卯)日 ·『朝鮮王朝實錄』第46輯 25面.
純祖 9年 6月 5(甲午)日 ·『朝鮮王朝實錄』第47輯 631面.

2. 犯法白丁 司法處理 記事項目

世宗 1年 2月 7(壬午)日 ·『朝鮮王朝實錄』第2輯 301面.
世宗 7年 5月 25(甲午)日 ·『朝鮮王朝實錄』第2輯 671面.
世宗 8年 8月 2(癸亥)日 ·『朝鮮王朝實錄』第3輯 38面.
世宗 8年 12月 15(甲戌)日 ·『朝鮮王朝實錄』第3輯 53面.
世宗 9年 12月 1(甲寅)日 ·『朝鮮王朝實錄』第3輯 103面.
世宗 12年 10月 19(丙戌)日 ·『朝鮮王朝實錄』第3輯 266面.
世宗 13年 9月 27(戊子)日 ·『朝鮮王朝實錄』第3輯 344面.
世宗 14年 10月 13(戊戌)日 ·『朝鮮王朝實錄』第3輯 420面.
世宗 19年 9月 12(己亥)日 ·『朝鮮王朝實錄』第4輯 106面.
世宗 23年 6月 13(戊寅)日 ·『朝鮮王朝實錄』第4輯 347面.
世宗 24年 10月 23(庚戌)日 ·『朝鮮王朝實錄』第4輯 442面.
世宗 24年 11月 30(丙戌)日 ·『朝鮮王朝實錄』第4輯 449面.
世宗 28年 11月 27(辛卯)日 ·『朝鮮王朝實錄』第4輯 712面.
世宗 30年 4月 9(甲子)日 ·『朝鮮王朝實錄』第5輯 59面.
成宗 1年 3月 10(己丑)日 ·『朝鮮王朝實錄』第8輯 479面.
成宗 1年 6月 6(癸丑)日 ·『朝鮮王朝實錄』第8輯 507面.
成宗 1年 6月 7(甲寅)日 ·『朝鮮王朝實錄』第8輯 507面.
成宗 1年 7月 5(辛巳)日 ·『朝鮮王朝實錄』第8輯 513面.
成宗 1年 7月 14(庚寅)日 ·『朝鮮王朝實錄』第8輯 517面.
成宗 1年 7月 22(戊戌)日 ·『朝鮮王朝實錄』第8輯 518面.
成宗 1年 8月 3(戊申)日 ·『朝鮮王朝實錄』第8輯 521面.

成宗 2年 2月 11(甲寅)日 ·『朝鮮王朝實錄』 第8輯 555面.
成宗 2年 4月 30(壬申)日 ·『朝鮮王朝實錄』 第8輯 568面.
成宗 2年 7月 16(丁亥)日 ·『朝鮮王朝實錄』 第8輯 589面.
成宗 2年 7月 21(壬辰)日 ·『朝鮮王朝實錄』 第8輯 589面.
成宗 2年 7月 25(丙申)日 ·『朝鮮王朝實錄』 第8輯 589面.
成宗 2年 8月 27(丁卯)日 ·『朝鮮王朝實錄』 第8輯 594面.
成宗 2年 9月 3(壬寅)日 ·『朝鮮王朝實錄』 第8輯 601面.
成宗 2年 9月 27(丙寅)日 ·『朝鮮王朝實錄』 第8輯 603面.
成宗 2年 10月 24(壬辰)日 ·『朝鮮王朝實錄』 第8輯 606面.
成宗 2年 11月 7(乙巳)日 ·『朝鮮王朝實錄』 第8輯 608面.
成宗 3年 2月 5(壬申)日 ·『朝鮮王朝實錄』 第8輯 634面.
成宗 3年 2月 9(丙子)日 ·『朝鮮王朝實錄』 第8輯 636面.
成宗 3年 5月 22(戊午)日 ·『朝鮮王朝實錄』 第8輯 658面.
成宗 3年 6月 1(丙寅)日 ·『朝鮮王朝實錄』 第8輯 662面.
成宗 3年 6月 7(壬申)日 ·『朝鮮王朝實錄』 第8輯 664面.
成宗 3年 6月 12(丁丑)日 ·『朝鮮王朝實錄』 第8輯 665面.
成宗 3年 10月 8(辛未)日 ·『朝鮮王朝實錄』 第8輯 689面.
成宗 3年 10月 25(戊子)日 ·『朝鮮王朝實錄』 第8輯 692面.
成宗 3年 11月 13(乙巳)日 ·『朝鮮王朝實錄』 第8輯 695面.
成宗 3年 12月 19(辛巳)日 ·『朝鮮王朝實錄』 第8輯 699面.
成宗 4年 4月 24(甲申)日 ·『朝鮮王朝實錄』 第9輯 19面.
成宗 4年 4月 29(己丑)日 ·『朝鮮王朝實錄』 第9輯 21面.
成宗 4年 5月 8(戊戌)日 ·『朝鮮王朝實錄』 第9輯 23面.
成宗 4年 5月 22(壬子)日 ·『朝鮮王朝實錄』 第9輯 24面.
成宗 4年 7月 8(丁酉)日 ·『朝鮮王朝實錄』 第9輯 36面.
成宗 4年 7月 18(丁未)日 ·『朝鮮王朝實錄』 第9輯 39面.
成宗 4年 7月 19(戊申)日 ·『朝鮮王朝實錄』 第9輯 39面.
成宗 4年 7月 26(乙卯)日 ·『朝鮮王朝實錄』 第9輯 42面.
成宗 4年 7月 28(丁巳)日 ·『朝鮮王朝實錄』 第9輯 43面.
成宗 4年 8月 8(丁卯)日 ·『朝鮮王朝實錄』 第9輯 51面.
成宗 4年 9月 16(甲辰)日 ·『朝鮮王朝實錄』 第9輯 60面.
成宗 4年 9月 23(辛亥)日 ·『朝鮮王朝實錄』 第9輯 61面.
成宗 4年 10月 17(乙亥)日 ·『朝鮮王朝實錄』 第9輯 67面.

成宗 4年 11月 22(己酉)日 ·『朝鮮王朝實錄』 第9輯 74面.
成宗 4年 11月 29(丙辰)日 ·『朝鮮王朝實錄』 第9輯 75面.
成宗 5年 4月 8(壬戌)日 ·『朝鮮王朝實錄』 第9輯 100面.
成宗 5年 6月 10(癸巳)日 ·『朝鮮王朝實錄』 第9輯 117面.
成宗 5年 6月 19(壬寅)日 ·『朝鮮王朝實錄』 第9輯 122面.
成宗 5年 9月 9(辛酉)日 ·『朝鮮王朝實錄』 第9輯 144 .
成宗 5年 10月 5(丁亥)日 ·『朝鮮王朝實錄』 第9輯 151面.
成宗 5年 11月 14(乙丑)日 ·『朝鮮王朝實錄』 第9輯 166面.
成宗 5年 12月 6(丁亥)日 ·『朝鮮王朝實錄』 第9輯 171面.
成宗 5年 12月 8(己丑)日 ·『朝鮮王朝實錄』 第9輯 171面.
成宗 6年 1月 5(乙卯)日 ·『朝鮮王朝實錄』 第9輯 177面.
成宗 6年 2月 29(戊申)日 ·『朝鮮王朝實錄』 第9輯 205面.
成宗 6年 3月 19(戊辰)日 ·『朝鮮王朝實錄』 第9輯 210面.
成宗 6年 4月 8(丙戌)日 ·『朝鮮王朝實錄』 第9輯 213面.
成宗 6年 4月 13(辛卯)日 ·『朝鮮王朝實錄』 第9輯 214面.
成宗 6年 4月 22(庚子)日 ·『朝鮮王朝實錄』 第9輯 216面.
成宗 6年 5月 8(丙辰)日 ·『朝鮮王朝實錄』 第9輯 221面.
成宗 6年 6月 22(己亥)日 ·『朝鮮王朝實錄』 第9輯 236面.
成宗 6年 9月 10(丙辰)日 ·『朝鮮王朝實錄』 第9輯 259面.
成宗 6年 9月 21(丁卯)日 ·『朝鮮王朝實錄』 第9輯 272面.
成宗 6年 11月 2(丁未)日 ·『朝鮮王朝實錄』 第9輯 284面.
成宗 6年 11月 7(壬子)日 ·『朝鮮王朝實錄』 第9輯 285面.
成宗 6年 11月 14(己未)日 ·『朝鮮王朝實錄』 第9輯 286面.
成宗 6年 11月 19(甲子)日 ·『朝鮮王朝實錄』 第9輯 287面.
成宗 7年 7月 13(甲寅)日 ·『朝鮮王朝實錄』 第9輯 358面.
成宗 7年 10月 7(丁丑)日 ·『朝鮮王朝實錄』 第9輯 384面.
成宗 8年 1月 11(庚戌)日 ·『朝鮮王朝實錄』 第9輯 408面.
成宗 8年 6月 8(癸卯)日 ·『朝鮮王朝實錄』 第9輯 463面.
成宗 9年 6月 21(辛亥)日 ·『朝鮮王朝實錄』 第9輯 618面.
成宗 10年 5月 18(癸酉)日 ·『朝鮮王朝實錄』 第10輯 16面.
成宗 10年 6月 22(丁未)日 ·『朝鮮王朝實錄』 第10輯 30面.
成宗 10年 7月 3(丁巳)日 ·『朝鮮王朝實錄』 第10輯 31面.
成宗 10年 7月 12(丙寅)日 ·『朝鮮王朝實錄』 第10輯 33面.

成宗 10年 10月 27(己酉)日 ·『朝鮮王朝實錄』 第10輯 64面.
成宗 11年 3月 20(庚子)日 ·『朝鮮王朝實錄』 第10輯 116面.
成宗 11年 4月 12(壬戌)日 ·『朝鮮王朝實錄』 第10輯 119面.
成宗 12年 10月 22(癸亥)日 ·『朝鮮王朝實錄』 第10輯 269面.
成宗 13年 1月 17(丙戌)日 ·『朝鮮王朝實錄』 第10輯 290面
成宗 13年 4月 11(己酉)日 ·『朝鮮王朝實錄』 第10輯 318面.
成宗 13年 5月 4(壬申)日 ·『朝鮮王朝實錄』 第10輯 331面.
成宗 13年 12月 12(丙子)日 ·『朝鮮王朝實錄』 第10輯 417面.
成宗 14年 1月 6(己亥)日 ·『朝鮮王朝實錄』 第10輯 426面.
成宗 14年 3月 8(庚子)日 ·『朝鮮王朝實錄』 第10輯 438面.
成宗 16年 7月 23(辛未)日 ·『朝鮮王朝實錄』 第11輯 44面.
成宗 16年 10月 22(己亥)日 ·『朝鮮王朝實錄』 第11輯 64面.
成宗 17年 1月 4(辛亥)日 ·『朝鮮王朝實錄』 第11輯 87面.
成宗 17年 5月 7(辛亥)日 ·『朝鮮王朝實錄』 第11輯 124面.
成宗 18年 1月 9(庚戌)日 ·『朝鮮王朝實錄』 第11輯 174面.
成宗 21年 4月 7(己丑)日 ·『朝鮮王朝實錄』 第11輯 583面.
成宗 21年 7月 7(丁巳)日 ·『朝鮮王朝實錄』 第11輯 611面.
成宗 21年 7月 11(辛酉)日 ·『朝鮮王朝實錄』 第11輯 614面.
成宗 21年 9月 24(癸酉)日 ·『朝鮮王朝實錄』 第11輯 643面.
成宗 23年 9月 29(丁酉)日 ·『朝鮮王朝實錄』 第12輯 229面.
成宗 24年 12月 19(己卯)日 ·『朝鮮王朝實錄』 第12輯 452面.
成宗 25年 8月 23(己卯)日 ·『朝鮮王朝實錄』 第12輯 575面.
中宗 4年 10月 5(癸巳)日 ·『朝鮮王朝實錄』 第14輯 377面.
中宗 9年 12月 16(甲辰)日 ·『朝鮮王朝實錄』 第15輯 48面.
中宗 13年 9月 17(甲寅)日 ·『朝鮮王朝實錄』 第15輯 481面.
中宗 15年 4月 29(丙戌)日 ·『朝鮮王朝實錄』 第15輯 656面.
中宗 20年 9月 13(己巳)日 ·『朝鮮王朝實錄』 第16輯 452面.
中宗 24年 7月 8(辛丑)日 ·『朝鮮王朝實錄』 第17輯 138面.
中宗 36年 5月 14(己亥)日 ·『朝鮮王朝實錄』 第18輯 465面.

3. 妓生·妓女 姦通 記事項目

定宗 1年 5月 16(乙酉)日 ·『朝鮮王朝實錄』 第1輯 149面.

太宗 2年 6月 11(癸亥)日·『朝鮮王朝實錄』第1輯 238面.
太宗 3年 8月 19(甲子)日·『朝鮮王朝實錄』第1輯 273面.
太宗 10年 11月 29(辛卯)日·『朝鮮王朝實錄』第1輯 571面.
太宗 11年 12月 22(戊寅)日·『朝鮮王朝實錄』第1輯 617面.
太宗 12年 1月 7(壬辰)日·『朝鮮王朝實錄』第1輯 620面.
太宗 12年 6月 6(己未)日·『朝鮮王朝實錄』第1輯 638面.
太宗 13年 3月 27(丙午)日·『朝鮮王朝實錄』第1輯 668面.
太宗 13年 4月 19(丁卯)日·『朝鮮王朝實錄』第1輯 669面.
太宗 15年 5月 13(己酉)日·『朝鮮王朝實錄』第2輯 65面.
太宗 17年 2月 15(壬申)日·『朝鮮王朝實錄』第2輯 147面.
世宗 1年 9月 15(丁巳)日·『朝鮮王朝實錄』第2輯 337面.
世宗 4年 2月 29(丙辰)日·『朝鮮王朝實錄』第2輯 476面.
世宗 4年 7月 28(癸未)日·『朝鮮王朝實錄』第2輯 488面.
世宗 4年 11月 4(丁巳)日·『朝鮮王朝實錄』第2輯 510面.
世宗 5年 4月 28(戊寅)日·『朝鮮王朝實錄』第2輯 539面.
世宗 5年 5月 11(庚寅)日·『朝鮮王朝實錄』第2輯 541面.
世宗 5年 10月 26(癸酉)日·『朝鮮王朝實錄』第2輯 561面.
世宗 7年 5月 26(乙未)日·『朝鮮王朝實錄』第2輯 671面.
世宗 7年 8月 25(辛卯)日·『朝鮮王朝實錄』第2輯 690面.
世宗 8年 6月 26(戊子)日·『朝鮮王朝實錄』第3輯 34面.
世宗 9年 2月 19(丁丑)日·『朝鮮王朝實錄』第3輯 62面.
世宗 9年 5月 9(丙申)日·『朝鮮王朝實錄』第3輯 72面.
世宗 9年 11月 2(丙戌)日·『朝鮮王朝實錄』第3輯 100面.
世宗 10年 9月 1(庚戌)日·『朝鮮王朝實錄』第3輯 142面.
世宗 10年 10月 5(癸未)日·『朝鮮王朝實錄』第3輯 147面.
世宗 10年 10月 16(甲午)日·『朝鮮王朝實錄』第3輯 148面.
世宗 10年 10月 20(戊戌)日·『朝鮮王朝實錄』第3輯 149面.
世宗 11年 2月 15(辛卯)日·『朝鮮王朝實錄』第3輯 167面.
世宗 11年 7月 30(甲戌)日·『朝鮮王朝實錄』第3輯 193面.
世宗 11年 8月 5(己卯)日·『朝鮮王朝實錄』第3輯 193面.
世宗 11年 11月 13(乙卯)日·『朝鮮王朝實錄』第3輯 205面.
世宗 12年 1月 22(癸亥)日·『朝鮮王朝實錄』第3輯 214面.
世宗 12年 4月 27(丙申)日·『朝鮮王朝實錄』第3輯 234面.

世宗 13年 6月 1(癸巳)日 ·『朝鮮王朝實錄』第3輯 320面.
世宗 14年 3月 23(壬午)日 ·『朝鮮王朝實錄』第3輯 378面.
世宗 15年 5月 22(甲戌)日 ·『朝鮮王朝實錄』第3輯 479面.
世宗 16年 7月 7(壬午)日 ·『朝鮮王朝實錄』第3輯 579面.
世宗 16年 10月 27(庚午)日 ·『朝鮮王朝實錄』第3輯 600面.
世宗 18年 8月 7(庚午)日 ·『朝鮮王朝實錄』第4輯 26面.
世宗 18年 10月 23(乙酉)日 ·『朝鮮王朝實錄』第4輯 36面.
世宗 21年 1月 20(己亥)日 ·『朝鮮王朝實錄』第4輯 184面.
世宗 21年 1月 27(丙午)日 ·『朝鮮王朝實錄』第4輯 185面.
世宗 21年 6月 6(壬午)日 ·『朝鮮王朝實錄』第4輯 217面.
世宗 21年 8月 19(乙未)日 ·『朝鮮王朝實錄』第4輯 232面.
世宗 21年 11月 12(丙辰)日 ·『朝鮮王朝實錄』第4輯 252面.
世宗 23年 8月 10(甲戌)日 ·『朝鮮王朝實錄』第4輯 354面.
世宗 25年 2月 20(丙午)日 ·『朝鮮王朝實錄』第4輯 463面.
世宗 25年 7月 16(己巳)日 ·『朝鮮王朝實錄』第4輯 493面.
世宗 25年 11月 4(乙卯)日 ·『朝鮮王朝實錄』第4輯 521面.
世宗 26年 10月 6(辛亥)日 ·『朝鮮王朝實錄』第4輯 587面.
世宗 28年 9月 27(壬辰)日 ·『朝鮮王朝實錄』第4輯 702面.
世宗 28年 12月 12(乙巳)日 ·『朝鮮王朝實錄』第4輯 714面.
世宗 29年 4月 15(丙子)日 ·『朝鮮王朝實錄』第5輯 19面.
世宗 30年 6月 5(己未)日 ·『朝鮮王朝實錄』第5輯 71面.
世宗 31年 3月 2(壬午)日 ·『朝鮮王朝實錄』第5輯 119面.
文宗 元年 8月 29(庚子)日 ·『朝鮮王朝實錄』第6輯 277面.
文宗 1年 8月 29(甲午)日 ·『朝鮮王朝實錄』第6輯 392面.
端宗 元年 6月 24(乙酉)日 ·『朝鮮王朝實錄』第6輯 514面.
端宗 元年 7月 15(丙午)日 ·『朝鮮王朝實錄』第6輯 519面.
端宗 元年 9月 6(乙丑)日 ·『朝鮮王朝實錄』第6輯 540面.
端宗 元年 10월 25(癸丑)日 ·『朝鮮王朝實錄』第6輯 550面.
端宗 1年 3月 6(癸亥)日 ·『朝鮮王朝實錄』第6輯 570面.
世祖 2年 2月 27(丙寅)日 ·『朝鮮王朝實錄』第7輯 118面.
世祖 2年 9月 8(乙亥)日 ·『朝鮮王朝實錄』第7輯 151面.
世祖 3年 6月 18(庚戌)日 ·『朝鮮王朝實錄』第7輯 204面.
世祖 3年 6月 26(戊午)日 ·『朝鮮王朝實錄』第7輯 205面.

世祖 3年 7月 17(戊寅)日 ·『朝鮮王朝實錄』 第7輯 211面.
世祖 4年 1月 27(丙戌)日 ·『朝鮮王朝實錄』 第7輯 250面.
世祖 5年 1月 24(丁未)日 ·『朝鮮王朝實錄』 第7輯 310面.
世祖 7年 4月 9(己卯)日 ·『朝鮮王朝實錄』 第7輯 458面.
世祖 7年 7月 21(己未)日 ·『朝鮮王朝實錄』 第7輯 475面.
世祖 7年 8月 24(辛卯)日 ·『朝鮮王朝實錄』 第7輯 481面.
世祖 10年 2月 24(丁未)日 ·『朝鮮王朝實錄』 第7輯 611面.
睿宗 1年 2月 12(丁卯)日 ·『朝鮮王朝實錄』 第8輯 339面.
睿宗 1年 7月 7(戊子)日 ·『朝鮮王朝實錄』 第8輯 400面.
睿宗 1年 7月 17(戊戌)日 ·『朝鮮王朝實錄』 第8輯 402面.
睿宗 1年 8月 23(甲戌)日 ·『朝鮮王朝實錄』 第8輯 413面.
成宗 1年 10月 23(丁卯)日 ·『朝鮮王朝實錄』 第8輯 536面.
成宗 2年 4月 19(辛酉)日 ·『朝鮮王朝實錄』 第8輯 566面.
成宗 3年 9月 1(甲午)日 ·『朝鮮王朝實錄』 第8輯 684面.
成宗 5年 6月 24(丁未)日 ·『朝鮮王朝實錄』 第9輯 123面.
成宗 5年 8月 15(丁酉)日 ·『朝鮮王朝實錄』 第9輯 138面.
成宗 5年 10月 17(己亥)日 ·『朝鮮王朝實錄』 第9輯 155面.
成宗 6年 9月 12(戊午)日 ·『朝鮮王朝實錄』 第9輯 259面.
成宗 7年 7月 4(乙巳)日 ·『朝鮮王朝實錄』 第9輯 356面.
成宗 8年 6月 5(庚子)日 ·『朝鮮王朝實錄』 第9輯 462面.
成宗 10年 6月 1(丙戌)日 ·『朝鮮王朝實錄』 第10輯 18面.
成宗 10年 7月 28(壬午)日 ·『朝鮮王朝實錄』 第10輯 39面.
成宗 12年 3月 7(辛巳)日 ·『朝鮮王朝實錄』 第10輯 197面.
成宗 13年 3月 26(甲午)日 ·『朝鮮王朝實錄』 第10輯 312面.
成宗 13年 5月 8(丙子)日 ·『朝鮮王朝實錄』 第10輯 332面.
成宗 14年 5月 14(乙巳)日 ·『朝鮮王朝實錄』 第10輯 462面.
成宗 14年 5月 19(庚戌)日 ·『朝鮮王朝實錄』 第10輯 464面.
成宗 14年 5月 22(癸丑)日 ·『朝鮮王朝實錄』 第10輯 465面.
成宗 14年 11月 3(壬辰)日 ·『朝鮮王朝實錄』 第10輯 540面.
成宗 16年 11月 16(癸亥)日 ·『朝鮮王朝實錄』 第11輯 74面.
成宗 17年 12月 10(辛巳)日 ·『朝鮮王朝實錄』 第11輯 167面.
成宗 18年 3月 18(戊午)日 ·『朝鮮王朝實錄』 第11輯 198面.
成宗 18年 4月 4(癸酉)日 ·『朝鮮王朝實錄』 第11輯 200面.

成宗 18年 6月 17(乙酉)日 ·『朝鮮王朝實錄』第11輯 225面.
成宗 18年 11月 10(乙巳)日 ·『朝鮮王朝實錄』第11輯 261面.
成宗 18年 11月 21(丙辰)日 ·『朝鮮王朝實錄』第11輯 266面.
成宗 19年 6月 2(甲午)日 ·『朝鮮王朝實錄』第11輯 343面.
成宗 23年 5月 7(丙子)日 ·『朝鮮王朝實錄』第12輯 176面.
成宗 24年 6月 5(丁卯)日 ·『朝鮮王朝實錄』第12輯 347面.
燕山 1年 4月 10(癸亥)日 ·『朝鮮王朝實錄』第12輯 659面.
燕山 1年 5月 25(丁未)日 ·『朝鮮王朝實錄』第12輯 673面.
燕山 10年 8月 22(己卯)日 ·『朝鮮王朝實錄』第13輯 658面.
燕山 11年 5月 19(癸卯)日 ·『朝鮮王朝實錄』第14輯 3面.
燕山 12年 7月 7(甲申)日 ·『朝鮮王朝實錄』第14輯 58面.
中宗 2年 3月 18(申酉)日 ·『朝鮮王朝實錄』第14輯 130面.
中宗 2年 5月 1(癸卯)日 ·『朝鮮王朝實錄』第14輯 147面.
中宗 2年 6月 12(甲申)日 ·『朝鮮王朝實錄』第14輯 157面.
中宗 3年 4月 15(壬午)日 ·『朝鮮王朝實錄』第14輯 243面.
中宗 4年 8月 5(乙丑)日 ·『朝鮮王朝實錄』第14輯 355面.
中宗 6年 3月 6(丙辰)日 ·『朝鮮王朝實錄』第14輯 499面.
中宗 6年 4月 17(丙申)日 ·『朝鮮王朝實錄』第14輯 508面.
中宗 7年 7月 14(乙酉)日 ·『朝鮮王朝實錄』第14輯 599面.
中宗 7年 7月 21(壬辰)日 ·『朝鮮王朝實錄』第14輯 600面.
中宗 7年 8月 14(乙卯)日 ·『朝鮮王朝實錄』第14輯 606面.
中宗 10年 5月 18(甲辰)日 ·『朝鮮王朝實錄』第15輯 81面.
中宗 10年 6月 12(丁卯)日 ·『朝鮮王朝實錄』第15輯 85面.
中宗 11年 10月 23(辛未)日 ·『朝鮮王朝實錄』第15輯 229面.
中宗 11年 11月 14(辛卯)日 ·『朝鮮王朝實錄』第15輯 237面.
中宗 11年 12月 6(壬子)日 ·『朝鮮王朝實錄』第15輯 242面.
中宗 12年 4月 3(戊申)日 ·『朝鮮王朝實錄』第15輯 268面.
中宗 12年 12月 3(甲辰)日 ·『朝鮮王朝實錄』第15輯 364面.
中宗 14年 9月 18(己酉)日 ·『朝鮮王朝實錄』第15輯 570面.
中宗 20年 3月 11(庚午)日 ·『朝鮮王朝實錄』第16輯 390面.
中宗 23年 10月 25(癸巳)日 ·『朝鮮王朝實錄』第17輯 72面.
中宗 26年 3月 18(癸卯)日 ·『朝鮮王朝實錄』第17輯 290面.
中宗 30年 4月 15(乙巳)日 ·『朝鮮王朝實錄』第17輯 584面.

中宗 30年 6月 6(乙未)日 ·『朝鮮王朝實錄』 第17輯 589面.
中宗 31年 6月 9(壬辰)日 ·『朝鮮王朝實錄』 第17輯 664面.
中宗 31年 11月 19(辛未)日 ·『朝鮮王朝實錄』 第17輯 692面.
中宗 33年 2月 3(丁未)日 ·『朝鮮王朝實錄』 第18輯 162面.
中宗 36年 10月 4(丙辰)日 ·『朝鮮王朝實錄』 第18輯 502面.
明宗 3年 3月 26(辛丑)日 ·『朝鮮王朝實錄』 第19輯 579面.
明宗 4年 5月 1(庚午)日 ·『朝鮮王朝實錄』 第19輯 637面.
明宗 5年 1月 12(丁丑)日 ·『朝鮮王朝實錄』 第19輯 680面.
明宗 8年 5月 4(己酉)日 ·『朝鮮王朝實錄』 第20輯 132面.
明宗 8年 12月 12(甲申)日 ·『朝鮮王朝實錄』 第20輯 176面.
明宗 9年 1月 10(辛亥)日 ·『朝鮮王朝實錄』 第20輯 178面.
明宗 12年 5月 20(壬申)日 ·『朝鮮王朝實錄』 第20輯 415面.
明宗 15年 6月 7(壬寅)日 ·『朝鮮王朝實錄』 第20輯 558面.
明宗 21年 5月 28(戊午)日 ·『朝鮮王朝實錄』 第21輯 95面.
明宗 21年 6月 27(丙戌)日 ·『朝鮮王朝實錄』 第21輯 98面.
宣祖 6年 7月 21(己亥)日 ·『朝鮮王朝實錄』 第21輯 266面.
宣祖 21年 8月 1(壬午)日 ·『朝鮮王朝實錄』 第21輯 454面.
宣祖 25年 11月 18(甲戌)日 ·『朝鮮王朝實錄』 第21輯 571面.
宣祖 26年 1月 17(壬申)日 ·『朝鮮王朝實錄』 第21輯 609面.
宣祖 27年 2月 21(庚午)日 ·『朝鮮王朝實錄』 第22輯 226面.
宣祖 27年 4月 2(庚戌)日 ·『朝鮮王朝實錄』 第22輯 245面.
宣祖 27年 8月 26(辛未)日 ·『朝鮮王朝實錄』 第22輯 335面.
宣祖 29年 2月 12(己酉)日 ·『朝鮮王朝實錄』 第22輯 647面.
宣祖 30年 3月 12(壬寅)日 ·『朝鮮王朝實錄』 第23輯 178面.
宣祖 30年 5月 22(壬子)日 ·『朝鮮王朝實錄』 第23輯 228面.
宣祖 30年 6月 29(戊子)日 ·『朝鮮王朝實錄』 第23輯 258面.
宣祖 31年 2月 18(癸酉)日 ·『朝鮮王朝實錄』 第23輯 387面.
宣祖 31年 11月 2(癸未)日 ·『朝鮮王朝實錄』 第23輯 529面.
宣祖 32年 6月 12(己丑)日 ·『朝鮮王朝實錄』 第23輯 632面.
宣祖 32年 8月 30(丙午)日 ·『朝鮮王朝實錄』 第23輯 671面.
宣祖 33年 3月 5(戊申)日 ·『朝鮮王朝實錄』 第24輯 44面.
宣祖 33年 8月 9(己卯)日 ·『朝鮮王朝實錄』 第24輯 110面.
宣祖 35年 4月 16(丁未)日 ·『朝鮮王朝實錄』 第24輯 374面.

宣祖 35年 12月 6(癸巳)日 ·『朝鮮王朝實錄』 第24輯 433面.
宣祖 35年 12月 22(己酉)日 ·『朝鮮王朝實錄』 第24輯 434面.
宣祖 38年 8月 2(甲辰)日 ·『朝鮮王朝實錄』 第25輯 102面.
宣祖 38年 11月 27(丁酉)日 ·『朝鮮王朝實錄』 第25輯 140面.
宣祖 40年 12月 20(戊寅)日 ·『朝鮮王朝實錄』 第25輯 378面.
宣祖 35年 3月 1(癸亥)日 ·『朝鮮王朝實錄』 第25輯 686面.
光海 2年 11月 16(丁巳)日 ·『朝鮮王朝實錄』 第31輯 578面.
光海 4年 1月 6(辛丑)日 ·『朝鮮王朝實錄』 第32輯 1面.
光海 7年 10月 4(丁未)日 ·『朝鮮王朝實錄』 第32輯 427面.
光海 9年 4月 7(辛丑)日 ·『朝鮮王朝實錄』 第32輯 581面.
光海 12年 3月 10(戊子)日 ·『朝鮮王朝實錄』 第33輯 302面.
光海 14年 7月 22(丙辰)日 ·『朝鮮王朝實錄』 第33輯 461面.
光海 15年 2月 26(丙戌)日 ·『朝鮮王朝實錄』 第33輯 494面.
仁祖 3年 3月 8(丙辰)日 ·『朝鮮王朝實錄』 第33輯 686面.
仁祖 11年 6月 24(甲申)日 ·『朝鮮王朝實錄』 第34輯 524面.
仁祖 26年 1月 11(丁未)日 ·『朝鮮王朝實錄』 第35輯 316面.
孝宗 2年 11月 13(丁亥)日 ·『朝鮮王朝實錄』 第35輯 516面.
顯宗 4年 10月 17(辛亥)日 ·『朝鮮王朝實錄』 第36輯 384面.
顯宗 7年 9月 17(甲午)日 ·『朝鮮王朝實錄』 第36輯 526面.
顯宗 12年 7月 20(己巳)日 ·『朝鮮王朝實錄』 第36輯 701面.
顯宗 3年 4月 25(戊辰)日 ·『朝鮮王朝實錄』 第37輯 269面.
肅宗 6年 7月 3(庚寅)日 ·『朝鮮王朝實錄』 第38輯 461面.
肅宗 8年 4月 23(庚子)日 ·『朝鮮王朝實錄』 第38輯 587面.
肅宗 24年 7月 8(庚辰)日 ·『朝鮮王朝實錄』 第39輯 497面.
肅宗 26年 1月 4(戊戌)日 ·『朝鮮王朝實錄』 第39輯 552面.
肅宗 30年 12月 15(辛巳)日 ·『朝鮮王朝實錄』 第40輯 122面.
肅宗 34年 6月 20(乙丑)日 ·『朝鮮王朝實錄』 第40輯 298面.
肅宗 39年 5月 26(壬寅)日 ·『朝鮮王朝實錄』 第40輯 500面.
英祖 1年 6月 12(戊寅)日 ·『朝鮮王朝實錄』 第41輯 524面.
英祖 1年 9月 19(癸丑)日 ·『朝鮮王朝實錄』 第41輯 553面.
英祖 4年 9月 12(己未)日 ·『朝鮮王朝實錄』 第42輯 82面.
英祖 10年 1月 10(丁亥)日 ·『朝鮮王朝實錄』 第42輯 410面.
英祖 10年 3月 26(壬寅)日 ·『朝鮮王朝實錄』 第42輯 428面.

英祖 11年 8月 12(戊寅)日 ·『朝鮮王朝實錄』第42輯 483面.
英祖 21年 2月 9(辛亥)日 ·『朝鮮王朝實錄』第43輯 171面.
英祖 30年 8月 3(庚戌)日 ·『朝鮮王朝實錄』第43輯 538面.
英祖 45年 4月 16(戊辰)日 ·『朝鮮王朝實錄』第44輯 323面.
英祖 45年 4月 16(戊辰)日 ·『朝鮮王朝實錄』第44輯 324面.
英祖 45年 11月 29(丁未)日 ·『朝鮮王朝實錄』第44輯 340面.
英祖 50年 1月 5(己未)日 ·『朝鮮王朝實錄』第44輯 469面.
英祖 50年 8月 29(庚戌)日 ·『朝鮮王朝實錄』第44輯 480面.
英祖 50年 12月 7(丙戌)日 ·『朝鮮王朝實錄』第44輯 484面.
正祖 4年 12月 21(乙丑)日 ·『朝鮮王朝實錄』第45輯 199面.
正祖 6年 5月 26(壬戌)日 ·『朝鮮王朝實錄』第45輯 326面.
純祖 8年 5月 29(甲子)日 ·『朝鮮王朝實錄』第47輯 602面.
純祖 8年 12月 17(戊申)日 ·『朝鮮王朝實錄』第47輯 616面.
憲宗 3年 10月 13(丁巳)日 ·『朝鮮王朝實錄』第48輯 453面.
高宗 4年 8月 9(己丑)日
高宗 30年 8月 21(庚午)日
高宗 33年 4月 6(陽曆)日

찾아보기

ㄷ

ㄹ

ㅁ

ㅂ

ㅇ

ㅈ

ㅊ

박종성(朴鍾晟)

한양대학교 정치외교학과 졸업(정치학사)
서울대학교 대학원 정치학과 석사과정 졸업(정치학 석사)
서울대학교 대학원 정치학과 박사과정 졸업(정치학 박사)
서원대학교 정치행정학과 교수

저서
『혁명이론의 재구성에 관한 연구: 비교역사사회학적 방법론을 중심으로』(신정사, 1982)
『혁명의 이론사: 그 연구는 아직 끝나지 않았다』(인간사랑, 1991)
『박헌영론: 한 조선혁명가의 좌절과 꿈』(인간사랑, 1992)
『정치는 파벌을 낳고 파벌은 정치를 배반한다』(한울, 1992)
『한국의 매춘: 쾌락의 실재와 구원의 부재』(인간사랑, 1994)
『왕조의 정치변동: 조선조의 국가존속과 농민의 정치적 저항』(인간사랑, 1995)
『권력과 매춘: 억압의 음모와 도피의 흉계』(인간사랑, 1996)
『강점기 조선의 정치질서: 忍從과 저항의 단층변동』(인간사랑, 1997)
『인맥으로 본 한국정치』(한울, 1997)
『정치와 영화: 영상의 지배전략과 권력의 계산』(인간사랑, 1999)
『한국정치와 정치폭력: 해방 후 권력과 민중의 충돌』(서울대학교출판부, 2001)

편저
『민주주의와 학교교육』(일신사, 1991)
『갑오동학농민혁명의 쟁점』(집문당, 1994)
『性 · 權力 · 政治』(법문사, 1995)

백정과 기생

조선천민사의 두 얼굴

펴낸곳 서울대학교출판문화원
펴낸이 오연천
저 자 박종성

초판 1쇄 발행 2003년 1월 15일
초판 5쇄 발행 2013년 1월 20일

출판등록 제15-3호

주소 151-742 서울 관악구 관악로 1
대표전화 02-880-5252
팩스 02-888-4148
마케팅팀(주문상담) 02-889-4424, 02-880-7995
이메일 snubook@snu.ac.kr
홈페이지 www.snupress.com
영문홈페이지 eng.snupress.com

ISBN 978-89-521-1424-2 93300